JUS PRIVATUM

Beiträge zum Privatrecht

Band 202

Daniel Matthias Klocke

Rechtsschutz in kollektiven Strukturen

Die Verbandsklage
im Verbraucher- und Arbeitsrecht

Mohr Siebeck

ISBN 978-3-16-154264-0
ISBN 0940-9610 (Jus Privatum)

Die Deutsche Bibliothek verzeichnet diese Publikation in der Deutschen Nationalbibliographie; detaillierte bibliographische Daten sind im Internet über *http://dnb.dnb.de* abrufbar.

Das Buch wurde von Laupp & Göbel in Gomaringen aus der Garamond Antiqua gesetzt, auf alterungsbeständiges Werkdruckpapier gedruckt und von der Buchbinderei Spinner in Ottersweier gebunden.

Vorwort

Kollektives Arbeitsrecht und kollektives Verbraucherrecht bestehen seit Jahrzehnten nebeneinander. Die vorliegende Arbeit untersucht nunmehr die Schnittfelder dieser Rechtsgebiete im Hinblick auf ein kollektives Klagerecht gegen vorformulierte Arbeitsbedingungen.

Die Arbeit hat im Sommersemester 2014 der Juristischen und Wirtschaftswissenschaftlichen Fakultät der Martin-Luther-Universität Halle-Wittenberg als Habilitationsschrift vorgelegen. Angefertigt habe ich die Schrift in den Jahren meiner Tätigkeit am Lehrstuhl von Prof. Dr. Armin Höland. Nach dem Ende des Habilitationsverfahren konnte ich glücklicherweise noch die bevorstehende UWG-Novelle zumindest im Hinblick auf den Regierungsentwurf berücksichtigen. Insgesamt befindet sich die Arbeit auf dem Stand August 2015.

Bedanken möchte ich mich bei Prof. Dr. Armin Höland für die Betreuung während der Anfertigung dieser Arbeit. Mein Dank gilt auch Prof. Dr. Caroline Meller-Hannich für das rasche Zweitgutachten und die Unterstützung im Habilitationsverfahren. Frau Prof. Dr. Eva Kocher möchte ich für das schnelle Drittgutachten und die weiterführenden Gespräche danken. Professor Dr. Wolfhard Kohte und Prof. Dr. Katja Nebe möchte ich ebenfalls für ihre Unterstützung danken.

Es gibt viele Menschen, denen ich ebenfalls gerne für Ihre Unterstützung danken möchte, deren namentliche Nennung indes den Umfang dieses Buches erheblich erhöhen würden. Stellvertretend möchte ich Herrn Prof. Dr. Stephan Breidenbach danken, dessen Unterstützung mir erst die rasche Veröffentlichung ermöglichte. In erster Linie aber danke ich einmal mehr meiner Familie – für alles.

„Der Mensch im Recht ist fortan [...] nicht mehr isoliertes Individuum, sondern der Mensch in der Gesellschaft, der Kollektivmensch. Mit dieser Annäherung des juristischen Menschentyps an die soziale Wirklichkeit spaltet sich aber zugleich das Rechtssubjekt in eine Mehrheit sozialer und jetzt auch rechtlicher Typen auf. Alles das lässt sich besonders anschaulich machen im Arbeitsrecht, das für das soziale Rechtszeitalter ähnlich bahnbrechend ist, wie es das Handelsrecht für das liberale Zeitalter war."

– *Radbruch*, Der Mensch im Recht (1927)

Hinsichtlich der verwendeten Abkürzungen wird auf *Kirchner*, Hildebert; Abkürzungsverzeichnis der Rechtssprache; 7. Auflage, Berlin 2013, verwiesen.

Inhaltsverzeichnis

Einleitung

Die vorliegende Arbeit stellt die Verbandsklagen im Arbeits- und Verbraucherrecht dar. Hiervon ausgehend wird hergeleitet, dass § 15 UKlaG der Anwendung von § 1 UKlaG auf vorformulierte Klauseln in Arbeitsverträgen nicht entgegensteht.

A) Arbeitsrecht und Verbraucherrecht als kollektive Strukturen

Die deutsche Rechtsordnung kennt eine Vielzahl kollektiver Strukturen.[1] Mit diesem Begriff sollen solche Rechtsverhältnisse umschrieben sein, in denen ein kollektiver Akteur für Angehörige einer Gruppe bzw. Kollektivs oder für die Gruppe selbst tätig wird. Die Determinanten dieser Begriffsbildung sind einerseits die Entfernung von Rechtsgestaltung und -durchsetzung vom Individuum und andererseits die Verlagerung einer Entscheidung auf eine überindividuelle bzw. kollektive Ebene. Der Begriff „kollektive Strukturen" fasst davon ausgehend solche Regelungen zusammen, in denen über die Interessenlage des Einzelnen hinausgehende Zwecke mit Kollektivbezug verfolgt werden.

Zwei der bedeutendsten[2] kollektiven Strukturen des Privatrechts sind das kollektive Arbeitsrecht sowie der kollektive Rechtsschutz im Verbraucher- und Wettbewerbsrecht – teilweise auch nur kollektiver Rechtsschutz genannt. Dieser Begriff versammelt wiederum eine Vielzahl rechtlicher Instrumente, die allesamt auf eine (effektive) Durchsetzung des zugrunde liegenden Rechts zielen.[3] Auch wenn sie nicht das gesamte Feld der kollektiven Strukturen und des kollektiven Rechtsschutzes in den jeweiligen Rechtsbereichen abdecken, werden diese Bereiche auf den kollektiven Ebenen von Verbänden dominiert. Verbraucher- und Industrieverbände, Gewerkschaften und Arbeitgeberverbände vereinigen Gruppenmitglieder und setzen deren Interessen durch.

Die systematischen Synergien dieser rechtlichen Strukturen und kollektiver Akteure sind bislang nur im Hinblick auf ihr „eigenes" Rechtsgebiet Gegenstand ergiebiger Forschung gewesen. Brücken wurden zumeist nur in der rechtspolitischen Diskussion gebaut.[4] Die vorliegende Arbeit geht darüber hinaus und

---

[1] Zum Begriff: *Weiss*, AuR 2010, 284 (290); *Ahmad/Jansen*, AuR 2014, 311 (313); *Reichold*, § 1 Rn. 11 a. E.

[2] Im Übrigen wird auf die Zusammenstellungen von *Halfmeier*, S. 51 ff. und *Schlacke*, S. 111–370 verwiesen.

[3] Dauses-*Micklitz/Rott* H. V., Rn. 686; *Montag*, ZRP 2013, 172 (172).

[4] Allen voran: *Kocher*, Verbandsklage, S. 33 ff; offengelassen durch *Bepler*, B 32.

thematisiert auf der Grundlage der Verbandsklage im Verbraucherrecht die Möglichkeiten einer arbeitsrechtlichen Verbandsklage. Insbesondere vertieft sie die Fragen der Analogiefähigkeit kollektiver Strukturen und der Möglichkeit der Rechtsfortbildung zwischen den Rechtsgebieten.

Das Verbraucherschutzrecht weist mit den qualifizierten Einrichtungen[5] (zumeist Verbraucherverbänden) einen Akteur auf, der weitreichende Befugnisse hinsichtlich der Durchsetzung des individuellen Verbraucherrechts innehat. Sowohl das Gesetz gegen den unlauteren Wettbewerb (UWG) als auch das Gesetz über Unterlassungsklagen bei Verbraucherrechts- und anderen Verstößen (UKlaG) gewähren den qualifizierten Einrichtungen die Möglichkeit, auf Unterlassung verbraucherrechtswidriger Handlungen zu klagen. Das Arbeitsrecht weist ebenfalls ein profiliertes, indes weitaus differenzierteres kollektives System auf. Neben der Unternehmensmitbestimmung treten der Betriebsrat als betriebliche und die Gewerkschaften als überbetriebliche Interessenvertreter der Arbeitnehmer[6] auf.

Durch die in Art. 9 Abs. 3 GG und § 1 TVG gewährleistete[7] Tarifautonomie erhalten Gewerkschaften und Arbeitgeber bzw. Arbeitgeberverbände die Befugnis, inhaltlich auf das Individualarbeitsverhältnis einzuwirken. Darüber hinaus besteht eine Vielzahl an Rechtsschutzmöglichkeiten, um das erreichte kollektive System zu sichern. In der neueren Entwicklung hat das Bundesarbeitsgericht z. B. einen Beseitigungsanspruch der Gewerkschaften hinsichtlich tarifwidriger Zustände anerkannt.[8] Einen Beseitigungsanspruch der qualifizierten Einrichtungen hinsichtlich eines verbraucherrechtswidrigen Zustands aus dem UKlaG lehnt der Bundesgerichtshof hingegen ab.[9] Erst wenn die Lauterkeit des Wettbewerbs auf dem Spiel steht, gewährt § 8 Abs. 1 S. 1 Alt. 1 UWG einen solchen Anspruch.

B) Die zunehmende Verknüpfung der Rechtsgebiete

Bis zum Jahr 2000 bildeten Arbeits- und Verbraucherschutzrecht zwei selbstständige Sonderprivatrechtsgebiete.[10] Abgesehen von kleineren und punktuellen Überschneidungen[11] tangierten sich die Rechtgebiete nicht. Das Arbeitsrecht

---

[5] Dieser Begriff geht auf das Unionsrecht zurück. Art. 3 der Richtlinie 2009/22/EG versteht hierunter Stellen und Organisationen mit einem berechtigten Interesse an der Einhaltung der Verbraucherschutznormen. Praktisch verbergen sich hinter dieser Bezeichnung die Verbraucherverbände, vgl. MünchKommZPO-*Micklitz*, § 3 UKlaG Rn. 12.

[6] Aus Gründen der besseren Lesbarkeit wird lediglich die männliche Form verwendet, gemeint sind jedoch stets beide Geschlechter.

[7] Zum Zusammenspiel der beiden Normen: ErfK-*Linsenmaier*, Art. 9 Rn. 56.

[8] BAG, Urteil vom 17.5.2011 – 1 AZR 473/09, NZA 2011, 1169, hierzu ausführlich S. 206.

[9] BGH, Urteil vom 12.12.2007 – IV ZR 130/06, BGHZ 175, 28; BGH, Urteil vom 11.2.1981 – VIII ZR 335/79, NJW 1981, 1511.

[10] *Däubler*, NZA 2001, 1329 (1332).

[11] Ein Arbeitnehmer erwirbt ein Kfz von seinem Arbeitgeber: BAG, Urteil vom 26.5.1993 – 5 AZR 219/92, NJW 1994, 213; Durchsetzung des LSChlG via UWG: BGH, Urteil vom 22.12.1965 – I b ZR 119/63, NJW 1966, 828; seit jeher im Fokus steht etwa die Weitergabe von Betriebsgeheimnissen i. S. v. § 17 UWG; hierzu etwa: BGH, Urteil vom 15.5.1955 – I ZR 111/53, AP § 17 UWG Nr. 1.

reagierte auf die ungleiche Verhandlungssituation auf dem Arbeitsmarkt, das Verbraucherrecht glich Disparitäten auf dem Gütermarkt aus.[12]

Diese Aufteilung änderte sich mit der Überführung des Verbraucherrechts in das Bürgerliche Gesetzbuch. Der Verbraucher wurde in § 13 BGB zu einem Begriff des Allgemeinen Teils. Dadurch wurde die Frage nach der Zuordnung der beiden Rechtsgebiete auf ein Neues aufgeworfen. Mit Urteil vom 25.5.2005 ordnete das Bundesarbeitsgericht – vielfach kritisiert – den Arbeitsvertrag als Verbrauchervertrag ein.[13] Das Gericht betonte § 15 UKlaG, die Norm schließe die verbraucherschützenden Unterlassungsklagen für das Arbeitsrecht aus, und den Bedeutungswandel des Verbraucherbegriffs. Durch diese Begriffszuordnung wird das Arbeitsrecht zum Schutzrecht des Verbrauchers in abhängiger Arbeit. Eine pauschale Einordnung in das Verbraucherschutzrecht ginge jedoch zu weit. Sie ließe die Besonderheiten der Rechtsgebiete außer Betracht. Insbesondere würde diese Einordnung dazu führen, dass die Prüfung der Anwendbarkeit jeder einzelnen Norm auf ihre Vereinbarkeit mit den Problemen des arbeitsrechtlichen Sachverhalts ausgeblendet würde. Gerade die Vermischung der beiden Sonderprivatrechte kann Friktionen begründen.[14] Das Bundesarbeitsgericht hat das Spannungsverhältnis in der weiteren Rechtsprechungsentwicklung daher normbezogen aufgelöst. Das Gericht untersucht jede verbraucherschützende Norm hinsichtlich Sinn und Zweck auf ihre Anwendbarkeit im Arbeitsrecht. Nicht ohne Grund nahm das Bundesarbeitsgericht eine teleologische Reduktion des § 312 Abs. 1 Nr. 1 BGB a. F.[15] im Falle des Abschlusses eines Aufhebungsvertrages am Arbeitsplatz vor.[16] Denn mit einem solchen Vertragsangebot muss ein Arbeitnehmer typischerweise an seinem Arbeitsplatz rechnen. Das Ansprechen durch den Arbeitgeber hat nicht das gleiche Überraschungsmoment wie das Auftreten eines fremden Unternehmers am Arbeitsplatz.

In der Folge dieser Entscheidungen haben sich Arbeitsrecht und Verbraucherschutzrecht stark aufeinander zubewegt. Die kollektiven Ebenen beider Rechtsgebiete wurden dabei allerdings zumeist außer Acht gelassen. Das mag an der scheinbar eindeutigen Norm des § 15 UKlaG liegen. Nach dieser Norm findet die verbraucherschützende Verbandsklage auf das Arbeitsrecht keine Anwendung. Nichtsdestotrotz trügt der Schein. So sind die für den Ausschluss angeführten Argumente in die Nähe unbewältigter Systemprobleme und nicht als eine strikte Wertentscheidung gegen die Verbandsklage im Arbeitsrecht einzuordnen.[17] Im Gesetzgebungsverfahren wurde denn auch betont, dass sich § 15

---

[12] *Däubler*, NZA 2001, 1329 (1332 f.).

[13] BAG, Urteil vom 25.5.2005 – 5 AZR 572/04, NZA 2005, 1111; zur Diskussion siehe S. 135 ff.

[14] *Oetker*, AcP 2012, 202 (242).

[15] Auf die Auswirkungen des Gesetzes zur Umsetzung der Verbraucherrechterichtlinie und zur Änderung des Gesetzes zur Regelung der Wohnungsvermittlung, Gesetz vom 20.9.2013 – BGBl. Teil I 2013 Nr. 58 27.9.2013 S. 3642 wird jeweils im Zusammenhang mit der Darstellung eingegangen werden.

[16] BAG, Urteil vom 27.11.2003 – 2 AZR 135/03, AP § 312 BGB, Nr. 1.

[17] *Höland*, FS Bepler, 221 (239 f.); kritisch zum Ausschluss („Schutzlücke"): *Reinecke*, AuR 2003, 414 (415); MünchKommZPO-*Micklitz*, § 15 UKlaG Rn. 1.

UKlaG einer Rechtsfortbildung nicht entgegenstellt.[18] Hiervon ausgehend soll die Frage beantwortet werden, ob Raum für eine Verbandsklage im Arbeitsrecht de lege lata besteht. *Däubler* etwa betonte, dass es durch die Schuldrechtsmodernisierung denkbar geworden sei, die Grundsätze über den Schutz des Schwächeren von einem in den anderen Bereich zu transferieren.[19]

Die Regelungen innerhalb der Rechtsgebiete sind in letzter Zeit und nach intensiver Diskussion so weit entwickelt worden, dass sie bereits jetzt punktuell interagieren. Eine erste Schnittstelle stellt der berühmte „Burda"-Beschluss[20] dar. In dem Beschluss wurde ein Tarifverstoß mit Auswirkungen auf individualrechtlicher und betrieblicher Ebene untersagt. Der Beschluss brachte der negatorischen Abwehrposition der Gewerkschaft den Titel „arbeitsrechtliche Verbandsklage" ein.[21] Das verwundert etwas, weil es nur um einen negatorischen Schutz der Rechtsposition aus Art. 9 Abs. 3 GG ging. Bei näherer Betrachtung hingegen ist der Titel berechtigt. Denn über § 1004 BGB i. V. m. Art. 9 Abs. 3 GG lässt sich die Verwendung individualvertraglicher Klauseln verhindern. Sind diese vor dem Kontakt mit dem Arbeitnehmer vorformuliert, ist die Nähe zu § 1 UKlaG offenbar. Dabei geht die „Burda"-Lösung sogar so weit, nicht tarifgebundene Arbeitnehmer zu erfassen.

Die zweite Schnittstelle bilden die Offenheit des UKlaG im Hinblick auf Rechtsfortbildungen und die Dynamik des UWG bezüglich der Lauterkeit des Arbeitgeberverhaltens als Unternehmer.[22] Der Bundesgerichtshof hat 2007 § 1 UKlaG über den Wortlaut hinaus analog auf standardisierte Einbeziehungen angewendet.[23] Hier dokumentiert sich nicht nur die Emanzipation des kollektiven Rechts von einem positivistischen Ansatz, die analoge Anwendung von § 1 UKlaG rückt auch die einschlägige Anspruchsgrundlage für eine Rechtsfortbildung des UKlaG im Hinblick auf das Arbeitsrecht in den Vordergrund.

Entscheidend wird sein, die ansonsten unterschiedlichen Ausgangspunkte von Verbraucher- und Arbeitsrecht zu einem gemeinsamen Endpunkt zu bringen. Die Rechtsgebiete unterscheiden sich bei der Begriffsbildung.[24] Kollektiver Rechtsschutz und kollektives Arbeitsrecht passen scheinbar nicht zusammen. Das eine erscheint als Prozessrecht, das andere als Konvolut mehr oder weniger starken materiellen Rechts. Dabei könnte man kollektives Arbeitsrecht auch als kollektiven Rechtsschutz begreifen oder jedenfalls kollektiven Rechtsschutz im kollektiven Arbeitsrecht einordnen. Im Ansatz haben § 97 ArbGG und § 9 TVG den Begriff in das Arbeitsrecht eingeführt. Eine pauschale Gleichsetzung ohne

[18] BT-Drs. 14/7052 S. 190.

[19] *Däubler*, NZA 2001, 1329 (1333).

[20] BAG, Beschluss vom 20.4.1999 – 1 ABR 72/98, NZA 1999, 887, hierzu noch S. 191 ff.

[21] Zugleich kritisch zu dieser Terminologie: *Halfmeier*, S. 14 f.

[22] Das Thema wurde vom Verfasser bereits in VuR 2013, 203 behandelt und soll nur vertieft werden.

[23] BGH, Urteil vom 12.12.2007 – IV ZR 130/06, NJW 2008, 1160.

[24] *Höland*, FS Bepler, 221 (221); eine interessante Randnotiz stellt die historische Rolle der Zünfte dar. Sowohl im Arbeitsrecht als auch im Verbraucherrecht werden Überwachungsinstrumente auf die Zünfte zurückgeführt. So weist etwa *Hadding*, JZ 1970, 305 (309 f.) auf ihre Bedeutung für das Wirtschaftsleben im Kontext der Verbandsklage der Verbraucherverbände hin.

theoretische Basis liefe jedoch Gefahr, zu verzerren. Das kollektive Arbeitsrecht hat viele Funktionen. Lediglich eine, wenn auch die wichtigste, ist der Schutz des Individuums. Jedoch ermöglicht diese Parallelität es, die Begriffe analytisch zu verknüpfen[25] und hieraus Rechtsfortbildung zu betreiben. *Wiedemann* hat im Arbeitsrecht darauf hingewiesen, dass Verbands- und Gruppenklagen in anderen Ländern häufig von der Gerichtsbarkeit entwickelt und erst später vom Gesetzgeber übernommen wurden.[26]

Der kollektive Rechtsschutz ist ebenfalls ein offener Begriff, unter den sich ganz unterschiedliche Fälle und Gruppen der Prozessführung fassen lassen.[27] Er hat daher keine Probleme, das Arbeitsrecht zu integrieren. Das Arbeitsrecht bzw. Arbeitsgerichtsverfahren hingegen trennt unterschiedliche Verfahrensarten (§ 2f. ArbGG) und folgt innerhalb dieser festgelegten Bahnen. Kollektiver Rechtsschutz ist dann eine Herausforderung. So zeigt bereits die Diskussion um die sog. Burda-Entscheidung, dass keinesfalls klar ist, welche Verfahrensart angewandt werden sollte. Allgemeiner hat *Krause* vor dem Hintergrund der subjektiven Reichweite von Entscheidungen im Arbeitsprozess konzediert, dass von einem gefestigten System des kollektiven Rechtsschutzes im Arbeitsrecht nicht die Rede sein könne.[28] Diese rechtsgebietsimmanenten Probleme sollten aber nicht den Blick verstellen. In der rechtspolitischen Diskussion um die Einführung einer arbeitsrechtlichen Verbandsklage wird betont, dass diese einen vergleichbaren Rechtscharakter aufweise wie die Verbraucherverbandsklage.[29]

C) Die Verbandsklage und individuelle Freiheit

Rechtsfortbildung über eine konkrete kollektive Struktur hinaus setzt auch voraus, den kollektiven Rechtsschutz in der Gesamtrechtsordnung zu positionieren. Eine systematische Betrachtung beider Rechtsgebiete erfordert, dass diese einer gebietsübergreifenden Rechtsfortbildung überhaupt zugänglich sind. Die Rede ist allzu oft von einem Fremdkörper.[30] Das wesentliche Problem für die Rechtsfortbildung verkörpert die Demarkation privater und kollektiver Autonomie.[31] Interessanterweise wird die ausgemachte Ausnahmestellung des kollektiven Rechtsschutzes auch auf das kollektive Arbeitsrecht übertragen. So hat *Däubler* hervorgehoben, dass das kollektive Arbeitsrecht immer noch Ausnahme sei. Dort, wo dieses Rechtsgebiet keine Aussage treffe oder der Einzelne den

---

[25] Hierzu und zu den Hürden: *Höland*, FS Bepler, 221 (221).

[26] *Wiedemann*, RdA 2000, 165 (170); zum Phänomen der „Expansion" der Verbandsklage: *Halfmeier*, JJZ 2003, 129 (130).

[27] *Schilken*, in: Meller-Hannich (Hrsg.), S. 31.

[28] *Krause*, S. 469.

[29] *Kocher*, Verbandsklage, S. 34; ebenfalls für die Einführung zugunsten von Gewerkschaften und Arbeitgeberverbänden: *Reinecke*, NZA-Beil. 2000, 23 (33); *Lakies*, Rn. 414: „rechtspolitisch unbefriedigend".

[30] *Köhler*, ZFSH 2010, 19 (19); *Säcker*, S. 2; *Schilken*, in: Meller-Hannich, S. 46; *Gaul*, FS Beitzke, 997 (1024): „Zwittergebilde"; vgl. auch *Epiney*, NVwZ 1999, 485 (485).

[31] *Weis*, FS Simitis (467 u. 482).

vorgezeichneten Weg verlasse, greife das allgemeine Zivilrecht ein. „Der Kollektivismus“ bleibe eine dünne Schicht.[32]

Für gewöhnlich wird betont, dass das deutsche Recht sowohl im materiellen Recht als auch im Prozessrecht auf ein liberal-individualistisches[33] Leitbild hin entworfen sei. Jeder regelt seine Rechtsverhältnisse selbst.[34]

Dieses Leitbild gilt jedoch nicht absolut. Bereits im Individualrechtsverhältnis wird das Individuum anhand der auf es anwendbaren Normen abstrahiert. Das Individuum wird, im Anschluss an das an den Anfang gestellte Zitat Radbruchs, zum Unternehmer, Arbeitnehmer, Kaufmann oder Urheber. Zum Individualismus setzt sich kollektives Recht erst recht in ein Spannungsverhältnis.

Während sich Individualismus und kollektive Lösungen als große philosophische Ausgangspunkte gegenüberstehen, sieht sich das Recht vor der Aufgabe, einerseits das Individuum zu betonen, dem tatsächlichen Phänomen der Kollektivierung von Menschen aber andererseits nicht blind gegenüberzustehen.[35] Die philosophische Differenzierung bildet daher nur den Ausgangspunkt der rechtlichen Entscheidung. Das Recht soll Konflikte entscheiden, und Konflikte entstehen auch zwischen und innerhalb von Kollektiven. Mit den philosophischen Strömungen eint das Recht gleichwohl nur die Frage nach dem Vorrang des Individuellen oder des Kollektiven. Anders als die philosophischen Schulen ist das Recht an die Vorgaben des Gesetzgebers gebunden, der sich in der Regel weniger von philosophischen Grundannahmen als von der interessengerechten Lösung sozialer Konflikte hat leiten lassen – was sich freilich nicht ausschließen muss.

Im Arbeitsrecht wird der Schutz des Arbeitnehmers vor sich selbst teilweise – so scheint es – mit normativer Kraft aufgeladen.[36] Auf der anderen Seite stehen Stellungnahmen, welche die Selbstschädigung gerade von der Privatautonomie gedeckt sehen.[37] *Hromadka* etwa überspitzte das Problem im Zusammenhang mit dem sog. Burda-Beschluss dahin gehend, dass den Menschen, die sich zu ihrem eigenen Schutze zu Koalitionen zusammenschlössen, vorgeworfen werde, unerlaubte Handlungen zu begehen, so sie diesen Schutz nicht annähmen.[38]

Auch wenn es eine konsequente Lösung zu sein scheint, kollektive Rechte an eine Wertentscheidung für kollektive Ansätze zu koppeln,[39] so erscheint dies nicht zwingend. Normen folgen zwei Interessenlinien. Der Norm selbst liegt ein abstrakter Interessengegensatz zugrunde, in den das Individuum mit seinen „natürlichen Interessen“ eintritt. Harmonieren diese Interessen, so wird dem Individuum rechtlicher Schutz zuteil. Die angesprochenen objektiven Interessen führen jedoch bereits im Individualrecht zu einer Abstraktion der Interessenlinie

---

32 *Däubler*, NZA 1988, 857 (862).

33 Zur komplexen Begriffsgenese der Kategorien: vgl. Ritter/Gründer-*Rauscher*, Band 4: I–K: „Individualismus“ „Kollektivismus“.

34 Hierzu *Hess*, JZ 2011, 66 (67); vgl. Maunz/Dürig-*Di Fabio*, Art. 2, Rn. 101.

35 *Däubler*, ArbuR 1995, 305 (306); aktuell etwa: *Koppelfels-Spies*, RdA 2010, 72.

36 Wiedemann-*Wank*, § 4 Rn. 455, zu *Heinze*, NZA 1991, 329.

37 *Bergner*, S. 45 ff.

38 *Hromadka*, AuA 2000, 13 (14).

39 *Jovanović*, S. 44 ff.

und damit zur Bündelung im Normzweck. Wegen der unbestimmten Vielzahl an Normunterworfenen mag tatsächlich ein Kollektiv vorliegen, dies gilt allerdings für jede Norm. Erst die Betonung und Fortentwicklung des Schutzzwecks führen zum kollektiven Recht bzw. kollektiven Rechtsschutz. Die vorliegende Abhandlung geht daher ebenfalls von einer am Individuum orientierten Grundkonzeption aus. Sie wird allerdings untersuchen, ob kollektiver Rechtsschutz nicht auch die Konsequenz aus den zugrunde liegenden Individualinteressen sein kann.

D) Die Vorgaben des Unionsrechts

Die Diskussion einer arbeitsrechtlichen Verbandsklage kann das Unionsrecht nicht ausblenden. Nicht nur der Begriff des kollektiven Rechtsschutzes ist unionsrechtlich aufgeladen.[40] Zahlreiche Normen des Individualarbeitsrechts gehen heute auf Unionsrecht zurück. Das Verbraucherschutzrecht ist ebenfalls stark vom Unionsrecht durchdrungen. Nahezu jede neuere Rechtsentwicklung hat ihren Ursprung im Unionsrecht.[41] Zudem stellt sich kollektiver Rechtsschutz als ein mögliches Mittel zur Gewährleistung effektiven Rechtsschutzes dar. Durch ihn wird zusätzlich zur individuellen Ebene eine weitere, auf die Durchsetzung des Europarechts ausgelegte Rechtsdurchsetzungsebene geschaffen.

Für die Anwendung des UKlaG auf das Arbeitsrecht bildet das Unionsrecht eine wesentliche Determinante. Anders als bei den meisten anderen Arbeiten über den europäischen Bezugsrahmen geht es vorliegend nicht nur um eine unionsrechtskonforme Auslegung, sondern gleichsam um die Kombination zweier unterschiedlicher Politikziele der EU mit unterschiedlichen Kommissaren und Generaldirektionen, die praktisch eher aneinander vorbei agieren. Das Verbraucherrecht wird dem Bereich „Umwelt, Verbraucher und Gesundheit", das Arbeitsrecht dem Bereich „Beschäftigung und Soziales" zugeordnet.

Dennoch besteht seit Kurzem die Möglichkeit, die Gebiete einheitlich zu betrachten. Am Anfang der unionsrechtlichen Erfassung des Themas stehen zwar noch unterschiedliche Ansätze der Kommission. In einem Grünbuch vom 22.11.2006[42] beschrieb die Kommission die wesentlichen Herausforderungen, die daraus resultieren, dass die geltenden Rechtsvorschriften der Realität der Arbeitswelt nicht mehr entsprechen. Dieser Ansatz ging in der Idee „Flexicurity"[43] auf. Das Arbeitsrecht auf der überindividuellen Ebene zu stärken, zeigte sich lediglich am Rande. Im Wettbewerbsrecht konzentrierte sich die Kommission auf Schadensersatzklagen im Falle von Verletzungen des EU-Wettbewerbsrechts.[44] 2008 fokussierte die Kommission die kollektive Rechtsdurchsetzung für Verbraucher.[45] Im Anschluss hieran führte die Kommission jedoch eine öffent-

---

[40] *Höland*, FS Bepler, 221 (221).
[41] Vgl. aber *Micklitz*, A 11–13.
[42] KOM (2006), 708 endg; vertiefend: *Buchner*, S. 59ff.
[43] KOM (2007), 359 endg.
[44] KOM (2005), 672 endg.
[45] KOM (2008), 794 endg.

liche Konsultation unter dem Titel „Kollektiver Rechtsschutz: Hin zu einem kohärenten europäischen Ansatz" durch.[46] Im Rahmen des Konsultationsverfahrens forderte etwa der DGB ein Verbandsklagerecht.[47]

Als Reaktion auf die Konsultation gab die Kommission Mitte 2013 die Empfehlung 2013/396/EU[48] für gemeinsame Grundsätze hinsichtlich kollektiver Unterlassungs- und Schadensersatzverfahren bei Verletzung von Unionsrecht ab. Diese Empfehlung wurde durch die Mitteilung „Auf dem Weg zu einem allgemeinen europäischen Rahmen für den kollektiven Rechtsschutz" flankiert.[49] In Erwägungsgrund 7 der Empfehlung hob die Kommission hervor, dass die Ansätze in all den Bereichen angewandt werden sollten, in denen kollektive Unterlassungsklagen „von Interesse sein können".

In der unionsrechtlich geprägten Diskussion ist der Begriff des kollektiven Rechtsschutzes wegen der Grundidee, Defizite zu überwinden, zu einem Synonym der praktischen Wirksamkeit geworden.[50] Wo grundlegende Unionsrechte verletzt werden, müssen die Verletzten die Möglichkeit haben, ihre Rechte durchzusetzen.[51] Das Unionsrecht ist im Ausgangspunkt ähnlich personenbezogen wie das deutsche Recht. Nach Art. 47 Abs. 1 EGCh hat jede Person, der durch Unionsrecht Rechte oder Freiheiten verliehen wurde, im Falle ihrer Verletzung das Recht, bei einem Gericht einen wirksamen Rechtsbehelf einzulegen.[52] Vor diesem Hintergrund ist es bemerkenswert, dass die Gestaltungsidee, Organisationen Rechtsbehelfe einlegen zu lassen, als Konsequenz des Effektivitätsgebots und nicht in ein Spannungsverhältnis zum Individualrechtsschutz gesetzt wird. Die Spannungslage zur individuellen Freiheit und Verantwortung wirft für die Kommission keine Probleme auf. Ihrer Meinung nach lässt sich kollektiver Rechtsschutz in die Rechtstradition Europas einfügen.[53]

E) Gang der Darstellung

Die Gegenüberstellung von Verbraucher- und Arbeitsrecht zeichnet den Gang der Untersuchung vor:

Im ersten Teil soll die verbraucherschützende Verbandsklage als Gegenstand der Rechtsfortbildung dargestellt werden. Dazu ist es erforderlich, den Rahmen dieses Instituts, insbesondere den Verbraucherbegriff und die abstrakte Struktur

---

[46] SEK (2011), 173 endg.

[47] DGB, Stellungnahme vom 18.2.2009, S. 7 f. (abrufbar unter: http://ec.europa.eu/competition/consultations/2011_collective_redress/dgb_de.pdf [Stand: August 2015].

[48] Abl. L 201 vom 26.7.2013, S. 60.

[49] KOM (2013), 401 endg.

[50] Etwa *Kocher*: in: gleiches Recht, 187 (202); vgl. auch zur Effizienz kollektiven Rechtsschutzes: Dauses-*Micklitz/Rott* H. V., Rn. 701 ff.

[51] SEK (2011) 173 endg., S. 2.

[52] *Reich* will den kollektiven Rechtsschutz dort in Verbindung mit Art. 169 AEUV ableiten, *Reich*, Rechtsschutz, S. 67.

[53] SEK (2011), 173 endg.; gegen Sammelklagen: BT-Drs. 17/5956 S. 7.

des Verbraucherrechts näher zu erläutern, um danach die Funktionen und Voraussetzungen der Verbandsklage im Verbraucherrecht im Einzelnen zu klären:

Die Verbandsklage erhält über die Unterlassungsklagen-Richtlinie 2009/22/EG und die Richtlinie über unlautere Geschäftspraktiken (2005/29/EG) ein unionsrechtliches Fundament. Nach der Darstellung der Grundsätze dieser Richtlinien sollen die diese umsetzenden Regelungen im UKlaG und UWG vertieft werden. Anhand der Interaktion/der Verweisung des § 1 UKlaG und/auf § 305 Abs. 1 BGB soll zunächst erörtert werden, dass bereits das Verwenden und Stellen Allgemeiner Geschäftsbedingungen auf eine Störung der Interessen *der* Verbraucher schließen lassen. § 2 UKlaG hingegen nimmt einen einfachen Verstoß auf und konstituiert selbst ein zusätzliches kollektives Element. Im Rahmen der Auseinandersetzung mit § 2 UKlaG kann eine erste Näherung an die Fassung des Begriffs des „Interesses der Verbraucher" unternommen werden. Dieser Begriff ist zentral für die Einordnung des kollektiven Rechtsschutzes entweder im Allgemeininteresse oder im Gruppeninteresse aller Verbraucher.

Für die Frage der Rechtsfortbildung hat die dogmatische Struktur der Befugnisse der §§ 1 und 2 UKlaG i. V. m. § 3 UKlaG besondere Bedeutung. In der Diskussion der sog. Doppellösung des Bundesgerichtshofs, nach welcher die Befugnisse der Verbände sowohl Prozessrecht als auch materielles Recht darstellen, liegt daher ein Schwerpunkt der Arbeit. Im Anschluss sollen die weiteren Regelungen im UKlaG dargestellt werden. Gerade diese flankierenden Rechte und Pflichten sind für die Einbettung der Verbandsklage im Arbeitsrecht relevante Bewertungsfaktoren.

Zum Schluss des ersten Teils soll auf das UWG eingegangen werden. Dies hat zwei Gründe. Zum einen ist das UWG ein wichtiger Bestandteil des Verbraucherschutzrechts, zum anderen enthält das UWG keine Bereichsausnahme wie § 15 UKlaG, so dass im zweiten Teil untersucht werden kann, welche arbeitsrechtlichen Normen *de lege lata* über das UWG durchgesetzt werden können. Zudem verfügt das UWG in den wichtigen Bereichen des Wettbewerbsvorsprungs eines Unternehmers durch Rechtsbruch und des Missbrauchs der Klagebefugnis durch Verbände über einen erheblichen, rechtlichen Besitzstand, der auch für die Rechtsfortbildung von Interesse ist.

Der zweite Teil der Arbeit ist inhaltlich in mehrere Abschnitte gegliedert. Einerseits werden die bestehenden Interaktionen von Arbeitsrecht und Verbraucherrecht dargestellt. Andererseits wird untersucht, inwieweit hierüber hinausgehende Rechtsfortbildung im Unterlassungsklagengesetz möglich ist.

Dazu soll zunächst dargestellt werden, welche Instrumente schon heute mit dem Begriff „kollektiver Rechtsschutz" bzw. „Verbandsklage" im Arbeitsrecht bezeichnet werden. Sodann soll das Problem diskutiert werden, ob und wann Gewerkschaften als qualifizierte Einrichtungen i. S. v. § 4 Abs. 2 UKlaG in die relevanten Listen aufgenommen werden können. Dieser Aspekt ist nicht nur für das UKlaG, sondern auch für das UWG entscheidend, da dieses Gesetz die Aktivlegitimation in § 8 Abs. 3 Nr. 3 UWG an das UKlaG koppelt.

Das UWG wird in der Folge näher untersucht. Dabei wird auf die klassische Problematik des Vorsprungs im Wettbewerb durch das Verletzen von Arbeitnehmerschutznormen eingegangen. Flankiert wird diese Frage von der Integration der jüngsten Entscheidung des Bundesgerichtshofs zum objektiven Zusammenhang der geschäftlichen Handlung. Einen zentralen Stellenwert wird dann die Verarbeitung des Urteils des EuGH in der Rechtssache *Feryn* durch die §§ 8, 3, 4 Nr. 11 UKlaG einnehmen. Schließen wird dieser Teil der Untersuchung mit der Frage, ob die Arbeitsgerichte für diese Ansprüche zuständig sind.

Im Anschluss an die Erörterung des UWG wird der letzte Schwerpunkt der Arbeit thematisiert: die Anwendung des UKlaG auf das Arbeitsrecht. Zunächst soll auf die Frage eingegangen werden, welche Voraussetzungen an eine Rechtsfortbildung im Kollektivrecht bestehen, insbesondere wenn eine kollektive Struktur von einer Regelungsmaterie auf einen anderen Rechtsbereich übertragen werden soll.

Für die Rechtsfortbildung ist es von besonderer Bedeutung, die Stellung von kollektivem Recht in der Rechtsordnung zu klären. Stellen solche Regelungen einen Fremdkörper im Recht dar, lässt sich ihre Fortbildung schlechter rechtfertigen, als wenn man sie als Ausfluss eines allgemeinen Prinzips von Gruppenprozessen wahrnimmt. Mit dieser Frage hängt auch der Stellenwert der häufig herangezogenen Betonung der individual-liberalistischen Tradition der deutschen Rechtsordnung für die Diskussion zusammen.

Im Anschluss soll diskutiert werden, inwiefern eine Regelungslücke trotz der scheinbar eindeutigen Regelung des § 15 UKlaG besteht. Der Rechtsausschuss hat in seiner Beschlussempfehlung an den Deutschen Bundestag mehrere Fragen aufgeworfen, die der Antwort harren, aber zugleich eine Integration der Verbandsklage in das Arbeitsrecht ermöglichen.

Davon ausgehend wird untersucht werden, inwiefern die Regelungsmaterien im Verbraucher- und Arbeitsrecht in ihren Interessenlagen und -bewertungen im Hinblick auf die Übertragung eines kollektiven Rechts vergleichbar sind:

Ausgangspunkt sind die unionsrechtlichen Vorgaben für den Ausbau des kollektiven Rechtsschutzes. In den Bereichen, in denen Vertragsrecht mit Verstößen gegen Unionsarbeitsrecht einhergeht, besteht ein Anknüpfungspunkt für die Vorgaben der Empfehlung 2013/396/EU. Darüber hinaus soll untersucht werden, inwieweit die Aussage des Art. 9 Abs. 3 S. 1 GG, dass eine koalitionsspezifische Tätigkeit auch im Wahren der Arbeits- und Wirtschaftsbedingungen liegen soll, in die Anwendung von § 1 UKlaG überführt werden kann. An diesem Punkt ist die Kompatibilität der beiden Rechtsmaterien zu untersuchen. Dies gilt einerseits für das Zusammenspiel des individuellen mit dem kollektiven Schutzrecht und andererseits für das Konkurrenzverhältnis tarifvertraglicher Lösungen mit einer Untersagung möglicherweise nicht anwendbarer Vertragsbestimmungen.

Am Ende der Arbeit werden ein Fazit gezogen und die einzelnen Ergebnisse geordnet dargestellt.

Erster Teil

Die Verbandsklage im Verbraucherrecht

Im ersten Teil soll die Verbandsklage im Verbraucherrecht vorgestellt werden. Dazu werden zunächst die historische Entwicklung und die rechtlichen Rahmenbedingungen der Verbandsklage dargestellt, insbesondere ihr Standort im deutschen und europäischen Verbraucherrecht. Im Anschluss werden dann die Regelungen der Verbandsklagen nach §§ 1, 2 UKlaG und § 8 UWG erörtert. Diese Themen stellen das notwendige Gerüst dar, um im zweiten Teil der Arbeit den kollektiven Rechtsschutz im Arbeitsrecht gebietsübergreifend darzustellen.

A) Die historische Einordnung des kollektiven Verbraucherrechts

Die Verbandsklage ist ein integraler Bestandteil des Verbraucherrechts. Dieses Rechtsgebiet bezeichnet die Gesamtheit aller Normen, die für die Rechtsstellung des Verbrauchers Bedeutung haben. Dass auf Tatbestandsebene am Begriff des Verbrauchers i. S. v. § 13 BGB angeknüpft wird, ist hingegen nicht entscheidend.[1]

Traditionell bildet Verbraucherrecht ein Sonderprivatrecht.[2] In der neueren Entwicklung ist es in das Bürgerliche Gesetzbuch überführt worden und durchzieht heute die besonderen Vertragstypen sowie die Allgemeinen Teile des BGB und des Schuldrechts.

Der Schutz der Verbraucher ist historisch eng mit der Forderung nach dem Schutz der Arbeitnehmer bzw. der Arbeitnehmerbewegung verbunden.[3] Bis zum 19. Jahrhundert kontrollierten die Zünfte das Waren- und Dienstleistungsangebot und gewährten so etwas wie Verbraucherschutz.[4] Dies änderte sich mit der Einführung der Gewerbefreiheit; 1810 für Preußen und 1869 für den Norddeut-

---

[1] *V. Moltke*, S. 9; *Drexl*, S. 85; zum Verbraucherrecht im engeren und im weiteren Sinne: Tamm/Tonner-*Tamm*, § 1, Rn. 3.

[2] *Dauner-Lieb* S. 23 ff.; Tamm/Tonner-*Tamm*, § 2, Rn. 1; *Reymann*, passim; kritisch: *Billen*, VuR 2009, 281 (281); *Schmidt-Kessel*, VuR 2012, 350 (350 f.); zum „Ende" als Sonderprivatrecht: MünchKomm-*Micklitz/Purnhagen*, Vorb. §§ 13, 14, Rn. 8 f.; ebenso *Hopt/Baetge*, in: Bündelung, 11 (40); zum Vordringen des öffentlichen Rechts: *Pfeiffer*, NJW 2012, 2609 (2610); vgl. *Holtz* S. 29 ff.: eigenes Rechtsgebiet; die Frage, ob Verbraucherschutzrecht ein Sonderprivatrecht ist, hängt maßgeblich vom Verständnis der Privatautonomie ab, vgl. MünchKomm-*Micklitz/Purnhagen*, Vorb. §§ 13, 14, Rn. 40; hierzu auch S. 173.

[3] *Reymann* S. 94; instruktiv: https://www.verbraucherzentrale-niedersachsen.de/link1801281A.html [Stand: August 2015].

[4] *Reymann* S. 92 f. m. w. N.; vgl. hierzu: *Ziekow*, HRG, Sp. 344 (344).

schen Bund.[5] Die zunehmende Industrialisierung versorgte die Bevölkerung zum einen mit Konsumgütern und ließ andererseits die Nachfrage nach Arbeitskräften wachsen. Aus der Arbeiterbewegung gingen dann die ersten Verbraucherorganisationen i.e.S. (Konsumgenossenschaften) hervor.[6] Diese Zusammenschlüsse zeichneten sich dadurch aus, dass sie für die Verbraucher Waren und Dienstleistungen am Markt beschafften. Die Gleichschaltung in der Zeit des Nationalsozialismus unterbrach diese Entwicklung.

Das Recht des Schutzes der Verbraucher ist daher „ein Kind der zweiten Hälfte des 20. Jahrhunderts"[7]. Der kollektive Verbraucherschutz entwickelte sich aus dem Recht gegen den unlauteren Wettbewerb. Am Anfang steht das Gesetz zur Bekämpfung des unlauteren Wettbewerbs vom 27. Mai 1986,[8] dessen § 1 nur einen fragmentarischen Charakter hatte. War es dann ab 1909 Verletzten, Mitbewerbern oder Verbänden zur Förderung gewerblicher Interessen aufgrund des neu gefassten § 1 UWG möglich, die Unterlassung sittenwidrigen Verhaltens zu verlangen, wurde mit Gesetz vom 21.7.1965 den Verbraucherverbänden diese Befugnis ebenfalls eingeräumt.[9] Ebendiesen wurde 1976/77 durch das AGBG in § 13 AGBG eine weiter reichende Befugnis hinsichtlich der Unterlassung der Verwendung und des Empfehlens Allgemeiner Geschäftsbedingungen eingeräumt.[10] Im Jahr 2000 wurde das AGBG um die sog. Rechtsbruchklage ergänzt, um der Richtlinie 98/27/EG[11] zu entsprechen.[12] Dieses Institut ermöglichte es, Verstöße gegen Verbraucherschutzgesetze zu unterbinden.

Im Rahmen der Schuldrechtsmodernisierung 2001/2002 wurden das AGBG aufgehoben, die AGB-Kontrolle in das BGB (§§ 305 ff. BGB) überführt und der kollektivrechtliche Aspekt im neu geschaffenen UKlaG untergebracht.[13] § 1 UKlaG enthält die Verbandsklage gegen unzulässige Allgemeine Geschäftsbedingungen und § 2 UKlaG den sog. Rechtsbruchtatbestand. Das UWG wurde in den Jahren 2004[14] und 2008[15] novelliert und richtet sich nunmehr gegen „unlautere geschäftliche Handlungen". Die Richtlinie 98/27/EG wurde 2009 durch die Richtlinie 2009/22/EG abgelöst.[16] Die jüngst ergangene Empfehlung 2013/396/

---

[5] § 1 Abs. 1 GewO, GewO vom 21.6.1869, NBGBl. 1869, Nr. 26, S. 245; vgl. hierzu: *Ziekow*, HRG, Sp. 344 (345).

[6] Vgl. auch § 1 Abs. 1 GenG – das Gesetz gilt seit dem 1.5.1889, RGBl. 1889, S. 55.

[7] Bereits bestehende Strukturen wurden allerdings beibehalten. Hierzu und zur Problematik des Verbraucherschutzrechts als Rechtsgebiet: *Schricker*, GRUR Int 1976, 315; zur Rezeption im BGB und insbesondere zur rechtlichen Entwicklung um und ab 1900: *Kocher*, Funktionen S. 277 und 355 ff.; die internationale Entwicklung miteinbeziehend: *von Hippel* S. 3 ff.

[8] RGBl. 1986 Nr. 2306; instruktiv zur Entwicklung die Synopse bei *Lobe*, S. 435 ff.

[9] BGBl. I 1965/32, S. 625; hierzu: *Pastor*, GRUR 1969, 571; zur Entwicklung davor: *Schaumburg* S. 24 f.

[10] BGBl. I 1976/142, S. 3317.

[11] Abl. L 166 vom 11.6.1998, S. 51.

[12] BGBl. I 2000/29, S. 947; hierzu *Rott*, JCP 2001, 401.

[13] BGBl. I 2001/61, S. 3138.

[14] BGBl. I 2004/32, S. 1414.

[15] BGBl. I 2008/64, S. 2949.

[16] Abl. L 110 vom 1.5.2009, S. 10; nicht zu unterschätzen ist auf der Ebene des Unionsrechts die Bedeutung der Lauterkeit des Wettbewerbs. Hier ist zuvorderst die Richtlinie 2005/29/

EU der Kommission vom 11. Juni 2013 zum Ausbau des kollektiven Rechtsschutzes lässt die bestehenden Instrumente nach Erwägungsgrund 14 unberührt.[17]

B) Der Verbraucherbegriff nach § 13 BGB

Von diesen Grundlagen ausgehend soll nunmehr der Verbraucherbegriff und die an ihm anknüpfende Gruppenbildung im Verbraucherrecht erörtert werden. Das ist deshalb von Bedeutung, weil sich hieran der Übergang vom individuellen Recht zum kollektiven Verbraucherrecht nachvollziehen lässt.

I. Das Merkmal „Verbraucher"

Nach § 13 BGB ist ein Verbraucher jede natürliche Person, die ein Rechtsgeschäft zu Zwecken abschließt, die überwiegend[18] weder ihrer gewerblichen noch ihrer selbständigen beruflichen Tätigkeit zugerechnet werden können.

Diese allgemeine Definition führte 2001 die uneinheitlichen Verbraucherdefinitionen aus den bis dahin geltenden Sondergesetzen zusammen.[19] Das Unionsrecht fasst den Verbraucherbegriff enger. Zum Beispiel definiert Art. 2 der Richtlinie 2011/83/EU den Verbraucher als natürliche Person, die „[...] zu Zwecken handelt, die außerhalb ihrer gewerblichen, geschäftlichen, handwerklichen oder beruflichen Tätigkeit liegen".

Anders als bei den meisten personenbezogenen Merkmalen des Zivilrechts begründet die Annahme der Verbrauchereigenschaft keinen eigenen Vertragstyp oder ein Rechtsinstitut. Vielmehr wird ein besonderer Schutz in einem Vertragsverhältnis freigeschaltet.[20] Durch die Definition des § 13 BGB wird zudem kein fester Kreis an Personen zu Verbrauchern erhoben, vielmehr werden natürliche Personen bei bestimmten, durch die negative Zweckbestimmung abgegrenzten Tätigkeiten erfasst.[21] Den Verbraucher als solchen gibt es folglich nicht.[22] Die natürliche Person nimmt die Eigenschaft nicht absolut, sondern nur moment-

---

EG, Abl. L 149 vom 11.6.2005, S. 22, zu nennen. *Reich* führt die Entwicklung des kollektiven Rechtsschutzes auf die Richtlinie zur irreführenden Werbung 84/450/EWG, Abl. L 250 vom 19.9.1984, S. 17 zurück (*Reich*, Rechtsschutz, S. 56). Zur historischen Entwicklung der europäischen Verbraucherpolitik vgl. *Mom*, S. 6 ff.; zu den Richtlinien 2009/22/EG und 2005/22/EG noch S. 36 ff. u. S. 98 ff.

[17] Ausführlich S. 287 ff.

[18] Durch diese neue Formulierung soll klargestellt werden, dass die überwiegende Zweckbestimmung entscheidet. Der Gesetzgeber wollte sog. *dual-use*-Geschäfte erfassen, vgl. BT-Drs. 17/13951, S. 61; hierzu *Purnhagen*, ZRP 2012, 36.

[19] Hierzu *Meller-Hannich*, S. 119; Jauernig-*Mansel*, § 13 BGB, Rn. 1: gilt für das gesamte Zivilrecht.

[20] *Meller-Hannich*, S. 120.

[21] Gloy/Loschelder/Erdmann-*v. Ungern-Sternberg*, § 25, Rn. 1; *K. Schmidt*, JuS 2006, 1 (2); *Meller-Hannich*, S. 120.

[22] *Meller-Hannich*, S. 122.

haft an; die Verbrauchereigenschaft verschwindet nach der Durchführung des Rechtsgeschäfts wieder.[23]

II. Rollenmodell und Systembezogenheit

Die Fassung von § 13 BGB wird auf den Vorschlag von *Reich* zurückgeführt.[24] Dieser vertrat eine sog. rollensoziologische Konzeption des Verbraucherbegriffs. Anders als in der Arbeitsrechtstheorie griffen seiner Meinung nach klassen-, schichten- oder konflikttheoretische Überlegungen zu kurz, um die Stellung des Verbrauchers im ökonomischen System zu verstehen. Vielmehr komme es auf die Rolle im Marktgeschehen an.[25] Eine Verbraucherstellung sollte dann vorliegen, wenn der Erwerb des Gutes oder die Inanspruchnahme einer Dienstleistung nicht zu geschäftlichen Zwecken oder durch Unternehmen, sondern zu persönlicher Bedarfsbefriedigung im weitesten Sinne geschehe.

Ob „der Verbraucher" eine (soziale) Rolle ist, mag bezweifelt werden.[26] § 13 BGB setzt keine Verhaltenserwartungen, sondern reagiert auf ein Verhalten und abstrahiert die Erwartung struktureller Unterlegenheit im Hinblick auf das jeweilige Rechtsgeschäft gegenüber dem Unternehmer (§ 14 BGB) im Allgemeinen Teil des BGB.[27] Entscheidend ist jedoch das Abstellen auf den Kontakt mit der Marktgegenseite. Erst über diesen Kontakt wird der Einzelne zum Verbraucher.

Seinen Sinngehalt zeigt der Verbraucherbegriff erst im Zusammenhang mit den besonderen Schutznormen.[28] Diese sind wiederum regelmäßig nicht auf die

---

[23] *Meller-Hannich*, S. 120; *K. Schmidt*, JuS 2006, 1 (1).

[24] *Reich*, ZRP 1974, 187 (194).

[25] *Reich*, ZRP 1974, 187 (190); *Bülow/Artz* Rn. 7 ff; *Engel/Stark*, ZEuP 2015, 32 (35).

[26] Dies ist nicht der Ort, um den von *Reich* verwendeten Begriff der Rolle mit der Diskussion des Rollenbegriffs in der (Rechts-)Soziologie umfassend zu vergleichen. In der Literatur hat sich das „Rollenmodell" durchgesetzt, vgl. *Drexl*, S. 397; *Meller-Hannich* S. 140 ff. m. w. N.; kritisch: *Engel/Stark*, ZEuP 2015, 32 (38 ff.). Die Rolle wird in der Rechtssoziologie als die Summe aller Verhaltensregeln verstanden, die dem Inhaber (einer bestimmten Rolle) von der Gesellschaft aufgegeben werden (vgl. die Zusammenfassung von *Röhl* § 37, 2. u. 4.). Der Mensch wird nicht als Individuum, sondern als einer unter vielen Inhabern der gleichen Position gesehen. Mit dem Rollenbegriff, den *Reich* zum Verbraucher im Sinn hatte, hat diese Definition nicht viel gemein, weil die Verbrauchereigenschaft i. S. v. § 13 BGB keine Handlungspflichten nach sich zieht. *Dahrendorf* hat in der Rolle den Schnittpunkt zur Gesellschaft erblickt. Sein – viel beachteter – homo sociologicus stand genau dort. Er bezeichnete den Mensch als Träger sozial vorgefertigter Rollen. Der einzelne „sei" seine sozialen Rollen, aber diese Sollen seien wiederum die „ärgerliche Tatsache" der Gesellschaft (*Dahrendorf*, S. 24). Dabei betonte er, dass Sozialisierung stets ein Prozess der Entindividualisierung sei (*Dahrendorf*, S. 63). In Abgrenzung zu *Linton* hat *Dahrendorf* die Rolle auf die soziale Erwartungshaltung bezogen, *Linton* (S. 114). hingegen bezog sich auf das tatsächliche Handeln vor dieser Erwartungshaltung: *„dynamic aspect of the status"* … *„when he puts the rights and duties which constitute the status into effect, he is performing a rôle."*. In der rechtlichen Rezeption überwiegt die Betonung von Verhaltenserwartungen. Das Recht reagiert auf ein bestimmtes, typisches Rollenverhalten. Damit ist Rollentheorie des Verbraucherrechts näher an *Linton* als an *Dahrendorf*. Die Anknüpfung an *Linton* wiederum schafft das Problem, dass dieser das soziale Beziehungsfeld vor Augen hatte, *Linton*, S. 113, vgl. auch *Reichhardt* S. 141 ff.

[27] MünchKomm-*Micklitz/Purnhagen*„ § 13, Rn. 39 f.

[28] MünchKomm-*Micklitz/Purnhagen*„ § 13, Rn. 42, mit einer kurzen Zusammenstellung.

konkrete Schutzbedürftigkeit ausgerichtet, sondern typisiert. Um dieser Typizität zu entsprechen, bietet sich der Begriff der Rolle wiederum an. Dann handelte es sich um „rollenbezogene typisierte Vorgänge, die Schutzbedürftigkeit auslösen".[29]

III. Die Verbraucher

Während § 13 BGB den Begriff des Verbrauchers rechtlich anerkennt und die Normen des BGB regelmäßig von einem Verbraucher sprechen, stellen das UWG und das UKlaG auf den Plural ab: § 2 UKlaG und § 1 UWG sprechen vom Schutz der Verbraucher.

Ein abgrenzbares Verbraucherkollektiv oder eine bestimmte „Gruppe" von Verbrauchern existiert gleichwohl nicht. Es liegt keine einheitliche Menge vor. Jedermann kann Verbraucher sein.[30] Eine Gruppe, die aus jedermann besteht, kann keine besondere Gruppe sein, sondern stellt die Allgemeinheit dar. Wegen der Flüchtigkeit der Verbrauchereigenschaft und des Fehlens von Rahmenbedingungen kann der Verbraucherbegriff des § 13 BGB überhaupt nicht an die Zugehörigkeit zu einem sozial, ökonomisch oder auch rechtlich erfassbaren feststehenden Personenkreis anknüpfen.[31]

Erst wenn eine Verbraucherschutznorm erfüllt werden muss oder verletzt zu werden droht, ist es möglich, die Betroffenen als Verbraucher zu identifizieren. Bestimmte Schutzsituationen können allerdings soziale Schwerpunkte haben. § 3 Abs. 2 S. 2 u. 3 UWG ermöglicht eine Art interner Gruppenbildung. Der Beurteilungsmaßstab des § 3 UWG verändert sich je nach Adressatenkreis. Sobald sich eine geschäftliche Handlung an eine bestimmte Gruppe von Verbrauchern wendet, ist nach S. 2 auf ein durchschnittliches Mitglied dieser Gruppe abzustellen. Nach S. 3 steht die Sicht eines durchschnittlichen Mitglieds einer aufgrund geistiger oder körperlicher Gebrechen, Alter oder Leichtgläubigkeit besonders schutzbedürftigen und eindeutig identifizierbaren Gruppe von Verbrauchern im Vordergrund, wenn für den Unternehmer vorhersehbar ist, dass seine geschäftliche Handlung ausschließlich diese Gruppe betrifft. Es genügt, objektiv erkennbar den Zweck zu verfolgen, eine Gruppe zu erreichen.[32]

In diesen Sätzen offenbart sich die Komplexität der Gruppenbildung im Verbraucherrecht. Das Vorhandensein bestehender Attribute oder Gruppen ist nicht ausreichend. Rechtliche Relevanz erhält die Gruppe erst, wenn sie durch eine

---

[29] MünchKomm-*Micklitz/Purnhagen*„ § 13, Rn. 42.

[30] *Rösler*, S. 23; *K. Schmidt*, JuS 2006, 1 (1) erblickt in der Abgrenzung gegenüber den sonstigen Marktteilnehmern durch das UWG sogar eine Identifikation als Gruppe.

[31] *Meller-Hannich*, S. 123.

[32] OLG Köln, Urteil vom 21.9.2012 – I-6 U 53/12, 6 U 53/12 (*„Fruchtgummi-Glückswochen"*), WRP 2013, 92 (94); eine strenge Exklusivität liefe jedoch auf eine ungerechtfertigte Privilegierung besonders breit aufgestellter unlauterer Handlungen hinaus. Um dieses Problem richtig zu erfassen, kommt es zunächst auf die Gruppenbildung an. Es wäre nicht widersprüchlich, bei einer geschäftlichen Handlung, die sich auf junge Kinder und alte Menschen bezieht, den Maßstab zu ändern. Die Gruppe wäre dann nur weiter als Leichtgläubige zu abstrahieren.

Handlung des Unternehmers anvisiert wird. Die geschäftliche Handlung trifft zwar auch soziale Gegebenheiten, letztendlich entscheidet aber der Unternehmer, an wen er sich wendet. Diese Form der Gruppenaktivierung ist auch im UKlaG anerkannt. Für den Maßstab des § 1 UKlaG kommt es in erster Linie auf den angesprochenen Verkehrskreis an.[33]

IV. Zwischenergebnis

Der Verbraucher ist keine feststehende Eigenschaft. Er bildet zusammen mit anderen Verbrauchern auch keine eigene Gruppe. Erst in einer typisierten Schutzsituation wird eine Person zu einem Verbraucher. Auf der anderen Seite kann jedermann jederzeit zu einem Verbraucher werden. Hierdurch wird die Verbrauchereigenschaft einer Dauereigenschaft ähnlich.[34] Während der Verbraucher durch den Marktkontakt mit dem Unternehmer zum Verbraucher wird, entsteht eine Gruppe von Verbrauchern durch eine Handlung des Unternehmers, die zur Betroffenheit einer Vielzahl von Verbrauchern führt.

C) Die Strukturen und Funktionen des Verbraucherrechts

Nachdem diese kommerzielle oder deliktische Form der Gruppenbildung herausgearbeitet wurde, ist nun der größere Rahmen des Verbraucherrechts darzustellen, um im nächsten Abschnitt den kollektiven Rechtsschutz einzuordnen.

I. Der Verbraucher im deutschen und im europäischen Recht

Das deutsche Verbraucherrecht wird zwar maßgeblich durch das Unionsrecht geprägt, strukturell sind diese Rechtsgebiete jedoch nicht völlig deckungsgleich – das europäische System ist marktbezogen, das deutsche System sozialstaatsbezogen.[35] Der EU-Verbraucherschutz ist für die Verwirklichung des Binnenmarktes und als einheitliche Schranke der Grundfreiheiten entscheidend. In dieser Funktion gewährt das EU-Recht ein hohes Niveau an Verbraucherschutz (Art. 169 AEUV, Art. 38 EGCh).[36] Dem deutschen Verbraucherrecht liegt der Gedanke zugrunde, dass der Verbraucher aufgrund seiner Unterlegenheit besonders geschützt werden muss.[37] Dieser Schutzimpuls wird im Wesentlichen aus dem

---

[33] BGH, Urteil vom 16.7.2013 – XI ZR 260/12, NJW 2013, 3163 (3165); MünchKommZPO-*Micklitz*, § 1 UKlaG, Rn. 10; § 2 UKlaG transportiert diesen Gedanken über die Verbraucherschutzgesetze.

[34] Diese Annahme dokumentiert sich auch anhand des Regelungsbedürfnisses; zum kollektiven Rechtsfortbildungsinteresse: *Kocher*, VuR 2007, 275 (276).

[35] MünchKomm-*Micklitz/Purnhagen*, Vorb. zu §§ 13, 14, Rn. 3 ff.; Dauses-*Micklitz/Rott*, H. V., Rn. 87 f.

[36] Vgl. KOM 2008 (614), S. 4.

[37] Hierzu Dauses-*Micklitz/Rott*, H. V., Rn. 79; Bamberger/Roth-*Schmidt-Räntsch*, § 13, Vorbemerkung.

Interessengegensatz zum Unternehmer i. S. v. § 14 BGB entwickelt. Verbraucher und Unternehmer stehen sich mit divergierenden Interessen in vielfältiger Hinsicht gegenüber.[38] Aus diesen Konstellationen erwachsen spezifische Schutzdimensionen als typisierte Antwort auf die Bedingungen und Gefahren, denen der Verbraucher ausgesetzt ist.[39]

II. Information

In einigen Konstellationen versucht das Recht, über Informationen eine rationale Entscheidung zu ermöglichen. Der Verbraucher soll frei von Zwängen, Täuschungen sowie Irreführungen und unter situationsangemessen vollständiger Information eine sowohl überlegte als auch gewollte Entscheidung treffen können.[40]

III. Die weitergehende Kompensation

Dieses Modell gelangt indes an seine Grenzen. Mit der informationellen Schwäche korreliert regelmäßig auch eine intellektuelle, psychologische und wirtschaftliche Ungleichheit.[41] Der Verbraucher soll dann dem Unternehmer typischerweise bzw. situationsbedingt unterlegen sein. Dieser Schutzgedanke realisiert sich nicht nur in der Konfrontation mit Handlungen des Unternehmers, sondern auch bei eigenen Handlungsmöglichkeiten der Verbraucher.[42] Klassisches Beispiel für die Kompensation verloren gegangener Privatautonomie stellt die Klauselkontrolle nach § 305 ff. BGB dar oder die Einräumung von Widerrufsrechten.

IV. Prävention

Über den konkret-situativen Schutz hinaus versucht das Verbraucherrecht, bestimmte Situationen gar nicht erst eintreten zu lassen.[43] So sind bereits Handlungen, die erst noch gegen Verbraucherschutznormen verstoßen würden, gemäß § 1 und § 2 UKlaG untersagt. Diese Entfernung vom Individuum und der Rechtsverletzung begründet die Abstraktion des Verbraucherschutzes. Ein

---

[38] Tamm/Tonner-*Tamm*, § 1, Rn. 1.

[39] Tamm/Tonner-*Tamm*, § 1, Rn. 5; instruktiv zu den sog. verbraucherpolitischen Modellen: Staudinger-*Kannowski*, § 13, Rn. 2 ff.; zur Typisierung der Sachverhalte: *Bülow/Artz* Rn. 11.

[40] *Grunewald/Peifer*, Rn. 2; *Reich*, Förderung, S. 12; *Dauner-Lieb*, S. 62; hierzu auch Staudinger-*Kannowski*, § 13 BGB, Rn. 4; *Bülow/Artz*, Rn. 28.

[41] *Grunewald/Peifer*, Rn. 7; Tamm/Tonner-*Tamm*, § 1, Rn. 7; Staudinger-*Kannowski*, § 13, Rn. 5, auch zu weiteren Spielarten und politischen Einordnungen.

[42] *Rösler*, S. 23.

[43] Kritisch zur sog. Vorverlagerungstheorie: *Bettermann*, ZZP 85, 133 (134 f.), der jedoch auch eine zeitliche Vorverlagerung anerkennt. In den meisten Monografien wird diese Schutzdimension nicht genannt, vgl. *Nobbe* S. 7–65. Das liegt vermutlich daran, dass das Zusammenspiel des kollektiven und individuellen Verbraucherschutzrechts nicht zusammenhängend gewürdigt wird und überwiegend auf den Vertrag als Ausgangspunkt gesetzlicher Korrektive abgestellt wird. Ohne die kollektive Seite wird man jedoch dem Verbraucherschutz nicht gerecht, vgl. *Grunewald/Peifer*, Rn. 287.

Strukturelement des Schutzes ist der kollektive Verbraucherschutz: Mithilfe eines kollektiven Akteurs sollen die Defizite des Individualprozesses und Individualrechtsverhältnisses überwunden bzw. korrigiert werden.[44]

D) Die Funktionen der Verbandsklage im Verbraucherschutzrecht

An diesen Funktionen setzt der kollektive Rechtsschutz im Verbraucherrecht an. Sowohl das UKlaG in §§ 1–4 UKlaG als auch das UWG in §§ 8 Abs. 1, Abs. 3, 3 Abs. 1, 4 Nr. 11 UWG sehen die Möglichkeit vor, Rechtsverstöße im Verbraucherrecht über die Verbandsklage geltend zu machen. Diese Instrumente realisieren daher insbesondere den präventiven Verbraucherschutz.

I. Schutzzwecke der Verbandsklage

Die Rechtsschutzinstrumente des UKlaG und des UWG verfolgen mehrere Zwecke. Die Chance zu einer Stellungnahme hat der Gesetzgeber 2001 nicht genutzt.[45]

1. Der Schutz des Rechtsverkehrs und der Privatautonomie

Der Bundesgerichtshof stellt im Hinblick auf § 1 UKlaG seit jeher den Zweck heraus, den Privatrechtsverkehr von missbräuchlichen Klauseln freizuhalten.[46] Dies präzisiert der BGH dahin gehend, dass die Norm auf den Schutz vor durch die Klauseln erzeugten Scheinbindungen ziele.[47] Diesen Gedanken nimmt ein Teil der Literatur auf und entwirft ihn institutionell. Über den Schutz des Privatrechtsverkehrs soll eine auf Privatautonomie, Privateigentum und freiem Wettbewerb basierende Privatrechtsordnung gewährleistet sein.[48] Diese Ansicht geht funktional in die Annahme einer „kompensatorischen Funktion" über.[49] Nach diesem Verständnis stellt die Verbandsklage ein Stück verloren gegangener Privatautonomie wieder her.

Was § 2 UKlaG angeht, so wurde diese Funktion teilweise verneint, da die Norm „nur" die Verbraucherinteressen schütze.[50] Das liegt auf den ersten Blick

[44] *Grunewald/Peifer* Rn. 287, *Holtz*, S. 68.

[45] BT-Drs. 14/6040, S. 275, für §§ 1 und 2 UKlaG.

[46] BGH, Urteil vom 11.2.1981 – VIII ZR 335/79 (KG), NJW 1981, 1511 (1512); *BGH*, Urteil vom 13.7.1994 – IV ZR 107/93, NJW 1994, 2693 (2693); BGH, Urteil vom 6.12.2012 – III ZR 173/12, WRP 2013, 347 (349); *Köhler*/Bornkamm, § 1 UKlaG, Rn. 1; Wolf/Lindacher/Pfeiffer-*Lindacher*, Vor § 1 UKlaG, Rn. 7; ausführlich: MünchKommZPO-*Micklitz*, § 1 UKlaG, Rn. 2 ff.

[47] BGH, Urteil vom 12.12.2007 – IV ZR 144/06, NJW-RR 2008, 624 (625).

[48] Wolf/Lindacher/Pfeiffer-*Lindacher*, Vor § 1 UKlaG, Rn. 8, spricht von Institutionenschutz.

[49] *Halfmeier*, S. 217 ff.

[50] *Schmidt*, NJW 2002, 25 (26).

nahe. Ginge es der Norm allein um die Durchsetzung des objektiven Verbraucherrechts, hätte der Gesetzgeber auf das Erfordernis verzichten müssen, dass die Inanspruchnahme nach § 2 UKlaG nur im Interesse des Verbraucherschutzes erfolgen darf. Da § 2 UKlaG jedoch weiter als § 1 UKlaG gefasst ist (§ 1 UKlaG könnte ein Aspekt von § 2 UKlaG sein), ist auch die Zweckbestimmung offener. Da viele verbraucherschützende Normen (etwa § 312 BGB) ebenfalls auf die Durchsetzung der Privatautonomie zielen, kann § 2 UKlaG diese Funktion jedenfalls nicht generell abgesprochen werden. Nichtsdestotrotz besteht ein fundamentaler Unterschied zwischen im Rechtsverkehr vorhandenen AGB und einfachen Rechtsverletzungen, was sich nicht zuletzt in der Trennung von § 1 und § 2 UKlaG widerspiegelt. Stellen unzulässige AGB zwar ihrerseits einen Verstoß gegen die §§ 305 ff. BGB dar, so erzeugen sonstige Verstöße jedoch keine Scheinbindungen in Form eines normersetzenden Dokuments.[51]

2. Der Individualschutz und Breitenwirkung

Aus dem Schutz des Rechtsverkehrs hat der BGH ebenfalls abgeleitet, dass § 1 UKlaG darauf gerichtet sei, zu verhindern, dass ein rechtsunkundiger Vertragspartner, dem der Vertrag entgegengehalten wird, von der Geltendmachung seiner Rechte absieht.[52] Die Gefahr von Scheinbindungen strahlt somit offensichtlich für das Individuum aus. Beide Zwecke lassen sich nicht voneinander trennen. Die Verbandsklage soll Missstände aus dem Individualrechtsverhältnis beheben und die Missbrauchsabwehr auf kollektiver Ebene verbessern.[53] Das UKlaG stellt daher die Antwort auf ein institutionell-funktionales Defizit des Vertragssystems mit bezweckter Ausstrahlung auf die Verbraucher dar.[54]

Dabei zeigt sich, dass der rechtliche Erfolg im Individualrechtsverhältnis für sich genommen nicht ausreicht, weil er den anderen Verbrauchern nicht zugutekommt. Das zusprechende Urteil besäße im Grundsatz keine Rechtswirkung bzw. Breitenwirkung, sondern nur die Wirkung eines faktischen Präjudizes.[55] Diese Wirkung setzt aber wiederum voraus, dass der Fall die Gerichte erreicht oder der Verwender sich an das Urteil hält. Darüber hinaus entfaltet § 11 UKlaG eine Art Bindungswirkung für die einzelnen Verbraucher.[56]

---

[51] Zum Verhältnis der Tatbestände: *Halfmeier*, S. 175 u. 177.

[52] BGH, Urteil vom 11.2.1981 – VIII ZR 335/79 (KG), NJW 1981, 1511 (1512), in dem Urteil übernahm das Gericht die Verweigerung der Rückabwicklung in den Schutzbereich des AGBG; BGH, Urteil vom 13.7.1994 – IV ZR 107/93, NJW 1994, 2693 (2693); ähnlich: Wolf/Lindacher/Pfeiffer-*Lindacher*, Vor § 1 UKlaG, Rn. 7.

[53] BGH, Urteil vom 9.7.2009 – Xa ZR 19/08, NJW 2009, 3371 (3373); *Hefermehl*, GRUR 1969, 654 (653); *Reich*, ZRP 1974, 187 (193) entwirft den Individualschutz stärker auf das Individualrechtsverhältnis. Auch wenn die Normen keinen unmittelbaren individualrechtlichen Bezug haben, so kommt die Verbandsklage jedoch den Einzelnen zugute, wenn sie Erfolg hat.

[54] MünchKommZPO-*Micklitz*, Vor § 1 UKlaG, Rn. 1 und 2.

[55] Wolf/Lindacher/Pfeiffer-*Lindacher*, Vor § 1 UKlaG, Rn. 4.

[56] Die Bindungswirkung wird wegen der enthaltenen „Einredelösung" vor dem Hintergrund des Urteils des EuGH, Urteil vom 26.4.2012 – C-472/10 („*Invitel*"), GRUR 2012, 939, für nicht ausreichend erachtet, vgl. *Ebers*, LMK 2012, 333520; kritisch zu § 11 UKlaG generell: *Stadler/Klöpfer*, VuR 2012, 343.

3. Die Klärung von Rechtsfragen

Mit der Annahme von Musterentscheidungen für die Verbraucher geht die Funktion der Verbandsklage einher, eine über den Einzelfall hinausgehende generelle Klärung von Rechtsfragen herbeizuführen. Diese Funktion hat der Gesetzgeber bei § 2 UKlaG ausdrücklich anerkannt,[57] sie trifft indes ebenso auf § 1 UKlaG zu.[58] Die Klärung von Rechtsfragen steht gleichsam über dem Individualschutz und dem Schutz des Rechtsverkehrs. Durch die Klärung der Rechtsfrage kann ein Kunde/Verbraucher seine Rechtsposition besser überblicken, und zusätzlich werden die zukünftigen Grenzen des Handelns für den Verwender/Unternehmer festgelegt.

II. Die Verbandsklagebefugnis in der Rechtsprechung des Bundesverfassungsgerichts

Die Zwecke der Verbandsklage beziehen sich daher einerseits auf dem Rechtsverkehr und andererseits auf das Subjekt. Der erstgenannte, abstrakte Verbraucherschutz wird auch im Grundgesetz deutlich. Das Bundesverfassungsgericht musste 2006 über eine Verfassungsbeschwerde entscheiden, in der ein Verbraucherverband erfolglos durch alle Instanzen nach dem UKlaG gegen eine Klausel in den AGB für eine Lebensversicherung klagte und sich dann auf eigene Grundrechte sowie auf die Grundrechte der Verbraucher berief.[59] Der Verband argumentierte (unter anderem) damit, dass die Prüfungsmaßstäbe im UKlaG-Prozess und im Individualprozess identisch seien. Aus Art. 9 Abs. 1 i. V. m. Art. 20 Abs. 3 GG müsse ihm daher verfassungsrechtlicher Schutz gewährt werden. Die Grundrechte der Verbraucher könne er einführen, weil andernfalls eine gerichtliche Kontrolle in diesem Bereich faktisch ausgeschlossen sei.

Auf die Wirkungen des Art. 9 Abs. 1 GG ging das Gericht nicht ein. Die Garantie effektiven Rechtsschutzes, so das Gericht, gewährleiste lediglich Zugang zu den Fachgerichten, nicht zum Bundesverfassungsgericht. Eine Beschwerdebefugnis hinsichtlich der Grundrechte aus Art. 14 und 2 Abs. 1 GG scheitere an § 93 Abs. 1 Nr. 4a GG und damit an der eigenen Betroffenheit des Beschwerdeführers. Das Gericht verwies zudem auf seine lange Tradition, eine Prozessstandschaft (u. Ä.) für Verfassungsbeschwerden abzulehnen. Eine Ausnahme von diesem Grundsatz käme für den Verbraucherverband nicht in Betracht. Hierfür sei maßgeblich, ob die Versicherten durch den Ausschluss der Prozessstandschaft schutzlos gestellt würden. Gleichwohl könnten in diesem Fall die einzelnen Versicherten selbst nach Erschöpfung des Rechtswegs Verfassungsbeschwerde einlegen. Dass den einzelnen Verbrauchern die Ansprüche nach dem UKlaG nicht zustünden, ändere an dieser Bewertung nichts. Die Verbände nähmen nämlich

[57] BT-Drs. 14/2658, S. 53.

[58] Andeutend: BGH, Beschluss vom 26.9.2012 – IV ZR 208/11, NJW 2013, 875; BGH, Beschluss vom 10.12.2013 – XI ZR 405/12, BeckRS 2013, 22513; zur „Selektivität“: *Derleder*, VuR 2011, 41.

[59] BVerfG, Beschluss vom 29.5.2006 – 1 BvR 1080/01, VersR 2006, 1057.

die Interessen aller betroffenen Verbraucher und gerade nicht die individuellen Interessen eines Einzelnen wahr. Sie würden schließlich nicht zur Durchsetzung der subjektiven Rechte der einzelnen Versicherten tätig. Der Anspruch nach §§ 1, 3 UKlaG sei zudem den Verbänden im öffentlichen Interesse des Verbraucherschutzes eingeräumt worden, und ihm entspreche keine grundrechtliche Position eines Versicherten, die in Prozessstandschaft wahrgenommen werden könne.

Aus dem Beschluss kann im Wesentlichen gefolgert werden, dass das Gericht eine Verbürgung der Verbandsklage als grundrechtlich geschützte Tätigkeitsform ablehnt. Dies kann nicht nur aus dem Vorbringen des Beschwerdeführers in Verbindung mit den kurzen Ausführungen zum effektiven Rechtsschutz gefolgert werden. Bereits die dogmatische Einbettung der Verbandsklage in das öffentliche Interesse ohne grundrechtliches Fundament bei den Versicherten legt nahe, dass Art. 9 Abs. 1 GG hier nicht zur Anwendung gelangt.

E) Der unionsrechtliche Bezugsrahmen des kollektiven Verbraucherrechts

Ohne qualifizierten verfassungsrechtlichen Schutz rückt das Unionsrecht in den Fokus. Die Verbandsklage ist in besonderem Maße durch das Recht der Europäischen Union geprägt. Generell ist das Unionsrecht auf eine effektive Durchsetzung gerichtet. In jeder verbraucherrechtlichen Richtlinie finden sich implizite oder explizite Forderungen nach effektivem Rechtsschutz. Im Folgenden soll der Schwerpunkt auf die primärrechtlichen Vorgaben sowie die Richtlinien 2009/22/EG und 2005/29/EG gelegt werden. Diese beiden Richtlinien bilden den Kern des kollektiven europäischen Verbraucherrechts und sollen daher kurz eingeführt werden.

I. Der primärrechtliche Verbraucherschutz

Innerhalb des Unionsrechts besitzt der Verbraucherschutz einen hohen Stellenwert. Der Europäische Gerichtshof fasst den Verbraucherschutz als einen zwingenden Grund des Allgemeininteresses auf.[60] Art. 169 AEUV und Art. 38 EGCh formulieren ein hohes Verbraucherschutzniveau als Aufgabe der Union.[61]

Art. 169 AEUV enthält die wesentlichen Leitbilder der europäischen Verbraucherpolitik und Rechtssetzung. Es geht um die fünf fundamentalen Verbraucherrechte (sog. Kennedy-Rechte).[62] Die Norm hebt den Schutz der Gesundheit und der wirtschaftlichen Interessen hervor und verbindet diese mit den Rechten auf

---

[60] EuGH, Urteil vom 20.2.1979 – C-120/78, Slg. 1979, 649; EuGH, Urteil vom 24.3.1994 – C-275/92, NJW 1994, 2013 (2015).

[61] Vgl. hierzu Grabitz/Hilf/Nettesheim-*Pfeiffer*, Art. 169, Rn. 18.

[62] Vgl. hierzu Grabitz/Hilf/Nettesheim-*Pfeiffer*, Art. 169, Rn. 8; Calliess/Ruffert-*Krebber*, Art. 169, Rn. 9; vgl. zu den sog. Kennedy-Rechten: *Pfeiffer*, NJW 2012, 2609 (2609).

Information und Erziehung sowie dem Recht auf Bildung von Vereinigungen zur Wahrung ihrer Interessen. Dabei gewährt die Norm die genannten Rechte der Verbraucher nicht, sondern setzt sie voraus und formuliert Politikziele. Auch ein subjektives Recht auf Verbraucherschutz besteht nicht. Dementsprechend enthält Art. 169 AEUV (nur) eine Konturierung der Kompetenzfelder.[63] Die Bezeichnung „Recht" hat einen politischen und moralischen Kontext.[64] Für die Gewährleistung und Durchsetzung der genannten Rechte ist folglich das Sekundärrecht zuständig. Als Leitbilder sind die Aussagen des Art. 169 AEUV für den Erlass und die Auslegung des Unionsrechts wiederum von entscheidender Bedeutung.[65]

II. Die Unterlassungsklagenrichtlinie (2009/22/EG)

Ein Instrument zur Gewährleistung des hohen Niveaus an Verbraucherschutz ist die Richtlinie 2009/22/EG, die sog. Unterlassungsklagenrichtlinie. Sie stellt einen allgemeinen Baustein im System des europäischen Verbraucherrechts dar. Die Richtlinie trat am 29.12.2009 in Kraft und löste die Vorgängerregelung – die Richtlinie 98/27/EG – ab.[66]

1. Die kollektiven Interessen der Verbraucher

Die Richtlinie ist bereits deshalb bemerkenswert, da sie in Erwägungsgrund 3 und damit an herausgehobener Stelle einen Definitionsansatz der Kollektivinteressen der Verbraucher enthält. Danach sind dies die Interessen, bei denen es sich nicht um eine Kumulierung von Interessen durch einen Verstoß geschädigter Personen handelt; mit anderen Worten: Es werden die Interessen herausgenommen, die (gebündelt) im Individualprozess durchgesetzt werden können.

Eine vergleichbare, positive Definition enthält die Richtlinie hingegen nicht. Sie operiert vielmehr über ein Zusammenspiel von Art. 1 Abs. 2, Abs. 1 und dem Anhang I: Der Anhang I beinhaltet die Vorschriften bzw. Richtlinien, die nicht verletzt werden dürfen. Art. 1 Abs. 1 weist die in den Normen enthaltenen Interessen als kollektive Interessen aus.[67] Ein Verstoß ist danach jede Handlung, die den Vorgaben zuwiderläuft. Über dieses Regelungskonzept wird die Integrität der genannten Normen zu einem kollektiven Interesse im Sinne der Richtlinie.

---

[63] Vgl. *Ludwigs*, EuZW 2012, 608 (611); Grabitz/Hilf/Nettesheim-*Pfeiffer*, Art. 169, Rn. 2; zu den Kompetenzen: *Wendt*, EuZW 2011, 616 (617 ff.).

[64] Grabitz/Hilf/Nettesheim-*Pfeiffer*, Art. 169, Rn. 15; Callies/Ruffert-*Krebber*, Art. 169, Rn. 28.

[65] Callies/Ruffert-*Krebber*, Art. 169, Rn. 28; Grabitz/Hilf/Nettesheim-*Pfeiffer*, Art. 169, Rn. 1.

[66] Vgl. den kurzen Überblick auf S. 11 f.

[67] Zu den AGB: *Micklitz/Beuchler*, NJW 2004, 1502 (1504).

2. Der Regelungsansatz

Die Richtlinie beginnt mit der Definition des den Rechtsschutz auslösenden „Verstoßes“ (Art. 1 Abs. 2 RL 2009/22/EG) und konstruiert davon ausgehend die Vorgaben für die Rechtsschutzformen (Art. 2). Unter der Überschrift „Klagebefugte Einrichtungen“ wird in Art. 3 die Zuweisung dieser Rechtsschutzformen zu kollektiven Akteuren geregelt. Neben speziellen Vorgaben für den grenzüberschreitenden Verstoß (Art. 4) eröffnet die Richtlinie den Mitgliedstaaten nach Art. 5 die Möglichkeit, eine „vorherige Konsultation“ einzurichten. Schließlich können weitergehende Rechte der kollektiven Akteure auf nationaler Ebene etabliert werden (Art. 7).

3. Die Akteure der Unterlassungsklage – insb.: die qualifizierten Einrichtungen

Die Richtlinie 2009/22/EG sieht in Art. 2 zwei Möglichkeiten vor, eine Entscheidung über den Rechtsstreit herbeizuführen. Zum einen können Gerichte, zum anderen Verwaltungsbehörden berufen werden. Dieses System erschließt sich aus dem Zusammenhang mit Art. 3. Denn die darin benannten klagebefugten Einrichtungen/qualifizierten Einrichtungen bringen den Verstoß vor die Einrichtungen des Art. 2.

Nach Art. 3 müssen die qualifizierten Einrichtungen nach dem Recht des Mitgliedstaates ordnungsgemäß errichtet worden sein und ein berechtigtes Interesse an der Einhaltung der in Art. 1 genannten Interessen haben. Insofern läuft das Interesse der qualifizierten Einrichtungen parallel zu den *kollektiven Interessen* der Verbraucher. Sie sind offensichtlich nicht identisch.

In Halbsatz 2 wird dies dahin gehend präzisiert, dass im Falle von Stellen (lit. a) diese unabhängig und öffentlich sowie speziell für den Schutz der kollektiven Verbraucherinteressen zuständig sein müssen. Da die Norm nur die Vorgängervorschrift präzisiert, wird man sie nicht so verstehen müssen, dass eine spezielle Behörde bestehen muss, sondern es allein um die Kompetenzzuweisung geht.[68] Im Falle der Organisation (lit. b) muss diese zum Zweck des Schutzes der kollektiven Interessen der Verbraucher bestehen, und zwar entsprechend den im Rahmen der nationalen Rechtsvorschriften festgelegten Kriterien. Der Begriff der Organisation legt es nahe, eine Konstitution einzufordern. *Micklitz/Rott* verlangen einen stabilen Aufbau mit einer festen Geschäftsstelle, eine gewisse Mindestgröße, welche eine auf Dauer angelegte Tätigkeit dokumentiert, sowie die Festschreibung des konsentierten verbraucherpolitischen Tätigkeitsfeldes in interne Statuten. Beide Formen müssen gegnerunabhängig sein.[69]

---

[68] Vgl. Grabitz/Hilf/Nettesheim-*Micklitz/Rott*, Art. 3 Richtlinie 98/27, Rn. 24.
[69] Vgl. Grabitz/Hilf/Nettesheim-*Micklitz/Rott*, Art. 3 Richtlinie 98/27, Rn. 24 und 27.

4. Die Rechtsbehelfe

Nicht nur die anzurufenden Stellen, sondern auch die möglichen Rechtsbehelfe werden durch Art. 2 festgelegt. An erster Stelle steht die Anordnung der Einstellung oder das Verbot des Verstoßes – ein Unterlassungsgebot (Art. 2 Abs. 1a), wobei gegebenenfalls ein Eilverfahren jenseits genereller Beschleunigung bereitstehen soll. Zusätzlich[70] existieren noch die Möglichkeiten, die Entscheidung zu veröffentlichen (lit. b), sowie der Ausspruch einer Geldbuße (lit. c). Aus der relativierenden Fassung von lit. b) und lit. c) kann auf den zwingenden Charakter von lit. a) geschlossen werden. Nach Art. 7 ist diese Auflistung nicht abschließend.

5. Die fehlenden Umsetzungsanforderungen

Bemerkenswert ist, dass die Richtlinie von den für gewöhnlich beigefügten Regelungstatbeständen bezüglich der Ausgestaltung bzw. Umsetzung absieht. Nach Art. 7 können die Mitgliedstaaten zwar strengere Vorschriften vorsehen. Nichtsdestotrotz fehlt die Anordnung, dass die Umsetzungsmaßnahmen wirksam, abschreckend und angemessen sein müssen. Auch wenn die Richtlinie im Kern nur die grenzüberschreitende Verbandsklage im Blick hat,[71] so muss diese doch zumindest effektiv sein. Insofern kann auf die allgemeine Rechtsprechung des EuGH zur Umsetzung von Richtlinien zurückgegriffen werden. Nach dieser muss die Umsetzung der Richtlinie mit angemessenen, abschreckenden und wirksamen Sanktionen einhergehen.[72] Dass der Richtliniengeber von einer Regelung absah, lässt sich daraus erklären, dass die Richtlinie ihrerseits als effektives, abschreckendes und angemessenes Durchsetzungsinstrument für das Verbraucherrecht verstanden werden muss.

6. Die Zuordnung der kollektiven Interessen und der Verbandsinteressen

Da Art. 3 davon spricht, dass die qualifizierten Einrichtungen ein berechtigtes Interesse haben müssen, wird deutlich, dass die kollektiven Interessen der Verbraucher nicht mit den Interessen der qualifizierten Einrichtungen gleichgesetzt werden können. Der Norm kommt es darauf an, dass die Organisation den Zweck haben muss, die Interessen zu schützen. Diese Zwecksetzung schließt es kategorisch aus, den qualifizierten Einrichtungen die kollektiven Interessen als eigene zu übertragen.

---

[70] Vgl. zum Zusammenspiel dieser Regelungen: *Klocke*, VuR 2013, 203 (206).

[71] BGH, Urteil vom 20.3.2013 – I ZR 209/11, WRP 2013, 1461 (1462); *Stadler*, JZ 2009, 121 (123).

[72] EuGH, Urteil vom 23.11.2006 – C-315/05 = juris.de; EuGH, Urteil vom 3. Mai 2005- C-387/02, C-391/02 und C-403/02, („*Berlusconi u.a.*"), EuZW 2005, 369 (371); zur Richtlinie 2009/22/EG: EuGH, Urteil vom 5.9.2013 – C-413/12 („Asociación de Consumidores Independientes de Castilla y León"). Zu diesem Punkte auch Calliess/Ruffert-*Ruffert*, Art. 288 AEUV, Rn. 30.

Diese Zuweisung nimmt die Forderung der in Art. 1 genannten Richtlinien nach kollektivem Rechtsschutz auf. So fordert Art. 11 Richtlinie 2005/22/EG, dass die Mitgliedstaaten im Interesse der Verbraucher wirksame Mittel bereitstellen. Ein solches Mittel sollen Rechtsvorschriften sein, welche es Organisationen, die ein Interesse an der Bekämpfung unlauterer Geschäftspraktiken haben, gestatten, gerichtlich gegen diese vorzugehen. Dieser Artikel kreiert somit nicht nur ein eigenes Durchsetzungsinteresse der Verbraucher, sondern ordnet diesem den kollektiven Rechtsschutz zu. Die Vorgaben der Richtlinie 2009/22/EG werden daher durch das kollektive Interesse der Verbraucher gerechtfertigt.

Darüber hinaus müssen die Interessen der qualifizierten Einrichtungen legitim sein. Art. 13 Abs. 2 lit. b) der Timesharing-Richtlinie 2008/122/EG stellt etwa auf ein eigenes, berechtigtes Interesse der Verbraucherverbände am Schutz der Verbraucher ab. Diese Annahme bestätigt sich in Art. 23 der Verbraucherrechterichtlinie 2011/83/EU. Es kommt im Unionsrecht für die Legitimation der qualifizierten Einrichtung auch auf das berechtigte Interesse am Schutz der Verbraucher an. Das kollektive Interesse der Verbraucher fungiert als zusätzliche Rechtfertigung für den kollektiven Rechtsschutz – es wird den qualifizierten Einrichtungen nicht überwiesen. Nach der Dogmatik des Unionsrechts setzt ein Verfahren im kollektiven Rechtsschutz daher zum einen ein kollektives Interesse der Verbraucher und zum anderen ein berechtigtes Interesse der Verbände voraus.

Es liegt nahe, das legitimierende kollektive Interesse in der Regel anzunehmen und Missbrauchsfälle beim *berechtigten* Interesse der qualifizierten Einrichtungen auszuschließen. Denn sobald die Normen in Anhang I verletzt werden, besteht ein Durchsetzungsinteresse der Verbraucher bezüglich der ersten und sich wiederholender Störungen. Bezieht sich das Interesse nicht auf den Verbraucherschutz, sondern ist rein wirtschaftlicher Natur, so scheidet eine Einordnung als qualifizierte Einrichtung in dem konkreten Verfahren aus. Daneben bleibt Raum für den allgemeinen Missbrauchseinwand.[73]

III. Die UGP-Richtlinie (Richtlinie 2005/29/EG)

Das Gesetz gegen den unlauteren Wettbewerb ist zwar über hundert Jahre alt, derzeit fungiert es allerdings auch als Umsetzung der Richtlinie über unlautere Geschäftspraktiken (RL 2005/29/EG bzw. UGP-Richtlinie). Die Richtlinie regelt einheitliche Anforderungen im Markt für Güter und Dienstleistungen inklusive Niederlassungsfreiheit (Erwägungsgrund 2). Aus diesem Grund verbietet Art. 4, den Waren- und den Dienstleistungsverkehr durch außerhalb der Richtlinie liegende Gründe zu beschränken. Die Richtlinie zielt somit auf Vollharmonisierung.[74] Das Durchsetzungssystem der Richtlinie geht in der der Richtlinie 2009/22/EG auf.

---

[73] Hierzu *Rybarz* S. 166 ff.

[74] *Brömmelmeyer*, GRUR 2007, 295.

1. Zweck der Richtlinie

Nach Art. 1 verfolgt die Richtlinie den Zweck, die wirtschaftlichen Interessen der Verbraucher vor beeinträchtigenden Geschäftspraktiken zu schützen und somit ein reibungsloses Funktionieren des Binnenmarkts und eines hohes Verbraucherschutzniveau herzustellen („hierzu beizutragen"). Wie bereits zur Richtlinie 2009/22/EG veranschaulicht, fügt sich dieser Begriff in das kollektive Interesse der Verbraucher ein. Nach Art. 3 Abs. 1 wird der gesamte Zeitraum *vor, während und nach* einem auf ein Produkt bezogenem Handelsgeschäft erfasst.

2. Der personelle Anwendungsbereich

Die Richtlinie bezieht sich auf die Begriffe Verbraucher – Gewerbetreibender bzw. Unternehmen (Art. 3 Abs. 1). Nach Art. 2 lit. a) ist ein Verbraucher jede natürliche Person, die im Geschäftsverkehr zu Zwecken handelt, die nicht ihrer gewerblichen, handwerklichen oder beruflichen Tätigkeit zugerechnet werden können. Ein Gewerbetreibender (Art. 2 lit. b) ist hingegen jede natürliche oder juristische Person, die im Geschäftsverkehr im Sinne dieser Richtlinie im Rahmen ihrer gewerblichen, handwerklichen oder beruflichen Tätigkeit handelt, sowie jede Person, die im Namen oder Auftrag des Gewerbetreibenden handelt.

3. Die unlautere Geschäftspraktik

Art. 5 Abs. 1 UGP-RL verbietet unlautere Geschäftspraktiken. Der Begriff der Geschäftspraktiken wird in Art. 2 lit. d) legaldefiniert als jede Handlung, Unterlassung, Verhaltensweise oder Erklärung, kommerzielle Mitteilung einschließlich Werbung und Marketing eines Gewerbetreibenden, die unmittelbar mit der Absatzförderung, dem Verkauf oder der Lieferung eines Produkts an Verbraucher zusammenhängt. Unlauter wird diese Handlung gem. Art. 5 Abs. 2 UGP-RL dann, wenn sie den Erfordernissen der beruflichen Sorgfalt widerspricht und sie in Bezug auf das jeweilige Produkt das wirtschaftliche Verhalten des Durchschnittsverbrauchers, den sie erreicht oder an den sie sich richtet, oder des durchschnittlichen Mitglieds einer Gruppe von Verbrauchern, wenn sich eine Geschäftspraxis an eine bestimmte Gruppe von Verbrauchern wendet, wesentlich beeinflusst oder dazu geeignet ist, es wesentlich zu beeinflussen. Eine wesentliche Beeinflussung des wirtschaftlichen Verhaltens der Verbraucher ist nach Art. 2 lit. e) die Anwendung einer Geschäftspraktik, um die Fähigkeit des Verbrauchers, eine informierte Entscheidung zu treffen, spürbar zu beeinträchtigen und damit den Verbraucher zu einer geschäftlichen Entscheidung zu veranlassen, die er andernfalls nicht getroffen hätte. Komprimiert formuliert Erwägungsgrund 7 UGP-RL, dass sich die Richtlinie auf Geschäftspraktiken bezieht, die in unmittelbarem Zusammenhang mit der Beeinflussung der geschäftlichen Entscheidung des Verbrauchers in Bezug auf Produkte stehen.

Vor dem Rückgriff auf die Generalklausel steht die Anwendung der Abs. 4 und 5 von Art. 5. Dessen Abs. 5 erklärt Verstöße gegen die sog. black-list ohne

Betrachtung des konkreten Einzelfalls pauschal für unlauter. Abs. 4 greift die Regelungen in den Folge-Artikeln 6–9 auf und ordnet Verstöße ebenfalls als unlauter ein. Die beiden zentralen Kategorien stellen die irreführenden und die aggressiven Geschäftspraktiken dar.

IV. Die Durchsetzung des Unionsrechts

Mit der Setzung von Unionsrecht sind in erster Linie die Mitgliedstaaten aufgefordert, für die Einhaltung Sorge zu tragen.[75] Einen Automatismus dahin gehend, dass kollektiver Rechtsschutz die Durchsetzung des Unionsrecht begleiten muss, existiert nicht. Grundsätzlich haben die Mitgliedstaaten einen Umsetzungsspielraum.[76] Dieser wird etwa im Arbeitsrecht durch den EuGH besonders betont.[77] Allerdings besteht die Freiheit der Mitgliedstaaten nicht grenzenlos, sondern wird durch eindeutige Vorgaben des Unionsrechtsaktes sowie durch die Prinzipien der Effektivität und der Äquivalenz begrenzt.[78] Das erste Prinzip besagt, dass die unionsrechtlichen Vorgaben in der Praxis Wirksamkeit entfalten müssen. Das zweite Prinzip fordert die Mitgliedstaaten auf, die Durchsetzung des Unionsrechts nicht schlechter auszugestalten als die des nationalen Rechts.[79]

Die zentrale Strategie zur Durchsetzung des Unionsrechts war bislang die Einräumung von Berechtigungen.[80] Wer nach dem Unionsrecht berechtigt war, leitete der EuGH unter anderem aus dem Interesse des Betroffenen an dem Recht ab.[81] Die Einräumung von Rechten sichert über die Rechtsverleihung hinaus auch die Durchführung der Pflichten. Man spricht daher auch von einer dezentralen Durchsetzungskontrolle.[82] Hierzu ist die Verbandsklage ein zusätzliches Element dezentraler Durchsetzungskontrolle.[83]

V. Zwischenergebnis

Diese kurze Darstellung der Vorgaben macht die Struktur des kollektiven Rechtsschutzes im Unionsrecht deutlich. Durch die Gewährung von kollektivem Rechtsschutz verwirklicht das Sekundärrecht das hohe Maß des Schutzes der in Art. 169 AEUV hervorgehobenen Interessen.

---

[75] *Epiney*, NVwZ 1999, 485 (487); vgl. auch *Reich*, Rechtsschutz, S. 14 ff.

[76] *Reich*, Rechtsschutz, S. 36.

[77] EuGH, Urteil vom 5.7.2012 – C-141/11 („*Hörnfeldt*“), NZA 2012, 785 (787); EuGH, Urteil vom 12.10.2010 – C-45/09 („*Rosenbladt*“), NJW 2010, 3767 (3768); EuGH, Urteil vom 16.10.2007 – C-411/05 („*Palacios*“), NJW 2007, 3339 (3341).

[78] *Reich*, Rechtsschutz, S. 15; *Riesenhuber*, § 1, Rn. 65 und § 3, Rn. 30.

[79] Zusammenfassend: EuGH, Urteil vom 10.7.1980 – C-811/79 („*Ariete*“), Slg. 1980 S. 2545 (2554 f.).

[80] EuGH, Urteil vom 5.2.1963 – C-26/62 („*van Gend & Loos*“), Slg. 1963, 3 (26); *Oppermann/Classen/Nettesheim*, § 9 Rn. 16.

[81] Vgl. etwa: EuGH, Urteil vom 25.7.2008 – C-237/07 = juris.de Rn. 34 ff. Zu den Interessen: Calliess/Ruffert-*Ruffert* Art. 288 AEUV Rn. 68; *Frenz*, S. 359; ausführlich: *Nettesheim*, AöR 2007, 333 (367 ff.).

[82] *Epiney*, NVwZ 1999, 485 (488); *Nettesheim*, AöR 2007, 333 (354).

[83] *Epiney*, NVwZ 1999, 485 (488).

Die Richtlinie 2009/22/EG stellt hierzu den allgemeinen Rahmen bereit, der in seinem Anwendungsbereich von den einzelnen Richtlinien anhängt. Entscheidend ist, ob die Richtlinie in Anhang I aufgenommen wurde und der Richtlinie somit ein kollektives Interesse der Verbraucher innewohnt, die gewährten Rechte zu schützen. Beispielsweise schützt die Richtlinie 2005/29/EG die wirtschaftlichen Interessen der Verbraucher vor unlauteren Geschäftspraktiken. Zusätzlich fordert das Unionsrecht ein berechtigtes Interesse der qualifizierten Einrichtung. Zusammen legitimieren beide Interessenlinien den kollektiven Rechtschutz.

F) Das Unterlassungsklagengesetz

Was die Richtlinie 2009/22/EG vorgibt, setzt das UKlaG (zusammen mit dem UWG) um. Das Gesetz bildet das zentrale Gesetz des kollektiven Verbraucherschutzes. Es enthält die Befugnis der Verbände, Verwender und Empfehler von unzulässigen Allgemeinen Geschäftsbedingungen (AGB) sowie im Falle des Verstoßes gegen verbraucherschützende Normen den Störer auf Unterlassung in Anspruch zu nehmen.

I. Die Regelungsstruktur des UKlaG

Im ersten Abschnitt (§§ 1–4a UKlaG) befinden sich die Regelungen der Unterlassungsansprüche nebst der Anspruchsinhaberschaft. Auf diesen Abschnitt folgen in Abschnitt 2 die prozessualen Regeln für die Durchsetzung dieser Ansprüche (§§ 5–12 UKlaG). Neben allgemeinen Festlegungen sind dort spezifische Instrumente vorgesehen, um den Besonderheiten der Verbandsklage durch die sog. Breitenwirkung Rechnung zu tragen. Ebenfalls auf den ersten Abschnitt bezogen sind die Auskunftsansprüche in §§ 13 und 13a UKlaG. § 14 UKlaG sieht die Möglichkeit eines Schlichtungsverfahrens für bestimmte Streitigkeiten vor. § 15 UKlaG schließt das Arbeitsrecht aus dem Anwendungsbereich des Gesetzes aus.

II. § 1 UKlaG – die Klauselkontrolle

§ 1 UKlaG untersagt die Verwendung und Empfehlung von nach §§ 307–309 BGB unwirksamen Allgemeinen Geschäftsbedingungen. Im Fall des Empfehlens kann nach dieser Vorschrift nicht nur auf Unterlassung zukünftiger Empfehlungen, sondern auch auf Widerruf in Anspruch genommen werden.

1. Allgemeine Geschäftsbedingungen

Der Gesetzgeber hat in § 1 UKlaG eine Bezugnahme auf die Legaldefinition in § 305 Abs. 1 S. 1 BGB unterlassen. Gleichwohl rekurriert die herrschende Praxis auf die dortige Begriffsfassung. Danach sind Allgemeine Geschäftsbedingungen alle für eine Vielzahl von Verträgen vorformulierten Vertragsbedingungen, die eine Vertragspartei (Verwender) der anderen Vertragspartei bei Abschluss eines Vertrages stellt. Vertragsbedingungen zeichnen sich dadurch aus, dass sie den Inhalt des Vertrages regeln sollen.[84] Vorformuliert sind sie, wenn sie für eine mehrfache Verwendung aufgezeichnet oder in sonstiger Weise fixiert sind.[85] Für eine Vielzahl von Verträgen formuliert sind die Bedingungen, wenn eine mindestens dreimalige Verwendung beabsichtigt ist.[86]

Gerade das Stellen grenzt die AGB zur freien Individualabrede ab.[87] Die Trennlinie verläuft dort, wo die Vertragsbedingungen einseitig festgelegt und der Gegenseite abverlangt wurden[88] bzw. der Inhalt nicht ernstlich zur Disposition gestellt wurde (*argumentum e contrario*, § 307 Abs. 1 S. 3 BGB).[89] Das führt im Rahmen des § 1 UKlaG zu Problemen. § 305 Abs. 1 S. 1 und 3 BGB zielt auf die Modalitäten der rechtsgeschäftlichen Einbeziehung der Vertragsbedingungen für die Begriffsfassung der AGB ab (Stellen/Aushandeln), § 1 UKlaG hingegen akzentuiert das bevorstehende Verwenden und Empfehlen als Tathandlungen. Das Stellen abzuwarten, wäre jedoch mit dem Sinn und Zweck des § 1 UKlaG nicht vereinbar, so dass das Verwenden das Stellen konsumiert bzw. prägt. Es kommt daher nur darauf an, dass die vorformulierte Vertragsbedingung gestellt werden soll.[90]

a) Unwirksamkeit nach den §§ 307–309 BGB

Liegen Allgemeine Geschäftsbedingungen vor, so kann die Verwendung lediglich solcher Klauseln untersagt werden, die nach den §§ 307–309 BGB unwirksam sind.

aa) Die erfassten Normen

§ 307 Abs. 1 S. 1 BGB erklärt AGB für unwirksam, die den Vertragspartner entgegen den Geboten von Treu und Glauben unangemessen benachteiligen. Das liegt nach Abs. 1 S. 2 auch im Falle fehlender Klarheit und Verständlichkeit vor. Unangemessenheit soll nach § 307 Abs. 2 im Zweifel anzunehmen sein, wenn die Klausel mit einem wesentlichen Grundgedanken einer gesetzlichen Regelung nicht zu vereinbaren ist (Nr. 1) oder wesentliche Rechte und Pflichten, die sich aus der Natur des Vertrages ergeben, so einschränkt, dass die Erreichung des Vertragszwecks gefährdet ist (Nr. 2). Die §§ 308 und 309 BGB enthalten spezielle

---

[84] BGH, Urteil vom 12.6.2001 – XI ZR 274/00, NJW 2001, 2635 (2636); BGH, Urteil vom 2.7.1987 – III ZR 219/86, NJW 1987, 2867 (2867).

[85] BGH, Urteil vom 3.4.1998 – V ZR 6–97, NJW 1998, 2600 (2600) m. w. N.; *Brägelmann* S. 44 ff.

[86] MünchKomm-*Basedow* § 305 Rn. 18; Jauernig-*Stadler* § 305 Rn. 4.

[87] Bamberger/Roth-*Becker* § 305 Rn. 25; MünchKomm-*Basedow* § 305 Rn. 21.

[88] BGH, Urteil vom 8.6.1979 – V ZR 191/76, NJW 1979, 2387 (2388).

[89] BGH, Urteil vom 9.10.1986 – VII ZR 245/85, NJW-RR 1987, 144 (145); kritisch: *Miethaner* S. 172 ff.

[90] Vertiefend: *Brägelmann* S. 58 ff., S. 68: es soll der Versuch unternommen werden, bestimmte Klauseln zum Vertragsinhalt werden zu lassen.

Klauselverbote, die im Fall des § 308 BGB hinsichtlich der typischen bzw. typisierten Umstände abwägungsoffen[91] sind.

bb) Das Versagen der Richtigkeitsgewähr des Vertrages

Ein Grundgedanke der Inhaltskontrolle der AGB besteht darin, dass das einseitige Aufstellen der AGB zum Versagen der Richtigkeits- bzw. Angemessenheitsgewähr des Äquivalenzprinzips[92] durch das Aushandeln der Vertragsbedingungen führt.[93] Besteht die Möglichkeit, den Inhalt des Vertrages auszuhandeln, so werden Klauseln in den Vertrag übernommen, mit denen beide Seiten „leben können".[94] Der Zweck der Inhaltskontrolle wird mithin darin gesehen, den Verwender vor unangemessenen Ergebnissen einseitig in Anspruch genommener Vertragsgestaltungsmacht des Verwenders zu schützen.[95]

Diesen Gedanken nimmt § 1 UKlaG auf, denn die Einbeziehung (§ 305 Abs. 2 BGB etc.) wird nicht zum Gegenstand des Anspruchs aus § 1 UKlaG gemacht. Gleiches gilt für überraschende Klauseln (§ 305c BGB). An diesen Gedanken allein ist der Inhalt des § 1 UKlaG jedoch nicht gekoppelt. Der Bundesgerichtshof hat 2007 § 1 UKlaG auf die Fälle genereller Einbeziehung analog angewandt.[96] Das Gericht erblickte den sachlichen Grund für die Beschränkung auf die Inhaltskontrolle des Anwendungsfeldes gegenüber §§ 305 ff. BGB darin, dass sich Fragen der Einbeziehung in aller Regel nur anhand der Umstände des Einzelfalls beurteilen ließen und daher für die abstrakte Klauselkontrolle im Verbandsklageverfahren ungeeignet seien. Davon ausgehend stellt sich die Situation bei einer generellen Einbeziehung anders dar, da es nicht auf die Zustimmung, sondern auf das Vorliegen der gesetzlichen Voraussetzung ankommt. Dies untermauerte das Gericht mit einem Hinweis auf die Funktion des § 1 UKlaG. Zweck des § 1 UKlaG sei es, den Rechtsverkehr vor sachlich unangemessenen sowie unzulässigen Klauseln und den dadurch erzeugten Scheinbindungen zu schützen.[97] Der Kunde solle durch das Verbandsklageverfahren davor geschützt werden, dass er durch den Hinweis auf neue Bedingungen missbräuchlich davon abgehalten wird, seine sich aus den ursprünglich vereinbarten Bedingungen ergebenden Rechte geltend zu machen.

Über dieses Urteil entfernt sich die Rechtsprechung von der Kategorie der Angemessenheitskontrolle und überprüft vielmehr die Zulässigkeit der Klau-

---

[91] Vgl. etwa zu § 308 Nr. 1: Ulmer/Brandner/Hensen-*Schmidt*, § 308 Rn. 1 u. Rn. 11;

[92] *Meller-Hannich*, S. 44; MünchKomm-*Basedow* Vorbemerkung § 305 BGB Rn. 4 ff.: Schutz vor partiellem Marktversagen; Bamberger/Roth-*H. Schmidt*, § 307 Rn. 1; umfassend zu den Ansätzen: *Miethaner* S. 45 ff.; in der neueren Entwicklung setzt sich der Gedanke durch, dass die AGB-Kontrolle auf mehreren Gedanken beruht, mehrere Funktionen erfüllt: nicht nur Sicherstellung der Angemessenheit. Grundlegend: *Schmidt-Rimpler*, AcP 147, 130 (149 ff.).

[93] Zur Bedeutung innerhalb von § 307 BGB: BGH, Urteil vom 16.10.1996 – VIII ZR 54/96, NJW-RR 1997, 304 (305); *Schmidt-Salzer*, JZ 1995, 227.

[94] Bamberger/Roth-*H. Schmidt*, § 307, Rn. 1.

[95] Bamberger/Roth-*H. Schmidt*, § 307, Rn. 1.

[96] BGH, Urteil vom 12.12.2007 – IV ZR 144/06, NJW-RR 2008, 624.

[97] BGH, Urteil vom 12.12.2007 – IV ZR 144/06, NJW-RR 2008, 624 (625); BGH, Urteil vom 12.3.1987 – VII ZR 37/86, BGHZ 100, 157 (178); BGH, Urteil vom 8.10.1997 – IV 220/96, BGHZ 136, 394 (400).

seln. Das Urteil dokumentiert auch eine starke Abhängigkeit des UKlaG vom zugrunde liegenden materiellen Recht, eine Wechselwirkung zwischen materiellem Recht und Rechtsdurchsetzungsbedingungen. Darüber hinaus ist dieses Urteil bedeutsam, weil es die Möglichkeit zur Rechtsfortbildung des § 1 UKlaG hervorhebt. Über den deutlichen Wortlaut hinaus wurde die Herausnahme der Einbeziehungskontrolle eingeschränkt.

cc) Die Unwirksamkeit nach § 307 Abs. 1 BGB

Nach § 307 Abs. 1 BGB sind Bestimmungen in AGB unwirksam, wenn sie den Vertragspartner entgegen den Geboten von Treu und Glauben unangemessen benachteiligen.

(1) Der Regelungsgehalt von § 307 Abs. 1 BGB

Die Vorschrift des § 307 Abs. 1 stellt zwar nur einen Auffangtatbestand da, ihr Platz in der Praxis und ihr dogmatischer Gehalt machen es jedoch erforderlich, sie hier vorrangig zu thematisieren. Ihrem Wortlaut entsprechend setzt die Norm eine Interessenabwägung voraus, wobei nur rechtlich anerkannte Interessen bewertet werden.[98] Der Wortlaut der Norm stellt die Person des Vertragspartners in den Mittelpunkt. Die Interessenabwägung verläuft anhand eines generellen Prüfungsmaßstabs. Nach der Formel des Bundesgerichtshofs ist eine Klausel unwirksam, wenn sie die bei der fraglichen Art von Rechtsgeschäften regelmäßig und typischerweise bestehenden Interessen des betroffenen Kundenkreises nicht angemessen berücksichtigt.[99] Der generalisierende und typisierende Maßstab gilt sowohl auf individueller als auch auf kollektiver Ebene.[100] Diese Einheitlichkeit des Prüfungsmaßstabs ergibt sich unmittelbar aus § 1 UKlaG.[101]

(2) Die Interpretation der AGB

Gegenstand der Bewertung durch § 307 BGB ist die Klausel. Welchen Inhalt eine Allgemeine Geschäftsbedingung hat, ist durch Auslegung zu ermitteln. Die Rechtsprechung legt AGB objektiv aus. Gemeint ist damit eine Inhaltsermittlung losgelöst von der zufälligen Gestaltung des Einzelfalls und den individuellen Vorstellungen der Vertragsparteien.[102] In Bezug auf die §§ 305 ff. BGB werden die §§ 133, 157, 242 BGB spezifiziert. AGB werden nach ihrem objektiven

---

98 Ulmer/Brandner/Hensen-*Fuchs*, § 307, Rn. 120.

99 BGH, Urteil vom 17.9.2009 – Xa ZR 40/08, NJW 2009, 3570 (3571); BAG, Urteil vom 19.1.2011 – 3 AZR 621/08, NZA 2012, 85 (88); Däubler/Hjort/Schubert/Wolmerath-*Boemke/Ulrici* § 307 Rn. 6.

100 BGH, Urteil vom 15.11.2007 – III ZR 247/06, NJW 2008, 360 (363); Wolf/Lindacher/Pfeiffer-*Pfeiffer*, § 307, Rn. 77.

101 Wolf/Lindacher/Pfeiffer-*Pfeiffer*, § 307, Rn. 77.

102 BGH, Urteil vom 21.9.2005 – VIII ZR 284/04, VuR 2005, 458 (459); zur Funktion dieser Auslegung: BGH, Urteil vom 5.7.2005 – X ZR 60/04 (KG), KommJur 2006, 220 (221); *Raiser* S. 156; vgl. *Hellwege* S. 518, der darauf hinweist, dass die Typisierung keine Besonderheit der objektiven Auslegung sei, sondern auch bei der Auslegung jedes Vertrags angebracht sei, wenn keine konkreten Anhaltspunkte vorhanden seien. Die Besonderheit liege darin, dass sie den Ausnahmefall unberücksichtigt lässt.

Inhalt und typischen Sinn so ausgelegt, wie dies von einem verständigen und redlichen Vertragspartner unter Abwägung der Interessen der regelmäßig beteiligten Verkehrskreise verstanden werden kann.[103] Maßgeblich ist das Verständnis des durchschnittlichen Vertragspartners unter Berücksichtigung des wirtschaftlichen Zwecks. Was die Umstände des Vertragsschlusses angeht, so kommt es auf die Verhältnisse an, wie sie bei den Verwendern der streitigen AGB und dem angesprochenen Kundenkreis typischerweise gegeben sind.[104]

(3) Die Grundlage der typisierten Betrachtung

Die Grundlage dieser Sonderregeln im Verhältnis zum klassischen Gehalt der §§ 133, 157, 242 BGB wird seit jeher diskutiert. Hinter dieser Problematik steht auch die Frage der Einordnung der AGB entweder als Normen (sog. Normentheorie)[105] oder als Rechtsgeschäftselement (sog. Vertragstheorie). Die herrschende Meinung versteht die AGB nicht als Normen einer Vertragsordnung, sondern ordnet die AGB der Rechtsgeschäftslehre zu.[106] Die heute herrschende Konzeption versteht die AGB daher als generell-abstrakte Bestandteile des einzelnen Vertrages.[107] Auf der anderen Seite wurde von der herrschenden Meinung nie verkannt, dass AGB faktisch die gesellschaftliche Funktion von Gesetzen einnehmen.[108] Die Normentheorie hat demgegenüber die Parallele zur Betriebsvereinbarung betont.[109]

Von der Normentheorie entrückt, haben einige Autoren den generalisierenden Maßstab darauf gestützt, dass von Rechtsnormen abgewichen werde.[110] Da diese einen generalisierenden Ansatz hätten, müsste auch die Kontrolle einen generalisierenden Ansatz aufweisen. Es ist in der Tat bemerkenswert, dass im Falle der Unwirksamkeit dieses generellen Ansatzes gerade der generalisierende Ansatz des dispositiven Rechts zum Zuge kommt.[111] Gleichwohl trifft dieser Umstand auf alle unwirksamen vertraglichen Regelungen zu – unabhängig davon, ob sie vorformuliert wurden.

Der Bundesgerichtshof hatte sich ursprünglich den Grundsätzen des Reichsgerichts angeschlossen. Das Gericht sprach von normativen Vertragsbedingungen und wiederholte die etablierte Formel des Reichsgerichts, dass die Bezugnahme

---

[103] BGH, Urteil vom 18.7.2012 – VIII 337/11, NJW 2013, 291 (292); BGH, Urteil vom 21.10.2009 – VIII ZR 244/08, NJW 2010, 293 (294).

[104] BGH, Urteil vom 13.9.2000 – VIII ZR 34/00, NJW 2001, 303 (303); BGH, Urteil vom 6.3.1986 – III ZR 234/84, NJW 1986, 1807 (1809).

[105] Vgl. etwa: *Pflug*, S. 277 ff.; umfassend zum Streitstand: *Miethaner*, S. 40 ff., der den Geltungsgrund der AGB-Kontrolle aus der von ihm sog. legitimen Ignoranz wegen des faktischen Zwangs zur ungeprüften Hinnahme herleitet; zur Bedeutung dieses Meinungsstreits für die Schaffung des AGBG: *Hellwege*, S. 223 ff.;

[106] BGH, Urteil vom 8.3.1955, NJW 1955, 1145 (1145 a. E.); zur Abstraktion des AGBG gegenüber dem Theorien: *Fehl* S. 88.

[107] Vgl. zum Streitstand: Brandner/Ulmer/Hensen-*Ulmer/Habersack*, Ein. Rn. 39–46.

[108] Bamberger/Roth-*Becker*, § 305, Rn. 7.

[109] *Reuter*, SAE 1983, 197 (202).

[110] *Fastrich*, S. 12.

[111] Staudinger-*Coester*, § 307, Rn. 109.

auf AGB eher die Unterwerfung unter eine fertige Rechtsordnung darstelle und es daher weniger darauf ankomme, was dem Einzelnen bekannt sei.[112] Später hat der BGH die Inhaltskontrolle aus dem Normenbezug gelöst und betont, dass der Verwender die AGB aufnehme, um eine Vielzahl künftiger Fälle in gleicher Weise der gewünschten Regelung zu unterwerfen. Deshalb könne sich die Prüfung nicht darauf beschränken, ob sich unter Berücksichtigung des Einzelfalls ein vertretbares Ergebnis gewinnen lässt. Es komme vielmehr darauf an, dass die Klausel als allgemeine Lösung des in ihr gelösten Interessengegensatzes angemessen sei und daher Bestand behalten könne.[113]

Das führt zur heute überwiegend in der Literatur vertretenen Begründung. Die herrschende Literatur betont die Funktion der Allgemeinen Geschäftsbedingungen hinsichtlich ihrer Herstellung bei besonderer Akzentuierung des Ausschlusses der Gestaltung durch den anderen Teil.[114] Die AGB seien für den Massenverkehr konzipiert. Folglich könne es nicht auf den Willen der konkreten Vertragsparteien ankommen.

Dieses Verständnis lässt sich in die heutige Rechtsgeschäftslehre einfügen. Denn den Vertragsparteien ist die anvisierte Geltung der AGB im Sinne von §§ 133, 157, 242 BGB erkennbar. Die Einbeziehung der AGB – ohne jegliche Individualisierung – werde zum Inhalt des Vertrages. Wollten sie einen anderen Inhalt, müssten sie eine Individualabrede treffen.[115] Der Verwender kann bei der Erstellung – grundsätzlich – nur die typisierten Interessen seiner Kunden berücksichtigen. Die §§ 305 ff. BGB ermöglichen damit in ihrer Grundkonzeption keine Vertrags-, sondern eine Klauselkontrolle.[116] Hiermit geht die Zweckbestimmung einher. Die Klauselkontrolle schützt den Rechtsverkehr vor der Gefahr, dass der Verwender die Vertragsgestaltungsfreiheit einseitig in Anspruch nimmt.[117]

Unter dem Dach der herrschenden Meinung wird auch die Rationalisierungsfunktion der AGB betont.[118] Diese beruht auf dem Gedanken des Verwenders, den Vertragsabschluss und die Vertragsabwicklung zu vereinheitlichen.[119] Der objektive Maßstab lässt sich hieraus jedoch nicht herleiten. Theoretisch wäre es auch denkbar, einen subjektiven Ansatz des Verwenders zu rationalisieren. Der Rationalisierungszweck begründet vielmehr die Einheitlichkeit des gewählten Maßstabs.[120] Die tragenden Pfeiler der objektiven Auslegung sind demnach der Massencharakter der AGB und die fehlende Möglichkeit der Einflussnahme des Kunden auf den Inhalt.

---

[112] BGH, Urteil vom 13. Dezember 1968 – I ZR 62/67, BB 1969, 463; vgl. zu den ADSp noch: BGH, Urteil vom 13.7.1973 – I ZR 72/72, VersR 1974, 80 (80).

[113] BGH, Urteil vom 8.5.1973 – IV ZR 158/71, BGHZ 60, 377 (380).

[114] Soergel-*Hefermehl*, § 133, Rn. 31; Ulmer/Brandner/Hensen-*Ulmer/Schäfer*, § 305d, Rn. 75; *Kötz*, Rn. 259.

[115] *Stoffels*, Rn. 362; kritisch: *Hellwege*, S. 281.

[116] Staudinger-*Coester*, § 307, Rn. 109.

[117] Ulmer/Brandner/Hensen-*Fuchs*, § 307, Rn. 26.

[118] *Stoffels*, Rn. 362; PWW-*K. P. Berger*, § 305c, Rn. 11.

[119] Ulmer/Brandner/Hensen-*Ulmer/Habersack*, Einl. Rn. 4.

[120] Ulmer/Brandner/Hensen-*Ulmer/Schäfer*, § 305d, Rn. 75.

Davon ausgehend hat *Tilmann* in der Vorformulierung für eine Vielzahl von Geschäften einen kollektiven Akt erblickt.[121] Die Verwendung im Einzelfall sei lediglich ein Teil einer fortgesetzten, sich typisch wiederholenden Handlung. Die Flankierung durch die Verbandsklage unterstreiche den kollektiven Bezug.[122] Dieses letzte Argument wurde durch die Trennung der Bereiche des AGBG etwas abgeschwächt, behält aber durch die Bezugnahme des § 1 UKlaG auf § 307 BGB seine Geltung.

Während das individuelle AGB-Recht erst bei rechtsgeschäftlicher Erheblichkeit – eben der Einbeziehung – anschlägt, greift das UKlaG bereits bei der bevorstehenden erstmaligen Verwendung ein. Betrachtet man die Verwendung der AGB als einen kollektiven Angriff auf die (Privat-)Autonomie der betroffenen Verkehrskreise, so erklärt sich daraus, weshalb die AGB abstrahiert bzw. typisiert betrachtet werden. Sie werden in ihrem Inhalt vorgelagert konzipiert und treffen mit diesem Inhalt auf die Verkehrskreise. Der rechtsgeschäftlichen Natur der AGB dieses Angriffs ist es geschuldet, auf die beiderseitigen Interessen abzustellen. Das Einzelgeschäft ist „nur" eines von vielen.[123] Dass gerade der vor Vertragsschluss feststehende Inhalt Gefahren begründet, führt zur Harmonisierung mit der Zweifelsregel in § 305c Abs. 2 BGB. Der Verwender allein kann im Vorfeld Zweifel beseitigen.

Das Verwenden einer unzulässigen Klausel hat daher Doppelwirkung. Es begründet zum einen den Vertragsinhalt zwischen den Parteien und zum anderen einen Eingriff in die typischen Interessen der angesprochenen Kundenkreise. Die Verwendung besitzt damit individuellen und kollektiven Charakter.

(4) Zwischenergebnis

Da die typisierende Betrachtung die Vorstellungen der Parteien außer Acht lässt, kommt es zu einer Abstrahierung der Interessenlagen.[124] Dem Richter wird ein Bewertungsspielraum eingeräumt, da die typischen Interessenlagen der Kunden und Verwender praktisch unmöglich empirisch feststellbar sind.[125] Die Kundenerwartungen werden am Durchschnittskunden bei „Geschäften dieser Art" bemessen. Der Vertragspartner des Verwenders wird nicht in seiner Individualität vom Recht erfasst, sondern lediglich als „Vertreter einer von ihm repräsentierten Kundengruppe".[126] Die Klauselkontrolle blendet folglich persönliche Elemente – insbesondere die konkrete Schutzbedürftigkeit – aus. Die Kontrolle ist „überindividuell".[127]

---

[121] *Tilmann*, ZHR 1978, 52 (62); in diese Richtung auch: *Micklitz/Beuchler*, NJW 2004, 1502 (1504).

[122] *Tilmann*, ZHR 1978, 52 (63); *Stoffels*, Rn. 362.

[123] Zum Ganzen: Staudinger-*Coester*, § 307, Rn. 109.

[124] DBD-*Däubler*, § 305c, Rn. 29.

[125] DBD-*Däubler*, § 305c, Rn. 29.

[126] Staudinger-*Coester*, § 307, Rn. 109.

[127] Ulmer/Brandtner/Hensen-*Fuchs*, § 307, Rn. 110; *Engel/Stark*, ZEuP 2015, 32 (36); zum Begriff: *Meller-Hannich* S. 270.

Auch die Auswirkungen der Klausel auf das konkrete Vertragsverhältnis werden nicht berücksichtigt.[128] Somit führt allein die Motivation des Verwenders, die Klauseln mehrfach zu verwenden, zur typisierten Betrachtung und löst überindividuellen Schutz aus. Im Zeitpunkt des Verwendens bzw. des Stellens wird dann diese abstrakte Interessenlage auf das einzelne Rechtsverhältnis angewandt.

b) Der Verstoß gegen andere Schutzgesetze

Über den Wortlaut des § 307 Abs. 1 BGB hinaus werden in der Literatur ein Verstoß der AGB gegen Schutzgesetze und die damit einhergehende Unwirksamkeit nach § 134 BGB der Unwirksamkeit nach §§ 307–309 BGB gleichgesetzt.[129] Der Bundesgerichtshof folgt dieser Aussage im Grunde, greift aber auch auf § 307 Abs. 2 Nr. 1 BGB (§ 9 Abs. 2 Nr. 1 AGBG a. F.) zurück.[130] Damit wird indes ein anderes Prüfungsprogramm eingeschlagen, da es jenseits der Schutznormqualität darauf ankommt, ob die Norm einen wesentlichen Grundgedanken enthält. Die Literatur muss § 1 UKlaG fortbilden, die Rechtsprechung betreibt bloße Normanwendung. Die Literatur muss zudem in Abgrenzung zur objektiven Rechtskontrolle der AGB voraussetzen, dass die gleiche Schutzrichtung wie bei den §§ 307–309 BGB besteht.[131] In der neueren Entwicklung der Rechtsprechung deutet sich eine Annäherung an. Denn mit der Entwicklung weg von der Angemessenheits- hin zur Zulässigkeitskontrolle durch § 1 UKlaG analog ist auch eine Öffnung der Rechtsprechung für andere Rechtsnormen möglich geworden. § 1 UKlaG kann über § 307 ff. BGB hinaus nur solche Verbotsgesetze aufnehmen, die auf typisierten Tatbeständen basieren. [132] Ein konkretes Verbot würde das System der Klauselkontrolle sprengen. Vor dem Hintergrund dieser Annahme wäre es jedoch widersprüchlich, den Rechtsverkehr nicht generell vor unzulässigen Klauseln zu schützen. § 1 UKlaG kann daher auf diese Tatbestände analog angewendet werden.

2. Anspruchsgegner und Verletzungshandlung

§ 1 UKlaG nennt die Passivlegitimierten/Anspruchsgegner nicht ausdrücklich, sondern stellt auf Verletzungshandlungen ab: das Verwenden und das Empfehlen. Es empfiehlt, wer Dritten rät, bestimmte AGB zu verwenden.[133] Einschrän-

---

[128] Staudinger-*Coester*, § 307, Rn. 110.

[129] *Köhler*/Bornkamm, § 1 UKlaG, Rn. 4; NK-*Walker*, § 1 UKlaG, Rn. 5; MünchKommZPO-*Micklitz* § 1 UKlaG Rn. 14 f.; Palandt-*Bassenge* § 1 UKlaG Rn. 6; Staudinger-*Schlosser* § 1 UKlaG Rn. 18: „a de minore ad maius"; *Meller-Hannich* S. 272 auch zu den methodischen Ansätzen.

[130] BGH, Urteil vom 26.1.1983 – VIII ZR 342/81, NJW 1983, 1320 (1322); vgl. aber auch BGH, Urteil vom 19.9.1985 – III ZR 213/83, NJW 1986, 46 (47), dort stellt das Gericht nur auf die Gefährlichkeit für den Rechtsverkehr ab und wandte §§ 9, 13 AGBG unmittelbar an.

[131] *Köhler*/Bornkamm, § 1 UKlaG, Rn. 4.

[132] *Schaumburg* S. 51 f.; *Reinel* S. 46 f.; Ulmer/Brandner/Hensen-*Witt* § 1 UKlaG Rn. 11.

[133] *Köhler*/Bornkamm, § 1 UKlaG, Rn. 9; *Weiß* S. 46.

kend wird verlangt, dass eine Erklärung gegenüber mehr als einer Person erforderlich sei.[134]

Verwender ist, wer Dritten gegenüber erklärt, dass für bestimmte Verträge bestimmte AGB gelten sollen.[135] Allerdings können auch weitergehende Handlungen Verwendungen darstellen. Dies gilt auch für das Einfordern einer Leistung unter Berufung auf AGB.[136] Diese Fallgruppe setzt sich im Verweigern der Rückabwicklung einer unwirksamen Klausel fort.[137] Diese Konstellation wiederum hat ihre materielle Berechtigung, ist aber im Rahmen der Vollstreckung des Anspruchs aus § 1 UKlaG nach § 890 ZPO bedeutsamer, weil sie die individuelle und die kollektive Durchsetzung zusammenführt.[138]

3. Erstbegehungs- und Wiederholungsgefahr

In Entsprechung zum klassischen negatorischen Rechtsschutz erfordert § 1 UKlaG entweder Erstbegehungs- oder Wiederholungsgefahr. Wie auch sonst begründet die einmalige Verwendung die tatsächliche, indessen widerlegbare Vermutung der Wiederholung.[139] Die Gefahr einer erstmaligen Verwendung ist bereits dann gegeben, wenn die notwendigen Vorbereitungen so weit gediehen sind, dass die Absicht der alsbaldigen Verwendung hinreichend nach außen manifest wird und die Verwendung *damit* ernstlich drohend bevorsteht.[140]

Die Wiederholungsgefahr weist die Besonderheit auf, dass der Verwender gewährleisten muss, nicht nur die erneute Einbeziehung zu unterlassen, sondern auch die Abwicklung bestehender Verträge bzw. die Rückabwicklung nicht zu erschweren.[141]

4. Das Abstraktionsniveau des Anspruchs

Der Anspruch aus § 1 UKlaG bzw. das ihn tragende Verfahren wird auch als abstrakte Klauselkontrolle bzw. abstraktes Kontrollverfahren bezeichnet.[142] Ihren Grund hat diese Bezeichnung darin, dass es nicht auf den konkreten Fall der Verwendung ankommen soll.[143] Diese Feststellung wiederum hat ihre Berechti-

---

134 So wohl BGH, Urteil vom 19.9.1990 – VIII ZR 239/89, NJW 1991, 36 (37), *Weiß*, S. 46.

135 *Köhler*/Bornkamm, § 1 UKlaG, Rn. 8; *Weiß*, S. 46.

136 Hierzu *Köhler*/Bornkamm, § 1 UKlaG Rn. 8.

137 BGH, Urteil vom 13.7.1994 – IV ZR 107/92, NJW 1994, 2693 (2693); BGH, Urteil vom 6.12.2012 – III ZR 173/12, NJW 2013, 593 (595); *Köhler*/Bornkamm, § 1 UKlaG Rn. 8; eingehend zur Herleitung: *Schaumburg* S. 60 f.

138 MünchKommZPO-*Micklitz*, § 1 UKlaG Rn. 21.

139 BGH, Urteil vom 6.12.2012 – III ZR 173/12, NJW 2013, 593; *Niebling*, MDR 2015, 560 (563).

140 MünchKommZPO-*Micklitz*, § 1 UKlaG, Rn. 26; Palandt-*Bassenge*, § 1 UKlaG, Rn. 7; *Niebling*, MDR 2015, 560 (563), der betont, dass keine allzu hohen Anforderungen zu stellen sind.

141 Wolf/Lindacher/Pfeiffer-*Lindacher*, § 1 UKlaG, Rn. 35.

142 BGH, Urteil vom 17.3.1993 – VIII ZR 180/92, NJW 1993, 1651 (1653).

143 NK-*Walker*, Vor UKlaG, Rn. 6.

gung in der Erstbegehungsgefahr und dem damit einhergehenden vorbeugenden Unterlassungsanspruch.

Der Kern der Abstraktion fußt auf zwei zusammenhängenden Aspekten. Zum einen kommt es zu einer einseitigen Entindividualisierung der angesprochenen Verkehrskreise: es kommt gerade nicht auf den anderen Teil des Verwenders an. Hinzu tritt der Verzicht auf die Einbeziehungskontrolle. Während im Individualprozess Stellen und Einbeziehung zu trennen waren, übernimmt die Verwendung – und damit das Verhalten des Stellers – im Prozess nach § 1 UKlaG die konkretisierende Funktion. § 1 UKlaG verlagert damit den Schutz auf das Publikum und schützt dieses vor der vertraglichen Betroffenheit durch unwirksame AGB.[144] Der einzelne Kunde soll im Falle der Erstbegehungsgefahr schon gar nicht mit den AGB konfrontiert werden. In dieser Schutzrichtung ist der einzelne Kunde noch nicht personalisiert.

Damit tritt zugleich ein Problem für die Zweckbestimmung zutage. Die Entfernung aus dem individualschützenden Rechtsschutz würde eine Reduzierung des individuellen Schutzzwecks herbeiführen. § 1 UKlaG will nun das Rechtsverhältnis, nicht aber den Schutzweck verändern. Eine Individualisierung soll vielmehr verhindert werden. Es kommt zum Individualschutz durch Entindividualisierung.[145] Dies wird deutlicher, betrachtet man im Rahmen der Erstbegehungsgefahr den Grad des Kontakts zum Verbraucher. Die Manifestation des Verwendungswillens ist losgelöst von der tatsächlich drohenden Individualisierung der AGB. Es leuchtet ein, dass jeder Verbraucher ein Interesse daran hat, von unwirksamen Allgemeinen Geschäftsbedingungen verschont zu werden. Dieser Umstand ist allerdings schwer als natürliches Interesse einer natürlichen Person zu verstehen. Es ist ein Interesse, welches der Situation nicht innewohnt, aber typischerweise angenommen werden kann. § 1 UKlaG ist damit seinerseits Ausdruck des typischen Interesses der Kunden, von unzulässigen AGB verschont zu bleiben und entspricht damit zugleich der Konzeption des Unionsrechts

5. Zwischenergebnis

Nach diesem Überblick tritt die Struktur des § 1 UKlaG deutlich zutage. Die Norm schützt vor unzulässigen Klauseln. Die Unzulässigkeit folgt wiederum aus der Ausrichtung der Klauseln auf den Kundenkreis und ist das Ergebnis einer typisierten Interessenbewertung. Das kollektive Element dieses Anspruchs wird nicht durch den Anspruch selbst, sondern durch das Stellen der AGB im Rechtsverkehr begründet und ist bereits auf der Ebene von § 307 Abs. 1 BGB angelegt.

III. § 2 UKlaG – der Rechtsbruchtatbestand

Nach § 2 Abs. 1 UKlaG können im Interesse des Verbraucherschutzes andere Handlungen als das Verwenden oder Empfehlen Allgemeiner Geschäftsbedin-

---

144 MünchKommZPO-*Micklitz*, § 1 UKlaG, Rn. 5.
145 *Meller-Hannich*, S. 267 ff.

gungen unterbunden werden, wenn durch sie Vorschriften verletzt werden, die dem Schutz der Verbraucher dienen. Ebenso wie § 1 UKlaG setzt der Anspruch entweder eine Erstbegehungs- oder eine Wiederholungsgefahr voraus.[146] Werden diese Zuwiderhandlungen in einem geschäftlichen Betrieb von einem Angestellten oder einem Beauftragten begangen, so ist der Unterlassungsanspruch auch gegen den Inhaber des Betriebes begründet. § 2 Abs. 2 UKlaG zählt nicht abschließend („insbesondere") eine Reihe von Verbraucherschutzgesetzen auf. Die Norm enthält in Absatz 3, anders als § 1 UKlaG,[147] eine Regelung für den Fall des Rechtsmissbrauchs.

1. Vorschriften zum Schutz der Verbraucher

§ 2 Abs. 1 UKlaG definiert den Begriff des Verbrauchergesetzes als Vorschrift, die dem Schutz der Verbraucher dient. Ausweislich der Bundestagsdrucksachen soll eine Verbraucherschutznorm bei Gesetzen anzunehmen sein, wenn der Verbraucherschutz ihr eigentlicher Zweck ist.[148] Entscheidend ist, dass die Person in ihrer Eigenschaft als Verbraucher i. S. v. § 13 BGB geschützt werden soll.[149] Weitere Zwecke können daneben bestehen. Der Zweck „Verbraucherschutz" darf nur nicht von untergeordneter Bedeutung oder eine zufällige Nebenwirkung sein.[150]

Die Norm muss nicht formal-juristisch an die Verbrauchereigenschaft anknüpfen.[151] So hat der BGH § 439 BGB und damit eine Norm des allgemeinen Kaufrechts als Verbraucherschutznorm eingeordnet. § 439 BGB entwirft sich nicht spezifisch auf die Verbraucher-Unternehmer-Situation. Gleichwohl können auch Verbraucher mit Unternehmern Kaufverträge abschließen. Für diese Fälle existieren besondere Regelungen in den §§ 474 ff. BGB. Verlangte nun ein Unternehmer von einem Verbraucher die Zahlung eines Nutzungsentgelts, so verstieß er nach alter Rechtslage und nach Ansicht des BGH gegen § 439 Abs. 4 BGB, weil die Norm nach der Rechtsprechung des Bundesgerichtshofs keine solche Berechtigung für den Unternehmer gegenüber dem Verbraucher enthielt.[152] Das Problem ist in der neueren Entwicklung durch § 474 Abs. 2 S. 1 BGB a. F. bzw. nunmehr durch § 474 Abs. 5 S. 1 BGB gelöst worden. Dass der Wortlaut der Norm den Verbraucher nicht nennt, war unschädlich, da aus dem System (§ 475 Abs. 1 BGB nimmt ausdrücklich Bezug – vgl. Abs. 2 S. 1) und Verhältnis zum Verbrauchsgüterkauf folgte, dass die Norm *auch* Verbraucher schützen soll.

[146] *Köhler*/Bornkamm, § 2 UKlaG, Rn. 16.

[147] Vgl. aber *Rehart*, MMR 2014, 506 (509), der auf § 242 BGB als immanente Schranke der Rechtsausübung hinweist.

[148] BT-Drs. 14/2658, S. 53, im Zusammenhang mit der Umsetzung des Fernabsatzvertrages.

[149] *Köhler*/Bornkamm, § 2 UKlaG, Rn. 2.

[150] BT-Drs. 14/2658 S. 53; MünchKommZPO-*Micklitz*, § 2 UKlaG, Rn. 21.

[151] Zum Verbraucherschutz siehe S. 11.

[152] Vgl. BGH, Urteil vom 26.11.2008 – VIII ZR 200/05, BGHZ 179, 27; das wegen der Rechtsfrage sehr bekannte Urteil stellt im Wesentlichen auf die Vorgaben der Verbrauchsgüterkaufrichtlinie ab und leitete daraus eine teleologische Reduktion der Verweisung des § 439 Abs. 4 auf § 346 BGB ab.

Auf der anderen Seite genügt es dem BGH nicht, wenn von der Schutzwirkung einer Norm überwiegend Verbraucher profitieren. So hat das Gericht § 4 BDSG nicht als verbraucherschützende Norm eingeordnet.[153] Die Norm regelt allgemein die Modalitäten der Einwilligung und stellt einen spezifischen Bezug zur freien Entscheidung her. Zwingend ist die Annahme des Gerichts nicht. Denn dann würde ein allgemein hohes Schutzniveau zugunsten jedermanns dazu führen, dass § 2 UKlaG ausgeschlossen ist, obgleich jedermann auch Verbraucher sein kann. Andererseits würde die Annahme einer verbraucherschützenden Norm bedingen, dass das Erfordernis der Bestimmung, den Verbraucher zu schützen, aufgegeben werden würde.[154] Wenn der Gesetzgeber jedermann schützen wollte, fehlt es hieran. Das mag misslich sein, ist methodisch bzw. dogmatisch aber nicht korrigierbar.

2. Die Zuwiderhandlung

Die Zuwiderhandlung gegen ein Verbrauchergesetz erfordert, dass dessen Tatbestand rechtswidrig verwirklicht wird.[155] Sie kann auch durch die Handlungen begründet werden, die nicht ausdrücklich in der Norm genannt werden, indes nach dem Sinn und Zweck ausgeschlossen sind.[156] Selbst ein Unterlassen kann eine Zuwiderhandlung darstellen.[157] Auf ein Verschulden kommt es nicht an.[158]

3. Das Verbraucherschutzinteresse

Zusätzlich dazu, dass eine verbraucherschützende Norm verletzt werden muss, kann der Anspruch aus § 2 Abs. 1 UKlaG nur im Interesse des Verbraucherschutzes geltend gemacht werden. Die herrschende Meinung versteht das Tatbestandsmerkmal materiell-rechtlich und misst ihm eigenständige, den Anspruch beschränkende Wirkung bei.[159]

a) Die Gesetzgebungsgeschichte

Die Vorgängerregelung von § 2 UKlaG wurde im Zuge der Umstellung auf den Euro in § 22 AGBG eingeführt. Ursprünglich sollte § 22 AGBGB wie folgt formuliert werden:

---

[153] BGH, Urteil vom 16.7.2008 – VIII ZR 348/06, NJW 2008, 3055 (3055); zum Problem: MünchKommZPO-*Micklitz*, § 2 UKlaG, Rn. 40.

[154] Zu §§ 8, 3, 4 Nr. 11 UWG: OLG München, Urteil vom 12.1.2012 – 29 U 3926/11, MMR 2012, 317 (318).

[155] *Köhler*/Bornkamm, § 2 UKlaG, Rn. 15.

[156] Dies wird deutlich bei BGH, Urteil vom 26.11.2008 – VIII ZR 200/05, BGHZ 179, 27 (42): Die Verletzung § 439 Abs. 4 BGB wurde dadurch begangen, dass etwas gefordert wurde, was in der Norm nicht angelegt war bzw. durch die Norm ausgeschlossen wurde.

[157] NK-*Walker* § 2 UKlaG Rn. 5; *Köhler*/Bornkamm, § 2 UKlaG, Rn. 15.

[158] *Köhler*/Bornkamm, § 2 UKlaG, Rn. 15.

[159] *Köhler*/Bornkamm, § 2 UKlaG, Rn. 17; Palandt-*Bassenge*, § 2 UKlaG, Rn. 6. a. A.: PG-*Halfmeier*, § 2 UKlaG, Rn. 11: Zulässigkeitsvoraussetzung.

Wer nicht nur im Einzelfall Vorschriften zuwider handelt, die dem Schutz der Verbraucher dienen (Verbraucherschutzgesetze), kann auf Unterlassung in Anspruch genommen werden.

Die Bundesregierung führt hierzu aus, dass eine Verletzung einer Verbraucherschutznorm nicht in jedem Falle den Anspruch auslösen dürfe. Vielmehr sei erforderlich, dass die Kollektivinteressen der Verbraucher berührt würden. Dies sei der Fall, wenn der Verstoß in seinem Gewicht und in seiner Bedeutung über den Einzelfall hinausginge und eine generelle Klärung geboten sei.[160]

Eine Orientierung am Einzelfall lehnte auch der Rechtsausschuss ausdrücklich ab.[161] Der Ausschuss wandte sich gegen die Formulierung „nicht nur im Einzelfall" mit dem Argument, diese Formulierung könne zu dem Schluss verleiten, es käme auf die Zahl der Verstöße an. Entscheidend seien aber Gewicht und Bedeutung des Verstoßes. Daraufhin wurde die Formulierung *„im Interesse des Verbraucherschutzes"* einführt.

b) Das Urteil des Bundesgerichtshofs vom 26.11.2008 – VIII ZR 200/05

Der Bundesgerichtshof hat dieses Tatbestandsmerkmal in einem Urteil aus dem Jahr 2008 ebenfalls an die Kollektivinteressen der Verbraucher gekoppelt. Der *Verstoß* muss danach auch das Kollektivinteresse der Verbraucher *berühren.*[162] Dabei betonte das Gericht, dass der Verstoß (im konkreten Fall) über den Einzelfall hinausginge, weil anzunehmen sei, dass der Unternehmer in einer Vielzahl von Fällen so verfahren sei. Dies lasse die generelle Klärung der Frage geboten erscheinen. Insofern liegt das Urteil auf der Linie der Gesetzesbegründung und präzisiert einen Fall der besonderen Bedeutung: die mögliche Vielzahl der Fälle. Das Urteil nimmt ferner ein wesentliches systematisches Moment des UKlaG auf. In § 1 UKlaG genügt für die Annahme einer AGB die angestrebte Vielzahl von Verstößen. Vor diesem Hintergrund überzeugt es, die Schwere des Verstoßes *auch* anhand der vorangegangenen Verstöße oder anhand der anvisierten Verstöße zu messen.

c) Art. 1 § 3 Nr. 8 RBerG a. F.

In systematischer Hinsicht aufschlussreich ist die mittlerweile aufgehobene Norm des Art. 1 § 3 Nr. 8 RBerG a. F. Nach dieser Norm wurde von der Erlaubnispflicht des Art. 1 § 1 RBerG eine Ausnahme zugelassen, damit Verbraucherverbände und Verbraucherzentralen fremde Forderungen gerichtlich geltend machen durften. Die Norm setzte voraus, dass dies im *Interesse des Verbraucherschutzes erforderlich* ist. Art. 1 § 3 Nr. 8 RBerG a. F bezog sich zwar nicht auf eine Klagebefugnis und die Aktivlegitimation, sondern auf die Abtretung einer Forderung. Die Problemstellung ist jedoch nur verlagert, in vielen Fragestellungen deckungsgleich und damit vergleichbar.[163]

---

[160] BT-Drs. 14/2658, S. 53.
[161] BT-Drs. 14/3195, S. 35.
[162] BGH, Urteil vom 26.11.2008 – VIII ZR 200/05, BGHZ 179, 27 (42).
[163] A. A.: PG-*Halfmeier*, § 2 UKlaG, Rn. 11 ohne weitere Ausführungen.

aa) Das Urteil vom 14.11.2006 – XI ZR 294/05

Mit Urteil vom 14.11.2006 nahm der Bundesgerichtshof umfassend zu der Norm Stellung.[164] Die Erforderlichkeit sollte nicht bereits bei einem verbraucherrechtlichen Sachzusammenhang oder bei einer Berührung von Verbraucherinteressen gegeben sein. Es bedürfe einer darüber hinausgehenden Rechtfertigung für die Einschaltung des Verbraucherverbandes. Besondere Umstände forderte der BGH allerdings nicht. Das Gericht folgerte aus der Existenz des Tatbestandsmerkmals, dass dieses nicht ohne Wirkung bleiben dürfe. Im Anschluss an eine Ansicht in der Literatur[165] sei erforderlich, dass die Verbandsklage nicht nur für die Durchsetzung von Verbraucherinteressen geeignet, sondern zudem auch effektiver als eine Individualklage sein müsse.

Im Interesse des Verbraucherschutzes erforderlich, so das Gericht, sei die gerichtliche Einziehung dann, wenn die Einziehung nicht allein dem wirtschaftlichen Interesse eines oder mehrerer Verbraucher, sondern einem kollektiven Verbraucherinteresse diene. Dies sei vor allem dann der Fall, wenn faktisch Umstände vorlägen, die geeignet seien, den einzelnen Verbraucher davon abzuhalten, den Anspruch geltend zu machen. Das könnten zum einen geringe Anspruchshöhe oder zum anderen hohe Prozesskosten oder ein hohes Prozessrisiko oder praktische Durchsetzungsschwierigkeiten (etwa das Auffinden des Prozessgegners etc.) sein.

Der BGH griff argumentativ zusätzlich auf die Vielzahl von Fällen zurück. Daraus leitete er das Interesse sämtlicher Kunden ab. Das Gericht betonte, die Klageerhebung ziele auf die höchstrichterliche Klärung einer den Verbraucherschutz betreffenden Rechtsfrage ab.

Bemerkenswert ist dabei die typisierende Betrachtung: Bei geringfügigen Kleinstbeträgen, so das Gericht, erscheine eine Klagerhebung von vornherein unwirtschaftlich. Im Bereich von 500 bis 1.000 Euro sei das Verhältnis zu den zu erwartenden Prozesskosten inklusive zu antizipierender Gesamtkosten des Prozesses zu ermitteln. Dadurch, dass die Kosten aber nur unverhältnismäßig erscheinen müssen, wird die reale Klagerhebung antizipiert. Als weiteren Begründungsstrang wählte das Gericht die fehlende Marktübersicht des Verbrauchers. Dieser könne regelmäßig eine Vielzahl von Verstößen nicht derart substantiiert vortragen wie ein Verbraucherverband.

bb) Bewertung

Das Urteil verdeutlicht mehrere relevante Aspekte der Verbandsklage. Der Bundesgerichtshof setzte Verbraucherschutz und die Interessen der Verbraucher gleich. Das macht deutlich, dass öffentliches Interesse und kollektives Interesse sich nicht ausschließen. Hinzukommt, dass kollektive Interessen aus

---

[164] BGH, Urteil vom 14.11.2006 – XI ZR 294/05, NJW 2007, 593; *Micklitz/Hüttner*, JZ 2008, 151; zur Rechtsprechungsentwicklung: *Micklitz/Beuchler*, NJW 2004, 1502; zum nunmehr in Kraft getretenen RDG (BGBl. 2007 I S. 2840): *Mann*, DStR 2013, 765, allerdings allgemein zur kollektiven Bündelung.

[165] U. a. *Derleder*, EWiR 2005, 579; Palandt-*Heinrichs* (65. Auflage) § 134 BGB, Rn. 21.

unterschiedlichen Gründen herrühren können. Das Gericht stellte in diesem Zusammenhang klar, dass die höchstrichterliche Klärung einer Rechtsfrage eine Angelegenheit des Verbraucherschutzes ist und damit ein Kollektivinteresse der Verbraucher begründet. Die abstrakte Möglichkeit, die höchstrichterliche Klärung der Rechtsfrage über den Individualprozess herbeizuführen, beseitigt hingegen die Erforderlichkeit für den Schutz der Verbraucher nicht, wenn die Einziehungsklage effektiver und zielführender erscheint. Damit wird impliziert, dass es auch ein Interesse des Verbraucherschutzes an der Klärung gibt. Andernfalls müsste man den Individualprozess nicht „überholen".

Das Interesse an der Klärung einer Rechtsfrage ist im Rahmen der Erforderlichkeit nicht eindeutig zuzuordnen. Man könnte es einerseits als Individualinteresse verstehen. Dagegen spricht jedoch, dass die Erforderlichkeit sich auf die Defizite des Individualprozesses bezieht und somit das Interesse an der Klärung bestehen bleibt. Dass auch der einzelne Verbraucher ein Interesse an der Klärung der Rechtsfrage haben kann, hindert an der Bejahung eines kollektiven Interesses nicht. *Kocher* hat zutreffend darauf hingewiesen, dass gerade die fehlende Klärung einer Rechtsfrage Verbraucher vom Individualprozess abhalten kann.[166]

d) Weitergehende Stellungnahmen in der Literatur

Während in der Literatur die deutliche Tendenz vorherrscht, den Anwendungsbereich des Tatbestandsmerkmals „im Interesse des Verbraucherschutzes" zu reduzieren,[167] sind auch Stellungnahmen zu finden, die den Stellenwert des Tatbestandsmerkmals selbst zurückdrängen. *Halfmeier* vertritt, dass ein Interesse des Verbraucherschutzes bei unternehmerischem Handeln zu vermuten sei.[168] *Micklitz* hat darüber hinaus betont, dass das Interesse des Verbraucherschutzes bereits dann eröffnet sei, wenn eine Wiederholungsgefahr bestünde.[169] Daran ist richtig, dass ein effektiver Verbraucherschutz (RL 2009/22/EG) keine Wiederholung dulden darf. Gleichwohl speist sich die Wiederholungsgefahr aus dem vorhandenen Verstoß und damit im Regelfall aus der Verletzung eines Einzelnen. Dass § 2 UKlaG diese Gefahr ebenfalls verlangt, ist ein Spezifikum des Unterlassungsanspruchs, nicht des kollektiven Interesses. Darüber hinaus begründet diese Lösung auch eine Friktion mit der Gesetzesbegründung. Dort wird der einmalige Verstoß herausgenommen. Da dieser aber bereits die Wiederholungsgefahr indiziert, würde man diese Entscheidung unterlaufen. Eine unionrechtskonforme Auslegung muss diese Entscheidung respektieren.[170]

---

166 *Kocher*, VuR 2007, 275 (276).

167 *Köhler*/Bornkamm, § 2 UKlaG, Rn. 17: keine hohen Anforderungen; allein auf die Gesetzesbegründung stellt ab: *Schaumburg*, S. 74.

168 PG-*Halfmeier*, § 2 UKlaG, Rn. 11.

169 MünchKommZPO-*Micklitz*, § 2 UKlaG, Rn. 17.

170 EuGH, Urteil vom 5.10.2004 – C-397/01, RdA 2005, 115 (119); zusammenfassend: ErfK-*Wißmann*, Vor AEUV Rn. 37.

e) *Zusammenfassung*

Der Hinweis von *Micklitz* auf die Vorgaben der Richtlinie 2009/22/EG ist vor allem in anderer Hinsicht gewichtig. Im Rahmen der Erörterung der Richtlinie 2009/22/EG wurde bereits herausgestellt, dass das Kollektivinteresse sich aus der Verletzung der verbraucherschützenden Norm ableitet. Insofern liegt es nahe und entspricht dem Unionsrecht, das Interesse i. S. v. § 2 UKlaG zu vermuten und im Einzelfall abzulehnen. Insofern bedarf es nicht der Wiederholungsgefahr nach *Micklitz*, das Ergebnis ist indessen identisch. Der Verstoß indiziert das Interesse, nicht nur die Wiederholungsgefahr. In den übrigen Fällen führt das Merkmal in eine Abwägung über. So kann der Anspruch ausscheiden, wenn offensichtlich ist, dass dieser auf einem Versehen im Einzelfall beruht[171] und kein generelles Interesse an der Klärung der aufgeworfenen Fragen besteht.

Die Einordnung des Gesetzgebers ist auch vor dem Hintergrund der Vorgängerrichtlinie 98/27/EG (Erwägungsgrund 2) nicht anders zu verstehen, als dass der Verstoß die Legitimation begründet. Das Korrektiv wird nur dadurch verständlich, dass § 2 UKlaG über den unionsrechtlichen Bereich hinausgeht. Dies wird insbesondere am Verbraucherbegriff sehr deutlich. Sobald der Verstoß in den Anwendungsbereich des Anhangs I der Richtlinie 2009/22/EG fällt, berührt er indes die kollektiven Interessen und begründet auch nach der Logik der Gesetzesbegründung das Interesse des Verbraucherschutzes i. S. d. Norm.

Im Vergleich zu § 1 UKlaG zeigt sich, dass das Abstellen auf einen Rechtsbruch keinen kollektiven Bezug sicherstellt. Insofern trägt das Merkmal der kollektiven Dimension des Anspruchs Rechnung. Ein einfach gelagerter Einzelfall reicht nicht aus.

4. Der Rechtsmissbrauch

Im Gegensatz zu § 1 UKlaG enthält § 2 (und § 2a) in Abs. 3 eine Missbrauchsregelung. Danach kann der Anspruch nicht geltend gemacht werden, wenn dies unter Berücksichtigung der gesamten Umstände missbräuchlich ist. Das soll insbesondere dann der Fall sein, wenn die Geltendmachung vorwiegend dazu dient, einen Anspruch auf Ersatz der Aufwendungen oder Kosten der Rechtsverfolgung entstehen zu lassen. Der Gesetzgeber hat diese Regelung damit begründet, dass § 22 AGBG a. F. näher an § 8 UWG (§ 13 UWG a. F.) sei als § 1 UKlaG und Letztere weniger missbrauchsanfällig sei.[172] Auf die Frage des Rechtsmissbrauchs soll im Rahmen des § 8 Abs. 4 vertiefend eingegangen werden.[173]

IV. Der Beseitigungsanspruch

Während § 1 UKlaG die Möglichkeit des Widerrufs des Empfehlenden vorsieht, schweigt sich § 2 UKlaG zu der Frage aus, wie das UKlaG auf fortbestehende

---

[171] *Köhler*/Bornkamm, § 2 UKlaG, Rn. 17.
[172] BT-Drs. 14/2658, S. 53.
[173] Siehe hierzu S. 109.

Störungen reagiert. Üblicherweise antwortet die Rechtsordnung hierauf mit Beseitigungsansprüchen (vgl. § 1004 Abs. 1 BGB). Ob dies auch für das UKlaG gilt, ist umstritten.

Der Bundesgerichtshof hat die Frage in zwei Entscheidungen verneint.[174] Der Unterlassungsanspruch umfasse weder die Rückabwicklung noch einen Hinweis auf die Unwirksamkeit der Klausel durch den Verwender. Hierin handelt es sich genau betrachtet nicht um ein Argument gegen einen eigenständigen Beseitigungsanspruch. Man wird diese Ausführungen aber dahin gehend zu verstehen haben, dass das Gericht eine abschließende Konzeption annimmt. Die Rechtsprechung löst diese Fälle über § 890 ZPO.[175] Dies setzt aber eine Weigerung des Unternehmers voraus. Weiß der Verbraucher – wie so häufig – nicht um die Unwirksamkeit der Klausel, hilft ihm diese Lösung nicht. Er wird schon nicht die Rückabwicklung verlangen.

In der Literatur wird daher auf mögliche Analogien zu § 1004 BGB sowie zu § 8 UWG hingewiesen.[176] Dagegen spricht nur vordergründig, dass man 2001 davon abgesehen hat, einen Anspruch aufzunehmen. Denn auch das UWG hat den Beseitigungsanspruch erst 2004 aufgenommen, nachdem die Rechtsprechung den Anspruch vorher in wenigen Urteilen andeutete.[177]

Dem Argument, das UKlaG sehe durch den Widerruf eine abschließende Sonderregelung vor, kann nicht gefolgt werden. Diese Rechtsfolge bezieht sich auf das Empfehlen von AGB und stellt damit eine Sonderregelung für eine Sonderkonstellation dar. Aus ihr kann folglich keine Sperrwirkung für das Verwenden i. S. v. § 1 UKlaG und erst recht nicht für den weit gefassten § 2 UKlaG hergeleitet werden. Bereits Erwägungsgrund 3 der Richtlinie 2009/22/EG spricht von „abstellen“ und nimmt damit auch ein Element der Beseitigung auf. Die Frage wird damit zu einer Frage des Unionsrechts und dementsprechend zu einer Frage der Richtlinien 93/13/EWG und 2009/22/EG.

Generalanwältin Trstenjak betonte in der Rechtssache „Invitel“ im Hinblick auf einen Beseitigungsanspruch des Verbrauchers, dass nach Art. 6 RL 93/13/EWG der Richtlinie die vertraglichen Regelungen nur unverbindlich sein müssten.[178] Nach ihrer Ansicht seien die Bedingungen hierfür aus dem innerstaatlichen Recht zu gewinnen. Ein solcher Erstattungsanspruch gewähre mithin mehr, als Art. 6 bezwecke. Zweck sei es allein, sicherzustellen, dass die missbräuchliche

---

[174] BGH, Urteil vom 12.12.2007 – IV ZR 130/06, BGHZ 175, 28; BGH, Urteil vom 11.2.1981 – VIII ZR 335/79, NJW 1981, 1511; ebenso: *Schaumburg*, S. 60.

[175] Instruktiv: KG, Beschluss vom 23.3.2009 – 23 W 71/08, BeckRS 2009, 09533; MünchKommZPO-*Micklitz*, § 1 UKlaG, Rn. 33, im größeren Zusammenhang: *Stadler/Klöpfer*, VuR 2012, 343 (347).

[176] *Köhler*/Bornkamm § 1 UKlaG, Rn. 18; *Reich*, VuR 2014, 247; *Klocke*, VuR 2013, 203; den Anspruch politisch fordernd: *Billen*, in: Brömmelmeyer, 21 (23 f.).

[177] BGH, Urteil vom 4.2.1993 – I ZR 42/91 („*Triangle*“), NJW 1993, 2873 (2875); BGH, Urteil vom 25.1.2001 – I ZR 120/98, GRUR 2001, 420 (422). In der Triangle-Entscheidung wird darauf hingewiesen, dass die Übergänge von Beseitigung und Unterlassung fließend sein können, wenn die Unterlassung nur durch Beseitigung sichergestellt wird.

[178] Schlussanträge GA Trstenjak, C-472/10 („*Invitel*“) = juris.de; hierzu: *Reich*, VuR 2014, 247 (249).

Vertragsklausel dem Verbraucher keine Pflichten auferlege. Für den kollektiven Rechtsschutz sei dies nicht anders zu bewerten, da Art. 7 der Richtlinie lediglich wirksame Mittel verlange, um der Verwendung missbräuchlicher Klauseln ein Ende zu setzen. Eine Anpassung an den Rechtszustand verlange die Norm nicht.

Diese Feststellungen überzeugen vielleicht in Bezug auf Art. 6 RL 93/13/ EWG, nicht aber in Bezug auf Art. 2 der Richtlinie 2009/22/EG. Nach Art. 2 Abs. 1b) der Richtlinie können die Mitgliedstaaten *gegebenenfalls* Maßnahmen erlassen, welche die fortdauernde Wirkung des Verstoßes abstellen. Vor dem Hintergrund unterschiedlicher Rechtsstrukturen in den einzelnen Mitgliedstaaten leuchtet die Fassung dieser Vorgabe ein. Ein *ex officio* betriebenes Unterlassungsverfügungsregime beispielsweise ist ungleich effektiver als ein antragsabhängiges Gerichtsverfahren.[179] Noch deutlicher wird es, bedürfte der Einsatz von AGB der behördlichen Genehmigung. Ohne Kontrolle geraten diese Klauseln nicht in den Rechtsverkehr, ein Beseitigungsanspruch wäre nicht erforderlich. Das Bedürfnis nach einem Beseitigungsanspruch wächst jedoch, je nachdem, wie effektiv die Verstöße verhindert werden können. Art. 2 Abs. 1 lit. b) ist also seinerseits im Hinblick auf die Effektivität des Verfahrens nach lit. a) auszulegen.

Dass Art. 2 mit Unterlassungsklagen überschrieben ist, erweist sich als irrelevant. Die Beseitigungspflicht ist die Kehrseite und Fortsetzung des Unterlassungsgedankens. Zudem macht die Regelung der Nichtbeachtung des Urteils in lit. c) deutlich, dass ein weitergehendes, lückenloses System von der Richtlinie vorausgesetzt wird. Gerade auch die Formulierung von lit. c) gegenüber lit. b) stellt klar, wie ein Votum für eine weitergehende Umsetzungsfreiheit zu formulieren gewesen wäre. Für das deutsche System geben § 1004 BGB und § 8 UWG vor, dass trotz eines Unterlassungsanspruchs und trotz der Möglichkeit, einstweiligen Rechtsschutz zu erhalten, ein Beseitigungsanspruch bestehen muss.[180]

V. Die Anspruchsinhaberschaft, §§ 3 und 4 UKlaG

Wer die Rechte aus den §§ 1 und 2 UKlaG geltend machen darf, ist in den §§ 3 und 4 UKlaG geregelt. Hinsichtlich § 3 Abs. 1 Nr. 1 UKlaG beschränkt sich die Zulässigkeitsprüfung in der Praxis auf den Listenabgleich und die Überprüfung der Bescheinigung nach § 4 Abs. 3 UKlaG.[181] Die Eintragungsvoraussetzungen selbst werden nur im Verfahren nach § 4 UKlaG geprüft.[182] Weiterhin wird überprüft, ob die Verbände ihre Aufgabe auch tatsächlich wahrnehmen und die Klage dem Satzungszweck entspricht (die konkrete Prozessführung muss von der Sat-

---

179 *Klocke*, VuR 2013, 203 (206); vgl. auch *Micklitz/Reich*, EWS 2012, 257, die einen Anspruch aus Art. 47 EGCh i. V. m. Art. 19 AEUV herleiten.

180 Die geplante Neufassung des § 2 Abs. 1 UKlaG (BT-Drs. 18/4631) sieht im Zuge der Ausweitung der Verbandsklage auf das Datenschutzrecht auch die Anerkennung des Beseitigungsanspruchs vor; vgl. hierzu: *Köpernik*, VuR 2014, 240; zum derzeitigen Stand: *Elbrecht/ Schröder*, K & R 2015, 361 (363 f.).

181 NK-*Walker*, § 3 UKlaG, Rn. 3.

182 NK-*Walker*, § 3 UKlaG, Rn. 3.

zung erfasst sein).[183] Dies bedeutet ferner, dass die Gerichte die Teilbeschränkungen im Hinblick auf Prozesse außerhalb des geschützten Verbraucherkreises überprüfen können.

Die exakte Einordnung der §§ 3, 4 UKlaG ist bis heute nicht vollends geklärt. Während es vorrangig um die Frage geht, ob § 3 UKlaG eine Prozessführungsbefugnis, eine Aktivlegitimation oder gar beides regelt, steht im Hintergrund die Frage nach einem materiell-rechtlichen oder einem prozess-rechtlichen Fundament der Verbandsklage. In dieser Hinsicht streift die Frage die allgemeine Problematik nach der materiell-rechtlichen Natur von Unterlassungsansprüchen bzw. Unterlassungsklagen.[184]

Im Folgenden soll diese Frage vertieft werden, weil das dogmatische Gerüst nicht nur für §§ 3, 4 UKlaG selbst entscheidend ist, sondern von ihr auch die Einordnung in der Rechtsordnung und damit letztlich die Rechtsfortbildung abhängt. Zunächst sollen daher die Grundlagen erörtert, dann die Lösungssätze dargestellt und schließlich eine eigene Stellungnahme abgegeben werden.

1. Die Parallele zwischen § 3 Abs. 1 Nr. 1 UKlaG und § 8 Abs. 3 Nr. 3 UWG

Obwohl auf den Inhalt der Verbandsklage nach dem UWG erst später[185] eingegangen werden soll, kann die Frage der rechtlichen Einordnung der Kompetenzen der Verbände im UKlaG und im UWG sinnvollerweise nur gemeinsam geklärt werden. Es bestehen die gleichen Probleme und Argumentationsgänge. Zudem verweisen § 8 Abs. 3 Nr. 3 UWG und § 3 UWG auf § 4 UKlaG und haben damit einen gemeinsamen dogmatischen Ausgangspunkt. Wird im Folgenden nur von den Regelungen des UKlaG gesprochen, so gelten die Ausführungen entsprechend für das UWG.[186]

2. Überblick über die Entwicklung der Tatbestände

Um die Problematik und die Lösungsansätze zu verstehen, ist es erforderlich, die unterschiedlichen Fassungen der beiden Normen darzustellen. § 13 UWG 1909[187] und § 13 AGBG[188] lauteten:

„(2) In den Fällen der §§ 1, 3, 4, 6, bis 6c, 7 und 8 kann der Anspruch auf Unterlassung geltend gemacht werden
1.
2. von rechtsfähigen Verbänden zur Förderung gewerblicher Interessen, soweit [...]
3. von qualifizierten Einrichtungen, die nachweisen, dass [...]“

---

183 BGH, Urteil vom 22.9.2011 – I ZR 229/10, NJW 2012, 1812 (1813) zur regionalen Beschränkung.

184 Vgl. *Henckel*, AcP 174, 97 (120ff.); *Hadding*, JZ 1970, 305 (308).

185 Hierzu S. 100ff.

186 Vgl. auch Staudinger-*Schlosser*, § 1 UKlaG, Rn. 3.

187 Die Aktivlegitimation der Verbraucherverbände bzw. qualifizierten Einrichtungen wurde erst nachträglich eingeführt: BGBl. I 1965/32, S. 625.

188 BGBl. 1976 I S. 3317 (3321).

Im Zuge der Umstellung auf den Euro wurde das AGBG dann geändert und formulierte in § 13 Abs. 2 AGBG:[189] *„Die Ansprüche auf Unterlassung und auf Widerruf stehen zu:"* In der Begründung nahm der Gesetzgeber auch zur Rechtsnatur der Befugnisse Stellung:[190]

> „Die Änderung des § 13 soll dazu genutzt werden, auch die Streitfrage zu klären, ob § 13 Abs. 2 eine Regelung über die Aktivlegitimation oder eine Regelung über die Prozessführungsbefugnis enthält. Die Frage soll im zuerst genannten Sinne entschieden [...] werden [...]"

2004 übernahm der Gesetzgeber diese Formulierung auch für das UWG (2004).[191]

3. Prozessuale Lösungen

Mit dem Begriff der Verbandsklage verbinden sich traditionell rein prozessuale Lösungen.

Eine Ansicht ging von einer eigenen Klagezuständigkeit bzw. Prozessführungsbefugnis aus und verneinte ein dahinter stehendes Recht der Verbraucherverbände. So hat *Hadding* die Befugnis im Rahmen der Rechtslage 1970 als eine selbstständige Prozessführungsbefugnis für Unterlassungsklagen vor den Zivilgerichten verstanden.[192] Er verneinte einen Anspruch und ging vielmehr von einer materiellrechtlichen Pflicht der Wettbewerber aus, die mittels Prozessführungsbefugnis der Mitbewerber und Verbände geltend gemacht werden konnte. Er begründete dies mit der historischen Parallele zu den Aufsichts- und Kontrollaufgaben der Zünfte und sah hierin eine aufrechterhaltene aktionenrechtliche Regelung. Für diese Befugnis sei die Betroffenheit eines fremden oder eigenen Rechts unerheblich.

Dieser Lösung steht die Einordnung als Popularklage nahe.[193] Nach dieser Lösung erschöpft sich die Befugnis in der Klagemöglichkeit und beinhaltet kein materiell-rechtliches Element der Rechtszuweisung. Dem wurde schon früh entgegengehalten, dass nicht jeder beliebige Dritte die Ansprüche geltend machen könne, sondern der Kreis enumerativ aufgezählt werde.[194] Um diesem Problem zu begegnen, aber andererseits eine Verbindung zur klassischen Popularklage aufzubauen, spricht *Halfmeier* aktuell auch von einer beschränkten Popularklage.[195]

In der älteren Literatur war schließlich die Einordnung als Prozessstandschaft hinsichtlich fremden Rechts im eigenen Namen vorbereitet.[196] Hinsichtlich des fremden Rechts bestand wiederum Uneinigkeit. *Marotzke* etwa stellte auf einen Unterlassungsanspruch des Staates ab.[197] *Gilles* hingegen hatte zur alten

---

189 BGBl. I 2000/29, S. 947.
190 BT-Drs. 14/2658, S. 52.
191 BGBl. 2004/32 I, S. 1414.
192 *Hadding*, JZ 1970, 305 (310); vgl. auch *Thiere*, S. 289 ff.
193 So etwa *Isay*, S. 60, vgl. auch *Halfmeier*, S. 279 Fn. 458.
194 *Hadding*, JZ 1970, 305 (307); *Hefermehl*, GRUR 1969, 653 (653).
195 *Halfmeier*, S. 279 ff.
196 *Gilles*, ZZP 98, 1 (10); *Marotzke*, ZZP 1998, 160 (198 ff.); zu § 13 Abs. 1a UWG a. F. *Hefermehl*, GRUR 1969, 653 (657); *Berg* JuS 1966, 461.
197 *Marotzke*, ZZP 1998, 160 (188 ff.).

Rechtslage vertreten, dass der Anspruch selbst ein Kollektivrecht der begrenzten Gruppe der betroffenen Verbraucher sei.[198] Der Verband mache als Interessenwahrer ein fremdes Recht im eigenen Namen geltend.

Von den Grundlagen dieser Ansicht ist nicht mehr viel übrig geblieben. Jenseits der Wortlautänderung von „geltend machen" zu „zustehen" verzichtet § 3 UKlaG auf das frühere Erfordernis, dass die Geltendmachung im Interesse der Verbraucher stattzufinden hat. Diese Entwicklung spricht für ein eigenes Recht der Verbände – womit noch nichts über die dogmatischen Fundamente dieses Rechts gesagt ist. Darüber hinaus sah und sieht sich dieser Ansatz weiterer Kritik ausgesetzt. So weist *Becker-Eberhard* in der aktuellen Diskussion darauf hin, dass jedenfalls im Verbraucherschutz ein hinter den Verbänden stehender Rechtsträger des Unterlassungsanspruchs fehle.[199] Seit der deutlichen Stellungnahme des Gesetzgebers im Rahmen der Neufassung des AGBG wird nur noch die Einordnung als eingeschränkte Popularklage vertreten.[200]

Halfmeier folgert seine Lösung aus strukturellen Problemen der Verbandsklage einerseits und den Begriffen des subjektiven Rechts und des Anspruchs andererseits.[201] Gegen die Einordnung als subjektives Recht führt er an, dass die Gleichsetzung von individuellem Güterschutz und objektiver Rechtskontrolle die notwendigen Differenzierungen verdecke. Man reduziere den Begriff des subjektiven Rechts auf ein sprachliches Hilfsmittel und lasse den normativen Gehalt des subjektiven Rechts, die Sicherung von selbstbestimmten Freiheitssphären mündiger Bürger, verschwinden. Im Zentrum seiner Kritik stehen die fehlende Dispositionsfähigkeit der Verbände sowie die fehlenden eigenen Interessen und Güter der Verbände.[202] Die Kompetenz der Verbände erschöpfe sich in der Klagemöglichkeit und enthalte keine weitere Güterzuordnung. Diese Befugnis sei wegen des fehlenden Fundaments auch von eigener oder fremder Rechtszuständigkeit bzw. von eigenen oder fremden Interessen abhängig.[203] Dem strukturellen Einwand, dass das Prozessrecht vom materiellen Recht abhängt,[204] hält er entgegen, dass die Verbandsklage sich stets auf materielles Recht beziehe. Es gehe um die Kontrolle des objektiven Rechts.

4. Der materiell-rechtliche Anspruch

Weit überwiegend wird die Kompetenz der Verbände als eigener materiell-rechtlicher Anspruch der Verbände i. S. v. § 194 BGB aufgefasst.[205]

---

198 *Gilles*, ZZP 98, 1 (8 f.).

199 *Becker-Eberhard*, FS Leipold, 1 (6).

200 So auch die Zusammenfassung bei *Becker-Eberhard*, FS Leipold, 1 (12), vgl. PG-*Halfmeier*, Bemerkungen vor § 1 UKlaG, Rn. 1.

201 *Halfmeier* in seiner Zusammenfassung auf S. 293.

202 Zum Ganzen: *Halfmeier*, S. 243 ff.

203 *Halfmeier*, S. 277.

204 *Urbanczyk*, S. 101 f.

205 BGH, Urteil vom 24.4.1964 – Ib ZR 73/63 („*Lavamat*"), BGHZ 41, 314 (318) zum UWG; BGH, Urteil vom 15.2.1995 – VIII ZR 93/94, NJW 1995, 1488 (1489) zum AGBG; auch *Balzer*, NJW 1992, 2721 (2721); für die Doppellösung und damit auch für einen Anspruch:

a) Das Meinungsspektrum innerhalb der materiell-rechtlichen Lösung

Diese Ansicht stützt sich auch auf die neuere Gesetzesentwicklung.[206] Im Übrigen hat sie seit jeher Schwierigkeiten, ein materiell-rechtliches Fundament zu begründen. *Greger* hat für die materiell-rechtliche Lösung hervorgehoben, dass diese eine Integration der Verbandsklage in das Zivilprozessrecht ermögliche, während prozessuale Konstruktionen dies erschwerten.[207] Größtenteils wird die Einordnung als Anspruch zwar akzeptiert, jedoch kritisiert. So wurden die Ansprüche als „Sorgekompetenzen" eingeordnet.[208] Eine weitere Auffassung – die auf die Einteilung von *Raiser*[209] zurückgeht – fasst die Verbandsklage als eine Form des privatrechtlichen Institutionenschutzes auf. Ausschlaggebend für die Anspruchsberechtigung sei die vom objektiven Recht gewährleistete Institution als solche. Der Anspruch werde nicht wegen des Inhabers, sondern wegen des Instituts verliehen. Das Subjekt werde zum Funktionär der Gesamtrechtsordnung.

b) Die Kritik

Halfmeier lehnt die Einordnung als Anspruch deshalb ab, weil dies nicht mit einem aussagekräftigen Anspruchsbegriff vereinbar sei. *Windscheids* Anspruchsbegriff[210] habe gerade die materiell-rechtliche und die prozessuale Position vermittelt. Zudem widerspricht er der Figur der „in sich selbst gegründeten" subjektiven Rechte ohne Stammrecht und ordnet Ansprüche nicht nur als subjektives Recht, sondern auch in Bezug auf das Rechtsverhältnis als qualifizierte Schutzzonen ein.[211]

aa) Das fehlende Stammrecht

Zunächst soll auf den Hinweis des fehlenden Stammrechts eingegangen werden. Die Kritik betont, dass Ansprüche nicht isoliert vorkämen, sondern lediglich instrumentellen Charakter in Hinblick auf eine hinter ihnen liegende, dem Einzelnen zugeordneten Stammposition besäßen.[212]

Dieses Argument lässt sich in der neueren Entwicklung auf einen wichtigen Beitrag von *Raiser* zurückführen, welcher von Stammrechten sprach. *Raiser* unterteilte primäre und sekundäre Rechte.[213] Seine Ordnung stellt jedoch eine

---

Wolf/Lindacher/Pfeiffer-*Lindacher*, § 3 UKlaG, Rn. 2f.; *Henckel*, AcP 1974, 97 (138); auch *Gilles*, ZZP 98, 1 (7) zu § 13 UWG und AGBG; *Greger*, NJW 2000, 2457 (2462); Staudinger-*Schlosser*, § 1, UKlaG Rn. 3ff.; *Zhang*, S. 40f.; *Pastor*, GRUR 1969, 571 (576); *Urbanczyk*, S. 129, der vor allem auf die Legitimation der Abmahnung abstellt.

206 Vgl. NK-*Walker*, § 1 UKlaG, Rn. 2.

207 *Greger*, ZZP 113, 399 (404); ausführlich: Staudinger-*Schlosser*, § 1 UKlaG, Rn. 4ff.

208 MünchKomm-*Gerlach* (3. Aufl.), § 13 ABGB, Rn. 9f.: Anspruchsbegriff als technisches Mittel der Rechtsanwendung „zur Sorge zugewiesen".

209 *Raiser*, summum ius – summa iniuria, 145 (154).

210 *Windscheid*, actio, S. 3ff., dieser fasste den Anspruch als Richtung des subjektiven Rechts nach außen auf.

211 *Halfmeier*, S. 261.

212 *Schmidt*, NJW 2002, 25 (28); zu § 13 UWG a. F.: *Hadding*, JZ 1970, 305 (308).

213 *Raiser*, JZ 1961, 465 (466).

Kategorisierung und keine dogmatische Lehre dar. Sie ist zudem primär auf dingliche Rechte hin entworfen und die Kritik spart aus, dass *Raiser* die Figur des Rechtsverhältnisses hervorhob.

Betont man das absolute Erfordernis eines Stammrechts, so spricht man dem Gesetzgeber eine Gesetzgebungs- und Ausgestaltungskompetenz ab.[214] Nicht die (vermeintliche) Tiefendogmatik regelt die Struktur von Unterlassungsansprüchen, sondern der Gesetzgeber – er hat es auch in der Hand, den Anspruchsbegriff zu gestalten. Er hat auch nach *Windscheid* die Herrschaft über den Begriff des Anspruchs übernommen. Dessen ungeachtet verweist *Urbanczyk* darauf, dass auch *Windscheid* zwischen Ansprüchen aus einem dinglichen Recht und Forderungen als Recht differenziert habe.[215]

Die Forderung nach einem Stammrecht liefe zudem auf eine von der Regelung des § 194 BGB nicht vorgesehene Verengung des Anspruchsbegriffs hinaus und ist mit dem weit gefassten Anspruchsbegriff des § 194 BGB unvereinbar. Insofern ist vielmehr ein anderer, älterer Einwand beachtlich. Nach *Lindacher* ist die Befugnis der Verbände ungeachtet ihrer legislativen Kennzeichnung als Anspruch etwas anderes als der herkömmliche Anspruchsbegriff. Die unter den Begriff des Anspruchs gefassten Erscheinungsformen seien verschiedenartiger Natur. Die damit zusammenhängende Klagebefugnis des Verbandes sei ein tertium gegenüber der Prozessführungsbefugnis des Inhabers eines subjektiven Rechts und der Prozessführungsbefugnis eines Dritten über fremde subjektive Rechte.[216]

In der Literatur wird hingegen darauf hingewiesen, dass die bezeichnete Ableitung von subjektiven Stammrechten lediglich die unselbstständigen Ansprüche erfasse.[217] Daneben seien „in sich selbst begründete Ansprüche"[218] keine Seltenheit. *Wolf* hat zu der Ausweitung des negatorischen Rechtsschutzes auf Schutznormen nach § 823 Abs. 2 BGB treffend bemerkt, dass über diesen Typus die Trennung von Forderungsrecht und unerlaubter Handlung ins Wanken geraten sei.[219] *Fritzsche* etwa betont, dass gesetzliche Unterlassungsansprüche zwei Ursprünge haben können: Schutz eines absoluten Rechts oder Einhaltung eines gesetzlichen Verbots. Diese Zweiteilung entspricht auch der Symmetrie des § 823 Abs. 1 BGB einerseits und § 823 Abs. 2 BGB andererseits. Konstitutiv für einen Anspruch sei nun, dass Gläubiger und Schuldner vorhanden seien. Der Schuldner werde durch die Erstbegehungsgefahr individualisiert.[220]

---

214 Ebenso und zugleich kritisch: *Becker-Eberhard*, FS Leipold, 1 (12).

215 *Urbanczyk*, S. 108; darauf weist auch *Schaumburg* S. 43 hin; auch in den Motiven ist diese Differenzierung zu finden: *Mugdan* I S. 512.

216 MünchKommZPO-*Lindacher* Vor § 50 ff. Rn. 79; ebenfalls kritisch: *Halfmeier*, S. 263 ff.

217 *Becker-Eberhard*, FS Leipold, 1 (14), unter Verweis auf *Larenz/Wolf*, § 15, Rn. 62.

218 *Gernhuber*, § 3 I 2b).

219 *Wolf*, S. 8.

220 *Fritzsche* S. 114 u. 118 ff.

bb) Die Kontroverse um die Anspruchsqualität von § 1004 BGB

An dieser Stelle reicht die Kontroverse in die klassische Problematik des materiell-rechtlichen Gehalts von Unterlassungsansprüchen hinein.[221] Die Thematik hat *Fritzsche*[222] umfassend aufgearbeitet, sodass hier allein die entscheidenden Aspekte hervorgehoben werden können. Die früher häufig vertretene, aktionenrechtlich geprägte Ansicht sprach einem Anspruch jede Individualisierung ab. Es sei ein Anspruch von jedermann gegen jedermann. Nach Inkrafttreten des BGB rekurrierte diese Ansicht auf den Wortlaut des § 1004 BGB.

Doch die Materialien zu diesen Normen offenbaren, dass der Gesetzgeber jedenfalls von einem Anspruchskern ausgegangen ist.[223] Die heute herrschende Ansicht spricht daher Unterlassungsansprüchen ein materiell-rechtliches Fundament zu. Einerseits wird angeführt, diese Ansprüche entstünden mit dem absoluten Recht, welches sie schützten. Ein anderer, verbreiteter Ansatz ist der Rückschluss aus der Leistungsklage. Wenn sonst jeder Leistungsklage ein Anspruch zugrunde liege, dann müsse dies auch bei Unterlassungsklagen als Spezialfall der Leistungsklage gelten.[224] Dem Einwand des „Anspruchs gegen jedermann" wird die Individualisierungsfunktion der Begehungsgefahr entgegengehalten. Die Allgemeinheit der Verbote sei Konsequenz der abstrakten und generellen Regelung durch Gesetz. Die Begehung der Störung genüge für einen konkret-individuellen Anspruch.

Die Bedeutung der Lösung dieser Kontroverse sollte indes nicht überbewertet werden. Wichtig ist zunächst, dass mit der herrschenden Meinung auch eine „Entzauberung" des Anspruchsbegriffs einhergeht. So hat *Henckel*[225] früh darauf hingewiesen, dass der Anspruch ein vom Gesetzgeber gewähltes technisches Mittel der Rechtsanwendung sei. Man hätte darauf verzichten und jede Position einklagbar machen können. Man habe es aber nicht.

Gegenüber dieser Kontroverse ist die Problematik der kollektiven Unterlassungsansprüche im Ausgangspunkt jedoch noch verschärft. Denn der quasinegatorische Unterlassungsanspruch lässt sich stets auf ein Recht, ein Rechtsgut oder Schutzgesetz zurückführen. Entscheidend wird davor allein die Frage, ob die verletzte Norm den Kläger schützen soll. Das ist allerdings im kollektiven Verbraucherschutzrecht nicht möglich, weil die Normen nicht die qualifizierten Einrichtungen schützen sollen. Gerade hiervor versteht sich auch der Rekurs auf den Institutionenschutz als „Ausweichrechtsposition". Damit ist das Problem indes nicht gelöst, da weiterhin eine Divergenz von Anspruchsinhaber und

---

[221] Vgl. auch *Zhang*, S. 22; *Gilles*, ZZP 98, 1 (8); Wolf/Lindacher/Pfeiffer-*Lindacher*, § 3 UKlaG, Rn. 2; *Hadding*, JZ 1970, 305 (308), hebt dieses Phänomen vor dem im Hintergrund stehenden Streit um die Anspruchsqualität von Unterlassungsansprüchen als Unterscheidungsmerkmal hervor. Seine Trennung von Rechtmäßig- bzw. Rechtswidrigkeit und betroffenen Interessen kann aber nicht überzeugen, da letztere eine Stütze für die Annahme der ersten Kategorien bilden.

[222] *Fritzsche*, S. 114 ff.

[223] *Mugdan* III S. 236, umfassend: *Fritzsche* S. 117.

[224] *Fritzsche*, S. 119.

[225] *Henckel*, S. 82.

Schutzobjekt besteht. Diese Divergenz zu erklären, ist die Hauptaufgabe der Theorie. Ein erster Punkt besteht, wie oben dargestellt, darin, die dem Anspruch strukturell innewohnende Abstraktion auf den Individualschutz zu beziehen.

5. Die Doppellösung des Bundesgerichtshofs

Der Bundesgerichtshof geht in ständiger Rechtsprechung davon aus, dass die Regelungen sowohl einen prozessualen als auch einen materiellen Charakter besitzen. Das Gericht erblickt in den Normen sowohl materielle Ansprüche als auch eine Sonderregelung der Prozessführungsbefugnis.[226] Die Normen verleihen demnach den Verbänden nicht nur Unterlassungsansprüche, sondern auch die Befugnis, diese gerichtlich durchzusetzen. Hierbei handelt es sich um eine Qualifikation des Zugangs zum Recht, weil im Allgemeinen die Prozessführungsbefugnis aus der Behauptung eines eigenen Anspruchs folgt.

Die gesonderte Prüfung von Amts wegen wird zum Teil darauf gestützt, dass die §§ 1, 2 u. 3 im öffentlichen Interesse bestünden.[227] Diese Argumentation ist jedoch gar nicht notwendig, wenn man den *lex-specialis*-Grundsatz akzentuiert. Dann geht § 3 UKlaG den allgemeinen Grundsätzen der Prozessführung vor, es kommt somit nicht allein auf die Berühmung eines eigenen Rechts an.[228] In seiner Grundsatzentscheidung stellte der VIII. Zivilsenat[229] noch auf § 13 Abs. 3 AGBG ab, dem jetzt § 1 UKlaG zum Teil entspricht. Der Absatz regelte die Verjährung der *Ansprüche nach Absatz 1.* Absatz 1 spricht dies ebenso wie § 1 UKlaG nicht deutlich aus; die Rede ist davon, dass der Verwender oder der Empfehlende *in Anspruch genommen werden* kann. Diese Formulierung lässt Raum für Interpretationen. Ferner betonte das Gericht seine Rechtsprechung zum Gesetz gegen den unlauteren Wettbewerb – dort gehe es seit jeher von Ansprüchen aus, und § 13 AGBG sei gerade § 13 UWG (§ 9 UWG n. F.) nachgebildet.

---

[226] Zum UWG: BGH, Urteil vom 5.3.1998 – I ZR 202/95 („*Alterunterwerfung*"), NJW 1998, 2439; BGH, Urteil vom 15.1.2004 – I ZR 180/01 („*FrühlingsgeFlüge*"), GRUR 2004, 435; zu § 8 Abs. 3 Nr. 2 UWG bspw.: BGH, Urteil vom 27.1.2005 – I ZR 146/02 („*Sammelmitgliedschaft III*"); zum UWG 2008: BGH, Urteil vom 22.9.2011 – I ZR 229/10 („*überregionale Klagebefugnis*"), NJW 2012, 181. Zum AGBG hat das Gericht die Doppelnatur nicht ausdrücklich anerkannt, jedoch im Rahmen der Annahme eines materiell-rechtlichen Anspruchs auf die Natur des § 13 UWG a. F. abgestellt, vgl. BGH, Urteil vom 21.2.1990 – VIII ZR 216/89, WM 1990, 886.; wohl auch *Urbanczyk*, S. 129 und S. 148, der jedoch eine Parallele zum Verwaltungsprozess bemüht. Zum UKlaG wird diese These von der überwiegenden Literaturmeinung vertreten: *Köhler*/Bornkamm, § 3 UKlaG, Rn. 3; Palandt-*Bassenge*, § 3 UKlaG, Rn. 1 u. 2; Erman-*Roloff*, 13. Aufl. § 2, Rn. 1; *Reinel* hat zum einen einer rein prozessualen und zum anderen der Annahme eines Anspruchs widersprochen (*Reinel*, S. 123 ff.). Diese Lösung betont die Verankerung im Prozessrecht, spricht aber auch von einer privatrechtlichen Kontrollkompetenz. Diese und die These Lindachers hat der BGH, Urteil vom 21.2.1990 – VIII ZR 216/89 in WM 1990, 886 (888)abgelehnt. Es bestünde kein Bedürfnis an diesen Konstruktionen.

[227] NK-*Walker*, § 3 UKlaG, Rn. 2; dagegen: *Köhler*/Bornkamm, § 3 UKlaG, Rn. 3.

[228] Hierzu Zöller-*Vollkommer*, Vor § 50, Rn. 18: Die Prozessführungsbefugnis entspringt der behaupteten Inhaberschaft des Rechts.

[229] BGH, Urteil vom 21.2.1990 – VIII 216/89, WM 1990, 886 (888).

Greger hat gegen die Doppellösung angeführt, dass Prozessführungsbefugnis und Aktivlegitimation zu trennen seien. Die Prozessführungsbefugnis werde nur dann relevant, wenn ein fremdes Recht geltend gemacht wird.[230] Wer einen eigenen Anspruch geltend mache, der sei auch prozessführungsbefugt. Dieser Einwand übergeht die Einordnung der Normen als Spezialregelungen. Über die Spannungslage zur herkömmlichen Fassung der Prozessführungsbefugnis geht die Kritik nicht hinaus.[231]

Eine andere Lösung in der Literatur geht davon aus, dass „nur" über die (zusätzliche) Figur der Prozessführungsbefugnis der Vorstellung Rechnung getragen werde, dass die eigentlich Verletzten die Inhaber des Rechts seien.[232] *Schlosser* hat dem entgegengehalten, dass diese Annahme bei § 8 UWG wegen dessen materiell rechtlichen Gehalts (§ 8 Abs. 3 Nr. 1 UWG) schwer durchzuhalten und im Rahmen des UKlaG ausgeschlossen sei, weil es dort an Verletzten fehle.[233] *Witt* führt zudem an, dass der Gesetzgeber dies deutlich gemacht hätte, hätte er dieses zusätzliche Erfordernis gewollt. Insofern habe dieser aber in § 5 UKlaG nur die schrankenlose Geltung der ZPO angeordnet.[234] *Bassenge* hingegen weist darauf hin, dass § 3 Abs. 2 UKlaG weiterhin von „Geltendmachen" spreche.[235]

Nach *Greger* hat die Gesetzesänderung den Streit obsolet gemacht, die Formulierung enthalte eine Abkehr von der prozessualen Seite.[236] Ebenso wie bei gewöhnlichen Zivilklagen werde ein materiell-rechtlicher Anspruch geltend gemacht. *Becker-Eberhard* wandte hiergegen ein, dass die Entscheidung des Gesetzgebers für eine materiell-rechtliche Einordnung nicht gegen die Doppellösung spreche, da die Prozessführung mit der Aktivlegitimation einhergehe.[237] Dabei übergeht er den Unterschied im „Sich-Berühmen" eines Anspruchs als Zulässigkeitsvoraussetzung und der rechtlichen Inhaberschaft des berühmten Rechts als Voraussetzung der Begründetheit. Nach der Doppellösung stellen die §§ 3, 4 UKlaG wegen des Listenabgleichs auf der Ebene der Zulässigkeit sowie der Kontrolle der satzungsgemäßen Zuständigkeit eine Besonderheit dar.

6. Stellungnahme

Auch jetzt noch hat die Doppellösung den Vorrang verdient. Eine rein prozessuale Deutung muss ausscheiden. Der kritische Hinweis von *Zhang*, das Gesetz nehme in der Überschrift gerade auf die Unterlassungsklage und nicht auf den Unterlassungsanspruch Bezug,[238] erklärt sich schlicht daraus, dass nicht nur der

---

230 *Greger*, ZZP 113, 399 (404); Staudinger-*Schlosser*, § 1 UKlaG, Rn. 9.

231 *Balzer*, NJW 1992, 2721 (2727).

232 Erman-*Roloff*, 13. Aufl., § 3 UKlaG Rn. 1 stellt maßgeblich auf das öffentliche Interesse ab.

233 Staudinger-*Schlosser*, § 1 UKlaG, Rn. 9.

234 Ulmer/Brandner/Hensen-*Witt*, § 3 UKlaG, Rn. 3.

235 Palandt-*Bassenge* § 3 UKlaG, Rn. 2.

236 *Greger*, NJW 2000, 2457 (2457).

237 *Becker-Eberhard*, FS Leipold, 1 (11).

238 *Zhang*, S. 26.

Unterlassungsanspruch, sondern auch das gesamte Institut in seinem praktischen Bezug und mit seinem materiell-rechtlichen Kern geregelt wurde. Dieser Gedanke legt es jedoch nahe, die materielle Regelung des UKlaG auf ihren prozessrechtlichen Gehalt oder Bezug hin zu analysieren.

Dass § 3 UKlaG die Aktivlegitimation regelt, lässt es nicht widersprüchlich erscheinen, in dieser Norm vor dem Hintergrund des Gesamtsystems des UKlaG auch eine Sonderregelung der Verbandsprozessführungsbefugnis zu sehen. Der Gesetzgeber hat die Streitfrage lediglich vor dem Hintergrund der Alternativität, nicht jedoch einer möglichen Verbindung der Ideen gelöst. Darüber hinaus lässt das Gesetz in §§ 1 und 2 eine deutliche materiell-rechtliche Fixierung erkennen, die bei den §§ 3 f. UKlaG nicht in dieser Notwendigkeit folgen muss. Nachstehend sollen sowohl das materielle als auch das prozessuale Fundament des § 3 UKlaG näher erläutert werden.

a) Das materiell-rechtliche Fundament des Anspruchs

Subjektives Recht und Ansprüche sind die zentralen Begriffe des materiellen Rechts. Kollektive Rechte begründen seit jeher Probleme im Hinblick auf eine Einordnung als subjektive Rechte. Der traditionelle Streit um den Begriff des subjektiven Rechts ist im Rahmen der juristischen Person bzw. hinsichtlich der Dogmatik der juristischen Person vom BGB ausdrücklich nicht entschieden worden.[239]

Dies hat in anderen Bereichen zu breiten Meinungsspektren geführt. So wird das Recht der Koalitionen aus Art. 9 Abs. 3 GG als subjektives Recht eingeordnet,[240] die Beteiligungsrechte des Betriebsrates hingegen nicht.[241] *Becker-Eberhard* wandte im Rahmen von § 1 UKlaG ein, dass es ein subjektives Recht des Einzelnen oder einer Gruppe auf Freisein des Rechtsverkehrs vor unzulässigen AGB oder verbraucherwidriger Praktiken nicht gäbe. Es zu konstruieren, wäre eine „dogmatische Chimäre".[242] Das scheinbar größte Problem für das materiellrechtliche Fundament des kollektiven Anspruchs ist die Funktion der Verbandsklage, auf die Durchsetzung des objektiven Rechts ausgerichtet zu sein.[243]

Geht man zum Anspruch über, so ist das deutlichste Argument für die Einordnung als Anspruch die oben beschriebene gesetzgeberische Entscheidung. Diese wird vom Wortlaut des UKlaG flankiert. So sprechen die Überschriften von Ansprüchen, § 1 spricht von „in Anspruch nehmen" und § 2 von einem begründeten Unterlassungsanspruch. Es gilt jedoch diese Aussage in das allgemeine Privatrecht zu überführen. Dafür ist die Legaldefinition des Anspruchs in § 194 Abs. 1 BGB entscheidend.

---

239 Zu dem Problem schon *Radbruch*, S. 227 ff.

240 *Buchner*, NZA 1999, 897 (898); zur WRV: *Sinzheimer*, Arbeitsrecht S. 91.

241 *Gruber*, NZA 2011, 1011 (1012).

242 *Becker-Eberhard*, FS Leipold, 1 (13).

243 *Halfmeier*, JJZ 2003, 129 (145).

aa) Der Wortlaut des § 194 BGB

Von dieser Definition muss auch ausgehen, wer die Befugnisse aus dem Anspruchsbegriff herausnehmen will. Daher begründet § 194 BGB jedenfalls eine Argumentationslast zugunsten des Anspruchs, wenn eine Befugnis besteht, von einem anderen ein Tun, Dulden oder Unterlassen verlangen zu dürfen. Bereits *Henckel* hatte darauf hingewiesen, dass die Rechte der Verbände Ansprüche repräsentieren. Das Recht unterscheide sich nur dahin gehend von anderen Ansprüchen, dass der Verband nicht seine eigene Sphäre verteidige, sondern nur ein eigenes Interesse daran wahrnehme, dass die Verletzung fremder Sphären unterbleibe.[244] Hiergegen wurde akzentuiert, dass der Verband gerade kein *eigenes Interesse* durchsetze.[245]

Henckel betonte, dass der Anspruch als Schutzmittel der subjektiven Anknüpfung an einer Pflicht zugunsten einer Person dient, in deren Interesse die Pflicht besteht und die regelmäßig die Pflicht durchsetzen kann.[246] Dass eigene Interessen des Rechtsinhabers bestehen müssen, folgt nicht unmittelbar aus dem Wortlaut des § 194 BGB. Die Frage, welche Interessen durch die Pflicht geschützt werden, ist in erster Linie ein Hilfsmittel zur Ermittlung des Anspruchsinhabers in zweifelhaften Fällen. § 3 UKlaG ist jedoch eindeutig.

bb) Der Anspruch und das subjektive Privatrecht

Wie eingangs beschrieben ist das Hauptargument gegen die Annahme eines Anspruchs das Fehlen eines Stammrechts in Form eines subjektiven Privatrechts. Das macht es erforderlich, zwischen subjektivem Recht und Anspruch zu trennen.

(1) Der Standort des subjektiven Rechts

Das subjektive Privatrecht stellt die dogmatisch bedeutendste Verknüpfung des Interesses einer Person mit einem Recht dar und begründet sich im materiellen Recht. Der Begriff des subjektiven Rechts konstituiert sich über das objektive Recht – der Summe aller Normen.[247] Vor diesem Hintergrund ordnet das subjektive Recht das objektive Recht einzelnen Personen zu. Es gibt keinen Anspruch „jeder gegen jeden auf Respektierung des geltenden Rechts".[248]

Die praktische Bedeutung des subjektiven Rechts ist im Zivilrecht gering.[249] Dennoch wird an dieser Stelle die Frage einer Inklusion kollektiver Rechte in das Privatrechtssystem virulent. In der klassischen Diskussion um das subjek-

---

[244] Bemerkenswert ist seine Einordnung dieses Interesses. Seiner Meinung nach kann es nur vorbeugenden Rechtsschutz, niemals aber Schadensersatz oder andere repressive Ansprüche auslösen. Durch diese Verortung wird der Anspruch in der Tat zu einer formellen Kategorie, so zu Recht: *Meller-Hannich* S. 286 – aber gerade des materiellen Rechts.

[245] *Zhang*, S. 24.

[246] *Henckel*, AcP 174, 97 (138).

[247] *Leipold*, § 7, Rn. 32; *Wolf/Neuner*, § 20 Rn. 1.

[248] *Marotzke*, S. 1.

[249] Die Bedeutung des Begriffs im 19. und Anfang des 20. Jahrhunderts war hingegen sehr hoch.

tive Recht herrschte Streit über die Begriffsfassung. Um *Savigny* baute sich eine Lehre auf, die für die Annahme eines subjektiven Rechts Willensmacht bzw. Willensherrschaft forderte.[250] Um *Jhering* herum vertrat ein Teil der Lehre die Ansicht, es komme entscheidend auf den Zweck der Machtverleihung an: die Befriedigung eines bestimmten Interesses – die Rede war auch von einem subjektiven Recht als rechtlich geschütztem Interesse.[251] Die heutige, ganz überwiegende Meinung in der Literatur kombiniert diese Ansätze und definiert das subjektive Recht als Rechtsmacht zur Befriedigung von Interessen.[252]

In den vergangenen Jahrzehnten hat sich herausgestellt, dass das Privatrecht allein mit der Figur des subjektiven Rechts nicht auskommt.[253] Das subjektive Recht hat nur insofern seine Bedeutung behalten, als es synonym mit dem Begriff des Anspruchs verwendet wird. Gerade in der juristischen Literatur wird der Anspruch häufig – unter Zugrundelegung der Vereinigungsformel – als ein subjektives Recht eingeordnet.[254] Diese Annahme steht für eine Begriffssubstitution, die seit über 100 Jahren stattfindet: Der Anspruch verdrängt das subjektive Privatrecht.[255]

(2) Das Unterlassungsinteresse im subjektiven Recht

Dessen ungeachtet hat der Begriff eine nicht zu leugnende Strahlkraft für die Dogmatik. So hat *Becker-Eberhard* vor dem Hintergrund der Kombinationslehre zum subjektiven Recht vorgeschlagen, das Unterlassungsinteresse der Verbände als individuelles Interesse des Rechtsinhabers stärker zu betonen. Dieses Interesse sei unmittelbar auf das Unterbleiben des Verstoßes gerichtet[256] und konkretisiere sich auf ein Freibleiben des Rechtsverkehrs von zu beanstandenden Verstößen. Es handele sich um ein rechtlich anerkanntes, weil gesetzlich „aufgesetztes" Interesse der Verbände. Insoweit koppelt er das Interesse auch an die Satzung.[257]

Der Ansatz ist wichtig, übersieht indes, dass nach *Jhering* als „Vater" dieses Bestandteils der Kombinationslehre jedes Recht des Privatrechts dazu da sei, dem Menschen einen Vorteil zu gewähren und seine Interessen zu befriedi-

---

250 *V. Savigny*, System I, S. 7.

251 *Jhering*, Geist, S. 327ff.; *Windscheid*, Pandektenrecht, § 37 (S. 93): Willensherrschaft ist das Resultat des subjektiven Rechts.

252 *Enneccerus/Nipperdey* § 72 (S. 273); *Leipold*, § 7, Rn. 34; *Raiser*, JZ 1961, 465 (466); kritisch hierzu: *Wolf/Neuner*, § 20, Rn. 6f.: die Rechtsmacht ist das entscheidende Element; in den Rn. 8 u, 9 machen sie deutlich, dass soziale Rechte die klassische Konzeption auflösen.

253 *Medicus*, AT, Rn. 72; zum öffentlichen Recht: *Mangold/Wahl*, Verw 2015, 1 (19), die auf BVerwG, Urteil vom 5.9.2013 – 7 C 21/12, NVwZ 2014, 64 (67) verweisen. Das Gericht hat in dem Urteil die Verbandsklagebefugnis als subjektives öffentliches Recht eingeordnet.

254 *Boecken*, Rn. 153; *Bork*, Rn. 279: Anspruch ist ein wichtiger Unterfall des subjektiven Rechts; vgl. aber auch *Meller-Hannich* S. 284: Anspruch ohne subjektives Recht.

255 *Röhl/Röhl*, S. 363 zum doppelten Begriff des subjektiven Rechts; vgl. auch: *Kocher*, Funktionen S. 311.

256 *Becker-Eberhard*, FS Leipold, 1 (17), mit umfangreicheren Ausführungen zu weitergehenden Vorbehalten; ähnlich *Zhang*: subjektives Recht und Interessen müsse nicht parallel laufen.

257 *Becker-Eberhard*, FS Leipold, 1 (18f.).

gen.[258] Er bezeichnete die juristische Person als völlig genussunfähig. Seiner Meinung nach habe diese keine Interessen. Daher sollte eine juristische Person auch keine Rechte haben können.[259] Allein die Rücksicht auf Praktikabilität führe zur Rechtsträgerschaft.[260]

(a) Die Diskussion um die Verbandspersönlichkeit
Hinter diesem dogmatischen Problem stand ein weiterer großer Meinungsstreit um das Wesen der juristischen Person im Vergleich zur natürlichen Person. Die sog. Theorie der realen Verbandspersönlichkeit geht auf *Otto von Gierke* zurück.[261] Mit dieser Ansicht ging die sog. Organtheorie einher. Wissen und Verantwortung der handelnden Personen konnten qua Organschaft zugerechnet werden. Diese sind nämlich Wissens- und Handlungsmittler.[262] Die juristische Person sei sowohl willens- als auch handlungsfähig. Nach *Gierke* war die „Körperschaft [...] nicht bloß rechts-, sondern auch willens- und handlungsfähig".[263]

Auf das römisch-rechtliche Verständnis griff die sog. Fiktionstheorie zurück. Danach wird die Rechtspersönlichkeit lediglich fingiert.[264] *Windscheid* betonte, dass die positive Annahme eines Rechtssubjekts der Persönlichkeit widerspreche. Mit der Fiktionstheorie ging die sog. Vertretertheorie einher. Da die juristische Person nicht willens- und handlungsfähig sei, müsse sie durch verfassungsmäßig Berufene vertreten werden.

Der Erkenntnisgehalt des Meinungsstreits ist gering.[265] *Gierke* wurde stets vorgeworfen, er habe aus anthropomorpher Sicht die juristische Person zu einer Persönlichkeit erhoben bzw. übersteigert. Auf der anderen Seite orientiert sich auch die Fiktionstheorie an dem Vergleich zum Menschen.[266] Das „reale Dasein" der juristischen Person, das betonte bereits *Savigny*, beruhe auf dem vertretenen Willen einzelner Menschen.[267]

(b) Die Interessen jenseits des Durchsetzungsinteresses
Diese Diskussion verdeutlicht die Schwierigkeiten, die Interessen von juristischen Personen zu fassen. Um dem herkömmlichen Konzept des subjektiven Rechts zu entsprechen, müssten die §§ 1 ff. UKlaG bestehen, um die Verbände in ihren eigenen Interessen zu schützen. Ausweislich ihrer Satzung „wollen" bzw. sollten die Verbände i. S. v. § 4 Abs. 2 UKlaG die Interessen der Verbraucher wahrnehmen. Insofern führt die Betonung des Unterlassungsinteresses der Verbände zu einem für das subjektive Recht problematischen Ergebnis. Das Unter-

---

[258] *Jhering*, Geist, S. 330.
[259] *Jhering*, Geist, S. 331.
[260] *Jhering*, Geist, S. 330.
[261] *Gierke*, S. 603 ff. unter Verweis auf die germanische Genossenschaftstheorie.
[262] *Gierke*, S. 614 ff.
[263] *Gierke*, S. 607.
[264] Vgl. etwa *Windscheid*, Pandektenrecht, S. 165.
[265] Jauernig-*Mansel*, Vorbemerkungen zu §§ 21 ff., Rn. 2.
[266] Zum Ganzen: *Flume*, AT I/2, S. 18.
[267] *Savigny*, System II, S. 312.

lassungsinteresse schützt sich selbst: welcher Freiraum damit letztlich durchgesetzt wird, besagt das subjektive Recht dann nicht mehr.

Insofern bietet sich der Rekurs auf die Dogmatik des Unionsrechts an. Das Unterlassungsinteresse der Verbände wird von der Richtlinie 2009/22/EG aufgenommen und als berechtigtes Interesse der qualifizierten Einrichtungen eingeordnet. Darüber hinaus fordert die Richtlinie jedoch auch die Existenz kollektiver Interessen. Wie oben ausgeführt, handelt es sich hierbei um zwei Stränge. Zum einen besteht ein kollektives Interesse der Verbraucher an der Unversehrtheit der rechtlichen Interessenbewertung. Zum anderen findet sich ein kollektives Interesse der Verbraucher an der Durchsetzung durch die qualifizierten Einrichtungen. Die „Bewegung" vom ersten zum zweiten kollektiven Interesse wird durch die qualifizierten Einrichtungen bzw. deren Unterlassungsinteresse vermittelt.

cc) Die Legitimation als Element des Anspruchs i. S. v. § 194 BGB

Da die eigenen Interessen des Verbandes an der Bewahrung des Rechts nicht als Interesse im Sinne des subjektiven Rechts eingeordnet werden können, rückt ein materiell-rechtlicher, gegenüber dem subjektiven Recht emanzipierter Anspruchsbegriff in den Mittelpunkt.

Der Gesetzgeber hat einen Anspruchsbegriff in § 194 BGB geprägt, der über die Kategorien von Interesse und Willensmacht hinausgeht und das Recht, von einem anderen ein Tun, Dulden oder Unterlassen verlangen zu dürfen, in den Mittelpunkt stellt. Die prägenden Elemente sind das „Verlangenkönnen"[268] und das „Verlangendürfen"[269] – die Rechtsmacht und die Legitimation dieser Rechtsmacht.

Dass beide Elemente einen materiell-rechtlichen Gehalt besitzen, zeigt § 185 Abs. 1 BGB. Bei der Einziehungsermächtigung kann der Einzelne ein fremdes Recht im eigenen Namen durchsetzen.[270] Er ist materiell hierzu berechtigt. Weitergehend kennzeichnet die Verfügungsermächtigung die materielle Legitimation, über ein fremdes Recht im eigenen Namen zu verfügen.[271] Materiellrechtlich darf jemand das fremde Recht verändern bzw. in Bewegung setzen. Im Falle der Einziehungsermächtigung bezieht sich die materiell-rechtliche Befugnis sogar unmittelbar auf einen Anspruch. Vor diesem Hintergrund würde der Anspruch aus § 1 UKlaG nur weitergehen und einen unmittelbar fremdlegitimierten, gesetzlichen Anspruch begründen.

---

[268] *Henckel*, AcP 174, 97 (138).

[269] Zu diesen Punkt bereits *Sinzheimer*, Arbeitsrecht S. 91 zum subjektiven Recht.

[270] BGH, Urteil vom 3.4.2014 – IX ZR 201/13 = juris.de Rn. 18: es liegt ein abgespaltenes Gläubigerrecht vor, das die Verfügungsbefugnis über das beim Gläubiger verbleibende Recht klar umgrenzt; Bamberger/Roth-*Bub*, § 185, Rn. 7; zu den prozessualen Besonderheiten: BGH, Urteil vom 3.4.2003 – IX 287/99, NJW 2003, 2231; diese rechtlichen Erscheinungen lassen Raum für einen fremdlegitimierten Anspruch, da es allein um den Interessenbezug der Rechtsmacht geht.

[271] BGH, Urteil vom 28.10.1988 – V ZR 14/87, NJW 1989, 521 (522); MünchKomm-*Bayreuther*, § 185, Rn. 21.

Während das materiell-rechtliche Fundament des subjektiven Rechts die Freiheitssphäre des Einzelnen verkörpert, begründet der Anspruch die Rechtsbeziehung von zwei Personen. Da die Rechtsmacht ein formelles Element des Anspruchs repräsentiert, stellt das Verlangendürfen das materielle Fundament dar. Dies folgt nicht zuletzt auch daraus, dass sich die Rechtsmacht aus der Legitimation speist. Die Überantwortung von Rechtsmacht ergibt nur dann einen Sinn, wenn sie auf eine Zweckbestimmung in der Norm zurückzuführen ist.

Auf der Ebene des individuellen Rechts ist die Frage der Legitimation aus dem Gesichtspunkt der Selbstbestimmung über die eigenen Interessen zu beantworten. Entweder ist die Grundlage des Anspruchs der Vertrag oder eine gesetzliche Anordnung, die darauf basiert, dass die Interessen des Einzelnen berührt wurden. Der aus dem Anspruch Berechtigte soll der Inhaber des dahinter stehenden Rechts oder Rechtsguts bzw. des gesetzlich geschützten Interesses sein.[272] Hieran dokumentiert sich auch die große Schnittmenge von Anspruch und subjektivem Recht auf der Ebene des Individualrechts. Die Freiheit des Einzelnen bedeutet auch die Selbstregulierung der Interessen.

Auf der Ebene des kollektiven Rechts kann diese Grundlage nicht uneingeschränkt, jedenfalls nicht unmittelbar gelten. Sie muss es aber auch nicht. Es kommen andere Legitimationsgrundlagen in Betracht als die Selbstbestimmung des Anspruchsinhabers. Jedenfalls kennt – dazu sogleich – das Betriebsverfassungsrecht wie selbstverständlich materiell-rechtliche Ansprüche und operiert mit kollektiven Interessen. Welche Legitimation für welche Handlung bzw. welches Recht bestehen muss, hängt jedoch vom jeweiligen Kontext und der rechtlichen Ausgestaltung ab. Im Rahmen von § 3 UKlaG bzw. § 8 Abs. 3 UWG geht es um die Berechtigung des „Verlangen-könnens" eines Unterlassens einer Verletzung von typischen Verbraucherinteressen.

Problematisch sind fremde Interessen als Legitimationsgrundlage dann, wenn unter Rekurs auf sie die Rechtslage verändert wird. So zeigen das Tarifvertrags- und das Betriebsverfassungsrecht, dass es weitergehender Legitimation bedarf, soll die Rechtslage verändert werden. Die UKlaG/UWG-Verbandsklage ordnet jedoch an, dass die Normen durchgesetzt werden sollen und schützt daher nur die Lösung des in den Normen bereits gelösten Interessengegensatzes. Es geht also darum, das kollektive Interesse an der Durchsetzung der Normen selbst zu legitimieren.

Dass fremde Interessen materielle Berechtigungen begründen können, wird besonders bei der Geschäftsführung ohne Auftrag deutlich. Entspricht[273] eine Geschäftsführung dem Willen oder Interesse des Geschäftsherrn mit Rücksicht auf dessen wirklichen oder mutmaßlichen Willen, so ist er berechtigt i. S. d. §§ 677 ff. BGB. Ein entgegenstehender Wille kann sogar gemäß § 679 BGB

[272] *Wolf*, S. 10; besonders deutlich wird dies bei der Herleitung von Ansprüchen aus einem Vertrag nach §§ 133, 157, 242 BGB; kritisch: *Thiere* S. 113 zum subjektiven Recht.

[273] Hierzu Palandt-*Sprau*, Einf. § 677, Rn. 4 u. § 683 Rn. 3–6; diese Struktur wird deutlicher, folgt man der herrschenden Meinung und erblickt in den objektiven Interessen eine Vermutung, dass das objektiv Nützliche dem Willen des Geschäftsherrn entspricht, hierzu: Staudinger-*Bergmann*, § 683, Rn. 30 f.

unbeachtlich sein, wenn die Erfüllung einer Pflicht im öffentlichen Interesse geschieht. Zwar geht es in den Regelungen der Geschäftsführung ohne Auftrag im Ausgangspunkt um ein Tätigwerden des Geschäftsführers, jedoch lässt sich die Verknüpfung der Interessen und des Handelns eines anderen hierüber verdeutlichen. Nicht zuletzt lässt sich ablesen, dass auch andere Interessen wie das öffentliche Interesse eine Legitimation begründen können.

dd) Kollektive Interessen als Legitimationsgrundlage des Anspruchs

Auf der Grundlage der Annahme, dass fremde Interessen eine Legitimation für eigene materiell-rechtliche Befugnisse darstellen können, kann nun das Legitimationsmuster des Anspruchs aus §§ 1, 3 bzw. §§ 2, 3 UKlaG untersucht werden.

Für die Ansprüche aus §§ 1, 2 i. V. m. 3 UKlaG leitet dies zu den kollektiven Interessen über.[274] Die Richtlinie 2009/22/EG gibt eine gestufte Interessenlage vor. Die im Anhang genannten Richtlinien sichern jeweils Verbraucherinteressen. Die Richtlinie selbst setzt ein Interesse an der Durchsetzung dieser Interessen voraus. Daneben besteht das (eigene) Interesse der qualifizierten Einrichtungen an der Durchsetzung des Rechts.

(1) Der ambivalente Interessenbegriff

Das macht es wiederum erforderlich zu klären, welche Interessen durch die Rechtsordnung verarbeitet werden. An Ansätzen, das Interesse zu definieren, mangelt es nicht. *Heck*, der Begründer der Interessenjurisprudenz, setzte das Interesse mit Begehren nach Lebensgütern gleich. Darunter falle alles, was den Mensch als Einzelnen bzw. die menschliche Gemeinschaft in irgendeiner Art und Weise berühre.[275] *Martens* und *Thiere* haben das Interesse als positive Wertschätzung eines Objekts durch ein Subjekt definiert.[276] *Urbanczyk* ordnete es als eine bestimmte willensmäßige Beziehung zwischen einer Person und einem Gut im ideellen oder materiellen Sinne ein.[277]

Der Begriff des Interesses im Recht ist jedoch ambivalent.[278] Subjektive Interessen sind empirisch belegbar – es geht darum, was ein Mensch tatsächlich wünscht. Diese Wünsche leiten sich von den Bedürfnissen des Menschen ab und sind offensichtlich vielfältig. Objektive Interessen hingegen werden normativ abgeleitet – sie geben vor, welche Interessen in einer bestimmten Situation gut und richtig sind. Das objektive Interesse resultiert daraus, dass der Einzelne am gesellschaftlichen Leben in einer spezifischen Funktion teilnimmt und welche Interessen diese gesellschaftliche Funktion (Arbeitnehmer, Verbraucher etc.)

---

[274] *Schmidt*, NJW 1989, 1192 (1194) hat eingewandt, dass kollektive Interessen nicht als Grundlage in Betracht kommen können, weil es im Verbraucherrecht bereits an einer Gruppe bzw. Gattung fehle. Dieser Ansatz hat seine Berechtigung in der schwierigen empirischen Basis. Nach der hier vertretenen Ansicht stehen jedoch keine natürlichen Gruppeninteressen, sondern gesetzlich typisierte Interessen im Mittelpunkt.

[275] *Heck*, S. 36 ff.; *Isay*, Methode der Interessenjurisprudenz, in: Interessenjurisprudenz, S. 226; *Kocher*, Funktionen S. 17.

[276] *Martens*, S. 173; *Thiere*, S. 24; *Schwab/Löhnig*, Rn. 10.

[277] *Urbanczyk*, S. 61.

[278] *Röhl/Röhl* S. 265; vgl. auch *Urbanczyk*, S. 62.

hat.[279] Objektive Interessen *soll* eine Person haben. Sie legen die Schutzwürdigkeit fest. Hat die betroffene Person diese Interessen nicht, so ist sie nicht schutzwürdig, und das Recht versagt den Schutz.

Dieser ambivalente Interessenbegriff besitzt daher für das Recht eine wichtige Bedeutung. Werden bestimmte Interessen durch eine Norm nicht geschützt, so fallen sie aus dem Anwendungsbereich heraus. Damit fungiert die Erfüllung der vorausgesetzten Interessenlage als eine einer jeden Norm immanente Anwendungsvoraussetzung.[280]

Während der Begriff der objektiven Interessen bislang eher einen Kontrollmaßstab bildete, könnte er auf der kollektiven Ebene auch zu einer Interessenvermutung bzw. zu einer Interessenzuordnung führen. Denn wenn „der Arbeitnehmer" und „der Verbraucher" jeweils ein bestimmtes objektives Interesse haben, eröffnet das objektive Interesse wegen seiner „Linearität"[281] auf der kollektiven Ebene die Möglichkeit der Legitimation kollektiver Akteure. Das Recht ist frei, auf ein Defizit im natürlichen Interesse zu reagieren. Es zeigt dann ein durch das Recht typisiertes, objektives Interesse. Gerade im Hinblick auf den überindividuellen Rechtsschutz hat etwa *Urbanczyk* die Verwirklichung des objektiven Interesses hervorgehoben.[282]

Auch wenn dieser Ansatz weiter verfolgt werden soll, ist eines anzumerken. Eine strenge wissenschaftliche Trennung im Sinne einer Abstraktion von natürlichen und typisierten Interessen ist dogmatisch gewinnbringend, in der Rechtswirklichkeit bestehen indes Wechselwirkungen. *Max Weber* etwa rückte das typische Interesse an das reale Interesse heran. Das Verhalten von Menschen beruhe häufig darauf, dass die Handlung ihren Normen und subjektiv eingeschätzten Interessen so am durchschnittlich besten entspräche.[283] Je strenger zweckrational die Menschen handelten, desto eher entstünden Gleichartigkeiten, Regelmäßigkeiten und Kontinuitäten. Er sprach von einer Orientierung an der nackten eigenen und fremden Interessenlage bzw. vom planmäßigen Einfügen in Interessenlagen.[284] Dieses Phänomen zeigt sich auch in Gruppen. Die Zusammenfügung individueller Wünsche und Vorstellungen benötigt eine Objektivierung.[285]

(2) Exkurs: Die kollektiven Interessen im BetrVG

Bevor die Interessenlagen im kollektiven Rechtsschutz näher untersucht werden, soll mit einem Exkurs zum BetrVG ein über kollektive Interessen operierendes Rechtssystem anhand ausgewählter Punkte erörtertet werden. Das

---

[279] *Urbanczyk*, S. 62; *Röhl/Röhl*, S. 265: das objektive Interesse schreibt vor, was die Menschen wünschen sollen.

[280] *Schwab/Löhnig*, Rn. 7 f.

[281] Der Begriff der Linearität soll hier auf die Interessenlinien der Typen bezogen sein. Das objektive Interesse wird jedem Teilnehmer dieser Gruppe in gleicher Weise typischerweise zugeordnet. Daher bezeichnet der Begriff die Summe der gleichbewerteten objektiven Interessen.

[282] *Urbanczyk*, S. 63.

[283] *Weber*, S. 571 f., auf S. 570 spricht er auch davon, dass sich typisch gleich gelagertes Handeln beobachten lasse.

[284] *Weber*, S. 571 f.

[285] *Röhl/Röhl* S. 265.

Betriebsverfassungsrecht ist für die Theorie der kollektiven Strukturen besonders interessant, da es zum einen ein Kollektiv bereithält – die Arbeitnehmer im Betrieb – und zum anderen sowohl Ansprüche des kollektiven Akteurs als auch des Individuums vorsieht.

Das Betriebsverfassungsgesetz konstituiert den Betrieb als Einheit für Arbeitnehmer und Arbeitgeber. Das Regelungsanliegen ist die Beteiligung der Arbeitnehmer an den Entscheidungen, die ihre Rechte und Interessen berühren.[286] In diesem Gebiet greift die Rechtsprechung häufig auf die Figur des kollektiven Interesses zurück. So wird insbesondere hervorgehoben, dass der Betriebsrat ein Gremium sei, um die kollektiven Interessen effizienter zu schützen.[287]

(a) Der Standort der kollektiven Interessen bei den Beratungsrechten

Das Bundesarbeitsgericht sieht den Sinn und Zweck der Beratungsrechte des Betriebsrats auf die Gelegenheit entworfen, die kollektiven Interessen der Belegschaft gegenüber dem Arbeitgeber geltend zu machen.[288] Die vom Betriebsrat angeführten Argumente hat der Arbeitgeber in seine Entscheidungsfindung einzubeziehen und bei dieser verantwortungsvoll zu berücksichtigen, ohne dass ihm ein bestimmtes Ergebnis vorgegeben wird. In dieser Rechtsprechung deutet sich an, dass das BAG den Betriebsrat als Sprachrohr der kollektiven Interessen versteht. Das, was er vorbringt, sind dann die kollektiven Interessen. Hiervon ausgehend vertritt das BAG, dass die Beteiligungsrechte bzw. die Durchführung derselben ein aus dem Demokratie- und Sozialstaatsprinzip folgendes Recht *der Arbeitnehmer* auf Teilhabe an den sie betreffenden Angelegenheiten sei.[289]

(b) Der kollektive Tatbestand nach der Rechtsprechung des BAG

Noch bedeutsamer ist die Diskussion um den kollektiven Tatbestand im Rahmen von § 87 BetrVG. Die Norm regelt die Beteiligung des Betriebsrats in sozialen Angelegenheiten. In diesen Bereichen hat der Betriebsrat ein Mitbestimmungsrecht (i. e. S.). In den 13 geregelten Tatbeständen ist daher eine Einigung zwischen Betriebsrat und Arbeitgeber notwendig, eine einseitige Festlegung durch den Arbeitgeber ist ausgeschlossen.[290]

Vor 1972 setzte das Mitbestimmungsrecht immer einen sog. kollektiven Tatbestand voraus. Die Reform desselben Jahres lockerte das Erfordernis jedoch auf. Heute entspricht es der herrschenden Meinung, für jeden Tatbestand gesondert zu prüfen, ob ein kollektiver Tatbestand erforderlich ist.[291] Bei § 87 Abs. 1

---

[286] *Richardi/Bayreuther*, S. 175.

[287] *Gutzeit*, NZA 2008, 255 (256); ErfK-*Koch* § 1 BetrVG Rn. 1 a. E.; vgl. auch *Wiese*, NZA 2006, 1 (2 u. 8), der zu Recht betont, dass kollektive Interessen dazu bestimmt sind, dem Einzelnen Schutz zukommen zu lassen. Daher stellt die Betonung kollektiver Interessen keinen Widerspruch zur freien Entfaltung des Individuums dar.

[288] BAG, Beschluss vom 1.2.2011 – 1 ABR 79/09, NZA 2011, 703 (705).

[289] BAG, Beschluss vom 1.2.2011 – 1 ABR 79/09, NZA 2011, 703 (705).

[290] BAG, Beschluss vom 3.12.1991 – GS 2/90, NZA 1992, 749; *Gutzeit*, NZA 2008, 255 (256).

[291] Zum Ganzen: HaKo-*Kohte*, § 87 BetrVG, Rn. 7; ErfK-*Kania*, § 87 BetrVG, Rn. 6; a. A.: *Dütz/Thüsing*, Rn. 934.

Nr. 1 BetrVG beispielsweise fordert das BAG das Merkmal in ständiger Rechtsprechung.[292] Ausdrücklich lässt sich der kollektive Tatbestand nicht aus § 87 BetrVG herleiten. Gleichwohl deutet die Verwendung der abstrakten Begriffe wie „Ordnung im Betrieb" oder „betriebliche Lohngestaltung" darauf hin, dass eine generelle Regelung anvisiert werden soll.[293]

Wegen der Einigungsnotwendigkeit[294] in § 87 BetrVG wird der kollektive Tatbestand auch zum neuralgischen Punkt für die Gestaltung des Individualarbeitsverhältnisses: Je weiter man den kollektiven Tatbestand fasst, desto weniger Spielraum verbleibt für eine Regelung im Individualrechtsverhältnis zwischen Arbeitgeber und Arbeitnehmer.[295]

Allgemein liegt ein kollektiver Tatbestand immer dann vor, wenn sich eine Regelungsfrage stellt, die die kollektiven Interessen der Arbeitnehmer im Betrieb berührt.[296] Das BAG hat zunächst einen kollektiven Tatbestand dann angenommen, wenn die von der Maßnahme betroffenen Arbeitnehmer entweder eine nach abstrakt generellen Merkmalen abgrenzbare Gruppe bilden oder wenn es sich um eine größere, im Verhältnis zur Gesamtbelegschaft nicht unerhebliche Anzahl von Arbeitnehmern handelt. Später hat es die quantitative Bestimmung aufgegeben und ihr nur noch Indizwirkung zugesprochen.[297]

Das Bundesarbeitsgericht geht nunmehr davon aus, dass ein kollektiver Tatbestand besteht, wenn sich eine Regelungsfrage stellt, die über eine ausschließlich einzelfallbezogene Rechtsausübung hinausgeht und kollektive Interessen der Arbeitnehmer im Betrieb berührt.[298] Es muss ein Problem bestehen, das sich unabhängig von der Person und den individuellen Wünschen des einzelnen Arbeitnehmers stellt. Dass nicht der gesamte Betrieb von der Maßnahme erfasst wird, ist unschädlich. Es genügt, wenn sich die Frage auf eine Gruppe von Arbeitnehmern oder einen Arbeitsplatz bezieht.[299] Eine Individualmaßnahme liegt hingegen vor, wenn es um die Gestaltung des individuellen Arbeitsverhältnisses geht und besondere, nur den einzelnen Arbeitnehmer betreffende Umstände die Maßnahme veranlassen oder inhaltlich bestimmen.[300]

---

[292] BAG, Beschluss vom 7.2.2012 – 1 ABR 63/10, AP, § 87 BetrVG 1972, Ordnung des Betriebs, Nr. 42.

[293] *Raab*, ZfA 2001, 31 (34); zur 87 Nr. 10 BetrVG ausführlich: *Roloff*, RdA 2014, 228 (233 f.).

[294] HaKo-*Kohte* § 87 Rn. 1; ErfK-*Kania*, § 87 BetrVG, Rn. 136; hierzu: Richardi-*Richardi* § 87 Rn. 3.

[295] *Raab*, ZfA 2001, 31 (40).

[296] BAG, Beschluss vom 10.6.1986 – 1 ABR 61/84.

[297] BAG, Beschluss vom 29.2.2000 – 1 ABR 4/99, NZA 2000, 1066 (1067); BAG, Urteil vom 24.1.2006 – 3 AZR 484/04, NZA 2007, 278 (283); *Roloff*, RdA 2014, 228 (233).

[298] BAG, Beschluss vom 7.2.2012 – 1 ABR 63/10, AP, § 87 BetrVG 1972, Ordnung des Betriebs, Nr. 42; BAG, Beschluss vom 24.4.2007 – 1 ABR 47/06, AP, § 87 BetrVG 1972, Arbeitszeit, Nr. 124; BAG, Beschluss vom 18.2.2003 – 9 AZR 164/02, AP, § 8 TzBfG, Nr. 2; LAG Niedersachsen, Beschluss vom 30.4.2013 – 1 TaBV 142/12 = juris.de; zur Geschichte des „quantitativen Kollektivs": *Raab*, ZfA 2001, 31 (41).

[299] BAG, Beschluss vom 18.10.2011 – 1 ABR 34/10, AP, § 87 BetrVG 1972, Lohngestaltung, Nr. 142.

[300] Vgl. BAG, Urteil vom 22.8.1992 – 1 AZR 461/90, AP § 87 BetrVG 1972, Lohngestaltung, Nr. 57; zur Entgeltgestaltung: HaKo-*Kohte*, § 87 BetrVG, Rn. 116.

Diese abstrakten Begriffsfassungen sind jedoch stets auf den einzelnen Tatbestand anzuwenden. Zu zusätzlichem Arbeitsbedarf führte das BAG beispielsweise aus, dass zu regeln sei, ob und in welchem Umfang zur Abdeckung desselben Überstunden geleistet werden müssten. Diese Frage stelle sich unabhängig von der Person und den individuellen Wünschen eines einzelnen Arbeitnehmers.[301] Weiter sei zu entscheiden, wann und von wem die Überstunden geleistet werden. Dieses Regelungsproblem bestehe unabhängig von der Person und den überindividuellen Wünschen eines einzelnen Arbeitnehmers.

Die Grundsätze des BAG werden in der Literatur mehrheitlich übernommen. *Raab* bejaht einen kollektiven Tatbestand dann, wenn nur eine einheitliche Regelung getroffen werden kann oder wenn divergierende Interessen der Arbeitnehmer in Ausgleich gebracht werden müssten, weil dies nur als Kollektiv verwirklicht werden könne.[302] Gerade bei § 87 BetrVG gehe es darum, die strukturellen Defizite an Selbstbestimmung gegenüber dem Weisungsrecht des Arbeitgebers zu korrigieren. Die Überwindung dieser Defizite erfordere ein Zusammenwirken der Arbeitnehmer im Rahmen der organisatorischen Einheit.

Damit schöpft die Figur des kollektiven Tatbestands seine Legitimation aus einer Koordinierungsfunktion der verschiedenen Interessen hin zu einer Einheitsregelung.[303] Mithin wird das Mitbestimmungsrecht Diener zweier Zwecke: Der Schutz des einen muss auch Schutz des bzw. der anderen bedeuten. Der Schutz kann lediglich unter Wahrung und Koordinierung der Interessen aller vollzogen werden. Damit ist man beim Prinzip der gleichberechtigten Teilhabe[304] und dem Endpunkt der betriebsverfassungsrechtlichen Entwicklung angelangt.

Ein kollektiver Tatbestand lässt sich daher dann annehmen, wenn eine Ordnung möglicherweise divergierender bzw. diffuser Interessen[305] auf Arbeitnehmerseite erforderlich ist. Hiervon ausgehend lässt sich der Schutzweck normsystematisch reduzieren und in den Bereichen, in denen typischerweise keine Vielzahl von Interessen betroffen ist, auch die Notwendigkeit des kollektiven Tatbestands streichen. An der Konzeption des Gesetzgebers ist bemerkenswert, dass sich weder kollektiver Tatbestand noch Einzelfall „einfach so" aus dem Gesetzestext ablesen lassen. Der Schutz des Individuums ist zudem keine Absage an den kollektiven Tatbestand.

(c) Die kollektiven Interessen bei personellen Maßnahmen i. S. v. § 99 BetrVG

Vom kollektiven Tatbestand als Ordnung kollektiver Interessen durch kollektive Verhandlungsergebnisse unterscheidet sich das Abstellen auf bestehende kollektive Interessen. Vor allem bei den personellen Maßnahmen kommt es zum Konflikt zwischen individuellen und kollektiven Interessen in den Lösungen der

---

[301] BAG, Beschluss vom 24.4.2007 – 1 ABR 47/06, AP, § 87 BetrVG 1972, Arbeitszeit, Nr. 124.

[302] *Raab*, ZfA 2001, 31 (46), innerhalb seiner dreistufigen Konstruktion des Mitbestimmungsrechts.

[303] *Raab*, ZfA 2001, 31 (36 f.); *Dütz/Thüsing*, Rn. 934.

[304] So *Raab*, ZfA 2001, 31 (37).

[305] Zum Begriff siehe S. 68.

Rechtsprechung. Nach § 99 Abs. 1 BetrVG ist der Betriebsrat vor jeder Einstellung, Eingruppierung, Umgruppierung und Versetzung zu informieren. Nach § 99 Abs. 2 BetrVG kann er in bestimmten Konstellationen die Zustimmung verweigern. Das Beteiligungsrecht dient vornehmlich kollektiven Interessen der Belegschaft.[306] Für diese ist es etwa von Bedeutung, ob ein Arbeitnehmer auf Dauer oder nur vorübergehend eingestellt werden soll. Umkehrt soll daraus, dass die kollektiven Interessen durch die Wirksam- oder Unwirksamkeit des Arbeitsvertrages nicht berührt sind, aus der Verletzung des Mitbestimmungsrechts nicht die Unwirksamkeit des Vertrages folgen.[307] Das kollektive Interesse ist allein bei der tatsächlichen Beschäftigung tangiert. Das gilt auch bei einer Befristung eines Arbeitsvertrages.[308] Die kollektiven Interessen der Belegschaft werden nicht von der Befristung betroffen, sondern von der – längeren – tatsächlichen Beschäftigung des Arbeitnehmers im Betrieb oder in der Dienststelle.[309]

(d) Insbesondere: die teleologische Reduktion von § 99 BetrVG bei fehlenden kollektiven Interessen

Die Interessenverhältnisse werden auch bei der Versetzung i. S. v. § 99 Abs. 1 BetrVG sehr deutlich. § 99 BetrVG schützt nicht nur die kollektiven Belegschaftsinteressen an einer sachgerechten Auswahlentscheidung des Arbeitgebers und der Vermeidung weitergehender Arbeitsverdichtung für die verbleibenden Arbeitnehmer. Die Norm dient ebenfalls dem individuellen Schutz des zu versetzenden Arbeitnehmers.[310] Vor dieser Interessenlage verneinte das BAG die Anwendung des § 99 BetrVG für den abgebenden Betrieb. Denn diese Schutzzwecke können nicht erreicht werden, wenn der betroffene Arbeitnehmer versetzungswillig sei. In einem solchen Fall bedürfe bereits der Arbeitnehmer keines Schutzes und könnten kollektive Belegschaftsinteressen nicht gewahrt werden, weil der Betriebsrat ein kündigungsbedingtes Ausscheiden des Arbeitnehmers nicht verhindern könne. Es entspricht daher der ständigen Rechtsprechung des Bundesarbeitsgerichts, dass nach dem Zweck des Mitbestimmungsrechts eine auf Dauer angelegte Versetzung eines versetzungswilligen Arbeitnehmers nicht der Beteiligung des Betriebsrats des abgebenden Betriebes bedarf.[311]

---

306 Vgl. BAG 25.1.2005 – 1 ABR 59/03, AP § 87 BetrVG 1972, Arbeitszeit, Nr. 114; BAG, Beschluss vom 27.10.2010 – 7 ABR 86/09, AP § 99 BetrVG Nr. 133; BAG, Beschluss vom 30.9.2014 – 1 ABR 79/12, NZA 2015, 240 (245).

307 Vgl. BAG 5. Mai 2004 – 7 AZR 629/03, AP § 99 BetrVG 1972, Versetzung, Nr. 38 = AP § 1 BeschFG 1996 Nr. 27.

308 ErfK-*Kania*, § 99 BetrVG, Rn. 5.

309 BAG, Beschluss vom 25.1.2005 – 1 ABR 59/03, AP § 87 BetrVG 1972, Arbeitszeit, Nr. 114. Es soll an dieser Stelle nicht weiter vertieft werden, ob die Rechtsprechung zutrifft. Selbst wenn sie nicht zutrifft, müsste man mit dem kollektiven Interesse operieren; DKKW-*Bachner*, § 99 BetrVG, Rn. 47; kritisch hierzu: Richardi-*Thüsing*, § 99 BetrVG, Rn. 35.

310 HaKo-*Kreuder* § 99 Rn. 4; auf den Ausgleich der Interessen abstellend: Richardi-*Thüsing* § 99 Rn. 10.

311 BAG, Beschluss vom 22.11.2005 – 1 ABR 49/04, AP § 117 Nr. 7 BetrVG 1972.

(e) Zwischenergebnis

Dieser Exkurs verdeutlicht, dass mit dem Begriff der kollektiven Interessen operiert werden kann. Die Figur ist nicht inhaltsleer, sondern kontextbezogen. Betriebsverfassungsrechtliche Grundsätze und Regelungen sind im Hinblick auf die besonderen Konstellationen im Betrieb entworfen.

Gerade das Konstrukt des kollektiven Tatbestands macht jedoch die Bedeutung der Schwierigkeiten der Ordnung aller Interessen innerhalb einer eigentlich (noch) überschaubaren Ordnungskategorie deutlich. Das Betriebsverfassungsrecht reagiert auf dieses Problem mit den Beteiligungsrechten und legitimiert diese über die Wahl.[312] *Richardi* hat in diesem Zusammenhang zu Recht betont,[313] dass das BetrVG kein Kollektivinteresse im Sinne einer von oben her festgelegten Ordnungsvorstellung repräsentiert. Aus § 75 Abs. 2 BetrVG folgt die Pflicht des Arbeitgebers und des Betriebsrats, die freie Entfaltung der Persönlichkeit der im Betrieb beschäftigten Arbeitnehmer zu schützen und zu fördern. Das Kollektivinteresse der Belegschaft wird nur in diesen Grenzen durch den Betriebsrat verkörpert und artikuliert.[314]

Für die in diesem Abschnitt zu erörternde Frage ist wichtig, dass die Kollektivbezogenheit der Rechte und Ansprüche des Betriebsverfassungsrechts keine Probleme im Hinblick auf die Einordnung als materielles Recht und als Anspruch aufwirft.

(3) Die Fassung kollektiver Interessen

Im Bereich des kollektiven Rechtsschutzes werden die subjektive Interessenlage und die typisierten objektiven Interessen zur gemeinsamen Grundlage einer weitergehenden Befugnis. Bereits im Rahmen der Erörterung des Tatbestandsmerkmals des § 2 UKlaG „im Interesse des Verbraucherschutzes" wurde deutlich, dass die kollektiven Interessen der Verbraucher auf unterschiedlichen Gründen beruhen können.

(a) Die Schwierigkeiten der Organisation – „Die Logik kollektiven Handelns"

Eine Näherung für das Verständnis kollektiver Interessen und kollektiven Verhaltens bietet *Olsens* Theorie über das kollektive Verhalten bzw. Handeln. Damit meint er das Handeln mehrerer Personen in einem gemeinsamen Handlungszusammenhang.[315] Im Kern kritisiert *Olsen* die Idee, dass Kollektivgüter[316] effektiv durchgesetzt (bereitgestellt) werden können, wenn alle Mitglieder dieses Kollektivs ein Interesse an dem Kollektivgut haben – selbst wenn dies für alle Mitglieder der Gruppe vorteilhaft wäre.

Er ging davon aus, dass Handlungen von oder für eine Gruppe zumeist von Organisationen im gemeinsamen Interesse der Mitglieder durchgeführt werden.[317]

---

312 Hierzu noch S. 232.
313 Richardi-*Richardi*, § 87 Rn. 24. u. 339.
314 BAG, Beschluss vom 15.4.2014 – 1 ABR 2/13, NZA 2014, 551 (555).
315 *Olsen*, S. 4.
316 Zum Begriff *Olsen*, S. 35 ff; *Kocher*, S. 78 f.
317 *Olsen*, S. 4.

Würden sie den Interessen zuwiderhandeln, gingen sie mangels Unterstützung zugrunde. *Olsen* unterstellte, dass es keiner Organisationen bedarf, um persönliche oder individuelle Interessen durchzusetzen. Individuelle Interessen könnten Individuen besser erfüllen. Erst wenn entweder ein gemeinsames Interesse oder ein kollektives Interesse vorliegen, bestünde ein Bedürfnis nach kollektivem Handeln.

Die entscheidende Annahme *Olsens* war, dass Individuen, von Ausnahmekonstellationen[318] abgesehen, sich freiwillig nicht so verhalten, dass sie ein gemeinsames Gruppeninteresse verwirklichen. Etwas anderes könne aus äußeren Zwängen oder Anreizen folgen.[319] Für klar abgrenzbare bzw. spezifische Interessen – vor allem wirtschaftliche Interessen – bestehe ein hoher Anreiz für kollektives Handeln. Durch Gruppenhandeln kann ein Verbandsmitglied mehr Vorteile erlangen als durch eigenständiges Handeln.[320] Daher, so *Olsen*, werde es in die Verbandsaktivität investieren. Bei öffentlichen Gütern sei dieses Anreizsystem gestört. Es sei nicht sicher, ob oder wann ein Nutzen vorliege. Auch kämen in der Regel Personen in den Genuss des Gutes, die nicht investiert hätten (sog. Trittbrettfahrer). *Olsen* folgert daraus: je größer die Anzahl der Nutznießer, desto kleiner der Anteil derer, die tätig werden.[321]

Die charakteristische Leistung der Organisation liege nun darin, öffentliche Güter bzw. Kollektivgüter bereitzustellen. Dies kann in der Befriedung eines gemeinsamen Interesses oder der Erreichung eines gemeinsamen Ziels liegen.[322] Individualgüter könnten durch individuelles Verhalten beschafft werden, nur hinsichtlich Kollektivgütern sei das Handeln der Organisationen unerlässlich.[323]

Am Beispiel der US-amerikanischen Gewerkschaften führte *Olsen* aus, dass die Erfolge einer Gewerkschaft keinen Anreiz zum Beitritt setzten. In Deutschland muss dieser Ansatz wegen des Erfordernisses der Tarifbindung relativiert werden, jedoch lässt sich dieses Phänomen wegen Bezugnahmeklauseln etc. ebenfalls beobachten.[324] Verbraucher (*Olsen* spricht von Konsumenten) betrachtete er demgegenüber als eine unorganisierbare Gruppe.[325]

Die Ausführungen sind bemerkenswert. Sie erklären in einem einfachen Modell, warum es die Figur des kollektiven Interesses bereits in der Theorie geben muss. *Olsens* Theorie basiert indes auf einem reinen marktrationalen Entscheidungskalkül. Sie kann daher schon dann nicht mehr uneingeschränkt gelten, wenn andere Interessen das Verhalten der Gruppenmitglieder leiten.[326] Legt man diese Annahme hingegen zugrunde, so erscheint es in vielen Fällen als unmög-

---

318 Zur komplexeren kleineren Gruppe: *Olsen*, S. 3, 20ff.

319 *Olsen*, S. 2.

320 *Olsen*, S. 130, vor allem zur Frage, warum in dieser Konstellation auch Kollektivgüter bereitgestellt werden.

321 *Olsen*, 8ff.

322 *Olsen*, S. 14.

323 *Olsen*, S. 15.

324 Vgl. auch *Seiwerth*, RdA 2014 358 (360ff.), der auf S. 364f. eine AGB-Kontrollklage als Konsequenz in Erwägung zieht.

325 *Olsen*, S. 163 („vergessene Gruppe, die schweigend leidet").

326 *Reich*, Förderung, S. 23.

lich, eine volle Repräsentation einer Gruppe bzw. eines Kollektivs durch gemeinsames Handeln herbeizuführen. Daraus erklärt sich strukturell – ohne Aussage für die Legitimation –, weshalb zur Schaffung eines kollektiven Akteurs regelmäßig nur ein Teil eines Kollektivs notwendig ist bzw. sein kann. Dieses Strukturproblem führt nahtlos in die Interessenstruktur des kollektiven Rechtsschutzes über. Nur weil Rechte nicht wahrgenommen werden, bedeutet dies nicht, dass kein Interesse an der Wahrnehmung des Rechts besteht.

(b) Die „diffusen Interessen"

Wenn sie nicht durch eine Organisation geordnet werden, können die Interessen einzelner Personen eines Kollektivs unterschiedlich, „diffus" sein. Der Begriff der diffusen Interessen wurde in Deutschland vor allem durch *Reich* eingeführt, zielt jedoch herkömmlich in eine andere Richtung. Der Begriff kennzeichnet staatliche oder unionsrechtliche Politiken, die nicht einer oder mehreren klar abgrenzbaren Gruppen von Personen zugutekommen sollen, sondern potenziell jedem Bürger;[327] es handelt sich mit anderen Worten um Allgemeinbelange.[328]

Nach *Reich* sind diffuse Interessen allgemein auf Lebensqualität gerichtet, etwa in den Ausformungen Verbraucherschutz, Umweltschutz oder Produktsicherheit.[329] Weil hieran jeder Bürger ein Partizipationsinteresse haben könne, dieses aber nur „atomisiert, fragmentiert und selektiv" auftrete, seien diese Interessen diffus. Was der Einzelne unter adäquatem Verbraucherschutz oder einer hinreichenden Gesundheitsversorgung versteht, lässt sich nicht messen und addieren.[330] Dadurch, dass diese Interessen jedem Bürger innewohnen, könnten sie prinzipiell nicht auf Gruppen bezogen werden.[331]

Schmidt betonte zudem, dass diese Interessen „subjektslos" seien.[332] Bei diesem Verständnis können diffuse Interessen folglich nicht als Summe der Individualinteressen gebündelt oder in einem gruppenspezifischen Interesse zusammengefasst werden.[333] Sie sind vielmehr Direktiven an die Justiz zur Zügelung der Rechtsmacht.[334]

Über diese Konzeption wendet sich die Theorie der diffusen Interessen auch gegen eine strikte Koppelung des Privatrechts an die als zu eng empfundene Akzentuierung des subjektiven Interesses als theoretischem Fundament.

---

[327] *Reich*, Förderung, S. 19; *Kummer*, ZUR 2012, 459 (463), unterscheidet unter Rekurs auf das brasilianische Recht kollektive Interessen bzw. Rechte von diffusen Interessen. Er trennt sie dahin gehend, ob eine faktische Beziehung (dann diffus; rechtliche Beziehung: kollektiv) vorliegt und ob die Rechtsträger unbestimmbar bleiben (bei kollektiven Rechten seien die Rechtsträger gerade als Gruppe bestimmbar). Als Beispiel für kollektive Rechte nennt er den Verbraucherschutzprozess, während die irreführende Werbung zunächst diffuse Rechte kreiere. Bringt man diese Phänomene in eine Reihenfolge und betont man ein materiell-rechtliches Fundament, so entspricht dies im Wesentlichen der hier verfolgten Theorie.

[328] *Schmidt*, liber amicorum, Reich, 81 (81).

[329] *Schmidt*, liber amicorum Reich, 81 (81).

[330] *Schmidt*, liber amicorum Reich, 81 (83).

[331] *Reich*, Förderung S. 19.

[332] *Schmidt*, liber amicorum Reich, 81 (83).

[333] *Schmidt*, liber amicorum Reich, 81 (83).

[334] *Schmidt*, liber amicorum Reich, 81 (92).

Der Theorie geht es darum, neue Entwicklungen von Markt und Wettbewerb zu korrigieren, wenn diese den Schutz des Schwächeren entwerten. Der Verbraucherschutz soll kein in Einzelportionen zerlegbares Gesamtinteresse, sondern vielmehr ein allgemeiner Schutzgedanke, ein übergreifender Schutz sein. Allgemeinbelange hätten keine individuellen Träger – sie privatrechtlich zu materialisieren, erfordere neue Wege.[335]

Das Aktivierungspotenzial der Allgemeinbelange ist nach *Schmidt* im präventiven Bereich gering, erst im Falle von Verletzungen würden die Betroffenen aktiv.[336] Die Verbandsklage schütze mithin die diffusen Interessen. *Schmidt* führte hierzu aus, dass dieses Verfahren auf der Abstraktion von individueller Betroffenheit aufbaue und drohenden Gefährdungen markanter Institutionen im Vorfeld begegne.[337]

Dadurch, dass der Staat die diffusen Interessen zu Allgemeinbelangen aufwertet, wird nach dieser Theorie auch deutlich, dass eine mögliche und über die betroffenen Interessen konstruierbare Verbandsmacht gescheitert ist.[338] Vielmehr muss der Staat die diffusen Interessen gerade wegen ihrer geringen Artikulationsfähigkeit in seine Politik übernehmen und in Schutzrechte überführten,[339] wobei ein diffuses Interesse allein hierfür jedoch nicht genügt. Im parlamentarischen Willensbildungs- und Gesetzgebungsverfahren muss noch das öffentliche Bedürfnis an der öffentlichen Schutzaufgabe herausgearbeitet werden.[340]

(c) Kritik an der Figur der diffusen Interessen

Der Figur der diffusen Interessen wurde vorgeworfen, nicht erklärungskräftig zu sein.[341] Diese Kritik hat ihre Berechtigung darin, dass bislang der Zusammenhang zum Recht nicht hinreichend aufgezeigt wurde. Der Begriff wurde stärker darauf entworfen, die Probleme im Zusammenhang mit der Wahrnehmung der Rechte aufzuzeigen und Rechtssetzung zu erklären. Mit anderen Worten kann ein Erklärungsansatz für die Herausbildung einer öffentlichen Aufgabe sein, dass die schützenden Interessen zwar diffus, aber abstrakt schützenswert sind. Zudem wurde über den Rekurs auf den Begriff des Interesses der Brückenschlag zur herkömmlichen Rechtszuweisung unternommen.

Dennoch überzeugen nicht alle Annahmen dieser Theorie. Das Scheitern gruppenimmanenter Lösungswege ist nicht zwingend mit der Anerkennung

---

335 *Schmidt*, liber amicorum Reich, 81 (87ff.); auf S. 91 zieht er daraus auch den Schluss, dass ein materiell-rechtliches Fundament der Verbandsklage ausscheidet: wenn diese Schutzerwartung keinen individuellen Träger habe, könne Überantwortung dieser Aufgabe auf Verbände keine materielle Individualisierung bewirken. Das ist nicht zwingend. Wie § 194 BGB zeigt, kommt es in erster Linie auf einen Grund für das Verlangendürfen an, vgl. S. 63. Dieser Grund kann auch im Schutz kollektiver Interessen liegen. Die Anspruchszuordnung individualisiert dann ausreichend.

336 *Schmidt*, liber amicorum Reich, 81 (90).

337 *Schmidt*, liber amicorum Reich, 81 (90).

338 In diese Richtung: *Reich*, Förderung S. 20.

339 Vgl. auch die Darstellung von *Reich*, Förderung, S. 19.

340 So auch *Bull*, S. 118; *Reich*, Förderung, S. 20.

341 *Halfmeier*, JJZ 2003, 129 (132).

von Allgemeininteressen im privaten Bereich verbunden. Dies wird anhand von Art. 9 Abs. 3 GG deutlich. Die Norm belegt, dass das Allgemeininteresse an einer funktionierenden Tarifordnung mit einer starken Verbandsmacht zusammenhängen kann.[342] Fehlende Aggregation kann aber in der Tat *einen* staatlichen Schutzauftrag auslösen, der in einem ersten Schritt überhaupt die Anerkennung dieses Allgemeininteresses erfordert.

Das größte Problem der diffusen Interessen bildet der ungelöste Antagonismus von Verbraucherschutz als öffentlicher Aufgabe und Gemeinwohlbelang sowie dem Schutz der Verbraucher als „großer Gruppe". So setzen §§ 305 ff. BGB auch Verbraucherschutz durch (vgl. § 310 Abs. 3 BGB) – die Normen selbst sichern Gemeinwohlbelange aber nur reflexartig.[343]

Ein weiteres Problem ist die Belegung des diffusen Interesses. Für sich genommen bezeichnet der Begriff noch keine staatliche Politik, sondern kennzeichnet eine wichtige Situation des kollektiven Rechts. Fasst man Individuen unter einem Begriff zusammen, so ist noch nicht klar, welche natürliche Interessenlage bei jedem Einzelnen im Hinblick auf Probleme mit einem Gruppenbezug besteht. Diese Interessen sind diffus, und je größer die Gruppe wird, desto schwieriger ist dies empirisch zu belegen. Zudem wissen viele erst um ihre Interessen, wenn sie mit dem Problem konfrontiert sind. Dementsprechend bildet die Existenz dieser diffusen Interessenlage zunächst nur einen Ansatzpunkt.

(4) Die Materialisierung von Durchsetzungsinteressen

Dieser letzte Befund ist bei näherer Betrachtung die für den kollektiven Rechtsschutz wichtigste Erkenntnis der Theorie der diffusen Interessen. Denn die Typisierung von Interessen ist eine Reaktion des Rechts auf eine diffuse, subjektive Interessenlage. Insofern ist nunmehr der Frage nachzugehen, wie ein kollektives Durchsetzungsinteresse auf der Grundlage diffuser Interessen begründet werden kann. Die Materialisierung von Durchsetzungsinteressen bereitet nicht nur in der Theorie des subjektiven Rechts Schwierigkeiten. Anders als das subjektive Recht bzw. die herrschende Kombinationsformel kann der Anspruchsbegriff dieses Interesse jedoch integrieren.

(a) Der Aufbau der Rechtsordnung und Methodik anhand von Interessen

Das Interesse bzw. die Interessen sind die Architekturpfeiler der Privatrechtsordnung. Im Begriff des Interesses kommt ein wesentlicher Paradigmenwechsel der juristischen Methodik an der Schwelle vom 19. zum 20. Jahrhundert zum Ausdruck: Die Begriffe „Begriffsjurisprudenz", „Interessenjurisprudenz" und „Wertungsjurisprudenz" stellen methodische Kategorisierungsbemühungen verschiedener Schulen dar.[344]

---

342 An der Förderung und Wahrung besteht ein öffentliches Interesse: Maunz/Dürig-*Scholz*, Art. 9, Rn. 159.

343 BGH, Urteil vom 9.7.2009 – Xa ZR 19/08, WRP 2009, 1545 (1549).

344 Vgl. *Bydlinski*, S. 109 ff.; einen differenzierten Überblick über die durchaus differenzierten Ansätze aus der Zeit bietet: *Edelmann*, passim.

Die Begriffsjurisprudenz ging vom vorhandenen Rechtsbestand aus und zentrierte die gesetzlichen Begriffe. Lücken sollten über die Ableitung aus den zuvor abstrahierten juristischen Begriffen heraus geschlossen werden.[345] Die Methodik dieser Richtung wird besonders deutlich bei der Ableitung von Unterlassungsansprüchen ausgehend von der Einordnung als absolutem Recht. Sie hat ihren praktischen Sitz in der Vielzahl von Fällen, in denen der Fall wegen des klaren Wortlauts der Norm gelöst wird.

Die Interessenjurisprudenz lehnte eine streng logische Begriffsfassung im Rahmen der Tatbestandsarbeit wegen der Unzulänglichkeit für die Lebensbedürfnisse ab. Unter Betonung des Rechts als praktischer Wissenschaft wurden die Interessen und der Zweck stärker akzentuiert. Ihre rechtstheoretische Grundaussage war, dass Recht dem Interessenschutz diene. Den Namen „Interessenjurisprudenz" erhielt diese Strömung von *Philipp Heck*. Der Interessenjurisprudenz von *Heck* ging es nicht darum, die juristische Begriffsarbeit aufzulösen, sondern allein darum, die Begriffsbildung durch Ordnungsbegriffe abzuschaffen. Ausgehend von einer Öffnung des Rechts für die Lebenswirklichkeit postulierte die Interessenjurisprudenz, dass Rechtsnormen die Resultate miteinander kollidierender Interessen seien.[346] Dabei definierte *Heck* Interessen als Begehrungsvorstellungen. Die Rechtsnorm gebe nun an, wann und wie sich welches Interesse gegenüber einem anderen Interesse durchsetze. Diese Bewertung treffe der Gesetzgeber wiederum aufgrund von Gemeinschaftsinteressen. Die Jurisprudenz habe daher herauszuarbeiten, welche Interessen den Konflikt ausmachen und welche Interessen den Konflikt entscheiden. Mithilfe dieser Schule konnten weniger klare Fälle anhand der Interessenbewertung einer Lösung zugeführt werden. Diese Methode setzt sich insbesondere in der teleologischen Auslegung und in der Analogiebildung fort.

Von der Interessenjurisprudenz ausgehend akzentuierte die Wertungsjurisprudenz ebenfalls die Entscheidung des Interessengegensatzes.[347] Sie trat der Interessenjurisprudenz insoweit entgegen, als die Bewertung durch den Gesetzgeber bzw. durch die kausalen Interessen nicht allein maßgeblich für die Bewertung sein dürfe und vielmehr auch objektive Wertentscheidungen zu berücksichtigen seien.[348] Offensichtlich kommt hier auch der Unterschied zwischen subjektiver und objektiver Auslegungsmethode zum Ausdruck.[349]

(b) Das Durchsetzungsinteresse

Das Unterlassungsinteresse der Verbände ist ein Interesse, welches auf Durchsetzung einer Unterlassungspflicht gerichtet ist. Allgemeiner lässt es sich als Durchsetzungsinteresse fassen. Mit dem Begriff des Durchsetzungsinteresses ist das Interesse gemeint, welches hinter der Geltendmachung von Rechten steht, sei

---

345 Vgl. die Zusammenfassungen bei *Bydlinski*, S. 110 und *Rüthers/Fischer/Birk*, Rn. 458 ff. sowie den Überblick bei *Röhl/Röhl*, § 7; auch *Petersen*, S. 6 f.

346 *Heck*, S. 4, zu den Interessen S. 36 ff.

347 Hierzu *Bydlinski*, S. 123 ff; einordnend: *Rüthers/Fischer/Birk*, Rn. 525 f.

348 Zu den Spielarten der Wertungsjurisprudenz: *Petersen*, S. 8 f.

349 *Bydlinski*, S. 127 ff.

es im Rahmen außergerichtlicher Korrespondenz oder auf dem Rechtsweg. Im Falle der Geltendmachung eines Unterlassungsanspruchs äußert es sich als negatives Interesse, der Inhaber will etwas verhindern bzw. eine Störung abwehren. Das Unterlassungs- bzw. Durchsetzungsinteresse ist schwer zu fassen. Es mutet künstlich und abstrakt an, an der Bewahrung des Rechts ein Interesse zu haben. Tatsächlich setzt dieses Interesse ein Recht und damit eine Auflösung eines Interessengegensatzes voraus. Das Durchsetzungsinteresse ist eher das Produkt der Auflösung eines Interessenwiderstreits.

Jhering hat in seinem berühmten Vortrag vor der juristischen Gesellschaft in Wien den „Kampf ums Recht" zum einen als eine Pflicht des Berechtigten gegen sich selbst verstanden – eine Pflicht der moralischen Selbsterhaltung. Zum anderen bestünde die Pflicht aber auch gegenüber dem Gemeinwesen, denn der Widerstand gegen das Unrecht sei nötig, damit das Recht reale Wirklichkeit sei.

Bemerkenswert ist der von ihm entworfene Kreislauf von objektivem und subjektivem Recht. So geht er über den Entwurf des subjektiven Rechts aus dem objektiven hinaus und betont die Geltungsberechtigung des objektiven Rechts aus der Ausübung der subjektiven Position.[350]

Das allgemeine Interesse an der Rechtsdurchsetzung entfernt er von einem staatlichen Interesse und versteht es als für „jeden fühlbar". Jeder sei interessiert, dass die *„feste Ordnung des Verkehrslebens"* gesichert und aufrechterhalten werde.[351]

Das eigene Recht nicht geltend zu machen, nahm *Jhering* nicht hin. Vielmehr formulierte er einen Vorwurf an den Ablassenden: *„Ich halte diese Ansicht, der man bekanntlich im Leben nicht selten begegnet, für eine höchst verwerfliche, dem innersten Wesen des Rechts widerstreitende."*[352] Welches Motiv nun hinter der Rechtsdurchsetzung steht, war für ihn unerheblich. Entscheidend sei, dass sich alle *„die Hand zur gemeinschaftlichen Arbeit: das Recht zu schützen gegen die Willkühr"* reichen.[353] Ebenfalls bemerkenswert ist sein Standpunkt zum Rechtsdurchsetzungsinteresse. Für die Existenz dieses Interesses weist er auf die Popularklage des römischen Rechts hin.[354] *Jhering* verortet dieses Interesse hinter jeder Trotzreaktion auf das Unrecht.

(c) Das Durchsetzungsinteresse in der Architektur des Rechts

Jherings Ansatz entsprach einem gewissen Zeitgeist und wird heute stark kritisiert.[355] Im Wesentlichen dreht er den Vorwurf der unzulässigen Rechtsausübung um. Gleichwohl finden sich erste Anknüpfungspunkte für eine Typisierung. Die Rechtsdurchsetzung soll das Privileg aller edlen Naturen sein. Seine zentrale

---

350 *Jhering*, Kampf, S. 58 ff.

351 *Jhering*, Kampf, S. 55, mit Ansätzen zu einem Systemschutz in den folgenden Sätzen.

352 *Jhering*, Kampf, S. 27.

353 *Jhering*, Kampf, S. 58.

354 *Jhering*, Kampf, S. 58 unten.

355 *Wieacker* S. 452; nur abschwächend: *Henckel*, S. 171: die Bewahrung des rechtlichen Besitzstands ist eine Tendenz des Rechts; *Schild*, Kampf ums Recht, 31 (43 ff.) ordnet Jhering gerade auch in der Freiheitsdiskussion ein.

These abschwächend, könnte man sagen, es ließe sich bei jeder Rechtsbewahrung auch ein Bewahrungsinteresse ausmachen, welches sich hinter den natürlichen Interessen verbirgt. Auf der anderen Seite ist heute anerkannt, dass das Ablassen von der Rechtsdurchsetzung (aus welchen Gründen auch immer) nicht pauschal zu Rückschlüssen auf die in der Norm angelegten natürlichen Interessen führen darf. Dieses Verhalten ist mit dem Gesetz vereinbar und muss nicht gerechtfertigt werden.

Damit ist das Durchsetzungsinteresse jedoch nicht im Interessenausgleich angelagert, sondern vielmehr in der Rechtsfolge zu verorten. Wenn der Gesetzgeber infolge eines Interessenkonflikts einen Anspruch einräumt, dann ermöglicht er über diese Figur die Durchsetzung des gelösten Interessenkonflikts. Während also Normen auf bestehende Interessenlagen treffen und diese auflösen, ist das Durchsetzungsinteresse ein Teil der Lösung. Damit wird es regelmäßig auch bei der Bewertung der natürlichen Interessenlage ausgeblendet. In der Logik des subjektiven Rechts ist das Durchsetzungsinteresse – wider Erwarten – nicht dem Interessenschutz *Jherings* zuzuordnen, sondern der Rechtsmacht *Savignys*.

Diese Ausblendung des Durchsetzungsinteresses ist in der Struktur der juristischen Schulen angelegt. Wenn der natürliche Interessengegensatz – vor seiner Lösung – analysiert wird, kann die fehlende Durchsetzung kein Problem des Interesses sein. Diese Problematik setzt erst später ein. Hier zeigt sich das Problem der Akzentuierung natürlicher Interessen. Werden die Rechte geltend gemacht, so besteht kein Problem, werden sie nicht geltend gemacht, existiert kein natürlicher Interessengegensatz. Ist der Interessenausgleich gelöst, hat das Durchsetzungsinteresse im Ausgangspunkt keinen berechtigten Kontrapart. Das Interesse des anderen Teils, von dem Anspruch verschont zu bleiben, folgt dem Schicksal der natürlichen Interessen.

(d) Das Durchsetzungsinteresse auf kollektiver Ebene

Diese dogmatischen Schwierigkeiten setzen sich auf der kollektiven Ebene fort. Anders als im Individualrecht ermöglicht gerade der neue – kollektive – Akteur eine neue Interessenbewertung vor dem Hintergrund der Verteilung der Aktivlegitimation. Selbst der Gesetzgeber hat das Interesse des Passivlegitimierten, nicht mit einer unübersehbaren Vielzahl von Anspruchsinhabern konfrontiert zu werden, für schutzwürdig gehalten.[356] Vor der Mobilisierung des Rechts durch den Berechtigten war das negative Interesse des Passivlegitimierten nicht schutzwürdig, weil seine natürlichen Interessen hinter denen des Aktivlegitimierten nach Ansicht des Gesetzgebers zurücktreten sollten. Diese Entscheidung bleibt zwar bestehen, wird aber um die Frage ergänzt, ob die Interessenkonstellation über einen weiteren Akteur verwirklicht werden soll. Diese Bewertung kann der Gesetzgeber indes nur treffen, wenn er das Durchsetzungsinteresse zuvor typisiert hat.

Da dem kollektiven Rechtsschutz damit als „natürliche Interessenlage“ eine rechtliche Ausgangslage dient, kann auf der kollektiven Ebene das Durchset-

[356] BT-Drs. 15/1487, S. 22.

zungsinteresse zu einem materiellen Interesse bzw. die Durchsetzung des Rechts zu einem Zweck im materiellen Recht werden. Erst die Abstrahierung des Durchsetzungsinteresses ermöglicht es überhaupt, in Bezug auf dieses eine neue Interessenbewertung durchzuführen. Damit ist man aber auch wieder bei den Fundamenten des Zivilrechts angelangt, dem Interessenwiderstreit. Insofern fügt sich der kollektive Rechtsschutz in das System des Privatrechts ein.

(5) Kollektive Interessen als rechtliche Verarbeitung diffuser Interessenlagen
Kollektive Durchsetzungsinteressen bleiben jedoch ohne materiell-rechtlichen Gehalt, wenn sie keinen Bezugspunkt haben, m. a. W. nicht auf den Schutz von Interessen gerichtet sind. Als ein Kernproblem der allgemeinen Theorie der kollektiven Strukturen erweist sich daher die Erfassung des zu schützenden kollektiven Interesses.

(a) Verbraucherschutz oder Schutz der Verbraucher
Der Begriff „kollektives Interesse" im Verbraucherrecht gibt vor, dass ein Interesse vorliegt, das über die Summe der Interessen der Einzelnen hinausgeht.[357] Erwägungsgrund 3 der Richtlinie 2009/22/EG versteht unter kollektiven Interessen etwas anderes als die Interessen der Geschädigten. Die kollektiven Interessen sind demnach das, was nach Subtraktion dieser Interessen übrig bleibt.

Nach *Kocher* repräsentieren die Ansprüche der Verbraucherverbände das Kollektivgut „verrechtlichter Verbraucherschutz" als kollektives Interesse.[358] Diese Formel stellt einem Gegenentwurf zu den Lehren dar, welche die Verbandsansprüche in ein öffentliches Interesse einstellen wollen.[359] Die Lehre bietet auch einen konkreten Entwurf für die Fassung von Interessen. Den Verbänden würden subjektive Rechte zugewiesen, in denen Kollektivgüter geschützt werden. Über dieses Verständnis kann in der Unversehrtheit der Verbraucherschutznormen ein kollektives Interesse gesehen werden. *Kochers* Ansatz lässt für die hier vertretene Konzeption dahingehend auffächern, dass der Anspruch der qualifizierten Einrichtungen durch das kollektive Interesse an der Unversehrtheit des Verbraucherrechts legitimiert wird und sich in der Durchsetzung typisierter Interessen artikuliert.

Diametral hierzu scheint die Auffassung zu liegen, die im Kollektivgut Verbraucherschutz ein Allgemeininteresse sieht. Zur Verbandsklage nach dem UKlaG betonte *Meller-Hannich* etwa, dass das dem Gemeinwohl dienende Sachinteresse am Verbraucherschutz kollektiviert werde.[360] Andere ordnen den Rechtsschutz im Bereich des Verbraucherrechts als öffentliches Interesse ein.[361] Dieser Ansatz schließt jedoch eine gruppenautonome Lösung nicht aus. Viel-

---

[357] *Halfmeier*, JJZ 2003, 129 (131).
[358] *Kocher*, S. 368 u. 485 sowie S. 57 f. u. 78 ff. zum Begriff.
[359] BGH, Urteil vom 15.2.1995 – VIII ZR 93/94, NJW 1995, 1488 (1489); *Wissenbach*, S. 369.
[360] *Meller-Hannich*, S. 269; *Koch*, S. 40; *Thiere*, S. 167.
[361] BGH, Urteil vom 15.2.1995 – VIII ZR 93/94, NJW 1995, 1488 (1489); *Greger*, NJW 2000, 2457 (2458).

mehr kommen die Erklärungsmodelle lediglich aus unterschiedlichen Richtungen. Jedenfalls erklärt diese Theorie die Gesetzgebung im Verbraucherrecht und ferner die Erfassung des Verbraucherkollektivs durch selbige.

Problematisch ist vielmehr, dass zum Teil ein einfacher Dualismus zugrunde gelegt wird. Der Staat sei zur Durchsetzung von Allgemeininteressen berufen, nicht Private. Ziele, die über den gerechten Ausgleich hinausgingen, dürften nicht von Privaten durchgesetzt werden.[362] Legte man diese Prämisse zugrunde und betonte man den Verbraucherschutz als öffentliche Aufgabe, so wäre kein Raum für kollektive Privatinteressen. Das kann in dieser Form nicht Bestand haben. *Halfmeier* etwa hält der Zentrierung auf das öffentliche Interesse entgegen, dass es dann nicht einleuchte, dass den Verbänden lediglich fragmentarische Sicherungsaufgaben übertragen wurden. Zudem – er sieht die Wahrnehmung des öffentlichen Interesses als Legitimation der römisch-rechtlichen actio – müsse dann jedermann oder zumindest jeder Verband ein Klagerecht haben.[363] Im Ergebnis kommt er zu dem Ergebnis, dass die Wahrnehmung der Klagekompetenz „nur" einen positiven Nebeneffekt für das öffentliche Interesse bedeutet.[364]

Wolf hat hier zutreffend darauf hingewiesen, dass die positiven Regelungen zeigen, dass nicht jeder Verband die Verbandsklage erheben könne, sondern nur solche, die auch die gesetzlich geschützten Interessen zum Ziel hätten.[365] Die Verbandsklage diene damit dem öffentlichen Interesse in der gleichen Weise wie die Individualklage, bei der das Eigeninteresse des Individuums für ein öffentliches mobilisiert wird. Ausschlaggebend bleibe mithin stets das Eigeninteresse.

Die Begriffe des öffentlichen Interesses und des Allgemeininteresses bleiben für sich bei näherer Betrachtung ohne materielle Aussage. Erst kontextbezogen erhalten sie einen reflektierbaren Inhalt. Ein gewisses Vorverständnis vorausgesetzt,[366] lässt sich der Begriff allein am Regelungsgehalt klären und im Zusammenhang mit den einzelnen Regelungen definieren. Für das UWG bedeutet dies etwa: Es besteht ein Allgemeininteresse an lauterem Wettbewerb. § 1 S. 1 und 2 UWG lässt jedoch dann den Schluss zu, dass der Gesetzgeber mit dem Schutz der Verbraucher im Rechtssinne nicht nur ein Allgemeininteresse vor Augen hatte.[367]

Die Zuordnung der typisierten Interessen zum privaten Interesse schließt daher nicht aus, dass zugleich öffentliche Interessen tangiert werden. Das liegt auch deshalb nahe, da mit der Zunahme der qualitativen und quantitativen Betroffenheit Einzelner der staatliche Schutzauftrag wächst.[368] Diese Annahme

---

362 *Willems*, in: Brömmelmeyer, 17 (18).
363 *Halfmeier*, S. 210.
364 *Halfmeier*, S. 210.
365 *Wolf*, BB 1971, 1293 (1295).
366 *Plager*, S. 93.
367 In diese Richtung auch: *Köhler*/Bornkamm, § 1 UWG, Rn. 4; *Glöckner*; GRUR 2008, 960 (960),
368 Zum Arbeitsrecht: ErfK-*Schmidt*, Art. 2 Rn. 67 ff.; allgemein: *Ohly*/Sosnitza Einführung Rn. 2.

ermöglicht es, die kollektiven Interessen in einen individualrechtlichen Ausgangspunkt zu überführen.

Bei § 1 UKlaG wird nach Ansicht der Rechtsprechung zugleich der Rechtsverkehr vor unzulässigen Klauseln etc. geschützt.[369] Dieser Schutzweck ließe sich aber auch dahin gehend konkretisieren, dass Kunden vor der Verwendung und Empfehlung unzulässiger Klauseln geschützt werden. Denn bislang wurde bei der Trennung vom kollektiven und individuellen Interesse dem Gesichtspunkt der Entindividualisierung[370] des Individualinteresses zu wenig Aufmerksamkeit gewidmet. Über die typisierende Betrachtung von Interessenlagen wird das durch eine Norm aufgenommene Interesse abstrahiert, ja kollektiviert. Es handelt sich nicht mehr um ein natürliches Interesse eines konkreten Individuums. Dieses Interesse wird pauschal jedem Attributsinhaber zugeordnet. Dieser Vorgang findet jedoch nicht erst auf der Ebene des kollektiven Rechts statt, sondern bereits im Rahmen von § 307 Abs. 1 BGB.

(b) Typusbegriff und typisches Interesse

Die Hypothese, dass es sich bei typisierten Interessen auch um kollektive Interessen handeln kann, macht es zunächst erforderlich, das „Typische" näher zu erläutern. Der Typusbegriff hat trotz seiner nicht unproblematischen Geschichte[371] in der Rechtstheorie eine große Bedeutung erlangt. Einige Autoren sprechen sogar von einer typologischen Methode.[372] Diese Lehre interessiert an dieser Stelle, weil sie die rechtliche Erfassung einer Person durch eine ihrer Eigenschaften oder Eigenschaftsbündel im Tatbestandsmerkmal systematisch aufgearbeitet hat und sie zum Begriff der typischen Interessen überleitet. *Larenz* (und später *Canaris*) haben dabei den Begriff des Typus mit normativen Elementen kombiniert – sie sprechen vom normativen Realtypus. Das Gesetz bediene sich bestimmter Typen zur Kennzeichnung einer Personengruppe im Hinblick auf ihre soziale Rolle.[373] Diese Typisierung soll zwischen der Anschauung des konkreten und abstrakten Begriffs stehen.[374]

Das Typische entspricht der Erfassung der Situation durch den Gesetzgeber. Es darf mit der Wiederkehr des Typischen gerechnet werden.[375] Individualität hingegen enthält ein Überraschungsmoment, welches in der Regel einer vorausschauenden Regelung nicht zugeführt werden kann.[376] „Vertypt" wird, da unterschiedliche Personen das Merkmal in unterschiedlicher Qualität bzw. Intensität

---

369 BGH, Urteil vom 11.2.1981 – VIII ZR 335/79 (KG), NJW 1981, 1511 (1512); BGH, Urteil vom 13.7.1994 – IV ZR 107/93, NJW 1994, 2693 (2693); BGH, Urteil vom 6.12.2012 – III ZR 173/12, WRP 2013, 347 (349).

370 Auf die Verbandsklage bezogen grundlegend: *Meller-Hannich*, S. 267 ff.

371 *Pahlke*, DStR-Beih 2011, 66 (67); zur Entwicklung: *Michael*, S. 106.

372 APS-*Preis* 1. Teil C Rn. 21; ErfK-*Preis*, § 611 BGB, Rn. 53 zur Bestimmung des Arbeitnehmers durch das BAG.

373 *Larenz/Canaris*, S. 294, zur soziologischen Methode dort S. 297; vgl. auch *Radbruch*, S. 226.

374 *Larenz/Canaris*, S. 292 u. 301 f.

375 *Henkel*, S. 474.

376 *Henkel*, S. 474.

erfüllen können.[377] Insofern ist die Nähe zu den „diffusen Interessen“ offensichtlich.

Der Typusbegriff kommt aus der empirischen Betrachtung, kann allerdings nicht ohne Wertung angenommen werden. Was typischerweise erwartet werden kann, ist schwierig zu bestimmen. Eigentlich bedürfte es empirischer Sozialforscher. Die empirische Sozialforschung arbeitet jedoch selbst mit Durchschnitts- und Häufigkeitstypen.[378]

Die Interessenbewertung im Typusbereich erfolgt über die „typische Interessenlage“.[379] Der normative Realtypus, der dem Menschen in einer sozialen Rolle nahekommt, setzt grundsätzlich zweierlei voraus: die Betrachtung der Wirklichkeit und die Bewertung derselben anhand der Norm bzw. des Normzwecks. Häufig sparen typisierte Betrachtungen nahezu jede empirische Grundlage aus. Das erscheint grundsätzlich problematisch, ist jedoch dann möglich, wenn dies von der Norm vorgezeichnet ist. Der Richter kann dann das typische Interesse aus dem Normzweck ableiten.[380]

(c) Typisierte Interessen als geordnete diffuse Interessen

Olsen und die Theorie der diffusen Interessen belegen die Schwierigkeit empirischer Verarbeitung schwacher Interessen. Um dieses Problem zu umgehen, werden diffuse Interessen rechtlich verarbeitet und regelmäßig zu typisierten Interessen „emporgehoben“. Mit den diffusen Interessen gehen konkret erwartete Verhaltensweisen einher.

Die Koppelung der normativen Interessenbewertung an die diffusen Interessen ermöglicht es, die diffusen Interessen aus ihrer Vagheit in die Rechtsordnung zu überführen: Über die Typisierung werden diese Interessen bewertbar und können zur weitergehenden Verarbeitung den übrigen Normen der Rechtsordnung unterstellt werden. Sie werden auf diese Weise materialisiert. So hat der BGH etwa im Wege der typisierten und generalisierten Betrachtung die Einrichtung eines Pfändungskontos auf das Interesse zurückgeführt, dass sich der Kunde regelmäßig den gesetzlichen Pfändungsschutz sichern wolle.[381] Ein anderes, deutliches Beispiel ist das typische Interesse des Bürgen, Gegenstand und Umfang seines Risikos aus dem Bürgschaftsformular entnehmen zu können.[382] Dass Bürgen häufig bei Vertragsschluss ganz andere Interessen haben, ist durch eine reichhaltige Kasuistik formunwirksamer Bürgschaftsverträge belegt.[383] Die typisierende Interessenallokation bei den Normadressaten sprengt diese Diffusität auf.

---

[377] *Larenz/Canaris*, S. 294; vgl. auch BVerfG, Beschluss vom 20.5.1996 – 1 BvR 21/96, NJW 1996, 2644 (2644): Typus wird so übernommen wie ihn der Gesetzgeber in der sozialen Wirklichkeit (im Normal-/Durchschnittsfall) vorfindet (Idealtypus).

[378] Vgl. *Röhl*, § 21.

[379] *Larenz/Canaris*, S. 298.

[380] Zum Verbraucherbegriff: Harte-Bavendamm/Henning-Bodewig-*Podszun*, Rn. 49f.

[381] BGH, Urteil vom 13.11.2012 – XI ZR 500/11, VuR 2013, 105 (108).

[382] BGH, Urteil vom 28.10.1999 – IX ZR 364/97, NJW 2000, 658 (659).

[383] Vgl. jüngst: LG Kassel, Teilurteil vom 6.9.2011 – 7 O 2668/09 = juris.de; BGH, Urteil vom 28.1.1993 – IX ZR 259/91, BGHZ 121, 224.

Im Rahmen von § 307 Abs. 1 BGB fehlt es grundsätzlich an einer feststehenden Bewertung. Der Gesetzgeber entlässt die Gerichte vielmehr in eine Interessenabwägung. Hat der Gesetzgeber hingegen die hinter der Norm stehenden Interessen aufgelöst, so hat der Gesetzgeber diese Interessen abstrahiert. Die dahinter stehenden Interessen werden typisiert und a priori als legitim bewertet. Das nicht schutzwürdige Interesse wird allein auf Ebene des kollektiven Akteurs gefunden, wie die Missbrauchsregeln in § 8 Abs. 4 UWG und § 2 Abs. 3 UKlaG demonstrieren.

(d) Nicht-mehr-diffuse Interessen als kollektive Interessen

Dies leitet zu der Frage über, ob typisierte Interessen kollektive Interessen sein können. Dafür ist zunächst zu klären, wie die Typisierung rechtlich wirkt. Die typisierende Betrachtung sortiert in jedem Fall Interessen aus. Wenn aber bereits bestimmte Interessen überhaupt nicht in die Abwägung eingestellt werden können, entfernt sich das Recht vom Individuum.

Auf der anderen Seite *verknüpft* das Recht diese Interessen mit den in der Norm genannten persönlichen Tatbestandsmerkmalträgern. Dieses steht typischerweise jedem Merkmalsträger zu.[384] Das typisierte Individualinteresse kann gerade deshalb ein kollektives Interesse sein, weil die Rechtsordnung dieses Interesse typischerweise jedem Mitglied eines durch die Norm gebildeten Kollektivs zuspricht. Diese Annahme wird dadurch verstärkt, dass die Gesamtheit regelmäßig von entscheidendem Einfluss auf die Verkehrssitte und damit auf die Festlegung der Interessen ist. Regelmäßig wird das rechtliche Kollektiv durch die angesprochenen Verkehrskreise bestimmt. Diese Verbindung wird im unionsrechtlichen Bezugsraum noch deutlicher. Denn nach Erwägungsgrund 18 der Richtlinie 2005/29/EG soll der Schutz aller Verbraucher über die typisierte Betrachtung des Verbrauchers gewährleistet werden.

Auch wenn diese Sichtweise in den Verbotsgesetzen des § 2 UKlaG anschaulicher wird, so soll doch § 1 UKlaG in den Fokus gerückt werden. Denn die Konzeption wird durch § 310 Abs. 3 Nr. 3 BGB auf eine harte Probe gestellt, da auch die konkreten Interessen Berücksichtigung finden sollen. Insofern wird aus dem kollektiven Maßstab (auch) ein individueller. Gerade dies ist auch unionsrechtlich korrekt. Die Richtlinie selbst geht von einem konkret-individuellen Maßstab aus (Art. 3 u. 4 RL 93/13/EG).[385] Allerdings gilt dies nicht für den mit der RL 2009/22/EG korrespondierenden Art. 7 RL 93/13/EG.[386] Dort soll ein kollektiver Interessenansatz gelten.[387] Die Richtlinie 2009/22/EG spricht ebenfalls von kollektiven Interessen der Verbraucher und nimmt auf die Klauselrichtlinie 93/13/EG Bezug. Diese Umstellung ist nicht nur die Konsequenz aus dem Verfahren, sondern – wie die Richtlinie 2009/22/EG deutlich macht – eine materielle Entscheidung für kollektive Interessen. Schließlich sprechen die Unionsrichtlinien selektiv von „den Verbrauchern". Das konkrete Interesse ist

---

[384] Vgl. auch *Raiser*, S. 156.
[385] Grabitz/Hilf/Nettesheim-*Pfeiffer*, Art. 4 Richtlinie 93/13/EWG, Rn. 1.
[386] *Heinrichs*, NJW 1993, 1817 (1821); MünchKommZPO-*Micklitz*, § 1 UKlaG, Rn. 12.
[387] Grabitz/Hilf Nettesheim-*Pfeiffer*, Art. 7 RL 93/13/EWG, Rn. 5 u. 22.

daher nicht Gegenstand des kollektiven Rechtsschutzes. Insofern dokumentiert die Trennung von § 307 und § 310 BGB eine deutliche Weichenstellung für die typische Interessenbewertung. § 307 BGB ist die Regel, § 310 Abs. 3 Nr. 3 BGB regelungstechnisch der Ausnahmefall. Zudem bleibt die Typizität der Ausgangspunkt für den weitergehende Bewertung des Einzelfalls.

(e) Die personalisierte Anknüpfung auf Tatbestandsebene

Bereits das an den Anfang der Arbeit gestellte Zitat Radbruchs verdeutlicht, dass Recht den Menschen fragmentarisch erfasst.[388] Das Denken in Typen bedeutet Abstraktion, es werden bewusst Eigenschaften ausgeklammert und andere hervorgehoben.[389] Die Mehrzahl der Normen spricht dem Menschen ein „typisches Rollenbild" zu.[390] So ist der Mensch beim Kauf entweder Käufer oder Verkäufer bzw. gegebenenfalls auch Verbraucher oder Unternehmer. Dabei unterscheiden sich die Rollen je nach Lebenssachverhalt. *Däubler* etwa betonte, dass bereits der allgemeine Sprachgebrauch zwischen der Rolle des Verbrauchers und der Rolle des Arbeitnehmers differenziere.[391]

Darüber hinaus begründet das Recht durch die folgende, typisierende Betrachtung eine besondere Form der Gruppenbildung. Eine erste Näherung hält das Recht im Begriff der Verkehrssitte bereit. Diese umschreibt sozialtypische Verhaltensweisen, die von Angehörigen einer bestimmten gesellschaftlichen Gruppe im Allgemeinen geübt werden.[392]

Die Gruppenbildung durch Normen geht auch auf den abstrakt-generellen Charakter von Normen zurück. Normen können jedermann oder auch nur eine bestimmte Gruppe von Personen verpflichten oder berechtigen. Die Mieter, die Arbeitnehmer oder die Urheber – diese „Gruppen" von Menschen sind alle Typen des Rechts. In ihrer Abstraktion gehen sie auf die Eigenschaft einer Norm zurück, abstrakt-generell zu wirken. Im Zusammenhang mit der abstrakten Adressatenerfassung von Gesetzen spricht man auch von personaler Allgemeinheit. Das allgemeine Gesetz verallgemeinert nach bestimmten abstrakten Kriterien.[393] Im Falle der Anknüpfung an persönliche Attribute, Eigenschaften und Zwecksetzungen führt dieses Gebot zwangsläufig zu einer Kollektivierung. Damit ist aber zunächst eben nur ein Phänomen der Gesetzgebung beschrieben, ohne dass man daraus zugleich Konsequenzen für die so geschaffene Masse an Normunterworfenen ziehen könnte.

Nichtsdestotrotz geht das Kriterium der Allgemeinheit über eine bloße Rechtsetzungsvorgabe hinaus. Das Kriterium hat nämlich zugleich die Funktion, die

---

388 Vgl. auch *Coing*, S. 17: „Die Rechtsordnung interessiert sich nicht für die Individualität, sondern nur für das Typische."

389 *Larenz/Canaris*, S. 292.

390 Zum Rollenbegriff S. 31.

391 *Däubler*, NZA 2001, 1329 (1333); *K. Schmidt* betont den von ihm sog. Statusbegriff, JuS 2006, 1 (1), anders als beim Kaufmann sei der Verbraucher nicht der Kategorisierung von Rechtssubjekten, sondern der Kategorisierung von Rechtsgeschäften zuordnet. Die Übergänge sind jedoch – jenseits eines Standesdenken – fließend.

392 *Larenz/Canaris*, S. 293; *Sonnenberger*, S. 107.

393 *Kirchhof*, S. 166.

Gleichheit des Rechts zu sichern. Damit übernimmt das Merkmal eine Funktion des Art. 3 Abs. 1 GG. Bei der Anknüpfung an persönliche Elemente geht diese Funktion in eine subjektiv-rechtliche über. Die personale Allgemeinheit ist eine Kernforderung der „Gleichheit vor dem Gesetz".[394] Über diesen Mechanismus wird die Gruppe wiederum verfestigt.

(f) Das gesetzlich bestimmte Kollektiv

Nach der Darstellung der personellen Anknüpfung und des Mechanismus nach Art. 3 soll nun die Form des Kollektivs bzw. eine Form der Kollektivierung interessieren, die durch die Erfassung durch ein Gesetz entsteht. Vorab ist jedoch zu bemerken, dass das Recht regelmäßig auf vorhandene soziale Gruppenbildungen reagiert.[395]

Wem ein Recht zusteht, ist durch Auslegung zu ermitteln. In der Regel nennt die Norm den Anspruchsberechtigten. Die sog. Aktivlegitimation wird oftmals durch ein Tatbestandsmerkmal vermittelt. Dieses Tatbestandsmerkmal hat wegen der Abstraktion einer Norm zwei Richtungen. Zum einen individualisiert es den Anspruchsinhaber via Subsumtion. Zum anderen ordnet es im Wege der Abstraktion diesen Inhaber auch dem Tatbestandsmerkmal zu. Er wird ein Teil all derer, die dieses Tatbestandsmerkmal erfüllen. Damit bildet das Recht/der Gesetzgeber bewusst oder unbewusst Kollektive heraus. Es werden normative Kollektive geschaffen. Ein bewusstes Kollektiv kann man annehmen, wenn der Normzweck sich auf die bestimmte Gruppe bezieht. Am besten wird dies sichtbar beim Verbraucherschutz.

Das rechtliche Kollektiv resultiert zunächst allein aus der Abstraktheit von Tatbestandsmerkmalen. Ein Verbraucher, der Mieter oder der Unternehmer im Rechtssinne werden erst durch die Abstraktheit des erfassenden Tatbestands erzeugt. In der Summe der Fälle und der Subsumtion liegt ein Kollektivierungsakt verborgen. Der Akteur des Sachverhalts wird einer normativen Gruppe für diesen Sachverhalt zugeordnet.

Die Summe all derer, die das Tatbestandsmerkmal erfüllen, ist in der Regel keine absolute, sondern eine variable Größe. So schwankt die Zahl der Arbeitnehmer seit jeher. Wer bei einem Geschäft Verbraucher war, kann beim nächsten Unternehmer sein und umgekehrt. Das kollektivierende Tatbestandsmerkmal und die hierüber gebildete abstrakte Gruppe bleibt hingegen ein konstanter Faktor. Dieser Faktor kann in die Architektur des Rechts eingestellt werden.

(g) Der Unterschied zwischen der Summe natürlicher Individualinteressen und der typisierten Interessenlage

Das Kollektivinteresse setzt nicht notwendigerweise voraus, dass ein Individualinteresse tangiert ist.[396] Die Divergenz von subjektivem und typisiertem Interesse nimmt daher die Trennung der Richtlinie 2009/22/EG für die Bestimmung der

---

394 *Kirchhof*, S. 166.
395 *Röhl*, § 39 III.
396 *Saam*, S. 56.

kollektiven Interessen auf. Die Durchsetzung kollektiver Interessen dient indes typischerweise auch Individualinteressen.[397] Wenn das Recht über die Tatbestandszuordnung auch kollektiviert, muss daher noch geklärt werden, wann durch die latente Subsumtion/Subsumierbarkeit ein Kollektivinteresse begründet wird.

Gerade die Formulierung der Richtlinie 2009/22/EG lässt es möglich erscheinen, dass sich kollektive Interessen aus individuellen Interessen speisen, denn sonst hätte es der negativen Abgrenzung nicht bedurft. Im Umkehrschluss lässt sich ein kollektives Interesse auch aus den nicht subjektiven, sondern typisierten Interessen ableiten.

Das natürliche Interesse eines jeden Verbrauchers stellt keine verlässliche Grundlage des kollektiven Rechtsschutzes dar. Daneben lässt sich zwar ein (hypothetisches) Verbraucherinteresse an kollektivem Rechtsschutz herleiten. Das ist allerdings ein institutionelles Interesse. Der Gesetzgeber hat ja gleichsam darauf reagiert, dass der Verbraucher seine Rechte auch aus Desinteresse „liegen lässt".[398] Er hat ein Verbraucherinteresse typisiert, das nicht auf Durchsetzung gerichtet ist, und dieses zur Grundlage der Regelung erhoben.

Individualklagen auf der Grundlage von § 307 Abs. 1 BGB setzen auch typische Interessen durch. Die typisierten Interessen stellen sich in den Dienst des Individualinteresses, welches sie mobilisiert. Der Unterschied der Summe der natürlichen Interessen gegenüber den typisierten Interessen liegt in der pauschalen Zuordnungsunterstellung durch die Rechtsordnung zugunsten der Rechtsinhaber. Während die natürlichen Interessen völlig vage und unterschiedlich eingeordnet und ausgeübt werden können, sind die typisierten Interessen zwar weiterhin in der Gesamtschau diffus, aber durch das Recht wohl geordnet. Dies gilt sowohl in sachlicher als auch in personeller Hinsicht. Jedes Mitglied des Kollektivs hat typischerweise diese Interessen. Bei einem so „wohl geordneten" Interesse liegt der Schluss nahe, dass dann das Interesse des Kollektivs an der Durchsetzung dieses Interesses besteht (Art. 1 Abs. 1 und 2 Richtlinie 2009/22/EG).

(h) Zwischenergebnis

Identifiziert der Gesetzgeber eine Gruppe als schutzwürdig, so ordnet er sie einem sie individualisierenden Tatbestandsmerkmal zu. Die Konsistenz des Schutzes der erfassten Personen wird durch Art. 3 GG gewährleistet. Der durch das Gesetz verfolgte Zweck geht von einem typischen Interesse aus und ordnet es jedem zu, der das Tatbestandsmerkmal erfüllt. Es bestehen gleiche, typische Interessen bei allen Mitgliedern in einem Stadium vor der Individualisierung durch den Individualprozess. Diesen Bestand nimmt der kollektive Rechtsschutz auf. Insofern lässt sich das Recht der Verbände auf diese kollektiven Interessen mit subjektiver Schutzrichtung entwerfen. Die Wahrnehmung der Verbandsklage korreliert mit der Bewahrung der kollektiven Interessen. Die Legitimation zur Verbandsklage folgt aus dem mit der der Auflösung des Interessenkonflikts auf der kollektiven Ebene des UKlaG verbundenen kollektiven Interesse an der Verbandstätigkeit.

---

[397] *Saam*, S. 56; Däubler-*Deinert*, § TVG, 4 Rn. 674 zur Bedeutung des Individualinteresses im Hinblick auf das kollektive Interesse.

(6) Die eigenen Interessen der Verbände

Kann nun erklärt werden, wie kollektive Interessen abgeleitet werden und dass diese materiell-rechtlichen kollektiven Interessen die Wahrnehmung des Rechts legitimieren, soll in einem letzten Schritt das eigene Interesse des Verbands erläutert und in das materiell-rechtliche Fundament überführt werden.

Lindacher vertritt, dass die Verbände kein eigenes gesetzlich geschütztes Interesse geltend machen, und geht dann zur Konzeption des objektiven Institutionsschutzes über.[399] Der Staat nutze das Eigeninteresse der Verbände, um den institutionellen Rechtsmissbrauch zu bekämpfen. Tatsächlich ist die Rechtswahrnehmung der Verbände für die Kollektivinteressen der Verbraucher von entscheidender Bedeutung. Denn ein reiner Institutenschutz würde übersehen, dass die Instrumentalisierung der Verbände scheitern muss, wenn sich nicht genug Personen für eine Gründung finden.

Der rechtlich verselbstständigte kollektive Akteur geht auf einen Entschluss von Individualpersonen zurück. Das Bundesverfassungsgericht hat den Schutzbereich des Art. 9 GG dahin gehend definiert, dass die Freiheit gewährleistet werde, sich zu Vereinigungen des privaten Rechts zusammenzuschließen.[400] Art. 9 erhebt einen Akt der freien Kollektivierung zu einem Grundrecht. Kerngedanke von Absatz 1 ist die Persönlichkeitsentwicklung in Gruppenform.[401] Daneben erfasst Art. 9 Abs. 1 auch die individuelle Grundrechtsausübung des geschaffenen Zusammenschlusses.[402] Vor diesem Hintergrund muss das Gesetz die Wahrnehmung der Rechte zumindest in den Interessenkreis des Verbands einordnen.

Den Ausgangspunkt für die Interessenbildung der Verbände stellen die Satzungen dar. Verbraucherverbände und Gewerkschaften sind über Satzungen verfasst. Diese weisen in der Regel die Ziele und Aufgabe des Vereins aus. Die Regelungen in der Satzung geben damit vor, in welche Richtung der Verein handeln wird. Die Satzungsbestimmungen haben darüber hinaus für die Einräumung der jeweiligen kollektiven Kompetenz große Bedeutung (vgl. § 4 Abs. 2 UKlaG).

Was die satzungsgemäßen Interessen angeht, so herrscht in der Literatur Zurückhaltung, sie unmittelbar für die Interessen des Verbands heranzuziehen. Wenn ein Verband bzw. ein Verein sich qua Satzung ein Interesse im Hinblick auf bestimmte Punkte gibt, bedingt dies nicht die Anerkennung als materielles Interesse. Vielmehr zeigt der Verband nur einen Willen zu einer Repräsentation kollektiver Interessen.[403] Entscheidend ist vielmehr, dass der Verband aktiv wird.

Die Tätigkeit der Verbände hat für die Rechtsposition keine über das „Verlangen" i. S. v. § 194 BGB hinausgehende Funktion. Dieses Geltendmachen stellt einen Durchsetzungserfolg her, der im Interesse der Verbraucher liegen soll. Dass

---

[398] Zusammenfassend: MünchKommZPO-*Micklitz* § 1 UKlaG Rn. 3; vgl. auch: *Meller-Hannich* S. 298; *Weber*, VuR 2013, 323 (325).

[399] MünchKommZPO-*Lindacher*, Vor §§ 50 ff., Rn. 77.

[400] BVerfG, Beschluss vom 15.6.1989 – 2 BvL 4/87, NJW 1990, 37 (38); BeckOK GG-*Cornils*, Art. 9, Rn. 9 ff.

[401] Maunz/Dürig-*Scholz*, Art. 9, Rn. 33.

[402] Maunz/Dürig-*Scholz*, Art. 9, Rn. 43.

[403] Hierzu *Kocher*, S. 367.

sie tätig werden dürfen, folgt aus den kollektiven Interessen. Führt man die Problematik wieder auf die beiden Interessenbegriffe zurück, so laufen die objektiven Interessen weitgehend ideal zueinander. Der Durchsetzung des kollektiven Rechts entspricht eine Stärkung der Rechtsstellung des Individuums. Speziell für §§ 1 und 2 UKlaG werden parallele Ergebnisse erreicht. Auf der Ebene der natürlichen Interessen besteht nur ein Verband, der die Durchsetzung des Rechts „will". Dass alle Individuen dies konkret wollen, erscheint ausgeschlossen. Die kollektiven Interessen werden nun immer schon dann aktiviert, wenn lediglich eine kleine Gruppe des Kollektivs ein Interesse entwickelt. In der Logik des UKlaG strengt ein Verband § 1 oder § 2 UKlaG an. Im kollektiven Recht bedeutet dies zum einen den Zusammenschluss zur gemeinsamen Zweckverfolgung und zum anderen eine Konkretisierung auf einen Zweck, der die individuellen Rechte auf die kollektive Ebene „hievt". §§ 3 und 4 UKlaG offenbaren, dass es nur eines geringen Teils des Kollektivs bedarf, um bestehendes Recht durchzusetzen. Das kollektive Interesse wird durch die vorhandenen Gesetze indiziert und bereits durch die Wahrnehmung eines kleinen Teils aktiviert.

(7) Zusammenfassung

Setzen die Verbände die Unterlassungsansprüche durch, so tun sie dies im Interesse der Verbraucher. Ihr Interesse zielt auf die Untersagung verbraucherrechtswidrigen Verhaltens. Dieses Interesse wird durch das kollektive Interesse der Verbraucher legitimiert. Das in den geschützten Normen vertypte Interesse der Verbraucher führt zum Durchsetzungsinteresse der Verbraucher an der Untersagung durch qualifizierte Einrichtungen. Zusammen realisieren diese Interessen das (abstrakte) Durchsetzungsinteresse der Verbraucher, wie es in der Richtlinie 2009/22/EG angelegt ist.[404] Das Unterlassungsinteresse der Verbände vermittelt den Durchsetzungserfolg.

Das Zivilrecht strukturiert sich in den Begriffen „Rechtsverhältnis" und „Anspruch". Es materialisiert sich in den aufzulösenden Interessengegensätzen. Der Ansatz, Ansprüche nur aus subjektiven Rechten herzuleiten, ist historisch nachvollziehbar, setzt sich aber zur Dynamik des Rechts in Widerspruch. Der Begriff des subjektiven Rechts war nie wirklich klar umrissen, was bereits die Diskussion zwischen Willens- und Interessentheorie bezeugt. Den in § 194 BGB hingegen klar definierten Anspruchsbegriff auf diese Figuren zu reduzieren, liefe Gefahr, das Rechtsverständnis zu versteinern.

§ 4 Abs. 2 UKlaG verlangt als Satzungszweck gerade nicht die Durchsetzung des Verbraucherrechts, sondern die Wahrnehmung der Interessen der Verbraucher. Der Verband ist daher nicht auf das objektive Rechte bezogen. Vielmehr sind die Interessen der Verbraucher im objektiven Recht vertypt und werden auf diese Weise durchgesetzt.

Folglich wird im kollektiven Rechtsschutz von außen der bestehende Interessengegensatz analysiert. Die diffuse Interessenlage stellt dann die natürliche

---

[404] Hierzu *Kocher* S. 79: „Gewährleistungsinteresse", m. w. N.

Grundlage der Interessenbewertung dar. Die darauffolgende typisierte Lösung wird wiederum durch den Gesetzgeber analysiert und über die Aktivlegitimation den Verbänden zugewiesen.

Das Durchsetzungsinteresse wird neben dem Rechtsbehelf normativ-kollektiv erzeugt. Das Interesse des Passivlegitimierten bleibt hingegen das natürliche aus der Norm. In dieser Konstellation wurde der Passivlegitimierte bereits als nicht schutzwürdig herausgestellt. Gleichwohl muss sich der Gesetzgeber mit dem berechtigten Interesse des Passivlegitimierten auseinandersetzen, sich nicht einer unbestimmten Vielzahl von Anspruchsinhabern ausgesetzt zu sehen.[405] Diesem Interesse trägt der Gesetzgeber jedoch durch qualifizierte Anforderungen oder weitergehende Anforderungen wie § 4 Abs. 2 UKlaG Rechnung. Dieses System zeichnet sich auch im UWG ab. Dem Umstand, dass dort noch mehr Aktivlegitimierte vorhanden sind, trägt eine gegenüber dem UKlaG kürzere Verjährungsfrist Rechnung.[406]

(8) Die Fundamente eines Kollektivrechtsverhältnisses

Die §§ 1 ff. UKlaG zeigen ein differenziertes Bild von Rechten und Pflichten und legen es nahe, dass durch die §§ 1 ff. UKlaG ein Rechtsverhältnis i. w. S. bzw. ein Kollektivrechtsverhältnis begründet wird.

Ein wichtiger Anhaltspunkt hierfür ist die Diskussion um das der Abmahnung zugrunde liegende Schuldverhältnis. Der BGH hat im Verhältnis zu Mitbewerbern herausgestellt, dass eine Abmahnung das aus der Erfüllung von § 823 BGB begründete Schuldverhältnis („Sonderbeziehung eigener Art") konkretisiere.[407] In der Literatur wird davor diskutiert, ob die Erstbegehungsgefahr ausreicht.[408] Korrekterweise wird bereits aus § 823 BGB für den Wiederholungsfall ein Unterlassungsanspruch hergeleitet,[409] der das Schuldverhältnis begründen kann. Was die Verbände angeht, so trifft es zu, dass auf ihrer Seite § 823 Abs. 1 und 2 BGB nicht erfüllt sind, jedoch leitet sich das UWG aus dem Deliktsrecht ab. § 8 Abs. 3 Nr. 1 UWG i. V. m. § 8 Abs. 1 BGB ist in bestimmten Konstellationen eine Spezialnorm zu §§ 1004 analog i. V. m. § 823 Abs. 1 BGB.[410] Es leuchtet daher nicht ein, weshalb die Nr. 2, 3 und 4 keine Schuldverhältnisse begründen sollten.[411] Im Hinblick auf das UKlaG gibt es wegen der Verwandtschaft mit dem UWG keinen Grund, dies anders zu sehen.

---

[405] BT-Drs. 15/1487, S. 22.

[406] KG, Beschluss vom 1.7.2012 – 24 U 30/11, mit Anm. *Klocke*, VuR 2013, 273.

[407] BGH, Urteil vom 1.12.1994 – I ZR 139/92, GRUR 1995, 167 (169); Köhler/*Bornkamm* § 12 UWG Rn. 1.11; Ohly/*Sosnitza*, § 12 Rn. 20; zur überkommenen Herleitung: *Teplitzky*, 41. Kapitel Rn. 81 ff.

[408] Hierzu Harte-Bavendamm/Henning-Bodewig-*Brüning*, § 12 UWG, Rn. 68.

[409] Staudinger-Hager § 823 C 258; MünchKomm-*Wagner*, Vorbemerkung § 823, Rn. 35.

[410] *Beater*, Rn. 2617; zu unterschiedlichen Wirkungen des Rechts am eingerichteten und ausgeübten Gewerbebetrieb gegenüber § 3 ff. UWG: BGH, Urteil vom 20.5.2009 – I ZR 218/07 („*E-Mail-Werbung II*"), WRP 2009, 1246.

[411] So auch zur Aufklärungspflicht bei der Abmahnung: BGH, Urteil vom 5.5.1988 – I ZR 151/86, WRP 1989, 90 (91).

Im Grundsatz muss daraus folgen, dass kollektives Recht Defiziten im Individualrechtsverhältnis entgegenwirkt, dass das kollektive Recht von diesem defizitären Rechtsverhältnis entkoppelt wird. Der Schutzzweck des Kollektivrechts emanzipiert damit das Rechtsverhältnis. Die Verbindung zum Individualverhältnis wird nur durch den Zweck gehalten.

b) Die prozessuale Natur der Verbandsklage

Neben den soeben beschriebenen materiell-rechtlichen Kern tritt die prozessuale Natur der Verbandsklage. Die materiell-rechtliche Anerkennung des Durchsetzungsinteresses in der Konstellation des kollektiven Rechtsschutzes begründet keine Redundanz im Rahmen des Prozessrechts. Vielmehr erklärt sich auf diese Weise die Doppelnatur von Regelungen wie § 8 Abs. 3 Nr. 2–4 UWG sowie § 3 UKlaG.

Hinter der Rechtsprechung zur Doppelnatur steht der Gedanke, dass sich die Verbände zunächst in die Liste eintragen lassen sollen und erst anschließend klagen können. Anderenfalls wäre es möglich, Antragsverfahren und Prozess parallel laufen zu lassen, weil die Voraussetzungen des Anspruchs erst im Zeitpunkt der letzten mündlichen Verhandlung vorliegen müssen. Insofern spricht bereits der Wortlaut des § 3 Nr. 1 UKlaG für diesen Aufbau. Die Norm verlangt, dass die qualifizierten Einrichtungen eingetragen sind.

aa) Die Durchsetzung des subjektiven Rechts

Das deutsche Zivilprozessrecht dient mehreren Zwecken. Es soll Rechtsfrieden und Rechtssicherheit bewahren. Der Prozess soll einen bestehenden Streit endgültig beilegen.[412] Dieser Zweck setzt sich in der sog. sozialen Funktion fort: durch die Folgewirkungen der gerichtlichen Entscheidung (besser: des gerichtlichen Ergebnisses). Hinzu tritt die Fortbildung des objektiven Rechts. Zuweilen wird auch die Herstellung von materieller Gerechtigkeit[413] betont. In erster Linie wird allerdings die Durchsetzung des Rechts betont, wobei die Betonungen zwischen objektivem und subjektivem Recht unterschiedlich ausfallen.[414]

Die herrschende Meinung benennt als Zweck des Zivilprozesses die Durchsetzung und Feststellung subjektiver Rechte.[415] Das objektive Recht wird lediglich als Nebeneffekt bewährt.[416] Der Gedanke geht auf die Formel von *Wach* zurück – dieser sah im Zivilprozess *„die Form der gerichtlichen Verwirklichung des objektiven Privatrechts mit Beziehung auf ein ihm unterstelltes Lebensver-*

---

[412] *Schack*, NJW 1988, 865 (865).

[413] *Schilken*, Rn. 10 ff.

[414] Damit gehen auch unterschiedliche Gewichtungen von Rechtsfrieden und Rechtsdurchsetzung einher, vgl. *E. Schmidt* S. 9 ff.

[415] Vgl. *Meller-Hannich*, Rn. 33; MünchKommZPO-*Rauscher*, Einleitung, Rn. 8; *Kocher*, Funktionen S. 288; Saenger-*Saenger*, Einführung Rn. 1.

[416] BGH, Urteil vom 18.11.2004 – IX ZR 229/03, BGHZ 161, 138 (143), allerdings ohne sich gegen das objektive Recht auszusprechen; Musielak/Voit-*Musielak*, Einleitung, Rn. 5; Zöller-*Vollkommer*, Einleitung, Rn. 39; MünchKommZPO-*Rauscher*, Einleitung, Rn. 9; *Schilken*, Rn. 10; *Kocher*, Funktionen, S. 288.

hältnis zum Zweck des Schutzes privatrechtlicher Interessen"[417]. An dieser Stelle wird häufig ein Perspektivenwechsel unternommen, aber nicht offen ausgewiesen. Denn der Blick auf das „subjektive Recht" erfolgt nicht mehr vom materiellen, sondern vielmehr vom prozessualen Recht.[418] Dem entspricht es, dass zwar einerseits der Begriff betont, andererseits die Kombinationslehre eigentlich nie zitiert wird. Der Begriff des subjektiven Rechts hat daher für das Prozessrecht selbst einen eigenen Zweck und einen eigenen prozessualen Begriffsinhalt – ähnlich wie beim Anspruch, der einen Rückgriff auf die Kombinationslehre aus der Perspektive des Prozessrechts entbehrlich macht. Das subjektive Prozessrecht leitet sich folglich aus der Inhaberschaft eines materiellen Rechts ab.

bb) Die Gründe für die Trennung von Prozessrecht und materiellem Recht

Von dieser Warte aus ist eine Doppelnatur fernliegend. Das Prozessrecht setzt die Ansprüche der Verbände durch. Das ist jedoch nicht selbstverständlich. Heute überwiegt die dogmatische Trennung von materiellem und prozessualem Recht. Deutlich wird dies anhand des Streitgegenstandsbegriffs.[419] Dieser sog. prozessuale Anspruch hat keine inhaltlichen Gemeinsamkeiten mit dem Anspruch im materiellen Sinn. Antrag und Lebenssachverhalt bedürfen erst noch der rechtlichen Prüfung, um das Recht zu begründen, von einem anderen ein Tun, Dulden oder Unterlassen verlangen zu können. Die Grundlage der herrschenden Meinung bilden die unterschiedlichen Funktionen der beiden Rechtsbereiche.[420] Das materielle Recht begründet die Rechte der Bürger, das Prozessrecht setzt sie durch. Die Trennung dokumentiert sich dann darin, dass das Zivilprozessrecht öffentliches Recht ist. Dieser Unterteilung ist eine grundsätzliche Zuordnung. Sie ist jedoch zugleich ein Grund für die anhaltende Kontroverse um die prozessuale Natur der „Verbandsklage".

Auf der Grundlage der hier gefundenen Ergebnisse kann die Trennung die Doppelnatur erklären. Die materiell-rechtliche Aufwertung des Durchsetzungsinteresses der Verbraucher geht einher mit der klassischen Funktion des Prozessrechts, das Recht durchzusetzen. Das materielle Recht tritt durch diese Zweckbestimmung neben das Prozessrecht. Daraus erklärt sich die Doppelnatur. Ohne die materielle Aufwertung wären die prozessualen Lösungen vorzugswürdig. Zu klären bleibt daher nur noch, warum §§ 3, 4 UKlaG auch als Prozessführungsbefugnis eingeordnet werden muss.

cc) Der Justizgewährleistungsanspruch als Weichenstellung für den Individualrechtschutz

Die Prozessführungsbefugnis ist die Konsequenz des Ausschlusses der Selbsthilfe. Die Konsequenz des Gewaltmonopols ist der Justizgewährleistungsan-

[417] *Wach*, S. 3.
[418] Zur Verbindungsfunktion: *Kocher*, Funktionen, S. 311.
[419] *Georgiades*, FS Buchner, 245 (245).
[420] Vgl. aber *Henckel*, S. 7, der zu Recht darauf hinweist, dass der Prozesszweck nicht zur Abgrenzung taugt.

spruch. Er ist aus Art. 20 Abs. 3 GG i. V. m. Art. 2 GG abzuleiten.[421] Sein Inhalt erfasst die Bereitstellung einer Gerichtsbarkeit, eines effektiven Zugangs zu dieser und eine effektive Gestaltung derselben. Die Ergebnisse des Verfahrens müssen daher mit den gesetzlich vorausgesetzten Ergebnissen korrelieren.[422] Nach *Schilken* verkörpert die Implementierung des Justizgewährleistungsanspruchs eine eindeutige Weichenstellung zugunsten des Individualrechtsschutzes.[423] Aus der Absage an Selbsthilfe folge die Notwendigkeit, dem Einzelnen ein Verfahren zur Durchsetzung seiner Rechte zur Verfügung zu stellen.

Mit diesem Gedanken konfligiert die Zulassung des kollektiven Rechtsschutzes nicht schon wegen der Schwierigkeiten bei der begrifflichen Zuordnung zum subjektiven Recht. Hier ist das Verständnis im Prozessrecht regelmäßig weiter. Vielmehr besteht eine Spannungslage, weil durch die Eröffnung des Justizweges die Selbsthilfe per se nicht mehr droht. Es besteht also aus der Perspektive des Gewaltmonopols kein Bedürfnis an weiteren Verfahren.[424] Anders formuliert, würde der Justizgewährleistungsanspruch vom berechtigten Interesse und der Versagung der Selbstjustiz ausgehend für den Interesseninhaber einerseits einen Durchsetzungsweg bereitstellen und damit andererseits jede weitere Sicherung ausschließen.

Dieser Ansatz lässt sich in zweierlei Hinsicht nicht durchhalten. Zum einen ist die rigide Koppelung von Prozessrecht und materiellem Interesse durch die anhaltende Diskussion um den *access to justice* ins Wanken geraten. In der jüngeren Entwicklung findet sich in den Gesetzesbegründungen immer häufiger die Betonung der „zweiten Spur".[425] Zum anderen blendet die Annahme einer Sperre die Eigenständigkeit der Rechtsposition der qualifizierten Einrichtungen aus. Vielmehr lässt der Justizgewährleistungsanspruch Ansprüchen die Leistungsklage folgen.

Problematisch erscheint mithin nur, dass § 3 UKlaG qualifizierte Anforderungen an die Prozessführung stellt. Gerade vor dem Hintergrund eines restriktiven Verständnisses des Justizgewährleistungsanspruchs erklärt sich aber auch, weshalb es in § 3 UKlaG einer eigenständigen prozessualen Zulassung bedarf.

dd) Die prozessuale Rechtfertigung der Durchsetzung fremdlegitimierter Ansprüche

Diese Funktion von § 3 UKlaG wird auch in der Zusammenschau mit dem durchgesetzten Anspruch deutlicher. Formell betrachtet bestehen zwar Ansprüche des Verbandes. Materiell betrachtet wird hingegen eingewandt, dass nicht die Interessen des Verbandes, sondern die des dahinter stehenden Kollektivs

---

[421] BVerfG, Beschluss vom 30.4.2003 – 1 PBvU 1/02, NJW 2003, 1924 (1924); das Bundesverfassungsgericht unterlässt gelegentlich die Zitierung von Art. 2 GG; nur für Art. 20, wohl MünchKommZPO-*Rauscher*, Einl., Rn. 16.

[422] MünchKommZPO-*Rauscher*, Einl., Rn. 16f.

[423] *Schilken*, in: Meller-Hannich, S. 23.

[424] Zu diesem Spannungsverhältnis im Hinblick auf die Schlichtungsaufgabe des Gerichts: *Kocher*, Funktionen S. 296ff.

[425] Zum KapMuG: BT-Drs. 15/5091, S. 16.

geschützt würden.[426] Häufig wird der Begriff des Individualschutzes daher an das Individualinteresse gekoppelt. Dann kann die Durchsetzung kollektiver oder öffentlicher Interessen kein Individualrechtsschutz sein.[427] Die über eine Typisierung legitimierten Ansprüche stellen folglich eine Herausforderung für das Prozessrecht dar. § 3 UKlaG entschärft dieses Problem, indem die Norm das Prozessrecht für diese Ansprüche öffnet.[428]

ee) Ergebnis

§§ 1, 2, 3 UKlaG und § 8 UWG weisen eine Doppelnatur auf. Die Durchsetzung des Rechts war immer schon ein prozessualer Zweck. Der materiell-rechtlicher Kern – der Anspruch – folgt jedoch ebenso aus der legitimierten Durchsetzung des Rechtsbewahrungsinteresses in der Form der Unterlassungsansprüche der § 1 und 2 UKlaG sowie § 8 UWG. Der kollektive Rechtsschutz lässt ein Durchsetzungsinteresse in die materiell-rechtliche Norm einrücken. Dass anders als bei sonstigen Unterlassungsansprüchen auch eine prozess-rechtliche Klarstellung geboten war, erklärt sich aus der Legitimation durch kollektive Interessen.

c) Exkurs: Der Anspruch oder die Ansprüche nach dem UKlaG

Allein im Zusammenhang mit der Anspruchsinhaberschaft kann man klären, ob allen Aktivlegitimierten nur ein Anspruch insgesamt oder jedem Aktivlegitimierten ein eigener Anspruch zusteht. § 3 UKlaG ist hier nicht eindeutig. Die Überschrift „Anspruchsberechtigte Stellen" kann in beide Richtungen interpretiert werden. Die Verwendung „Stelle" deutet eine Abkehr von der Figur des Anspruchsinhabers an, ließe sich aber auch in den Kontext des Unionsrechts setzen. Auch die Mehrzahl „Ansprüche" in § 3 Abs. 1 könnte entweder auf die Vielzahl der Ansprüche oder einfach nur auf den einen Anspruch nach § 1 oder § 2 UKlaG hinweisen, der aus der Verwendung der AGB oder der Verletzung des Verbraucherrechts resultiert.

Die heute herrschende Einordnung nimmt an, dass zugunsten jeder Stelle ein Anspruch entsteht.[429] Für diese Lösung lässt sich die Abtretungsmöglichkeit innerhalb der benannten Stellen anführen. Nach § 3 Abs. 1 S. 2 UKlaG kann der Anspruch nur an Stellen abgetreten werden, die ihn eigentlich bereits innehaben, es muss sich also trotz des gleichen Ursprungs um unterschiedliche Rechte handeln. Die Existenz nur eines Anspruchs würde zudem dazu führen, dass die Wiederholungsgefahr zulasten aller entfallen würde, sobald eine Unterlassungserklärung abgegeben wird.

---

[426] Vgl. die Diskussion zwischen Meller-Hannich und Koch bei *Haertlein*, ZZP 121, 249 (251).

[427] *Schilken*, in: Meller-Hannich, S. 46; vgl. auch BeckOK GG-*Enders*, Art. 19, Rn. 66.

[428] In diese Richtung auch: *Köhler*/Bornkamm, § 3 UKlaG, Rn. 3.

[429] *Köhler*/Bornkamm, § 3 UKlaG, Rn. 1 und § 8 UWG, Rn. 3.3. m. w. N.

d) Die berechtigten Stellen

Die Rechte aus den §§ 1 und 2 UKlaG stehen nach § 3 UKlaG sowohl qualifizierten Einrichtungen (Nr. 1) als auch Verbänden zur Förderung gewerblicher Interessen (Nr. 2) und Handels- bzw. Handwerkskammern (Nr. 3) zu. Andere Körperschaften des öffentlichen Rechts wie etwa die Architektenkammer können durch § 3 Nr. 2 UKlaG erfasst werden.[430] Der Begriff der qualifizierten Einrichtungen ist aus den Richtlinien 98/27/EG und 2009/22/EG in das deutsche Recht übernommen worden.[431] Verbraucherzentralen und Verbraucherverbände werden erst in Abs. 2 S. 2 genannt und bilden mithin nur einen Unterfall qualifizierter Einrichtungen.

Qualifizierte Einrichtungen müssen entweder ihre Aufnahme in die Liste qualifizierter Einrichtungen oder ihre Aufnahme in das Verzeichnis der EU-Kommission nachweisen können. Die Verbände zur Förderung gewerblicher und freiberuflicher Interessen hingegen müssen sachliche Anforderungen erfüllen. Sie müssen imstande sein, ihre satzungsgemäßen Aufgaben der Verfolgung gewerblicher oder selbstständiger beruflicher Interessen tatsächlich wahrzunehmen. Wenn sie aus § 2 UKlaG vorgehen, müssen die Verbände nach § 3 Abs. 1 Nr. 2 darüber hinaus eine erhebliche Zahl von Unternehmern aufweisen, die Waren oder Dienstleistungen gleicher oder verwandter Art auf demselben Markt vertreiben. Der Anspruch muss zudem eine Handlung betreffen, die die Interessen ihrer Mitglieder berührt und die geeignet ist, den Wettbewerb nicht unerheblich zu verfälschen.

e) Die Eintragung als qualifizierte Einrichtung nach § 4 Abs. 2 UKlaG

Dass die qualifizierten Einrichtungen im Ausgangspunkt nur ihre Eintragung nachweisen müssen, macht es für sie erforderlich, die Eintragungsvoraussetzungen in die Liste des Bundesamts für Justiz i. S. v. § 4 Abs. 1 UKlaG zu erfüllen. Nach § 4 Abs. 2 UKlaG wird ein rechtsfähiger Verband auf Antrag aufgenommen, wenn es zu seinen satzungsgemäßen Aufgaben gehört, die Interessen der Verbraucher an Aufklärung und Beratung wahrzunehmen. Zusätzlich muss der Verband entweder in diesem Aufgabenbereich tätige Verbände oder mehr als 75 natürliche Personen als Mitglieder zählen, seit mindestens einem Jahr bestehen und aufgrund seiner bisherigen Tätigkeit Gewähr für die sachgerechte Aufgabenerfüllung bieten. Diese Anforderungen hat das Bundesamt für Justiz von Amts wegen zu prüfen.[432]

aa) Der Verband und die Rechtsfähigkeit

Im Rahmen von § 4 UKlaG konkurrieren zwei Verbandsbegriffe. In einem weiteren Verständnis bedeutet der Verband nichts anderes als Verein im Sinn der

---

430 BGH, Urteil vom 9.7.1981 – VII ZR 139/80, BGHZ 81, 229 (230).

431 BT-Drs. 14/2658, S. 29.

432 OVG Münster, Beschluss vom 13.10.2003 – 4 B 970/03, NJW 2004, 1123; Staudinger-*Schlosser*, § 4 UKlaG, Rn. 3.

§§ 21 ff. BGB. In einem engeren Verständnis versteht man unter einem Verband einen Verein, dessen Mitglieder ebenfalls Vereine sind.[433] Wie sich aus dem Wortlaut des § 4 Abs. 1 UKlaG im Hinblick auf die Anforderungen seiner Mitglieder ergibt, genügt ein Verein im weiteren Sinne.

Da §§ 1 u. 2 UKlaG als Beleg für die Teilrechtsfähigkeit ausfallen, muss dem Verband bereits vorher die Rechtsfähigkeit zukommen. Geht man davon aus, dass Verband und Verein im Wesentlichen Synonyme verkörpern, stellt sich allenfalls ein Problem für den nicht rechtsfähigen Verein i. S. v. § 54 BGB. Hier herrscht spätestens seit der Anerkennung der Rechtsfähigkeit der sog. Außen-GbR durch den BGH[434] die Meinung vor, dass der nicht rechtsfähige Verein erst recht rechtsfähig sein muss.[435]

bb) Die Anforderungen an die Satzung und die satzungsgemäße Tätigkeit

§ 4 Abs. 2 UKlaG fordert, dass die Verbände satzungsgemäß die Aufgabe übernehmen, die Interessen der Verbraucher durch Aufklärung *und* Beratung, nicht gewerbsmäßig und nicht nur vorübergehend wahrzunehmen. Wie sich aus §§ 21, 22 BGB ergibt, muss ein Verein stets einen Zweck verfolgen. Dieser muss als autonome, also von ihm/seinen Mitgliedern selbst stammende Grundentscheidung in die Satzung aufgenommen worden sein (vgl. auch § 57 BGB).[436]. Der satzungsgemäße Zweck gibt eine Richtschnur für alle Handlungen und Beschlüsse des Vereins.[437] Der vzvb e.V. beispielsweise formuliert dies wie folgt:[438]

Der Verein verfolgt den Zweck, Verbraucherinteressen wahrzunehmen, den Verbraucherschutz zu fördern, die Stellung des Verbrauchers in der sozialen Marktwirtschaft zu stärken und zur Verwirklichung einer nachhaltigen Entwicklung beizutragen; insbesondere indem er [...] durch bundesweit abgestimmte Verbraucherinformationen und Beratungsstandards die aktuelle und gleichartige Unterrichtung der Verbraucher fördert [...]."

cc) Aufklärung und Beratung

Das Begriffspaar „Aufklärung und Beratung" wird keinesfalls einheitlich verstanden. Mit Aufklärung ist die allgemeine, nicht die individuelle Information gemeint.[439] Beratung hingegen soll die individuelle Beratung in persönlichen Gesprächen oder durch Beantwortung individueller Fragen bedeuten.[440] Dabei darf die Beratung nicht auf Einzelgebiete, wie etwa die Rechtsberatung, beschränkt sein; die Verbände sollen generell Verbraucherinteressen wahrneh-

---

433 Zu dieser Differenzierung: Staudinger-*Schlosser*, § 3 UKlaG, Rn. 11; weiter: PG-*Halfmeier*, § 4 UKlaG, Rn. 2; auch die Gesellschaft bürgerlichen Rechts – das ist insofern atypisch, als § 4 Abs. 2 UKlaG von einer Satzung spricht. Eine Gesellschaft bürgerlichen Rechts konstituiert sich typischerweise über einen Gesellschaftervertrag, vgl. § 705 BGB.

434 BGH, Urteil vom 29.1.2001 – II ZR 331/00, NJW 2001, 1056 (1058).

435 MünchKomm-*Arnold*, § 54, Rn. 17 f.

436 MünchKomm-*Reuter*, § 25, Rn. 4; Jauernig-*Mansel*, § 25, Rn. 1.

437 Vgl. *Schauhoff*-van Randenborgh, § 2, Rn. 29.

438 Vzbv.de [Stand: August 2015].

439 Ulmer/Brandner/Hensen-*Witt*, § 4, Rn. 3.

440 Ulmer/Brandner/Hensen-*Witt*, § 4, Rn. 3.

men.[441] Die Trennung der Begriffe verhindert jedoch nicht, dass Information und Beratung auch ineinander übergehen.[442]

Trotz ihrer exponierten Stellung determinieren die Begriffe „Aufklärung" und „Beratung" die Interessenwahrnehmung nicht. Vielmehr ist das Begriffspaar in den Kontext der anderen Anforderungen an die Interessenwahrnehmung zu setzen. Die Interessenwahrnehmung muss Aufklärung und Beratung enthalten, darf nicht gewerbsmäßig und nicht vorübergehend sein.

dd) Alleiniger Hauptzweck des Verbandes?

Mit dieser Einordnung korrespondiert die Ablehnung der auch nur vage durch den Wortlaut getragenen Ansicht, Aufklärung und Beratung müssten die einzigen Aufgaben des Verbandes sein. Die Verfolgung weiterer Zwecke ist unproblematisch möglich.[443]

Problematischer hingegen ist die Annahme, Beratung und Information müssten die satzungsgemäße Hauptaufgabe des Verbandes sein. Dafür, dass nur die Qualität als Hauptzweck ausreicht, wird geltend gemacht, dass andernfalls der Grundintention, nicht jeden Verband zur Klage zu berufen, widersprochen würde.[444] Diese Auffassung hat sich nicht durchgesetzt.[445] Weder der Wortlaut noch der Gesetzeszweck tragen diese Interpretation.[446] Die Anforderung soll eine Anknüpfung an die Interessen der Verbraucher gewährleisten. Zudem liegt der Schwerpunkt darauf, dass diese Aufgabe ausgeführt wird. Welchen Stellenwert die Aufgabe dann hat, ist irrelevant, solange sie wahrgenommen wird. Die herrschende Meinung dreht daher diese Ansicht um. Es darf sich nicht um eine völlig untergeordnete Tätigkeit handeln.[447]

Der berechtigte Kern der Mindermeinung liegt darin, dass ein nicht völlig untergeordneter Zweck zur weitreichenden Klagebefugnis nach §§ 3, 4 UKlaG führen darf. Auf der anderen Seite erscheint die Forderung als ein Widerspruch in sich. Denn ein Verein, dessen Hauptaufgabe darin liegt, zu informieren und zu beraten, wird wohl kaum prozessieren. Ihm würde diese Aufgabe regelrecht aufgepfropft, und eine Antragstellung läge in weiter Ferne. Würde sich der Verein sodann auf das Durchsetzen der Rechte der Verbraucher spezialisieren, müsste er sich regelmäßig ausbauen. Damit wäre aber zugleich die Frage eröffnet, ob Information und Beratung noch oder Rechtsdurchsetzung nunmehr die Hauptaufgabe darstellen. Die besseren Gründe sprechen also gegen die Forderung, dass

---

[441] Erman-*Roloff*, 13. Aufl. § 4 UKlaG Rn. 2.

[442] Staudinger-*Schlosser*, § 4 UKlaG, Rn. 5.

[443] *Hefermehl*, GRUR 1969, 653 (655); *Pastor*, GRUR 1969, 571 (575).

[444] Erman-*Roloff*, 13. Aufl., § 4 UKlaG, Rn. 2; zustimmend: Fezer-*Büscher*, § 8 UWG, Rn. 220.

[445] Ulmer/Brandner/Hensen-*Witt*, § 4 UKlaG, Rn. 3; Wolf/Lindacher/Pfeiffer-*Lindacher*, § 4 UKlaG, Rn. 7; Staudinger-*Schlosser*, § 4 UKlaG, Rn. 5; Palandt-*Bassenge*, § 4 UKlaG, Rn. 6.

[446] Wolf/Lindacher/Pfeiffer-*Lindacher*, § 4 UKlaG, Rn. 7.

[447] BGH, Urteil vom 20.3.1986 – VII ZR 191/85, NJW 1986, 1613 (1613); dieses Verständnis hat der Gesetzgeber jüngst bestätigt: BT-Drs. 16/1780, S. 49; vgl. nur Staudinger-*Schlosser*, § 4 UKlaG, Rn. 5.

die Aufgabe der Hauptzweck sein muss. Es genügt, dass der Aufgabe nicht völlig untergeordnete Bedeutung zukommt.

ee) Die Auslegung der Zweckbestimmung

Aus der spezifischen Vorgabe des § 4 Abs. 2 UKlaG folgt, dass es nicht ausreicht, sich allgemein um Verbraucherbelange kümmern zu wollen. Vielmehr kommt es darauf an, sich speziell durch Aufklärung und Beratung um die Verbraucherbelange zu bemühen.[448] Zum Teil wird die Eintragung mithin nur dann zugelassen, wenn diese Aufgabe ausdrücklich in der Satzung angelegt ist.[449] Eine Ermittlung durch Auslegung soll danach nicht möglich sein. *Roloff* begründet dies mit der klaren Abgrenzung gegenüber anderen Verbänden.[450] Der Bundesgerichtshof hat diese Frage bei den Wirtschaftsverbänden entschieden und sich gegen ein Zitiergebot gewandt. Es genüge, so das Gericht, wenn sich der Satzung der Zweck hinreichend deutlich entnehmen ließe.[451] Diese Vorgabe wird von der Literatur auch für § 4 Abs. 2 UKlaG herangezogen.[452] *Micklitz* hat zudem darauf hingewiesen, die Anforderungen nicht zu überspannen, um die Effektivität des Unionsrechts nicht zu schwächen.[453] Denn Art. 3 Hs. 1 der Richtlinie 2009/22/EG fordert allein ein berechtigtes Interesse an der Einhaltung des europäischen Verbraucherschutzrechts nach Anhang I der Richtlinie. Diese Vorgabe legt es nahe, auf ein Zitiergebot zu verzichten.

ff) Teilgebietsbeschränkungen und Koppelung an die Mitgliedschaft

Wenn § 4 Abs. 2 UKlaG von Wahrnehmung der Interessen durch Information und Beratung spricht, kann es grundsätzlich nicht genügen, nur die Interessen der eigenen Mitglieder zu vertreten. Der BGH hat dieses Verständnis in einem Urteil zu § 13 Abs. 1a UWG a. F. 1972 ebenfalls durchblicken lassen.[454] Das wiederum deckt sich mit dem kollektiven Verständnis der Verbraucherinteressen in der Richtlinie 2009/22/EG. Denn es geht der Richtlinie darum, Verstöße abzustellen, durch welche die Kollektivinteressen der Verbraucher beeinträchtigt werden.

Dies leitet zu sog. Teilgebietsbeschränkungen über. Weitgehend anerkannt ist die Möglichkeit der Verbände, sich auf partielle Verbraucherinteressen zu konzentrieren.[455] Die Liste nach § 4 Abs. 1 UKlaG führt unter anderen den Bund

---

[448] Staudinger-*Schlosser*, § 4 UKlaG, Rn. 5.

[449] Ulmer/Brandner/Hensen-*Witt*, § 4 UKlaG, Rn. 3; Erman-*Roloff*, 13. Aufl. § 4 UKlaG, Rn. 2.

[450] Erman *Roloff*, 13. Aufl., § 4 UKlaG, Rn. 2.

[451] BGH, Urteil vom 11.11.1982 – I ZR 126/80, GRUR 1983, 130 (131): „Indessen kann daraus nicht hergeleitet werden, daß ein solcher Verbandszweck, um die Klagebefugnis zu bejahen, ausdrücklich in die Satzung aufgenommen sein muß. Vielmehr genügt es, wenn sich der Satzung ein dahingehender Zweck hinreichend deutlich entnehmen läßt."

[452] *Köhler*/Bornkamm, § 8 UWG, Rn. 3.56.

[453] MünchKommZPO-*Micklitz*, § 4 UKlaG, Rn. 16.

[454] BGH, Urteil vom 30.6.1972 – I ZR 16/71, GRUR 1973, 78 (79).

[455] *Köhler*/Bornkamm, § 8 UWG, Rn. 3.56; Tamm/Tonner-*Kocher*, § 33, Rn. 23; Wolf/Lindacher/Pfeiffer-*Lindacher*, § 3 UKlaG, Rn. 13 u. 16; zur örtlichen Beschränkung bereits: *Pastor*, GRUR 1969, 571 (577).

der Energieverbraucher e.V. oder die Schutzgemeinschaft für Bankkunden e.V.[456] Die Beschränkung ist im Hinblick auf bestimmte Verbrauchergruppe oder auf bestimmte Produktarten möglich. Die Konsequenz dieser satzungsmäßigen Einschränkung ist allerdings auch eine Beschränkung der Klagebefugnis und der Aktivlegitimation auf die satzungsgemäßen Interessen.[457]

Begründet wird diese Möglichkeit damit, in § 3 Abs. 2 UKlaG einen verallgemeinerungsfähigen Rechtsgedanken zu erblicken.[458] Die Norm regelt den umgekehrten Fall. Sie schützt Unternehmer, die ihre AGB nur gegenüber anderen Unternehmern verwenden. In diesem Fall greift der Verbrauchschutz als Ganzes nicht ein, es geht also gar nicht um eine Segmentierung, sondern um eine Abgrenzung der Marktgegenseiten. Überzeugender ist vielmehr ein systematisches Argument. § 4 Abs. 2 S. 3 UKlaG deutet darauf hin, dass an die Perpetuierung des satzungsgemäßen Zwecks keine hohen Anforderungen zu stellen sind bzw. Unterschiede möglich sind. Satz 3 spricht davon, dass der satzungsgemäße Zweck einzutragen ist. Im Vergleich zu Satz 1 ergibt diese Formulierung aber nur Sinn, wenn auch ein größerer Kontext eintragungsfähig ist, ansonsten hätten Aufklärung und Beratung der Verbraucher vom Gesetz zitiert werden müssen.

Bevor der Bundesgerichtshof diese Möglichkeit in der Entscheidung „überregionale Klagebefugnis" ausdrücklich zugelassen hat,[459] bestätigte er diese Möglichkeit lediglich für den ADAC[460] und den Mieterbund[461]. Zudem zeigte sich anhand der Rechtsprechung das Problem, ob es genügt, wenn zwar die Interessen der Verbraucher satzungsgemäß wahrgenommen wurden, aber Information und Beratung nach der Satzung nur den Mitgliedern zuteilwerden sollten. Im Mieterbundurteil beschränkte sich der BGH auf die Feststellung, dass der Kläger die Interessen von Mietern wahrnehme, und wandte § 13 Abs. 1 UWG a. F. ohne weiteres an.[462] Im ADAC-Urteil beanstandete der BGH die Argumentation des Berufungsgerichts nicht, dass der ADAC die Information und Beratung aller Autofahrer betreibe. In dem Urteil musste sich der BGH noch mit § 13 Abs. 1a UWG (1988) auseinandersetzen und stellte nur auf einen vergleichbaren Passus der Satzung des ADAC in § 2 Nr. 1 S. 2 u. 3 ab:

„Der Club fördert die Luftrettung und tritt für den Schutz der Verkehrsteilnehmer ein. Er nimmt insbesondere deren Interessen als Verbraucher wahr."

---

[456] Die Liste ist abrufbar unter: https://www.bundesjustizamt.de/DE/SharedDocs/Publikationen/Verbraucherschutz/Liste_qualifizierter_Einrichtungen.pdf?__blob=publicationFile&v=29 [Stand: August 2015].

[457] *Köhler*/Bornkamm, § 8, Rn. 3.56; Staudinger-*Schlosser*, § 4 UKlaG, Rn. 5 a. E.; PG-*Halfmeier*, § 4 UKlaG, Rn. 2; Tamm/Tonner-*Kocher*, § 33, Rn. 23.

[458] Wolf/Lindacher/Pfeiffer-*Lindacher*, § 3 UKlaG, Rn. 13.

[459] BGH, Urteil vom 22.9.2011 – I ZR 229/10 (*„überregionale Klagebefugnis"*), NJW 2012, 181.

[460] BGH, Urteil vom 19.5.1988 – I ZR 170/86 – NJW-RR 1988, 1443, zustimmend: Staudinger-*Schlosser*, § 4 UKlaG, Rn. 5 a. E.

[461] BGH, Urteil vom 7.6.1989 – VIII ZR 91/88, NJW 1989, 2247; vgl. aber: LG Frankfurt, Urteil vom 27.2.1990 – 2/13 O 123/89, FHZivR 36 Nr. 4192.

[462] BGH, Urteil vom 7.6.1989 – VIII ZR 91/88, NJW 1989, 2247.

Tatsächlich ist dieses Urteil auf § 13 UWG bezogen, in dem früher noch gefordert wurde, der Verstoß müsse die Belange der Verbraucher berühren. Das erklärt die knappen Ausführungen, löst die Frage im Rahmen des § 4 Abs. 2 UKlaG indessen nicht. Die aktuelle Satzung des ADAC enthält auch einen Passus zur Information und Beratung in § 2 Nr. 3:

> „Der Club verfolgt seine Zwecke und Ziele in ständigem Austausch von Erfahrungen mit seinen Mitgliedern. Er setzt sich für diese, deren Aufklärung, Beratung und insbesondere deren Schutz als Verbraucher ein.“[463]

Der ADAC nimmt wegen seiner großen Mitgliederzahl sicherlich eine Sonderstellung ein. Wie sich aber aus dem Sinn und Zweck der Norm ergibt, kann es nicht darum gehen, allen Verbrauchern Information und Beratung tatsächlich zukommen zu lassen. Viele werden sich nicht dafür interessieren. Erforderlich ist vielmehr, dass der Verband Sorge dafür trägt, dass Information und Beratung ermöglicht wird. Mit anderen Worten soll jeder Information und Beratung erhalten, wenn er sie will. Daraus kann man wiederum folgern, dass es neben der allgemeinen Zwecksetzung, die Interessen der Verbraucher zu verfolgen, zulässig ist, die Information und Beratung an die Mitgliedschaft zu knüpfen. In dieser Interpretation wird auch den Vorgaben der Richtlinie 2009/22/EG entsprochen, welche nur das berechtigte Interesse des Verbandes verlangt. Weitergehende Anforderungen müssen restriktiv gehandhabt werden.

gg) Fehlende Gewerbsmäßigkeit

Des Weiteren setzt § 4 Abs. 2 UKlaG voraus, dass der Verband nicht gewerbsmäßig handelt. Wann dies der Fall ist, wird kontrovers diskutiert. Nach einer Ansicht setzt dieses Merkmal voraus, dass sich der Verband allein aus Mitgliedsbeiträgen finanzieren dürfe.[464] Die wohl überwiegende Ansicht fordert hingegen lediglich, dass die Tätigkeit nicht zu bloßen Erwerbszwecken durchgeführt wird.[465] Teilweise werden beide Ansätze kombiniert. So fordert *Walker*, dass der Verband seine Tätigkeit nicht auf die Erzielung von Einnahmen richten dürfe und sich im Wesentlichen aus eigenen Mittel finanzieren müsse.[466]

Nach der ersten Lösung hinge die Qualität der Arbeit des Verbands maßgeblich von seinen finanziellen Möglichkeiten ab. Daher liegt es näher, dass zumindest die Aufgabenwahrnehmung kostendeckend betrieben werden kann. Qualitativ schlechte Verbandsarbeit schwächt nicht nur die Rechte der Verbraucher, sondern setzt auch Unternehmer der Gefahr der unberechtigten Inanspruchnahme aus.

---

[463] Satzung abrufbar unter: https://www.adac.de/_mmm/pdf/Satzung_e.V._7233418_2012_84121.pdf [Stand: August 2015].

[464] Palandt-*Bassenge* § 4 UKlaG Rn. 6.

[465] PG-*Halfmeier*, § 4 UKlaG, Rn. 2; Ulmer/Brandner/Hensen-*Witt*, § 4, Rn. 4.

[466] NK-*Walker*, § 4 UKlaG, Rn. 4.

hh) Der dogmatische Entwurf der Voraussetzungen auf die Legitimation der Verbände

Nach *Halfmeier* stehen die bisher dargestellten Anforderungen in § 4 Abs. 2 UKlaG in keinem Zusammenhang mit der Anspruchsdurchsetzung, seien daher sinnlos und allein aus der Furcht vor der Popularklage zu erklären.[467]

Die Anforderungen bestehen nicht ohne Grund. Die Furcht vor der Popularklage mag dahinter stehen, sie geht aber in den detaillierten und speziellen Anforderungen der Norm und dem teleologischen System auf. So betont *Lindacher*, den Voraussetzungen liege die Absicht zugrunde, die Ansprüche nur sachkundigen und seriösen Verbänden einzuräumen.[468]

Gerade die Bedeutung des Satzungszwecks im Hinblick auf die Belange der Verbraucher engt nicht nur die Vielzahl möglicher Anspruchsinhaber ein, sie verbindet vielmehr das Kollektiv mit dem Akteur. Darüber hinaus wäre der Furcht vor der Popularklage schon mit den einfachen Anforderungen an die Mitgliedszahl eines Vereins Genüge getan. Die Forderung nach 75 Mitgliedern legt eine darüber hinausgehende personelle Konzentration auf den geschützten Kreis nahe. Der Verband verbindet sich mit dem Kollektiv. Die Legitimation zur Wahrung des Verbraucherrechts resultiert auch daraus, dass 75 Verbraucher freiwillig Mitglied im dem Verband geworden sind. Die Erhöhung der Zahl gegenüber der allgemeinen numerischen Anforderung an einen Verein erfordert ein deutliches Aktivierungspotenzial der schwer zu bündelnden Gruppe der Verbraucher.

§ 4 Abs. 2 UKlaG trägt daher in erster Linie der dogmatischen Struktur der Verbandsklage Rechnung. Die Norm sorgt dafür, dass eine Verbindung von kollektivem Interesse und Verbandsinteresse sichergestellt wird.

VI. Flankierende Auskunftsansprüche

Zur effektiven Durchsetzung der Ansprüche in den §§ 1 ff. UKlaG gewährt das UKlaG Auskunftsansprüche. § 13 UKlaG soll sicherstellen, dass eine Klage nicht daran scheitert, dass eine ladungsfähige Adresse des Störers fehlt. Hierzu gewährt die Norm einen Anspruch gegen Diensteerbringer, die Kenntnis über die Identität des Störers haben.[469] § 13a UKlaG geht über diese Befugnis hinaus und ermöglicht es Betroffenen,[470] die Daten zu verlangen. Weitergehende Auskunftsansprüche können nur nach den allgemeinen Grundsätzen bestehen.[471]

---

[467] PG-*Halfmeier*, § 4 UKlaG, Rn. 1.
[468] Wolf/Lindacher/Pfeiffer-*Lindacher*, § 4 UKlaG, Rn. 5.
[469] Vgl. auch *Köhler*/Bornkamm, § 13 UKlaG, Rn. 1.
[470] Hierzu *Köhler*/Bornkamm, § 13a UKlaG, Rn. 2.
[471] Vgl. aber BGH, Urteil vom 23.2.2010 – XI ZR 186/09, NJW-RR 2010, 1712; vgl. hierzu MünchKommZPO-*Micklitz* § 13 Fn. 25.

VII. Das Verfahren nach dem Unterlassungsklagengesetz

Das Unterlassungsklagengesetz ist jenseits materieller Ansprüche ein Verfahrensgesetz. Es enthält zahlreiche Sonderbestimmungen, die den Besonderheiten der Verbandsklage Rechnung tragen.

1. Außergerichtliche Lösungen

Angestoßen durch die Strategie des Unionsrechts, einerseits kollektiven Rechtsschutz zu verstärken, andererseits außergerichtliche Lösungen zu ermöglichen,[472] enthält das UKlaG mehrere Möglichkeiten, zu schnellen Einigungen zu gelangen. Nach § 12 UKlaG kann der Anspruch aus § 2 UKlaG außergerichtlich vor der Einigungsstelle der IHK geltend gemacht werden. Wie aus § 15 Abs. 6 UWG folgt, ist eine abschließende abstrakte Entscheidung über Rechtsfragen nicht möglich, es kann lediglich ein gütlicher Ausgleich erreicht werden. § 14 UKlaG eröffnet für bestimmte Streitigkeiten das zusätzliche Recht, die Schlichtungsstelle bei der Deutschen Bundesbank anzurufen. Die Norm soll eine schnelles und sachkundiges Verfahren gewährleisten und auf diese Weise einerseits eine korrekte Streitbeilegung gewährleisten und andererseits die Gerichte entlasten.[473]

2. Der Prozess

Auch wenn außergerichtliche Lösungen einen hohen Stellenwert haben, steht die Ausgestaltung des Prozesses im Vordergrund.

a) Der Streitgegenstand

Prozessual konzentrierte sich die Diskussion auf die Wirkungen einer rechtshängigen Klage und eines rechtskräftigen Urteils. Der Bundesgerichtshof[474] hat sehr früh, noch zum UWG a. F., entschieden, dass mehrere Klagen unterschiedlicher Verbände hinsichtlich des gleichen Wettbewerbsverstoßes anhängig sein können, ohne dass der Litispendenzeinwand des § 261 Abs. 3 Nr. 1 ZPO erhoben werden könne. Es fehle an der notwendigen Parteiidentität. Eine Ausnahme sei nur dort zu machen, wo die Rechtskraft gegen Dritte wirke. Komme der Schuldner dem Unterlassungsurteil nach, so wirke dieses Verhalten zwar zugunsten aller Anspruchsberechtigten, hierin liege aber keine Rechtskrafterstreckung, sondern die rechtliche Folge aus dem Verhalten des Schuldners. Vielmehr betont das Gericht eine Parallele zur Gesamtgläubigerschaft. Das Gericht erachtete keine Modifikation des allgemeinen prozessualen Streitgegenstandsbegriffs für notwendig.

---

[472] Vgl. jüngst: Verordnung (EU) Nr. 524/2013 des Europäischen Parlaments und des Rates vom 21. Mai 2013 über die Online-Beilegung verbraucherrechtlicher Streitigkeiten sowie Richtlinie 2013/11/EU des Europäischen Parlaments und des Rates vom 21. Mai 2013 über die alternative Beilegung verbraucherrechtlicher Streitigkeiten; hierzu: *Kotzur*, VuR 2015, 243.

[473] *Köhler*/Bornkamm, § 15 UKlaG, Rn. 1.

[474] BGH, Urteil vom 5.1.1960 – I ZR 100/58, GRUR 1960, 379.

Eine Lösung des Problems über das Rechtsschutzbedürfnis schloss das Gericht aus. Eine anderweitige Rechtshängigkeit beseitigt es nach Ansicht des BGH nicht. Die Parallelität der Satzungsziele genüge nicht. Dass eine Klage ausreiche, das Allgemeininteresse zu befrieden, dringe nicht durch. Weder stimmten die Informationsmöglichkeiten der Verbände überein, noch könne davon ausgegangen werden, dass der obsiegende Verband tatsächlich vollstrecken werde. Das Rechtsschutzbedürfnis könne „mangels Wiederholungsgefahr" aber entfallen, wenn ein rechtskräftiges Urteil bestünde, was allerdings Tatfrage sei.[475]

Die herrschende Meinung misst im Anschluss an den BGH dem Umstand, dass mehrere Verbände klagen, weder hinsichtlich der Rechtshängigkeit noch der Rechtskraft Bedeutung zu.[476] Die Fälle sollen allein über das Rechtsschutzbedürfnis und den Missbrauchseinwand des § 2 Abs. 3 UKlaG gelöst werden.[477] Andere Ansätze haben sich nicht behauptet.[478]

Eine andere, praktisch bedeutsame Frage besteht in der Abgrenzung von Verletzungshandlungen. Die Frage ist nicht nur für die Frage der Rechtshängigkeit relevant. Sie hat ihren Sitz vor allem in der Zwangsvollstreckung. Bei der Frage der Abgrenzung der Handlungen und Lebenssachverhalte greift die Praxis auf die sog. Kerntheorie zurück.[479] § 9 Nr. 3 UKlaG stellt einen wichtigen Ausschnitt dieser Theorie dar.[480]

b) Die Anwendung der ZPO- und UWG-Vorschriften auf das Verfahren

§ 5 UKlaG verweist global auf die ZPO. Daraus schließt die ganz überwiegende Meinung auf die Geltung der Dispositionsmaxime und des Beibringungsgrundsatzes sowie aller damit einhergehenden Normen.[481]

---

[475] Zu bemerken ist, dass der BGH an dieser Stelle Wiederholungsgefahr und Rechtsschutzbedürfnis gleichsetzte. Zur Emanzipation der beiden Voraussetzungen: S. 62.

[476] NK-*Walker*, § 3 UKlaG, Rn. 4.

[477] NK-*Walker*, § 3 UKlaG, Rn. 4.

[478] Ein anderer Weg wäre eine Lösung über § 3 UKlaG. Dieser Weg würde gerade die Doppellösung und den Lex-specialis-Grundsatz betonen und die allgemeinen Lösungen unangetastet lassen. Man könnte die Frage aufwerfen, ob einem Verband die Prozessführungsbefugnis zusteht, wenn ein anderer Verband den gleichen allein sich am klagenden Subjekt unterscheidenden Streitgegenstand geltend gemacht hat. Insofern ließe sich ein Prioritätsprinzip in § 3 UKlaG hineinlesen, weil mit der Geltendmachung des Anspruchs der Zweck der Aktivlegitimation erfüllt ist: Die Klage ist vor Gericht. Mit der Annahme geht einerseits eine größere Belastung der Verbände einher, andererseits besteht für den Passivlegitimierten Schutz, solange die Klage anhängig ist.

In der Literatur ist der Ansatz populär, den Begriff des Streitgegenstandes im Bereich des kollektiven Rechtsschutzes zu „ent-subjektivieren", den Streitgegenstand um die Person verkürzt zu verstehen (*Hadding*, JZ 1970, 305 (311); *Halfmeier* S. 303 ff.). Die Legitimation dieses Vorgangs wurde mit der Abstraktion der eigentlichen Prüfung, dem eigentlichen Prüfungsgegenstand begründet.

[479] Vgl. zum UKlaG: MünchKommZPO-*Micklitz* § 5 UKlaG Rn. 17 ff. m. w. N.; zur verfassungsrechtlichen Bewertung: BVerfG (1. Kammer des Ersten Senats), Beschluss vom 4.12.2006 – 1 BvR 1200/04, GRUR 2007, 618 (619).

[480] *Köhler*/Bornkamm, § 9 UKlaG, Rn. 4.

[481] NK-*Walker*, § 5 UKlaG, Rn. 3; Wolf/Lindacher/Pfeiffer-*Lindacher*, § 5 UKlaG, Rn. 3; *Köhler*/Bornkamm, § 5 UKlaG, Rn. 1.

Der zusätzliche Verweis auf § 12 Abs. 1, 2 und 4 UWG führt nur in diesem Punkt zu einer Abweichung vom allgemeinen Prozess. Das Abmahnerfordernis wurzelt im gesetzlichen Schuldverhältnis zwischen Störer und Verband. Es ist Ausdruck des Grundsatzes von Treu und Glauben. Dieser gebietet es, dem Störer gegenüber zur Aufklärung verpflichtet zu sein.[482]

c) Die Zuständigkeit nach § 6 UKlaG

Nach § 6 UKlaG ist für Klagen nach dem UKlaG das Landgericht zuständig, in dessen Bezirk der Beklagte seine gewerbliche Niederlassung hat. Hiervon ausgehend, sieht § 6 UKlaG ein abgestuftes Zuständigkeitssystem vor, wenn eine bestimmte Allokation des Beklagten nicht möglich ist. Dies kann sogar so weit gehen, dass es gemäß § 6 Abs. 1 S. 2 Nr. 1–3 UKlaG auf den „Tatort" ankommen kann. Die Norm regelt sowohl die örtliche als auch die sachliche ausschließliche Zuständigkeit.[483] Die internationale Zuständigkeit folgt zunächst aus der Brüssel-Ia-VO und ist diese nicht einschlägig qua Größenschluss aus der örtlichen Zuständigkeit nach § 6 UKlaG.[484]

d) Die Streitwertbegünstigung

Durch den Verweis auf § 12 Abs. 4 UWG ermöglicht das UKlaG eine Streitwertbegünstigung.

e) Die Veröffentlichungsbefugnis nach § 7 UKlaG

§ 7 UKlaG enthält ein Kernelement der bezweckten Breitenwirkung der Verbandsklage.[485] Nach der Norm können die Urteilsformel und der Name des Beklagten auf Antrag des Klägers veröffentlicht werden. Was den Ort der Veröffentlichung angeht, so differenziert die Norm hinsichtlich der Kosten. Eine Veröffentlichung im Bundesanzeiger erfolgt auf Kosten des Beklagten, eine Veröffentlichung in anderen Medien geht zulasten des Klägers. Mit der öffentlichen Funktion der Verbandsklage ist das Antragserfordernis schwer in Einklang zu bringen.

Allgemein wird der Verwendung von „kann" entnommen, dass die Tenorierung der Veröffentlichungsbefugnis im antragsabhängigen Ermessen des Gerichts steht.[486] Nach den Vorgaben des Bundesgerichtshofs muss das Gericht abwägen, ob die Veröffentlichung zur Beseitigung der eingetretenen Störung des Rechtsverkehrs erforderlich ist.[487] Die Rechtsprechung stellt hier vor allem auf alternative Verbreitungsmöglichkeiten ab. So wurde dem Dachverband der Interessen-

---

[482] Vgl. die Zusammenstellung von Köhler/*Bornkamm*, § 12 UWG, Rn. 1.61 ff.
[483] NK-*Walker*, § 6 UKlaG, Rn. 1–3.
[484] NK-*Walker*, § 6 UKlaG, Rn. 7 u. 8.
[485] NK-*Walker*, § 7 UKlaG, Rn. 1.
[486] BGH, Urteil vom 18.4.2007 – VIII ZR 117/06, NJW-RR 2007, 1286 (1290).
[487] BGH, Urteil vom 5.11.1991 – X ZR 91/90, NJW 1992, 1450 (1452); BGH, Urteil vom 18.4.2007 – VIII ZR 117/06, NJW-RR 2007, 1286 (1290).

vertreter der Tankstellenbetreiber seine eigene Größe zum Verhängnis, weil das Gericht davon ausging, dass über die Mitglieder das Urteil ausreichend verbreitet werden könnte.[488]

g) Die Besonderheiten für das Verfahren nach § 1 UKlaG, §§ 8–11 UKlaG

Während bislang gemeinsame Verfahrensvoraussetzungen diskutiert wurden, sollen nunmehr kurz besondere Anforderungen für das Verfahren nach §§ 1, 3 UKlaG dargestellt werden. Für dieses Verfahren existieren in den §§ 8–11 UKlaG Sonderregelungen.

aa) Allgemeines (Klagantrag etc.)

§ 8 Abs. 1 ergänzt bzw. konkretisiert[489] § 253 Abs. 2 Nr. 2 ZPO. Eine Besonderheit stellt § 8 Abs. 1 Nr. 2 UKlaG dar. Nach dieser Norm ist auch die Art des Rechtsgeschäfts im Antrag zu benennen. Diese Vorgabe hat ihren Sinn, wenn die Unwirksamkeit einer Klausel von der Art des Rechtsgeschäfts abhängt. Es ist eine Bezeichnung zu wählen, die so nah wie möglich am Geschäftstyp ist – regelmäßig wird der Vertragstyp genügen.[490] Im Übrigen kann der Antrag auch auf alle Rechtsgeschäfte bezogen werden und kann dann auch teilweise unbegründet sein.[491]

bb) Urteilsformel

In Korrespondenz zu § 8 Abs. 1 UKlaG steht § 9 Nr. 1 und 2 UKlaG hinsichtlich der Urteilsformel. Nummer 3 nimmt den Unterlassungsanspruch auf. Nummer 4 enthält über den Inhalt des Widerrufsanspruchs hinausgehend einen qualitativen Ausspruch.[492]

cc) Die Einwendung einer anderen Entscheidung

Nach § 10 UKlaG kann der Beklagte nach dem Urteilsspruch mit der Vollstreckungsgegenklage eine anderslautende Entscheidung des BGH oder des Gemeinsamen Senats der Obersten Gerichtshöfe des Bundes entgegenhalten.

dd) Wirkungen der Entscheidung im Übrigen

Ein weiteres zentrales Element der Breitenwirkung soll nach der Vorstellung des Gesetzgebers § 11 UKlaG sein. Nach der Norm ist eine Bestimmung in den Allgemeinen Geschäftsbedingungen als unwirksam anzusehen, wenn der Verwender nach § 1 UKlaG verurteilt wurde und soweit sich der betroffene Vertragsteil auf die Wirkung des Unterlassungsurteils beruft. Der Vertragspartner kann sich

[488] BGH, Urteil vom 18.4.2007 – VIII ZR 117/06, NJW-RR 2007, 1286 (1290).
[489] Andere Autoren entnehmen „auch" eine Konkretisierung, vgl. NK-*Walker*, § 8 UKlaG, Rn. 4.
[490] *Köhler*/Bornkamm, § 8 UKlaG, Rn. 3.
[491] MünchKommZPO-*Micklitz*, § 8, Rn. 4; *Köhler*/Bornkamm, § 8 UKlaG, Rn. 3.
[492] *Köhler*/Bornkamm, § 9 UKlaG, Rn. 4 vgl. auch BGH, Urteil vom 12.3.1987 – VII 37/86, NJW 1987, 1931 (1938): Veröffentlichung in der Verbandszeitschrift.

jedoch nicht auf das Urteil berufen, wenn der Verwender gegen das Urteil die Klage nach § 10 erheben könnte. Die Wirkung des Urteils wird über die Norm auf alle Vertragspartner des Verwenders erstreckt. § 11 UKlaG wird daher als Rechtskrafterstreckung eingeordnet, jedoch ohne umfassende Wirkung.[493] Berücksichtigt wird die Entscheidung nur, wenn die Einrede erhoben wurde.[494]

Dadurch, dass nur der Verwender und seine Kunden erfasst werden, wird der Zweck, den Rechtsverkehr vor unzulässigen Klauseln zu schützen, nur unvollständig durchgesetzt. In der Literatur wird insbesondere die Entscheidung des EuGH in der Rechtssache „Invitel" angeführt, um § 11 UKlaG rechtspolitisch zu überwinden und weitergehende Rechtswirkungen zu fordern.[495]

VIII. Zwischenergebnis

Das UKlaG weist mit § 1 und § 2 UKlaG zwei unterschiedliche Ansprüche auf. Während § 1 UKlaG allein am Verwenden von AGB anknüpft, muss die Bekämpfung sonstigen Rechtsbruchs durch das Interesse des Verbraucherschutzes gerechtfertigt werden. Hinter den Ansprüchen stehen jedoch vergleichbare Interessenlinien. Das kollektive Interesse wird durch die Anspruchsvoraussetzungen materialisiert und der Rechtsmacht und dem über §§ 3, 4 UKlaG als berechtigt identifizierten Interesse der Verbände überantwortet.

G) Das Gesetz gegen den unlauteren Wettbewerb

Neben dem UKlaG stellt das UWG in gewisser Weise den Kern des kollektiven Verbraucherrechts, wobei das UWG wie bereits erwähnt auch als Wiege des kollektiven Verbraucherschutzrechts betrachtet wird.

Vor dem Hintergrund der Richtlinie 2005/29/EG hat der Gesetzgeber bei der Neufassung des UWG 2008[496] betont, dass das nationale Recht über das Unionsrecht hinausgehe. So diene das UWG nach § 1 nicht nur dem Schutz des Verbrauchers, sondern auch dem der Mitbewerber und anderer Marktteilnehmer sowie dem Interesse der Allgemeinheit. Die Ausweitung sei unschädlich, weil die zusätzlich Genannten keinen Regelungsgegenstand der Richtlinie darstellten.[497] Die Richtlinie hebt diesen Spielraum der Mitgliedstaaten ausdrücklich hervor

[493] NK-*Walker*, § 11 UKlaG, Rn. 2; anders: Staudinger-*Schlosser*, § 11 UKlaG, Rn. 2: atypische Urteilswirkung zugunsten Dritter; vgl. auch PG-*Halfmeier*, § 11 UKlaG, Rn. 2.

[494] So die Terminologie bei Staudinger-*Schlosser*, § 11 UKlaG, Rn. 3; PG-*Halfmeier* § 11 UKlaG Rn. 2.

[495] MünchKommZPO-*Micklitz*, § 11 Rn. 10 m. w. N.; a. A.: *Köhler*/Bornkamm, § 11 UKlaG, der auf Rn. 35 des Urteils verweist. *Micklitz* hingegen verweist auf Rn. 43 des Urteils. Dort werden die Gerichte in die Pflicht genommen, von Amts wegen alle im nationalen Recht angelegten Konsequenzen zu ziehen.

[496] Auf die anstehende Novelle 2015 wird jeweils im konkreten Zusammenhang eingegangen. Der Tenor in der Literatur geht dahin, dass sich wenig ändern und allein Rechtsklarheit hergestellt wird: *Klute*, NJW 2015, 2466 (2470).

[497] BT-Drs. 16/10145, S. 11.

(Erwägungsgrund 6 und 7). Insofern liegt eine beachtliche Akzentveränderung vor. Die Inklusion der traditionellen Schutzgruppen musste sich rechtfertigen.

I. Verbraucherschutz durch Wettbewerbsrecht.

Da sich das Wettbewerbsrecht aus der unerlaubten Handlung entwickelte und sich als Sonderdeliktsrechts etablierte,[498] liegt die Durchsetzung des UWG in privater Hand. Sieht man einmal von den singulären Strafgesetzen und Ordnungswidrigkeitstatbeständen ab, so ist der zivilrechtliche Anspruch das Mittel zur Rechtsbewahrung.[499]

Allerdings hat der Verbraucherschutz eine Entwicklung weg vom Rechtsreflex hin zum Schutzweck hinter sich.[500] In Entsprechung zur bis dahin gefestigten Rechtsprechung des BGH und zu den europarechtlichen Vorgaben regelt § 1 die sog. Schutzwecktrias. Das UWG schützt Mitbewerber und Verbraucher vor unlauteren geschäftlichen Handlungen und „zugleich" das Interesse der Allgemeinheit an einem unverfälschten Wettbewerb. Der Schutz des Verbrauchers ist erst 2004 ausdrücklich in das UWG aufgenommen worden. Das Gesetz verfolgt dabei grundsätzlich einen einheitlichen Ansatz. Es schützt sowohl die Mitbewerber als auch die Verbraucher sowie die sonstigen Marktteilnehmer.[501] Anders als das UKlaG enthält das UWG daher eine Regelung des Individualrechtsverhältnisses. Das kollektive Recht und das individuelle Recht werden in § 8 Abs. 3 UWG zusammengeführt. Diese Zusammenführung endet jedoch dort, wo nur Individualinteressen tangiert sind. Der BGH lehnt die Aktivlegitimation der Verbände ab, wenn ausschließlich Interessen eines Mitbewerbers betroffen sind.[502] Es müsse den einzelnen Mitbewerbern überlassen bleiben, ob sie diese Behinderung hinnehmen oder nicht. Erst wenn darüber hinaus die Interessen der anderen Marktteilnehmer tangiert sind, ist der Anwendungsbereich der kollektiv-rechtlichen Aktivlegitimation eröffnet.[503]

---

498 Harte-Bavendamm/Henning-Bodewig-*Keller*, § 2 Rn. 3 *Köhler*/Bornkamm, § 8 UWG Rn. 2.3.

499 *Köhler*/Bornkamm, § 8 UWG, Rn. 3.1, auch mit Ausführungen zum VSchDG. Dieses Gesetz sieht öffentlich-rechtliche Befugnisse zur Durchsetzung der Verbraucherinteressen vor.

500 Zum ursprünglichen Reflexverständnis, sowie der weiteren Entwicklung – die Rechtsprechung hat jedoch vergleichsweise früh den Verbraucherschutz betont, vgl. auch *Beater*, Rn. 1071; *Wimmer-Leonhardt*, GRUR 2004, 12 (12).

501 Harte-Bavendamm/Henning-Bodewig-*Keller*, § 2 UWG, Rn. 170; so weist aber *Glöckner* darauf hin, dass der unverfälschte Wettbewerb das einzige benannte Allgemeininteresse ist, GRUR 2008, 960 (960).

502 BGH, Urteil vom 26.4.1967 – Ib 22/65, GRUR 1968, 95 (97 f.); BGH, Urteil vom 2.10.2008 – I ZR 48/06, GRUR 2009, 416 (418); *Köhler*/Bornkamm, § 8 UWG, Rn. 3.5a; einen Überblick über den durch das UWG bereitgestellten Verbraucherschutz bietet: Holtz, S. 44 ff.

503 Teilweise wird dies dahin gehend abstrahiert, dass Verbraucherbelange positiv berührt werden müssten, Götting/Nordedamm-*Götting*, § 1 Rn. 2. Der Gesetzgeber ist davon ausgegangen, dass ein Verband klagt, die Interessen tangiert sind und hat daher die Einschränkung gestrichen, BT-Drs. 15/1487 S. 23.

II. Das Begriffspaar Verbraucher und Unternehmer

Die eingangs hervorgehobene Abweichung der Schutzbereiche von UGP-RL und UWG setzt sich in der Erfassung der Verbraucher fort. Zum Verbraucherbegriff hob der Gesetzgeber hervor, dass das UWG einen anderen Verbraucherbegriff verwende als die UGP-RL. Nach deutschem Recht würde etwa auch derjenige geschützt, der in Ausübung seines Berufs einen Beförderungsvertrag schließe oder ein Arbeitsgerät erwerbe. Die Privilegierung dieser Gruppe gegenüber gewerblich Handelnden sei mit dem Unionsrecht vereinbar, weil der durch die Richtlinie festgelegte Lauterkeitsstandard nur für den in der Richtlinie selbst definierten Personenkreis gelte. Außerhalb des Anwendungsbereichs der Richtlinie seien die Mitgliedstaaten frei, verbraucherschützende Regelungen auch für die Personen gelten zu lassen, die nicht unter den Richtlinienbegriff des Verbrauchers fielen.[504] Der dem BGB entlehnte Begriff könne folglich beibehalten werden (§ 2 Abs. 2 UWG).[505]

Die Marktgegenseite hat der Gesetzgeber hingegen vom BGB gelöst und den weiten Begriff des Gewerbetreibenden in § 2 Nr. 6 UWG legaldefiniert. Unternehmerisches Handeln i. S. d. UWG erfasst hiernach auch Handeln im Rahmen der beruflichen Tätigkeit.

III. Die Struktur der §§ 8, 3 ff. UWG

Das Gesetz gegen den unlauteren Wettbewerb (UWG) entwirft seine Rechtsfolgen auf die unlautere geschäftliche Handlung, die zur spürbaren Beeinträchtigung der Interessen der Marktteilnehmer geeignet ist.

1. Die unlautere geschäftliche Handlung

Das UWG enthält in den §§ 3–7 UWG die wesentlichen materiell-rechtlichen Bestimmungen. Den Ausgangspunkt bilden § 3 Abs. 1 UWG und § 7 UWG als Generalklauseln. Die letztgenannte Norm enthält eine eigene Unzulässigkeitsanordnung bei unzumutbaren Belästigungen.[506] § 3 Abs. 1 UWG untersagt unlautere geschäftliche Handlungen, wenn sie geeignet sind, die Interessen von Mitbewerbern, Verbrauchern oder sonstigen Marktteilnehmern spürbar zu beeinträchtigen.[507]

---

504 BT-Drs. 16/10145, S. 12.

505 Zum sog. UWG-eigenen Verbraucherbegriff S. 141.

506 Wider Erwarten schützt die Norm nicht in erster Linie die Entscheidungsfreiheit der Verbraucher (außer Nr. 1). Vielmehr werden die Verbraucher und Marktteilnehmer in ihrer Privatsphäre und ihrer geschäftlichen Sphäre geschützt; zur Entwicklung des Tatbestands: *Köhler*/Bornkamm, § 7 UWG, Rn. 2; vgl. zur Aktivlegitimation der Verbände: BGH, Urteil vom 20.3.2013 – ZR 209/11 („*Telefonwerbung für DSL-Produkte*"), WRP 2013, 1461, das Gericht stellte maßgeblich auf Art. 7 der Richtlinie 2009/22/EG ab.

507 Die Bedeutung von § 3 Abs. 1 UWG wird in Zukunft zurückgehen, vgl. BT-Drs. 18/4535 S. 11; zu dem Vorhaben instruktiv und kritisch: *Sosnitza*, GRUR 2015, 318.

a) *Die geschäftliche Handlung*

Hatte der Gesetzgeber erst 2004 die sog. Wettbewerbshandlung neu konzipiert, gab er den Begriff bereits 2008 wieder auf. Die Vorgabe in Art. 2 lit. d) der UGP-Richtlinie machte es erforderlich, die subjektive Voraussetzung der Wettbewerbsförderungsabsicht gegen ein objektives Kriterium auszutauschen.[508] Nach § 2 Abs. 1 Nr. 1 Hs. 1 UWG ist eine geschäftliche Handlung jedes Verhalten einer Person zugunsten eines Unternehmens *vor, bei oder nach* einem Geschäftsabschluss. Zusätzlich muss dieses Verhalten entweder mit der Förderung des Absatzes oder des Bezugs von Waren oder Dienstleistungen oder mit dem Abschluss oder der Durchführung eines Vertrages über Waren oder Dienstleistungen objektiv zusammenhängen.

Dieser objektive Zusammenhang soll sicherstellen, dass alle am Verhältnis Unternehmer – Verbraucher anknüpfenden lauterkeitsrechtlichen Fallgruppen unter Beachtung der neuen europarechtlichen Vorgaben vom UWG erfasst werden.[509] Auch sollten alle lauterkeitsrechtlichen Fallgruppen im Verhältnis Unternehmer – Unternehmer erfasst werden. Der objektive Zusammenhang sollte nämlich in den Fällen sog. horizontaler Behinderungen gegeben sein, weil der Absatz von Waren durch ein solches Verhalten regelmäßig beeinflusst wird. Die neue Formulierung sollte zudem zum Ausdruck bringen, dass ein Tun oder Unterlassen genügt.[510]

b) *Die Unlauterkeit*

Das UWG schützt vor drei großen Gruppen unlauteren Handelns: Irreführung, Aggression und Rechtsbruch.[511] Von § 3 UWG ausgehend, regelt § 4 UWG Beispiele für unlautere geschäftliche Handlungen und § 5 UWG den Spezialfall der irreführenden geschäftlichen Handlungen nebst Regelbeispielen. Ein praktischer Schwerpunkt des Verbraucherschutzes liegt auf den 30 Verbotstatbeständen im Anhang zum UWG (die sog. schwarze Liste[512]). Nach § 3 Abs. 3 UWG ist ein Verstoß gegen diese im Anhang aufgeführten Regelungen stets unzulässig.

c) *Insbesondere: die Unlauterkeit § 4 Nr. 11 UWG*

Obwohl die UGP-Richtlinie keinen derart allgemeinen Tatbestand vorsieht, enthält § 4 Nr. 11 UWG die wettbewerbsrechtliche Antwort auf einen Rechtsbruch.[513] Danach handelt unlauter, wer einer gesetzlichen Vorschrift zuwider handelt, die auch dazu bestimmt ist, im Interesse der Marktteilnehmer das Marktverhalten zu regeln. Nach der Gesetzesbegründung soll § 4 Nr. 11 UWG

[508] BT-Drs. 16/10145, S. 12.
[509] BT-Drs. 16/10145, S. 21.
[510] BT-Drs. 16/10145, S. 20 f.
[511] Dahin gehend zusammenfassend: *Grunewald/Peifer*, Rn. 294 ff.
[512] Ohly/*Sosnitza*, § 3 UWG Rn. 99: sog. blacklist, Verbote ohne Wertungsvorbehalte.
[513] *Glöckner*, GRUR 2008, 960 (960 f.); *Alexander*, WRP 2014, 501 (507); zu den Unterschieden von § 2 UKlaG zu §§ 8, 3, 4 Nr. 11 UWG: *Micklitz* in: Brönneke, 87 (89 ff.).

den Wettbewerbsverstoß durch Rechtsbruch regeln, aber zugleich nicht Gesetzesverstöße generell sanktionieren.[514] Es bedürfe zumindest einer sekundären Schutzfunktion zugunsten des Wettbewerbs.

aa) Die Entwicklung des sog. Rechtsbruchtatbestands

§ 4 Nr. 11 UWG ist der Endpunkt einer längeren Entwicklung. Im Rahmen des UWG 1909 hatte der Bundesgerichtshof noch zu der auf die guten Sitten entworfenen Generalklausel des § 1 UWG bei Rechtsbrüchen eine differenzierende Rechtsprechung vertreten.[515] Das Gericht unterschied wertbezogene und wertneutrale Vorschriften. Nur ein Verstoß gegen eine wertbezogene, sittlich-rechtliche Vorschrift sollte für sich genommen einen Verstoß gegen die guten Sitten darstellen. Bei den übrigen, sog. wertneutralen Vorschriften kam es hingegen darauf an, ob der Verstoß bewusst und planmäßig war.[516] Der Rechtsbruch musste ein gewolltes Mittel für einen Wettbewerbsvorsprung werden.

Ab 1998/2000 lockerte der Bundesgerichtshof seine Position und hob den Schutzzweck des Wettbewerbsrechts stärker hervor.[517] In der Abgaseemissionen-Entscheidung betonte das Gericht, dass das UWG keine Grundlage für eine Popularklage bereitstellen soll. Es nahm Verstöße gegen gesetzliche Bestimmungen im Vorfeld einer Wettbewerbshandlung aus dem Anwendungsbereich der Norm heraus, die in irgendeiner Art und Weise Auswirkungen auf den Wettbewerb haben können, selbst aber nicht als Wettbewerbsverhalten zu qualifizieren sind und auch nicht geeignet sind, dem eigentlichen Wettbewerbshandeln den Charakter eines wettbewerblich betrachtet unlauteren Handelns zu geben. Dabei wandte das Gericht die Grundsätze zu den wertbezogenen Normen weiterhin an. Verletze die Wettbewerbshandlung eine wertbezogene Norm, sei die wettbewerbsrechtliche Unlauterkeit indiziert. Darüber hinaus betonte der Bundesgerichtshof den Zweck der Norm. Bei einer Wettbewerbshandlung vor- oder nachgelagerten Rechtsverstößen sei erforderlich, dass der beanstandete Normverstoß auch im Hinblick auf das Wettbewerbsgeschehen als sittenwidrig anzusehen sei. In diesen Fällen müsse die verletzte Norm zumindest eine sekundäre wettbewerbsbezogene Schutzfunktion haben. Das Gericht forderte später, dass im Rahmen einer Würdigung des Gesamtcharakters des Verhaltens geprüft werden müsse, ob dieses durch den Rechtsverstoß das Gepräge eines wettbewerbsrechtlich unlauteren Verhaltens bekomme.[518]

---

[514] BT-Drs. 15/1487, S. 19.

[515] So etwa: BGH, Urteil vom 17.1.1956 – I ZR 98/54, NJW 1956, 749 (750) und BGH, Beschluss vom 23.2.1995 – I ZR 36/94 („*Zollangaben*"), GRUR 1995, 427 (427), die Terminologie war nicht immer einheitlich; vgl. auch *Beater* Rn. 2486–2488.

[516] So auch noch die Terminologie in BGH, Urteil vom 11.5.2000 – I ZR 28/98 („*Abgasemissionen*"), GRUR 2000, 1976 (1078).

[517] Vgl. die Einschätzung von *Köhler*/Bornkamm, § 4 UWG, Rn. 11.2.

[518] BGH, Urteil vom 2.10.2003 – I ZR 117/01, GRUR 2004, 247 (249).

bb) Die Marktverhaltensregel

§ 4 Nr. 11 UWG erfordert nunmehr ein Zuwiderhandeln gegen eine gesetzliche Vorschrift, die auch dazu bestimmt ist, im Interesse der Marktteilnehmer das Marktverhalten zu regeln. In der Literatur wird unter einem Marktverhalten jede Tätigkeit auf einem Markt angesehen, durch die ein Unternehmer auf einen Mitbewerber, Verbraucher oder sonstigen Marktteilnehmer einwirkt.[519] Unter einer gesetzlichen Vorschrift versteht man nach Art. 2 EGBGB jede Rechtsnorm. Wie sich aus der Verwendung des Wortes „auch" ergibt, muss der Schutz der Markteilnehmer nicht einmal der primäre Zweck der Norm sein.[520]

Die Rechtsprechung hat noch keine einheitliche Definition des Marktverhaltens herausgebildet. Die vorhandene Rechtsprechung zu § 4 Nr. 11 UWG lässt aber die Bereitschaft erkennen, die Norm extensiv anzuwenden. Zu weit geht allerdings die Definition aus der Literatur, dass eine Marktverhaltensregelung vorliege, wenn sie den in § 2 Abs. 1 Nr. 1 UWG geregelten Verhaltensweisen Handlungs- oder Unterlassungspflichten auferlegt.[521] Denn diese Definition lässt die Forderung nach dem lauterkeitsrechtlichen Schutzzweck außer Acht. § 4 Nr. 11 führt in eine komplexe Prüfung – nicht nur muss eine Marktverhaltensnorm bestehen, diese muss auch gerade im Kontext des Verstoßes das Marktverhalten regeln. Die generelle Eignung, ein Marktverhalten vorzugeben, genügt folglich nicht.

Der BGH postuliert, dass eine Marktverhaltensnorm jedenfalls die Funktion haben soll, gleiche Voraussetzungen für die auf einem Markt tätigen Wettbewerber zu schaffen.[522] Es genüge allerdings nicht, dass die Vorschrift ein Verhalten betrifft, das dem Marktverhalten voraus- oder nachgeht. In der Rechtsprechung des BGH beziehen sich die rechtlich erwarteten Verhaltensweisen vor allem auf Angebots- und Nachfragehandlungen auf einem Markt,[523] inklusive der Leistungserbringung.[524] Die Grenze zur Anbahnung von Geschäften – dieser Raum muss wiederum erfasst sein – ist fließend. Die Ankündigung eines Gewährleistungsausschlusses genügt jedoch.[525]

Auf welchem Markt das Verhalten reglementiert wird, dazu schweigt das UWG. Wie sich aber aus dem Zusammenspiel mit dem Begriff der geschäftlichen Handlung i. S. v. § 2 Abs. 1 Nr. 1 UWG ergibt, wird der Absatz oder der Bezug von Waren oder Dienstleistungen erfasst. Es gibt mithin keinen Grund, den Dienstleistungsmarkt auszuklammern.

---

519 *Köhler*/Bornkamm, § 4 UWG, Rn. 11.34; vgl. auch: BGH, Urteil vom 6.2.2014 – I ZR 2/11 („*good news II*"), WRP 2014, 1058 (1060).

520 *Köhler*/Bornkamm, § 4 UWG, Rn. 11.33; *Holtz*, S. 122; vgl. auch *Ullmann*, GRUR 2003, 817 (820 f.).

521 Ohly/*Sosnitza*, § 4 UWG, Rn. 11.15.

522 BGH, Urteil vom 2.12.2009 – I ZR 152/07, GRUR 2010, 654 (656); vgl. auch *Glöckner*, GRUR 2008, 960 (963).

523 BGH, Beschluss vom 25.10.2012 – I ZR 81/11 = juris.de.

524 BGH, Urteil vom 18.10.2012 – I ZR 191/11, NJW-RR 2013, 606.

525 BGH, Urteil vom 31.3.2010 – I ZR 34/08 („*Gewährleistungsausschluss im Internet*"), WRP 2010, 1475.

Davon ausgehend sollen Normen nicht erfasst werden, die im Vorfeld des Marktgeschehens liegen, wie etwa Markteintrittsregelungen.[526] Der Gesetzgeber hat dies indes anders gesehen und auch in diesen eine Marktverhaltensnorm erblickt, wenn sie eine auf die Lauterkeit des Wettbewerbs entworfene Schutzfunktion aufweisen.[527] Ferner sollen Tätigkeiten, die keine Außenwirkungen auf einen Markt haben, ausscheiden (sog. Betriebsinterna). [528] Als Beispiele werden Produktion, Forschung und Entwicklung sowie Schulungen genannt.

cc) Ein Beispiel: § 307 BGB als Marktverhaltensregeln

Grundsätzlich wird § 4 Nr. 11 UWG wegen seiner Parallelität zu § 2 UKlaG hervorgehoben. In der neueren Entwicklung sind jedoch die AGB und daher die Parallelität zu § 1 UKlaG[529] in den Fokus der Rechtsprechung geraten. Gegen §§ 305 ff. BGB als Marktverhaltensregeln wurde vorgebracht, die Normen regelten nur die Abwicklung des Vertrages und gelten lediglich für die Individualinteressen.[530] Der Bundesgerichtshof hat die verbraucherschützende Dimension des § 307 BGB insoweit bestätigt, als die Norm einer Benachteiligung des Kunden entgegenwirken soll, die sich aus intransparenten Allgemeinen Geschäftsbedingungen ergibt. Diese Feststellung bezieht sich damit in erster Linie auf § 307 Abs. 1 S. 2 BGB.[531] 2012 hat der BGH dies dann für §§ 307, 308 Nr. 1 und § 309 Nr. 7a BGB in Verbindung mit den verwendeten Klauseln bejaht.[532] Die Verwendung unzulässiger Klauseln widerspräche den Regeln der fachlichen Sorgfalt. Die in Rede stehenden Verstöße seien geeignet, die Interessen der Durchschnittsverbraucher spürbar zu beeinflussen. Aus der Formulierung des Urteils lassen sich zwei Aspekte ableiten. Generell sind die §§ 307 ff. geeignet, das Marktverhalten zu regeln. Ob sie dies auch in einem für § 4 Nr. 11 UWG relevanten Bereich tun, ist eine Frage der verwendeten Klausel und des angegriffenen Verhaltens.

dd) Rückgriff auf § 3 Abs. 1 UWG?

Rechtsbrüche gegen Normen, die kein Marktverhalten vorgaben, konnten früher unter dem Gedanken des Wettbewerbsvorsprungs durch Rechtsbruch als unlauter im Sinne von § 3 UWG eingeordnet werden. Spätestens mit der Forderung der Richtlinie 2005/29/EG nach Vollharmonisierung ist diese Fallgruppe in Frage gestellt worden.

Während der BGH in der Zweckbetrieb-Entscheidung noch gegen einen Rückgriff auf § 3 Abs. 1 votierte – sprach das Gericht doch davon, dass Rechts-

---

[526] Ohly/*Sosnitza*, § 4, Rn. 11.14.

[527] BT-Drs. 15/1487 S. 19.

[528] *Henning-Bodewig*, GRUR 2013, 26 (28).

[529] Zum Problem der Konkurrenz von UKlaG und UWG: *Caspers* S. 135 ff..

[530] OLG Köln, Urteil vom 16.5.2008 – 6 U 26/08, MMR 2008, 540 (540).

[531] BGH, Urteil vom 31.3.2010 – I ZR 34/08 („*Gewährleistungsausschluss im Internet*"), WRP 2010, 1475 (1477 f.); BGH, Urteil vom 19.7.2012 – I ZR 40/11 („*Pharmazeutische Beratung über Call-Center*"), WRP 2013, 479 (483).

[532] BGH, Urteil vom 31.5.2012 – I ZR 45/11 („*Missbräuchliche Vertragsstrafe*"), NJW 2012, 3577 (3580); hierzu: *Metzger*, GRUR Int. 2015, 687 (690).

versstöße nicht unter Zugrundlegung des Vorsprungsgedankens über § 3 Abs. 1 UWG (2004) gelöst werden können –,[533] lockerte er in der FSA-Entscheidung diese Feststellung auf. Nach dem von § 4 Nr. 11 UWG vermittelten Normzweck könne ein Verstoß gegen eine Bestimmung, die nicht unter die besonderen Voraussetzungen einer gesetzlichen Marktverhaltensvorschrift falle, nicht ohne weiteres als unlauter i. S. v. § 3 Abs. 1 UWG angesehen werden. Im Übrigen sei ein Rückgriff auf § 3 Abs. 1 UWG möglich, wenn das betreffende Verhalten von seinem Unlauterkeitsgehalt her den in den Beispielsfällen der §§ 4 ff. UWG geregelten Verhaltensweisen entspreche.[534] Diese Ausführungen sind vor dem Hintergrund gefallen, dass die freiwillige Selbstkontrolle der Arzneiindustrie einen Arzneimittelindustriekodex geschaffen hatte und besondere Regelungen für Geschenke aufstellte. Insofern erreicht dieser Kodex bereits keine Gesetzesqualität. Der Rückgriff auf § 3 Abs. 1 UWG kann sich daher daraus rechtfertigen und in das System des BGH einfügen, weil kein Gesetz, sondern nur eine interne Regelung bestand.

In der Literatur wird weiterhin diskutiert, ob § 3 Abs. 1 UWG neben § 4 Nr. 11 UWG anwendbar ist. Überwiegend wird dies in vergleichbarer Argumentation abgelehnt. *Böhler* etwa führt an, dass § 4 Nr. 11 UWG und die abschließende Stellungnahme des Gesetzgebers nicht umgangen werden dürfen.[535] Dagegen wird eingewandt, dass die Gesetzgebungsmaterialien keineswegs zwingend seien.[536] Es werde allein der Kontext des § 4 Nr. 11 UWG erörtert. Zudem könne dem systematisch-hermeneutischen Druck der Deregulierung der §§ 4–7 UWG auch auf Tatbestandsebene des § 3 Abs. 1 UWG Rechnung getragen werden.[537]

Nimmt man die Formulierung des BGH auf, kommt es darauf an, wie die Intensität der Unlauterkeit bestimmt werden kann. Ein Unterschied besteht darin, dass das UWG 2008 gegenüber dem UWG 2004 auf eine Finalität der maßgeblichen Handlung verzichtet. Es liegt auf der Hand, dass finales Handeln eher unlauter ist als Handeln, welches nur im objektiven Zusammenhang besteht. Das Handeln zu Wettbewerbszwecken saugt dabei gerade den Vorsprunggedanken auf, beim UWG 2008 ist dies nicht der Fall. Ein Rückgriff bleibt möglich.

Die geplante Änderung des UWG durch ein zweites Gesetzes zur Änderung des Gesetzes gegen den unlauteren Wettbewerb[538] wird die Problematik für Ver-

---

[533] BGH, Urteil vom 2.12.2009 – I ZR 152/07 („*Zweckbetrieb*"), WRP 2010, 876 (879) m. w. N.: zustimmend: *Köhler*, GRUR 2010, 657 (658); *Fornasier*, S. 233; *Holtz*, S. 77, 81 f. (dort gegen einen Wertungstransfers des Lauterkeitsrechts in das AGB-Recht) und 109 ff.; insbesondere ist seine Argumentation auf S. 144 f. hervorzuheben. Das Argument die §§ 307 ff. BGB schützten nur das Individualinteresse, sei gerade wegen der Vielzahl der Verträge nicht tragfähig. Zudem dienten bereits §§ 307 ff. BGB dazu, einen „funktionierenden Konditionenwettbewerb" sicherzustellen. Der letzte Punkt geht zu weit und für eine derartig ökonomische Interpretation fehlen die Anhaltspunkte. Sicher ist jedoch, dass gerade der Ansatzpunkt über die Vielzahl der Verträge auf der Ebene der § 305 ff. BGB ein überindividuelles Moment anlegt.

[534] BGH, Urteil vom 9.9.2010 – I ZR 157/08 („*FSA-Kodex*"), GRUR 2011, 431 (432 f.).

[535] *Böhler*, S. 211 f.

[536] *Glöckner*, GRUR 2008, 960 (965).

[537] *Glöckner*, GRUR 2008, 960 (965).

[538] BT-Drs. 18/4535.

braucher auf § 3 Abs. 2 UWG verlagern und damit zu einem Problem der fachlichen Sorgfalt im Sinne von § 2 Abs. 1 Nr. 7 UWG machen.

d) Die „Spürbarkeit"

Nach § 3 Abs. 1 UWG sind nur solche unlauteren geschäftlichen Handlungen unzulässig, die geeignet sind, die Interessen von Mitbewerbern, Verbrauchern oder sonstigen Marktteilnehmern spürbar zu beeinträchtigen[539]. Diese Bagatellklausel hat den Zweck, Fälle auszunehmen, die praktisch keine Auswirkungen auf andere Marktteilnehmer haben.[540] Die Formulierung „Verbraucherinteressen" legt es nahe, dass alle möglichen Interessen der Verbraucher – nicht allein wirtschaftliche – ausreichen.[541]

Das Überschreiten der sog. Bagatellgrenze ist anhand umfassender Berücksichtigung aller Umstände des Einzelfalls, namentlich der Art und Schwere des Verstoßes, anhand der Zielrichtung des Gesetzes gegen den unlauteren Wettbewerb zu sehen.[542] Eine spürbare Beeinträchtigung ist dann anzunehmen, wenn die unlautere geschäftliche Handlung geeignet ist, Verbraucher zu einer geschäftlichen Entscheidung zu bewegen, die sie sonst nicht getroffen hätten.[543]

2. Die kollektiven Durchsetzungsinstrumente im UWG (§ 8 und § 10 UWG)

Die §§ 8–11 UWG regeln die Rechtsfolgen unzulässiger Handlungen nach den §§ 3 ff. UWG. Für die kollektiven Akteure haben in erster Linie die Ansprüche in § 8 und § 10 UWG Bedeutung. Nach § 8 Abs. 1 UWG kann derjenige, welcher eine Handlung entgegen § 3 oder § 7 UWG vornimmt, auf Beseitigung und im Falle der Wiederholungsgefahr auf Unterlassung in Anspruch genommen werden. Der Gesetzgeber hat den Beseitigungsanspruch 2004 unter Verweis auf dessen gewohnheitsrechtliche Anerkennung zur Klarstellung in das UWG aufgenommen.[544]

Der Anspruch aus § 8 UWG ist auch wegen seiner historischen Dimension bemerkenswert. Dass die Verbraucherverbände den wettbewerbsrechtlichen Anspruch geltend machen können, ist erst nach der Einführung des UWG etab-

---

[539] Nach der geplanten Neuregelung durch „das Zweite Gesetz zur Änderung des Gesetzes gegen den unlauteren Wettbewerb" soll die Spürbarkeit nicht mehr zusätzlich zur Lauterkeitsprüfung gegenüber Verbraucher relevant sein. Das Merkmal wird nach § 3 Abs. 3 n. F. allein für Verhaltensweisen gegenüber den übrigen Marktteilnehmern Wirkung entfalten, vgl. BT-Drs. 18/4535 S. 11. Allerdings entfaltet das Merkmal wiederum Wirkung im Rahmen der Prüfung von § 2 Nr. 8 n. F., so dass auf die Grundlagen zurückgegriffen werden kann.

[540] So *Köhler*/Bornkamm, § 3 UWG, Rn. 114.

[541] Zur Vereinbarkeit mit der Richtlinie 2005/29/EG vgl. *Köhler*/Bornkamm, § 3 UWG, Rn. 120.

[542] BGH, Urteil vom 28.6.2007 – I ZR 153/04, GRUR 2008, 186 (188); BGH; zu § 13 UWG a. F.: BGH, Urteil vom 5.10.2000 – I ZR 201/98, GRUR 2001, 258 (259).

[543] *Köhler*/Bornkamm, § 3 UWG, Rn. 122.

[544] BT-Drs. 15/1487, S. 22.

liert worden. Zuvor bestand nur eine Aktivlegitimation der Gewerbetreibenden und der Interessenverbände. Mit der Einführung war eine Stärkung des Kollektivschutzes der Verbraucher beabsichtigt.[545]

Der Gewinnabschöpfungsanspruch nach § 10 UWG ist ein in mehrfacher Hinsicht seltenes Mittel des kollektiven Rechtsschutzes. Zum einen sind die gesetzlichen Regelungen selten, zum anderen sind die Anwendungsfälle begrenzt.[546] Der Grundgedanke des Gewinnabschöpfungsanspruchs setzt bei den Streuschäden an. Nach der Regierungsbegründung dient § 10 UWG nicht dem interessengerechten Ausgleich, sondern der Abschreckung.[547] Wegen des Zwecks, über die Gewinnabschöpfung den Verbraucher zu schützen, kann es für einen Gewinnabschöpfungsanspruch eines Verbandes nur dann einen Raum geben, wenn man einen Schadenersatzanspruch des Verbandes ausschließt oder die Möglichkeit nicht ausschließen kann, dass Schäden und Gewinn nicht deckungsgleich sind.

3. Die Aktivlegitimation der kollektiven Akteure

Mit Ausnahme der Mitbewerber (§ 8 Abs. 3 Nr. 1 UWG) ist die Aktivlegitimation der wettbewerbsrechtlichen Ansprüche parallel zum UKlaG zugewiesen.[548] Allerdings sind die Anforderungen des § 8 Abs. 3 Nr. 2 UWG grundsätzlich höher als in § 3 Abs. 1 Nr. 2 UKlaG. Das Niveau von § 8 Abs. 3 Nr. 2 UWG muss nur erreicht werden, wenn § 2 UKlaG durchgesetzt werden soll.

4. Der Rechtsmissbrauch nach § 8 Abs. 4 UWG

Nach § 8 Abs. 4 UWG ist die Geltendmachung der Unterlassungs- und Beseitigungsansprüche unzulässig, wenn sie unter Berücksichtigung der gesamten Umstände missbräuchlich ist, insbesondere wenn sie vorwiegend dazu dient, einen Anspruch auf Ersatz von Aufwendungen oder Kosten der Rechtsverfolgung entstehen zu lassen.

Die herrschende Auffassung sieht in § 8 Abs. 4 UWG eine spezielle Regelung des Ausschlusses der Prozessführungsbefugnis.[549] Nach anderer Ansicht liegt ein spezieller Fall der unzulässigen Rechtsausübung vor.[550] Diese Annahme erscheint wegen der Doppelnatur des Anspruchs an sich vorzugswürdig. § 8 Abs. 3 UWG ist in unionsrechtskonformer Auslegung von dem Gedanken getragen, dass das

---

545 So die Deutung von *Fricke*, GRUR 1976, 680 (685).

546 *Alexander*, WRP 2012, 1190 (1190 f.); *Köhler*/Bornkamm § 10 UWG Rn. 2; *Henning-Bodewig*, GRUR 2015, 731 (735).

547 BT-Drs. 15/1487 S. 24.

548 *Köhler*/Bornkamm, § 8 UWG, Rn. 3.4.

549 BGH, Urteil vom 17.1.2002 – I ZR 241/99, GRUR 2002, 357 (359); *Ohly*/Sosnitza § 8 Rn. 155; Harte-Bavendamm/Henning-Bodewig-*Bergmann*/*Goldmann*/*Seitz*, § 8 UWG, Rn. 380. Vgl. die Nachweise bei *Köhler*/Bornkamm, § 8 UWG, Rn. 4.3; vgl. auch BGH, Urteil vom 31.5.2012 – I ZR 106/10, GRUR 2013, 176 (177 f.) zur Übertragung von § 8 Abs. 4 UWG auf § 97 UrhG; zum Streitstand: *Brock*, GRUR 1990, 249 (252).

550 Vgl. hierzu *Köhler*/Bornkamm, § 8 UWG, Rn. 4.4, der dort seine eigene Ansicht dahingehend einschränkt, dass die prozessuale Lösung (h.M.) nicht ausgeschlossen werde.

Interesse des Verbandes und das Interesse der Verbraucher kongruent verlaufen. Vor diesem Hintergrund erscheint § 8 Abs. 4 nur als Fortsetzung dieses Gedankens und entspricht der Doppelnatur. Dies hat zur Konsequenz, dass bereits die Prozessführungsbefugnis fehlt, wenn die Norm erfüllt ist.

Bei der Ermittlung eines Missbrauchs fordert der Bundesgerichtshof eine sorgfältige Prüfung und Abwägung der maßgeblichen Einzelumstände, wobei vor allem auf das Verhalten des Gläubigers bei der Verfolgung dieser und anderer Verstöße abzustellen ist. Gleichwohl müssen auch die Art und Schwere des Wettbewerbsverstoßes sowie das Verhalten des Schuldners nach dem Verstoß und auch das der anderen Anspruchsberechtigten berücksichtigt werden.[551] Dabei kann insbesondere das Rechtsverfolgungsinteresse eine Bedeutung haben.[552]

§ 8 Abs. 4 UWG verzahnt dabei mehrere Interessen der betroffenen Akteure und Zwecke der gesetzlichen Regelungen. Die Regelung bezweckt historisch, einer sog. Abmahnpraxis durch Gebührenvereine entgegenzutreten.[553] Ferner schützt sie mittelbar auch die Gerichte vor missbräuchlicher Inanspruchnahme.[554]

Die Norm ist zudem unmittelbar im Zusammenhang zu § 8 Abs. 3 UWG zu sehen. Die Vielzahl der Anspruchsinhaber ist ein im Interesse der Rechtsdurchsetzung gewollter Umstand. Wegen der daraus entstehenden Belastung für den Passivlegitimierten, die insbesondere dadurch entstehen kann, dass der Anspruchsgegner mit mehreren Abmahnungen und Verfahrenseinleitungen konfrontiert wird,[555] bedarf es eines Korrektivs.[556] Dementsprechend hat die Rechtsprechung die Norm nicht auf das Geltendmachen von Vertragsstrafen im Zuge einer Abmahnung angewandt, weil dort diese Vielzahl nicht mehr besteht.[557]

5. Die prozessualen Regelungen der §§ 12–15 UWG

Die §§ 12–15 UWG enthalten Verfahrensvorschriften. § 12 Abs. 1 UWG enthält das praktisch bedeutsame Abmahnerfordernis und einen Aufwendungsersatzanspruch des Abmahnenden. Absatz 2 vereinfacht die Durchführung des einstweiligen Rechtsschutzes.[558] § 12 Abs. 3 UWG ermöglicht die Veröffentlichung des Urteils auf Kosten der unterlegenen Partei. Absatz 4[559] schließlich ermöglicht

[551] BGH, Urteil vom 15.12.2011 – I ZR 174/19 („*Bauheizgerät*“), WRP 2012, 930 (932); BGH, Urteil vom 6.4.2000 – I ZR 76/98, BGHZ 144, 165 (170); instruktiv: *Pokrant*, FS Bornkamm, 1053.

[552] *Köhler*/Bornkamm, § 8 UWG, Rn. 4.11, der dieses Interesse der Allgemeinheit zuschreibt.

[553] Zu den Einzelheiten Köhler/Bornkamm, § 8 UWG, Rn. 4.1.

[554] *Köhler*/Bornkamm, § 8 UWG, Rn. 4.2.

[555] BGH, Urteil vom 15.12.2011 – I ZR 174/10, GRUR 2012, 730 (731).

[556] BGH, Urteil vom 31.5.2012 – I ZR 45/11 („*Missbräuchliche Vertragsstrafe*“), NJW 2012, 3577 (3578); BGH, Urteil vom 15.12.2011 – I ZR 174/10, GRUR 2012, 730 (730 f.).

[557] BGH, Urteil vom 31.5.2012 – I ZR 45/11 („*Missbräuchliche Vertragsstrafe*“), NJW 2012, 3577 (3578).

[558] Hierzu *Köhler*/Bornkamm, § 12 UWG, Rn. 3.1.

[559] BGBl. 2013/Nr. 59 I 3714.

eine Streitwertbegünstigung. Die §§ 13 und 14 regeln die sachliche und örtliche Zuständigkeit. § 15 UWG sieht die Möglichkeit einer Anrufung von Einigungsstellen der IHK vor.

6. Ergebnisse

Das UWG ist durch die Schutzwecktrias anders ausgerichtet als das verbraucherschützende UKlaG. Im Unterschied zu § 2 UKlaG nimmt das UWG die geschäftliche Handlung gegenüber einer Gruppen von Verbrauchern tatbestandsmäßig auf und knüpft seine Rechtsfolgen hieran. Insbesondere der Rechtsbruchtatbestand des § 4 Nr. 11 UWG ist auf ein Marktverhalten entworfen. Daraus erklärt sich wiederum, dass es eines Korrektivs wie das Tatbestandsmerkmal „im Interesse des Verbraucherschutzes" nicht bedarf. Der Einzelfall ist in der Struktur der §§ 8, 3 ff. UWG nicht angelegt und kann nur ausnahmsweise berücksichtigt werden. Sind jedoch allein Individualinteressen tangiert, scheidet kollektiver Rechtsschutz nach §§ 8, 3 ff. UWG aus.

H) Ergebnisse

Die vorstehende Darstellung zeichnet ein klares Bild der Verbandsklage im Verbraucherrecht. § 1 UKlaG setzt an der Verwendung von AGB an und bekämpft diese. § 2 UKlaG unterbindet Verstöße gegen verbraucherschützende Normen und ermöglicht eine Untersagung, wenn diese im Interesse des Verbraucherschutzes liegt. Ergänzt werden diese Regelungen durch § 8 UWG. Anders als § 2 UKlaG bedarf es keiner positiven Festlegung, dass das Vorgehen im Interesse des Verbraucherschutzes liegt. Bei geschäftlichen Handlungen im Sinne von §§ 2, 3 UWG geht das UWG hiervon aus. Dass allein Individualinteressen tangiert sind, muss der Beklagte darlegen und beweisen.

Die Dogmatik der Ansprüche nach den §§ 1 ff. UKlaG und §§ 8, 3 UWG ist klar umrissen. Sie legitimieren sich aus dem typisierten Durchsetzungsinteresse der Verbraucher und setzen zudem ein berechtigtes Eigeninteresse der Verbände voraus. Die sog. Doppelnatur der Verbandsklage bzw. die hinzutretende prozessuale Facette von §§ 3, 4 UKlaG bzw. 8 UWG als Prozessführungsbefugnis rechtfertigt sich aus einer ordnenden und klarstellenden Funktion im Hinblick auf die Geltendmachung von Ansprüchen, die auf die Interessen anderer gerichtet sind.

Darüber hinaus existiert ein Rechtsbestand für den gesamten Prozess, der es ermöglicht im folgenden zweiten Teil (auch) die Anwendung der Verbandsklage im Arbeitsrecht umfassend zu erörtern.

Zweiter Teil

Die Verbandsklage im Arbeitsrecht

Im zweiten Teil sollen die kollektiven Durchsetzungsmechanismen für das Arbeitsrecht dargestellt werden. Dazu soll zunächst der Begriff des kollektiven Arbeitsrechts eingeführt und die mit ihm zusammen hängenden Funktionen erläutert werden. Sodann werden die bestehenden Sicherungsinstrumente auf der kollektiven Ebene erörtert. Im letzten Abschnitt werden die Diskussion um die Durchsetzung arbeitsrechtlicher Normen durch das Wettbewerbsrecht und die Anwendung der §§ 1 und 2 UKlaG auf das Arbeitsrecht behandelt.

A) Das kollektive Arbeitsrecht

Das Arbeitsrecht enthält weitreichende, anerkannte und stark ausgeprägte kollektive Strukturen, das sog. kollektive Arbeitsrecht. Dieser Rechtsbereich bildete sich in Deutschland heraus, als sich Arbeitnehmer zu Gewerkschaften und (Betriebs-)Räten zusammenschlossen.[1] Dabei geht die Geschichte bzw. die Entwicklung dieser kollektiven Ordnung weiter zurück. Begriffe wie Gesellenbünde, Meisterverbände und Zünfte legen Zeugnis für diese Tradition ab.[2]

Das kollektive Arbeitsrecht regelt die Selbstverwaltung des Arbeitslebens nach dem Prinzip der Gruppenbeteiligung.[3] Unter den Begriff fasst man das Recht der Koalitionen, ihrer Verträge und Auseinandersetzungen sowie das Recht der Betriebsverfassung und der Beteiligung der Arbeitnehmer an der Unternehmensorganisation.[4] Es regelt die Beziehungen zwischen Arbeitgebern und Arbeitnehmern und ihren jeweiligen Verbänden.[5]

---

[1] MüArbR-*Richardi*, § 250, Rn. 12.

[2] Vgl. *Gamillscheg*, S. 79 ff.; *Richardi/Bayreuther*, § 1 Rn. 6 ff.

[3] MüArbR-*Richardi*, § 152, Rn. 12; *Richardi*, NZA 1999, 617 (617); ErfK-*Linsenmaier*, Art. 9 GG, Rn. 1 f.; zu Art. 9 Abs. 1 GG: BVerfG, Beschluss vom 15.6.1989 – 2 BvL 4/87, BVerfGE 80, 252.

[4] MüArbR-*Richardi*, § 240 Rn. 1; *Zöllner/Löritz/Hergenröder*, § 36 Rn. 1.

[5] *Gamillscheg*, S. 1; grundlegend: BAG, Beschluss vom 28.1.1955 – GS 1/54, BAGE 1, 291 (309), zur kollektiven Natur des Streiks im Verhältnis zur einfachen Arbeitsniederlegung. Das Gericht bezog das Kollektive weniger auf den Arbeitgeber als vielmehr auf die Betroffenheit der Arbeitnehmer.

I. Die Zweispurigkeit der Interessenvertretung

Ein Kennzeichen der deutschen Konzeption des kollektiven Rechts ist die Zweispurigkeit (sog. duales System).[6] Auf der Ebene des Betriebes nimmt der Betriebsrat die Interessen der Arbeitnehmer wahr, jenseits dessen vollzieht sich die Interessenwahrnehmung stark differenziert durch Gewerkschaften.[7] Die deutsche Rechtsordnung kennt neben der betrieblichen Mitbestimmung noch die Unternehmensmitbestimmung nach DrittelbG, MitbestG und MontanMitbestG.[8] Dabei zeichnet der Begriff der Mitbestimmung vor, dass eine Entscheidung gemeinsam getroffen wird. Die Zweispurigkeit spiegelt auch unterschiedliche Ideen der Arbeitervertretung wider. Das BetrVG geht auf ein Rätekonzept im Sinne einer Betriebsdemokratie zurück, während das Tarifrecht im Grundsatz auf freiwilliger Entscheidung für die Vertretungsform basiert.[9]

Ein Rangverhältnis im zweispurigen System wird nur über §§ 2 Abs. 3, 77 Abs. 3 BetrVG erzeugt. Diesen Normen kann entnommen werden, dass die Tarifautonomie nicht durch das BetrVG eingeschränkt werden darf.[10] Mit dieser Weichenstellung gehen Strukturprobleme einher. Während die Gewerkschaften als Vereine in das Zivilrecht ohne größere Probleme eingebettet werden können und als Koalitionen den Grundrechtsschutz des Art. 9 Abs. 3 GG genießen, ist der Betriebsrat nur teilrechtsfähig und nicht von Art. 9 Abs. 3 GG erfasst.[11]

II. Die strukturelle Unterlegenheit des Arbeitnehmers

Der Ausgangspunkt des kollektiven Arbeitsrechts ist die – typische – strukturelle Unterlegenheit des Arbeitnehmers.[12] Das Bundesverfassungsgericht betont, dass die strukturelle Unterlegenheit des Arbeitnehmers eine überspannende Erscheinung im Arbeitsrecht sei. Sie bestehe nicht nur bei der Begründung, sondern auch bei der Durchführung des Arbeitsverhältnisses und ende auch nicht mit Erreichen des allgemeinen Kündigungsschutzes. Der Arbeitnehmer sei typischerweise ungleich stärker auf sein Arbeitsverhältnis angewiesen als der Arbeitgeber auf den einzelnen Arbeitnehmer.[13]

---

[6] *Richardi/Bayreuther*, § 1 Rn. 1; *Preis* S. 8.

[7] *Gamillscheg*, S. 1.

[8] Das BAG hat wiederholt betont, dass auch diese Beteiligungsrechte dazu dienen, die kollektiven Interessenvertretung der Belegschaft durch die Mitbestimmung im Hinblick auf die sozialen und personellen Auswirkungen wirtschaftlicher Unternehmerentscheidungen in einem wichtigen Organ des Unternehmensträgers durchzusetzen; BAG, Beschluss vom 13.3.2013 – 7 ABR 47/11, NZA 2013, 853 (856) m. w. N., vgl. auch S. 66 ff.

[9] *Ramm*, JZ 1977, 1 (2); *Krause*, RdA 2009, 129 (129 f.); *Kempen*, NZA-Beil. 2000, 7 (8 f.); *Böhm*, RdA 2013, 193 (194).

[10] Richardi-*Richardi*, § 77 BetrVG, Rn. 239 f.; ErfK-*Kania*, § 77 BetrVG, Rn. 43; *Junker*, Grundkurs, Rn. 642; HaKo-*Lorenz* § 77 Rn. 40.

[11] Vgl. BVerfG, Beschluss vom 22.7.1994 – 1 BvR 1767/91, 1 BvR 1117/92, AP § 87 BetrVG 1972 Nr. 2, Richardi-*Richardi*, Einleitung, Rn. 116 f., ihm stehen nur die Prozessgrundrechte zu; zur Rechtsfähigkeit: ErfK-*Koch*, § 1 BetrVG, Rn. 18.

[12] *Gamillscheg*, S. 3.

[13] BVerfG, Beschluss vom 23.11.2006 – 1 BvR 1909/06, AP, § 307 BGB, Nr. 22; BAG, Urteil vom 25.4.2007 – 5 AZR 627/06, AP, § 308 BGB, Nr. 7.

Die Berücksichtigung der strukturellen Unterlegenheit des Arbeitnehmers hat Verfassungsrang und leitet sich aus der Privatautonomie ab. Diese setzt voraus, dass der Vertrag überhaupt ein taugliches Mittel ist, zu interessengerechten Ergebnissen zu gelangen.[14] Das gipfelt im Erfordernis der freien Selbstbestimmung für beide Seiten. Wenn ein Vertragspartner aufgrund einer strukturellen Überlegenheit bestimmte Regelungen durchsetzen kann, bewirkt der Vertrag Fremdbestimmung.[15] Kann der andere Teil damit über Rechtspositionen disponieren, die grundrechtlich verbürgt sind, so sind die staatlichen Gerichte berufen, insbesondere über die zivilrechtlichen Generalklauseln, korrigierend einzugreifen. Auf diese Weise kann der Schutz der Grundrechte gewährleistet werden.

Das Bundesarbeitsgericht führt diese Gedanken auf den sog. Bürgschaftsbeschluss des Bundesverfassungsgerichts zurück. Das Bundesverfassungsgericht gab damals den Fachgerichten vor, notfalls in den Vertrag einzugreifen, wenn der Inhalt für eine Seite ungewöhnlich belastend und als Interessenausgleich offensichtlich unangemessen ist.[16] Das Gericht leitete dies aus der grundrechtlichen Gewährleistung der Privatautonomie (Art. 2 Abs. 1 GG) und dem Sozialstaatsprinzip der Art. 20 Abs. 1 und Art. 28 Abs. 1 GG ab. Für das Arbeitsrecht gehen die Gerichte davon aus, dass Art. 9 Abs. 3 diese typische Unterlegenheit ebenfalls voraussetze.[17] Dass einzelne Arbeitnehmer ihre Vertragsbedingungen selbst aushandeln können, entbindet die Rechtsordnung nicht davon, den Schutz für die übrigen Arbeitnehmer sicherzustellen.[18]

III. Die Schaffung angemessener Arbeitsbedingungen

Vom heutigen Standpunkt aus betrachtet, verfolgt das kollektive Arbeitsrecht mehrere Zwecke, die unterschiedlich stark in den jeweiligen Regelungsmaterien hervortreten. So zählt Gamillscheg den Schutz des einzelnen Arbeitnehmers vor dem Machtgefälle, dann die Planbarkeit der unternehmerischen Tätigkeit und schließlich den Nutzen des kollektiven Arbeitsrechts für die Allgemeinheit durch Arbeitsfrieden etc. auf.[19]

Über den Schutz vor der Verelendung des Arbeitnehmers hinaus geht es heute um die Schaffung angemessener Arbeitsbedingungen.[20] Die Ergebnisse des kollektiven Arbeitsrechts sind vertragliche Einigungen. Arbeitgeber und Betriebsrat schließen Betriebsvereinbarungen, Arbeitgeber bzw. Arbeitgeberverbände und Gewerkschaften Tarifverträge.

---

14 Hierzu noch S. 190; vgl. auch *Gamillscheg*, S. 5 f.

15 Zu alldem: BAG, Urteil vom 23.9.2003 – 1 AZR 576/02, AP, § 113 BetrVG 1972, Nr. 43.

16 BVerfG, Beschluss vom 19.10.1993 – 1 BvR 567/89, 1 BvR 1044/89, AP, Art. 2 GG Nr. 35.

17 BAG, Urteil vom 17.2.1998 – 1 AZR 364/97, AP Art. 9 GG Nr. 87; BVerfG, Beschluss vom 26.6.1991 – 1 BvR 779/85, AP Art. 9 GG, Arbeitskampf Nr. 117.

18 *Gamillscheg*, S. 4.

19 *Gamillscheg*, S. 3 u. S. 13.

20 BAG; Urteil vom 18.3.2009 – 4 AZR 64/08, AP, § 3 TVG, Nr. 41; BAG, Urteil vom 17.2.1998 – 1 AZR 364/97, AP, Art 9 GG, Nr. 87; Preis S. 1 f.

Die Motoren für angemessene Arbeitsbedingungen sind die Tarifautonomie und die Betriebsautonomie. Art. 9 Abs. 3 GG gibt sogar ausdrücklich vor, die Arbeitsbedingungen zu fördern. Dieser Schutzzweck findet sich auch an anderen Stellen im Gesetz wieder. § 1 AEntG zielt auf die Schaffung und Durchsetzung angemessener Mindestarbeitsbedingungen für grenzüberschreitend entsandte und im Inland beschäftigte Arbeitnehmer. § 9 Abs. 2 MiLoG verdeutlicht nunmehr den Stellenwert angemessener Bezahlung ganz allgemein. Im Bereich der Allgemeinverbindlicherklärung veranschaulicht die Rechtsprechung des Bundesarbeitsgerichts, dass dieses Ziel über die kollektiven Regelungen hinaus das kollektive Arbeitsrecht durchzieht.[21]

IV. Das sog. Gegenmachtprinzip

Das kollektive Arbeitsrecht steht auf dem Fundament eines kollektiven Vertragsmechanismus.[22] Die Aushandlung der Verträge beruht auf dem Gedanken, dass die Arbeitnehmerrepräsentanten tatsächlich annähernd gleich stark wie ihr Gegenüber sind. Koalitionen sollen ein Verhandlungsgleichgewicht herstellen. Der soziale Schutz der Arbeitnehmer kommt mithin im sog. Gegenmachtprinzip zum Ausdruck.[23] Die Gegenmacht ist eine Vorbedingung angemessener Vertragsinhalte und der Bedingungen, unter denen Arbeit geleistet wird.[24] Abstrakt betrachtet entscheidet der Einzelne dann gemeinsam mit anderen über seine Einbindung in den Arbeits- und Produktionsprozess. Strukturell bestehen Betriebsrat und Gewerkschaften dazu, eine „verloren gegangene Privatautonomie“ wieder herzustellen.[25]

V. Arbeitsrecht und kollektiver Rechtsschutz

Wegen der Bedeutung der kollektiven Verhandlungsmechanismen war kollektiver Rechtsschutz im Arbeitsrecht eine Randerscheinung und wurde als Begriff nicht in das kollektive Arbeitsrecht integriert. Nicht jede Klage einer Gewerkschaft oder jeder Antrag eines Betriebsrats ist gleichbedeutend mit kollektivem Rechtsschutz.[26] Eine Verbindung wird bislang nur fragmentarisch hergestellt.

---

[21] BAG, Urteil vom 25.9.1996 – 10 AZR 217/96 = juris.de.

[22] ErfK-*Linsenmaier* Art. 9 GG Rn. 20; *Preis*, S. 8; MüArbR-*Richardi*, § 152 Rn. 14; vgl. auch *Höpfner*, S. 537ff.

[23] Vgl. *Löwisch/Rieble* § 1 TVG Rn. 958; Däubler-*Däubler*, Einleitung, Rn. 121; dieses Prinzip ist nicht vom BAG anerkannt. Es soll an dieser Stelle auch keine normative Wirkung haben, sondern nur das Phänomen des kollektiven Aushandelns zwischen gleichstarken Verhandlungsparteien wiedergeben; *Moog*, GRUR 1981, 173 (173); Thüsing/Braun-*Emmert*, 2. Kapitel Rn. 8 vgl. *Baumann*, VersR 1991, 490.; kritisch: *Borchard*, S. 154f., gegen *Löwisch/Rieble* im Zusammenhang mit Differenzierungsklauseln, die dem Prinzip aber einen anderen Inhalt verleihen.

[24] *Däubler*, NZA 1988, 857 (859).

[25] *Däubler*, NZA 1988, 857 (859).

[26] BAG, Urteil vom 17.1.1991 – 2 AZR 375/90, AP § 1 KSchG 1969 Nr. 25, zu § 102 BetrVG; BVerwG, Beschluss vom 8.12.1999 – 6 P 10/98, AP § 76 BPersVG Nr. 13 zum Personalvertretungsrecht; im Hinblick auf die Rechtsschutzformen nach § 97 ArbGG und § 9 TVG: *Krause*, passim.

Bestimmte Rechtsschutzformen wie § 97 ArbGG oder § 9 TVG sollen kollektiven Rechtsschutz im Arbeitsrecht darstellen.[27] Auch die Durchsetzung des quasi-negatorischen Unterlassungsanspruchs i. V. m. Art. 9 Abs. 3 GG wird im Falle einer Vielzahl von die Koalitionsfreiheit attackierenden Einzelregelungen als Verbandsklage bezeichnet.[28] Obwohl das kollektive Arbeitsrecht ein in sich gefestigtes Rechtsgebiet ist, steht eine weitergehende Positionierung zum Begriff des kollektiven Rechtsschutzes noch aus.

VI. Zwischenergebnis

Der kurze Überblick über die Regelungen und Zwecke des kollektiven Arbeitsrechts soll als Fundament für die folgende Darstellung dienen. Es soll der Frage nachgegangen werden, inwiefern das Arbeitsrecht bereits heute Raum für kollektiven Rechtsschutz lässt, insbesondere für kollektiven Rechtsschutz, wie er im Verbraucherschutzrecht bereits anerkannt ist.

B) Der kollektive Rechtsschutz im Arbeitsrecht und seine Berührungspunkte mit dem Verbraucher- und Wettbewerbsrecht

Eine Rechtsfortbildung muss am bestehenden Recht ansetzen und darf die Bedeutung der Fragestellung nicht unterschätzen. Das Arbeitsrecht bzw. die Arbeitsbedingungen stellen einen wesentlichen Faktor für die Wettbewerbsfähigkeit der Volkswirtschaften und der einzelnen Unternehmen dar.[29] Jedoch rückt der Verbraucherschutz immer stärker in den Fokus des Arbeitsrechts, weil die ohnehin unscharfen Trennlinien seit der Schuldrechtsmodernisierung weitestgehend beseitigt wurden.

Im Folgenden soll zunächst der Bereich dargestellt werden, der seit jeher unter dem Stichwort „kollektiver Rechtsschutz" im Arbeitsrecht diskutiert wird. Davon ausgehend soll dann zur Frage der wettbewerbsrechtlichen Erfassung des Arbeitsrechts übergeleitet werden. Die zweite Frage macht es zunächst erforderlich, die Begriffe Verbraucher und Arbeitnehmer in ein Verhältnis zu setzen und ferner die Aktivlegitimation der Gewerkschaften im Rahmen des kollektiven Verbraucher- bzw. Wettbewerbsrecht darzustellen.

---

[27] Zu § 9 TVG kritisch: Däubler-*Reinecke*, § 9 TVG, Rn. 9: der Begriff „Verbandsklage" soll ausblenden, dass der Arbeitgeber bei Haustarifverträgen Normgeber und Normanwender zugleich sei. Diese Konstellation sollte indes nicht die Wirkung zugunsten aller Tarifgebundenen ausblenden. Nicht nur vereinfacht § 9 TVG die Feststellung eines Rechtsverhältnisses im Hinblick auf den normativen Teil des Tarifvertrags, die Norm führt auch ein wesentliches Elemente des kollektiven Rechtsschutzes ein: Breitenwirkung und Prozessökonomie, vgl. hierzu ErfK-*Franzen*, § 9 TVG, Rn. 1.

[28] *Halfmeier*, S. 14.

[29] *Sack*, WRP 1998, 682 (682); *Rieble*, Rn. 232 ff.

I. Der kollektive Rechtsschutz im Arbeitsrecht

Die Tätigkeit der Gewerkschaften und Betriebsräte könnte vor diesem Hintergrund generell unter den weiten und offenen Begriff des kollektiven Rechtsschutzes gefasst werden.[30] Dass der kollektive Rechtsschutz eher auf die Situation des Gerichtsprozesses entworfen ist und das kollektive Arbeitsrecht wegen seiner Fixierung auf Verhandlungsergebnisse diesen umgehen soll, erklärt zunächst, warum die Begriffe nicht einander angenähert wurden.

1. Die Begriffsfassung des kollektiven Rechtsschutzes

Während an der Einordnung der Verbandsklage (inklusive des Gewinnabschöpfungsanspruchs) als kollektivem Rechtsschutz keine Zweifel bestehen, muss sachgerechter Weise der Begriff des kollektiven Rechtsschutzes geklärt werden, um festzustellen, welche Institute des Arbeitsrechts bereits unter den Begriff fallen.

a) Die Diskussion um den Begriff des kollektiven Rechtsschutzes

Zunächst ist darauf hinzuweisen, dass der Begriff des kollektiven Rechtsschutzes nicht allein aus der Gegenüberstellung von Verbraucher- und Arbeitsrecht entwickelt werden kann. Das wäre verkürzt. In vielen anderen Rechtsgebieten wie etwa dem Umwelt- oder dem Kartellrecht bestehen ebenfalls vergleichbare Formen kollektiven Rechtsschutzes.

In der Literatur wird immer wieder das Fehlen eines einheitlichen Begriffs des kollektiven Rechtsschutzes bemängelt.[31] Andere betonen, dass die vielen unterschiedlichen Formen kaum noch eine Klassifikation zulassen.[32] Der Begriff des kollektiven Rechtsschutzes ist schillernd und wird häufig – ohne nähere Erklärung – verwendet. In der Regel dient er als Sammelbegriff.[33] Einigkeit herrscht dahin gehend, dass der Begriff entwicklungsoffen ist. Ihm wachsen ständig neue Inhalte zu.[34] Kollektiver Rechtsschutz kann vor diesem Hintergrund jedenfalls dann angenommen werden, wenn der Gesetzgeber kollektiven Rechtsschutz implementieren will – was er in der Regel offen ausweist.[35]

b) Die anerkannten Formen kollektiven Rechtsschutzes

Im Folgenden soll ein Überblick über die bestehenden Instrumente gegeben werden, auf deren Grundlage ein Begriff ansatzweise möglich erscheint. Neben der im ersten Abschnitt bereits dargestellten Verbandsklage werden noch folgende Institute beim kollektiven Rechtsschutz verortet:

---

[30] *Ahmad/Jansen*, AuR 2014, 311 (312 f.).
[31] *Zhang*, S. 4, unter Verweis auf *Schmidt*, NJW 2002, 25.
[32] *Stadler*, JZ 2009, 121 (122).
[33] Vgl. auch *Montag*, ZRP 2013, 172 (173); *Meller-Hannich/Höland*, DRiZ 2011, 164 (164).
[34] *Meller-Hannich/Höland*, DRiZ 2011, 164 (164); *Stadler*, JZ 2009, 121 (121 f.).
[35] Vgl. etwa BT-Drs. 17/8799 S. 13 zum KapMuG; BT-Drs. 14/2658 zur Verbandsklage.

aa) Die Popularklage

Der Begriff der Popularklage als Extremfall der subjektiven Entkoppelung fällt häufig im Zusammenhang mit dem kollektiven Rechtsschutz. Dies ist dem Umstand geschuldet, dass eine Person Rechte zugunsten anderer geltend macht. Die deutsche Rechtsordnung kennt diese Rechtsschutzform beispielsweise im bayerischen Verfassungsrecht (Art. 98 Satz 4 BV, Art. 2 Nr. 7, Art. 55 BayVerfGHG).

Der Bundesgerichtshof hat früher § 13 UWG als Popularklage eingeordnet.[36] Die Popularklage ist jedoch weiter. *Jede* Person kann mit Wirkung für alle ein Rechtverhältnis ordnen. Von Popularklagen kann man daher bei allen anderen Klagen sprechen, bei denen die Prozessführenden nicht mit einem zwischen den Parteien bestehenden Rechtsverhältnis verbunden sind. Die Popularklage wird in der herrschenden Strömung als Klagekompetenz ohne Beschwer/Betroffenheit umschrieben – die Motive der Klagerhebung werden nicht überprüft.[37] Es werden überhaupt keine Anforderungen an die Betroffenheit gestellt. Geht man im zivilrechtlichen System weiter, so muss für die Popularklage im Rahmen der Begründetheit auch eine Rechtsinhaberschaft irrelevant sein.

Von der Popularklage unterscheidet sich die Verbandsklage. Bei Letzterer kann nicht jeder Rechtsträger klagen, sondern nur ein spezifischer. Mit der Popularklage hat die Verbandsklage gemein, dass sie kein subjektives Recht im klassischen Sinn durchsetzt. Von ihr unterscheidet sie sich jedoch darin, dass sie nach der hier vertretenen Konzeption einen Anspruch des Verbands durchgesetzt. Dass der kollektive Akteur nicht in seinen eigenen Interessen tangiert ist, schwächt diese Annahme nicht ab, da es in der Regel um die Ausrichtung der Satzung geht und diese für eine Popularklage außer Betracht bleibt.

bb) Die Kollektivklage (insb. die Gruppenklage)

Geht man vom Oberbegriff der Kollektivklage aus, so kann man Gruppenklagen und die bereits erörterten Verbandsklagen unterscheiden. Der Begriff der Gruppenklage bezeichnet die Bündelung gleichgerichteter Parteiinteressen durch einen oder wenige Repräsentanten.[38] Dabei ist zu differenzieren. Von einer Gruppenklage kann man zum einen sprechen, wenn eine Person für eine Gruppe handelt. Man kann aber auch eine klagende Gruppe als pars pro toto/als Repräsentant eines durch die Gruppe verkörperten Kollektivinteresses verstehen. In dieser Konstellation nähert man sich der Verbandsklage an. Die Gruppenklage[39] ist dann von der Zusammensetzung betrachtet weniger dynamisch und unter Umständen sogar fragil. Die Grenzen dieser Erscheinungsformen können freilich verschwimmen. Es ist auch denkbar, dass nur eine Person für alle Gruppenmitglieder klagt, die aber nur ein Gruppeninteresse haben etc.

---

[36] BGH, Urteil vom 5.1.1960 – I ZR 100/58 („*Zentrale*"), GRUR 1960, 379 (380); kritisch bereits: BGH, Urteil vom 30.6.1972 – I ZR 16/71 NJW 1972, 1988 (1989).

[37] Hierzu *Halfmeier*; passim.

[38] *Wissenbach*, S. 373; vgl. auch *Meller-Hannich*, FS Höland, 659 (669); *Buchner*, S. 42.

[39] Zu den Besonderheiten der US-amerikanischen *class action*: *Behrendt/Freiin zu Enzberg*, RIW 2014, 253 (253 f.).

cc) *Die subjektive Klagehäufung*

Die gebündelte Geltendmachung von Individualinteressen (kurz: Sammelklage) wird von der herrschenden Konzeption ebenfalls dem Begriff des kollektiven Rechtsbehelfs zugeordnet. Dies wird damit begründet, dass über die Quantität regelmäßig auch qualitative Änderungen des Prozesses aufträten.[40]

Die Schärfe des Begriffs wird ebenfalls durch den Begriff der kollektiven Rechtsdurchsetzung getrübt.[41] Dieser Begriff ermöglicht es bereits, die subjektive Klagehäufung einzubeziehen, obwohl es sich hierbei um ein alltägliches Phänomen des Prozessrechts handelt. Tatsächlich wird diese als sog. Bündelungslösung auch im Bereich des kollektiven Rechtsschutzes diskutiert. Ausgemachte Zwecke des kollektiven Rechtsschutzes wie Prozessökonomie werden dort etwa wegen einer gemeinsamen Beweisaufnahme erreicht. Gruppenspezifischer beschrieb *Franzen* kollektive Rechtsdurchsetzung u. a. dadurch, dass es darum ginge, inwieweit kollektive Interessen oder Ansprüche ganzer Gruppen als solcher verteidigt werden könnten.[42]

dd) *Die Prozessstandschaft*

Die Prozessstandschaft ist im Grunde ein klassisches Mittel des Prozessrechts. Sie führt dazu, dass eine Person ein fremdes Recht in eigenem Namen geltend macht. Dies kann kraft gesetzlicher Anordnung oder gewillkürt geschehen. Während die gesetzliche Prozessstandschaft nur an das Vorliegen der gesetzlichen Voraussetzungen gebunden ist, bedarf es für eine gewillkürte Prozessstandschaft in der Praxis nicht immer leicht zu erfüllender Voraussetzungen. Sie setzt insbesondere ein schützenswertes Eigeninteresse des Ermächtigten an der Prozessführung voraus.[43] Die Grenze zum kollektiven Rechtsschutz wird dann überschritten, wenn der Ermächtigte ein typischer kollektiver Akteur ist oder überindividuelle Zwecke verfolgt werden.

ee) *Der Musterprozess*

Der sog. Musterprozess hat im Wesentlichen zwei Ausprägungen. Ein oftmals betontes Konzept des Musterprozesses ist die Einziehung einer abgetretenen Forderung.[44] Im Bereich des Verbraucherschutzes ermöglicht § 8 RDG weitreichende Einziehungsklagen. Auf dieser Grundlage wurde und wird kollektiver Rechtsschutz nur über die faktische Breitenwirkung gerichtlicher Entscheidungen begründet.

Etwas anderes gilt im Kapitalmarktrecht, in einem eng begrenzten Bereich. Dort besteht das Gesetz über Musterverfahren in kapitalmarktrechtlichen

---

[40] *Saam*, S. 56; zum Begriff der Sammelklage als Synonym für die US-Amerikanische *class action*: *Henning-Bodewig*, GRUR 2015, 731 (735 f.); den Bezug zur KapMuG herstellend: *Hohl*, S. 195.

[41] Hierzu *Franzen*, ZIAS 2004, 32.

[42] *Franzen*, ZIAS 2004, 32 (34); zu den Möglichkeiten im Arbeitsrecht: *Ahmad/Jansen*, AuR 2014, 311 (312).

[43] Zöller-*Vollkommer*, Vor § 50, Rn. 42.

[44] Hierzu *Hempel*, NJW 2015, 2077 (2079).

Streitigkeiten (KapMuG)[45] – es zielt auf Interessenbündelung ab. § 1 KapMuG ermöglicht einen Musterfeststellungsantrag für Schadensersatzansprüche wegen falscher, irreführender oder unterlassener öffentlicher Kapitalmarktinformation oder vertragliche Erfüllungsansprüche, die auf einem Angebot nach dem Wertpapiererwerbs- und Übernahmegesetz beruhen. Das zentrale Mittel sind der Musterentscheid (§ 16 KapMuG) und seine weitgehende Bindungswirkung nach § 22 KapMuG.

Nach dem Willen der Bundesregierung sollte das KapMuG eine „zweite Spur" bereitstellen.[46] Das KapMuG liefert keinen kollektiven Akteur, sondern fokussiert ein Individuum zugunsten eines Kollektivs. Bemerkenswert ist das KapMuG auch deshalb, weil der Gesetzgeber sich gegen die vorhandenen kollektiven Rechtsschutzinstrumente entschieden und einen eigenständigen Lösungsweg gewählt hat. Der Gesetzesentwurf betont, dass eine automatische Rechtskrafterstreckung auf am Verfahren Unbeteiligte den individualistisch geprägten Rechtsschutzgrundsätzen des deutschen Verfassungs- und Verfahrensrechts fremd sei.[47] Dabei wandte man sich indes allein gegen Gruppen- oder Vertreterklagen aus anderen Rechtsordnungen.

c) *Orientierung am kollektiven Interesse*

In der Literatur wird ein kollektiver Rechtsbehelf verallgemeinernd dann angenommen, wenn ein Rechtsbehelf nicht nur der Durchsetzung eines individuellen Interesses, sondern darüber hinaus zumindest auch den Interessen eines Kollektivs zu dienen bestimmt ist.[48] Die Definition ist ein erster Ansatz für eine allgemeine Theorie. Durch die Verwendung des kollektiven Interesses bleibt sie unbestimmt und verlagert – entsprechend der hier vertretenen Konzeption – das Problem auf die Ebene des durchgesetzten Rechts, dessen Interessen und Schutzzwecke.

Die Anknüpfung an Interessen und die negative Abgrenzung gegenüber dem Individualrechtsschutz führt zu einem funktionalen Ansatz. Danach umfasst kollektiver Rechtsschutz alle Durchsetzungsformen, bei denen es *nicht nur* um die Durchsetzung von Rechten einer einzelnen Person geht.[49] Diese Begriffsfassung stützt sich traditionell auf den Zusammenhang mit dem Begriff des subjektiven Rechts und dem dieses durchsetzenden Prozesses. Dieser Ansatz überführt die negative Abgrenzung in die Funktionen des kollektiven Rechtsschutzes. In

---

[45] Hierzu *Hess*, JZ 2011, 66 (68); *Ahmad/Jansen*, AuR 2014, 311 (314).

[46] BT-Drs. 15/5091, S. 16.

[47] BT-Drs. 15/5091, S. 16.

[48] *Saam*, S. 54; *Halfmeier*, JJZ. 2003, 129; *Michaildou*, S. 39 ff.

[49] *Meller-Hannich/Höland*, DRiZ 2011, 164 (164); a. A. *Einhaus*, S. 51, der aber einräumt, dass seine Differenzierung nicht trennscharf ist. Sicherlich soll kollektiver Rechtsschutz auch die Individualinteressen durchsetzen, der dahinter stehende Zweck geht aber über das Individualinteresse hinaus. Bereits in der Abstrahierung des Durchsetzungsinteresses ist ein Akt der Kollektivierung enthalten, weil unterstellt wird, dass eine Personengruppe ihre Rechte nicht wahrnimmt. Auf das konkrete Individualinteresse kommt es nicht an.

seiner Abstraktheit begründet er wegen seiner negativen Formulierung Schwierigkeiten, weil er kein tertium zulässt. Es gibt nach dieser Formel nur kollektiven oder individuellen Rechtsschutz.

Saam hat der eingangs genannten Definition beigefügt, die kollektiven Interessen dürften nicht durch individuelle Rechtsbehelfe mitverfolgt werden.[50] Eine solche Exklusivität macht jedoch nicht den kollektiven Rechtsbehelf aus. Es wäre auch nicht richtig, ein Subsidiaritätsdogma zu fordern. Die Annahme von Subsidiarität setzt ihrerseits doch überhaupt voraus, dass ein kollektiver Rechtsbehelf besteht, und erfordert eine Klärung des Konkurrenzverhältnisses zum Individualrecht.

Materiell bezweckt kollektiver Rechtsschutz den Schutz über das Rechtsverhältnis hinausgehender Interessen. Der Ausgang des Prozesses besitzt auch Auswirkung für die (gegebenenfalls nur latent vorhandenen) Interessen mehrerer Rechtsverhältnisse. Dieser komplexe Zweck des kollektiven Rechts wurde frühzeitig im kollektiven Arbeitsrecht herausgestellt. *Raab* betonte,[51] dass Mitbestimmung eine doppelte Aufgabe habe – sie solle einerseits den Gefahren einseitiger Regelungen durch den Arbeitgeber vorbeugen und andererseits die Interessen sämtlicher Arbeitnehmer angemessen berücksichtigen. Dieser letzte Punkt umfasst den Interessenausgleich untereinander.

Zusammenfassend liegt kollektiver Rechtsschutz vor, wenn unter einem gemeinsamen überindividuellen Zweck eine Entscheidung mit Auswirkung für eine Vielzahl potenzieller Rechtsverhältnisse getroffen wird.

d) Zwischenergebnis

Die offene Begriffsfassung und die Orientierung am kollektiven Interesse ermöglichen es, die bestehenden Instrumente des kollektiven Arbeitsrechts zum Begriff des kollektiven Rechtsschutzes zu positionieren. Im Folgenden soll der Bestand des kollektiven Rechtsschutzes im Arbeitsrecht dargestellt werden. Nur unter Berücksichtigung dieser Strukturen kann ein Ausbau des kollektiven Rechtsschutzes durch Rechtsfortbildung stattfinden.

2. Instrumente des kollektiven Rechtsschutzes im kollektiven Arbeitsrecht

Kollektiver Rechtsschutz im Arbeitsrecht besteht seit Langem. Wegen der wirtschaftlichen Bedeutung von Tarifvertrag und Betriebsvereinbarung als Verhandlungsergebnisse der betroffenen Gruppen hat er jedoch nicht die praktische Bedeutung erlangt wie etwa die Verbandsklage im Verbraucherrecht.

---

[50] *Saam*, S. 58.
[51] Vgl. S. 64.

a) Die „Verbandsklagen“[52] *im Tarifvertragsrecht*

In der herkömmlichen Terminologie werden zwei Rechtsbehelfe als Verbandsklagen bezeichnet:[53] Die Verfahren nach § 97 ArbGG und nach § 9 TVG.

aa) Die Kontrolle von Tariffähigkeit und Tarifzuständigkeit (§ 97 ArbGG)

Bestehen Zweifel an der Tarifzuständigkeit, so sieht § 97 ArbGG i. V. m. § 2a Abs. 1 Nr. 4 ArbGG ein besonderes Verfahren vor. Es wird auf Antrag einer räumlich und sachlich zuständigen Vereinigung von Arbeitnehmern oder von Arbeitgebern oder der obersten Arbeitsbehörde des Bundes oder der obersten Arbeitsbehörde eines Landes, auf dessen Gebiet sich die Tätigkeit der Vereinigung erstreckt, eingeleitet.[54] Der Antrag ist auf Feststellung gerichtet. Statthaft ist nach § 2a Abs. 1 Nr. 4 ArbGG das Beschlussverfahren.

(1) Tariffähigkeit und Tarifzuständigkeit

Tarifzuständigkeit und Tariffähigkeit stehen in einer Wechselbeziehung. Eine starke Ausweitung der Tarifzuständigkeit kann den Verlust der sozialen Mächtigkeit und damit den Verlust der Tariffähigkeit bedeuten.[55] Auf die Tariffähigkeit wird in einem anderen Zusammenhang noch eingegangen werden.[56] Die Tarifzuständigkeit ist die Befugnis einer an sich tariffähigen Vereinigung, Tarifverträge mit einem bestimmten Geltungsbereich abzuschließen.[57]

Entscheidend für die Reichweite der Zuständigkeit sind die Bestimmungen der Satzung der Gewerkschaft.[58] Für den Inhalt der Satzung kommt es nicht auf den wirklichen Willen, sondern auf den objektivierten Willen des Satzungsgebers an.[59] Dies folgt – in Entsprechung zu den allgemeinen Lehren zur Verbandssatzung[60] – aus der normähnlichen Wirkung der Satzung.[61] Art. 9 Abs. 3 GG überlässt es der freien Entscheidung der Verbände, ihren Zuständigkeitsbereich festzulegen.[62] Das Bundesarbeitsgericht begründete die Selbstbestimmung der Tarifzuständigkeit damit, dass es bei feststehender Tariffähigkeit nicht mit Art. 9 GG vereinbar sei, in die Entschließungsfreiheit und Selbstbestimmungsbefugnis der Gewerkschaften einzugreifen.[63] Anderen Gewerkschaften stünde es frei, ihre

[52] So die zum Teil verwendete Terminologie; kritisch hierzu: *Krause*, S. 99 ff.; *Franzen*, ZIAS 2004, 32 (42).

[53] BeckOK ArbR-*Giesen*, § 9 TVG, Rn. 1.

[54] Ausführlich zur Entwicklung und Diskussion der Norm: *Fasholz*, passim.

[55] BAG, Beschluss vom 10.2.2009 – 1 ABR 36/08, AP GG Art. 9 Nr. 138 Rn. 28; *Preis*, S. 115.

[56] S. 146.

[57] BAG, Beschluss vom 11.6.2013 – 1 ABR 32/12, NZA 2013, 1363 (1366); BAG, Beschluss vom 10.2.2009 – 1 ABR 36/08; AP, § 2 TVG, Nr. 2, Tarifzuständigkeit; AP, § 97 ArbGG 1979, Nr. 10; vgl. auch *Ricken*, S. 6 ff.

[58] Thüsing/Braun-*Emmert*, Kapitel 2, Rn. 82.

[59] BAG, Beschluss vom 27.9.2005 – 1 ABR 36/08, AP, Art. 9 GG, Nr. 138.

[60] Erman-*H. P. Westermann*, § 25 BGB, Rn. 1 ff; *Reichert*, Rn. 399: die Satzung enthält objektives Recht. Daraus lässt sich auch ableiten, warum die herrschende Konzeption kein Interesse im Sinne des subjektiven Rechts aus der Satzung herleitet.

[61] BAG, Beschluss vom 11.6.2013 – 1 ABR 32/12, NZA 2013, 1363.

[62] *Richardi/Bayreuther*, § 3, Rn. 17.

[63] BAG, Beschluss vom 27.11.1964 – 1 ABR 13/63, AP, § 2 TVG, Tarifzuständigkeit, Nr. 1.

Zuständigkeit parallel verlaufen zu lassen. Art. 9 Abs. 3 GG umfasse die Befugnis, den eigenen Standort im Arbeits- und Wirtschaftsleben zu bestimmen.[64]

Außerhalb ihres Zuständigkeitsgebiets kann eine Koalition nicht rechtswirksam handeln. Die Tariffähigkeit bezieht sich auf den sachlichen, räumlichen und persönlichen Bereich.[65] Die räumliche Reichweite erfasst den geografisch umschriebenen Bereich. In personeller Hinsicht legt die Satzung fest, für welche Personen die tarifliche Regelung Geltung haben soll.[66] Aussagen über die persönliche Reichweite enthalten die meisten Satzungen in Form von Mitgliederbestimmungen. Es kommt darauf an, ob die betreffende Person als Mitglied infrage kommt. In fachlicher Hinsicht legt die Koalition die Branchen fest, auf die sich die Tarifverträge beziehen sollen.

(2) Die Funktionen des Rechtsbehelfs

Das Verfahren nach § 97 ArbGG wird seit jeher mit dem kollektiven Rechtsschutz im Arbeitsrecht in Verbindung gebracht. Es dient der Sicherung der durch Art. 9 Abs. 3 GG gewährleisteten Tarifautonomie.[67] Das Bundesarbeitsgericht ordnet § 97 ArbGG als Korrektiv zum bestehenden System ein. Da die Tariffähigkeit nicht gesetzlich geregelt sei, könne jede Arbeitnehmervereinigung ohne vorherige Zulassung am Tarifgeschehen teilnehmen und für ihre Mitglieder Vereinbarungen abschließen, die für sich die Geltung eines Tarifvertrages beanspruchen.[68] Hierauf reagiere § 97 ArbGG mit dem darin enthaltenen objektivierten Verfahren, indem die Norm eine Kontrolle ermöglicht. Eine weitere Funktion bezieht sich auf die Breitenwirkung. Wegen der weitreichenden Auswirkung auf Dritte ist es erforderlich, dass die Entscheidung mit größtmöglicher Sicherheit der materiellen Rechtslage entspreche.[69]

(3) Besonderheiten des Verfahrens

Dass sich § 97 ArbGG von der normalen Verfahrenskonzeption etwas entfernt, wird an mehreren Stellen deutlich.

(a) Die Antragsbefugnis

Die Antragsbefugnis setzt nach der Rechtsprechung des Bundesarbeitsgerichts kein weitergehendes eigenes Recht der Gewerkschaft voraus.[70] Sie resultiert allein aus dem Vorliegen der Voraussetzungen des § 97 ArbGG. Der Antragsteller muss als Vereinigung mit seiner Tarifzuständigkeit sich in räumlicher und

[64] BAG, Beschluss vom 17.2.1970 – 1 ABR 15/69, AP, § 2 TVG, Tarifzuständigkeit, Nr. 3.

[65] Vgl. BAG, Beschluss vom 11.6.2013 – 1 ABR 32/12, NZA 2013, 1363; zu alldem: *Ricken*, S. 8 ff.

[66] Zur OT-Mitgliedschaft: BAG, Beschluss vom 23.10.1996 – 4 AZR 409/95, AP, § 3 TVG, Verbandszugehörigkeit, Nr. 15.

[67] BAG, Beschluss vom 14.12.2010 – 1 ABR 19/10,); BAG, Beschluss vom 11.6.2013 – 1 ABR 32/12, NZA 2013, 1363 (1365); *Geffken*, RdA 2015, 167 (169).

[68] BAG, Beschluss vom 14.12.2010 – 1 ABR 19/10. NZA 2011, 289 (293).

[69] BAG, Beschluss vom 23.10.1996 – 4 AZR 409/95 (A), AP, § 3 TVG, Verbandszugehörigkeit, Nr. 15.

[70] BAG, Beschluss vom 14.12.2010 – 1 ABR 19/10, NZA 2011, 289 (293).

sachlicher Hinsicht zumindest teilweise mit der Tarifzuständigkeit der anderen Vereinigung decken.[71] Die Prüfung beschränkt sich in der Regel auf einen Vergleich der Satzungen.[72] Das Gesetz geht dann davon aus, dass die Interessen der Antragsteller berührt sind.[73]

(b) Das Feststellungsinteresse

Nach der Rechtsprechung des Bundesarbeitsgerichts besteht das Feststellungsinteresse bereits dann, wenn die Tariffähigkeit in Zweifel gezogen wird.[74] Das BAG wendet § 256 ZPO nicht an, da kein Rechtsverhältnis, sondern nur eine Eigenschaft überprüft wird.[75] Das Gericht verlagert die Prüfung auf das Rechtsschutzbedürfnis.

(4) Die Aussetzung des Verfahrens

Bemerkenswert ist schließlich die Regelung des § 97 Abs. 5 ArbGG. Hängt die Entscheidung eines Rechtsstreits davon ab, ob eine Vereinigung tariffähig oder ob die Tarifzuständigkeit der Vereinigung gegeben ist, so hat das betroffene Gericht sein Verfahren bis zur Erledigung des Beschlussverfahrens nach § 2a Abs. 1 Nr. 4 ArbGG auszusetzen. Dazu müssen vernünftige Zweifel an einer Eigenschaft i. S. v. § 2a Abs. 1 Nr. 4 ArbGG bestehen.[76] Die Norm gilt indes nicht in Verfahren des einstweiligen Rechtsschutzes.[77] Der Sinn der Regelung besteht darin, dass unter den Voraussetzungen des Verfahrens diese Frage mit Wirkung für jedermann festgestellt wird.[78] Auf der Grundlage dieser Entscheidung kann das betroffene Gericht dann weiter verfahren.

bb) Die Kontrolle der Wirksamkeit und des Inhalts eines Tarifvertrages gem. § 9 TVG

§ 9 TVG ermöglicht die Inhaltsklärung und Wirksamkeitskontrolle tarifvertraglicher Regelungen. Im engeren Sinne zielt § 9 TVG darauf, dass rechtskräftige Entscheidungen zwischen Tarifparteien aus dem Tarifvertrag oder über die Wirksamkeit des Tarifvertrages auch Dritten im Verhältnis zu den Tarifparteien Bindungswirkung zukommen zu lassen. Damit enthält § 9 TVG eine Rechtskrafterstreckung zugunsten aller Tarifgebundenen.[79] Diese Bindungswirkung reicht so weit wie die normative Bindung.[80] Nach seinem Wortlaut regelt § 9 TVG nur diesen Ausschnitt des Verfahrens. Im weiteren Kontext impliziert die Norm jedoch die Existenz der vorausgesetzten Verfahren und knüpft damit an

---

[71] BAG, Beschluss vom 11.6.2013 – 1 ABR 32/12, NZA 2013, 1363 (1365).
[72] BAG, Beschluss vom 14.12.2010 – 1 ABR 19/10, NZA 2011, 289 (293).
[73] BAG, Beschluss vom 14.12.2010 – 1 ABR 19/10, NZA 2011, 289 (293).
[74] BAG, Beschluss vom 14.12.2010 – 1 ABR 19/10. NZA 2011, 289 (294),
[75] BAG, Beschluss vom 11.6.2013 – 1 ABR 32/12, NZA 2013, 1363 (1365).
[76] BAG, Beschluss vom 19.12.2012 – 1 AZB 72/12 = juris.de. Rn. 14.
[77] GMP-*Schlewing*, § 97, Rn. 11.
[78] BAG, Beschluss vom 19.12.2012 – 1 AZB 72/12, NZA 2013, 1363 (1368).
[79] *Krause* S. 105.
[80] *Pfarr/Kocher*, S. 45.

die richterrechtliche Anerkennung derselben an.[81] Gegenstand des Verfahren können einzelne Rechtsfragen (die Auslegung des Tarifvertrages), aber auch das Bestehen des Tarifvertrages sein.[82]

(1) Der Tarifvertrag als Normenvertrag
Der Tarifvertrag (i. S. d. TVG) ist ein privatrechtlicher Normenvertrag und weist damit eine Doppelnatur auf.[83] Tarifverträge enthalten wiederum zwei Bestandteile: einen schuldrechtlichen und einen normativen Teil. Der schuldrechtliche Teil konstituiert die Rechte und Pflichten der Tarifvertragsparteien aus dem Tarifvertrag als gegenseitigen Vertrag. Dieser Teil enthält zwei wichtige Regelungen – gegebenenfalls sogar ungeschrieben: die Friedens- und die Durchführungspflicht.[84] Er hat gerade keine normative Wirkung und bindet folglich nur die Vertragsparteien. Auf die Durchführungspflicht wird im Zusammenhang mit der Durchsetzung des Tarifvertrages zurückzukommen sein.

§ 9 TVG gilt für den normativen Teil des Tarifvertrages. Gemäß § 4 Abs. 1 TVG wirkt der normative Teil unmittelbar und zwingend gegenüber allen Tarifgebundenen. Nach § 1 TVG können Tarifverträge Rechtsnormen, die den Inhalt, den Abschluss und die Beendigung von Arbeitsverhältnissen sowie betriebliche und betriebsverfassungsrechtliche Fragen ordnen, enthalten. Damit werden alle das Arbeitsverhältnis betreffenden Fragen der Tarifautonomie zugeordnet.[85] Die betrieblichen bzw. betriebsverfassungsrechtlichen Regelungen kommen dem Arbeitnehmer nur als Teil der Belegschaft zugute.[86]

(1) § 9 TVG als Verbandsklage
Das Bundesarbeitsgericht spricht in ständiger Rechtsprechung von einer *Verbandsklage nach § 9 TVG*.[87] § 9 TVG hat den Zweck, die rechtliche Beurteilung von Tarifverträgen bzw. einzelner Aspekte zu konzentrieren. Die normative Wirkung des Tarifvertrages soll mit einer möglichst einheitlichen rechtlichen Beurteilung von Tarifbestimmungen untersetzt werden.[88] Die Norm fördert daher die Rechtssicherheit und -klarheit. Daneben sollen auf diese Weise Individualprozesse vermieden werden. Ein weiterer (Neben-)Zweck ist somit auch

---

[81] Hierzu Däubler-*Reinecke*, § 9 TVG, Rn. 1.

[82] BAG, Urteil vom 15.12.2010 – 4 AZR 197/09, AP § 1 TVG, Tarifverträge: Metallindustrie Nr. 215; ErfK-*Franzen*, § 9 TVG, Rn. 3 hebt hervor, dass es sich hierbei um zwei verschiedene Verfahren handele.

[83] ErfK-*Franzen* § 1 TVG Rn. 92; Däubler-*Reim/Nebe* § 1 TVG Rn. 40; BeckOK ArbR-*Waas* § 1 TVG Rn. 2.

[84] Hierzu noch S. 280.

[85] Däubler-*Däubler*, § 1 TVG Rn. 235.

[86] ErfK-*Franzen*, § 1 TVG, Rn. 45; vgl. BeckOK ArbR-*Waas*, § 1 TVG, Rn. 94; Däubler-*Hensche/Heuschmid*, § 1 TVG, Rn. 890 ff.

[87] BAG, Urteil vom 6.6.2007 – 4 AZR 411/06, AP, § 9 TVG, Nr. 14; die Terminologie zieht sich durch die Instanzen: jüngst LAG Baden-Württemberg, Urteil vom 29.9.2014 – 9 Sa 19/14 = juris.de; *Ahmad/Jansen*, AuR 2014, 311 (316).

[88] BAG, Urteil vom 15.12.2010 – 4 AZR 197/09, AP, § 1 TVG Tarifverträge: Metallindustrie Nr. 215.

die Prozessökonomie.[89] Zudem steht die Entlastung der Arbeitnehmer vom Prozessrisiko im Vordergrund.

Betrachtet man den Tarifvertrag als objektives Recht, so rückt die Klage auf Feststellung des Inhalts oder der Wirksamkeit des Tarifvertrags in die Nähe einer klassischen Verbandsklage nach dem UKlaG. Für den einzelnen Arbeitsvertrag wird abstrakt geklärt, was gelten soll. Deutlich wird dies bei der Auslegung des Tarifvertrags. Anders als im UKlaG wird festgelegt, was angemessen, nicht was unangemessen ist. Insofern hat die Verbandsklage hier eine positive, keine negative Wirkung.

Die Einordnung als Verbandsklage ist auch deshalb bemerkenswert, weil die Befugnis aus § 9 TVG sich nicht allein in der Wahrung kollektiver Interessen erschöpft. § 9 TVG ist die Fortwirkung der kollektiven Gestaltungsmacht der Tarifvertragsparteien aus Art. 9 Abs. 3 GG.[90] Wenn es ihnen im Voraus möglich war, die Rechte und Pflichten festzulegen, muss es ihnen danach möglich sein, diese zu klären – zumal sie ohnehin eine Änderung vereinbaren könnten. Dies erklärt, weshalb tariffremde Sozialpartner nach der Rechtsprechung des BAG keinen Antrag stellen können.[91]

(2) Das Feststellungsinteresse

Grundsätzlich setzt § 256 ZPO (i. V. m. § 46 Abs. 1 TVG) ein klärungsbedürftiges und klärungsfähiges konkretes Rechtsverhältnis voraus.[92] Der Tarifvertrag begründet im Regelfall in seinem normativen Teil selbst keine Rechte und Pflichten der Tarifvertragsparteien – die Annahme des konkreten Rechtsverhältnisses ist daher problematisch. Nach herrschender Auffassung enthält § 9 TVG insofern eine Aufweichung von § 256 ZPO, welcher ein konkretes Rechtsverhältnis erfordert.[93] Ohne Rechte und Pflichten zu begründen, bleibt allein die Urheberschaft das Band zwischen den Tarifvertragsparteien. Dies allein begründet nur ein abstraktes Rechtsverhältnis.

Das Feststellungsinteresse ist nicht einfach zu bejahen. Vielmehr müssen Anhaltspunkte vorliegen, welche die Klärung der Rechtsfrage zum gegenwärtigen Zeitpunkt erfordern, etwa eine gegenwärtige oder zukünftige fehlerhafte Anwendung von Tarifnormen, wobei das Interesse gerade in Bezug auf die gegnerische Partei bezogen sein muss.[94] Es genügt jedoch die fehlerhafte Anwendung des Tarifvertrages.

---

[89] BAG, Urteil vom 6.6.2007 – 4 AZR 411/06, AP, § 9 TVG Nr. 14.

[90] *Löwisch/Rieble*, § 9 TVG, Rn. 9.

[91] BAG, Urteil vom 9.12.2009 – 4 AZR 190/08, AP, § 3 TVG Nr. 48, Rn. 44.

[92] BAG, Urteil vom 6.6.2007 – 4 AZR 411/06, AP, § 9 TVG Nr. 14.

[93] BAG, Urteil vom 15.12.2010 – 4 AZR 197/09, AP, § 1 TVG Tarifverträge: Metallindustrie Nr. 215; ErfK-*Franzen*, § 9 TVG, Rn. 1 u. 8; hierzu BeckOK ArbR-*Giesen*, § 9 TVG Rn. 1; *Rieble*, NZA 1992, 250 (250).

[94] BAG, Urteil vom 6.6.2007 – 4 AZR 411/06, AP § 9 TVG Nr. 14.

(3) § 9 TVG analog im Betriebsverfassungsrecht

Trotz der unterschiedlichen Ausrichtung besitzt § 9 TVG nicht nur im Tarifrecht, sondern auch im Betriebsverfassungsrecht Bedeutung. Dort wird die Norm analog für rechtskräftige Entscheidungen über den Bestand oder den Inhalt der Betriebsvereinbarung angewandt.[95] Das Gericht folgerte dies aus der vergleichbaren Konstellation und der parallelen Argumentation im Rahmen der Anwendung des Günstigkeitsprinzips im Betriebsverfassungsrecht.

cc) Zwischenergebnis

Zuweilen wird geltend gemacht, § 9 TVG lasse es an Effizienz vermissen und habe nur einen sehr eingeschränkten Wirkungskreis.[96] Freilich besteht ein Bedürfnis für § 9 TVG. Das Verfahren flankiert individuelle Prozesse, indem es die Rechtsfragen aus dem Tarifvertrag vorab klärt. § 9 TVG ist ein wichtiges Element des Tarifvertragsrechts.

b) Gesetzliche Prozessstandschaft und Beistandschaft im kollektiven Arbeitsrecht

Über diese beiden Instrumente werden insbesondere das Recht aus § 25 HAG und die Beistandschaft nach § 23 AGG in den Kontext des kollektiven Rechtsschutzes eingeordnet.

aa) Die gesetzliche Prozessstandschaft nach § 25 HAG

Im Bereich der Heimarbeit nimmt die oberste Arbeitsbehörde des Landes die Rolle der Entgeltprüferin (§ 23 HAG) ein. Nach § 25 HAG[97] kann ein Bundesland, vertreten durch die obersten Arbeitsbehörde oder die von ihr bestimmte Stelle, im eigenen Namen den Anspruch auf Nachzahlung des Minderbetrages unmittelbar[98] gegenüber den Berechtigten gerichtlich geltend machen.

(1) Zweck der Norm

Die Norm regelt eine gesetzliche Prozessstandschaft.[99] Ausweislich der Gesetzesbegründung[100] soll die Klagebefugnis der Länder darauf bezogen sein, dass der in Heimarbeit Beschäftigte eine Klage nicht anzustrengen wagt. Zudem soll durch die Einschaltung der Behörde eine moralische Wirkung erzeugt werden und das Urteil auch nach § 25 S. 2 HAG für und gegen den Berechtigten wirken.[101]

---

95 BAG, Urteil vom 17.2.1992 – 10 AZR 448/91 – NZA 1992, 999 (1001); LAG Berlin-Brandenburg, Urteil vom 19.3.2013 – 7 Sa 1713/12 = juris.de. *Krause*, S. 394 ff.

96 *Pfarr/Kocher*, S. 45.

97 Zu weiteren vergleichbaren Befugnissen: *Pfarr/Kocher*, S. 150.

98 BAG, Urteil vom 22.10.1964 – 5 AZR 492/63, AP, § 25 HAG, Nr. 1.

99 BAG, Urteil vom 3.4.1990 – 3 AZR 258/88, NZA 1991, 267 (268); BAG, Urteil vom 12.7.1988 – 3 AZR 569/86, NZA 1989, 141 (141).

100 BT-Drs. 1/1357, Anl. 1, S. 29.

101 Hierzu VG Würzburg, Urteil vom 19.5.1999 – W 10 K 98.855 = juris.de; generell kritisch: MünchKommZPO-*Lindacher*, Vor §§ 50 ff., Rn. 54.

Das besondere Schutzbedürfnis der Heimarbeiter resultiert zum einen aus den Schwierigkeiten der Bestimmung ihrer Arbeitnehmereigenschaft, zum anderen daraus, dass sie nicht notwendigerweise (§ 5 Abs. 1 S. 2 BetrVG) an den betrieblichen Sicherungsmaßnahmen partizipieren.[102] Die Amtsklage verfolgt damit zwei Zwecke: die Durchsetzung der Individualinteressen und die Bewahrung der Funktionsfähigkeit der Schutzbestimmungen.[103]

(2) Der entgegenstehende Wille des Heimarbeiters

Bemerkenswert ist das Urteil des BAG vom 22.10.1964.[104] Dort hatte der Heimarbeiter selbst ausgeführt, dass die Vorteile aus der Klage an den Auftraggeber zurückfließen werden. Das BAG nahm dennoch ein Rechtsschutzbedürfnis des klagenden Landes an. Zum einen werde eine Klarstellung der Rechtsbeziehung bewirkt, zum anderen berücksichtige ein anderes Ergebnis nicht die Ordnungs- und Schutzfunktion,[105] aus der sich die Befugnis nach § 25 HAG ergebe. Anhand von Einzelfragen könnten so Rechtsfragen geklärt werden, die für die Allgemeinheit der Heimarbeiter in gleich gelagerten Fällen von Bedeutung seien. Später hat das Gericht dies dahin gehend zusammengefasst, dass die Entscheidung zur Klagerhebung vom Willen des Betroffenen unabhängig sei.[106] Weitergehende Befugnisse stünden dem Land indes nicht zu. Der Heimarbeiter behalte insbesondere die materiell-rechtliche Verfügungsbefugnis.

bb) Die Beistandschaft nach § 23 Abs. 2 S. 1 AGG

Im vierten Abschnitt des Allgemeinen Gleichbehandlungsgesetzes aus dem Jahr 2006 – dem Abschnitt über Rechtsschutz – findet sich eine Regelung über die Unterstützung durch Antidiskriminierungsverbände. Nach § 23 Abs. 2 S. 1 AGG sind Antidiskriminierungsverbände befugt, gemäß ihrem Satzungszweck in gerichtlichen Verfahren als Beistände aufzutreten. Nach Absatz 3 ist ihnen ferner die Besorgung von Rechtsangelegenheiten gestattet. Weitergehende Befugnisse werden von diesen Regelungen nicht berührt (Abs. 4). § 23 AGG begründet nach der herrschenden Lesart keine Verbandsklagebefugnis der Antidiskriminierungsverbände, sondern lediglich Mitwirkungsbefugnisse.[107]

(1) Der kollektive Akteur

Die Durchsetzung der Rechte aus dem AGG obliegt drei bzw. vier Akteuren: dem konkret Benachteiligten, den Antidiskriminierungsverbänden und der Antidiskriminierungsstelle. Hinzukommt der Betriebsrat nach § 17 Abs. 2 AGG im Fall eines groben Verstoßes.

---

102 Vgl. § 2 Abs. 1 HAG; *Schmidt/Koberski/Tiemann/Wascher*, Einleitung Rn. 1 ff.

103 *Rädler*, S. 328.

104 BAG, Urteil vom 22.10.1964 – 5 AZR 492/63, AP, § 25 HAG, Nr. 1.

105 Zum Teil wird diese Ausführung auch mit der Funktion gleichgesetzt, das objektive Recht zu wahren, vgl. *Brecht*, Anm. zu AP, § 25 HAG, Nr. 4 m. w. N.

106 BAG, Urteil vom 10.4.1984 – 3 AZR 60/82, AP, § 25 HAG, Nr. 4.

107 *Thüsing/Burg*, ZTR 2007, 71 (71); ErfK-*Schlachter*, § 23 AGG, Rn. 1.

Ausweislich der Bundestagsdrucksachen soll durch die Antidiskriminierungsverbände neben dem benachteiligten Individuum und der Diskriminierungsstelle ein weiterer Akteur zur effektiven Durchsetzung des Gleichheitsgrundsatzes treten.[108] Nach § 23 Abs. 1 AGG sind Antidiskriminierungsverbände Personenzusammenschlüsse, die nicht gewerbsmäßig und nicht nur vorübergehend entsprechend ihrer Satzung die besonderen Interessen benachteiligter Personen oder Personengruppen mit den nach Maßgabe der in § 1 AGG genannten Zielen wahrnehmen.

Die Grenzen zum kollektiven Akteur im Verbraucherrecht verschwimmen, denn die Gesetzesbegründung verweist bei der Auslegung von „nicht gewerbsmäßig" und „nicht nur vorübergehend" auf § 4 Abs. 2 UKlaG. Allerdings wurde gerade auf ein Anerkennungsverfahren wie im UKlaG oder im BGG wegen der zahlreichen Unterschiede der möglichen Akteure verzichtet.[109] Ob die Voraussetzungen des § 23 Abs. 1 AGG vorliegen, ist daher vom Gericht selbst zu klären. Weiterhin müssen die Antidiskriminierungsverbände nicht rechtsfähig sein.[110] Der überspannende Bezug wird dadurch hergestellt, dass die Verbände nicht nur ihre eigenen Mitglieder unterstützen können, sie können vielmehr jede benachteiligte Person unterstützen.[111]

Die Anforderungen in Absatz 1 werden in der Literatur dahin gehend eingeordnet, dass hierüber die Ernsthaftigkeit des Anliegens der Verbände und ihre Leistungsfähigkeit für die Interessenwahrung belegt werden sollen.[112]

(2) Die Beistandschaft

Die Beistandschaft ist im Hinblick auf § 90 ZPO zu verstehen.[113] Während der ursprüngliche Gesetzesentwurf noch die Möglichkeit vorsah, als Prozessbevollmächtigte aufzutreten,[114] wurde diese Möglichkeit vor dem Hintergrund der Richtlinienvorgaben als unnötig gestrichen.[115] Wesentliches Merkmal der Beistandschaft ist die Zurechnung des Prozessvortrages gemäß § 90 Abs. 2 ZPO. Durch die Regelung des § 23 Abs. 2 AGG sind die Antidiskriminierungsverbände stets zugelassen, ohne dass es auf die Ausnahmen des § 79 ZPO ankäme, ansonsten gilt § 90 Abs. 1 S. 2 i. V. m. § 79 Abs. 1 u. 2 ZPO.[116] Den Ausgangspunkt der Beistandschaft bildet der Individualprozess – die Verbände nehmen nur teil. Wie aus § 90 Abs. 2 ZPO folgt, betrifft der Beibringungsgrundsatz weiterhin die eigentliche Partei. Die Verbände könnten lediglich insofern vortragen, wie dies unwidersprochen bleibt.

---

[108] BT-Drs. 16/1780, S. 48.
[109] BT-Drs. 16/1780, S. 48.
[110] HkBGB-*Ebert*, § 23 AGG, Rn. 1; *Thüsing/Burg*, ZTR 2007, 71 (72).
[111] ErfK-*Schlachter*, § 23 AGG, Rn. 1.
[112] ErfK-*Schlachter*, § 23 AGG, Rn. 2.
[113] BT-Drs. 16/1780, S. 48; ErfK-*Schlachter*, § 23, Rn. 3.
[114] BT-Drs. 16/1780, S. 11 u. S. 48.
[115] Vgl. etwa BT-Drs. 16/2022, S. 14.
[116] Musielak/Voit-*Weth*, § 90, Rn. 2.

(3) AGG und UWG/UKlaG

Vor dem Hintergrund dieser Determinanten ist insbesondere die Stellung des AGG im System des Verbraucherschutzes von großem Interesse. Bereits vor der Verabschiedung des AGG wurde vertreten, dass allein eine Verbandsklage einen effektiven Rechtsschutz ermögliche.[117]

In den Materialien zum AGG hat der Gesetzgeber im Zusammenhang mit § 23 AGG die Auffassung vertreten, Verstöße gegen das zivilrechtliche Benachteiligungsverbot könnten mit Hilfe von UKlaG und UWG verfolgt werden.[118] Die §§ 19, 20 AGG knüpfen an sog. Massengeschäften an. Damit nehmen sie zwar den Verbraucher nicht in Bezug, allerdings regeln sie typische Verbraucherkonstellationen. Folglich wird aus Diskriminierungsschutz Verbraucherschutz.

3. Exkurs: Kollektive Klagerechte im Sozialrecht

Auch das Sozialrecht enthält kollektive Strukturen. Neben den Vertretungsbefugnissen der Verbände in § 67 Abs. 2 Nr. 6 VwGO und in § 73 Abs. 2 Nr. 5, 6, 7, 8, 9 SGG kennt das Sozialrecht weitergehende Strukturen.

a) § 63 SGB IX

§ 63 SGB IX bestimmt Folgendes: Wenn behinderte Menschen in ihren Rechten nach dem SGB IX verletzt werden, können Verbände an ihrer Stelle und mit ihrem Einvernehmen klagen. Dazu müssen diese wiederum nach ihrer Satzung behinderte Menschen auf Bundes- oder auf Landesebene vertreten und nicht selbst am Prozess beteiligt sein.

aa) Verbandsklage?

§ 63 SGB IX wird zuweilen als Verbandsklagerecht eingeordnet[119] – zu Unrecht. Die Prozessführungs- bzw. Klagebefugnis ist von der Einwilligung eines behinderten Menschen abhängig. Die Norm stellt vielmehr eine besondere gesetzliche Prozessstandschaft dar.[120] Liegt eine Einwilligung vor, so muss der Verband selbst sämtliche Verfahrensvoraussetzungen, die sich einem behinderten Menschen stellen würden, erfüllen (§ 63 S. 2 SGB IX).

Dass sich der Gesetzgeber gegen eine Verbandsklage entschieden hat, lässt sich nachvollziehbar auf zwei Gründe stützen. Behinderte oder pflegebedürftige Menschen können bei der Wahrnehmung ihre Rechte bereits durch ihr Attribut

---

117 *Kocher*, in: gleiches Recht, 187 (202); in die Richtung: *Raasch*, ZESAR 2005, 209 (210 f.).

118 BT-Drs. 16/1780, S. 48; *Köhler*/Bornkamm, § 2 UKlaG, Rn. 2 a. E.; *Wenckebach*/*Welti*, VuR 2015, 209 (215).

119 Verbandsklagerecht als gesetzliche Prozessstandschaft: Neumann/Pahlen/Majerski-Pahlen-*Majerski-Pahlen* § 63 Rn. 1; *Gagel*, jurisPR-ArbR 43/2010, Anm. 3.

120 VGH München, Beschluss vom 17.11.2004 – 12 CE 04.1580; *Köhler*, ZFSH 2010, 19 (20); Küttner-*Kania* „Behinderte" Rn. 69; *Ahmad*/*Jansen*, AuR 2014, 311 (314); das Erfordernis der Einwilligung deutet eigentlich auf eine gewillkürte Prozessstandschaft hin. Allerdings entbindet die Regelung gerade von weiteren Voraussetzungen der gewillkürten Prozessstandschaft, so dass eine Einordnung als gesetzliche Prozessstandschaft zutreffend ist.

eingeschränkt sein.[121] Insofern *verstärkt* § 63 SGB IX *ihre* Rechtsposition. Hinzu kommt, dass mit der Konzeption auch der Höchstpersönlichkeit der Betroffenheit Rechnung getragen wird.

bb) Die Durchbrechung der Abhängigkeit der Prozessführung vom materiellen Recht

Die Ausgestaltung als gesetzliche Prozessstandschaft führt zu der Situation, dass die Aufnahme des Individualprozesses auch im Ermessen des Verbandes liegt.[122] Ferner kann ein Behinderter – hat er einmal seine Zustimmung erklärt – einzelnen Prozesshandlungen nicht widersprechen.[123] Insofern entfernt sich die Norm dann von ihrem individualrechtlichen Fundament.

cc) Konsequenz

In der gegenwärtigen Konstruktion wird deutlich, dass allein der prozessuale Akteur ausgetauscht werden soll. Dies kann mehrere Gründe haben. Aus der Gesetzesbegründung folgt nur allgemein, dass die Klagebefugnis die Geltendmachung von Rechten erleichtern soll.[124] Das Prozessrisiko kann verringert werden, die Mühen des Prozesses an sich können reduziert werden und es kommt zu einer Kompetenzbündelung.

b) § 13 BGG

Während § 12 BGG eine § 63 SGB IX vergleichbare Regelung enthält,[125] stellt die Befugnis aus § 13 des Behindertengleichstellungsgesetzes eine echte Verbandsklage im Bereich des Sozialrechts dar. Das Gesetz verwirklicht im Bereich der öffentlichen Verwaltung des Bundes den Gleichheitssatz aus Art. 3 Abs. 3 S. 2 GG und stellt hierfür einen *zentralen Baustein* dar.[126] Mittlerweile haben die meisten Länder ebenfalls vergleichbare, indes in Einzelheiten unterschiedliche Regelungen erlassen.[127]

In den Bundestagsdrucksachen wurde der Wandel weg von Fürsorge und Versorgung hin zur selbstbestimmten Teilhabe am gesellschaftlichen Leben und der Verwirklichung der Chancengleichheit betont.[128] In § 1 BGG sind die letztgenannten Ziele auch festgeschrieben. Die prozessualen Mittel der §§ 12 f. BGG sind Ausdruck dieses veränderten Verständnisses von der Fürsorge zur selbstbestimmten Teilhabe; sie tragen der speziellen Sachkenntnis der Verbände behinderter Menschen und der weitverbreiteten Struktur von Selbsthilfegrup-

---

[121] *Köhler*, ZFSH 2010, 19 (23).
[122] Dau/Düwell/Joussen-*Joussen* § 63 Rn. 13; *Köhler*, ZSFH 2010, 19 (24).
[123] *Köhler*, ZFSH 2010, 19 (24),
[124] BT-Drs. 14/5074, S. 111.
[125] *Steinbrück*, br 2008, 99 (99 f.).
[126] BVerwG, Urteil vom 5.4.2006 – 9 C 1/05, NVwZ 2006, 817 (820); kritisch zur Klagetätigkeit: Dau/Düwell/Joussen-*Dau*, § 13 BGG, Rn. 3.
[127] Vgl. die Darstellung bei Kossens/von der Heide/Maaß-*Dopatka* § 13 BGG Rn. 32 ff.
[128] BT-Drs. 14/7420, S. 17.

pen Rechnung.[129] Damit werden das Bestehenlassen des Status quo zu einem feststellbaren Rechtsbruch und eine bestehende rechtswidrige Verwaltungspraxis hinfällig.[130] § 13 BGG ist also auch ein Motor für Veränderung.

Diese Klagemöglichkeit ist nicht selbstverständlich – auch rechtlich. Das Sozialgerichtsverfahren stellt hohe Anforderungen an die Klagebefugnis, vgl. § 54 SGG. Anders als in der VwGO verwendet § 54 Abs. 1 SGG nicht den Begriff der Verletzung eines subjektiven öffentlichen Rechts, sondern spricht abstrakt von der Beschwer. Diese Unterscheidung und offensichtliche Entkoppelung vom subjektiven öffentlichen Recht hat jedoch das Bundessozialgericht nicht davon abgehalten, die Voraussetzungen parallel zu beurteilen.[131] Die Beschwer ist dann nicht gegeben, wenn die Verletzung eines subjektiven Rechts ausscheidet. Insofern stellt § 13 BGG eine andere gesetzliche Bestimmung i. S. v. § 54 Abs. 2 S. 2 SGG dar.

aa) Der Zweck der Norm

Nach dem Willen des Gesetzgebers soll die Verbandsklage dazu dienen, dass die zugunsten behinderter Menschen bestehenden Vorschriften *tatsächlich* durchgesetzt werden.[132] Zudem wird dem Einzelnen das Prozessrisiko genommen.[133] Die Norm zielt weitergehend auf eine mit dem BGG in Einklang stehende Verwaltungspraxis ab[134] – ein typischer überindividueller Zweck. Die Phänomene des rationalen Desinteresses o. Ä. finden sich in den Gesetzesbegründungen hingegen nicht. Gleichwohl kann man der Zulässigkeitsvoraussetzung der allgemeinen Bedeutung in § 13 Abs. 2 S. 2 BGG entnehmen, dass das Phänomen des Streuschadens im weitesten Sinne erkannt wurde: eine Vielzahl von Personen wird durch das Unterlassen der Herbeiführung eines gesetzeskonformen Zustandes tangiert.

bb) Die durchsetzbaren Normen.

§ 13 Abs. 1 BGG untergliedert sich in drei Nummern. Nummer 1 bezieht sich auf die Vorschriften des BGG, welche die Verpflichtung zur Gleichstellung und Barrierefreiheit regeln. Nach § 7 Abs. 2 darf ein Träger öffentlicher Gewalt behinderte Menschen nicht benachteiligen. § 8 Abs. 1 besagt, dass Neubauten sowie große Um- oder Erweiterungsbauten des Bundes etc. barrierefrei gestaltet werden sollen, wobei von diesen Anforderungen abgewichen werden kann, wenn mit einer anderen Lösung in gleichem Maße die Anforderungen an die Barrierefreiheit erfüllt werden. Nach § 9 Abs. 1 haben hör- oder sprachbehinderte Menschen nach Maßgabe einer spezifischen Rechtsverordnung das Recht, in deutscher Gebärdensprache oder über geeignete Kommunikationshilfen zu

---

129 BT-Drs. 14/7420, S. 30; BT-Drs. 16/9283, S. 19.
130 BT-Drs. 14/7420, S. 30.
131 Vgl. etwa: BSG, Urteil vom 27.10.1987 – 6 RKa 57/86, BSGE 62, 231 = juris.de, Rn. 5.
132 BT-Drs. 14/7420, S. 30.
133 *Köhler*, ZFSH 2010, 19 (26).
134 BT-Drs. 14/7420, S. 30; *Steinbrück*, br 2008, 99 (104).

kommunizieren, soweit dies zur Wahrnehmung eigener Rechte im Verwaltungsverfahren erforderlich ist. § 10 Abs. 1 S. 2 besagt, dass Blinde und sehbehinderte Menschen nach Maßgabe einer besonderen Rechtsverordnung verlangen können, dass ihnen Bescheide, öffentlich-rechtliche Verträge und Vordrucke ohne zusätzliche Kosten auch in einer für sie wahrnehmbaren Form zugänglich gemacht werden, soweit dies zur Wahrnehmung eigener Rechte im Verwaltungsverfahren erforderlich ist. § 11 Abs. 1 BGG schließlich erfordert, dass Internetauftritte u. a. von behinderten Menschen grundsätzlich uneingeschränkt genutzt werden können. Aus § 12 BGG folgt, dass es sich bei diesen Rechten um subjektiv-öffentliche Rechte handelt. Die Norm spricht von „ihren Rechten" und enthält damit eine subjektive Rechtszuordnung.

Nummer 2 greift singuläre Barrierefreiheit fördernde Annexbestimmungen in besonderen Gesetzen auf. § 46 BWO und § 39 EWO regeln die Barrierefreiheit von Wahlräumen. § 43 Abs. 2 S. 2 SVWO regelt die Möglichkeit einer Wahlschablone für die Briefwahl. § 17 Abs. 1 Nr. 4 SGB I bestimmt, dass die sozialrechtlichen Leistungsträger verpflichtet sind, ihre Verwaltungs- und Dienstgebäude frei von Zugangs- und Kommunikationsbarrieren zu halten und ihre Sozialleistungen in barrierefreien Räumen und Anlagen auszuführen.

§ 13 Abs. 1 Nr. 3 BGG bezieht sich auf Vorschriften zur Verwendung von Gebärdensprache oder anderer geeigneter Kommunikationshilfen.

cc) Die Klageart

Aus dem Wortlaut der Norm resultiert, dass die statthafte Klageart nur eine Feststellungsklage sein kann. Das Bundesverwaltungsgericht hat ausdrücklich die Möglichkeit der Parallelen zum Umweltrecht hervorgehoben und § 13 BGG als objektives Beanstandungsverfahren verstanden.[135] Der Verwaltungsgerichtshof Baden-Württemberg war zudem der Auffassung, dass die Verbandsfeststellungsklage keine aufschiebende Wirkung hat.[136]

dd) Möglichkeiten der Rechtsfortbildung

Der Behindertenverband kann nicht jeden Verfahrens- oder Abwägungsmangel rügen, sondern allein die Feststellung eines Verstoßes gegen bestimmte enumerativ aufgezählte Rechtsvorschriften begehren.[137] Die enumerative Aufzählung ist ein starkes Indiz gegen eine Rechtslücke, diese kann allenfalls bei neueren Gesetzen in Betracht kommen.

ee) Besondere Zulässigkeitsaspekte

§ 13 Abs. 2 S. 1 BGG erhebt die Frage, ob die Aufgabe in den Satzungszweck fällt, ausdrücklich zu einem Zulässigkeitsaspekt. Ein für die Dogmatik entscheidender Aspekt ist die erhöhte Anforderung in § 13 Abs. 2 S. 1 u. 2 BGG. Denn wenn ein behinderter Mensch selbst klagen könnte oder konnte, dann ist die

---

[135] BVerwG, Urteil vom 5.4.2006 – 9 C 1/05, NVwZ 2006, 817 (818).
[136] VGH Mannheim, Beschluss vom 6.12.2004 – 5 S 1704/04, NVwZ-RR 2005, 635 (636).
[137] BVerwG, Urteil vom 5.4.2006 – 9 C 1/05, NVwZ 2006, 817 (818).

Klage nur zulässig, wenn der Verband geltend macht, dass es sich um eine Maßnahme von allgemeiner Bedeutung handele. Das ist der Fall, wenn eine Vielzahl gleich gelagerter Fälle vorliegt. Nach der Gesetzesbegründung soll bereits eine Verwaltungsvorschrift das allgemeine Interesse begründen.[138] Die Norm scheint einen strengen Dualismus an den Tag zu legen. Denn es gibt nach ihrer Logik entweder nur das klagebefugte Individuum oder das legitimierende Allgemeininteresse. Das Interesse des spezifischen Kollektivs nimmt die Norm nicht auf.

ff) Aktivlegitimation und Anerkennung

Die Aktivlegitimation erfolgt über die Anerkennung durch das Bundesministerium für Arbeit und Soziales (§ 13 Abs. 3 BGG). Diese setzt zunächst einen Vorschlag der Mitglieder des Beirats für die Teilhabe behinderter Menschen (§ 64 SGB IX) voraus. Das bestehende Ermessen wird über § 13 Abs. 3 S. 2 BGG regelmäßig gebunden. Dazu muss der Verband jedoch nach seiner Satzung ideell und nicht nur vorübergehend die Belange behinderter Menschen fördern, nach der Zusammensetzung seiner Mitglieder dazu berufen sein, Interessen behinderter Menschen auf Bundesebene zu vertreten, zum Zeitpunkt der Anerkennung mindestens drei Jahre bestanden haben und in diesem Zeitraum fördernd tätig gewesen sein. Hinzukommen muss ferner, dass der Verband die Gewähr für eine sachgerechte Aufgabenerfüllung bietet, wobei seine bisherige Tätigkeit, der Mitgliedskreis sowie die Leistungsfähigkeit zu berücksichtigen sind. Schließlich muss der Verband von der Körperschaftsteuer befreit sein. Diese Voraussetzungen müssen kumulativ vorliegen („und").

gg) Die Zielvereinbarung i. S. v. § 5 BGG.

Nicht im Verbandsklagerecht aufgeführt, aber von der Aktivlegitimation abhängig, besteht ein eigenes Recht der Verbände auf Aufnahme der Verhandlungen über Zielvereinbarungen gemäß § 5 Abs. 1 S. 2 BGG. Die Anspruchsqualität folgt zwingend aus dem Wortlaut des § 5 Abs. 4 BGG. Dieses Recht geht über den hoheitlichen Bereich des Bundes hinaus und erfasst auch Private.[139]

Die Zielvereinbarung ist ein privatrechtlicher Vertrag und hat Auswirkungen gegenüber Dritten.[140] Die Gesetzesbegründung vergleicht die Zielvereinbarung sogar mit Tarifverträgen.[141] Ihr Zweck besteht darin, die gesetzlichen oder verordneten Ziele zu konkretisieren.[142] Da sie keine unmittelbare Wirkung hat, liegt es nahe, dass über die Eintragung im Register das Berufen auf den Gesetzeswortlaut nur im Rahmen der Zielvereinbarung möglich ist. Die Zielvereinbarung hat somit gesetzeskonkretisierende Wirkung. Die Gesetzesbegründung spricht denn auch ausdrücklich davon, dass im Erfolgsfall weitere Regelungen unterbleiben können.[143]

---

[138] BT-Drs. 14/8331, S. 50.
[139] Neumann/Pahlen/Majerski-Pahlen-*Majerski-Pahlen*, § 5 BGG, Rn. 1.
[140] Neumann/Pahlen/Majerski-Pahlen-*Majerski-Pahlen*, § 5 BGG, Rn. 14.
[141] BT-Drs. 14/7420, S. 20.
[142] BT-Drs. 14/7420, S. 20.
[143] BT-Drs. 14/7420, S. 20.

c) Die Prozesskosten

Nach § 183 SGG ist das Verfahren vor den Gerichten der Sozialgerichtsbarkeit für Versicherte, Leistungsempfänger, behinderte Menschen oder deren Sonderrechtsnachfolger nach § 56 SGB I kostenfrei, soweit sie in dieser jeweiligen Eigenschaft als Kläger oder Beklagter beteiligt sind.

Demgegenüber gilt § 193 SGG zwischen den Beteiligten. Für die Fälle der Prozessstandschaft folgt dieses Ergebnis aus dem Wortlaut der Reglungen. Dort treten die Verbände *„an die Stelle"* des behinderten Menschen.

d) Fazit

Dieser Exkurs zeigt, dass kollektive Strukturen stets auf vergleichbare Probleme treffen. Sie müssen den Willen des Individuums verarbeiten und gegebenenfalls überwinden. Im Sozialrecht wird deutlich, wie generelle und wichtige Gemeinbelange das Rechtsverhältnis prägen können. Andererseits dokumentiert § 63 SGB IX, dass der Einzelne Subjekt und Ausgangspunkt des kollektiven Rechtsschutzes bleibt. Erst nach einer Abwägung kann es kollektiven Rechtsschutz geben. Dies dokumentiert § 13 Abs. 2 S. 2 BGG beispielhaft.

Von diesem Bestand ausgehend haben *Masuch/Spellbrink*[144] Bedenken an einem allgemeinen Ausbau der kollektiven Klagerechte im SGG geäußert. Es sei schon nicht klar, welches Defizit eine allgemeine Verbandsklage bekämpfen soll. Es bestünde kein Kostenrisiko und die Sozialrichter führten „fürsorglich" durch den Prozess. Auch müsse geklärt werden, welche Verbände in den jeweiligen Spezialgebieten die Befähigung hätten, anstelle der Leistungsberechtigten zu klagen. Es fehle an belastbaren Daten, welcher Missstand durch ein Verbandsklageverfahren behoben werden könne. Ein Mehr an Klagen allein dürfe die Verbandsklage nicht rechtfertigen.

Dieser Hinweis soll an dieser Stelle dazu genutzt werden, unterschiedliche Aspekte hervorzuheben. In der rechtspolitischen Diskussion geht es darum, Gründe aufzuzeigen, das deutsche Recht zu ändern. Es liegt im Wesen der sog. rationalen Apathie, dass die belastbaren Fälle fehlen. Für die rechtspolitische Diskussion sollte vielmehr entscheidend sein, ob sozialrechtswidrige Praktiken als solche ausscheiden sollen. Sie müssen jedoch zunächst vom Gesetzgeber identifiziert und zugewiesen werden. Daher ist der selektive Ansatz der Gesetzgebung, der behutsame Ausbau kollektiver Strukturen, der richtige Weg.

Die Diskussion um eine allgemeine Verbandsklage wird dem nicht gerecht. Denn schon die Struktur der Bücher des SGB macht deutlich, dass völlig unterschiedliche Probleme gelöst werden müssen. Es geht daher darum, innerhalb der zwölf Bücher angemessene Lösungen zu finden und mögliche klagebefugte Einrichtungen zu identifizieren. Auch im Sozialrecht schließen sich Menschen zu Verbänden zusammen.

---

[144] *Masuch/Spellbrink*, FS 60 Jahre BSG, 437 (448).

Davon zu trennen ist die Frage der Rechtsfortbildung kollektiver Strukturen, die auf den folgenden Seiten erörtert wird. Diese muss sich gegenüber dem Gewaltenteilungsgrundsatz legitimieren und bei der Übertragung einer Struktur oder einzelner Elemente einer Struktur die engen Grenzen der analogen Rechtsanwendung beachten.

4. Ergebnis

Die Analyse des kollektiven Rechtsschutzes im Arbeits- und im Sozialrecht hat deutlich gemacht, dass Verfahren zur Sicherstellung kollektiver Interessen bestehen und in das System integriert werden können. Insbesondere § 9 TVG begründet als Form des kollektiven Rechtsschutzes eine für das Tarifsystem unerlässliche Breitenwirkung. Bemerkenswert ist zudem das Erfordernis der allgemeinen Bedeutung in § 13 BGG, die wiederum verdeutlicht, dass kollektiver Rechtsschutz eine Wirkung über den Einzelfall hinaus haben muss.

Die Analyse der bestehenden Strukturen hat nicht nur die Nutzung des Begriffs der Verbandsklage im Verbraucher- und Arbeitsrecht hervorgebracht. Vielmehr deutet sich ein allgemeineres überspannendes Phänomen an, welches im Folgenden über die Verbindung von Verbraucher- und Arbeitsrecht vertieft werden soll.

II. Das Verhältnis des Arbeitnehmerbegriffs zum Verbraucherbegriff

Seit Langem wurde und wird diskutiert, wie sich der Arbeitnehmerbegriff zum Verbraucherbegriff verhält. Völlig unstreitig kann sich ein Arbeitnehmer in die Rolle des Verbrauchers begeben, indem er von seinem Arbeitgeber Waren erwirbt etc.[145] Probleme warfen hingegen die Rechtsgeschäfte auf, die im spezifischen Bezug zum Arbeitsverhältnis standen. In erster Linie betrifft dies die Begründung oder die Aufhebung des Arbeitsvertrages. Ursprünglich waren Arbeits- und Verbraucherrecht sowie Arbeitnehmer und Verbraucher unterschiedlichen Bereichen zugewiesen. Die jeweiligen Regelungen des nationalen und des europäischen Rechts ermöglichten eine weitgehende Trennung.[146]

1. Das Meinungsspektrum nach Schaffung des § 13 BGB

Durch das „Gesetz über Fernabsatzverträge und andere Fragen des Verbraucherrechts sowie zur Umstellung von Vorschriften auf EURO“ vom 27.6.2000[147] wurde der bisher spezialgesetzlich geregelte Verbraucherbegriff in den Allgemeinen Teil des BGB überführt. § 13 BGB schließt nach seiner Legaldefinition nur die selbstständige Tätigkeit aus, erfasst aber die berufliche Tätigkeit. In der Folge entspann sich eine Diskussion darüber, ob der Abschluss des Arbeitsvertrages

[145] *Hönn*, ZfA 2003, 325 (343).
[146] Hierzu *Hümmerich/Holthausen*, NZA 2002, 173 (173).
[147] BGBl. I 2000 Nr. 28 vom 29.6.2000 S. 899.

ein Rechtsgeschäft eines Verbrauchers war. Vom Wortlaut ausgehend, betonten viele Autoren, dass § 13 BGB Arbeitnehmer erfasse.[148] Die Neufassung von § 13 BGB durch das Gesetz zur Umsetzung der Verbraucherrechterichtlinie hat die Diskussion nicht verändert.

Gegen die Einordnung des Arbeitsvertrages als Verbrauchervertrag wurde angeführt, der Verbraucherbegriff bezeichne in seinem „etymologischen" Bedeutungsgehalt nur eine Person, die am Markt als Nachfrager von Sach- oder Dienstleistungen für den privaten Verbrauch in Erscheinung trete. Der Arbeitnehmer hingegen böte selbst Dienstleistungen am Markt an.[149]

Auf der Grundlage dieser kategorialen Trennung wurde dem Arbeitnehmer von Teilen der Literatur allerdings nicht jeder verbraucherrechtliche Schutz verwehrt. Lediglich der Abschluss des Arbeitsvertrages wurde aus dem Anwendungsbereich des § 13 BGB herausgenommen.[150] Arbeitsrecht und Verbraucherrecht wurden hiernach als eigenständige rechtliche Instrumentarien verstanden, die auf spezifische und divergierende Schutzaspekte ausgerichtet sind.[151]

Zur kategorialen Trennung bemerkte *Boemke*, dass trotz der unterschiedlichen Begriffspaare nicht ausgeschlossen werde, dass beide Eigenschaften zugleich erfüllt werden könnten.[152] *Däubler* führte zudem an, dass die Beschäftigung von Arbeitnehmern der gewerblichen Tätigkeit zuzuordnen sei und der Beschäftigte daher dem Gegenbegriff anfalle.[153] Zudem habe der Verbraucherbegriff die Aufgabe, die schwächere und damit schutzbedürftige Vertragspartei zu identifizieren.[154] Dies sei auch beim Arbeitnehmer der Fall.

Andere führten die Definition in Art. 2 lit. b) der Richtlinie 93/13/EWG an.[155] Danach ist der Verbraucher eine natürliche Person, die bei Verträgen, die unter diese Richtlinie fallen, zu einem Zweck handelt, der nicht ihrer gewerblichen oder beruflichen Tätigkeit zugerechnet werden kann. Die unionsrechtliche Definition des Verbrauchers ist zwar enger, der Gesetzgeber ist hiervon allerdings bewusst abgewichen. Zu § 13 BGB merkte der Gesetzesentwurf der Schuldrechtsmodernisierung an:

„Anders als nach der Richtlinie nimmt § 13 nur die selbständige berufliche Tätigkeit aus dem Verbraucherbegriff aus. […] Es sollten aber nicht die Personen aus dem Verbraucher-

---

[148] *Reim*, DB 2002, 2434; *Pauly*, ZTR 2003, 541 (542); *Walter*, AiB 2002, 381 (381); *Wedde*, AiB 2002, 267 (269); *Boemke*, BB 2002, 96 (97); *Däubler*, NZA 2001, 1329 (1333); *Schleusner*, NZA 2002, 949; *Hümmerich/Holthausen*, NZA 2002, 173; Preis, NZA 2003-Sonderbeilage Nr. 16, 19; a. A.: *Tschöpe/Pirscher*, RdA 2004, 358; *Löwisch*, FS Wiedemann, 311; *Natzel*, NZA 2002, 595; *Bauer/Kock*, DB 2002, 42; *Henssler*, RdA 2002, 129 (133 f.); *Rieble/Klumpp*, ZIP 2002, 2153; *Annuß*, NJW 2002, 2844; *Fiebig*, DB 2002, 1608; *Hönn*, ZfA 2003, 325 (359) einschränkend: Brors, DB 2002, 2046 (2047); differenzierend: *Singer*, RdA 2003, 194; *Mohr*, AcP 2004, 660 (689); unentschlossen: *Holtkamp* AuA 2002, 250.

[149] *Henssler*, RdA 2002, 129 (133); *Hrommadka*, NJW 2002, 2523 (2524).

[150] Vgl. *Bauer/Kock*, DB 2002, 42.

[151] *Däubler*, NZA 2001, 1329 (1332).

[152] *Boemke*, BB 2002, 96 (97).

[153] *Däubler*, NZA 2001, 1329 (1333).

[154] *Däubler*, NZA 2001, 1329 (1333).

[155] *Lingemann*, NZA 2002, 181 (184).

begriff ausgenommen werden, die als abhängig Beschäftigte eine Sache zu einem Zweck kaufen, der (auch) ihrer beruflichen Tätigkeit dient, z. B. der Lehrer, der sich einen Computer anschafft, um damit Klassenarbeiten zu entwerfen, oder der Angestellte, der eine Kaffeemaschine für sein Büro kauft. Das gilt *auch* für die Rechtsbeziehungen des Arbeitnehmers zu seinem Arbeitgeber. Solche Fälle sind nicht mit denjenigen vergleichbar, in denen selbständig als Unternehmer am Wirtschaftsleben Beteiligte Verträge abschließen. Sie sollen deshalb den besonderen Vorschriften über Verbrauchergeschäfte unterstellt werden."[156]

Diese und die folgende Formulierung werden in der Literatur als Beleg für die absolute Anwendung des § 13 BGB auf den Arbeitnehmer verstanden.[157] Das folgende Zitat steht für den Erfolg dieses Ansatzes und geht auf die Ansicht des Bundesrats zurück, die richterliche Inhaltskontrolle im Arbeitsrecht nach den §§ 138, 242, 315 BGB in das AGBG bzw. in die Nachfolgeregelungen zu überführen. Die Bundesregierung folgte dem Vorschlag durch die Streichung der alten Bereichsausnahme in § 23 AGBG und begründete dies wie folgt:

„Die aus dieser uneinheitlichen Rechtsprechung entstehende Rechtsunsicherheit sollte durch die Streichung der Bereichsausnahme beseitigt werden. *Dadurch wird auch dafür gesorgt, dass das Schutzniveau der Vertragsinhaltskontrolle im Arbeitsrecht nicht hinter demjenigen des Zivilrechts zurückbleibt.* Allerdings sollten vor allem die besonderen Klauselverbote ohne Wertungsmöglichkeit im Arbeitsrecht nicht zwingend uneingeschränkt zur Anwendung kommen. Vielmehr sollten hier die besonderen Bedürfnisse eines Arbeitsverhältnisses berücksichtigt werden können."[158]

Schließlich folgte die entscheidende Stellungnahme des Rechtsausschusses. In den Materialien zur Schuldrechtsmodernisierung war die Rede davon, dass *„Arbeitnehmer auch Verbraucher sind, [...]*"[159]: Es liegt nahe, hierin eine weitgehende Bestätigung zu sehen.[160] Dem wird allerdings entgegengehalten, die Aussage bezöge sich zum einen auf den Verbrauchsgüterkauf und zum anderen auf die Klagebefugnis der Gewerkschaften, nicht aber generell darauf, den Arbeitsvertrag dem Verbraucherschutzrecht zuzuordnen.[161] Nichtsdestotrotz sind die Äußerungen des Rechtsausschusses in den Kontext der Verbandsklage und der weitgehenden Ausnahme des § 15 UKlaG zu setzen, da die Norm über § 2 UKlaG auf alle Bereiche des Verbraucherschutzes ausstrahlt.

2. Die Entscheidung des BAG vom 25.5.2005 – 5 AZR 572/04

Das Bundesarbeitsgericht musste die Frage im Jahr 2005 entscheiden. In seinem Urteil vom 25.5.2005 ordnete das Bundesarbeitsgericht den Arbeitnehmer als Verbraucher i. S. v. § 13 BGB ein und lehnte eine Abgrenzung der Rechtsgebiete

---

156 BT-Drs. 14/6040, S. 243 (Hervorhebung durch Verfasser).
157 *Hümmerich/Holthausen*, NZA 2002, 173 (176).
158 BT-Drs. 14/6857 S. 54 (Hervorhebung durch Verfasser); hierzu eingehend: *Hümmerich/Holthausen*, NZA 2002, 173 (176).
159 BT-Drs. 14/7052, S. 190.
160 *Däubler*, NZA 2001, 1329 (1333).
161 *Hrommadka*, NJW 2002, 2523 (2524).

auf Statusebene – man könnte auch Typusebene sagen – ab.[162] Das BAG betonte, dass die Abgrenzung für jede verbraucherschützende Norm gesondert vorzunehmen sei. Die Anwendung einer Verbraucherschutznorm scheide aus, wenn dies wegen der gesetzlichen Anordnung oder aus systematisch-teleologischen Gründen geboten sei.

Für die Einordnung spreche in erster Linie der weite Wortlaut des § 13 BGB. Die darin enthaltene Negativbestimmung schließe eine Begriffsfassung um einen konsumtiven Zweck des Rechtsgeschäfts aus, es handele sich vielmehr um einen rechtstechnischen Oberbegriff. Der Gesetzgeber habe sich bewusst vom allgemeinen Sprachgebrauch gelöst und eine umfassende Begriffsfassung gewollt. § 13 BGB sei daher auf alle Arten von Rechtsgeschäften anzuwenden. Art. 29 EGBGB[163] gehe zwar von einem engeren Verbraucherbegriff aus, Art. 36 EGBGB ordne aber an, dass der Grundsatz der einheitlichen Auslegung zu beachten sei und somit Rückschlüsse aus dem Internationalen Privatrecht nicht möglich seien.

Sodann hob das Gericht den Bedeutungswechsel des Verbraucherbegriffs hervor, den dieser allein wegen der Streichung der Bereichsausnahme bei der Klauselkontrolle (§ 23 AGBG) und durch die Übernahme des AGBG-Begriffs in § 13 BGB erfahren habe. Im Speziellen habe § 310 Abs. 4 die Klauselkontrolle im Arbeitsrecht ermöglicht, ohne die Verbraucherverträge i. S. v. § 310 Abs. 3 BGB herauszunehmen.

Abschließend verwies das Gericht auf seine Entscheidung vom 27. November 2003 zum Haustürwiderruf, um deutlich zu machen, wie die Fälle in Zukunft zu lösen zu seien.[164] Dort hatte das Gericht das Merkmal „am Arbeitsplatz“ nicht auf eine arbeitsvertragliche Beendigungsvereinbarung hin entworfen. Unter anderem betonte das Gericht, der Sinn und Zweck – der Schutz vor Überrumpelung – verfange nicht, da der Arbeitsplatz der typische Ort für Beendigungsvereinbarungen sei.

Insofern ist jede verbraucherschützende Norm auf ihre Anwendbarkeit im Arbeitsrecht gesondert zu prüfen. In der Folge schloss sich die überwiegende Mehrheit dieser Rechtsprechung an.[165] Das Bundesverfassungsgericht hat diese Sicht ebenfalls bestätigt.[166]

---

[162] BAG, Urteil vom 25.5.2005 – 5 AZR 572/04, AP, § 310 BGB, Nr. 1; seitdem st. Rspr.: u. a.: BAG, Urteil vom 27.6.2012 – 5 AZR 530/11, NZA 2012, 1147 (1147); BAG, Urteil vom 25.2.2015 – 5 AZR 518/13 = juris.de.

[163] Für ab dem 17.12.2009 geschlossene Vereinbarungen gilt nunmehr die Verordnung (EG) Nr. 593/2008 (Rom I); dort ist in Art. 6 der Verbrauchervertrag geregelt und in Abs. 1 der Verbraucherbegriff negativ bestimmt. Die Arbeitsverträge sind in Art. 8 der VO geregelt; hierzu: *Schneider*, NZA 2010, 1380.

[164] BAG, Urteil vom 27.11.2003 – 2 AZR 135/03, AP, § 312 BGB, Nr. 1; zur Neuregelung noch S. 250.

[165] *Junker*, FS Buchner, 369 (370); Bamberger/Roth-*Schmidt-Räntsch* § 13 Rn. 11a.; *K. Schmidt*, JuS 2006, 1 (5); ErfK-*Preis*, § 611 BGB, Rn. 182; Jauernig-*Mansel* § 13 Rn. 3; Münch-Komm-*Micklitz/Purnhagen* § 13 Rn. 58.; Hümmerich/Boecken/Düwell-*Hümmerich/Brors*, § 13 BGB, Rn. 9.

[166] BVerfG, Beschluss vom 23.11.2006 – 1 BvR 1909/06, AP § 307 BGB Nr. 22.

3. Der Verbraucherbegriff im UWG

Während das UKlaG keine eigenen Definitionen enthält und somit auf §§ 13 u. 14 BGB (vgl. § 3 Abs. 2 UKlaG) zurückgreifen muss, enthält § 2 UWG spezielle Legaldefinitionen. So definiert § 2 Nr. 6 UWG den Unternehmer abweichend von § 14 BGB als jede natürliche oder juristische Person, die geschäftliche Handlungen im Rahmen ihrer gewerblichen, handwerklichen oder beruflichen Tätigkeit vornimmt, sowie jede Person, die im Namen oder Auftrag einer solchen Person handelt. § 2 Abs. 2 UWG ordnet an, dass für den Verbraucherbegriff § 13 BGB entsprechend gilt.

Im UWG ist die Diskussion um die Verbrauchereigenschaft des Arbeitnehmers noch nicht entschieden. Dem Urteil des BAG wird zum Teil gefolgt[167], jedoch werden auch die Besonderheiten des UWG betont.[168] Die Rede ist von einer bereichsspezifischen Definition.[169] Zunächst ist zu betonen, dass auch im UWG die Argumente des Bundesarbeitsgerichts tragen. Für die weite Definition des Verbrauchers spricht die bewusst umfassende Verweisung auf § 13 BGB. Hinzu kommt, dass der Umkehrschluss aus § 15 UKlaG im UWG besser trägt, da das Gesetz gerade auch kollektives Verbraucherrecht darstellt.

Ziegler wendet gegen die Übertragung der Rechtsprechung des BAG auf das UWG ein, dass die Rechtsprechung allein zum BGB und dort zur speziellen Frage der AGB-Kontrolle ergangen sei.[170] Anders als das BGB schütze aber das UWG den lauteren Wettbewerb. Auf diese Weise macht er allerdings den Unterschied zu einem Argument. Da das UWG und § 310 BGB den Verbraucher schützen, liegt es eher nahe, keine Diskrepanz anzunehmen. Etwaige Besonderheiten des UWG können über den Sinn und Zweck des jeweiligen Tatbestands verwirklicht werden. So verfährt auch das BAG. Dies wird an der Haustürwiderrufsentscheidung besonders deutlich. Dieser Hinweis wird auch durch die Anerkennung der §§ 307 ff. BGB als Marktverhaltensregeln i. S. v. § 4 Nr. 11 UWG weitestgehend beseitigt. § 307 BGB (i. V. m. § 305 BGB) stellt in beiden Fällen das Verbot auf, unangemessene AGB zu stellen.

Ebenfalls gegen die Übertragung der Rechtsprechung des BAG zum Verbraucherbegriff des BGB wendet *Oetker* ein, dass das UWG Verbraucher lediglich als Abnehmer von Waren und Dienstleistungen anspreche und damit ein formelles Verständnis der Verweisung nicht zutreffe. Da der Arbeitnehmer indessen Leistungserbringer sei, falle er nicht unter den Verbraucherbegriff des UWG.[171] Der Verweis des § 2 Abs. 2 UWG eröffne durch seine „entsprechende Anwendung" genügend Spielraum, um diese Trennung in den Verbrauchbegriff einfließen zu lassen.

---

[167] Fezer-*Fezer*, § 2, Rn. 22; vgl. auch *Ulrici*, jurisPR-ArbR 22/2015, Anm. 4.

[168] *Köhler*/Bornkamm, § 2 UWG, Rn. 140: die Interessen unterscheiden sich grundlegend; skeptisch: *Alexander*, WRP 2014, 501 (502); ausdrücklich gegen das BAG: OLG Frankfurt a. M., Urteil vom 29.1.2015 – 6 U 63/14, GRUR 2015, 401 (403).

[169] *Henning-Bodewig*, GRUR 2013, 26 (29).

[170] *Ziegeler*, S. 65.

[171] *Oetker*, FS Bepler, 467 (476).

Auch *Köhler* vertritt, dass der Verbraucherbegriff des UWG nicht den Arbeitnehmerbegriff beinhalten soll. Die Interessen des Arbeitnehmers in Bezug auf sein Arbeitsverhältnis unterschieden sich von den Interessen des „normalen" Verbrauchers von Waren und Dienstleistungen.[172] Zudem werde der Arbeitnehmer durch Sondervorschriften geschützt. Ferner decke sich dieses Ergebnis auch mit dem Verbraucherbegriff der UGP-Richtlinie, die ja die berufliche und damit auch die unselbstständige berufliche Tätigkeit ausklammere. Nach *Köhler* ist der Arbeitnehmer vielmehr Marktteilnehmer i. S. v. § 2 Abs. 1 Nr. 2 UWG.[173]

Der Gesetzgeber verwendet den Wortlaut „gilt entsprechend" im Allgemeinen bei Verweisungen.[174] Der Hinweis von *Oetker* und *Köhler* ist dahin gehend korrekt, dass ein Verweis auf ein anderes Gesetz durch die Besonderheiten des verweisenden Gesetzes aufgeladen werden kann. Ein solcher Vorgang muss sich jedoch als teleologische oder systematische Reduktion gegen den weiten Wortlaut des § 13 BGB durchsetzen. Dass das UWG einen eigenen Unternehmerbegriff in § 2 Abs. 1 Nr. 6 UWG enthält, genügt hierfür nicht, sondern legt das Gegenteil nahe. Andernfalls wäre der Gesetzgeber beim Verbraucher vergleichbar verfahren. Verstärkt wird dies zudem durch die enumerative Auflistung von Legaldefinitionen in Absatz 1 gegenüber der deutlichen Verweisung in Absatz 2. Dass sich über das UWG Arbeitnehmer bzw. Beschäftigte der Unternehmerseite zuordnen lassen, ändert an der umfassenden Verweisung nichts. § 8 Abs. 2 und § 2 Abs. 1 Nr. 6 UWG geht es vor allem darum, Handlungen zuzurechnen und formal-juristische Schutzkonstruktionen aufzulösen.[175] Mit *Oetker* das Angebot des Verbrauchers gänzlich aus dem UWG auszunehmen, wird schließlich der Struktur der geschäftlichen Handlung nach § 2 Abs. 1 Nr. 1 UWG nicht gerecht.

Ferner kommt hinzu, dass der Gesetzgeber diese Problematik erkannt und sich zugunsten einer weiten Begriffsfassung entschieden hat (explizit wird der Begriff des Angestellten verwendet):

„Nach geltendem Recht kommt deshalb auch derjenige in den Genuss verbraucherschützender Vorschriften, der zur Ausübung seines Berufs beispielsweise einen Beförderungsvertrag abschließt oder ein Arbeitsgerät erwirbt – so etwa der Angestellte, der zu einer Fortbildungsveranstaltung reist, oder der Lehrer, der zur Ausübung seines Berufs einen

---

172 *Köhler*/Bornkamm, § 2 UWG, Rn. 140.

173 Ebenso: Götting/Nordemann-*Götting*, § 2 Rn. 70; anders als *Köhler* wendet sich *Oetker* auch gegen die Einordnung als sonstige Marktteilnehmer, weil hierzu nur diejenigen zählten, die als Unternehmer Dienstleistungen anboten. Das leitet er aus § 2 Abs. 1 Nr. 2 UWG ab, *Oetker* FS Bepler, 467 (476). Dagegen spricht jedoch die Aufteilung in Mitbewerber, Verbraucher und sonstige Marktteilnehmer. Der Verbraucher stellt offensichtlich einen nicht unternehmerisch tätig werdenden Marktteilnehmer dar. Im Zusammenhang mit der Erfassung des Arbeitsmarktes durch das UWG ist die Herausnahme des Arbeitnehmers jedenfalls nicht mehr gerechtfertigt (hierzu S. 153).

174 Hierzu *Schneider*, Rn. 385 ff.

175 Vgl. auch Gloy/Loschelder/Erdman-*Erdmann* § 35 Rn. 12, der aus der Formulierung „ihrer" ableitet, dass Selbstständigkeit auch im UWG erforderlich sein soll. Zu weitgehend: Harte-Bavendamm/Henning-Bodewig-*Keller*, § 2, Rn. 212, die Unternehmereigenschaft bei unselbstständiger Tätigkeit verneinen will. Diese Fälle lassen sich interessegerechter über eine Subsumtion der „unlauteren geschäftlichen Handlung" lösen.

Computer anschafft. Die Privilegierung dieser Personengruppe gegenüber gewerblich Handelnden ist mit dem Gemeinschaftsrecht vereinbar, weil die in der Richtlinie festgelegten Lauterkeitsstandards nur für den in der Richtlinie selbst definierten Personenkreis gelten, durch den der Anwendungsbereich der Richtlinie mitbestimmt wird. Außerhalb dieses Anwendungsbereichs sind die Mitgliedstaaten in den Schranken des sonstigen Gemeinschaftsrechts in der Ausgestaltung ihres innerstaatlichen Rechts frei, weshalb verbraucherschützende Regelungen für Personen, die nicht unter den Verbraucherbegriff der Richtlinie fallen, beibehalten werden können.

Deshalb kann der dem Bürgerlichen Gesetzbuch entlehnte Verbraucherbegriff im UWG beibehalten werden. Dies geschieht durch eine entsprechende Verweisung in § 2 Abs. 2 UWG-E."[176]

Diese wichtigen Ausführungen wischen auch einen weiteren Einwand beiseite[177]: Obwohl die UGP-Richtlinie Vollharmonisierung anstrebt, ist der Verbraucherbegriff nach Auffassung des Gesetzgebers mit dem Unionsrecht vereinbar. Da der in der Richtlinie definierte Lauterkeitsstandard für die von der Richtlinie erfassten Personen nicht modifiziert, sondern nur erweitert wird, entspricht dieses Vorgehen dem Prinzip der Vollharmonisierung.

Dieses Ergebnis findet seine Entsprechung auch in einem Urteil des BGH. In dem zugrunde liegenden Fall musste sich der Bundesgerichtshof mit der Werbung eines Lohnsteuervereins auseinandersetzen, welcher eine Untersuchung der Stiftung Warentest für sich in Anspruch nahm, obgleich dieser nur ein begrenzter Aussagegehalt innewohnte.[178] Das Gericht bestätigte, dass sich die Werbung an Personen richte, für die ein Bedarf an Beratung in lohnsteuerrechtlichen Fragen bestehe, also im Wesentlichen Personen, die steuerliche Einkünfte aus nichtselbstständiger Arbeit zu erklären haben. Bei diesen Personen handele es sich um Verbraucher i. S. d. § 2 Abs. 2 UWG.

An diesen Grundlagen wird ein „Zweites Gesetz zur Änderung des Gesetzes gegen den unlauteren Wettbewerb" voraussichtlich nichts ändern. Zwar ist eine stärkere Orientierung an der Struktur der UGP-Richtlinie im Hinblick auf den Verbraucherschutz anvisiert. Die angestrebte Änderung lässt jedoch den Verbraucherbegriff selbst unberührt.[179] Der Novelle geht es vielmehr um die Stärkung der Rechtssicherheit, der Stand der bisherigen Rechtsentwicklung soll hingegen nicht angetastet werden.[180] Da der Verbraucherbegriff einerseits nicht von § 13 BGB abgekoppelt werden soll, andererseits der Gesetzgeber Klarstellungsbedarf in gesetzessystematischer Hinsicht lösen wollte, wird der allgemeine Verbraucherbegriff somit indirekt bestätigt.

[176] BT-Drs. 16/10145, S. 11 f.; auch weitergehend zur Vollharmonisierung.
[177] OLG Frankfurt a. M., Urteil vom 29.1.2015 – 6 U 63/14, GRUR 2015, 401 (403).
[178] BGH, Urteil vom 7.7.2005 – I ZR 253/02, GRUR 2005, 877 (879).
[179] BT-Drs. 18/4535.
[180] BT-Drs. 18/4535, S. 11.

III. Die Verbandsklagebefugnis der Gewerkschaften

Die weitreichende Einordnung des Arbeitnehmers als Verbraucher leitet zu der Frage über, ob Gewerkschaften sich als qualifizierte Einrichtungen nach §§ 3, 4 Abs. 1 u. 2 UKlaG registrieren lassen können.[181] Diese Frage öffnet das kollektive Verbraucherschutzrecht für das kollektive Arbeitsrecht.

Ausgehend von Art. 9 Abs. 3 GG und überleitend zum Tarifvertrag als wesentlicher Determinante, konkurrieren zwei Begriffe um die Einordnung als qualifizierte Einrichtung: der weite Begriff der Koalition i. S. v. Art. 9 Abs. 3 GG und der spezielle der Gewerkschaft i. S. v. § 2 TVG.

1. Die Koalition i. S. v. Art. 9 Abs. 3 GG

Der Oberbegriff der Gewerkschaft ist die Koalition. Art. 9 Abs. 3 GG verwendet den Begriff der Koalition nicht, sondern spricht nur von Vereinigungen (mit der in Art. 9 Abs. 3 genannten Zweckbestimmung). Die Literatur und Rechtsprechung haben – entwicklungsoffen – mehrere Merkmale der Koalition herausgebildet.

a) Die Vereinigung

Art. 9 Abs. 3 GG setzt zunächst eine Vereinigung voraus und nimmt auf Art. 9 Abs. 1 GG Bezug.[182] Damit muss eine Koalition auch alle Anforderungen erfüllen, die an eine Vereinigung i. S. v. Art. 9 Abs. 1 GG gestellt werden. Sie muss ein freiwilliger[183], auf Dauer angelegter[184] Zusammenschluss von Arbeitnehmern[185] oder Arbeitgebern sein, der über eine organisierte Willensbildung verfügt. Historisch bedingt, sind Gewerkschaften nicht rechtsfähige und nicht eingetragene Vereine.[186]

b) Der Vereinigungszweck i. S. v. Art. 9 Abs. 3 GG

Aus dem Wortlaut von Art. 9 Abs. 3 S. 1 GG folgt die spezielle Zielsetzung einer solchen Vereinigung. Der Zweck muss (auch)[187] auf die Wahrung und Förderung der Wirtschafts- und Arbeitsbedingungen ihrer Mitglieder gerichtet sein. Die

---

[181] Vgl. *Klocke*, in: *Latzel/Picker*, 145 (157 ff.).

[182] MüArbR-*Löwisch/Rieble*, § 155, Rn. 55.

[183] Däubler-*Däubler*, Einf., Rn. 87; MüArbR-*Löwisch/Rieble*, § 155, Rn. 1.

[184] So die h. M.: Wiedemann-*Oetker*, § 2 TVG, Rn. 272; *Preis*, Rn. 272; a. A.: Däubler-*Däubler*, Einl., Rn 94. Bei sog. ad-hoc-Koalitionen ist bereits zweifelhaft, ob sie die beiden Elemente des Art. 9 Abs. 3 GG wahrnehmen; wenn ihrer Tätigkeit über einfache Protestaktionen etc. hinausgeht: MüArbR-*Löwisch/Rieble*, § 155, Rn. 57.

[185] Zu Recht weist *Linsenmaier* darauf hin, dass diese arbeitsrechtliche Prägung zu eng ist, vgl. dazu ErfK-*Linsenmaier*, Art. 9, Rn. 28; Däubler-*Däubler* Einl. Rn. 86: nur Arbeitnehmer und vergleichbare Personen sowie Arbeitgeber.

[186] Däubler-*Peter*, § 2 TVG, Rn. 11 f.

[187] MüArbR-*Löwisch/Rieble*, § 155, Rn. 17; teilweise wird verlangt, die Koalition müsse diesen Zweck als Hauptzweck verfolgen, vgl. *Preis*, S. 21, andere Nebenzwecke sollen aber zulässig sein.

Zielsetzung wird eher restriktiv, aber dennoch entwicklungsoffen interpretiert. Es geht um die Festlegung von Wirtschaftsbedingungen in abhängiger Arbeit sowie um die Regelung des Arbeitsmarkts.[188] Diese Zweckbestimmung muss satzungsmäßig als Aufgabe verankert sein.[189]

c) Die Gegnerfreiheit und die Überbetrieblichkeit

Zudem geht Art. 9 Abs. 3 GG von einem „Gegenüber der Kräfte" aus.[190] Hieraus folgt, dass die Vereinigung in ihrer Gesamtstruktur von ihrem sozialen „Gegenspieler" unabhängig sein muss.[191] Begründet wird dies damit, dass nur so eine interessengemäße Vertretung möglich sei.[192] Der soziale Gegenspieler darf daher keinen erheblichen Einfluss auf die Koalition nehmen können.

Diese Gegnerfreiheit wird dabei nicht formal, sondern materiell verstanden. Es kommt darauf an, dass die Vereinigung durch ihre koalitionsmäßige Betätigung zu einer sinnvollen Ordnung des Arbeitslebens beitragen kann.[193] Neben die Gegnerunabhängigkeit tritt die Unabhängigkeit von staatlichen Institutionen. Hier zeigt sich die Eigenschaft von Art. 9 Abs. 3 GG als Abwehrrecht. Ferner ist es Sinn und Zweck des Art. 9 Abs. 3 GG, die Arbeitsbedingungen sachnah und ohne staatliche Einmischung festzulegen.[194] In seiner knappen Fassung ist die Norm auch Ausdruck der ordnungspolitischen Distanz zugunsten einer neutralen Wirtschafts-, Arbeits- und Sozialverfassung.[195]

Aus der Gegnerunabhängigkeit wird auch das Erfordernis der überbetrieblichen Organisation abgeleitet.[196] Gewerkschaften, die allein auf der Ebene des Betriebes agieren, wären dem Einfluss der Arbeitgeberseite zu sehr ausgesetzt, da ihr Mitgliederbestand unmittelbar von Einstellungen und Entlassungen abhängig wäre.[197]

d) Die demokratische Binnenstruktur

Eine Koalition muss zudem eine demokratische Binnenstruktur aufweisen.[198] Die Verbandsführung muss mitgliedschaftlich organisiert und durch Wah-

---

188 BVerfG, Urteil vom 18.11.1954 – 1 BvL 16–25/62, BVerfGE 4, 96 (106); BVerfG, Urteil vom 6.5.1964 – 1 BvR 79/62, BVerfGE 18, 18 (25 ff.); BVerfG, Beschluss vom 19.10.1966 – 1 BvL 24/65, BVerfGE 20, 312 (317 ff.); *Reichold*, § 11, Rn. 14.

189 BVerfG, Urteil vom 18.11.1954 – 1 BvL 16–25/62, BVerfGE 4, 96 (106).

190 *Preis*, S. 25; zum Gegenmachtprinzip S. 116.

191 Däubler-*Däubler* Einl. Rn. 89; Henssler/Moll/Bepler-*Greiner* Teil 2 Rn. 49 f.

192 BVerfG, AP, Art. 9, Nr. 87; *Reichold*, § 11, Rn. 15; *Preis*, S. 26; ErfK-*Linsenmaier*, Art. 9 GG, Rn. 25 weist zu Recht darauf hin, dass die Anforderungen nicht überspannt werden sollten.

193 BAG, Beschluss vom 5.10.2010 – 1 ABR 88/09, NZA 2011, 300.

194 Däubler-*Däubler*, Einl. Rn. 89.

195 Maunz/Dürig-*Scholz*, Art. 9, Rn. 155–158.

196 Däubler-*Däubler* Einl. Rn. 90 mit dem Hinweis, dass dieses Kriterium als Indiz für die Unabhängigkeit dient; a. A.: MüArbR-*Löwisch/Rieble*, § 155, Rn. 65: Voraussetzung der Tariffähigkeit.

197 *Preis*, S. 29.

198 Däubler-*Däubler*, Einl. Rn. 92, vgl. aber BAG, Beschluss vom 28.3.2006 – 1 ABR 58/04, NZA 2006, 1112 (1117) zur Gewerkschaft.

len legitimiert sein.[199] Das Erfordernis wurzelt in der möglichen Normensetzungsbefugnis der Koalitionen gegenüber ihren Mitgliedern[200] und folgt aus der Gleichberechtigung aller Mitglieder.[201]

2. Die Gewerkschaft i. S. v. § 2 Abs. 1 TVG

Das Bundesarbeitsgericht und die ganz herrschende Meinung lehnen einen Gleichlauf von Koalitionseigenschaft und Gewerkschaftseigenschaft ab.[202]

a) Der einheitliche Gewerkschaftsbegriff

Das Gesetz spricht an mehreren Stellen von Gewerkschaften, definiert diese allerdings nicht. Dies gilt für § 2 BetrVG wie für § 2 TVG. Trotz unterschiedlicher Regelungsbereiche vertritt das Bundesarbeitsgericht einen einheitlichen Gewerkschaftsbegriff.[203] Danach ist eine Gewerkschaft eine auf freiwilliger Basis errichtete privatrechtliche Vereinigung von Arbeitnehmern, die als satzungsgemäße Aufgabe den Zweck der Wahrnehmung und Förderung jedenfalls auch der wirtschaftlichen Interessen ihrer Mitglieder verfolgt, die gegnerfrei, in ihrer Willensbildung strukturell unabhängig von Einflüssen Dritter und auf überbetrieblicher Grundlage organisiert ist. Zusätzlich muss die Gewerkschaft tariffähig sein, d. h., die rechtliche Fähigkeit besitzt, die Arbeitsbedingungen ihrer Mitglieder tarifvertraglich mit normativer Wirkung zu regeln.[204]

b) Die Tariffähigkeit

Die letztgenannte Voraussetzung ist zentral für das System des Tarifrechts. Das Bundesarbeitsgericht definiert die Tariffähigkeit als die rechtliche Fähigkeit, durch Vereinbarungen mit dem sozialen Gegenspieler Arbeitsbedingungen tarifvertraglich mit der Wirkung zu regeln, dass sie für die tarifgebundenen Personen unmittelbar und unabdingbar wie Rechtsnormen gelten.[205] Da die Anforderungen an die Tariffähigkeit mittelbar die freie Gründung nach Art. 9 Abs. 3 GG beschränken können, dürfen die Anforderungen jedoch nicht unverhältnismäßig sein.[206] Im Gemeinsamen Protokoll über Leitsätze zum Vertrag über die Schaffung einer Währungs-, Wirtschafts- und Sozialunion zwischen der Bundesrepu-

---

199 *Richardi/Bayreuther*, § 2, Rn. 31.

200 *Preis*, S. 29 f.

201 Däubler-*Däubler*, Einl., Rn. 92.

202 Grundlegend BAG, Beschluss vom 15.3.1977 – 1 ABR 16/75 EzA Nr. 22; Däubler-*Peter* § 2 Rn. 6 ff.

203 BAG, Beschluss vom 19.9.2006 – 1 ABR 53/05, NZA 2007, 518 (520); BAG, Beschluss vom 14.12.2004 – 1 ABR 51/03, NZA 2005, 697 (699 f.); Richardi-*Richardi*, § 2, Rn. 39.

204 BAG, Beschluss vom 19.9.2006 – 1 ABR 53/05, NZA 2007, 518 (520).

205 BAG, 1 ABR 19/10, NZA 2011, 289 (294), BVerfG, AP, § 2 TVG, Nr. 24; ErfK-*Franzen*, § 2 TVG, Rn. 4; Wiedemann-*Wiedemann*, Einl., Rn. 1.

206 BAG, Beschluss vom 5.10.2010 – 1 ABR 88/09, NZA 2011, 300 (303); a. A.: Henssler/Moll/Bepler-*Greiner* Teil 2, Rn. 41 f.: Ausgestaltung.

blik Deutschland und der Deutschen Demokratischen Republik – der gemäß Art. 4, 17, 38 des eigentlichen Staatsvertrages Wirksamkeit entfaltet – heißt es:

„III. Sozialunion 1. [...]. 2. Tariffähige Gewerkschaften und Arbeitgeberverbände müssen frei gebildet, gegnerfrei, auf überbetrieblicher Grundlage organisiert und unabhängig sein sowie das geltende Tarifrecht als für sich verbindlich anerkennen, ferner müssen sie in der Lage sein, durch Ausüben von Druck auf den Tarifpartner zu einem Tarifabschluß zu kommen. [...]"

Das Bundesarbeitsgericht sieht in dieser Regelung seine ständige Rechtsprechung bestätigt, aber keine gesetzliche Festlegung.[207] Das Gericht verlangt zusätzlich, dass sich die Koalition als satzungemäße Aufgabe die Wahrnehmung der Interessen ihrer Mitglieder in deren Eigenschaft als Arbeitnehmer gesetzt hat und willens ist, Tarifverträge abzuschließen.[208]

c) Insbesondere: Die Tariffähigkeit und Art. 9 Abs. 3 GG

Seit Langem wird über die Kongruenz des Gewerkschafts- und des Koalitionsbegriffs gestritten. Heute überwiegt das Verständnis, dass der Abschluss des Tarifvertrages einerseits eine koalitionsspezifische Betätigung ist, das Erfordernis der Tariffähigkeit jedoch eine Einschränkung derselben.[209] Das Bundesverfassungsgericht und ihm folgend das Bundesarbeitsgericht eröffnen den Schutz des Art. 9 Abs. 3 GG bereits dann, wenn der betreffende Verband nicht über die sog. soziale Mächtigkeit bzw. die Tariffähigkeit verfügt.[210] Auch wenn die Tariffordnung und damit die Tarifautonomie durch Art. 9 Abs. 3 GG geschützt werden, setzt der grundrechtliche Schutz des Art. 9 Abs. 3 GG früher an. Das begründet eine vordergründige Diskrepanz dazu, dass der Abschluss von Tarifverträgen als koalitionsmäßige Betätigung eingeordnet wird. Von Verfassung wegen dürften daher auch nicht mächtige Koalitionen Tarifverträge abschließen. Nach der ständigen Rechtsprechung des BAG kann es nicht Sinn des Art. 9 Abs. 3 GG sein, jeder Koalition die Tarifautonomie zuzusprechen. Eine sinnvolle Ordnung des Arbeitslebens erfordere, die Schranken durch die Tariffähigkeit auch bei Art. 9 Abs. 3 GG wirken zu lassen. Die Funktionsfähigkeit des Tarifvertragssystems stellt damit eine rechtfertigende Beschränkung dar.[211]

d) Die Tarifwilligkeit

Die Tariffähigkeit wird von der Tarifwilligkeit, der Bereitschaft zum Abschluss von Tarifverträgen, flankiert.[212] Das Erfordernis wurzelt in der Legitimation, Tarifverträge mit Bindung für die Mitglieder abzuschließen,[213] die andernfalls

---

[207] BAG, Beschluss vom 14.12.2010 – 1 ABR 19/10, NZA 2011, 289 (295).

[208] BAG, Beschluss vom 14.12.2010 – 1 ABR 19/10. NZA 2011, 289 (295).

[209] *Preis*, S. 84 ff.

[210] BVerfG, Urteil vom 18.11.1954 – 1 BvR 629/52, NJW 1954, 1881 (1882).

[211] BAG, Beschluss vom 28.3.2006 – 1 ABR 58/04, AP, § 2 TVG, Tariffähigkeit, Nr. 4.

[212] BAG, Urteil vom 22.12.1960 – 2 AZR 140/58, AP § 11 ArbGG Nr. 25; zum Verhältnis der Begriffe: Däubler-*Peter*, § 2 TVG, Rn. 45; Richardi-*Richardi*, § 2 BetrVG, Rn. 53.

[213] *Preis*, S. 91.

bloße Ankündigung bliebe. Teilweise wird gefordert, dass der Abschluss von Tarifverträgen sogar satzungsmäßig verankert werden müsse.[214] *Peter* hat zu Recht darauf hingewiesen, dass es vielmehr auf das Auftreten und die Handeln der Gewerkschaft ankommen müsse.[215] Für die Satzung genüge es, dass die Interessen der Arbeitnehmer wahrgenommen werden. Dass diese Aufgabe in Hinblick auf die Festlegung von Arbeitsbedingungen durch Tarifverträge realisiert wird, folgt bereits aus dem TVG.

e) Die demokratische Organisation

Mit der Befugnis zum Abschluss von Tarifverträgen wird bei den Verbänden eine Machtstellung begründet.[216] Da sich die Befugnis zum Abschluss von Tarifverträgen aus der Mitgliedschaft der Mitglieder speist, muss dem einzelnen Mitglied auch die Möglichkeit eingeräumt sein, angemessen auf die Willensbildung des Verbandes einzuwirken.

f) Die soziale Mächtigkeit und Leistungsfähigkeit

Die Zubilligung der Tariffähigkeit wertet einen einfachen Durchsetzungswillen der Koalition zur rechtlichen Durchsetzungsmacht auf.[217] Bundesverfassungs- und Bundesarbeitsgericht fordern eine gewisse Durchsetzungskraft gegenüber dem sozialen Gegenspieler, die sicherstellt, dass dieser wenigstens Verhandlungsangebote nicht übersehen kann.[218] Dazu muss die Koalition ausreichend leistungsfähig sein.[219]

Das Erfordernis basiert auf dem Gedanken, dass sachgerechte Tarifverträge nur dann zu erwarten sind, wenn beide Seiten gleich stark sind. Andernfalls müsste wiederum der Staat den Mitgliedern schwacher Koalitionen Hilfe leisten und somit die Autonomie-Idee aufgeben.[220] Diese Anforderung verkörpert die Konsequenz aus dem Gegenmachtprinzip.[221] Nur dann kann auch die sog. Richtigkeitsvermutung greifen.[222]

Das BAG fordert, dass die Koalition ernst genommen wird.[223] Die Feststellung der sozialen Mächtigkeit wird vor diesem Hintergrund zu einer Einzelfallfrage.[224]

---

[214] Wiedemann-*Oetker*, § TVG, 2 Rn. 366 ff.

[215] Däubler-*Peter*, § 2 TVG, Rn. 46.

[216] BAG, Beschluss vom 28.3.2006 – 1 ABR 58/04, NZA 2006, 1112 (1117), *Preis*, S. 90.

[217] Zu dieser Terminologie in der Rspr.: BAG, Beschluss vom 10.2.2009 – 1 ABR 36/08, AP Art. 9 GG Nr. 138.

[218] BVerfG, Beschluss vom 20.10.1981 – 1 BvR 404/78, BVerfGE 58, 233 (249).

[219] Däubler-*Peter*, § 2 TVG, Rn. 10: wer nicht in der Lage ist, es mit dem sozialen Gegenspieler aufzunehmen, fällt nicht unter den Gewerkschaftsbegriff; hierzu auch: *Ulber*, RdA 2011, 353 (353).

[220] Vgl. S. 110.

[221] Thüsing/Braun-*Emmert*, 2. Kapitel, Rn. 35.

[222] Thüsing/Braun-*Emmert*, 2. Kapitel, Rn. 35.

[223] BAG, Beschluss vom 6.6.2000 – 1 ABR 10/99, NZA 2001, 160 (162).

[224] Nach der Rechtsprechung des BAG ist eine relative Tariffähigkeit nicht möglich, BAG, Beschluss vom 28.3.2006 – 1 ABR 58/04, AP § 2 TVG, Tariffähigkeit Nr. 4; Däubler-*Peter*, § 2 TVG, Rn. 10c.

Die Mächtigkeit ist anhand einer Gesamtschau zu ermitteln.[225] Sie darf nicht von Umständen abhängig gemacht werden, die außerhalb der öffentlichen Aufgabe liegen, das Arbeitsleben zu ordnen und zu befrieden.[226] Sie muss für jede Koalition in der konkreten Situation überprüft werden. Ausgangspunkt ist der über die Satzung beanspruchte Zuständigkeitsbereich der Vereinigung. Über allem schweben Art. 9 Abs. 3 GG und der Verhältnismäßigkeitsgrundsatz. Es dürfen keine Anforderungen gestellt werden, welche die freie Koalitionsbetätigung unverhältnismäßig erschweren.[227]

Zentrale Aspekte sind die Leistungsfähigkeit, Mitgliederstärke und – unter Einschränkungen – die bisherige Teilnahme am Tarifgeschehen. Die Mitgliederzahl stellt ein weiteres, zentrales Kriterium dar.[228] Unter dem Stichwort der Funktionselite wird der Stellenwert der Mitgliederzahl in der Ermittlung der Mächtigkeit zurückgedrängt. Gerade an dieser Stelle gehen Kollektiv und Funktion nahtlos ineinander über, denn je geringer die Menge der Mitglieder ist, desto wichtiger ist die kollektive Geschlossenheit für die Mächtigkeit. Das Bundesverfassungsgericht spricht in diesem Zusammenhang ausdrücklich von Verbandsmacht, von der wiederum die Tariffähigkeit abhängig gemacht werde.[229]

In der Rechtsprechung des Bundesarbeitsgerichts nimmt die erfolgte Teilnahme am Tarifgeschehen einen großen Stellenwert ein. Denn wenn die Koalition bereits in nennenswertem Umfang Tarifverträge abgeschlossen habe, so belege dies ihre Durchsetzungskraft und Leistungsfähigkeit.[230] Dann bestünde ein Indiz für die Mächtigkeit. In der neueren Rechtsprechung hat das Bundesarbeitsgericht dies noch weiter verfeinert. Bei jungen Gewerkschaften gilt seine Annahme nicht uneingeschränkt.[231]

Tarifabschlüsse in einer Tarifgemeinschaft bilden für sich genommen kein zuverlässiges Indiz dafür, dass auch die einzelnen Mitglieder der Tarifgemeinschaft von den Arbeitgebern ernst genommen werden.[232] Bleiben aber Zweifel an der sozialen Mächtigkeit und organisatorischen Leistungsfähigkeit, kann die langjährige Teilnahme am Tarifgeschehen herangezogen werden. Sofern es sich nicht um Schein- und Gefälligkeitstarifverträge handelt, ist dieser Umstand geeignet, die Durchsetzungsfähigkeit zu belegen.[233]

Nicht erwartet wird, dass die Koalition die Chance des vollständigen Sieges hat, sie muss aber vom „Gegner“ ernst genommen werden, sodass die Regelung nicht dem Diktat der anderen Seite entspringt.[234]

---

225 Vor allem BVerfG, Beschluss vom 20.10.1981 – 1 BvR 404/78, NJW 1982, 815 (816).
226 BAG, Beschluss vom 5.10.2010 – 1 ABR 88/09, EzA Art. 9 Nr. 103 Leitsatz 2.
227 Zu diesem Zusammenhang: *Richardi/Bayreuther*, § 2 TVG, Rn. 28.
228 *Preis*, S. 93.
229 BVerfG, Beschluss vom 20.10.1981 – 1 BvR 404/78, NJW 1982, 815 (816).
230 BAG, Beschluss vom 5.10.2010 – 1 ABR 88/09, AP, § 2 TVG, Tariffähigkeit Nr. 7.
231 Hierzu Thüsing/Braun-*Emmert* Kapitel 2 Rn. 46; *Geffken*, RdA 2015, 167 (170).
232 BAG, Beschluss vom 5.10.2010 – 1 ABR 88/09, EzA Art. 9 Nr. 103 Leitsatz 5.
233 BAG, Beschluss vom 5.10.2010 – 1 ABR 88/09, EzA Art. 9 Nr. 103 Leitsatz 4.
234 BVerfG, Beschluss vom 20.10.1981 – 1 BvR 404/78, AP § 2 TVG Nr. 31.

3. Gewerkschaften als qualifizierte Einrichtungen i. S. v. § 4 Abs. 2 UKlaG

Eine Einordnung von Gewerkschaften als rechtsfähiger Verband zur Förderung gewerblicher Interessen i. S. v. § 8 Abs. 3 Nr. 2 UWG bzw. § 4 Abs. 1 Nr. 2 UKlaG wird weitgehend abgelehnt.[235] Wenn den Gewerkschaften ausdrücklich die Klagebefugnis abgesprochen wird, dann liegt dem ein exklusives Verständnis von Arbeitnehmer- und Verbraucherschutz zugrunde.[236] Dem muss im Hinblick auf den Bericht des Rechtsausschusses (BT-Drs. 14/7052, S. 190) im Rahmen der Schuldrechtsmodernisierung widersprochen werden.[237] Versteht man die neuere Entwicklung dahin gehend, dass sich Arbeitsrecht und Verbraucherschutzrecht jedenfalls teilweise überschneiden, so ist das Exklusivitätsdogma ebenso wie das AGBG entfallen.

a) Die Rechtsfähigkeit des Verbandes

Das klassische Problem der fehlenden Rechtsfähigkeit einer Gewerkschaft i. S. d. Vereinsrechts lässt sich in Bezug auf die in dieser Hinsicht gefestigte Rechtsprechung überwinden.[238] Dieses Ergebnis deckt sich auch mit der Entwicklung im Arbeitsgerichtsverfahren, welche in § 10 ArbGG in Abschluss gefunden hat. Bei den Arbeitgeberverbänden bestehen diese Probleme nicht.[239] Sie sind regelmäßig eingetragene Vereine.[240]

b) Die satzungsgemäße Tätigkeit

Schwierigkeiten begründen vielmehr die Anforderungen des § 4 Abs. 2 UKlaG an die Satzungsgestaltung. Zunächst müssten sich die Informations- und Beratungstätigkeit auf die Interessen der Verbraucher beziehen.[241] Probleme bereitet weniger die Gleichsetzung von Arbeitnehmern und Verbrauchern als vielmehr der Umstand, dass viele Gewerkschaften – wie etwa die IG-Metall in § 2 Abs. 1[242] – in ihren Satzungen nur die Interessen ihrer Mitglieder vertreten. Der Bundesgerichtshof hatte hieran Zweifel geäußert.[243] Schwierigkeiten werden ebenfalls bestehen, wenn die Satzung lediglich Rechtsberatung ausweist.

---

[235] Zu § 13 UWG a. F.: *Franke*, S. 112 ff.

[236] Vgl. Palandt-*Bassenge*, § 4 UKlaG, Rn. 6: Verbraucherschutz durch Gewerkschaften „neben ihren eigentlichen Aufgaben"; sich anschließend: Staudinger-*Schlosser*, § 4 UKlaG, Rn. 5; kritisch: *Ulrici*, jurisPR-ArbR 22/2015 Anm. 4.

[237] *Stoffels*, Rn. 1217, mit dem Hinweis, dass ein weiterer Akteur in Form der Verbraucherverbände die arbeitsrechtlichen Rechtsbeziehungen weiter belasten würde. Für eine Verbandsklage der nach ihrer Satzung zuständigen Gewerkschaften bleibt danach Raum.

[238] Vgl. auch *Franke*, S. 109, *Klocke*, in: Latzel/Picker, 145 (157 f.); Henssler/Moll/Bepler-*Höpfner*, Teil 2 Rn. 4 f.

[239] Vgl. hierzu GMP-*Matthes/Schlewing*, § 10 ArbGG, Rn. 14.

[240] *Reichold*, § 11, Rn. 13.

[241] An dieser Stelle geht es nicht um die „Meta-Frage" des kollektiven Rechtsschutzes, ob Gewerkschaften generell alle Arbeitnehmer vertreten (hierzu: MüArbR-*Löwisch/Rieble*, § 155, Rn. 55.; Maunz/Dürig-*Scholz*, Art. 9, Rn. 159–162), nach § 4 Abs. 2 UKlaG kommt es allein auf die Satzung an.

[242] Satzung abrufbar unter: www.ig-metall.de [Stand: August 2015].

[243] BGH, Urteil vom 30.6.1972 – I ZR 16/71, NJW 1972, 1988 (1989).

Da § 4 Abs. 2 UKlaG einerseits fordert, dass die Interessen aller Verbraucher mindestens eines bestimmten Teilbereichs wahrgenommen werden, es andererseits aber genügen lässt, dass Information und Beratung an die Mitgliedschaft gekoppelt werden, genügt etwa die Satzung der IGBCE den Anforderungen des § 4 Abs. 2 UKlaG. So besagt § 3 Nr. 2 der Satzung der Industriegewerkschaft Bergbau, Chemie, Energie vom 12.10.2009, dass die IG BCE auf der Grundlage von Mitbestimmung und Mitverantwortung zur Wahrung der wirtschaftlichen und sozialen Interessen sowie der Verbesserung der Lebensbedingungen der Arbeitnehmer eintreten wird. Ferner deutet § 3 Nr. 5 ausreichend an, dass eine Informations- und Beratungstätigkeit wahrgenommen wird – was im Übrigen auch aus dem Internetauftritt der Gewerkschaft folgt.[244] Dies wird weiter durch das Angebot der Rechtsberatung verdeutlicht [§ 7 Nr. 2 lit. c) i. V. m. § 13].

Gleiches gilt für den DGB. Dieser vertritt die Interessen der Arbeitnehmer [§ 2 Nr. 3 lit. c)] und gewährt nach § 2 Nr. 3 lit. h) Rechtsschutz, Rechtsstellen sowie die Aus- und Fortbildung von Mitgliedern. Dass der DGB darüber hinaus eine weitergehende Informationsaufgabe wahrnimmt, ist allgegenwärtig.

c) Nicht gewerbsmäßig

Die fehlende Gewerblichkeit lässt sich im Hinblick auf die Gewerkschaften des DGB bejahen, weil diese sich über Mitgliedsbeiträge und Einnahmen aus ihrem Vermögen finanzieren.[245] Anders als bei Verbraucherverbänden findet nicht einmal eine staatliche Förderung statt.

d) Exkurs: Gewerkschaften als passivlegitimierte Unternehmen?

Die fehlende Gewerbsmäßigkeit der Gewerkschaften i. S. v. § 4 Abs. 2 UKlaG leitet zu der Frage über, ob Gewerkschaften Unternehmer sein können. Einen weiteren Beleg der Annäherung von Wettbewerbs-, Verbraucher- und Arbeitnehmerschutzrecht zeigen die Fälle der gewerkschaftlichen Konkurrenz um Mitglieder und insbesondere die gewerkschaftliche Werbung. Man spricht auch vom Wettbewerb der Koalitionen.[246]

Der BGH hat in einem älteren Urteil die Passivlegitimation einer Gewerkschaft nach dem UWG wegen des besonderen Schutzes kraft Art. 9 Abs. 3 GG verneint.[247] Noch zur Rechtslage von 2004 hat das Bundesarbeitsgericht das Werben um Mitglieder durch Gewerkschaften für nicht wettbewerbswidrig erachtet. Das Gericht erblickte im Werben um Mitglieder keine Wettbewerbshandlung i. S. d. UWG 2004. Das Gericht ließ damals die Frage offen,[248] ob eine Gewerkschaft eine Unternehmerin sein könne. Eine Wettbewerbshandlung war jede Handlung einer Person mit dem Ziel, zugunsten des eigenen oder eines fremden

---

244 www.igbce.de [Stand: August 2015].

245 *Dribbusch/Birke*, S. 5.

246 Hierzu *Rieble*, Rn. 1778 ff.; vgl. aber zum BetrVG: Richardi-*Richardi*, § 2 BetrVG, Rn. 165.

247 BGH, Urteil vom 5.2.1980 – VI ZR 174/78, GRUR 1980, 309 (309).

248 BAG, Urteil vom 31.5.2005 – 1 AZR 141/04, NZA 2005, 1182 (1183).

Unternehmens den Absatz oder den Bezug von Waren oder die Erbringung oder den Bezug von Dienstleistungen, einschließlich unbeweglicher Sachen, Rechte und Verpflichtungen, zu fördern. Das BAG stellte fest, dass das Werben um Mitglieder nicht bezwecke, Waren oder Dienstleistungen abzusetzen bzw. zu beziehen. In Fällen, in denen die Erbringung von Vereinsleistungen nicht den Hauptzweck des Vereins repräsentiere, könne nicht darauf geschlossen werden, dass das Werben auf diese Leistungen gerichtet sei. So ziele die Mitgliederwerbung nicht auf die Dienstleistung Rechtsschutz. Dieser sei weder Haupt- noch alleiniger Zweck. Die Hauptaufgabe sei vielmehr darin begründet, die Arbeits- und Wirtschaftsbedingungen ihrer Mitglieder zu wahren und zu fördern.

Diese Argumentation ist vor dem neuen Begriff der geschäftlichen Handlung nicht mehr möglich. Die Frage verlagert sich unter dem Regime des UWG 2008 auf das Tatbestandsmerkmal des „objektiven Zusammenhangs". Der Gesetzgeber hat bewusst auf einen finalen Zusammenhang verzichtet.[249] Es kommt daher nunmehr auf die Unternehmereigenschaft an.

Ein Unternehmen i. S. d. UWG erfordert eine auf eine gewisse Dauer angelegte, selbstständige wirtschaftliche Betätigung, die darauf gerichtet ist, Waren oder Dienstleistungen gegen Entgelt zu vertreiben.[250] In der Literatur wird die Einordnung von Gewerkschaften als Unternehmen überwiegend abgelehnt.[251] Gestützt wird diese Annahme darauf, dass Gewerkschaften in erster Linie außergeschäftliche Zwecke verfolgten, insbesondere die Wahrung und Förderung der Arbeits- und Wirtschaftsbedingungen.[252] Zwar können auch Mitgliedsbeiträge das Merkmal der Entgeltlichkeit erfüllen.[253] Das gelte für Gewerkschaften jedoch erst, wenn die Erbringung von Dienstleistungen zum Hauptzweck der Satzung werde.[254] Am besten wird man dem Problem gerecht, wenn man zum Ausgangspunkt zurückgeht und die Tätigkeit im Hinblick auf Art. 9 Abs. 3 GG einordnet. Das Fördern und Wahren der Arbeits- sowie Wirtschaftsbedingungen prägt die Arbeit und entscheidet.

e) Gewähr für die sachgerechte Aufgabenerledigung und Mitgliederzahl

Die letzte Voraussetzung des § 4 Abs. 2 UKlaG werden die meisten Gewerkschaften erfüllen. Die Gewähr für eine sachgerechte Aufgabenerfüllung wird über das Merkmal der sozialen Mächtigkeit geboten. Denn ist dieses Merkmal erfüllt, so steht zu vermuten, dass dieser Fähigkeit entsprechend gehandelt wird. Insofern bietet sich die Parallele zum erfolgreichen Teilnehmen am Tarifgeschehen an, um die Voraussetzung zu bejahen.

---

[249] BT-Drs. 16/10145, S. 20 f.

[250] BGH, Urteil vom 4.12.2008 – I ZR 3/06, GRUR 2009, 871 (873 f.) im Hinblick auf § 2 UWG a. F. und § 14 BGB; *Köhler*/Bornkamm, § 2 UWG, Rn. 21.

[251] *Köhler*/Bornkamm, § 2 UWG, Rn. 24: solange sich die Rechtsberatung innerhalb der Satzung hält.

[252] Harte-Bavendamm/Henning-Bodewig-*Keller*, § 2 UWG, Rn. 50.

[253] BGH, Urteil vom 23.1.1976 – I ZR 95/75 („*Lohnsteuerhilfevereine I*"), GRUR 1976, 370 (371).

[254] *Köhler*, GRUR-RR 2006, 1 (1).

Die Mindestmitgliederzahl von 75 natürlichen Personen wird innerhalb der DGB-Struktur keine Probleme aufweisen. Generell wird eine Gewerkschaft, die personell schwach ist, Schwierigkeiten haben, sozial mächtig zu sein, um tariffähig zu sein. Dies gilt sogar bei Funktionseliten.

4. Die sachliche Zuständigkeit der Gewerkschaften

Die Voraussetzungen des § 4 Abs. 2 UKlaG decken sich nicht mit dem Gewerkschaftsbegriff. Stellte man daher allein auf § 4 Abs. 2 UKlaG ab, könnte ein schwach verfasster Verband die Geltung des objektiven Rechts im Arbeitsrecht durchsetzen. Insofern würde man auf das Kriterium der sozialen Mächtigkeit aushebeln. Das Kriterium soll jedoch verhindern, dass das Aushandeln von Tarifverträgen zu einem „kollektiven Betteln" verkommt.[255] Diese Gefahr besteht zwar bei der Durchsetzung des objektiven Rechts nicht, da kein Verhandlungsspielraum zulasten der Gewerkschaft existiert. Andererseits liegt es nahe, die Wertung für das Schaffen von Recht gleichsam auf die Wahrung von Recht zu übertragen. Diese Annahme wird auf einfach-gesetzlicher Ebene von dem verfassungsrechtlichen Gleichlauf des Förderns und Wahrens in Art. 9 Abs. 3 GG getragen. Zudem schränkt das Erfordernis der sozialen Mächtigkeit die Missbrauchsgefahr ein. Entscheidend für die Maßgeblichkeit des Gewerkschaftsbegriffs spricht, dass das Fachrecht regelmäßig nicht auf die Koalition, sondern auf die Gewerkschaft abstellt.

In ihrem rechtspolitischen Entwurf einer Verbandsklage für das Arbeitsrecht hat *Kocher* für die Aktivlegitimation einer Gewerkschaft gefordert, dass der Betrieb oder das Unternehmen in den satzungsgemäßen Aufgabenbereich fallen muss. *Kocher* begründete diese These mit der Sachnähe.[256] Diese Position deckt sich mit den Vorgaben aus der Entscheidung des BGH zur Überprüfung der Satzungsbestimmungen im Rahmen des § 3 UKlaG[257] und dem Begriff der Tarifzuständigkeit.

IV. Die Erfassung des Arbeitsrechts durch das UWG

Vor dem Hintergrund dieser Grundlagen sind nun die §§ 3, 8 UWG in ihrem Zusammenspiel mit den Normen des Arbeitsrechts zu untersuchen. Während die Praxis in Deutschland in diesem Bereich nur zaghaft Brücken baut, weist die Literatur seit jeher auf die Bedeutung des Arbeitsrechts für das Wettbewerbsrecht hin.[258] Dies scheint sich aus der restriktiven Tradition des deutschen Wettbewerbsverständnisses zu erklären.[259] Rechtsvergleichend weist *Oetker* darauf hin,

---

[255] BAG, Urteil vom 12.3.1985 – 1 AZR 636/82, AP Art. 9 GG Nr. 84.

[256] *Kocher*, Verbandsklage, S. 42.

[257] BGH, Urteil vom 22.9.2011 – I ZR 229/10 („*überregionale Klagebefugnis*"), NJW 2012, 181.

[258] Vgl. die Nachweise bei *Sack*, WRP 1998, 682 (682); aktuell: *Reuter*, NJW 2008, 3538; kritisch, aber zu pauschal: *Ulrici*, jurisPR-ArbR 22/2015, Anm. 4.

[259] Harte-Bavendamm/Henning-Bodewig-*Keller*, Einleitung, Rn. 8 ff.; vgl. Zur Entwicklung: *Köhler*/Bornkamm, Einleitung UWG, Rn. 2.1. ff.

dass etwa in der Schweiz die kollektiven Ansprüche im Wettbewerb sowohl von Mitbewerbern als auch von Gewerkschaften geltend gemacht werden können.[260]

1. Die Verweisung durch § 8 Abs. 1 UWG

§ 8 Abs. 1 UWG bietet keinen Anhaltspunkt für die Bedeutung des Arbeitsrechts. Lediglich die Zurechnungsnorm des § 8 Abs. 2 UWG spricht von Mitarbeitern bzw. Beauftragten. Dabei werden Mitarbeiter als gegenüber dem Unternehmensinhaber aufgrund eines privatrechtlichen Vertrages oder eines sonstigen Dienstverhältnisses weisungsabhängig definiert.[261] Der Begriff ist bewusst weit gewählt und geht über den Arbeitnehmerbegriff hinaus.[262] Die Norm soll verhindern, dass sich der Unternehmer bzw. Betriebsinhaber hinter von ihm abhängigen Dritten versteckt.[263]

2. Die unlautere geschäftliche Handlung auf dem Arbeitsmarkt nach § 3 Abs. 1 UWG

Entscheidendes Gewicht haben daher die Regelungen des § 3 UWG. Wie bereits in Teil 1 dargestellt,[264] ist § 3 Abs. 3 UWG lex specialis zu den Absätzen 2 und 1 UWG. Die sog. schwarze Liste des Anhangs 1 weist indes keinen relevanten Bezug zum Arbeitsmarkt bzw. Arbeitsrecht auf. Allenfalls für Nr. 10 und Nr. 25 kommt dies überhaupt nur in Betracht. In der zukünftigen Fassung wird § 3 Abs. 2 UWG eine erhöhte Relevanz zukommen, da der Absatz dann die Lauterkeit gegenüber Verbrauchern abschließend regelt Die meisten erfassten Fälle können ebenso über § 3 Abs. 1 bzw. Abs. 2 UWG i. V. m. § 4 Nr. 11 UWG gelöst werden.[265] § 4 UWG wird in Zukunft eine Vermutung für einen Verstoß gegen die fachliche Sorgfalt begründen.[266]

a) Die geschäftliche Handlung

Über das Merkmal der geschäftlichen Handlung soll im Folgenden die Anwendung des Wettbewerbsrechts auf das Arbeitsrecht überprüft werden.

aa) Der Abschluss des Arbeitsvertrages im System des § 2 Abs. 1 Nr. 1 UWG

Die geschäftliche Handlung ist definiert als jedes Verhalten einer Person zugunsten des eigenen oder eines fremden Unternehmens vor, bei oder nach einem

---

[260] Einführend: *Oetker*, FS Bepler, 467 (468).

[261] *Renner/Schmidt*, GRUR 2009, 908 (909); Fezer-*Büscher*, § 8 UWG, Rn. 169 f, die Norm verschärft die Verantwortung gegenüber den allgemeinen zivilrechtlichen Vorschriften.

[262] Vgl. *Köhler*/Bornkamm, § 8 UWG, Rn. 2.39.

[263] BGH, Urteil vom 4.11.1964 – Ib ZR 3/63, GRUR 1965, 155 (155); vgl. auch v. *Falk*, Anm. zu BGH, Urteil vom 8.11.1963 – Ib ZR 25/62, GRUR 1964, 263 (269).

[264] Vgl. S. 102 ff.

[265] Insb. vgl. die Argumentationen bei: BGH, Urteil vom 30.11.2011 – I ZR 8/11, WRP 2012, 1099; BGH, Urteil vom 29.7.2009 – I ZR 166/06, WRP 2009, 1380.

[266] BT-Drs. 18/4535, S. 6.

Geschäftsabschluss. Zudem muss das Verhalten mit der Förderung des Absatzes oder des Bezugs von Waren oder Dienstleistungen oder mit dem Abschluss oder der Durchführung eines Vertrages über Waren oder Dienstleistungen objektiv zusammenhängen.

(1) Der Dienstleistungsbegriff des UWG

Der Bundesgerichtshof und die herrschende Literatur haben den Begriff bislang weit ausgelegt und unter einer Dienstleistung i. S. d. UWG (zu § 4 Nr. 6 UWG) jede geldwerte unkörperliche Leistung verstanden und auf eine rechtliche Qualifikation des zugrunde liegenden Vertrages verzichtet.[267] Diese Begriffsfassung wurde aus der Definition der Wettbewerbshandlung in § 2 UWG 2004 abgeleitet. Da alle Fälle der Wettbewerbshandlung auch unter die geschäftliche Handlung fallen sollen, hat sich an dieser Rechtsprechung nichts geändert. In der Literatur wird daher gemeinhin angenommen, dass der Dienstleistungsbegriff auch den Arbeitsvertrag erfasst.[268]

Der Abschluss des Arbeitsvertrages ist vor dem Hintergrund dieser Definition das Verbindungsstück von Wettbewerbsrecht und Arbeitsrecht. Dabei ist zunächst bemerkenswert, dass der Vertragsabschluss nicht unmittelbar auf das Verhalten i. S. v. § 2 Abs. 1 Nr. 1 UWG bezogen ist, sondern den Geschäftsabschluss im Sinne der Norm darstellt. Davon ausgehend, ermöglicht die Norm, weitere Verhaltensweisen um den Vertragsschluss herum zu erfassen. In der Gesetzesbegründung kommt zum Ausdruck, dass der Geschäftsabschluss jedenfalls einen Vertragsschluss umfasst.[269]

Der Begriff konzentriert sich dabei auf Waren sowie Dienstleistungen und schließt sonstige Geschäftsabschlüsse aus. Das ist deshalb bemerkenswert, weil an dieser Stelle insbesondere familien- und erbrechtliche Verträge ausgeschlossen werden.[270] Diese wiederum bilden zusammen mit dem Arbeitsvertrag fast schon eine klassische Gruppe, wenn es darum geht, Verbraucherschutznormen nicht anzuwenden. Dabei ist es nach der weiteren Formulierung gar nicht notwendig, dass etwa der Bezug von Dienstleistungen den Geschäftsabschluss repräsentiert. Zwischen diesen Faktoren muss lediglich ein objektiver Zusammenhang bestehen. In der Literatur vertritt unter anderem *Köhler*, dass Abschluss *und* Durchführung eines Arbeitsvertrages erfasst werden.[271] Zugleich betont er aber auch, es müssten analog § 310 Abs. 4 S. 2 BGB die für das Arbeitsrecht geltenden Besonderheiten berücksichtigt werden. An einem Geschäftsabschluss i. S. v. § 2 Abs. 1 Nr. 1 UWG zu zweifeln, besteht indes kein Anlass.

---

[267] BGH, Urteil vom 19.4.2007 – I ZR 57/05 („*Zinsbonus*"), GRUR 2007, 981 (983) m. w. N.; *Köhler*/Bornkamm, § 2 UWG, Rn. 39.

[268] *Köhler*/Bornkamm, § 2 UWG, Rn. 76; vgl. zur klassischen Einordnung: *Sinzheimer*, Arbeitsrecht S. 118.

[269] BT-Drs. 16/10145, S. 21.

[270] *Köhler*/Bornkamm, § 2 UWG, Rn. 33.

[271] *Köhler*, WRP 2009, 898 (900).

(2) Arbeitsmarkt und Gütermarkt – Funktionen und Regulierung

Das grundlegende Problem der Anwendung wettbewerblicher Normen auf arbeitsrechtliche Sachverhalte besteht nun darin, dass unterschiedliche Märkte mit unterschiedlichen Regelungsgedanken betroffen sind. Der Arbeitsmarkt konstituiert sich aus der Nachfrage nach Arbeit und Arbeitskräften sowie deren komplementären Angeboten.[272] Dem einzelnen Arbeitnehmer kommt eine Wettbewerbsfreiheit zu, er kann sich auf jede Stelle bewerben und sich mit seinen Qualifikationen gegenüber anderen Arbeitnehmern positionieren.[273] Umgekehrt konkurrieren Arbeitgeber um die besten Arbeitnehmer.[274]

Nach klassischem Verständnis herrscht eine klare Einteilung der Märkte. Auf dem Gütermarkt werden Waren und Dienstleistungen gegen Entgelt, auf dem Arbeitsmarkt wird die Arbeitsleistung gegen Lohn angeboten.[275] Damit unterscheiden sich die Märkte aber nur über das Kriterium der persönlichen Abhängigkeit. Die arbeitnehmerähnliche Person wäre als formal selbstständige Person dem Gütermarkt zuzuordnen.[276]

Auf dem Markt bildet sich für gewöhnlich der Preis. Anders als auf dem Gütermarkt konstituiert sich der Preis im Arbeitsrecht im normativ aufgezeigten Idealfall (Art. 9 Abs. 3 GG, § 1 TVG) über die unmittelbare oder mittelbare Wirkung von Tarifverträgen.[277] Gleiches gilt im Wesentlichen für andere Arbeitsbedingungen. Durch die (immer noch) weitgehende Regulierung durch Tarifverträge (einfache oder allgemeinverbindlich erklärte) und Betriebsvereinbarungen findet auf dem Arbeitsmarkt nur in seltenen Fällen ein Wettbewerb über den Preis statt. Vielmehr legen Faktoren wie Eignung und fachliche Leistungen den Preis fest.[278]

Die Mechanismen sind grundsätzlich verschieden. Verbraucher können nur selten und wenn nur schwache Gegenmacht[279] erzeugen. Gegenmacht bezieht sich damit auf ein Handeln am Markt. Die „Macht“ nimmt im engeren Sinne Bezug auf die Verhandlungsposition. Anders als im Arbeitsrecht kommt es nicht zu einer gemeinsamen Interessenvertretung des „unterlegenen Lagers“. Als Grund für dieses Phänomen werden die diffusen Interessen der Verbraucher genannt. Es komme gerade nicht dazu, ein Gruppenbewusstsein herauszubilden, und in der Folge nicht zu einer institutionellen Verfestigung. Die Zugehörigkeit zu einer Großgruppe trage vielmehr zur Stärkung der Abgrenzung des Individuums bei.[280]

---

272 Vgl. *Rieble*, Rn. 82 ff.

273 ErfK-*Schmidt*, Art. 12 GG, Rn. 9: Teilhabe am Wettbewerb; *Rieble*, Rn. 908.

274 *Rieble*, Rn. 125, vgl. auch LG Wuppertal, Urteil vom 15.1.2015 – 12 O 67/14 = juris.

275 Zu den Grenzen: *Rieble*, Rn. 654 ff.

276 So *Rieble*, Rn. 538.

277 Däubler-*Schiek*, Einleitung, Rn. 470.

278 *Franke*, S. 5; zur anderweitigen Steuerung des Arbeitsmarkts gegen Preiskämpfe: Däubler-*Däubler*, Einleitung, Rn. 122.

279 Zum Verhältnis des Tarifvertragsrechts zum Gegenmachtsprinzip noch: S. 281 u. 294 ff.

280 *Säcker*, S. 49 auf „das Volk“ bezogen; eingehend: *Thiere*, S. 76 ff.; zur Bedeutung der „Unorganisierbarkeit“: S. 258 f.

Bereits diese Annahme ist nur eingeschränkt richtig. Die Bildung von Gegenmacht erfolgt nicht schematisch. So hat bereits *Reich* 1974 darauf hingewiesen, dass allein ein Boykottaufruf an die Verbraucher oder ein Käuferstreik ein Baustein in der Herausbildung von Gegenmacht sein kann.[281] Ein weiterer Aspekt war für ihn die Implementation der Verbandsklage für Verbraucherverbände.[282] Zugleich wies er aber auch darauf hin, dass nur eine „wirklich funktionsfähige Organisation der Verbraucher“ eine effektive Gegenmachtbildung ermögliche. Hierfür hob er das Arbeitswesen hervor.

Gütermarkt und Arbeitsmarkt bilden gemeinsam den sog. Gesamtmarkt.[283] Zwischen beiden Märkten bestehen Wechselwirkungen. Ein Erfolg am Gütermarkt macht beispielsweise wegen der Zukunftsperspektiven am Arbeitsmarkt attraktiv, hohe Löhne wiederum können den finanziellen Spielraum bei der Preisgestaltung einschränken.[284] Die klassische Sichtweise misst dem Arbeitsverhältnis eine Bedeutung für den Gütermarkt dahin gehend bei, dass es durch seinen Inhalt die Preisgestaltung des Arbeitgebers/Unternehmers mitbestimmt.[285] Plakativ stellen Arbeitsbedingungen Kostenfaktoren für den Gütermarkt dar.

(3) Die Funktionen des Arbeits- und Wettbewerbsrechts

Wegen dieser starken Synergien der Märkte kommt es in systematischer Hinsicht darauf an, wie das Recht den Bruch arbeitsrechtlicher Normen verarbeitet bzw. ob ein wettbewerbsrechtlich relevanter Sachverhalt vorliegt. Zum Teil wird vertreten, dass sich Arbeitsmarkt und Gütermarkt dadurch unterscheiden, dass die grundrechtliche Spannungslage eine andere sei. So stünde aufseiten des Arbeitnehmers Art. 12 und aufseiten des Verbrauchers nur Art. 2.[286]

Für gewöhnlich wird betont, Arbeitsrecht und Lauterkeitsrecht seien zwei völlig unterschiedliche Rechtsgebiete mit unterschiedlichen Anwendungsbereichen.[287] Daraus leiteten sich Funktionsunterschiede ab. *Ziegler* etwa betont, dass es auf dem Arbeitsmarkt um den Ausgleich der ungleich verteilten Kräfte und nicht um die Sittenwidrigkeit von Verhaltensweisen gehe.[288] Der Gütermarkt ziele auf die optimale Verteilung begrenzter Wirtschaftsgüter.[289] Es gehe um den „bestmöglichen“ Einsatz vorhandener Ressourcen. Dieses Ziel lasse sich nur durch einen fairen Wettbewerb erreichen. Damit sagt er jedoch noch nicht, ob der Einsatz der ungleich verteilten Kräfte nicht jedenfalls dann unfairen Wettbewerb bedeutet, wenn arbeitsrechtliche Normen verletzt werden. Die angeführten Zwecke lassen sich durchaus zusammenführen.

---

281 *Reich*, ZRP 1974, 187 (193).
282 Vgl. auch *Hempel*, NJW 2015, 2077 (2077).
283 *Rieble*, Rn. 231.
284 Grundlegend und mit weiteren Beispielen *Rieble*, Rn. 231.
285 *Franke*, S. 4.
286 *Rieble*, Rn. 171.
287 *Ziegler*, S. 1 u. 7.
288 *Ziegler*, S. 1.
289 *Ziegler*, S. 8; *Moog*, GRUR 1981, 173 (175): „fehlendes Allokationsproblem“.

Ferner führt *Ziegler* an, es sei nicht Ziel des Arbeitsrechts, einen möglichst geringen Preis zu erreichen. Das dokumentierten Mindestlöhne.[290] Auch sei die soziale Komponente stärker. Es gehe nicht darum, Arbeit effizient anzubieten. Zudem seien die Wirtschaftsgüter unterschiedlich. Die Arbeit sei personengebunden, andere Wirtschaftsgüter könnten ausgetauscht werden.[291] Außerdem würden auf dem Gütermarkt Gerechtigkeitsgedanken vollständig ausgeblendet werden, auf dem Arbeitsmarkt hätten diese aber essenzielle Bedeutung. Auf dem Gütermarkt sei das Ziel, die Handlungs- und Entscheidungsfreiheit der Marktteilnehmer zu sichern. Auf dem Arbeitsmarkt gehe es darum, die Entscheidungsfreiheit des einzelnen Arbeitnehmers zu gewährleisten. Auch sei die Nachfragemacht des Arbeitgebers stärker als auf dem Gütermarkt.

Auch diese Gedanken lassen sich zusammenführen. Die zentrale Kategorie des UWG bildet die Lauterkeit. Zentrale Kategorie des Arbeitsrechts ist die Angemessenheit. Beide Begriffe sind einer wie auch immer zu definierenden Gerechtigkeit vorgelagert. Es kann *a priori* nicht ausgeschlossen werden, dass unangemessene Arbeitsbedingungen das Auftreten auf dem Gütermarkt als unlauter färben. Dass das Arbeitsrecht auch die Entscheidungsfreiheit[292] des Arbeitnehmers schützt, dokumentieren bereits die §§ 123, 280 i. V. m. § 311 Abs. 2 BGB sowie die §§ 305 ff. BGB und das kollektive Arbeitsrecht.

(4) Die grundsätzliche Abgrenzung von UWG und GWB sowie ihre Auswirkung auf das Arbeitsrecht

Symptomatisch für das Verhältnis von Arbeitsrecht und Wettbewerbsrecht ist die Herausnahme des Tarifvertrages aus dem Kartellrecht. Lauterkeitsrecht (UWG) und Kartellrecht (GWB) bilden gemeinsam das Wettbewerbsrecht.[293] Unter dem Stichwort „Bereichsausnahme Arbeitsmarkt" wird weitgehend angenommen, das GWB fände auf Regelungen des Arbeitsmarktes keine Anwendung.[294] Nach dem klassischen Verständnis gewährleistet das GWB den institutionellen Rahmen des Wettbewerbs und damit, „ob" Wettbewerb stattfindet.[295] Das UWG regelt dagegen in einem vorhandenen Wettbewerb die Frage nach dem „Wie" des Wettbewerbs, indem es Verhaltensweisen verbietet. Dies leitet nun zu der Frage über, weshalb das Lauterkeitsrecht auf das Arbeitsrecht Anwendung finden soll, wenn das GWB nicht den freien Wettbewerb erzwingt.

---

[290] *Ziegler*, S. 8; *Moog*, GRUR 1981, 173 (175); zum Zusammenspiel: *Picker*, RdA 2014, 25 (30).

[291] *Ziegler*, S. 9.

[292] So hat *Moog* darauf hingewiesen, dass Wettbewerbsrecht und Arbeitsrecht unterschiedliche Freiheiten sicherten. So ginge es im Wettbewerbsrecht um die Entscheidungs- und Handlungsfreiheit, während das Arbeitsrecht die Freiheit vor persönlicher Abhängigkeit sicherte, GRUR 1981, 173 (176).

[293] *Köhler*, WRP 2005, 645 (645), m. w. N. zur uneinheitlichen Terminologie.

[294] *Preis*, S. 81.

[295] *Emmerich* § 1 Rn. 3; *Boesche*, Rn. 26; *Köhler*/Bornkamm, Einleitung, Rn. 6.11 ff.

(a) Die Bedeutung des GWB für den Tarifvertrag

Im Zentrum der Bereichsausnahme steht die Kontrollfähigkeit von Tarifverträgen. Im Grundsatz galt: der Güter- und Dienstleistungsmarkt soll vom Wettbewerbs-, der Arbeitsmarkt vom Gegengewichtsprinzip bestimmt werden.[296] Insoweit deckt sich die Bereichsausnahme mit der oben veranschaulichten Differenzierung. Diese Einteilung versagt indes dort, wo kein Gegengewicht vorhanden ist. Dort fällt das Arbeitsrecht ebenfalls auf das Wettbewerbsprinzip zurück. Umgekehrt kann es dort wegen fehlender Organisation nicht zu für das GWB relevanten Zusammenschlüssen der Marktgegenseiten kommen.

Nach § 1 GWB n. F.[297] sind Vereinbarungen zwischen Unternehmen, Beschlüsse von Unternehmensvereinigungen und aufeinander abgestimmte Verhaltensweisen, die eine Verhinderung, Einschränkung oder Verfälschung des Wettbewerbs bezwecken oder bewirken, verboten. Zwar wird der Unternehmensbegriff des GWB weit und funktional ausgelegt, das Bundesarbeitsgericht hat die Anwendung des GWB a. F. im Grundsatzurteil vom 27.6.1989 verneint.[298] Im Fall ging es darum, dass eine Gewerkschaft einen Tarifvertrag mittels Arbeitskampf mit Arbeitszeitende entsprechend dem damals geltenden LSchlG erzwingen wollte. Das Gericht betonte dann, dass Gewerkschaften nicht am Markt für Waren oder gewerbliche Leistungen tätig würden.[299]

Aktuell wird aus der Fassung des § 1 GWB gefolgert, dass der Arbeitsmarkt lediglich eingeschränkt in den Anwendungsbereich des GWB falle.[300] Andere Autoren erblicken in den Regelungen des TVG eine Spezialregelung, die insbesondere § 1 GWB vorgeht.[301] Zwar wird die Eigenschaft als lex specialis nicht angezweifelt, allerdings auf die Reichweite der in § 1 TVG genannten Materien verwiesen. Lägen diese nicht vor, fände das GWB Anwendung.[302] Eine generelle Bereichsausnahme Arbeitsmarkt gäbe es nicht mehr. Der Blick auf das TVG wird der verfassungsrechtlichen Wertung des Art. 9 Abs. 3 GG nicht gerecht. Vielmehr findet das GWB im Anwendungsbereich des Art 9 Abs. 3 GG keine Anwendung. Gewerkschaften und Arbeitgeberverbände nehmen gerade eine verfassungsrechtlich erlaubte bzw. erwünschte Tätigkeit wahr.

(b) Sperrwirkung?

Dies leitet damit zu der Frage über, ob diese Wertung zugunsten des Tarifrechts eine Sperrwirkung im UWG begründen kann. Damit ist die klassische Konkurrenzkonstellation angesprochen, in der ein kartellrechtliches Verbot nicht verwirklicht ist, die Voraussetzungen eines UWG-Verbots jedoch möglich erschei-

---

[296] *Wiedemann/Wonneberger*, Anm. zu BAG, Urteil vom 26.6.1989 – 1 AZR 404/88, AP GG, Arbeitskampf, Nr. 113; *Höpfner*, S. 522.

[297] Vertiefend zur Geschichte der Diskussion: *Höpfner*, S. 539 ff.

[298] BAG, Urteil vom 26.6.1989 – 1 AZR 404/88, AP GG, Art. 9, Arbeitskampf, Nr. 113.

[299] BAG, Urteil vom 26.6.1989 – 1 AZR 404/88, AP GG, Art. 9, Arbeitskampf, Nr. 113.

[300] *Richardi*, NZA 2013, 408 (408 f.); hierzu auch *Lobinger/Hartmann*, NZA 2010, 421 (423); zum Unionsrecht: *Höpfner*, S. 559 ff.

[301] *Bayreuther*, S. 146 (Fn. 388).

[302] Immenga/Mestmäcker-*Zimmer*, § 1, Rn. 193.

nen. Zum Teil wird angeführt, das Lauterkeitsrecht dürfe nicht dazu führen, dass die kartellrechtlichen Normen unterlaufen würden.[303] Dies wird dahin gehend eingeschränkt, dass das UWG, insbesondere § 3 UWG, dann anwendbar sein soll, wenn besondere unlauterkeitsbegründende Umstände vorliegen, die durch das GWB nicht berücksichtigt wurden.[304] Diese Umstände dürften weder im Tatbestand des GWB-Gesetzes bewertet worden sein, noch dürfte eine Wertung den Eintritt der Rechtsfolge bei Vorliegen dieser Voraussetzungen ausschließen.

Die Spannungsfelder von GWB und Arbeitsmarkt einerseits sowie UWG und Arbeitsmarkt andererseits sind grundverschieden. Im ersten Fall geht es um die Zulassung von Regelungen über einen Markt. Im zweiten Fall geht es um die Verletzung von Regelungen auf dem Markt. Dass das Tarifrecht keine Ausnahmeregelung erfahren hat, erklärt sich in erster Linie aus der Wertigkeit der Tarifautonomie. Es geht nicht um eine Ausnahme des GWB, sondern um die Reichweite der Tarifautonomie.[305] Der Vorrang des TVG existiert nicht aufgrund einer Wertung des GWB, sondern aufgrund der Wertung durch Art. 9 Abs. 3 und § 1 TVG. Insofern ist die konkurrenzrechtliche Spannungslage reduziert, weil es nicht um den tatbestandlichen Ausschluss im Rahmen einer Verbotsnorm oder einer Erlaubnis wie in den §§ 28 ff. GWB geht. Vielmehr gibt Art. 9 Abs. 3 GG i. V. m. § 1 ff. TVG eine generelle Erlaubnis. Daher kann auf das UWG zurückgegriffen werden.

(5) Die Erfassung des Arbeitsmarkts durch das UWG: die Nachfrage nach Arbeit

Dass das UWG Handlungen auf dem Arbeitsmarkt erfasst, dokumentiert sich besonders beim Abwerben von Arbeitnehmern.[306] Der Bundesgerichtshof und das Bundesarbeitsgericht hatten sich in einer ganzen Reihe von Urteilen mit dem Abwerben von Arbeitnehmern auseinanderzusetzen.

Zu § 1 UWG a. F. hatte der BGH ein Handeln im Verkehr zu Zwecken des Wettbewerbs im Abwerben eines Mitarbeiters erblickt.[307] Gehe es um das Abwerben eines Arbeitnehmers, so seien der Arbeitgeber und der Abwerbende in den Wettbewerb um den Abgeworbenen als Arbeitskraft getreten. Ob die Unternehmen sonst Wettbewerber seien, sei unerheblich. Damit dieses Verhalten unlauter sei, bedürfe es aber wettbewerbsrechtlich unlauterer Begleitumstände, weil das Abwerben fremder Mitarbeiter an sich grundsätzlich erlaubt sei. Unlautere Begleitumstände lägen insbesondere im Einsatz unlauterer Mittel oder im Verfolgen unlauterer Zwecke. Das Gericht stellte dann auf eine Abwägung aller Interessen der Beteiligten, auch die des Arbeitnehmers, ab. Das Anrufen am

---

303 BGH, Urteil vom 4.4.1995 – KZR 34/93 („*Hitlisten-Platten*"), GRUR 1995, 690 (692 f.).

304 *Köhler*, WRP 2005, 645 (647).

305 *Wiedemann/Wonneberger*, Anm. zu BAG, Urteil vom 26.6.1989 – 1 AZR 404/88, AP GG, Arbeitskampf, Nr. 113.

306 Vgl. auch *Schloßer*, WRP 2004, 145 (151); LG Wuppertal, Urteil vom 15.1.2015 – 12 O 67/14 = juris.

307 BGH, Urteil vom 4.3.2004 – I ZR 221/10 („*Direktansprache am Arbeitsplatz I*"), NZA 2004, 794 (796 f.).

Arbeitsplatz halte den Arbeitnehmer von seiner Tätigkeit ab und sei dann unlauter, wenn es über eine erste Kontaktaufnahme hinausgehe.

In der Folgezeit übernahm das Gericht seine Rechtsprechung auch zum UWG 2004 (§ 3 UWG, nicht § 4 Nr. 10 UWG). Das Gericht betonte, dass Anrufe, mit denen Mitarbeiter anderer Unternehmen auf Diensttelefonen zu Abwerbungszwecken angesprochen würden, geeignet seien, den Wettbewerb nicht nur unerheblich zu beeinflussen, wenn sie über eine erste Kontaktaufnahme hinausgingen. Mit dieser Art von Wettbewerbshandlungen (UWG 2004) seien notwendig und regelmäßig wettbewerbswidrige Wirkungen verbunden.[308] Das Bundesarbeitsgericht hat diese Rechtsprechung 2012 auf Grundlage des UWG 2008 übernommen.[309]

Die Inklusion des Arbeitsmarktes wird deutlich, betrachtet man die Anforderungen an die Lauterkeit. Da kein spezieller Tatbestand betroffen war, kam es allein auf die Unlauterkeit nach der Generalklausel an. Der Gesetzgeber hat lediglich festgestellt, dass unlauter alle Handlungen sind, die den anständigen Gepflogenheiten in Handel, Gewerbe, Handwerk oder selbstständiger beruflicher Tätigkeit zuwiderlaufen.[310] Diese Aussage ist in beide Richtungen offen. Die herrschende Meinung konkretisiert den Tatbestand und führt eine Abwägung der betroffenen Interessen durch.[311] Dies vor Augen, ist ersichtlich, dass dadurch, dass die Gerichte auch auf die Interessen der Arbeitnehmer abstellen, der gesamte Lebenssachverhalt zur Grundlage der Bewertung als unlauter herangezogen wird. Dies wird noch deutlicher, wenn man vertritt, dass nur solche Interessen berücksichtigt werden dürfen, die mit den Zielen des UWG im Einklang stehen.[312]

(6) Ergebnis

Der Abschluss des Arbeitsvertrages und auch die ihn gegebenenfalls prägenden tarifrechtlichen Normen werden vom UWG aufgenommen. Auf der Modellebene trat hervor, dass Arbeitsmarkt und Gütermarkt interagieren. Es ist daher nicht ausgeschlossen, dass Verstöße gegen Arbeitsrecht geschäftliche Handlungen i. S. v. § 2 Abs. 1 Nr. 1 UWG darstellen.

bb) Vertrags- und Gesetzesverletzungen im Arbeitsverhältnis

Vom Arbeitsvertrag ausgehend, kommt jedes Verhalten vor, bei oder nach dem Vertragsschluss als geschäftliche Handlung i. S. v. §§ 3 Abs. 1, 2 Abs. 1 Nr. 1 UWG in Betracht. Mit der Neufassung des UWG 2008 war verbunden, dass Handlungen nach Abschluss des Geschäfts wettbewerbsrechtlich erfasst werden.

---

308 BGH, Urteil vom 9.2.2006 („*Direktansprache am Arbeitsplatz II*") – I ZR 73/02, NJW 2006, 1665 (1666 f.); fortgeführt in BGH, Urteil vom 22.11.2007 – I ZR 183/04 („*Direktansprache am Arbeitsplatz III*"), NJW 2008, 855.

309 BAG, Urteil vom 26.9.2012 – 10 AZR 370/10, NZA 2013, 152 (153).

310 BT-Drs. 15/1487, S. 16.

311 Vgl. die Nachweise bei Ohly/*Sosnitza*, § 3 UWG, Rn. 30.

312 *Ziegler*, S. 40.

Zuvor entsprach es der herrschenden Meinung, solche Verhaltensweisen auszuklammern.[313]

(1) Die alte Rechtsprechung des BGH

Zum UWG a. F. und dem darin enthaltenen Tatbestandsmerkmal der Wettbewerbshandlung hat der BGH mehrmals zur Vertragsverletzung nach Vertragsschluss Stellung bezogen.[314] Allein aus einer vertragswidrigen Minder- oder Schlechterfüllung folgte nach Ansicht des Gerichts noch nicht, dass der Unternehmer zur Förderung seines Wettbewerbs gehandelt habe. Zwar sei eine Schlecht- oder Nichterfüllung ein Handeln im geschäftlichen Verkehr. Auch seien die daraus erwachsenden Vorteile geeignet, seinem Wettbewerb zu dienen. Allerdings handele es sich lediglich um die Folgen aus der Abwicklung des konkreten Vertragsverhältnisses, welche keinen Bezug auf die Mitbewerber und keine Außenwirkung auf den Wettbewerb hätten und deshalb für sich allein keinen Rückschluss auf ein Handeln zur Förderung des eigenen Wettbewerbs zuließen. Etwas anderes gelte nur dann, wenn der Unternehmer von Vornherein auf eine Übervorteilung des Kunden abziele, nicht gewillt sei, sich an seine Ankündigungen zu halten, und die darin enthaltene Kundentäuschung zum Mittel seines Wettbewerbs mache.

(2) Die aktuelle Diskussion

Zunächst ist zu differenzieren: Stellt die vertragliche Pflicht zugleich eine gesetzliche Pflicht dar, so ist § 4 Nr. 11 UWG zu entnehmen, dass diese Frage nicht auf der Ebene der geschäftlichen Handlungen, sondern nur im Rahmen der Bewertung als unlauter oder lauter relevant sein kann.[315] Wurde keine Marktverhaltensnorm verletzt, so sperrt dies einen Rückgriff auf § 3 UWG – zumindest nach der Rechtsprechung des BGH.[316]

Im Übrigen hat sich ein weites Meinungsspektrum herausgebildet. *Köhler* betont, dass eine geschäftliche Handlung in diesem Bereich dann anzunehmen ist, wenn auf den Verbraucher eingewirkt werde.[317] Zum Teil wird noch vertreten, dass einfache, insbesondere fahrlässige Vertragsverletzungen nicht erfasst werden sollen.[318] Die bloße Nichterfüllung liege außerhalb des marktbezogenen geschäftlichen Verkehrs und sei lauterkeitsrechtlich unbedeutend. Anderes solle lediglich für bewusste Verletzungen gelten. *Köhler* hat diesem Ansatz zu

---

[313] Vgl. die Zusammenstellung bei *Sosnitza*, WRP 2008, 1014 (1016).

[314] BGH, Urteil vom 21.4.1983 – I ZR 30/81 (*„Ausschank unter Eichstrich I"*), GRUR 1983, 451; BGH, Urteil vom 10.12.1986 – I ZR 136/84 (*„Ausschank unter Eichstrich II"*), GRUR 1987, 180.

[315] Diese Annahme begründet keinen Widerspruch zu BGH, Urteil vom 10.1.2013 – I ZR 190/11, NJW 2013, 2756; insbesondere trifft § 43a Abs. 3 BRAO den Rechtsanwalt zu jeder Zeit seiner Berufsausübung, nicht nur im Mandatsverhältnis. § 263 StGB regelt offensichtlich keine Nebenpflicht im Vertrag.

[316] Hierzu oben S. 106.

[317] *Köhler*, WRP 2009, 898 (901).

[318] Harte-Bavendamm/Hennig-Bodewig-*Keller*, § 2, Rn. 30 ff.

Recht den Umkehrschluss aus § 3 Abs. 3 i. V. m. Nr. 27 entgegengehalten.[319] Nach Nr. 27 der Schwarzen Liste zum UWG sind Maßnahmen u. a. unlauter, durch die der Verbraucher von der Durchsetzung seiner vertraglichen Rechte aus einem Versicherungsverhältnis dadurch abgehalten werden soll, dass von ihm bei der Geltendmachung seines Anspruchs die Vorlage von Unterlagen verlangt wird, die zum Nachweis dieses Anspruchs nicht erforderlich sind.

Andere Autoren fordern, das Verhalten müsse über das konkrete individuelle Vertragsverhältnis hinausgehen und zumindest potenziell auch marktbezogene Außenwirkung entfalten können.[320] Dies sei zu bejahen, wenn zu erwarten sei, dass der Unternehmer in einer Vielzahl der Fälle bzw. vergleichbarer Fälle gleich verfahren wird. Auch dieser Ansatz kann vor Nr. 27 nicht bestehen. *Köhler* führt zusätzlich an, dass eine Auswirkung auf das Marktgeschehen nicht mehr mit dem Wortlaut des § 3 Abs. 1 UWG vereinbar sei.[321] Schließlich lässt sich auch der Verhältnismäßigkeitsgrundsatz anführen.[322] Ob das System des UWG über § 8 Abs. 4 UWG hinaus eine Einzelfallbetrachtung unter Berücksichtigung aller Interessen ermöglicht, ist eher eine Frage des speziellen Tatbestands und der Spürbarkeit. Darüber hinaus entspricht es dem UWG, die Interessen zunächst abstrahiert zu bewerten und erst in einem zweiten Schritt für den Einzelfall zu öffnen.

(3) Zwischenergebnis

Weder aus dem Wortlaut noch aus der Gesetzgebungsgeschichte lässt sich ableiten, dass die Vertragsverletzung nicht als Verhalten i. S. d. § 2 Abs. 1 Nr. 1 UWG eingeordnet werden kann.

cc) Der objektive Zusammenhang mit dem Bezug von Dienstleistungen

Das leitet zum neuralgischen Punkt der Verbindung von Wettbewerbsrecht und Arbeitsrecht über. Nach dem bisher Gesagten können Verstöße im Rahmen des Arbeitsvertrages vor, während und nach Abschluss des Arbeitsvertrages als geschäftliche Handlung angesehen werden. Nun muss dieser Verstoß jedoch mit dem Bezug der Dienstleistung in einem Zusammenhang stehen. Die geschäftliche Handlung differenziert nicht nach den Märkten, sodass von der Warte des Arbeitsmarkts sich lediglich die Frage stellt, wie weit der Zusammenhang zwischen Nachfrage und Vertragsdurchführung geht. Zeitlich bestehen keine Grenzen. Inhaltlich indes kann sich die Vertragsverletzung aus dem Zusammenhang mit der Nachfrage entfernen. Eine Vertragsverletzung zwei Jahre nach Vertragsschluss wird beispielsweise nur schwer einen Zusammenhang begründen können.

---

319 *Köhler*, WRP 2009, 898 (903), der im Folgenden auch noch Besonderheiten für die Wiederholungsgefahr aufstellt.

320 Harte-Bavendamm/Hennig-Bodewig-*Keller*, § 2, Rn. 36.

321 *Köhler*, WRP 2009, 898 (902).

322 *Köhler*, WRP 2009, 989 (903).

(1) Die Begriffsfassung der herrschenden Meinung

Nach der Neufassung 2008 wurde der objektive Zusammenhang zum Marktbezug abstrahiert.[323] Dieser sollte bestehen, wenn auf Verbraucher und Mitbewerber eingewirkt werde.[324] Zum Teil wird gefordert, dass der Marktbezug voraussetze, dass das Verhalten das Auftreten auf dem Markt zumindest fördern solle.[325] Insbesondere *Köhler* hat vorgeschlagen, nur solche Verhaltensweisen zu erfassen, die auf eine geschäftliche Entscheidung i. S. v. Art. 2 lit. k) UGP-RL gerichtet sind.[326] Das soll der Fall sein, wenn eine Handlung ihrer Art nach auf die Marktteilnehmer einwirken und damit das Marktgeschehen beeinflussen kann.[327]

Der BGH hat die Frage 2013 entschieden und das Merkmal im Hinblick auf die unionsrechtlichen Vorgaben funktional interpretiert. Es kommt darauf an, dass die Handlung bei objektiver Betrachtung darauf gerichtet ist, durch Beeinflussung der geschäftlichen Entscheidung der Verbraucher oder sonstiger Marktteilnehmer den Absatz oder den Bezug von Waren oder Dienstleistungen des eigenen oder fremden Unternehmens zu fördern.[328] Diese Eignung nahm das Gericht allerdings auch dann an, wenn der Unternehmer von Vornherein darauf abzielt, den Kunden zu übervorteilen und sich nicht an seine Ankündigungen halten will – insofern integrierte das Gericht Teile seiner ehemaligen Rechtsprechung in den objektiven Zusammenhang. Eine inhaltliche Abweichung außerhalb des Anwendungsbereichs der Richtlinie 2005/29/EG lehnte das Gericht aus Gründen der Rechtssicherheit ab.

Mit dieser Lösung wird der objektive Zusammenhang (nahezu) zu einer vorgezogenen Geeignetheitsprüfung i. S. v. § 3 Abs. 1 UWG. Regelmäßig wird es darauf ankommen, inwieweit bereits das Verhalten die Eignung in sich trägt, den Adressaten zum Ablassen von Rechten zu bewegen. Speziell zum Gewährleistungsausschluss führte das Gericht aus, dass dieser geeignet sei, den Verbraucher von der Geltendmachung seiner Rechte abzuhalten und daher eine geschäftliche Handlung darstelle. Eine bloße Schlechtleistung genüge nicht. Vielmehr sei erforderlich, dass der Verbraucher von der Geltendmachung seiner Rechte abgehalten werde – etwa durch Bestreiten der Mängel.

Diese unionsrechtskonforme Auslegung trifft grundsätzlich zu. Sie übersieht jedoch, dass der Gesetzgeber über die Richtlinie 2005/29/EG hinausgehen und alle Handlungen erfassen wollte, welche die Interessen von Mitbewerbern und sonstigen Marktteilnehmern beeinträchtigen.[329] Das Gericht hat zwar nachvollziehbar auf den Grundsatz der Rechtssicherheit abgestellt, indessen ein eindeutiges Votum des Gesetzgebers außer Acht gelassen. Insofern sind jedenfalls keine hohen Anforderungen an die Eignung zur Beeinflussung zu stellen. Eine Eig-

---

323 *Ziegler*, S. 33.

324 Unionsrechtlich aufgeladen: *Köhler*/Bornkamm, § 2 UWG, Rn. 43.

325 *Ziegler*, S. 34.

326 *Köhler*, WRP 2009, 109 (110); *Köhler*, WRP 2009, 898 (899).

327 LG Düsseldorf, WRP 2012, 1162 (1163); *Köhler*/Bornkamm, § 2 UWG, Rn. 35.

328 BGH, Urteil vom 10.1.2013 – I ZR 190/11, NJW 2013, 2756 (2756); BGH, Urteil vom 11.12.2014 – I ZR 113/13, WRP 2015, 855 (857).

329 BT-Drs. 16/10145, S. 21.

nung wird dann anzunehmen sein, wenn der Vertrag ein Verbot oder eine verpflichtende Verhaltensvorgabe regelt bzw. ermöglicht.

(2) Auswirkungen für das Arbeitsrecht

Auf den Abschluss des Arbeitsvertrages bezogen, sind ein objektiver Zusammenhang und insbesondere eine Eignung zur Verhaltensbeeinflussung dann anzunehmen, wenn eine vertragliche Regelung existiert. Die Vertragsparteien werden sich regelmäßig an den Vertrag halten (*pacta sunt servanda*). Aus diesem Grund besteht die Gefahr, dass ein Arbeitnehmer seine tatsächlich vorhandenen gesetzlichen Rechte nicht durchsetzt. Weicht die vertragliche Regelung negativ vom gesetzlich Vorgesehenen ab, dann ist das Stellen dieser beim Vertragsschluss geeignet, den Bezug von Arbeit zu günstigen Konditionen zu fördern.

Die Schlechtleistung des Arbeitgebers, m. a. W. die Unterbezahlung des Arbeitnehmers, hingegen begründet nach diesen Grundsätzen keinen objektiven Zusammenhang, es sei denn, der Arbeitgeber hatte dies von Anfang beabsichtigt.

Darüber hinaus wird traditionell zwischen unternehmerischem Verhalten mit Außenwirkung und ohne Außenwirkung, also betriebsinternem Verhalten, unterschieden. Der Bundesgerichtshof hat dies auch in der Abgasemissionen-Entscheidung betont. Das UWG (1909) beziehe sich lediglich auf wettbewerbliches Handeln und damit auf solche Verhaltensweisen, mit denen auf das Wettbewerbsgeschehen eingewirkt werde. Das nehme betriebsinterne Vorgänge aus.[330] Daher wurden Weisungen des Arbeitgebers und die Verletzung von Arbeitsschutznormen als sog. Betriebsinterna aus dem Anwendungsbereich des UWG herausgenommen.[331] Dem Tarifbruch hingegen wurde und wird Außenwirkung zugesprochen.[332] Mit der Neufassung des UWG und der Interpretation des objektiven Zusammenhangs durch den BGH ist diese Einordnung ins Wanken geraten.

Zu den Weisungen des Arbeitgebers führt der Bundesgerichtshof aus, dass hierin kein Handeln im geschäftlichen Verkehr erblicken zu sei.[333] Dieser Grundsatz war noch auf die Mitbewerber – 1970 – bezogen. Damals hatte das Gericht den internen Bereich wertungsgemäß ermittelt. Entscheidend war, dass die Person den Weisungen unterstand.

Diese Rechtsprechung ist auf den Gütermarkt bezogen. Sie konnte den Arbeitsmarkt wegen der alten Rechtslage und des Ausschlusses nachgelagerter Vertragsstörungen ausblenden. Die Definition der geschäftlichen Handlung erfasst hingegen grundsätzlich die vertragliche Weisung in den ersten Elementen. Da die Weisung ihre Grundlage im Arbeitsvertrag hat, liegt ein Zusammenhang zum Arbeitsvertrag nahe. Hinzu kommt, dass Weisungen eine Pflicht begründen, ihr zu folgen, und es für den Arbeitnehmer im Einzelnen schwierig sein wird, die Rechtsmäßigkeit abzuschätzen. Sie trägt daher wie vertragliche Regelungen die

---

330 BGH, Urteil vom 11.5.2000 – I ZR 28/98, GRUR 2000, 1076 (1077).

331 BGH, Urteil vom 25.9.1970 – I ZR 47/69 („*Branchenverzeichnis*"), GRUR 1971, 119 (119f.); *Köhler*/Bornkamm, § 2 UWG, Rn. 36.

332 *Ziegler*, S. 35.

333 BGH, Urteil vom 25.9.1970 – I ZR 47/69, GRUR 1971, 119 (120).

Eignung in sich, dass der Arbeitnehmer sie – obwohl sie unberechtigt sein mag – nicht zurückweist. Damit verbleibt allein problematisch, wie sich die Weisung auf den vorangegangenen Bezug der Arbeitsleitung auswirken soll. Gleichwohl führt auch eine unberechtigte Weisung dazu, dass der vorangegangene Vertragsschluss faktisch aufgewertet wird, weil der Arbeitsvertrag faktisch um Befugnisse erweitert wird, die er überhaupt nicht enthalten kann. Ein objektiver Zusammenhang wird daher regelmäßig bestehen. Damit ist jedoch noch nichts darüber gesagt, ob das Verhalten im Hinblick auf das Wettbewerbsrecht unlauter ist.

Die Problematik, dass Arbeitnehmer vielfältige Gründe dafür haben, ihre Rechte nicht durchzusetzen, ist für den objektiven Zusammenhang irrelevant, weil es nur auf die Eignung zur Beeinflussung ankommt. Regelmäßig wird dieser Gedanke durch die speziellen Schutzzwecke der Schutznormen ergänzt. Ein Verstoß gegen das Nachweisgesetz etwa ist geeignet, den Arbeitnehmer von der Wahrnehmung seiner Rechte abzuhalten, da es nicht auszuschließen ist, dass er wegen des Verstoßes nicht um all seine Rechte weiß.

dd) Zwischenergebnis

Die geschäftliche Handlung konzentriert sich auf den Handelnden. Die Definition schweigt dazu, wer mit der Handlung konfrontiert wird. Der Begriff ist nicht geeignet, eine entscheidende Weichenstellung gegen die Anwendbarkeit des Arbeitsrechts darzustellen. Vielmehr kann man zusammenfassen, dass die Nachfrage nach Arbeit und der damit zusammenhängende Abschluss des Vertrages als Geschäftsabschluss i. S. v. § 2 UWG den Kern der geschäftlichen Handlung bilden. Es bedarf dann nur eines Verhaltens, welches in einem objektiven Zusammenhang mit der Nachfrage nach Arbeit steht.

b) Die Lauterkeit des Verhaltens im Arbeitsverhältnis

§ 3 UWG definiert den Begriff der Unlauterkeit nicht, sondern operiert grundsätzlich über die gesetzliche Konkretisierungen in den Folgeparagrafen. Ein Rückgriff auf die Generalklausel muss sich wegen der durch die UGP-Richtlinie angestrebten Vollharmonisierung stets rechtfertigen.[334]

aa) Die Unlauterkeit nach § 7 Abs. 2 Nr. 2 UWG

Das Abwerben von Arbeitnehmern wurde ursprünglich über die Generalklausel gelöst. Nunmehr wirft sich die Frage auf, ob dieses Verhalten nicht auch von § 7 Abs. 1 UWG erfasst wird. In den dargestellten Konstellationen war der Arbeitgeber beschwert, in § 7 Abs. 2 Nr. 2 UWG geht es um einen eigenen Schutz des Verbrauchers vor der Kontaktaufnahme.[335] Für den Tatbestand des § 7 Abs. 2 Nr. 2 UWG bedeutet dies, dass Werbung mit einem Telefonanruf nur mit seiner ausdrücklichen vorherigen Einwilligung möglich ist. Bei anderen Marktteilnehmern genügt eine mutmaßliche Einwilligung.

---

[334] *Köhler*/Bornkamm, § 3 UWG, Rn. 64 ff.

[335] Vgl. *Köhler*/Bornkamm, § 7 UWG, Rn. 141,

An dieser Stelle herrscht weitgehend Einigkeit, dass die Norm nicht uneingeschränkt auf die Situation des Arbeitnehmers passt, zumal die Rechtsprechung auch ein ausdifferenziertes System der Lauterkeit der Kontaktaufnahme herausgebildet hat. Während der Streit um die Verbrauchereigenschaft im Wesentlichen fortgesetzt wird,[336] betonte *Köhler* das Vorgehen des BAG in der Arbeitnehmer-Verbraucherentscheidung.[337] Das dortige Vorgehen ist auch bei § 7 UWG geeignet, ein interessengerechtes Ergebnis herbeizuführen. Einerseits wird die Verbrauchereigenschaft bejaht, andererseits die Norm teleologisch reduziert, weil der Arbeitnehmer nicht vergleichbar schutzbedürftig ist. Die Werbung i. S. v. § 7 UWG erfasst daher nicht das Abwerben. Insofern bleibt es bei der Rechtsprechung von BGH und BAG zu § 3 UWG.[338] Nunmehr ordnet *Köhler* den Arbeitnehmer als Marktteilnehmer ein, wenn er in seiner Eigenschaft als Arbeitnehmer kontaktiert wird, und zieht die Grundsätze zum Ansprechen am Arbeitsplatz ergänzend heran, um eine mutmaßliche Einwilligung zu ermitteln.[339] Insofern unterscheidet die Lösungen nur der Weg. Auf der Grundlage der hier vertretenen Konzeption bleibt die erste Lösung von *Köhler* vorzugswürdig.

bb) Die Unlauterkeit nach § 4 Nr. 11 UWG

Weitaus bedeutender erscheint § 4 Nr. 11 UWG für die Durchsetzung arbeitsrechtlicher Normen. In § 4 Nr. 11 UWG wird der unbestimmte Begriff der Unlauterkeit geschäftlicher Handlungen durch den Verstoß gegen sog. Marktverhaltensregeln ausgefüllt. Einigkeit herrscht hierbei, dass nicht jeder Gesetzesverstoß, der geeignet ist, den Wettbewerb zu beeinflussen, Relevanz haben darf. § 4 Nr. 11 UWG nimmt vielmehr der Entwicklung in der Rechtsprechung folgend nur solche Normen in Bezug, die dazu bestimmt sind, das Marktverhalten im Interesse der Marktteilnehmer zu regeln.

(1) Die überkommene kategoriale Trennung

Die wohl noch überwiegende Ansicht spricht Arbeitnehmerschutzvorschriften den Marktbezug ab.[340] So wird vorgebracht, Arbeitnehmer seien keine Teilnehmer am Markt derjenigen Produkte oder Dienstleistungen, an deren Herstellung bzw. Erbringung sie mitwirkten. Betrachtete man lediglich den Gütermarkt, so besaß diese Aussage nach der alten Rechtslage ihre Berechtigung. Sie lässt aber nunmehr die Neufassung von § 2 Abs. 1 Nr. 1 UWG außer Acht. Mit der Einbeziehung der Nachfrage nach Dienstleistungen ist die alte Trennung von Betriebsinterna und Marktaustritt in dieser Form nicht mehr möglich, weil Betriebsinterna jetzt nicht mehr nur im Vorfeld des Angebots oder der Nach-

---

336 *Ziegler*, S. 67.

337 *Köhler*/Bornkamm, 32. Aufl., § 7 UWG, Rn. 141; a. A. *Lettl*, WRP 2009, 1315 (1324).

338 Dazu oben S. 153; ein Vorsprung durch Rechtsbruch wird gerade nicht begründet, sodass § 3 Abs. 1 UWG anwendbar bleibt.; in diese Richtung schon die Anmerkung von : *Köhler*, GRUR 2010, 657 (658).

339 *Köhler*/Bornkamm, § 7 UWG, Rn. 141.

340 Harte-Bavendamm/Henning-Bodewig-*v. Jagow*, § 4, Nr. 11, Rn. 44.

frage angelegt sind, sondern diesem auch nachgelagert sein und insbesondere in einem Zusammenhang stehen können.

Für die Ermittlung von Marktverhaltensnormen sind zwei unterschiedliche Ausgangspunkte möglich. Man kann einerseits auf den Gütermarkt abstellen. Dann wird es darauf ankommen, dass die arbeitsrechtlichen Vorgaben gerade speziell für die Lauterkeit auf diesem Markt relevant sind. Man kann auch andererseits auf das Auftreten auf dem Arbeitsmarkt abstellen. Diese Perspektive eröffnet – aus der Natur der Sache – eine breitere Möglichkeit, Verstöße vor, bei oder nach Vertragsschluss wettbewerbsrechtlich zu erfassen. Beide Perspektiven sind möglich. Stets ist jedoch vom Wortlaut des § 2 Abs. 1 Nr. 1 UWG auszugehen.

(2) Die (einschränkende) unionsrechtskonforme Interpretation des BGH

Nach der Rechtsprechung des BGH kann ein Verstoß gegen eine nationale Norm nach § 4 Nr. 11 UWG ausschließlich dann erfasst werden, wenn die Norm ihre Grundlage im Unionsrecht hat.[341] Hinter dieser Rechtsprechung steht, dass die UGP-RL eine Vollharmonisierung anstrebt. Insofern wäre ein weitergehender Verbraucherschutz mit der Richtlinie unvereinbar und § 4 Nr. 11 UWG unionsrechtswidrig. An dieser Stelle ist jedoch zu beachten, dass der Arbeitnehmer-Verbraucher überhaupt nicht in den Anwendungsbereich der UGP-RL fällt,[342] was bereits an der Definition der Geschäftspraktik deutlich wird. Methodisch handelt es sich um eine systematische teleologische Reduktion der Norm durch den BGH. Da die Grundlage der teleologischen Reduktion hier nicht verfängt, führt dies zum Wortlaut der Norm zurück. Dieses Ergebnis findet sich auch in der Rechtsprechung des BGH selbst wieder. Jüngst hat das Gericht seine Einschränkung in dem Bereich zwischen Mitbewerbern aufgehoben, weil dieser Aspekt nicht von der Richtlinie 2005/29/EG erfasst werde.[343]

(3) Das Allgemeine Gleichbehandlungsgesetz

Durch das Verbot der Diskriminierung in der Bewerbungssituation nach §§ 7, 6 Abs. 1 S. 2 AGG besitzt das Allgemeine Gleichbehandlungsgesetz einen eindeutigen Bezug zur Nachfrage nach Arbeit. Das Verhalten auf diesem Markt wird über das Verbot reglementiert.[344] Über das UWG können dann Diskriminierungen in Bewerbungssituationen untersagt werden.

Mit dieser Annahme hängt die weitergehende Problematik zusammen, inwieweit sog. abstrakte Diskriminierungen durch das AGG untersagt werden. Maßgeblich ist insoweit die Entscheidung des EuGH in der Rechtssache *Feryn*.[345]

---

[341] BGH, Urteil vom 31.3.2010 – I ZR 34/08 („*Gewährleistungsausschluss im Internet*"), WRP 2010, 1475 (1476); BGH, Urteil vom 31.5.2012 – I ZR 45/11 („*missbräuchliche Vetragsstrafe*"), WRP 2012, 1086 (1090).

[342] Gegen ein absolutes Verständnis der Rechtsprechung wohl auch *Köhler*, WRP 2012, 251 (257).

[343] BGH, Urteil vom 2.12.2009 – I ZR 152/07, GRUR 2010, 654 (656).

[344] Hierzu *Klocke*, in: *Latzel/Picker*, 145 (149f.).

[345] EuGH, Urteil vom 10.7.2008 – C-54/07, BeckEuRS 2009, 507751; nachfolgend: EuGH, Urteil vom 25. April 2013 – C-81/12 („*Asociatia ACCEPT*"), NZA 2013, 891.

Hier hatte der EuGH die Frage zu beantworten, ob die Aussage eines Arbeitgebers im Rahmen eines Interviews, eine bestimmte Ethnie nicht einstellen zu wollen, weil dies den Kundenwünschen entspräche, eine Diskriminierung i. S. d. Art. 2 der Richtlinie 2000/43/EG darstellte. Es ging somit um eine Konstellation, die der eigentlichen Bewerbungssituation zeitlich vorhergeht.

Nach Art. 2 Abs. 2 lit. a) der Richtlinie 2000/43/EG liegt eine unmittelbare Diskriminierung vor, wenn eine Person aufgrund ihrer Rasse oder ethnischen Herkunft in einer vergleichbaren Situation eine weniger günstige Behandlung als eine andere Person erfährt, erfahren hat oder erfahren würde. Obgleich sich offensichtlich niemand für diskriminiert erachtete, strengte das *Centrum voorgelijkheid van kansen en voorracismebestrijding ein Verfahren wegen Diskriminierung an.*

Das belgische Gericht legte die Frage dem EuGH vor. Mehrere Mitgliedstaaten lehnten eine Diskriminierung wegen Fehlens einer beschwerten Person ab. Das Gericht betonte demgegenüber, dass zwar der Wortlaut des Art. 2 Abs. 2 lit. a) dies nahelege und Art. 7 der Richtlinie fordere, dass allen Personen, die sich durch die Nichtanwendung des Gleichheitsgrundsatzes in ihren Rechten für verletzt halten, und Einrichtungen des öffentlichen Interesses, die vor Gericht „im Namen der beschwerten Person oder zu deren Unterstützung" auftreten, der Gerichtsweg offenstehe. Dies bedeute indes nicht, dass durch das Fehlen einer beschwerten Person auf das Fehlen einer Diskriminierung geschlossen werden dürfe. Als zentrales Argument erwies sich Erwägungsgrund 8 der Richtlinie. Danach soll die Richtlinie günstigere Bedingungen für die Entstehung eines Arbeitsmarktes schaffen, der die soziale Integration fördert. Dies werde, so das Gericht, durch Einstellungsbedingungen i. S. v. Art. 3 der Richtlinie realisiert. Gerade aber in dieser Situation werde der Zweck schwerlich erreicht, wenn nur die erfolglosen Bewerber klagen würden. Die öffentliche Auskunft könnte bereits dazu führen, dass Bewerber davon abgehalten würden, sich zu bewerben, und damit ihren Zugang zum Arbeitsmarkt zu behindern. Das Gericht schloss mit der Bemerkung, dass eine Diskriminierung nicht voraussetze, dass eine beschwerte Person behaupten müsse, Opfer einer derartigen Diskriminierung geworden zu sein.

Der EuGH trennte jedoch Diskriminierung und die daraus resultierenden Rechtsbehelfe. Nach Art. 7 Abs. 1 der Richtlinie 2000/43/EG müssten nur Rechtsbehelfe für Personen bereitgehalten werden, die sich für beschwert hielten. Diese Regelung verwehre es den Mitgliedstaaten wegen Art. 6 nicht, Vereinigungen mit einem berechtigten Interesse an der Einhaltung der Richtlinie ein hierauf gerichtetes Recht einzuräumen. Ob das nationale Recht eine solche Befugnis bereithalte, sei Aufgabe des nationalen Gerichts. Zudem führte das Gericht aus, dass Art. 15 der Richtlinie es gebiete, in diesem Fall angemessene, wirksame und abschreckende Sanktionen festzulegen. Diese können entweder in einer Feststellung des Verstoßes i. V. m einer Veröffentlichung oder in einem Unterlassungsgebot oder in einem Schadenersatzanspruch einer qualifizierten Einrichtung bestehen.

Aus der Rechtssache Feryn eine Verbandsklagebefugnis zugunsten der Antidiskriminierungsverbände abzuleiten, wird überwiegend abgelehnt.[346] Der Hin-

---

[346] ErfK-*Schlachter*, § 23 AGG, Rn. 1; rechtspolitisch: *Bayreuther*, NZA 2008, 986 (989).

weis, dass die Forderung nach einer Verbandsklage wegen den Ausführungen zu Art. 7 Abs. 2 RL nicht angenommen werden könne, ist im Kern zutreffend.[347] Das Urteil ermöglicht dies nicht. Das darf freilich den Blick nicht verstellen. Schon zu den Schlussanträgen des Generalanwalts hat *Reich* den Bogen zur Verbandsklage als Sanktion i. S. d. der Richtlinie 2000/43/EG geschlagen.[348] *Micklitz* hat dieses Ergebnis bereits ohne die Vorgaben aus *Feryn* anhand der bestehenden Strukturen vor § 23 Abs. 4 AGG hergeleitet.[349] Dazu muss sich der Antidiskriminierungsverband indessen über § 4 UKlaG registrieren lassen. Dies wird überwiegend für möglich erachtet.[350]

Vor dem Hintergrund des Wettbewerbsrechts geht es gar nicht um den Rechtsbehelf. Dieser besteht in der Form des § 8 UWG. Vielmehr ist die Reichweite der Marktverhaltensregel unklar. Gerade diese Rechtsfrage löst die Feryn-Entscheidung. Die Reichweite der Befugnis aus § 8 Abs. 3 UWG ist von der Reichweite der Marktverhaltensnorm abhängig. Vor allem *Lindner* vertritt die Ansicht, den Begriff der Bewerberin/des Bewerbers i. S. v. § 6 Abs. 1 S. 2 AGG abstrakt auszulegen, also auch den potenziellen Bewerber zu erfassen.[351] Dogmatisch ist dies einfach, weil durch die Fiktion kein echtes Arbeitsverhältnis begründet wird. Da der Wortlaut offen ist und Sinn sowie Zweck die Interpretation decken, sprechen die besseren Gründe für die Erfassung einer abstrakten Diskriminierung.

Die Voraussetzungen der §§ 8, 3 UWG erweisen sich davon ausgehend als weniger problematisch. Das Verhalten des Arbeitgebers ist geeignet, die potenziellen Bewerber von ihrer Bewerbung abzuhalten, und stellt damit ein Verhalten vor dem potenziellen Arbeitsvertragsschluss dar, welches im objektiven Zusammenhang mit dem Bezug von Arbeit steht.

(4) Tarifverträge

Ein weiteres Feld repräsentiert der Wettbewerbsvorsprung durch Tarifunterschreitung. Dass Tarifverträge Normenverträge sind, hindert nicht an der Annahme von „gesetzlichen Vorschriften", da sie wie Gesetze wirken (§ 4 Abs. 1 S. 1 TVG).[352] Entsprechend den allgemeinen Grundsätzen stellen Tarifverträge wegen ihrer normativen Wirkung Rechtsnormen i. S. d. Art. 2 EGBGB und somit gesetzliche Vorschriften i. S. v. § 4 Nr. 11 UWG dar.[353]

---

347 Kritisch insoweit *Sprenger*, BB 2008, 2405 (2409).

348 *Reich*, EUZW 2008, 229 (230).

349 Rust/Falke-*Micklitz*, § 23 AGG, Rn. 21 ff.

350 Staudinger-*Schlosser*, § 4 UKlaG, Rn. 6, unter Verweis auf BT-Drs. 16/1780, S. 48 f.

351 *Lindner*, RdA 2009, 45 (47).

352 *Oetker*, FS Bepler, 467 (473).

353 *Oetker*, FS Bepler, 466 (473); nach *Oetker* kann die Tarifunterschreitung v. a. von Mitbewerbern i. S. v. § 2 Abs. 1 Nr. 3 UWG nach § 8 Abs. 3 Nr. 1 UWG geltend gemacht werden. Vereinigungen von Arbeitgebern (§ 8 Abs. 3 Nr. 2 UWG) dienten primär zur Wahrnehmung arbeits- und sozialrechtlicher Belange der in ihnen zusammengeschlossenen Unternehmen. Die Förderung gewerblicher Interessen betreffe demgegenüber die Stellung der Unternehmen im Wettbewerb. Gewerkschaften seien hierbei ausgeschlossen, weil eine Verknüpfung mit der Gewerblichkeit vorausgesetzt werde, vgl. *Oetker*, FS Bepler, 467 (478).

(a) Die Rechtsprechung zur alten Rechtslage

Die Problematik des Unterschreitens von Tarifverträgen hat eine lange Geschichte. 1927 hatte das Reichsgericht dahin gehend Stellung bezogen,[354] dass die Unterschreitung eines für allgemeinverbindlich erklärten Tarifvertrages einen Verstoß gegen die guten Sitten darstellen kann. Auf der Grundlage von §§ 1 UWG und 826 BGB stellte das Gericht auf den vom Unternehmer verfolgten Zweck und die eingesetzten Mittel ab. Im Rahmen der Subsumtion ging das Gericht nicht auf die Besonderheiten der Allgemeinverbindlichkeitserklärung ein, sondern ordnete das Verhalten pauschal als „Rechts- und Vertragsbruch" ein. Das Unterschreiten des Tarifvertrages möge für sich genommen nicht sittenwidrig sein. Dem Beklagten sei aber im konkreten Fall vorzuwerfen, durch die Unterschreitung gewonnene Vorteile zulasten der Konkurrenten einzusetzen und sich so einen Vorsprung im gewerblichen Wettbewerb zu sichern. Er nutze das rechtskonforme Handeln der anderen Firmen zu ihrem Schaden und seinem Nutzen aus.

In den 1980er Jahren kam die Frage erneut auf[355] und mündete in ein Urteil des Bundesgerichtshofs vom 3.12.1992 zu einem für allgemeinverbindlich erklärten Tarifvertrag.[356] Dem Ansatz, bereits im Unterschreiten von Tarifverträgen einen Sittenverstoß zu erblicken, folgte das Gericht nicht, da keine unmittelbare wettbewerbliche Relevanz existiere. Die Allgemeinverbindlicherklärung verfolge ungeachtet gewisser Auswirkungen auf den Wettbewerb primär ein sozialpolitisches Ziel. Dies resultiere auch daraus, dass aus Gründen des Wettbewerbs kein öffentliches Interesse für eine Allgemeinverbindlicherklärung hergeleitet werden könne.[357] Auf der Grundlage der – im ersten Teil veranschaulichten[358] – Unterscheidung von Wertbezogenheit und Wertneutralität nahm das Gericht nur eine wertneutrale Norm an. Der Tarifvertrag enthalte bereits deshalb keine Wertung, weil er aufgrund einer freien Vereinbarung autonomer Vertragspartner zustande komme und somit auf einem Interessenausgleich beruhe, für den die sittlich fundierten Moralvorstellungen keine Rolle spielten und der das Allgemeininteresse regelmäßig außer Acht lasse.[359] Davon ausgehend müsse der Zweck verfolgt werden, sich einen Wettbewerbsvorsprung gegenüber vertragstreuen Mitbewerbern zu verschaffen.[360] Zwar spreche nach allgemeiner Lebenserfahrung eine hohe Wahrscheinlichkeit dafür, dass die durch die systematische Lohnunterschreitung geschaffene Möglichkeit einer niedrigen Preisgestaltung gerade bei einem lohnintensiven Gewerbe in der Weise ausgenutzt werde – allerdings genüge dies noch nicht, um eine tatsächliche Vermutung für eine solche Absicht zu begründen. Es

[354] RG, Urteil vom 12.4.1927 – II 425/26, RGZ 117, 16 (21 f.).

[355] Vgl. OLG Düsseldorf, Urteil vom 19.5.1988 – 2 U 129/87 = juris.de; OLG Frankfurt, Urteil vom 7.7.1988 – 6 U 116/87, BB 1988, 1838.

[356] BGH, Urteil vom 3.12.1992 – I ZR 276/90, NJW 1993, 1010.

[357] Unter Verweis auf BAG, Urteil vom 24.1.1979 – 4 AZR 377/77, AP, § 5 TVG, Nr. 16.

[358] Vgl. S. 101.

[359] BGH, Urteil vom 3.12.1992 – I ZR 276/90, AP, § 1 UWG, Nr. 10, auch zu anderen Urteilen in diesem Zusammenhang.

[360] BGH, Urteil vom 3.12.1992 – I ZR 276/90, AP, § 1 UWG, Nr. 10.

sei nicht auszuschließen, dass die Einsparungen bloß zur Gewinnmaximierung beitrügen.

(b) Die Rechtslage nach dem UWG 2004/2008 für einfache Tarifverträge

Wie oben skizziert, hat der Gesetzgeber den Rechtsbruch im Anschluss an die Rechtsprechungsänderung des BGH um die Jahrhundertwende neu gefasst.

Zu einfachen Tarifverträgen vertreten *Däubler* und *Deinert*, dass auch nicht für allgemeinverbindlich erklärte Tarifverträge einen Marktbezug aufweisen.[361] Begründet wird dies damit, dass die tariflichen Bestimmungen die Lohnkosten ausmachten – auf einen Vorteil des Unterschreitenden komme es nicht an. *Oetker* wendet hiergegen ein, dass tarifliche Bestimmungen zwar Kostengrundlagen seien, aber nicht darauf abzielten, das Verhalten der Unternehmen im Wettbewerb zu regeln.[362] Zwar können Tarifnormen, zum Beispiel die Lage der Arbeitszeiten, mittelbar die Möglichkeit des Warenwettbewerbs regeln, bei diesen Regelungen stünde doch aber der Schutz der Arbeitnehmer im Vordergrund und wirke sich nur reflexartig auf den Wettbewerb aus.[363] Der sekundäre Marktbezug fehle, weil sich Entgelttarifverträge lediglich eine Mindestvergütung gewährleisteten und damit ausschließlich dem Arbeitnehmerschutz dienten.[364] Die Kartellwirkung des Tarifvertrages sei zwar eine unverkennbare Implikation für den Wettbewerb, dem Schutz des Wettbewerbs diente sie jedoch auch nicht sekundär.

Auch auf dem Arbeitsmarkt muss sich der nicht allgemeinverbindliche Tarifvertrag erst behaupten. Aus Unternehmenssicht betrachtet bleibt er Vertrag. Davor existieren die Chance und das Risiko eines jeden Unternehmens, sich tariflich zu binden und mit den daraus resultierenden Konsequenzen in den Wettbewerb zu anderen Unternehmen zu treten. Vor diesem Hintergrund genügt die praktische Bedeutung der Tarifverträge – unmittelbar qua Tarifbindung und mittelbar über Bezugnahmen – allein nicht, eine Marktverhaltensregel zu begründen. Selbst wenn die Tarifparteien ausdrücklich beabsichtigten, das Marktverhalten der Marktteilnehmer zu beeinflussen, so gelten sie nur für die Tarifgebundenen und können aus sich selbst heraus nicht alle Marktteilnehmer erfassen. Diese Eigenschaft muss indes vorausgesetzt werden. Die Zielsetzung in § 4 Nr. 11 UWG impliziert nämlich, dass das Gesetz tatbestandlich für alle Marktteilnehmer bzw. eine ganze Gruppe von Marktteilnehmern gelten muss. Erforderlich ist daher, dass die gesamte Branche durch einen Tarifvertrag erfasst wird.

(c) Die Rechtslage bei einer Allgemeinverbindlicherklärung

Die Diskussion ist wegen des in seiner *ratio decidendi* überholten BGH-Urteils auf die allgemeinverbindlich erklärten Tarifverträge konzentriert. Im Falle einer Allgemeinverbindlichkeitserklärung wird der Marktbezug heute überwiegend

361 *Däubler*, Arbeitsrecht I, Rn. 442a; Däubler-*Deinert*, § 4 TVG, Rn. 539.
362 *Oetker*, FS Bepler, 465 (473).
363 *Kocher*, GRUR 2005, 647 (649).
364 *Oetker*, FS Bepler, 467 (471).

bejaht.[365] Argumentiert wird, in Entsprechung zu der eingangs aufgestellten These, es handele sich um Regeln der Beschaffung von Arbeitsleistungen auf dem Arbeitsmarkt und einer einheitlichen Grundlage. Zudem sei es bei den für allgemein-verbindlich erklärten Tarifverträgen gerade Ziel der Allgemeinverbindlicherklärung, die tarifgebundenen Arbeitgeber vor einem Unterbietungswettbewerb der Außenseiter zu schützen.[366] Diese Lösung findet ihre Bestätigung in der jüngeren Gesetzesentwicklung. Im Zuge der Schaffung des Tarifautonomiestärkungsgesetzes hat der Gesetzgeber in der Erleichterung der Allgemeinverbindlicherklärung einen wichtigen Beitrag zu fairen und funktionierenden Wettbewerbsbedingungen gesehen und somit den Wettbewerbsbezug hergestellt.[367]

(d) Sonderfall: vom AEntG erfasste Tarifverträge

Das Arbeitnehmerentsendegesetz baut auf dem Institut der Allgemeinverbindlicherklärung von Tarifverträgen auf. Nach § 8 AEntG sind Arbeitgeber mit Sitz im In- oder Ausland unter anderem verpflichtet, ihren Arbeitnehmern mindestens die in dem Tarifvertrag vorgeschriebenen Arbeitsbedingungen zu gewähren. Das gilt nach § 8 Abs. 2 AEntG selbst dann, wenn der Arbeitgeber anderweitig tarifgebunden ist. *Oetker* betont zu Recht die Zielsetzung des § 1 AEntG. Ziel des Gesetzes ist auch die Gewährleistung fairer und funktionierender Wettbewerbsbedingungen.[368] Insofern kann man den in § 2 AEntG aufgelisteten „Allgemeinen Arbeitsbedingungen" die Wettbewerbsrelevanz nicht absprechen.[369]

(5) Zwischenergebnis

§ 8 UWG ermöglicht es, in engen Grenzen Verstöße gegen Normen des Arbeitsrechts zu unterbinden. Verstöße können sowohl auf dem Arbeits- als auch auf dem Gütermarkt unterbunden werden. Voraussetzung ist allerdings, dass die Normen im Hinblick auf das Verhalten in der konkreten Situation ein Marktverhalten vorgeben – und zuvor ein objektiver Zusammenhang hergestellt wurde. AEntG und MiLoG[370] enthalten ausweislich ihrer Zweckbestimmung bereits Verhaltensnormen mit Relevanz für den Gütermarkt.

3. Die Zuständigkeit der Arbeitsgerichte

Damit verbleibt zu klären, welche Gerichte für die soeben herausgearbeiteten Ansprüche zuständig sind.[371] In § 13 UWG ist eine ausschließliche sachliche Zuständigkeit der Landgerichte für alle bürgerlich-rechtlichen Streitigkeiten

---

[365] *Köhler*/Bornkamm, § 4 UWG, Rn. 11.38; Ohly/*Sosnitza*, § 4 UWG, Rn. 11.17; *Kocher*, GRUR 2005, 647 (649); *Zwanziger*, DB 2004, 2318. (2319) mit Ausführungen zur weiteren Prüfung.

[366] *Oetker*, FS Bepler 466 (471) m. w. N.; *Aulmann*, BB 2007, 826 (828 ff.).

[367] BT-Drs. 18/1558 S. 26.

[368] *Oetker*, FS Bepler, 466 (474).

[369] Ähnlich: ErfK-*Schlachter*, § 1 AEntG, Rn. 1.

[370] Vgl. BT-Drs. 18/1558, S. 38.

[371] Offen gelassen von *Köhler*, WRP 2009, 898 (900).

über Ansprüche nach dem UWG vorgesehen.[372] Sinn und Zweck der Norm liegen darin, zu konzentrieren: die meisten Wettbewerbsstreitigkeiten fallen ohnehin bei den Landgerichten an, und die dort eingesetzten Richter verfügen folglich über eine entsprechende Erfahrung im Umgang mit dem Wettbewerbsrecht.[373]

Die entscheidende Weichenstellung findet sich jedoch in § 13 GVG. Die Abgrenzung von Arbeitsgerichtsbarkeit und ordentlicher Gerichtsbarkeit ist eine Frage des Rechtsweges.[374] Nach § 13 GVG gehören alle bürgerlichen Rechtsstreitigkeiten vor die ordentlichen Gerichte, wenn nicht nach Bundesrecht ein besonderes Gericht bestellt oder zugelassen wurde. § 13 UWG kann mithin nur dann eingreifen, wenn das ArbGG nicht anzuwenden ist.[375] Dies leitet zu § 2 Abs. 1 Nr. 2 ArbGG über. Nach dieser Norm sind die Gerichte für Arbeitssachen ausschließlich zuständig für bürgerliche Rechtsstreitigkeiten zwischen tariffähigen Parteien, aus unerlaubten Handlungen, soweit es sich um Maßnahmen zum Zwecke des Arbeitskampfes oder um Fragen der Vereinigungsfreiheit einschließlich des hiermit im Zusammenhang stehenden Betätigungsrechts der Vereinigungen handelt. Ansprüche aus § 8 UWG sind klassischerweise unerlaubte Handlungen i. S. unserer Rechtsordnung,[376] wobei § 2 Abs. 1 Nr. 2[377] ArbGG in dieser Hinsicht nicht restriktiv interpretiert wird.[378] In den Bereich des Betätigungsrechts nach Art. 9 Abs. 3 S. 1 GG der Koalition/Gewerkschaft fällt § 8 UWG schon deshalb, weil es auch um die Wahrung von Arbeitsbedingungen geht.[379]

Das Bundesarbeitsgericht hat in einem Beschluss zwar § 13 UWG zur Verneinung der Arbeitsgerichtsbarkeit herangezogen.[380] Jedoch ging es in der Entscheidung um die Klage eines Nichtarbeitnehmers und um § 2 Abs. 3 ArbGG, sodass dieser Beschluss dem hier Gesagten nicht entgegensteht. § 2 Abs. 3 ArbGG ist anders als etwa § 2 Abs. 1 und § 2a Abs. 1 ArbGG lediglich dann eröffnet, wenn keine andere ausschließliche Zuständigkeit gegeben ist. Insofern bestehen keine Zweifel an der Zuständigkeit der Arbeitsgerichte nach § 2 Abs. 1 Nr. 2 ArbGG.

---

[372] *Köhler*/Bornkamm, § 13 UWG, Rn. 2.

[373] *Köhler*/Bornkamm, § 13 UWG, Rn. 2.

[374] Musielak/Voit-*Wittschier*, § 17 UWG, Rn. 2; *Asendorf*, GRUR 1990, 229 (230).

[375] *Zwanziger*, DB 2004, 2318 (2318).

[376] *Reuter*, NJW 2008, 3538 (3542); ausführlich zum individuellen Wettbewerbsverstoß: *Asendorf*, GRUR 1990, 229 (230 f.).

[377] Im Verhältnis Arbeitnehmer und Arbeitgeber soll daher § 2 Abs. 1 Nr. 3d) ArbGG, hierzu *Reuter*, NJW 2008, 3538 (3538).

[378] GMP-*Schlewing*, § 2 ArbGG, Rn. 34 u. 44.

[379] Dazu noch S. 247 ff.

[380] *BAG*, Beschluss vom 10.6.2010 – 5 AZB 3/10, NJW 2010, 1086; mit zust. Anm. von *Möller*, jurisPR-WettbR 12/2010 Anm. 4; kritisch hingegen *Brexl*, GRUR-PRax 2010, 398, der darauf hinweist, dass § 13 UWG nur die sachliche Zuständigkeit regele. Das widerspricht jedoch gerade dem Wortlaut des § 2 Abs. 3 ArbGG, vgl. auch GMP-*Schlewing*, § 2, Rn. 128.

C) Die Anwendung des UKlaG im Arbeitsrecht

Während das UWG die fragmentarische Erfassung des Arbeitsrechts ermöglicht, soll nunmehr untersucht werden, ob eine weitergehende Rechtsfortbildung möglich ist. Im Folgenden soll dementsprechend die Anwendbarkeit des UKlaG auf das Arbeitsrecht geklärt werden.

I. § 1 UKlaG i. V. m. Art. 9 Abs. 3 GG

Bereits der Überblick über das Verbraucherschutzrecht hat verdeutlicht, dass diese Struktur der Rechtsfortbildung offen ist und durch die Rechtsprechung innerhalb des Gesetzes fortgebildet wird.

1. Die Rechtsfortbildung kollektiver Strukturen

Zunächst ist auf die Voraussetzungen und die Besonderheiten der Rechtsfortbildung und der kollektiven Ebenen einzugehen. Dazu sollen die beiden Ausgangspositionen für eine mögliche Rechtsfortbildung beleuchtet werden. Als Spektren bieten sich die Einordnung einerseits als allgemeines Prinzip und andererseits als Fremdkörper im Recht an. Danach soll hiervon ausgehend der Raum genauer beleuchtet werden, den die Rechtsordnung und der Gesetzgeber für den Ausbau des kollektiven Rechts bereithalten.

a) Die allgemeine Theorie der Verbandsklage nach Wolf

In der Literatur hat *Wolf* den wohl bedeutendsten Beitrag für eine allgemeine Dogmatik der Verbandsklage erbracht.[381] Seine Thesen sollen hier daher ausführlicher erläutert werden. *Wolf* sprach Verbänden[382] eine weitreichende Klagebefugnis zu. Diese Annahme stützte er auf das allgemeine Prinzip, dass ein Träger eines gesetzlich geschützten Interesses gegen dessen Verletzung stets Rechtsschutz begehren könne. Verbände seien davor Träger von sog. Gruppeninteressen, weil sie typischerweise die gemeinschaftlichen Aspekte ihrer Mitglieder und Gruppenmitglieder regelten. Ob ein Gruppeninteresse gesetzlich geschützt werde, müsse über Auslegung des jeweiligen Schutzgesetzes ermittelt werden. Dies sei anzunehmen, wenn sich die Verletzungshandlung nach diesem Gesetz nicht auf das Individualinteresse beschränke.

---

[381] *Wolf*, passim; *Wolf*, BB 1971, 1293; der Aufsatz im BB ist anders aufgebaut und setzt andere Akzente. Im Folgenden werden beide Beiträge zusammengefasst. So kommt in BB 1971 dem Verbot der Verbandsklage eindeutig mehr Raum zu als in der Monografie, dort nur S. 66.

[382] Nach *Wolf* liegen die generellen Ursachen für den Erfolg der Verbände darin, dass der Einzelne nicht mehr in der Lage sei, seine vielfachen Interessen wahrzunehmen, etwa wegen Zeitmangel, Mühen, fehlenden finanziellen Mitteln oder Kenntnissen. Denn der Zusammenschluss zu Verbänden könnte gerade diese Defizite überwinden. Vor diesem Hintergrund sei die Verbandsklage ein Aspekt der Interessenwahrnehmung durch Verbände.

aa) Keine Lösung über die gewillkürte Prozessstandschaft

Den Ausgangspunkt bildet für *Wolf* die von ihm ausgemachte, differenzierte Lösung der Praxis die Verbandsklage, wenn sie gesetzlich geregelt ist, und ansonsten die gewillkürte Prozessstandschaft heranzuziehen. *Wolf* wandte sich gegen die gewillkürte Prozessstandschaft. Er bezog sich auf eine Entscheidung des BGH zum Deutschen Anwaltsverein. Diesen sah das Gericht als ermächtigt an, Verstöße gegen das Rechtsberatungsgesetz für die in ihm zusammengeschlossenen Anwälte geltend zu machen.[383] Während das Gericht eine eigene Rechtsposition der Verbände ablehnte, erblickte es in der Mitgliedschaft zu einem Verein für eine Berufsgruppe eine Ermächtigung für eine gewillkürte Prozessstandschaft. Dazu müsse eine Frage vorliegen, die den Aufgabenbereich des betroffenen Berufszweigs tangiere, und der Nachweis der Verletzung eines eigenen Interesses für das Mitglied schwer möglich sein.

Wolf kritisierte diese Lösung in zweierlei Hinsicht: zum einen lasse die Ermächtigung nicht die nötige Bestimmtheit erkennen, und zum anderen sei es widersprüchlich, das fehlende eigene Interesse des Einzelnen heranzuziehen, aber auf die Geltendmachung eines fremden Rechts abzustellen. Könne das eigene Interesse nicht dargelegt werden, müsse auch ein Anspruch scheitern.

bb) Das Gruppeninteresse und rechtliche Anerkennung

Wenn für *Wolf* entscheidend war, dass ein Gruppeninteresse geschützt werde, so musste er dieses allgemein fundieren. Für ihn war dieser Begriff so zentral, dass die Einordnung von § 13 UWG a. F. bzw. § 8 UWG n. F. als materiell-rechtlich oder prozessrechtlich irrelevant wurde, da beide Lösungen von einem geschützten Interesse getragen werden mussten. Bemerkenswert ist auch eine Abkehr vom Allgemeininteresse.[384] Für *Wolf* sind die Verbände Träger der Gruppeninteressen. Die Verletzung des Gruppeninteresses berühre daher die Verbände. Das Allgemeininteresse hingegen werde über die Verbandsklage nur besonders effektiv geschützt.

Das Gruppeninteresse leitete er aus einer Vorverlagerung des Interessenschutzes ab. Es komme nicht auf eine konkrete Gefährdung des Individualinteresses an – diese müsse nur wahrscheinlich sein. An die Stelle des Einzelnen trete die Gesamtheit der Träger der gleichen Interessen, deren Interessen nach Art der Verletzungshandlung verletzt würden. Werde dieses Gruppeninteresse gesetzlich als Schutzgut anerkannt (wie etwa im UWG), so müsse ihm auch der gleiche Rechtsschutz folgen, wie dies im Individualrechtsverhältnis der Fall sei.

cc) Die Zuordnung des Gruppeninteresses zu den Verbänden

An die Anerkennung des Gruppeninteresses knüpfte *Wolf* mit der Frage an, ob Verbände Träger dieses Interesses sein können. Diese Frage ist für die allge-

---

383 BGH, Urteil vom 9.5.1967 – Ib 59/65, NJW 1967, 1558 (1559); kritisch zur Ermächtigung durch Beitritt: BGH, Urteil vom 14.11.2006 – XI 294/05, NJW 2007, 593 (594 f.).

384 Ein wesentliches Element in seiner Argumentation ist die alte Fassung der Aktivlegitimation, die es Verbraucherverbänden nur dann ermöglichte, zu klagen, wenn „wesentliche Verbraucherbelange" berührt würden; hierzu S. 101.

meine Theorie der Verbandsklage wiederum zentral, weil nach dem bisher Dargestellten, nur ein Durchsetzungsinteresse der Verbände und ein zusätzliches Kollektivinteresse ausgemacht werden konnten. Zunächst konstatierte *Wolf* die fehlende Rechtspersönlichkeit der Gruppe und verneinte auch eine Vertreterstellung der Verbände. Das Gruppeninteresse sei vielmehr ein eigenes Interesse des Verbandes. Der Verband folge nämlich seinem satzungsgemäßen Ziel. Er sei gerade im Hinblick auf neue Mitglieder darauf bedacht, die Interessen aller im Auge zu halten. Das, was der Verband laut Satzung anstrebe, und das, was gesetzlich geschützt sei, entsprächen sich. Bei natürlichen Personen rechtfertige dies, von einem eigenen Interesse zu sprechen, und müsse auch hier gelten. Dies zeige sich bei den Verbänden i. S. v. Art. 9 Abs. 3 S. 1 GG als Träger des Interesses der Arbeitnehmer- oder Arbeitgeberinteressen auf Wahrung und Förderung der Arbeitsbedingungen sowie beim Staat als Träger des Allgemeininteresses.[385]

Erfasse der Verband alle Gruppenmitglieder, sei dies unproblematisch, so vereinige er das Gruppeninteresse als Gesamtinteresse in sich. Aber auch, wenn der Verband nur Teile einer Gruppe erfasse, sei die rechtliche Befugnis wegen der Abstraktheit des Gruppeninteresses gegenüber dem Individualinteresse anzuerkennen. Unabkömmlich sei allerdings, dass Gruppenangehörige zu seinen Mitgliedern zählten.[386] Die juristische Person könne keinen realen Nutzen aus dem gesetzlichen Schutz ziehen, es müsse auf die Mitglieder zurückgegriffen werden. Werde dann einem Gesetz zuwider gehandelt, sei der Verband als Träger des Gruppeninteresses ebenfalls betroffen („verletzt").

dd) Die Feststellung nicht ausdrücklich anerkannter Gruppeninteressen

Wolf betonte ferner, dass die Entscheidung über die Schutzwürdigkeit von Gruppeninteressen in erster Linie dem Gesetzgeber obliege.[387] Nichtsdestotrotz warf *Wolf* die Frage auf, wann Gruppeninteressen als schutzwürdig anzuerkennen sind. Es müsse sich um ein für mehrere Personen gleichartiges Interesse handeln. Zudem müsse der gesetzliche Schutzzweck auf die vom Individuum abstrahierenden Merkmale des jeweiligen Interesses gerichtet sein. Der Einzelne werde als Träger einer Eigenschaft geschützt. Der Schutz des Gruppeninteresses könne dann als vom Gesetzgeber gewollt angesehen werden, wenn ein schutzwürdiges Interesse nur unzureichend durch Individualrechtsschutz geschützt werde. Zudem sei notwendig, dass eine Verletzungshandlung weitreichende oder unübersehbare Störungen bei allen Trägern des gleichen Interesses befürchten lasse. Rechtsschutzfähig sei das Gruppeninteresse dann, wenn dem Individuum Rechtsschutz gewährt werde.

ee) Die Einordnung der Verbandsklage in die Sozialordnung

Schließlich ordnete *Wolf* seinen extensiven Ansatz in die bestehende Sozialordnung ein. Gegenüber dem Staat sollte die Verbandsklage gerade Freiheitsberei-

---

385 *Wolf*, S. 20.
386 *Wolf*, S. 25 ff.
387 *Wolf*, S. 34.

che sichern. Ein Einfluss auf die staatliche Willensbildung sei dadurch nicht zu befürchten. Die Frage, ob die Freiheit des Einzelnen nicht beschränkt werde, beantwortete *Wolf* zum UWG a. F. differenziert. Rechtlich werde der Bürger nicht bevormundet, weil die Entscheidung keine Rechtskraft für ihn besitze. Die faktischen Auswirkungen einer erfolgreichen Verbandsklage kämen dem Einzelnen zugute, ein Schutz seiner Freiheitssphäre sei nicht notwendig. Im Falle des Nichterfolgs könnte die Verbandsklage zwar als Musterprozess angesehen werden. Diese Wirkung hätte aber auch jede andere Individualklage. Also werde in jeder Hinsicht der Schutz der Individualinteressen durch die Verbandsklage nicht behindert oder erschwert.

Darüber hinaus erkannte *Wolf* die Gefahr einer gesteigerten Kollektivmacht der Verbände gegenüber der individuellen Freiheit. Die Verbandsklage eröffne seiner Meinung nach aber nur den Weg zu den Gerichten und eine Überprüfung der bestehenden Gesetze. Sie ermögliche Konfliktlösung nach den Regeln des Rechts anstelle unkontrollierbaren Drucks der Verbände zur einseitigen Durchsetzung ihrer Ziele.

ff) Würdigung

Wolf hat zum Teil Anerkennung erfahren,[388] wurde aber überwiegend kritisiert.[389] Seine Theorie hat jedoch viele Autoren und auch diese Arbeit maßgeblich beeinflusst. Dennoch hat sich sein Ansatz nicht durchzusetzen vermocht. So blieb das GWB (u. a.) ohne Verbandsklage. Erst durch die 8. GWB-Novelle wurde die Rechtslage geändert.[390]

Nach dem geltenden Recht kann *Wolfs* These nicht funktionieren. Sie blendet von Vornherein die gesonderten, m. a. W. enumerativen Anspruchsberechtigungen aus (§ 4 UKlaG etc.).[391] Vor diesem Hintergrund begründet seine Auffassung eine Diskrepanz zwischen der Mindestmitgliederzahl eines Vereins und der Mitgliederzahl der qualifizierten Einrichtung i. S. d. § 4 Abs. 2 UKlaG.[392]

Ferner setzte *Wolf* die Institute Unterlassungsanspruch und Interessenschutz gleich.[393] Dies wird indes dem vorherrschenden fragmentarischen Charakter des Instituts nicht gerecht, der dem deliktischen Unterlassungsanspruch in Entsprechung der deliktischen Grundsätze zukommt.[394] Das Interesse wird grundsätzlich nur dann geschützt, wenn es durch ein Schutzgut i. S. v. § 823 Abs. 1 BGB

---

388 *Fricke*, GRUR 1976, 680 (686).

389 Vgl. *Urbanczyk*, S. 36 ff.; *Bettermann*, ZZP 85, 133; *E. Schmidt*, NJW 1989, 1192 (1194); *K. Schmidt*, NJW 1983, 1520 (1520 Fn. 5).

390 *Wolf*, S. 41; nach dem jüngst geänderten § 33 Abs. 2 Nr. 2 lit. a) und lit. b) GWB können qualifizierte Einrichtungen die Unterlassung der Verletzung der Art. 101 und 102 AEUV sowie etwaige Verletzungen von Verfügungen der Kartellbehörde (§ 33 Abs. 1 GWB) verlangen. Das Verfahren ist bruchstückhaft in den §§ 87 ff. GWB geregelt. Insbesondere ermöglicht § 89a GWB eine weitreichende Streitwertanpassung, BGBl. I 2013/32; hierzu: *Podszun*, GWR 2013, 329 (330).

391 *Halfmeier*, S. 210.

392 *Schaumburg*, S. 44.

393 Sehr deutlich *Wolf*, S. 10.

394 Bamberger-Roth-*Spindler*, § 823, Rn. 0.5; MünchKomm-*Wagner*, Vor § 823, Rn. 14 f.

oder eine Schutznorm i. S. v. § 823 Abs. 2 BGB verbürgt ist. Eine Schutznorm müsste daher im Interesse des Verbandes bestehen und nicht im Interesse der Gruppe. Daran ändert auch der Umstand nichts, dass die Gruppeninteressen nach *Wolf* dem Verband überantwortet wurden. Denn diese Überantwortung leistet erst die Verbandsklage und nicht die Schutznorm. Insofern würde das Institut der Verbandsklage die Bestimmung durch den Gesetzgeber dirigieren.[395] Richtigerweise hätte *Wolf* den materiell-rechtlichen Kern des § 13 UWG a. F. herausarbeiten und dessen Eignung zur Rechtfortbildung untersuchen müssen, anstatt ihn als Ausfluss eines allgemeinen Prinzips herauszustellen.

Kollektiver Rechtsschutz bezieht sich auf die Durchsetzung typisierter Interessen. *Wolf* hingegen hat sich nur auf Interessen des kollektiven Rechts konzentriert. Damit hat er das Durchsetzungsinteresse der Verbände und die typisierten Interessen bzw. Gruppeninteressen zusammengefügt. Das wird jedoch der Struktur des kollektiven Rechtsschutzes nicht gerecht. Die Trennung von Aktivlegitimation (§§ 3, 4 UKlaG bzw. § 8 UWG) einerseits und materiellem Gehalt (§ 1 f. UKlaG bzw. § 3 ff. UWG) andererseits dokumentiert dies deutlich. Das Durchsetzungsinteresse der Verbände wird erst durch das in den §§ 1, 3 und 3 UKlaG verbürgte kollektive Durchsetzungsinteresse legitimiert.

Schließlich kommt nach *Wolf* der Satzung des Verbandes entscheidendes Gewicht bei der Zuordnung des Gruppeninteresses zum Verband zu. Dieser Schluss ist nicht zwingend. Er übergeht den Punkt, in dem das natürliche, geltend gemachte Interesse mit dem durch die Norm geschützten Interesse verglichen und für schützenswert anerkannt wird. [396] Nur weil Interessen auf das gleiche Rechtsschutzziel hinauslaufen und durch eine Norm realisiert werden könnten, müssen sie nicht identisch sein. Die Konstruktion ist auch unnötig. Kollektive Interessen und die Interessen des Verbandes lassen sich synchronisieren, ohne dass sie gleichgesetzt werden müssen. Das Tätigwerden des Verbandes kann sich aus dem Bestehen kollektiver Interessen legitimieren.[397]

b) Die Fundamentalkritik des kollektiven Rechtsschutzes

Obgleich der Ansatz von *Wolf* keinen umfassenden Erklärungsansatz für kollektiven Rechtsschutz liefert, bleibt sein Beitrag ein Meilenstein für die Dogmatik der Verbandsklage. Seiner allgemeinen Lösung treten jedoch die Ansätze entgegen, die einen Raum für eine allgemeine Theorie des kollektiven Rechtsschutzes verneinen. Die Verbandsklage speziell, der kollektive Rechtsschutz generell wird häufig als Bruch mit den individualistisch-liberalistischen Prinzipien des Bürgerlichen Gesetzbuchs bzw. des deutschen Privatrechts eingeordnet.[398] Gleiches

---

[395] *Bettermann*, ZZP 85, 133 (135).

[396] Vgl. auch *Kocher*, S. 367, die darauf hinweist, dass die Erklärung des Verbandes, für einen Bereich zuständig zu sein, noch nichts über die materiellen Interessen des Verbands aussage.

[397] Hierzu S. 53 ff.

[398] *Gilles*, ZZP 1998, 1 (2); *Basedow*, AcP 182, 335 (336); *Halfmeier*, JJZ 2003, 119 (145); in diese Richtung: *Jünemann*, in: Brömmelmeyer, 9; *Wendt*, EuZW 2011, 616 (616); ordnend: *Hess*, JZ 2011, 66 (67 u. 74).

wird für die die individualistisch-liberalistische Konzeption des Zivilprozesses angeführt.[399]

aa) Die Verbandsklage als Fremdkörper im Recht

Die vorgebrachten Bedenken hat *Säcker* unter der Überschrift *„neosozialistisches versus neoliberales Freiheitsverständnis"* gebündelt.[400] Zu einer freien und sozialen Marktwirtschaft gehöre die effektive Sicherung der unternehmerischen Autonomie ebenso wie der Schutz der Verbraucher und der Arbeitnehmer sowie der Umwelt durch funktionierende Systeme. Die letztgenannten Bereiche seien in den vergangenen Jahren ausgebaut worden und hätten das Kräftegleichgewicht zulasten der Unternehmerautonomie verschoben. Im Kern würden über die partikulären Gemeinwohlvereine staatliche Vollzugsdefizite bei der Umsetzung sozialer Gesetze kompensiert und die *wahren* Interessen der apathischen Individuen im Prozess durchgesetzt.

Ordnungspolitische Grundlage eines freiheitlichen Zivilrechts, welches sich über die subjektiven Rechte konstituiere, sei die Entschließungsfreiheit der Privatrechtssubjekte, selber autonom über den Schutz und die Durchsetzung ihrer Rechte zu entscheiden. Bei der Verletzung fundamentaler Rechtsgüter (§ 823 Abs. 1 BGB) kenne das Zivilrecht keine Legitimierung privater Verbände. Es sei daher weder sach- noch systemgerecht, privaten Verbänden eigene Ansprüche zuzubilligen.

Streng genommen verläuft sein Angriff auf drei Ebenen. Die erste ist das System des Privatrechts: kollektiver Rechtsschutz passt nicht in das System. Der Einzelne muss seine Rechte durchsetzen. Dahinter steht ein (zweiter) Angriff auf die politisch-philosophische Einordnung von Individualismus, Liberalismus und den Funktionen des Rechts.

Den dritten Angriff deutet *Säcker* nur an – er geht auch in den politischen-philosophischen über. „Die wahren Interessen" führen in das philosophische Problem der Freiheit des Menschen vor Einmischung durch Dritte. Die Philosophie beschäftigt sich mit dem „monströsen Trick", Freiheit und Selbstbestimmung dahin gehend fremd zu bestimmen, als dass Interessen als vernünftig unterstellt werden.[401] Für das vorliegende Thema ist dieser Punkte schon deshalb wichtig, weil die Parallele zu den typisierten Interessen unübersehbar ist.

bb) Singularia non sunt extenda

Vor dem Hintergrund, dass kollektiver Rechtsschutz immer noch als Ausnahmeregelung verstanden wird, ist zunächst auf den Grundsatz einzugehen, dass Ausnahmevorschriften nicht analogiefähig sind – *singularia non sunt extenda.*[402] Die Reichweite des Satzes ist in der deutschen Rechtsmethodik stark umstritten. Zumeist wird er ohne weitere Fundierung zitiert. Man kann jedoch auf den

---

[399] *Gilles*, ZZP 1998, 1 (2); *Basedow*, AcP 182, 335 (336).
[400] *Säcker*, Rn. 113–115.
[401] Vgl. *Berlin*, S. 213 f.
[402] MünchKomm-*Säcker*, Einl., Rn. 121.

EuGH zurückgreifen, der den Grundsatz in ständiger Rechtsprechung anwendet.[403]

Bei näherer Betrachtung ist der Grundsatz dem deutschen Recht in der neueren Entwicklung fremd geworden. *Säcker* selbst weist in anderem Zusammenhang zutreffend darauf hin, dass die Aufgabe dieses Grundsatzes mit der Aufgabe des Lückenlosigkeitsaxioms der Rechtsordnung und einer begrifflich-formalen Argumentation einhergeht.[404] Die Betonung der hinter der Norm stehenden Interessen und der damit einhergehende Interessenvergleich in anderen Konstellationen oder gar Rechtsbereichen haben auch vor Ausnahmevorschriften keinen Halt gemacht. Wenn sie einer bestimmten Situation Rechnung tragen, können sie – so diese Situation auch anderswo auftritt – gleichsam übertragen werden.

Kramer betont, dass diesen Grundsatz nur die Idee schützen könnte, die Regel nicht zur Ausnahme zu machen.[405] Er führt zutreffend an, dass mit einer gesetzlichen Regelungskonzeption noch keine allgemeine Festlegung der Praxis und der Bedürfnisse der Praxis verbunden sein muss.

Dementsprechend betont die ganz herrschende Methodenlehre die Analogiefähigkeit von Ausnahmevorschriften und anderen rechtlichen Singularitäten.[406] In der Rechtsprechung hatte ursprünglich das Reichsgericht[407] eine restriktive Ansicht vertreten, welche weder vom Bundesarbeitsgericht[408] noch vom Bundesgerichtshof übernommen wurde. Der Bundesgerichtshof hat eine Abkehr nicht ausdrücklich vollzogen. So betonte er in einer Entscheidung vom 7.4.1965, dass Ausnahmeregelungen nur regelmäßig eng auszulegen seien, wenn der Regelung ein „engeres Prinzip" zugrunde liege.[409] Das Gericht spricht nunmehr nur noch von „eng auszulegenden Ausnahmevorschriften" und impliziert damit zugleich, dass es sich bei dem Ausnahmecharakter nicht um ein zwingendes Attribut handelt, sondern allein der Sinn und Zweck entscheidet.[410]

Im Hinblick auf die analoge Anwendung von Ausnahmevorschriften hat der BGH zwar zu § 6 VBVG betont, dass diese Vorschrift als eng begrenzte Ausnah-

---

[403] EuGH, Urteil vom 10.12.2013 – C-272/12 P = juris.de: *„hat Ausnahmecharakter, weshalb sie zwangsläufig eng auszulegen ist"*; EuGH, Urteil vom 4.12.2013 – C-121/10 = juris.de; EuGH, Urteil vom 7.11.2013 – C-322/11 = juris.de; vgl. auch den Überblick bei Grabitz/Hilf/Nettesheim-*Mayer*, Art. 19 EUV, Rn. 56; relativierend: MünchKomm-*Säcker*, Einleitung, Rn. 120, Fn. 312.

[404] MünchKomm-*Säcker*, Einleitung, Rn. 121; *Zippelius*, S. 69 f.; *Larenz/Canaris*, S. 175: problematisch ist schon, wann eine Ausnahmevorschrift im Sinne dieser Regel vorliegt; *Müller/Christensen*, Rn. 372; *Pawlowski*, Rn. 489a; *Engisch*, S. 184.

[405] *Kramer*, S. 186.

[406] MünchKomm-*Säcker*, Einl., Rn. 121; *Kramer*, S. 185 ff.; *Bydlinski*, S. 440 m. w. N.

[407] Etwa: RG, Urteil vom 5.4.1933 – I 175/32, RGZ 140, 231 (239).

[408] BAG, Beschluss vom 22.2.1966 – 1 ABR 9/65, NJW 1966, 1578 (1578).

[409] BGH, Urteil vom 7.4.1965 – VIII ZR 200/63, NJW 1965, 1477 (1479); vgl. aber auf die Auslegung beschränkt: BGH, Urteil vom 26.10.2012 – V ZR 57/12, NJW 2013, 1154 (1155); BGH, Urteil vom 25.3.2014 – VI ZR 372/13, VersR 640. Letztendlich ist die Lesart dieser Entscheidungen eine Frage der Betonung des Relativpronomens. Die Entscheidungen lassen sich auch so verstehen, dass die in Rede stehenden Ausnahmevorschriften eng auszulegen seien.

[410] Besonders deutlich jüngst: BGH, Urteil vom 17.6.2015 – VIII ZR 249/14 = juris.de Rn. 23.

mevorschrift einer analogen Anwendung nicht zugänglich sei. Dieser Gedanke hat seine Berechtigung jedoch darin, dass diese Ausnahmevorschrift eng begrenzt ist.[411] Eine Einschränkung ist der Ablehnung des Grundsatzes daher hinzuzufügen, wenn der Gesetzgeber bei der Konzeption der Norm ganz bewusst den Anwendungsbereich beschränkt hat bzw. eine Rechtsfortbildung ausgeschlossen hat. Insoweit gelten die Grundsätzen der herrschenden subjektiv-objektiven Interpretationstheorien. Bei der Auslegung und Rechtsfortbildung von Ausnahmevorschriften ist mithin auch auf wertende Gesichtspunkte abzustellen.[412] Ein pauschaler Ausschluss der Rechtsfortbildung von Ausnahmevorschriften verbietet sich.

cc) Exkurs: Das Verbot der Popularklage

Auf der Grundlage dieses Ergebnisses kann auch ein weiteres Argument entkräftet werden. Dem deutschen Recht ist der Grundsatz des Ausschlusses der Popularklagen immanent.[413] Man geht davon aus, dass die Durchsetzung objektiven Rechts in erster Linie Sache des Staates ist.[414] Der Private könne das objektive Recht erst dann durchsetzen, wenn es in Bezug auf seine Person subjektiv aufgeladen sei. Daneben stehende Ausnahmen lässt die deutsche Rechtsordnung nur in engen Grenzen zu. Die Verbandsklage wird mithin oftmals als Ausnahme von dem Grundsatz verortet, dass die Klagebefugnis allein beim unmittelbar Betroffenen liegt.[415]

Im Privatrecht hat dieses Verbot deshalb Bedeutung, weil die Prozessführung von der Behauptung eines eigenen Rechts abhängig ist.[416] Im öffentlichen Recht steht dieses Verbot hinter den Erfordernissen des subjektiv-öffentlichen Rechts und der unmittelbaren Beschwer.[417]

Im Kern geht es also darum, den Streit um die Geltendmachung von Rechten bzw. die Verletzung von Rechten auf diejenigen zu konzentrieren, die in ihren Interessen verletzt wurden – sei es durch Entzug oder Vorenthaltung rechtlicher Gewährleistungen. *Wolf* hat folgende Zwecke herausgestellt:[418] Zunächst sichert das Verbot die Dispositionsbefugnis des Inhabers. Die Klage-/Geltendmachungsbefugnis eines Dritten beschränkt den durch das Recht eingeräumten Freiheitsraum, über das Recht zu entscheiden. Man erblickt eine Einmischung in die Rechts- und Lebensverhältnisse anderer, für die keine Notwendigkeit besteht.[419] Zudem fördert es die Richtigkeit der Entscheidung. Führen Dritte

---

411 BGH, Beschluss vom 7.8.2013 – XII ZB 233/13, NJW-RR 2014, 258 (259).

412 *Kramer*, S. 187; *Larenz/Canaris*, S. 176. Es geht darum, ob dem Grundsatz möglichst weite Geltung verliehen werden soll.

413 Vgl. nur *Rosenberg/Schwab/Gottwald*, § 40, Rn. 5.

414 Hierzu S. 74.

415 Wolf/Lindacher/Pfeiffer-*Lindacher*, Vor § 1 UKlaG, Rn. 2.

416 Musielak/Voit-*Weth*, § 51, Rn. 14.

417 BVerfG, Beschluss vom 11.10.1988 – 1 BvR 777/85, NJW 1992, 1303; BVerwG, Urteil vom 17.5.2000 – 6 CN 3/99, NVwZ 2000, 1296 (1297).

418 *Wolf*, BB 1971, 1293 (1293).

419 *Wolf*, BB 1971, 1293 (1293).

einen Prozess, so besteht immer die Gefahr, dass ihnen die Sachnähe zum eingeräumten Recht und/oder dem zugrunde liegenden Lebenssachverhalt fehlt. Darunter würde wiederum die Richtigkeit der Entscheidung leiden.[420] Schließlich würden wertvolle gerichtliche Ressourcen unnötigerweise verschwendet. Könnte jeder Dritte ein Recht geltend machen, so existiert weiterhin die Gefahr, dass Prozesse endlos wiederholt werden würden.[421]

Der Punkt interessiert an dieser Stelle, weil das Verbot der Popularklage mit der Annahme des Ausnahmecharakters scheinbar zusammenhängt. Die Abstraktionshöhe der Verbandsklage vor dem Eintreten des Einzelfalls steht jedoch strukturell nicht in einem Spannungsverhältnis zur Dispositionsbefugnis des Einzelnen. Es bestehen eigene Rechte der Verbände und die betroffenen Fälle sind so gelagert, dass sie sich vom Einzelfall durch ihre Typizität abheben.

c) Die Fundamente der kollektiv-rechtlichen Strukturen

Die Metafrage des kollektiven Rechtsschutzes im System der Durchsetzungsinstrumente des deutschen Rechts konzentriert sich auf die Frage, ob er sich an der „individualistisch-liberalistischen" Konzeption des Privat- und Prozessrechts ausrichten muss, oder ob der kollektive Rechtsschutz seinerseits auf diese Konzeption einwirkt und das materielle und prozessuale Recht innoviert sowie Rechtsfortbildungen ermöglicht.[422]

Die Beantwortung dieser Frage hängt von der Einordnung der kollektiven Strukturen ab. Von der Warte des Arbeitsrechts ist das kollektive Arbeitsrecht im System des Rechts angekommen. Arbeitgeber(-verbände) und Gewerkschaften nehmen eine wichtige Aufgabe im Wirtschaftsleben wahr. Eigene Ansprüche der Gewerkschaften sind anerkannt. Das ArbGG enthält als Spezialgesetz zur ZPO zahlreiche Regelungen, die den Besonderheiten dieses Rechtsgebiets Rechnung tragen sollen. Im Verbraucherrecht sieht dies anders aus. UKlaG und UWG greifen zwar ebenso wie das ArbGG (§ 46 Abs. 2 und 80 Abs. 2 ArbGG) auf die ZPO zurück, enthalten jedoch nur wenige besondere Regelungen. Das materiell-rechtliche Fundament steht weiterhin im Streit.[423]

aa) Kollektivismus und Individualismus

Die theoretische Diskussion um kollektive Rechte konzentrierte sich auf die Menschenrechte sowie auf die Frage nach kollektiven Abwehr- und Leistungsrechten.[424] Die theoretischen Grundlagen kollektiver Zivilrechte wurden hingegen kaum vertieft. Abstrakt betrachtet unterscheiden sich die kollektiven Ansprüche im Zivilrecht nicht von Individualrechten. In beiden Fällen wird einem Rechtssubjekt ein Recht an die Hand gegeben, kraft dessen dieses von

---

[420] *Wolf*, BB 1971, 1293 (1294).
[421] *Wolf*, BB 1971, 1293 (1294).
[422] Hierzu auch *Stürner*, in: Brömmelmeyer, 109; *Gilles*, ZZP 1985, 1 (2 f.), der den Gemeinwohlbezug betont.
[423] Hierzu S. 47 ff.
[424] Hierzu *Galenkamp*, NQHR 1991, 291 (295).

einem anderen ein Tun, Dulden oder Unterlassung verlangen kann. Bereits die Diskussion um das materiell-rechtliche Fundament der §§ 1 f. UKlaG hat allerdings verdeutlicht, dass diese Annahme lediglich der Ausgangspunkt sein kann.

Die Begriffe „Kollektivismus“ und „Individualismus“ führen in die philosophische Kontroverse um die Existenz und das Rangverhältnis kollektiver Interessen.[425] Das deutsche Recht löst dieses Rangverhältnis differenziert. Es kann weder einen absoluten Vorrang des kollektiven noch des individuellen Rechts geben. Wem Vorrang gebührt, ist aus der juristischen Perspektive eine Frage des Einzelfalls.[426] Das Grundaxiom ist die Annahme, dass mit der Zunahme an Kollektivmacht die Befugnisse der Individuen abnehmen.

Wann immer sich die kollektiven Akteure – sei es auch nur scheinbar – im Spannungsfeld zum Individuum bewegen und dessen Rechtsverhältnisse beeinflussen, werden derartige Lösungen als kollektivistisch bezeichnet. *Adomeit* etwa kritisierte den im „Burda“-Beschluss vorgenommenen Günstigkeitsvergleich als kollektivistische Sicht.[427] Im Verbraucherrecht hat *Basedow* hervorgehoben, dass die Verbandsklage die Antwort auf den Fehlschlag des klassisch-liberalen Gesellschaftsentwurfs gewesen sei.[428]

Das Verhältnis Kollektivmacht zum Individuum hat die wissenschaftliche Diskussion unter der Geltung von Grundgesetz und Tarifvertragsgesetz in den Anfangsjahren geprägt.[429] Dabei wurde auf die Gefahr hingewiesen, dass das eigentliche Ziel der Koalitionsfreiheit – die Gewährleistung der Menschenwürde und der Privatautonomie – nicht mehr erreicht werde, wenn die kollektive Interessendurchsetzung Vorrang genösse.[430] Heute entspricht es der herrschenden Meinung, dass ein funktionsfähiges kollektives Arbeitsrecht ohne einen abstrakten Kollektivismus möglich ist. Die Rede ist von einer freiheitlichen Ordnung des Arbeitslebens – bei Herrschaft der Verbände.[431] Das kollektive Arbeitsrecht konstituiert sich über den Gedanken, dass die strukturelle Unterlegenheit des Arbeitnehmers nicht per se zu einem Vorrang der Kollektivmacht führen darf,[432] sondern es einer Rechtfertigung bedarf.

---

[425] Zu den „Legitimationsmustern“: *Braun* S. 66.

[426] *Bayreuther*, S. 21.

[427] *Adomeit*, NJW 2000, 1918 (1918); *Adomeit* NJW 2001, 3313 (3315), scheint auch davon auszugehen, dass eine kollektivistische Sicht stets dann eingenommen wird, wenn die Lösung des Konflikts außerhalb des Vertrages gesucht wird; kritisch zur Nutzung der Terminologie: *Dieterich*, S. 8.

[428] *Basedow*, AcP 182, 335 (336 f.).

[429] Vgl. etwa *Siebert*, BB 1953, 241.

[430] *Lambrich*, S. 164.

[431] *Richardi*, Freiheitliche Ordnung, S. 262.

[432] *Richardi*, Freiheitliche Ordnung, S. 254, der aber die Ausführung des BVerfG, Beschluss vom 26.6.1991 – 1 BvR 779/85, AP Art. 9 GG, Arbeitskampf Nr. 117 in diese Richtung interpretiert. Tatsächlich betont das BVerfG, dass die Tarifautonomie darauf angelegt ist, die strukturelle Unterlegenheit des Arbeitnehmers beim Abschluss von Arbeitsverträgen auszugleichen. Diese Zweckbestimmung verträgt sich jedoch auch mit einem allgemeineren Verständnis von Tarifmacht. Die Zweckbestimmung der Tarifautonomie muss nicht bedeuten, dass sie aus dem Funktionsdefizit folgt („... *ist darauf angelegt* ...“).

Die neuralgischen Punkte der kollektiven Theorien sind entgegenstehende individuelle Wünsche: der Arbeitnehmer, der den ungünstigen Vertrag als günstig versteht, und der Verbraucher, der sich nicht an einer Klausel stößt.

Bereits *Wolf* hat darauf hingewiesen, dass eine rechtliche Bevormundung nur dann wirklich angenommen werden könne, wenn ein Fall der Rechtskrafterstreckung vorliege. Darüber hinaus hat er die Verbandsklage gerade als freiheitssicherndes Instrument verstanden.[433] Eine Unterlassung kommt einem Verbraucher in Zukunft unmittelbar zugute. Misserfolge ändern nichts am Status quo. Der Verbraucher steht so, wie er stünde, wenn sich niemand geregt hätte. Im Erfolgsfall steht der Verbraucher so, wie wenn sich der Unternehmer nach einer kritischen Betrachtung der Klausel zum normkonformen Verhalten entschieden hätte. Hat sich der andere Teil autonom entschlossen, seine rechtswidrige Praxis aufzugeben, besteht beim Verbraucher kein berechtigtes Interesse an einem ungünstigen Vertrag – geschweige denn, dass er seinem Vertragspartner die Rechtswidrigkeit zumuten dürfte.

Die Abstraktion durch den kollektiven Rechtsschutz führt zur Konzentration auf den Rechtsverstoß und zu normkonformem Verhalten – ohne dass der Einzelne je ein Interesse in der spezifischen Konstellation herausbilden hätte können. Gegenüber dem zwingenden Recht hat die Verbandsklage keine die Freiheit des Einzelnen einschränkende Wirkung. Vielmehr müsste das zugrunde liegende Recht angegriffen werden.

Selbst wenn man daraufhin akzentuiert, dass man dem Verbraucher die Entscheidung über den Vertrag vorenthält, so bleibt diese Entscheidung tatsächlich in letzter Konsequenz bestehen. Denn auch die Verbandsklage ist vom Verbraucher abhängig, da die Vollstreckung einen Verstoß und damit einen Einzelfall erfordert. An diesem Punkt kann sich der Verbraucher dem kollektiven Recht entziehen.

Zusammenfassend löst die Verbandsklage das Spannungsverhältnis von kollektiver und privater Autonomie in Entsprechung mit dem zwingenden Recht zugunsten der Individuen und greift nicht stärker in die Interessen des Individuums ein als das zwingende Recht selbst.

bb) Die Privatautonomie

Diese Annahme bedarf der verfassungsrechtlichen Rechtfertigung. Kollektiver Rechtsschutz i. S. e. Bewahrung des zwingenden Rechts durch kollektive Akteure birgt zumindest die latente Gefahr, mit den Interessen des Individuums bei der Ordnung seiner Rechtsverhältnisse in Konflikt zu geraten. Für die Ausgestaltung des kollektiven Rechtsschutzes sind daher die Betrachtung und die Positionierung der grundrechtlich in Art. 2 Abs. 1 GG verbürgten Privatautonomie der erste Schritt. Die Einrichtung einer zweiten Spur der Rechtsbewahrung muss sich ebenfalls rechtfertigen.

---

[433] *Wolf*, S. 64; zum Tarifvertrag: Däubler-*Deinert*, § 4 TVG, Rn. 687.

(1) Die Bedeutung des Freiheitsbegriffs

Wenn nun die Verbandsklage Freiheit entweder sichert oder die individuelle Ordnung eigener Interessen stört, übersetzt die Privatautonomie nach Art. 2 Abs. 1 GG diese Diskussion in die juristische Theorie: Die Privatautonomie ist das Mittel der Rechtordnung für die Entfaltung der Freiheit des Einzelnen.[434] Wenn diese Umwandlung oftmals nicht ausreichend betont wird, liegt darin zugleich eine wichtige philosophische Gegenrechnung verborgen. Der Kerngehalt der liberalen Theorie ist die Sicherung der Freiheit des Individuums.[435] Da daher allgemeine Nuancen untergehen könnten, soll hier zumindest kurz auf die Bedeutung der Freiheit eingegangen werden.

Das klassische Freiheitsparadoxon ordnet die Freiheit als Vorbedingung der Unfreiheit ein. Wer Freiheit propagiert, sorgt dafür, dass Starke Schwache beherrschen, und schafft somit Unfreiheit.[436] Schutz des Schwachen kann es wiederum nur innerhalb der Gesetze geben. Insofern kann es keine Freiheit ohne Unfreiheit geben. Kollektiver Rechtsschutz ordnet sich in dieses Problem ein und durchbricht es durch die antizipierte Sicherung der Freiheitssphären. Die Untersagung rechtswidriger Verhaltensweisen verhindert die Konfrontation des Einzelnen mit selbigen. Freilich fehlt es noch an einer Bestimmung der Freiheit.

(a) Die zwei Freiheitsbegriffe von Isaiah Berlin

Der Freiheitsbegriff hat eine lange Geschichte.[437] Im Anschluss an *Berlin* werden heute die Begriffe „positive Freiheit“ und „negative Freiheit“ diskutiert.[438] Positive Freiheit umschreibt die Befugnis, eine Handlung ausführen zu können. Es geht also um die Freiheit, sich selbst zu regieren: die Freiheit der Verwirklichung des eigenen, eigentlichen Willens. Negative Freiheit beschreibt er als das Verschont-Bleiben von Einwirkungen Dritter oder Pflichten, eine Handlung durchzuführen – gemeint ist die Freiheit vor Eingriffen anderer. *Berlin* stellt die Frage: Wo muss man das Subjekt tun lassen, wozu es imstande ist, ohne dass sich andere Menschen einmischen?[439] Es geht mithin um die Abwesenheit von Hindernissen der menschlichen Entfaltung, die auf menschliche Willensakte zurückzuführen seien. *Berlin* hat dabei darauf hingewiesen, dass sich beide Konzepte nicht bedingen, negative Freiheit sei auch in antidemokratischen Staaten möglich.

Taylor hat die Konzeption der negativen Freiheit stark kritisiert. Seiner Meinung nach könne das Individuum nicht die letzte Instanz bei der Frage der Bewertung der Authentizität der Bedürfnisse sein, weil das, was dieses will, nicht

---

434 BVerfG, Beschluss vom 19.10.1993 – 1 BvR 567,1044/88, BVerfGE 89, 214 (231); Dreier-*Dreier*, Art. 2 I, Rn. 38 m. w. N.; Maunz/Dürig-*di Fabio*, Art. 2, Rn. 101; HGR-*Kahl*, § 124 Rn. 31; Sachs-*Murswiek*, Art. 2 Rn. 9 f.

435 Dreier-*Dreier* Art. 2 I Rn. 2 f.; vgl. auch HGR-*Kahl* § 124 Rn. 1–5; zu Art. 9: Maunz/Dürig-*Scholz*, Art. 2, Rn. 10.

436 Dieses Freiheitsparadox wird gerade im Wettbewerbsrecht zur Legitimation herangezogen, vgl. *Fikentscher*, GRUR Int 2009, 635 (636).

437 Vgl. nur die instruktive Zusammenstellung bei *Morgenthaler*, S 64 ff. und S. 155 ff.

438 *Berlin*, S. 201 ff. zur negativen, S. 211 ff. zu positiven Freiheit; HGR-*Heun*, § 34 Rn. 11; zur Freiheit ohne moralische Komponente: *Mahlmann*, § 27 Rn. 13.

439 *Berlin*, S. 201.

zwangsläufig den Zielen entspricht. Eine bestimmte Einschränkung der Motive gehöre zu den notwendigen Bedingungen der Freiheit. Kern seiner Ausführung ist, dass Freiheit nicht allein als Abwesenheit äußerer Hindernisse verstanden werden dürfe, sondern ebenso innere Hindernisse entfernt werden müssten. Dabei dürften diese Hindernisse begrifflich nicht auf diejenigen beschränkt sein, die das Individuum als solche identifiziert, da der Einzelne auch irren könne.[440] Davon ausgehend widersprach er Freiheit als Konzept von Möglichkeiten – Selbstbestimmung erfordere gewisse Voraussetzungen.

(b) Ein „monströser Trick"

Berlin wies auch darauf hin, dass Freiheit im Namen der Freiheit beschränkt bzw. zerstört werde.[441] In der Folge zeigt er eine bemerkenswerte Differenzierung auf. Das „Ich" werde in ein höheres, ideales Ich und eine niederes Ich aufgespaltet. Das höhere Ich lasse sich von seinen wahren Idealen leiten und sei wahrhaft ideal. Dies führe auch zu der Annahme, dass Personen das, was sie eigentlich ablehnten, eigentlich doch anstrebten. Dies rühre daraus her, dass es einen latenten rationalen Willen gebe und dieser Wille ihr wirkliches Selbst sei.[442] Auf diese Weise könnten die Interessen der Menschen zu ihrem eigenen Wohl drangsaliert werden. Damit kritisiert er auch alle Ansätze, die Freiheit mit dem Gebrauch kritischer Vernunft gleichsetzen.

(c) Die Standortbestimmung der Freiheit im kollektiven Rechtsschutz

Auch wenn die Ausführungen Berlins in erster Linie auf die Abgrenzung der Freiheitssphären Individuum – Gesellschaft ausgerichtet waren, so ermöglichen sie doch eine Näherung an das Problem. Ausgangs- und Endpunkt jeder kollektiven Theorie muss das Individuum sein. Mit Sicherheit lässt sich kollektiver Rechtsschutz – wie *Wolf* hervorgehoben hat – als ein Element der Freiheitssicherung begreifen. Doch die Durchsetzung der typisierten Interessen legt eine Parallele zu dem von Berlin beschriebenen monströsen Trick nahe. Der kollektive Rechtsschutz basiert auf normativ für erstrebenswert gehaltenen Ergebnissen. Was die Einzelnen wollen, scheint irrelevant. Doch auch der Akt der Objektivierung des natürlichen Interesses hin zum normativen, typisierten Interesse kann seinen berechtigten Grund haben, ohne einen solchen monströsen Trick darzustellen. Umgekehrt würde die Freiheit betont, um möglicherweise wiederum Unfreiheit im Sinne des sog. Freiheitsparadoxes[443] zu schaffen.

Darüber hinaus erscheint es zweifelhaft, ob die Erweiterung des zwingenden Schutzrechts, also einer feststehenden Bewertung durch sein Durchsetzung stärkendes Verfahren, mit den Begriffen positiver und negativer Freiheit kollidiert. Die positive Freiheit wird nicht über das zwingende Recht hinaus eingeschränkt. Was die Entfaltung des Einzelnen angeht, so ist der *apathische* Verbraucher nicht

---

[440] *Taylor*, S. 143 f.; bereits zu älteren Spielarten dieses Einwands: *Morgenthaler*, S. 155 ff.
[441] *Berlin*, S. 213 gerade auch gegen das Freiheitsparadoxon.
[442] *Berlin*, S. 213.
[443] Hierzu ausführlich: *Fornasier*, S. 15 f.

betroffen. Der *ablehnende* Verbraucher kann sich der Vollstreckung des kollektiven Rechtsschutzes entziehen.

Freiheit ist zudem wechselbezüglich.[444] Dem Recht kommt die Aufgabe zu, die rechtlichen Freiheiten der Menschen gegeneinander und gegenüber den staatlichen Organen auszutarieren. Damit ist man bei einer klassischen Aussage *Kants* angelangt, dass Recht Willkür des einen mit der Willkür des anderen unter dem Gesetz der Freiheit vereine.[445]

Das, was man tun will, kann aus unterschiedlichen Gründen begrenzt sein.[446] Zum einen können die tatsächlichen Begebenheiten ein Hindernis bereiten. Zum anderen kann eine Sozialnorm und hier insbesondere eine Rechtsnorm das Verhalten untersagen. Was man von Rechts wegen tun darf, wird als rechtliche Freiheit ausgefasst.[447] Rechtliche Freiheit ist durch ihre Relativität gekennzeichnet, nur in den Bereichen, in denen sich unterschiedliche Freiheitssphären überschneiden, entsteht ein Bedürfnis nach Abgrenzung.[448] Das liberale Konzept ist damit eine zweidimensionale Grenzziehung von Individuen. Die Ebene des kollektiven Rechtsschutzes ist in der Konzeption dieses Systems nicht angelegt. Das bedeutet jedoch nicht, dass sie hiermit bricht, vielmehr setzt sie den Gedanken der Freiheitssphären konsequent durch die Entfernung widerrechtlicher Verhaltensweisen durch.

(d) Zwischenergebnis

Dieser kurze Exkurs sollte verdeutlichen, dass die Betonung der Freiheit allein kein Faktor für oder gegen den kollektiven Rechtschutz ist. Für die *juristische* Diskussion ist dies deshalb relevant, weil die Entscheidung getroffen wurde: Dort, wo kollektiver Rechtsschutz besteht, soll er Freiheit bzw. Freiheiten sichern.

(2) Die Modelle der Privatautonomie

Vor diesem Hintergrund ist nunmehr zur Privatautonomie zurückzukommen. Im Wesentlichen lassen sich zwei große Modelle der Privatautonomie ausfindig machen:[449] zum einen ein streng liberales Modell. Dieses konstituiert sich um das Aushandeln des Vertragsinhalts durch die Vertragsparteien. Ausfluss dieses Gedankens sind beispielsweise die Äquivalenztheorie im allgemeinen Vertragsrecht und die Richtigkeitsvermutung des Tarifvertrages. Nach diesem Verständnis ist der Inhalt von Verträgen durch Aushandeln interessengerecht, weil die Möglichkeit zum Verhandeln bestand. Dieser Ansatz tritt etwa in § 307

---

[444] *Zippelius*, Rechtsphilosophie, § 26 I; zu den Ansätzen des Freiheitsbegriffs: *Mahlmann* § 27 Rn. 1 f.

[445] *Kant*, S. 337; genauer bezeichnet *Kant* das Recht als *die Bedingung* unter der sich die Willkür der einzelnen unter dem Gebot der Freiheit vereine.

[446] Zu dieser Unterteilung *Zippelius*, Rechtsphilosophie, § 26 I.

[447] *Zippelius*, Rechtsphilosophie, § 26 I.

[448] *Zippelius*, Rechtsphilosophie, § 26 I.

[449] Vgl. *Singer*, S. 11; *Miethaner* S, 28: gegenläufiger Konzepte; vgl. auch die Darstellung bei *Meller-Hannich* S. 8 ff.; *Reich*, ZRP 1974, 187 (189).

Abs. 3 BGB zum Vorschein. Das Gegenmodell wertet den gerechten Ausgleich der widerstreitenden Interessen zu einem normativen Leitbild auf. Dies führt zur Kontrolle und Korrektur des Vertragsinhalts. Klassische Beispiele hierfür sind die §§ 305 ff., 138 BGB oder auch die Füllung vertraglicher Lücken über die §§ 133, 157, 242 BGB.

Anhand der Beispiele wird bereits deutlich, dass das Verständnis von Privatautonomie, welches dem deutschen Recht zugrunde liegt, ein stark ausdifferenziertes ist. Gleichwohl hat das Gesetz den gerechten Interessenausgleich zu einem Leitbild auserkoren.[450] Es erkennt aber auch an, dass die Verhandlungschance per se auch als interessengerechtes Instrument ausreichen kann. Wann Selbstbestimmung und wann Selbstverantwortung tragen, ist damit stets eine Frage der rechtlichen Ausgestaltung.

(3) Der Gehalt von Art. 2 Abs. 1 GG

Den Ausgangs- und Endpunkt für die einfachgesetzliche Auflösung des Interessengegensatzes stellt die Verfassung dar. Der Begriff der Privatautonomie repräsentiert den zivilrechtlichen Entsprechungsbegriff der Handlungsfreiheit i. S. v. Art. 2 Abs. 1 GG: der Einzelne soll seine Rechtsverhältnisse nach seinem Willen selbst und eigenverantwortlich regeln dürfen.[451] Das Zentrum bildet die Vertragsfreiheit.[452] Diese verwirklicht sich dergestalt, dass beide Vertragsteile sich wechselseitig in ihrer Handlungsfreiheit beschränken – und zwar im Austausch mit der vereinbarten Gegenleistung.[453] Davor bestimmen die Parteien selbst, wie ihre gegenläufigen Interessen angemessen auszugleichen sind, und verfügen damit zugleich über ihre grundrechtlich geschützten Positionen ohne staatlichen Zwang. Der Staat hat die im Rahmen der Privatautonomie getroffenen Regelungen grundsätzlich zu respektieren.[454]

(4) Die Schutzpflicht aus Art. 2 Abs. 1 GG i. V. m. Art. 20 Abs. 1 GG

Anders stellt sich die Situation bei Art. 2 Abs. 1 GG dar, wenn die Vertragsparität gestört ist. Art. 2 Abs. 1 GG verharrt nicht i. S. e. liberalen Modells, sondern fordert, dass die Bedingungen freier Selbstbestimmung tatsächlich gegeben sein müssen.[455] Dies wiederum kann nur im Falle eines annähernd ausgewoge-

---

[450] Wegen der Vertragsfreiheit liegt es in erster Linie bei den Parteien, diesen festzulegen; zur Auslegung: MünchKomm-*Busche*, § 157, Rn. 7; dabei ist der sog. soziale Ausgleich nur ein Aspekt dieses Prinzips: *Brox/Walker*, Rn. 26; vgl. Ulmer/Brandner/Hensen-*Fuchs* § 307 Rn. 307 Rn. 6 zur Interessebewertung durch Gesetz; zum Stellenwert für die Privatautonomie: S. 175.

[451] BVerfG, Beschluss vom 27.7.2005 – 1 BvR 2501/04, NJW 2006, 596 (598); BVerfG, Beschluss vom 19.10.1993 – 1 BvR 567 und 1044/89 – ZIP 1993, 1775, (1779); Maunz/Dürig-*Di Fabio*, Art. 2, Rn. 101.

[452] Vgl. für Vertragsfreiheit als eigenständiges Grundrecht: *Miethaner*, S. 6 ff.

[453] BVerfG, Beschluss vom 7.2.1990 – 1 BvR 26/84, BVerfGE 81, 242 (254).

[454] BVerfG, Beschluss vom 7.2.1990 – 1 BvR 26/84, BVerfGE 81, 242 (254); BVerfG, Beschluss vom 27.7.2005 – 1 BvR 2501/04, NJW 2006, 596 (598); BVerfG, Beschluss vom 19.10.1993 – 1 BvR 567 und 1044/89 – ZIP 1993, 1775, (1779).

[455] *Miethaner* S. 36.

nen Kräfteverhältnisses der Partner als Mittel eines angemessenen Interessenausgleichs der Fall sein.[456]

Hat einer der Vertragsteile aber ein so starkes Übergewicht, dass er vertragliche Regelungen einseitig setzen kann, bewirkt dies für den anderen Vertragsteil Fremdbestimmung.[457] Wo es an einem annähernden Kräftegleichgewicht der Beteiligten fehlt, ist mit den Mitteln des Vertragsrechts allein kein sachgerechter Ausgleich der Interessen zu gewährleisten. Wenn bei einer solchen Sachlage über grundrechtlich verbürgte Positionen verfügt wird, müssen staatliche Regelungen ausgleichend eingreifen, um die Grundrechte vor Verletzungen durch Dritte zu sichern.

Gesetzliche Vorschriften, die sozialem und wirtschaftlichem Ungleichgewicht entgegenwirken, realisieren hier die objektiven Grundentscheidungen des Grundrechtsabschnitts und damit zugleich das Sozialstaatsprinzip.[458] Hieraus entwickelt sich eine staatliche Schutzpflicht zum Erhalt der freien Selbstbestimmung gegenüber Fremdbestimmung.[459]

(5) Die Bedeutung von Spezialgrundrechten

Diese Grundsätze hat das Bundesverfassungsgericht auch für das Arbeitsrecht bestätigt.[460] Selbstverständlich war das nicht. Denn beide Verhandlungspositionen sind grundrechtlich noch stärker aufgeladen. Die Vertragsfreiheit des Arbeitgebers und des Arbeitnehmers zum Abschluss arbeitsvertraglicher Vereinbarungen ist vorrangig durch Art. 12 Abs. 1 GG geschützt.[461] Das in Art. 12 Abs. 1 GG gewährleistete Grundrecht auf freie Wahl des Arbeitsplatzes schützt den Einzelnen in seinem Entschluss, eine konkrete Beschäftigungsmöglichkeit in dem gewählten Beruf zu ergreifen, beizubehalten oder aufzugeben.[462] Hinzu kommt, dass dieses Problem auch durch Art. 9 Abs. 3 GG behoben werden soll.[463]

(6) Die Ermittlung und Bewertung von Ungleichgewichtslagen

Wenn die Schutzpflicht bei einer gestörten Vertragsparität ansetzt, stellt sich die Frage, wann ein annäherndes Kräftegleichgewicht fehlt bzw. wann eine Ungleichgewichtslage so schwer wiegt, dass die Vertragsfreiheit begrenzt werden muss. Das Bundesverfassungsgericht hat hierzu in einem Beschluss zunächst den Beurteilungsspielraum des Gesetzgebers hervorgehoben. Dieser müsse aber

---

[456] BVerfG, Beschluss vom 7.2.1990 – 1 BvR 26/84, BVerfGE 81, 242 (255).

[457] BVerfG, Beschluss vom 7.2.1990 – 1 BvR 26/84, BVerfGE 81, 242 (255).

[458] BVerfG, Beschluss vom 7.2.1990 – 1 BvR 26/84, BVerfGE 81, 242 (255).

[459] *Stern*, Staatsrecht III/1, § 76 IV 8; Maunz/Dürig-*di Fabio*, Art. 2, Rn. 107.

[460] BVerfG, Beschluss vom 23.11.2006 – 1 BvR 1909/06, AP § 307 BGB Nr. 22; BVerfG, Beschluss vom 7.2.1990 – 1 BvR 26/84, BVerfGE 81, 242.

[461] BVerfG, Beschluss vom 7.2.1990 – 1 BvR 26/84, BVerfGE 81, 242 (254).

[462] BVerfG, Urteil vom 24.4.1991 – 1 BvR 1341/90, BVerfGE 84, 133, (146) BVerfG, Urteil vom 10.3.1992 – 1 BvR 454 u. a./91, BVerfGE 85, 360 (372 f.).

[463] Diese Rechtsprechung stellt eine Absage an diejenigen dar, die gerade wegen der unterschiedlichen Grundrechtslage den Arbeitsmarkt aus dem Anwendungsbereich des UWG herausnehmen wollen.

beachten, dass jede Begrenzung der Vertragsfreiheit zum Schutze des einen Teils gleichzeitig in die Freiheit des anderen Teils eingreift. Wird die Zulässigkeit von Vertragsklauseln mit Rücksicht auf die Berufsfreiheit des für den Arbeitgeber tätig werdenden Arbeitnehmers eingeschränkt, bewirke dies einen Eingriff in die Freiheiten des anderen Teils. Da beide Beteiligten grundrechtlichen Schutz genießen und sich gleichermaßen auf die grundrechtliche Gewährleistung ihrer Privatautonomie berufen können, dürfe nicht nur das Recht des Stärkeren gelten. Die kollidierenden Grundrechtspositionen sind in ihrer Wechselwirkung zu sehen und so zu begrenzen, dass sie für alle Beteiligten möglichst weitgehend wirksam werden. Der Gesetzgeber müsse also den konkurrierenden Grundrechtspositionen ausgewogen Rechnung tragen.[464]

(7) Die Beurteilung von Äquivalenzstörungen im Vertrag durch die Gerichte

In der Praxis sind die Gerichte bei der Anwendung des zwingenden Rechts mit den Verzerrungen in der Äquivalenz des Vertrages als erste konfrontiert. Hier betonte das Bundesverfassungsgericht in seiner Bürgschaftsentscheidung aus dem Jahr 1993, dass die Vertragspraxis nicht dem freien Spiel der Kräfte unbegrenzt überlassen werden dürfe.[465] Beschlussgegenstand war die von Teilen der Gerichte praktizierte Inhaltskontrolle von Verträgen nach §§ 138, 242, 315 BGB. Das Gericht bestätigte diese Praxis und betonte die Bedeutung der Kontrolle für die Privatautonomie. Gerade bei der Konkretisierung und Anwendung der Generalklauseln seien die Grundrechte zu beachten. Der entsprechende Schutzauftrag der Verfassung richte sich hier an den Richter, der den objektiven Grundentscheidungen der Grundrechte in Fällen gestörter Vertragsparität mit den Mitteln des Zivilrechts Geltung zu verschaffen habe.

Das Bundesverfassungsgericht betonte allerdings auch, dass die Gerichte schon aus Gründen der Rechtssicherheit die Gültigkeit von Verträgen nicht bei jeder Störung des Verhandlungsgleichgewichts nachträglich infrage stellen oder den Vertrag korrigieren dürften.[466] Voraussetzung sei vielmehr eine typisierbare Fallgestaltung, die eine strukturelle Unterlegenheit des einen Vertragsteils erkennen ließe. Wie die Gerichte bei der Inhaltskontrolle im Rahmen der Generalklauseln des geltenden Zivilrechts zu verfahren haben und zu welchen Ergebnissen sie gelangen müssen, sei in erster Linie eine Frage des einfachen Rechts, dem die Verfassung einen weiten Spielraum einräume.

(8) Die Privatautonomie i. S. v. Art. 2 Abs. 1 GG als Wertentscheidung bei der Ausgestaltung des Rechts

Die Pflicht der Gerichte führt in eine allgemeinere Wirkungsweise des Art. 2 Abs. 1 GG über. Die Privatautonomie stellt neben den anderen Grundrechten

---

[464] BVerfG, Beschluss vom 7.2.1990 – 1 BvR 26/84, BVerfGE 81, 242 (255); BVerfG, Beschluss vom 19.10.1993 – 1 BvR 567 und 1044/89 – ZIP 1993, 1775, (1779).

[465] BVerfG, Beschluss vom 19.10.1993 – 1 BvR 567, 1044/89, BVerfGE 89, 214. zu der Entwicklung: *Miethaner* S. 24 ff.

[466] BVerfG, Beschluss vom 19.10.1993 – 1 BvR 567,1044/88, BVerfGE 89, 214 (232).

eine verfassungsrechtliche Grundentscheidung bzw. objektive Wertentscheidung für alle Bereiche des Rechts dar.[467] Die Selbstbestimmung im Rechtsleben bildet ein Strukturelement jeder freiheitlichen Gesellschaftsordnung und insbesondere der sozialen Marktwirtschaft. Keine Vorschrift darf im Widerspruch zu den Prinzipien stehen, die in den Grundrechten zum Ausdruck kommen. Was den Sonderfall gestörter Vertragsparität angeht, so hat das Bundesverfassungsgericht betont, dass der Ausgleich gestörter Vertragsparität zu den Hauptaufgaben des geltenden Zivilrechts gehöre.[468] Nach ihrem Regelungsgegenstand ist die Privatautonomie auf staatliche Durchsetzung angewiesen. Der Gesetzgeber muss rechtsgeschäftliche Gestaltungsmittel zur Verfügung stellen und auch im Streitfall durchsetzbare Rechtspositionen begründen.[469]

(9) Kollektiver Rechtsschutz vor dem Hintergrund der Privatautonomie
Die Ausgestaltung des kollektiven Rechtsschutzes muss allen betroffenen Interessen und Grundrechtspositionen Rechnung tragen. Damit ist die Figur zum einen Grundrechtsverwirklichung und zum anderen Schranke der Privatautonomie.[470] Für den kollektiven Rechtsschutz hat die Privatautonomie eine polyvalente Bedeutung. Diese kann beispielsweise wie folgt veranschaulicht werden: Die Verbandsklage zur Untersagung von AGB schützt den unterlegenen Vertragspartner in seinen typischen Interessen, sein Interesse an dem konkreten, unzulässigem Vertragsinhalt ist hingegen nicht schutzbedürftig, weil die Verbandsklage vor dem Vertragsschluss ansetzt und sich auf das Interesse des Verwenders konzentriert, die Klauseln zu stellen. An dieser Stelle bewirkt die Verbandsklage ein Ablassen. Daher tangiert kollektiver Rechtsschutz vor allem das Recht des Verwenders, den Vertrag nach seinen Vorstellungen zu schließen. Die Kompensation vertraglicher Defizite begünstigt damit den einen, belastet aber auch den anderen. Dieser Eingriff löst einen abwehrrechtlichen Rechtsfertigungszwang aus.[471] Gerechtfertigt werden muss insbesondere, warum ein Dritter die Freiheitssphären verteidigt bzw. beschränkt.

cc) Das Prinzip freier sozialer Gruppenbildung

Ein weiteres Fundament des kollektiven Rechtsschutzes stellt Art. 9 GG dar. Der verfassungsrechtliche Stellenwert der Verbandsklage für die Sicherung der Privatautonomie wird erst durch Art. 9 Abs. 1 GG deutlich. Neben den individuellen, natürlichen Personen erkennt das Grundgesetz in den Art. 9 und 19 Abs. 3 GG juristische Entitäten an: Personengesellschaften und juristische Personen. Kerngedanke von Absatz 1 ist die Persönlichkeitsentwicklung in Gruppenform. Die scheinbar enge Formulierung der Normen täuscht. Der Grundrechts-

[467] BVerfG, Beschluss vom 19.10.1993 – 1 BvR 567,1044/88, BVerfGE 89, 214 (231); Wolf/Neuer § 10 Rn. 30; Ulmer/Brandner/Hensen-Ulmer/Habersack, Einl. Rn. 47.
[468] BVerfG, Beschluss vom 19.10.1993 – 1 BvR 567,1044/88, BVerfGE 89, 214 (233).
[469] BVerfG, Beschluss vom 19.10.1993 – 1 BvR 567,1044/88, BVerfGE 89, 214 (232).
[470] *Säcker*, Rn. 12.
[471] *Isensee*, in: HStR, § 150, Rn. 101.

schutz zielt auf den Zusammenschluss mehrerer, mindestens zweier Personen und erfasst „das gesamte Spektrum des Assoziationswesens".[472]

Art. 9 Abs. 1 GG begründet das Prinzip freier sozialer Gruppenbildung:[473] Die Freiheit der Bildung von Vereinigungen zu beliebigen Zwecken gehört zu den elementaren Voraussetzung der Persönlichkeitsbildung und -entfaltung.[474] Das Individuum und die Vereinigung sollen selbst über Organisation, Willensbildung und Geschäftsführung nebst Entstehen und Bestehen entscheiden können.[475] Der Zusammenschluss muss zwar zu einem gemeinsamen Zweck erfolgen, eine Kontrolle dieses Zwecks sieht Art. 9 Abs. 1 GG indes nicht vor.

Ob die Tätigkeit des Zusammenschlusses auch durch Art. 9 Abs. 1 GG geschützt wird, wird kontrovers beurteilt. Das Bundesverfassungsgericht bejaht den kollektiven Gehalt des Art. 9 Abs. 1 GG im Hinblick auf Entstehen und Bestehen sowie die Sicherung des Bestandes.[476] Darüber hinaus gehende Grundrechtswirkungen lassen sich über Art. 19 Abs. 3 und den jeweiligen Grundrechten erzielen. Die Normen ermöglichen insofern einen Rückschluss auf den Inhalt des Art. 9 Abs. 1 GG.

Über den Wortlaut hinaus entnimmt das Bundesverfassungsgericht Art. 9 Abs. 1 GG ein weiteres Element der freien Gruppenbildung: die Freiheit vor der Mitgliedschaft in privatrechtlichen Vereinigungen.[477] Nicht geschützt wird hingegen vor einer Kollektivbildung durch Tatbestandsmerkmale. Diese Gruppenbildung wird durch Art. 3 Abs. 1 GG kontrolliert.[478]

dd) Das Menschenbild des Grundgesetzes

Die Betonung der individualistischen Tradition der Rechtsordnung gerät auch ins Wanken, betrachtet man das Menschenbild des Grundgesetzes. Art. 1 GG und die nachfolgenden Grundrechte zeichnen ein Menschenbild, das von der Achtung des selbstbestimmten Lebensentwurfs und einem Mindestmaß an Solidarität geprägt ist.[479] Das Bundesverfassungsgericht hat kurz nach der Gründung der BRD das Menschenbild des Grundgesetzes dahin gehend umschrieben: „*Das Menschenbild des Grundgesetzes ist nicht das eines isolierten souveränen Individuums; das Grundgesetz hat vielmehr die Spannung Individuum – Gemein-*

---

[472] Sachs-*Höfling*, Art. 9, Rn. 8; BVerfG, Beschluss vom 18.12.1974 – 1 BvR 430/65 u. 259/66, BVerfGE 38, 281 (303): Assoziationen aller Art.

[473] BVerfG, Beschluss vom 18.12.1974 – 1 BvR 430/65 u. 259/66, BVerfGE 38, 281 (303), als Prinzip freiheitlicher Staatsgestaltung.

[474] ErfK-*Linsenmaier*, Art. 9 GG, Rn. 1; Sachs-*Höfling*, Art. 9, Rn. 3; Dreier-*Bauer*, Art. 9, Rn. 19.

[475] BVerfG, Beschluss vom 15.6.1989 – 2 BvL 4/87 NJW 1990, 37 (38); Selbstbestimmung der Organisation und Geschäftsführung: BVerfG, Urteil vom 1.3.1979 – 1 BvR 532, 533/77 u. a., BVerfGE 50, 290 (354); zum Bestehen: BVerfG, Beschluss vom 18.101961 – 1 BvR 730/57, BVerfGE 13, 174 (175).

[476] BVerfG, Beschluss vom 18.10.1961 – 1 BvR 730/57, BVerfGE 13, 174 (175); vgl. auch Dreier-*Bauer* Art. 9 Rn. 45.

[477] BVerfG, Urteil vom 29.7.1959 – 1 BvR 394/58, BVerfGE 10, 89 (102).

[478] *Pahlke*, DStR-Beih 2011, 66 (67).

[479] Maunz/Dürig-*Herdegen*, Art. 1, Rn. 28.

schaft im Sinne der Gemeinschaftsbezogenheit und Gemeinschaftsgebundenheit der Person entschieden, ohne dabei deren Eigenwert anzutasten. Das ergibt sich insbesondere aus einer Gesamtsicht der Art. 1, 2, 12, 14, 15, 19 und 20 GG. Dies heißt aber: der Einzelne muß sich diejenigen Schranken seiner Handlungsfreiheit gefallen lassen, die der Gesetzgeber zur Pflege und Förderung des sozialen Zusammenlebens in den Grenzen des bei dem gegebenen Sachverhalt allgemein Zumutbaren zieht, vorausgesetzt, daß dabei die Eigenständigkeit der Person gewahrt bleibt [...]."

In der neueren Rechtsprechung veränderte das Gericht sein Menschenbild dahin gehend, dass es den zur freien Selbstbestimmung befähigten Menschen[480] bzw. die eigenverantwortliche Persönlichkeit innerhalb der sozialen Gemeinschaft stärker akzentuierte.[481] Kollektiver Rechtsschutz geht jedoch in eine andere Richtung. Durch die vermeintliche Stärkung der Durchsetzung individueller Positionen wird die Entscheidung über die Durchsetzung auf ein Kollektiv, eine Gruppe oder eine andere natürliche Person verlagert. Tatsächlich verbirgt sich jedoch in der Gewährung kollektiven Rechtsschutzes die Auflösung einer sozialen Interessenlage. Die diffuse Interessenlage erfordert es, zu pauschalieren. Die dann normativ verankerten, kollektiven Interessen können entgegengesetzt zu den individuellen Interessen verlaufen.

ee) Zusammenfassung: Der Standort des kollektiven Rechtsschutzes

Kollektiver Rechtsschutz auf der Basis eines individualistischen Grundverständnisses ist kein Widerspruch.

Eine allgemeine Theorie der kollektiven Strukturen ordnet sich in einer von einem starken Individualismus ausgehenden Rechtsordnung ein. Die Betonung der individualistischen Konzeption der Rechtsordnung erscheint als Ordnungsprinzip. Haben Verbände eigene Ansprüche, so stellen sie sich in dieses Ordnungsprinzip ein. Erst wenn die dahinter stehenden Interessen in den Vordergrund treten, zeigen sich die Unterschiede.

Die Fremdbezogenheit des kollektiven Rechtsschutzes erklärt sich aus dem Ursprung des kollektiven Rechts. Das Grundgesetz ermöglicht es Individuen, sich zur Verfolgung von Zielen und Zwecken zusammenzuschließen. Die Fremdbezogenheit wird daher individualistisch begründet und fügt sich folglich in das System ein.

Die Verbandsklage sichert vom Recht vorgesehene Freiheitsräume durch die Vorverlegung bzw. die Abstraktion der Konflikte. Sie sichert die rechtliche Freiheit. Diese Schutzfunktion begründet eine einfache Konstruktionslinie von individuellem Fundament und kollektiv-rechtlichem Dach.

Durch die Schaffung eines kollektiven Akteurs wird zugleich eine Rechtsperson begründet, die mit anderen Rechtspersonen im Rechtsleben in Kontakt tritt.

[480] BVerfG, Urteil vom 4.5.2011 – 2 BvR 233/08, NJW 2011, 1931 (1937).

[481] BVerfG, Urteil vom 1.4.2008, 1 BvR 142/09, 1 BvR 1620/04, NJW 2008, 1287 (1288); 1 BvL 20/63, BVerfG, Beschluss vom 29.7.1968, NJW 1968, 2233 (2335), jeweils unter Verweis auf das Lüth-Urteil, 1 BvR 300/51.

Insofern hat dieser „stiftende“ Akt mehrere Konsequenzen. Rein theoretisch kann der Verband nun im eigenen Namen an eine andere Person herantreten und auf den Rechtsverstoß hinweisen. Er kann aber auch im eigenen Namen Subjekt von Rechen und Pflichten werden.

ff) Die Rechtsfertigungsgründe für kollektiven Rechtsschutz

In der gesetzgeberischen Begründung für eine Entscheidung zugunsten des kollektiven Rechtsschutzes lassen sich verschiedene Begründungslinien herauslesen. Diese treten nicht isoliert auf, sondern interagieren. Andererseits müssen die Begründungen nicht kumulativ vorliegen. Je nach Rechtgebiet und Instrument unterscheiden sich die Akzente. Im Wesentlichen existieren drei Rechtsfertigungsgründe für kollektiven Rechtsschutz.

(1) Die Bekämpfung von Durchsetzungsdefiziten

Kollektiver Rechtsschutz hat eine Grundlage in Defiziten individueller Rechtsdurchsetzung. Die Fälle werden nicht vor Gericht gebracht, weil der Einzelne davon absieht, obwohl er im Recht ist. Gründe für dieses Unterlassen können mangelnde Kenntnis, Unverstand oder „rationale Apathie“ sein. In jedem Fall fehlt das Durchsetzungsinteresse.[482] In der Rechtssoziologie wird auch von der fehlenden Mobilisierung des Rechts gesprochen.[483]

Weshalb der Einzelne seine Rechte nicht durchsetzen will, kann viele Gründe haben.[484] Ein bewusster Verzicht ist ebenso plausibel wie die Angst vor Repression. Im Arbeitsrecht werden die Rechtsunkenntnis (im Hinblick auf Gesetz und Rechtsprechung) und die Konfliktscheue des Arbeitnehmers (hoher Aufwand und Vorwurf der Illoyalität) besonders häufig betont.[485] Denn schließlich werden die meisten arbeitsrechtlichen Streitigkeiten erst nach dem Ausscheiden des Arbeitnehmers geführt. Ausgangspunkt der Verbandsklage bildet das Phänomen, dass es Schadensereignisse gibt, die keine Reaktion aufseiten des Geschädigten hervorrufen.[486] Zum einen kann das an der marginalen Schadenssumme liegen – es fehlt dann häufig an einem Anreiz zur Liquidation.[487] Zum anderen kann dies aus einem weitergehende Kalkül erfolgen. Demnach lässt sich die Liste

---

[482] Vorwerk/Lange-*Wolf/Lange*, Einleitung, Rn. 2: „Kampfinteresse“; einschränkend: *Meller-Hannich*, FS Höland, 659 (673), die darauf hinweist, dass auch prozessökonomische Erwägungen für eine Musterklage sprechen.

[483] Zu den Voraussetzungen: *Baer*, S. 209; *Kocher*, Mobilisierung, passim; im Verbraucherrecht hingegen ist der Hinweis auf die rationale Apathie häufiger: *Singbartl*, GWR 2015, 126; *Hempel*, NJW 2015, 2077 (2077).

[484] Zur rationalen Apathie im Verbraucherprozess: *Meller-Hannich*, FS Höland, 659 (666 ff.).

[485] *Franzen*, ZIAS 2004, 32 (35 u. 37); *Däubler*, ArbuR 1995, 305 (307); *Jessolat*, AuR 2014, 318 (318); im Verbraucherrecht ist der Begriff des rationalen Desinteresses, der rationalen Apathie allgegenwärtig: Verbraucher scheuen die Rechtsverfolgung, weil sie sich nicht lohnt, vgl. *Montag*, ZRP 2013, 172 (175).

[486] Hierzu *Janssen*, in: Casper/Janssen/Pohlmann/Schulze, 3 (5 f.); vgl. auch grundlegend *Hippel*, Verbraucherschutz, S. 156; *Fricke*, GRUR 1976, 680 (680).

[487] *Zimmer/Höft*, ZGR 2009, 663 (664); Vogel, S. 15.

der Gründe in ihrem jeweiligen Lebenssachverhalt fortschreiben. So erklärt etwa *Kocher*, dass manch einer es auch gegen Hindernisse allein schaffen will.[488]

Vor dem Hintergrund dieses Phänomens scheint der Begründungsansatz in Schieflage zu geraten. Wenn sich nicht mit Sicherheit bestimmen lässt, weshalb ein Recht nicht durchgesetzt wird, lässt sich daraus nicht sofort schließen, dass es dennoch vom Individuum durchgesetzt werden würde. Diese Grundannahme ist eine Frage für die Gesetzgebung und die typische Struktur. Werden Rechte typischerweise nicht aus freien Motiven liegengelassen, lässt sich ein Regelungsbedürfnis vermuten. Ist dies nicht der Fall, liegt ein Regelungsbedürfnis fern – es sei denn es besteht eine Schutzpflicht.[489] Die häufig betonte Stärkung der Durchsetzung des Rechts beruht sonach auf einer Unterstellung eines Durchsetzungsinteresses. Vor den unübersehbaren Problemen isoliert die Verbandsklage die typischen Interessen, indem sie diese aus dem sozialen Kontext herauslöst. Die Stärkung der Durchsetzung des Rechts geht auf die Forderung nach „access to justice“[490] zurück und hat in der Regel eine normative Aussage des Gesetzgebers zur Folge. Dieser geht davon aus, dass das Individuum seine Rechte ausüben sollte bzw. ausüben würde.

(2) Die kollektive Zweckerreichung

In dem eben genannten Grundgedanken liegt immer noch ein Stück legislativer Bevormundung verborgen. Es wird *typischerweise unterstellt*. Das Spannungsverhältnis zwischen Kollektivmacht und individueller Freiheit lässt sich jedoch über das Phänomen sog. kollektiver Kausalität relativieren. Das kollektive Recht lässt sich dadurch rechtfertigen, dass neue Strukturen entstehen. Zwar ist es auch möglich, einfach nur den Akteur hinzuzufügen. Dann ginge es in der Tat nur um die Sicherstellung der Mobilisierung des Rechts wie in § 63 SGB IX. Darüber hinaus ist es aber auch möglich, dass diese Rechte sich qualitativ abheben. In diesem Fall ist das kollektive Recht strukturell gegenüber dem individuellen Recht abgesetzt und kann über eine eigene Zweckbestimmung legitimiert werden. Denn ohne Kollektive wäre das Erreichen bestimmter Zwecke nicht möglich. Bereits in Art. 9 Abs. 1 GG ist die Idee angelegt, dass Menschen sich zu Vereinigungen zusammenschließen sollen, wenn sie bestimmte Zwecke nicht allein erreichen können.[491] Dieser Gedanke ist der Geltungsgrund des kollektiven Rechts innerhalb einer das Individuum zentrierenden Rechtsordnung und der Grund, warum sich kollektives Recht auf der Metaebene über Verbände strukturiert. Erst kollektive Rechte ermöglichen eine bestimmte Zweckerreichung.

Im Arbeitsrecht ist dieser Ansatz seit Langem anerkannt und im Rahmen der „Burda“-Entscheidung gegenüber der Kritik verteidigt worden: Auch wenn Art. 9 Abs. 3 teilweise als Synonym für den Begriff der kollektiven Privatautono-

---

[488] *Kocher*, Mobilisierung, S. 13.

[489] Vgl. aber: BVerfG, Beschluss vom 19.10.1993 – 1 BvR 567,1044/88, BVerfGE 89, 214 (232).

[490] Hierzu *Kocher*, juridicum 2012, 63.

[491] Däubler-*Däubler* § 4 Rn. 687; *Bayreuther*, S. 18.

mie gesetzt wird,[492] kann Art. 9 Abs. 3 GG nicht auf einen rein individualrechtlichen Punkt zurückgeführt werden. Man kann daher das Koalitionsgrundrecht schwer als summiert-individuelles Recht auffassen, zahlreiche Verhaltensweisen kann nur die Koalition ausführen, die durch Individuen nicht in ihrer konkreten Form realisierbar wären.[493] Der seinerseits abstrakte Begriff der kollektiven Kausalität kann über den Sinn und Zweck der kollektiven Ebene konturiert werden, die strukturelle Unterlegenheit des einzelnen Arbeitnehmers bei Abschluss des Arbeitsvertrages durch kollektives Handeln auszugleichen – wobei Gleiches im Falle eines Machtüberhangs auf der Arbeitnehmerseite gilt.[494]

Im Verbraucherrecht offenbart sich ein vergleichbares Phänomen. Die Rechtsdurchsetzungsmöglichkeiten des einzelnen Verbrauchers unterteilen sich klassischerweise in vertragliche und deliktische Ansprüche. Ein Unterlassungsanspruch des Verbrauchers hinsichtlich des Stellens unangemessener Vertragsbedingungen ist bislang noch nicht anerkannt. [495] Das Gesetz reagiert in erster Linie mit dem Entzug der Wirksamkeit nach § 307 BGB. Daneben stellt das Stellen unangemessener Klauseln ein Verschulden bei Vertragsschluss dar. Jedenfalls aus § 241 Abs. 2 BGB kann man daher die Pflicht, keine unangemessenen Klauseln zu stellen, ableiten. Grundsätzlich werden die Schutzpflichten über § 280 BGB durchgesetzt und sind nicht einklagbar. Heute geht die Tendenz dahin, die Frage der Anspruchsqualität auf eine Interessenabwägung zu konzentrieren.[496] Dazu muss ein schutzwürdiges besonderes Interesse auf Gläubigerseite bestehen.[497] Jedenfalls über § 823 Abs. 2 i. V. m. § 307 BGB wäre ein Unterlassungsanspruch begründbar.

Ein eigenständiges Interesse an der strukturellen Bekämpfung von AGB scheint auf den ersten Blick fern zu liegen. Denn der Verbraucher hat es selbst an der Hand, sich im konkreten Verhandlungsstadium tatsächlich gegen die Klausel zu wehren. Indes liegt es in der Situation der AGB begründet, dass der Verbraucher diese Einwirkungsmöglichkeit nicht hat. Rein tatsächlich ist die Konstellation, dass ein Verbraucher sich gegen eine Klausel rechtlich wehrt, um einen Vertrag ohne die streitige Klausel zu erhalten, wirklichkeitsfern. Hinzu kommt, dass wegen § 310 Abs. 3 Nr. 3 BGB es einem Verbraucher nicht zusteht, die Klausel allein in ihrer Typizität aus dem Rechtsverkehr zu entfernen. Vielmehr muss er alle Gegebenheiten des Einzelfalls berücksichtigen.

Sicherlich kann der Verbraucher auf die Streichung einzelner Klauseln drängen, dieses Vorgehen entspricht aber gerade nicht dem typischen Verbraucher-

---

[492] BAG, Urteil vom 25.2.1998 – 7 AZR 641/96, NZA 1998, 715 (716); *Löwisch/Rieble*, Grundlagen Rn. 22; *Dieterich*, FS Schaub, 117; *Bayreuther*, S. 57 ff.

[493] *Bayreuther*, S. 18.

[494] *Preis*, S. 45.

[495] *Gaul*, FS Beitzke, 1020; *Kocher*, Funktionen S. 364 verneinen bereits das Rechtsschutzbedürfnis. Zur Möglichkeit einer Klage auf Feststellung der Unwirksamkeit einer Klausel: Ulmer/Brandner/Hensen-*Witt*, § 5 UKlaG, Rn. 24.

[496] MünchKomm-*Bachmann*, § 241, Rn. 20 f. u 23 ff.

[497] *Köhler*, AcP 190, 496 (503 ff.); ohne diese Anforderung: MünchKomm-*Bachmann*, § 241, Rn. 129 zur Klagbarkeit.

vorgehen im Falle der Konfrontation mit gestellten Vertragswerken. Das tatsächliche Interesse der Verbraucher wird regelmäßig darin bestehen, die Schäden zu minimieren. Typischerweise hat der Verbraucher ein Interesse daran, von unangemessenen Klauseln verschont zu werden. Dieses Interesse muss im Vorfeld der Konfrontation realisiert und folglich allein durch § 1 UKlaG verwirklicht werden, weil über dieses Verfahren die Möglichkeit besteht, dass *gar kein Verbraucher* mit der Klausel konfrontiert wird. Daher ermöglicht die Verbandsklage rechtlich auf kollektiver Ebene, was auf individueller Ebene regelmäßig nicht geschieht, und bekämpft, was nicht geschehen soll.

(3) Die Prozessökonomie

Schließlich kann kollektiver Rechtsschutz durch die knappe Ressource Justiz legitimiert werden. Der klassische Zweiparteienprozess hat Probleme, viele und gleich gelagerte Fälle angemessen zu verarbeiten bzw. zu bewältigen. Selbst wenn Masse- bzw. Streuschäden geltend gemacht würden, wären die Gerichte bzw. das Gericht oftmals mit der Masse überfordert. Die Telekomklage etwa sprengte die Kapazitäten des LG Frankfurt bei 2.500 Klagschriften – 17.000 Kläger sind zu viel für ein Gericht.[498] Das deutsche Recht näherte sich dem Problem allerdings negativ – der Justizgewährleistungsanspruch drohte verletzt zu werden.[499]

Die effiziente rechtliche Erfassung und Lösung von Lebenssachverhalten ist daher ebenfalls eine Aufgabe des kollektiven Rechtsschutzes. Insofern lässt sich die originäre Bedeutung des kollektiven Rechtsschutzes für das Prozessrecht auch in dem bereits im ersten Teil dargestellten Begriff der Breitenwirkung zusammenfassen. Die Rechtskraftwirkung normaler Entscheidung ist begrenzt.[500] Der Beklagte wird demgegenüber alles daran setzen, ein Urteil bzw. einen Präzedenzfall zu verhindern.[501] Insofern ermöglicht ein Streit bzw. ein Verfahren eine Bündelung aller Ressourcen zu einer Lösung.

(4) Die Bedeutung dieser Grundlagen

Die soeben dargestellten Grundpfeiler stellen ein Koordinatensystem dar, in dem sich die jeweilige Form des kollektiven Rechtsschutzes positionieren muss. Der Vergleich dieser allgemeinen Darstellung zur Darstellung der Zwecke der verbraucherschützenden Verbandsklage legt offen, dass die Begründungslinien sich überschneiden, aber unterschiedlich stark erfüllt werden. Dennoch muss es als Mindestvoraussetzung angesehen werden, dass die arbeitsrechtliche Verbandsklage nach § 1 UKlaG i. V. m. Art. 9 Abs. 3 GG diese Zwecke ebenfalls trägt. Dies wird im Folgenden deutlich werden.

---

498 So die Momentaufnahme 2006: *Gundermann/Härle*, VuR 2006, 457 (457).

499 Vgl. hierzu und zum Fall *Zimmer/Höft*, ZGR 2009, 663 (666).

500 *Behrendt/Freiin zu Enzberg*, RIW 2014, 253 (257); auf die Kosten bezogen: *Buchner*, S. 47.

501 Vorwerk/Lange-*Wolf/Lange*, Einleitung, Rn. 2.

d) Die Voraussetzungen der Rechtsfortbildung kollektiver Strukturen

Nach der Klärung des Standorts des kollektiven Rechtsschutzes, der verfassungsrechtlichen Hintergründe und seiner Begründungslinien kann nunmehr zu der Frage übergegangen werden, welche Anforderungen an die Übernahme einer Rechtsnorm einer kollektiven Struktur durch eine andere kollektiven Struktur zu stellen sind. Innerhalb des kollektiven Arbeitsrechts hat § 9 TVG hier eine gewisse Pionierstellung.[502] Die Norm wird analog im Betriebsverfassungsrecht angewendet.

aa) Allgemeine Grundsätze der Rechtsfortbildung

Da kollektiver Rechtsschutz durch Gerichte auch die Grundrechte des Stellers bzw. Störers tangiert, muss er begründet werden.[503] Auf der Grundlage der analogen Anwendung des UKlaG wäre diesem Erfordernis jedoch Rechnung getragen, wobei den Besonderheiten des kollektiven Rechtsschutzes bei der Rechtsfortbildung ebenfalls Rechnung getragen werden muss.

Rechtsfortbildung[504] stellt keinen logisch mathematischen, sondern einen schöpfenden Prozess dar.[505] Ihre Zulässigkeit (und ihre Grenzen) folgern das Bundesverfassungsgericht und die überwiegende Literatur aus der Formulierung von Art. 20 Abs. 3 GG, welcher über die Bindung an Recht und Gesetz einem Rechtspositivismus eine Absage erteilt und Regelungen neben dem geschriebenen Recht voraussetzt.[506] Der richterlichen Rechtsfortbildung kommt dem System nach eine Ausnahmestellung zu. Im Grundsatz ist der Gesetzgeber zur Regelung der Lebenssachverhalte berufen. Gesetzesbindung und unmittelbare Legitimation des Parlaments durch das Volk begründen einen natürlichen Vorrang der parlamentarischen Gesetzgebung.[507] Der Richter ist nur Rechtsanwender, nicht aber Rechtsschöpfer. Die Kategorisierung spiegelt sich im Gewaltenteilungsgrundsatz wider.[508] Schließt der Richter eine Lücke, so übernimmt er eine Funktion, die ihm prinzipiell nicht zukommt.[509] Hat der Gesetzgeber eine eindeutige Entscheidung getroffen, so darf der Richter nicht aufgrund seiner eigenen rechtspolitischen Vorstellungen das Recht verändern oder ersetzen.[510] Auf der anderen Seite handelt es sich um die klassische richterliche Aufgabe, den Gesetzeszweck möglichst zuverlässig zur Geltung zu bringen.[511]

Das Hauptinstrument der Rechtsfortbildung ist die Analogie. Der sog. Analogieschluss zieht die rechtliche Konsequenz aus der Ähnlichkeit zweier Sach-

---

502 Hierzu S. 128.
503 Zu den Grundrechten: *Säcker* Rn. 12.
504 Vgl. *Wank*, § 11 zur Rechtsfortbildung, wenn man der sog. Wortsinntheorie folgte.
505 MünchKomm-*Säcker*, Einleitung, Rn. 152; *Geserich*, DStR-Beih 2011, 59.
506 BVerfG, Beschluss vom 14.2.1973 – 1 BvR 112/65, NJW 1973, 1221 (1225); *Beaucamp/Treder*, Rn. 250.
507 *Röthel*, S. 58.
508 BVerfG, Beschluss vom 12.11.1997 – 1 BvR 479/92. NJW 1998, 519 (519 f.).
509 *Zippelius*, Methodenlehre, § 13 III.
510 BVerfG, Beschluss vom 15.1.2009 – 2 BvR 2044/07, NJW 2009, 1469 (1477).
511 BVerfG, Beschluss vom 15.1.2009 – 2 BvR 2044/07, NJW 2009, 1469 (1477).

verhalte.[512] Die ihm folgende Anwendung einer Norm auf einen nicht geregelten Sachverhalt ist weniger ein formal-logischer Vorgang als vielmehr einer des „wertenden Denkens".[513] Der Analogieschluss bedeutet stets eine Generalisierung.[514] Die Unterschiede zwischen geregeltem und ungeregeltem Fall sind nicht gewichtig genug, um eine unterschiedliche Behandlung zu rechtfertigen.[515] Nach ständiger Rechtsprechung der höchsten Bundesgerichte kommt es für eine analoge Anwendung auf grundsätzlich zwei Voraussetzungen an: eine planwidrige Regelungslücke sowie eine Vergleichbarkeit der Interessenlagen.[516] Während die Regelungslücke eine allgemeine Voraussetzung der Rechtsfortbildung verkörpert, ist der Vergleich der Interessenlagen gerade das Charakteristikum der analogen Rechtsanwendung.[517]

bb) Insbesondere: die Abstraktionshöhe der zu vergleichenden Interessen

Ein Wesen von Richterrecht ist die Abstraktionshöhe der richterlichen Äußerung. Richterrecht ist allgemein-generell. Es beschränkt sich nicht auf den konkreten Fall, sondern erstreckt sich auf eine Vielzahl potenzieller Fälle.[518] Damit geht auch einher, dass die Anforderungen an die Bildung von Richterrecht, speziell der Analogie, im abstrakten Rechtsvergleich liegen. Die verglichenen Lebenssachverhalte sind nämlich dem eigentlichen, zu subsumierenden Lebenssacherhalt entrückt und abstrahiert. Man spricht auch von einem typisierten Fallvergleich.[519] Dieser entspricht der abstrakt-generellen Natur des Rechts. Die Erstreckung eines Rechts setzt somit an den typisierten Tatbestandsmerkmalen an und typisiert bzw. abstrahiert den zugrunde liegenden zu vergleichenden Fall, die zu vergleichende Konstellation. Damit löst man die Analogie von der konkreten Interessenbewertung und ordnet sie der abstrakten Interessenbewertung durch den Gesetzestext zu. Korrekturen sind dann auf der Ebene der Generalklauseln möglich.

Der Bundesgerichtshof setzte etwa den Veranstalter von Pauschalreisen, der eine Gesamtheit von Leistungen erbringt, dem Veranstalter von Aufenthalten in Ferienunterkünften gleich (§ 651 Abs. 3 S. 1 BGB analog), weil beide zwischen Kunden und Leistungsträger stünden.[520] Auf dem gleichen Abstraktionsniveau bewegte sich das Bundesarbeitsgericht, als es einen Verstoß gegen das Maß-

---

[512] *Beaucamp/Treder*, Rn. 261.

[513] *Larenz/Canaris*, S. 187 ff.; *Beaucamp/Treder*, Rn. 264.

[514] *Zippelius*, Methodenlehre, § 12 I.

[515] *Zippelius*, Methodenlehre, § 11 II.

[516] BGH, Urteil vom 29.6.2011 – VIII ZR 349/10; BAG, Urteil vom 27.7.2011 – 7 AZR 402/10; BFH, Urteil vom 9.5.2006 – VII R 15/05; BSG, Urteil vom 9.6.2011 – B 8 AY 1/10; BVerwG, Urteil vom 2.7.2008 – 8 C 18/07 = juris.de; allg. zur Rechtsfortbildung: BAG, 4 AZR 549/08; BGH, Urteil vom 25.2.2011 – I ZR 181/09 = juris, Rn. 14; BGH, Urteil vom 29.4.2010 – I ZR 39/08 = juris, Rn. 19.

[517] *Zippelius*, Methodenlehre, § 11 und 12.

[518] *Langenbucher-Adolff*, S. 42.

[519] *Zippelius*, Methodenlehre, § 12 I.

[520] BGH, Urteil vom 23.10.2012 – X ZR 157/11, NJW 2013, 308 (310 f.).

regelverbot einem Verstoß gegen das Diskriminierungsverbot im Rechtsverhältnis Arbeitgeber – Arbeitnehmer für vergleichbar erklärte.[521]

Die Vergleichbarkeit der Interessenlagen setzt voraus, dass der zu beurteilende Sachverhalt in rechtlicher Hinsicht soweit mit dem Tatbestand, den der Gesetzgeber geregelt hat, vergleichbar ist, dass angenommen werden kann, der Gesetzgeber wäre bei einer Interessenabwägung, bei der er sich von den gleichen Grundsätzen hätte leiten lassen wie bei dem Erlass der herangezogenen Gesetzesvorschrift, zu demselben Abwägungsergebnis gekommen.[522]

cc) Die Interessenvergleich beim kollektiven Rechtsschutz

Für die Rechtsfortbildung kollektiver Strukturen ist zunächst auf eine wichtige Weichenstellung hinzuweisen. Die teleologische Extension einer bestehenden Klagebefugnis[523] bzw. eines bestehenden Anspruchs unterscheidet sich fundamental von einer analogen Anwendung zugunsten eines anderen kollektiven Akteurs. Es entsteht ein völlig neues Recht. Die zweite Spur der Rechtsdurchsetzung wird in diesen Fällen erst durch den Richter eingesetzt, der sie zugleich durchsetzt.

Der kollektive Rechtsschutz nach UKlaG und UWG bietet zwei Ansatzpunkte für Interessen. Zum einen lässt sich auf die geschützte bzw. kollektiv durchgesetzte Position abstellen. Im Falle des § 1 UKlaG wären dies die durch §§ 305 ff. BGB geschützten Interessen. Zum anderen kommt der Unterlassungsanspruch bzw. das Unterlassungsinteresse an sich in Betracht. Dass es grundsätz-

---

[521] BAG, Urteil vom 21.9.2011 – 7 AZR 150/10, AP § 612a BGB Nr. 20.

[522] BGH, Urteil vom 23.2.2012 – XI ZR 186/09, NJW-RR 2010, 1712 (1714); BGH, Urteil vom 13.3.2003 – I ZR 290/00, ZIP 2003, 1204 (1206).

[523] *In extremo* ließe sich formulieren, dass Klagerechte nicht im Wege freier Rechtsfindung, sondern nur durch Gesetz bzw. auf gesetzlicher Grundlage zuerkannt werden dürfen. Dann könnte es keine Analogie im kollektiven Recht geben. Auch dieser Ansatz geht von dem Gewaltenteilungsprinzip aus. Das Prinzip der Gewaltenteilung verbiete es, den Kreis der Klagebefugten zu erweitern, da dann die eigene Kontroll- und Eingriffsbefugnis der Gerichte erweitert werden würde (Eingriff in Art. 2 Abs. 1 GG). Gleichwohl geht es im Zivilrecht in erster Linie um einen interessengerechten Ausgleich. Das Bundesverfassungsgericht hat dementsprechend auch die Wesentlichkeitstheorie (den Parlamentsvorbehalt) nicht auf das Verhältnis gleichgeordneter Grundrechtsträger erstreckt, BVerfG, Beschluss vom 26.7.1991 – 1 BvR 779/85 BVerfGE 84, 212.

Nun ist die Verbandsklage der qualifizierten Einrichtungen nach dem Bundesverfassungsgericht gerade keine grundrechtlich gesicherte Position. Bei gesetzlichen Schuldverhältnissen bzw. diesen ähnlichen Sonderbeziehungen kollektiver Akteure ist daher Zurückhaltung geboten. Das entspricht auch der (wohl) herrschenden Literaturmeinung (zum Problem: *Marotzke*, S. 3 ff. m. w. N., der etwa betont, dass es in Zweifelsfällen darauf ankomme, dass ein „besonderer Fall" vorliege, weil nicht nur auf der Seite des Klägers Art. 2 Abs. 1 GG zu Buch stünde, sondern gerade auch auf Seite des Beklagten. Dies wirke wiederum vor dem Hintergrund der Verhältnismäßigkeit. So soll die Rechtsfortbildung von § 823 Abs. 2 BGB hin zu einem Unterlassungsanspruch § 1004 BGB analog allein aufgrund des Zusammenhangs von Schadensvergütung und Schadensverhütung geboten sein.).

Anders sieht dies jedoch gerade bei Art. 9 Abs. 3 GG und von der Norm erfassten Koalitionen aus. In diesem Bereich stehen sich zwei Grundrechtsberechtigte gegenüber. Insofern bleibt es bei der darstellten Rechtsprechung des BAG und den allgemeinen Anforderungen an eine Rechtsfortbildung.

lich auf beide Positionen ankommt, lässt sich aus der „Air-Baltic"-Entscheidung des BGH vom 9.7.2009 ablesen.[524] In der Entscheidung ging es um die Anwendbarkeit des deutschen Rechts auf eine internationale Unterlassungsklage. Der BGH unterschied im Hinblick auf das IPR zwischen den beiden Positionen und analysierte das anzuwendende Recht isoliert. Für die Analogie kommt es somit nicht nur auf die Begründung der Befugnis der Verbände an, sondern auch auf die Verbindung zur Klauselkontrolle. Wenn insgesamt lediglich deutsches Recht in Betracht kommt, wenn beide Interessenlinien nach deutschem Recht zu beurteilen sind, dann muss eine Rechtsfortbildung ebenfalls beide Interessenlinien berücksichtigen.

Für die Anwendung des § 1 UKlaG auf das Arbeitsrecht ist diese Problematik reduziert, weil es vorrangig darum geht, § 15 UKlaG auf der Grundlage der historischen Auslegung zu überwinden (dazu sogleich). Hinzu kommt, dass die Regelung der Aktivlegitimation des § 4 Abs. 2 UKlaG de lege lata Gewerkschaften erfasst.

dd) Zusammenfassung

Bereits bei der Bestimmung dessen, was kollektiven Rechtsschutz ausmacht wurde der überindividuelle Aspekt der Instrumente hervorgehoben. Dieser Punkte tritt durch den doppelten Vergleich von Aktivlegitimation und weitergehendem Recht abermals hervor. „Das Kollektive" verbindet, führt man sich die Figur der kollektiven Interessen, das Interesse des Verbraucherschutzes oder die Definition der AGB vor Augen. Bei näherer Betrachtung ist es jedoch nicht zwingenderweise „das Kollektive" als Begriff, sondern die hinter der jeweiligen Kategorisierung stehende Auflösung der Interessengegensätze im Gesetzeszweck. Insofern sind die Struktur des Rechtsgebiets und die soziale Einbettung maßgebend, vertypt durch den Gesetzeszweck.

2. Die Ausnahme für das Arbeitsrecht nach § 15 UKlaG

Auf den ersten Blick ist die Anwendung von § 1 UKlaG versperrt. § 15 UKlaG ordnet an, dass das UKlaG auf das Arbeitsrecht keine Anwendung findet. Insofern könnte es an einer planwidrigen Regelungslücke fehlen oder eine ausdrückliche Wertentscheidung gegen kollektiven Rechtsschutz im Arbeitsrecht bestehen.

Das Bundesarbeitsgericht entnahm der Norm in seinem Urteil vom 25.5.2005, dass der Gesetzgeber die Herbeiführung einer abstrakten gerichtlichen Kontrolle vorformulierter Arbeitsverträge im Wege der Unterlassungsklage durch Verbraucherverbände, aber auch durch Gewerkschaften unterbinden wollte.[525] Dies ist zu vertiefen.

---

[524] BGH, Urteil vom 9.7.2009 – Xa 19/08, NJW 2009, 3371 (3373).

[525] BAG, Urteil vom 25.5.2005 – 5 AZR 572/04, NZA 2005, 1111 (1115) unter Verweis auf BT-Drs. 14/7052, S. 189 f.; ebenfalls: CKK-*Krause*, Einführung Rn. 132.

a) Die Regelungslücke

Da der parlamentarische legitimierte Gesetzgeber die Normsetzungshoheit innehat, setzt die richterliche Rechtsfortbildung eine planwidrige Regelungslücke voraus. Zudem grenzt das Erfordernis der Regelungslücke die gesetzesimmanente Rechtsfortbildung von der gesetzesübersteigernden Rechtsfortbildung ab.[526] Eine Regelungslücke ist nicht mit dem Fehlen einer Regelung gleichzusetzen. Der Gesetzgeber kann auch bewusst von einer Regelung abgesehen haben, weil er diese Konstellation nicht der gesetzlichen Anordnung unterstellen wollte („beredtes Schweigen").[527] Die Planwidrigkeit einer Lücke ist eine Auslegungsfrage.[528] Es geht darum, ob der Gesetzgeber den Sachverhalt übersehen oder die Norm/das Gesetz abschließend konzipiert hat.

Das Bundesverfassungsgericht grenzt von der planwidrigen Regelungslücke noch den Fall der nachträglichen Regelungslücke in Form sich verändernder gesellschaftlicher Umstände ab.[529] Der 4. Senat des Bundesarbeitsgerichts sieht in dieser Konstellation einen Fall der gesetzesübersteigernden Rechtsfortbildung.[530] Die Methodenlehre differenziert zwischen anfänglicher und nachträglicher unbewusster Regelungslücke.[531] Die Lücke soll sich in dieser Konstellation aus den Erfordernissen der Gesamtrechtsordnung ergeben. Insbesondere die Grundrechte oder ein unabweisbares Bedürfnis des Rechtsverkehrs können dann eine Lücke begründen.

Von der planwidrigen Regelungslücke ist auch die bewusst offengelassene Lücke (oder auch: anfänglich bewusste Lücke[532]) zu unterscheiden. Eine solche Lücke liegt vor, wenn der Gesetzgeber die Klärung der Frage bewusst an Rechtsprechung und Wissenschaft delegiert hat.[533] Die Rede ist daher auch von einer Delegationslücke.[534] Diese Überlassung kommt regelmäßig in den Materialien zum Ausdruck.

b) Die Reichweite der Ausnahme

Die Bereichsausnahme des § 15 UKlaG ist weitreichend. Maßgeblich für den Anwendungsbereich ist der Begriff des Arbeitsrechts als Sonderrecht der Arbeitnehmer.[535] Das UKlaG betrachtet diesen Regelungsbereich als einen Teil des Verbraucherrechts (Verbraucher in persönlicher Abhängigkeit) und nimmt ihn aus dem Anwendungsbereich heraus. Aus den Materialien ergibt sich, dass mit

---

[526] *Larenz/Canaris*, S. 191, kritisch: *Wank*, § 11 I. 2.

[527] *Canaris*, S. 39; *Beaucamp/Teder*, Rn. 276; zum „qualifizierten Schweigen": *Canaris*, S. 40 ff.

[528] *Beaucamp/Teder*, Rn. 250.

[529] BVerfG, Beschluss vom 22.8.2006 – 1 BvR 1168/04, BeckRS 2006, 25759.

[530] BAG, Urteil vom 7.7.2010 – 4 AZR 549/08, AP Art. 9 GG Nr. 140.

[531] *Wank*, § 11 I. 2.

[532] *Wank*, § 11 I. 2; *Pawlowski*, § 11 Nr. 2.

[533] *Canaris*, S. 134; *Wank*, § 11 I. 2; *Brodführer*, passim.

[534] *Kramer*, S. 166 f.; auf S. 172 stellt *Kramer* die Parallelität zur anfänglich bewussten Lücke selbst her.

[535] *Zöllner/Loritz/Hergenröder*, Vor § 1.

der Formulierung nicht nur die Anwendung des UKlaG auf Arbeitsverträge, sondern auch die Anwendung auf die Vorschriften des Arbeitsrechts verbunden war.[536]

c) Die Gesetzgebungsgeschichte der Norm

§ 15 UKlaG ist das Rudiment eines größeren Ansatzes. Im AGBG war das Arbeitsrecht nicht nur kollektiv, sondern auch individualrechtlich aus dem Anwendungsbereich des Gesetzes herausgenommen. § 23 Abs. 1 AGBG lautete:

„(1) Dieses Gesetz findet keine Anwendung bei Verträgen auf dem Gebiet des Arbeits-, Erb-, Familien- und Gesellschaftsrechts."

Dies hat das Bundesarbeitsgericht nicht von einer Überprüfung vorformulierter Klauseln in Arbeitsverträgen abgehalten.[537]

aa) Die Ausnahme nach § 23 AGBG

Im Folgenden sollen kurz die wesentliche Entwicklung von § 23 AGBG nachgezeichnet werden.

(1) Stellungnahme des Gesetzgebers und ihre Rezeption durch den BGH

Obwohl der Gesetzgeber sah, dass sowohl im Arbeits- als auch im Verbraucherrecht der Schutz des Schwächeren gewährleistet wurde, gelangte er zu dem Ergebnis, dass diese im Bereich des Arbeitsrechts durch ein dichtes Netz an zwingenden Vorschriften und durch das besondere System des kollektiven Arbeitsrechts gewährleistet werde. Allenfalls sollten Sondergesetze auf dem Gebiet des Arbeitsrechts erlassen werden:[538]

„Auf dem Gebiet des Arbeitsrechts wird ein Schutz des schwächeren Vertragspartners vor unangemessenen Vertragsbedingungen schon heute durch ein dichtes Netz von zwingenden Vorschriften und durch das besondere System der kollektivrechtlichen Vereinbarungen verwirklicht. Soweit auch auf diesem Gebiet noch eine Verbesserung des Schutzes vor unangemessenen Bedingungen erforderlich erscheint, sollten besondere gesetzgeberische Maßnahmen auf dem Gebiet des Arbeitsrechts vorgenommen werden."

Der Bundesgerichtshof griff diese Zweckbestimmung in einer Entscheidung auf. Der Schutzzweck des AGBG entfalle allenfalls bei dem Personenkreis, der einer tariflichen Regelung nicht unterliege.[539] Der neuralgische Punkt war daher die Ausweitung des TVG auf die arbeitnehmerähnlichen Personen nach § 12a TVG. Das Gericht konnte dieses Problem indes dahingestellt sein lassen, weil die streitbefangene Klausel auch Dienstleister erfasste, die nicht als arbeitnehmerähnliche

---

[536] BT-Drs. 14/7052, S. 189.

[537] Exemplarisch: BAG, Urteil vom 16.3.1994 – 5 AZR 339/92, AP § 611 BGB (Anschluss an BVerfG, Beschluss vom 19.101993 – 1 BvR 567/87 u. 1 BvR 1044/89), Ausbildungsbeihilfe, Nr. 12; BAG, Urteil vom 29.11.1995 – 5 AZR 447/94, § 3 AGBG, Nr. 1; vgl. auch die Zusammenfassung der älteren Judikatur in BAG, Urteil vom 22.5.1980 – 2 AZR 654/78 = juris.de, Rn. 43.

[538] BT-Drs. 7/3919, S. 41.

[539] BGH, Urteil vom 18.2.1982 – I ZR 81/80, AP, § 23 AGBG, Nr. 1.

Person i. S. d. Norm einzuordnen waren. Bei diesen verfing die Gesetzesbegründung nicht, also musste die Klauselkontrolle durchgeführt werden.

(2) Die Entwicklung der methodischen Verwertung des AGBG durch das BAG

In einem ersten Urteil vereinte das Bundesarbeitsgericht eine Analogie von § 11 Nr. 6 ABGB (Vertragsstrafe) mit dem Hinweis, dass der generelle Ausschluss auch die entsprechende Anwendung einzelner Normen ausschließe.[540] Damit sei aber nicht ausgeschlossen, einzelne Rechtsgedanken, die im AGBG ihren Niederschlag gefunden hätten, auch für Arbeitsverhältnisse gelten zu lassen. Dafür müsse man nicht auf das AGBG zurückgreifen.

In einem weiteren Urteil griff das Gericht auf die Unklarheitsregel zurück – jedoch als allgemeinen Rechtsgedanken. Es ließ eine unmittelbare Anwendung von § 5 AGBG dahinstehen.[541] Diesen Gedanken verallgemeinerte das Gericht kurz vor der Schuldrechtsreform. Für die Kontrolle nach §§ 134, 138, 242, 315 BGB könnten auch allgemeine Grundsätze, die in anderen Gesetzen, wie z. B. dem AGBG, ihren Niederschlag gefunden haben, angewandt werden.[542] Die Geltung dieser Grundsätze dürfe nicht deshalb entfallen, weil die Parteien den Vertrag ausnahmsweise nicht ausgehandelt hätten. In dem gleichen Urteil hatte das Gericht eine Analogie der §§ 2, 3 AGBG wegen des Wortlauts von § 23 AGBG ausgeschlossen – es fehle bereits an einer Regelungslücke.

Danach näherte sich das Gericht der herrschenden Auffassung in der Literatur an, § 23 AGBG nicht für Darlehensverträge zwischen Arbeitgeber und Arbeitnehmer anzuwenden.[543] Es nannte mehrere Argumente: die Selbstständigkeit in der Darlehenssituation, ferner sollte nach der Gesetzesbegründung § 23 ABGB im Arbeitsrecht deshalb nicht gelten, weil der Schutz des Arbeitnehmers auf andere Weise gewährleistet werde. Dies sei aber bei einem Darlehensvertrag nicht der Fall. Dessen ungeachtet werde der Ehepartner häufig einbezogen, und die Bestimmungen unterschieden sich nicht von denjenigen der Kreditinstitute. Das Bundesarbeitsgericht ließ die Frage indes offen, weil die Klage selbst bei Anwendbarkeit des AGBG keinen Erfolg hatte.

Kurze Zeit später schloss es sich dann schließlich der herrschenden Meinung hinsichtlich Darlehens-, Miet- und Kaufverträgen an.[544] Erst nach Außerkrafttreten des Gesetzes verallgemeinerte das Bundesarbeitsgericht diese Aussage für alle Verträge zwischen Arbeitnehmer und Arbeitgeber, die rechtlich selbstständig sind und ihre Grundlage in den Bestimmungen über andere Verträge als über Arbeitsverträge haben.[545]

---

540 BAG, Urteil vom 23.5.1984 – 4 AZR 129/82, AP § 339 BGB, Nr. 9 = juris, Rn. 22.

541 BAG, Urteil vom 16.10.1991 – 5 AZR 35/91, AP § 19 BErzGG Nr. 1 = juris, Rn. 32; zu § 23 AGBG: BAG, Urteil vom 11.1.1995 – 10 AZR 5/94, juris, Rn. 39 = ZTR 1995, 277; offen gelassen von BAG, Urteil vom 29.11.1995 – 5 AZR 447/94, NJW 1996, 2117 (2118) m. w. N. zur Gegenposition; BAG, Urteil vom 17.6.1997 – 9 AZR 801/95, AP, Nr. 2 zu § 74b HGB.

542 BAG, Urteil vom 13.12.2000 – 10 AZR 168/00, NZA 2001, 723 (724).

543 BAG, Urteil vom 23.9.1992 – 5 AZR 569/91, AP, § 611 BGB Arbeitnehmerdarlehen, Nr. 1.

544 BAG, Urteil vom 26.5.1993 – 5 AZR 219/92, AP, § 23 AGBG, Nr. 3.

545 BAG, Urteil vom 15.3.2005 – 9 AZR 502/03, AP, § 781 BGB, Nr. 7.

(3) Zwischenergebnis

Die Rechtsprechungsübersicht gibt viele Hinweise. Zum einen wird deutlich, dass auch bei Ausschluss eines Rechtsgebiets allgemeine Grundgedanken ohne Problem übertragen werden können. Zum anderen hat § 23 ABGB zu einer sehr differenzierten Betrachtung jedes einzelnen Arbeitsvertrages und den Vorgaben durch das Arbeitsrecht für diesen Vertrag geführt. Diese Ansicht wurde auch auf § 15 UKlaG übertragen.[546] Darüber hinaus sind hohe Anforderungen an die Annahme einer Regelungslücke zu stellen. Dies gilt umso mehr, als der Gesetzgeber vor dem Hintergrund dieser gesamten Entwicklung an dem prozeduralen Inhalt des § 23 ABGB in Form von § 15 UKlaG festgehalten hat.

bb) Die Motive hinter dem Ausschluss gem. § 15 UKlaG

Daher ist nunmehr die Rigidität des § 15 UKlaG zu untersuchen. War ursprünglich die Ausweitung der Klauselkontrolle nach dem AGBG bzw. § 305 ff. BGB auf das Arbeitsrecht nicht im Fokus, kam dieses Thema durch Hinweis des Bundesrats auf die Agenda der Schuldrechtsmodernisierung.[547]

(1) Die Gründe für den Ausschluss

Der Bundesrat konstatierte eine faktische Anwendung des Klauselrechts im Arbeitsrecht über die Generalklauseln des Zivilrechts *de lege lata*.[548] Diese Idee nahm die Bundesregierung auf und strich die Bereichsausnahme in ihrer Stellungnahme.[549] Man verfolgte die Systematik, dass das Schutzniveau im Arbeitsrecht nicht hinter demjenigen des Zivilrechts zurückbleibe und die Besonderheiten des Arbeitsrechts berücksichtige. Daneben sollte die Rechtsunsicherheit beseitigt werden.

Beibehalten wurde schließlich der Ausschluss des Arbeitsrechts für die Verbandsklage nach dem UKlaG. Die Beschlussempfehlung und der Bericht des Rechtsausschusses an den Bundestag stützten den Ausschluss des Arbeitsrechts in § 15 UKlaG – bzw. die teilweise Zurücknahme des Ausschlusses nach altem Recht – auf mehrere Gründe:[550]

> „Zum einen bestimmt § 6 UKlaG-RE die Zuständigkeit der ordentlichen Gerichte, was ohne die nunmehr in § 15 UKlaG-BE vorgesehene Ausnahme dazu führen würde, dass sich Zivilgerichte mit der Frage unwirksamer Klauseln in Arbeitsverträgen beschäftigen müssten, obwohl dies ein Bereich ist, der typischerweise den Arbeitsgerichten vorbehalten ist. In diesem Zusammenhang wäre auch die schwierige Frage zu entscheiden, ob derartige Klagen im streitigen Verfahren oder im arbeitsgerichtlichen Beschlussverfahren entschieden werden sollten. Eine Anwendung des UKlaG würde auch weit über den Bereich hinausgehen, für den bisher im Arbeitsrecht eine Unterlassungsklage diskutiert wird. Dies bedarf ebenso einer besonderen Diskussion wie die Frage, wer solche Ansprüche sollte geltend machen können. Nach § 3 UKlaG-RE sind Verbraucherschutzverbände, soweit

---

[546] PG-*Halfmeier*, § 15 UKlaG, Rn. 2.
[547] BT-Drs. 14/6857, S. 17 (Nr. 50).
[548] BT-Drs. 14/6857, S. 17.
[549] BT-Drs. 14/6857, S. 54.
[550] So BT-Drs. 14/7052, S. 189 f.

sie in der Liste qualifizierter Einrichtungen eingetragen sind, Wettbewerbsverbände sowie die Industrie- und Handelskammern aktivlegitimiert. Da Arbeitnehmer auch Verbraucher sind, könnten sich theoretisch auch Gewerkschaften als qualifizierte Einrichtungen in die Liste des Bundesverwaltungsamts eintragen lassen. Ob es aber zweckmäßig ist, auf Arbeitnehmerseite andere Verbände als Gewerkschaften für klagebefugt zu erklären, ist zweifelhaft. Daher soll das Gesetz nicht für das Arbeitsrecht gelten. Das ändert an den bestehenden Klagemöglichkeiten der Gewerkschaften nichts und steht auch der richterlichen Rechtsfortbildung nicht entgegen."

Der erste Einwand gegen die Unterlassungsklage im Arbeitsrecht liegt in der Zuweisung zu den ordentlichen Gerichten; und es sei, eröffnete man die Arbeitsgerichtsbarkeit, nicht klar, ob Urteils- oder Beschlussverfahren Anwendung finde. Mit der Zuweisung zur ordentlichen Gerichtsbarkeit würde die individualrechtliche Überprüfung vor den Arbeitsgerichten in Konflikt treten. Die Anwendbarkeit des Beschlussverfahrens im Arbeitsverfahren könnte wegen des Amtsermittlungsgrundsatzes eine enorme Privilegierung gegenüber dem ordentlichen Verfahren nach § 6 UKlaG begründen. Eine weitere Zweifelsfrage war die Zweckmäßigkeit der Anspruchsberechtigung von Organisationen über die Gewerkschaften hinaus.[551] Schließlich stellte die Begründung fest, dass eine Öffnung des UKlaG über das hinausginge, was bisher im Arbeitsrecht als Unterlassungsklage diskutiert worden sei.

(2) Die Öffnung für die Rechtsfortbildung

„Das [...] steht auch der richterlichen Rechtsfortbildung nicht entgegen." Mit der annehmenden Abstimmung im Parlament[552] wurde die wissenschaftliche Diskussion eröffnet. Dass sich diese Aussage in der Beschlussempfehlung des Rechtsausschusses befindet, ist für die Annahme einer Lücke unproblematisch. § 15 UKlaG hat seine wesentliche Inhaltsbestimmung erst durch die Arbeit dort erhalten. Zudem fallen auch die Änderungsvorschläge durch die Ausschüsse in die parlamentarische Freiheit[553] und gehören zu den Materialien der Entstehungsgeschichte.[554] Die Vorsitzenden der Ausschüsse erstatten einen Bericht, der zur Grundlage für die Abstimmung im Parlament wird.[555] Der Inhalt des Berichts ist daher der historischen Auslegung zuzuordnen. Der Bundesgerichtshof hat die Stellungnahme des Rechtsausschusses denn auch mehrfach bei der Ermittlung der Ansicht des Gesetzgebers herangezogen.[556]

Unter Zugrundelegung des eingangs Gesagten kommt es entscheidend darauf an, ob allein das Offenlassen der Problematik genügt. *Canaris* fordert zusätzlich, dass in diesem Fall die Planwidrigkeit vom Standpunkt der Gesamtrechtsordnung aus festgestellt wird.[557] Im Fall des § 15 UKlaG läuft die Antwort auf

---

[551] BT-Drs. 14/7052, S. 190.

[552] Zur Annahme: BT Plenarprotokoll 14/192, 18764 f.

[553] *Schneider*, Rn. 121.

[554] *Bydlinski*, S. 449; *Wank*, § 7 III.

[555] *Schneider*, Rn. 121.

[556] BGH, Urteil vom 16.6.2010 – VIII ZR 259/09, BGH, NJW 2010, 3226 (3226); jüngst: BGH, Urteil vom 19.5.2015 – II ZR 181/14 = juris, Rn. 8–12.

[557] *Canaris*, Lücken, S. 134.

diese Forderung indes parallel zum Vergleich der gesetzlichen Schutzsysteme vor dem Hintergrund der Schutzpflicht aus Art. 2 Abs. 1 GG und muss daher nicht an dieser Stelle beantwortet werden. Die von *Canaris* geforderte Planwidrigkeit vom Standpunkt der Gesamtrechtsordnung kann dann bei der Frage der vergleichbaren Interessenbewertung abgehandelt werden. Erblickt man hingegen im Offenlassen der Frage durch den Gesetzgeber zugleich eine Delegation der Rechtsfrage an die Rechtsprechung, muss diese den Delegationsauftrag erfüllen. Dabei muss sich die Rechtsprechung im Rahmen der Delegation halten.[558] In jedem Fall ist es erforderlich, die vom Gesetzgeber aufgeworfenen Fragen zu beantworten.

cc) Antworten auf die beschriebenen Probleme

Voraussetzung für die Annahme der Delegation sind Antworten auf die vom Rechtsausschuss beschriebenen Probleme. Es geht folglich um den Zusammenhang mit den bisher diskutierten Sicherungsinstrumenten, um die Zuständigkeit, die Verfahrensart sowie um den richtigen kollektiven Akteur. Die unter dem Begriff des kollektiven Rechtsschutzes im Arbeitsrecht diskutierten Durchsetzungsmittel wurden bereits vorgestellt. Nunmehr sollen noch die übrigen, spezifischen Instrumente dargestellt werden, die im kollektiven Arbeitsrecht Schutz vermitteln. Im Anschluss soll dann die Verbandsklage in dieses System eingeordnet werden.

(1) Tarifliche Sicherungsinstrumente

Zur Durchsetzung der Normen des Tarifrechts stehen den Gewerkschaften mehrere rechtliche Instrumente zur Seite.[559] Seit Langem anerkannt sind die sog. Einwirkungs- und Durchsetzungsansprüche.

(a) Der Durchführungs- bzw. Einwirkungsanspruch

An erster Stelle im System der tarifvertraglichen Rechtsdurchsetzung stehen die Durchführungs- und Einwirkungsansprüche. Sie haben ihre Grundlage im schuldrechtlichen Teil des Tarifvertrages. Während der Durchführungsanspruch den Tarifpartner zur Erfüllung des Tarifvertrages verpflichtet, spezialisiert der Einwirkungsanspruch dies dahin gehend, dass der Tarifpartner seine tarifgebundenen Mitglieder zur Einhaltung des Tarifvertrages anhalten soll. Die Einwirkungspflicht findet Anwendung in erster Linie bei Verbandstarifverträgen, die Durchführungspflicht bei den Haus-/Firmentarifverträgen.

---

[558] *Röthel*, S. 84.

[559] Das Arbeitskampfrecht soll hier nicht dargestellt werden. Es belegt, dass eine Rechtsfortbildung allein auf der Grundlage von Art. 9 Abs. 3 GG möglich ist. Andererseits ist das Rechtsgebiet auf das Erkämpfen von tariffähigen Inhalten ausgelegt und kann daher für die Problematik keine weitergehenden Implikationen bereitstellen.

(aa) der Durchführungsanspruch

Jede Tarifvertragspartei ist verpflichtet, den Tarifvertrag einzuhalten bzw. wie vereinbart durchzuführen.[560] In der Konstellation, dass Tarifpartei und Tarifgebundener identisch sind, wird der vertragliche Erfüllungsanspruch geltend gemacht.[561] Die Tarifvertragsparteien schulden sich gegenseitig Erfüllung der von ihnen verabredeten Norm.[562] Das Bundesarbeitsgericht ordnet diesen schuldrechtlichen Anspruch[563] als Nebenpflicht ein.[564] Jede Vertragspartei sei demnach verpflichtet, alles zu tun, um den vereinbarten Leistungserfolg vorzubereiten, herbeizuführen und zu sichern. Die Tarifparteien haben zudem alles zu unterlassen, was die tarifliche Regelung leerlaufen lassen könnte.

Ob der Durchführungsanspruch einen sog. kollektiven Tatbestand erfordert, wird unterschiedlich beurteilt und von mehreren Autoren gefordert.[565] Das Bundesarbeitsgericht hat zu dieser Frage noch nicht explizit Stellung genommen. Begründet wird diese Annahme damit, dass Bezugspunkt der Pflicht der Tarifvertrag und nicht das Arbeitsverhältnis sei. Damit beschränke sich die Pflicht auf die Ziele des Tarifvertrages, und dies sei gerade die Schaffung einer kollektiven Ordnung.[566] Dieses Ziel werde nicht durch einzelne Verstöße gefährdet, sondern erst dann, wenn Handlungen den Anspruch des Tarifvertrages als Quelle einer wirksamen kollektiven Ordnung infrage stellten.[567]

Überwiegend wird allein darauf abgestellt, ob die tarifliche Ordnung objektiv gefährdet wird.[568] Das Bundesarbeitsgericht hat in einem anderen Zusammenhang die planmäßige Aushöhlung des Tarifvertrages missbilligt.[569] Gelegentliche Verletzungen von Tarifnormen ohne Ausstrahlung auf andere Arbeitsverhältnisse sollen kein Rechtsschutzbedürfnis für eine Einwirkungsklage begründen. In diesen Fällen sollten die Individualklagen der Arbeitnehmer ausreichen. Angeführt wird ferner, dass es dem Wesen der Durchführungspflicht als kollektivem Durchsetzungsmittel entspreche, es von der Betroffenheit kollektiver Gestaltungsinteressen abhängig zu machen.[570]

Demgegenüber wird angeführt, dass Grundlage des Anspruchs Treu und Glauben sei und dieser Grundsatz auch bei einfachen bzw. einzelnen Verstößen

[560] Speziell zum eigentlich allgemeineren Durchführungsanspruch grundlegend: BAG, Urteil vom 14.6.1995 – 4 AZR 915/93, AP, § 1 TVG, Durchführungspflicht, Nr. 4; BAG, Urteil vom 11.9.1991 – 4 AZR 71/91, AP, Internat Privatrecht, Arbeitsrecht, Nr. 29.

[561] *Franzen*, ZIAS, 2004, 32 (38); *Däubler*, ArbuR 1995, 305 (308).

[562] BAG, AP, § 1 TVG, Durchführungspflicht, Nr. 4; *Löwisch/Rieble*, § 1 Rn. 999.

[563] BAG, Urteil vom 26.7.2012 – 6 AZR 221/11) juris.de Rn. 35.

[564] BAG, Urteil vom 29.4.1992 – 4 AZR 432/91, AP, TVG, Durchführungspflicht, Nr. 3.

[565] *Gamillscheg*, S. 631 f.; *Döttger*, S. 34; *Annuß*, RdA 2000, 287 (288), zur Einwirkungspflicht.

[566] *Annuß*, RdA 2000, 287 (288).

[567] *Annuß*, RdA 2000, 287 (288 f.), unter Verweis auf *Nikisch*, ArbR II, S. 341; *Walker*, FS Schaub,743 (746).

[568] Wiedemann-*Thüsing*, § 1 Rn. 921; bereits den einzelnen Verstoß beziehen ein: Däubler-*Reim/Ahrendt*, § 1 UKlaG, Rn. 1086.

[569] BAG, Urteil vom 29.4.1992 – 4 AZR 432/91, AP, § 1 TVG, Durchführungspflicht, Nr. 3.

[570] *Walker*, FS Schaub, 743 (746 f.).

verletzt werde.[571] Ferner sei der Verband bereits bei einer Verletzung zum Einschreiten verpflichtet.[572]

Der sog. kollektive Tatbestand ist schwer zu konturieren. Zudem bleibt es dabei, dass vertragswidrig gehandelt wurde. Insofern kann der Durchführungsanspruch eine Vorgabe für zukünftiges Verhalten des Arbeitgebers ermöglichen. § 9 TVG fordert auch keinen kollektiven Tatbestand, sondern ein gegenwärtiges oder zukünftiges Fehlverhalten. Während § 9 TVG eine Breitenwirkung herstellt, kann der Einwirkungsanspruch einen Titel im Hinblick auf das richtige Verhalten an die Hand geben. Insofern sind § 9 TVG und der Einwirkungsanspruch zu harmonisieren, weshalb ein einfaches Fehlverhalten ausreicht.[573] Im Einzelfall kann es dann gegen Treu und Glauben verstoßen, den Anspruch geltend zu machen.

(bb) Der Einwirkungsanspruch

Bei einem Verbandstarifvertrag hängt die Geltung des Tarifvertrages von der Durchführung durch die Verbandsmitglieder ab.[574] Da nach der heutigen geltenden Konzeption der Verband im eigenen Namen handelt, trifft die schuldrechtliche Durchführungspflicht auch nur die Tarifpartei i. S. v. § 2 TVG.[575] Nach § 3 Abs. 1 TVG sind jedoch auch die Mitglieder der Tarifparteien tarifgebunden und müssen die unmittelbare sowie zwingende Wirkung des Tarifvertrages (§ 4 Abs. 1 TVG) beachten.

Dogmatisch geht der Einwirkungsanspruch noch über den einfachen Durchführungsanspruch hinaus. Die Einwirkungspflicht leitet sich neben den allgemeinen vertraglichen Grundsätzen auch daraus ab, dass die geschaffenen Tarifnormen auch für die Verbandsmitglieder gelten. Durch den Abschluss des Tarifvertrages wird damit auch zum Ausdruck gebracht, die eigenen Mitglieder binden zu wollen. Darin liegt eine Verpflichtung gegenüber dem anderen Teil, und diese schließt es ein, für die Einhaltung der unmittelbar und zwingend wirkenden Tarifnormen zu sorgen.[576] Diese Konstruktion begründet den Einwirkungsanspruch. „Einwirken“ erfordert ein Handeln des Verpflichteten dahin gehend, einen Dritten darauf hinzuweisen, er möge eine bestimmte Handlung vornehmen oder unterlassen, wobei der Schuldner die freie Wahl hat, welches Mittel der Einwirkung er wählt.[577]

In einem ersten Urteil aus dem Jahr 1982 betonte das Gericht noch, dass die Tarifparteien ihrer Aufgabe aus Art. 9 Abs. 3 GG nur dann gerecht würden, wenn sie gleichsam dafür Sorge tragen, dass auch ihre Mitglieder die tariflichen Vorschriften einhalten.[578] In der Folge (1992) sprach das Gericht der Einwir-

---

[571] *Stadler*, S. 52.
[572] *Stadler*, S. 52.
[573] So auch: Däubler-*Reim/Ahrendt* § 1 Rn. 1151 f.
[574] *Franzen*, ZIAS 2004, 32 (40).
[575] *Annuß*, RdA 2000, 287 (288).
[576] BAG, Urteil vom 29.4.1992 – 4 AZR 432/91, AP, § 1 TVG, Durchführungspflicht, Nr. 3.
[577] AP, § 1 TVG, Durchführungspflicht, Nr. 6; *Däubler*, ArbuR 1995, 305 (308).
[578] BAG, Urteil vom 9.6.1982 – 4 AZR 274/81, AP, § 1 TVG, Durchführungspflicht, Nr. 1.

kungspflicht den Sinn zu, die Funktion des Tarifvertrages als eine Ordnung der Arbeits- und Wirtschaftsbedingungen zu wahren und aufrechtzuerhalten.[579]

Die Einwirkungspflicht bezieht sich auf den gesamten normativ wirkenden Rechtsbestand des Tarifvertrags. Umgekehrt werden sämtliche tarifwidrigen Maßnahmen der Mitglieder der Tarifpartei erfasst.[580] Während es nahe liegt, zunächst an die Erfüllung des Tarifvertrages zu denken, erblickt das Bundesarbeitsgericht auch im Abschluss von Arbeitsbedingungen, die dem Tarifvertrag widersprechen, eine Nichterfüllung des Tarifvertrages.[581]

(cc) Grenzen der Einwirkungspflicht

Ist der Verband zwar frei, eine Maßnahme zu wählen, so setzt ihm die eigene Satzung dennoch Grenzen. Die Grenzen schlagen auch nach außen durch.[582] Zum Teil wird vertreten, der andere Teil könne vom Verband die Vornahme bestimmter satzungsgemäßer Sanktionen verlangen.[583] Die Verbandsautonomie werde bereits dadurch ausreichend berücksichtigt, dass nur satzungsgemäße Sanktionen verlangt würden. Im Falle mehrerer gleich geeigneter Maßnahmen bestünde die Möglichkeit der Auswahl, welche über alternative Klageanträge zu realisieren seien. Das Bundesarbeitsgericht betont, dass die Tarifpartei ein Verbandsmitglied auffordern könne, sich tarifgerecht zu verhalten und tarifwidrige Maßnahmen zu unterlassen.[584]

Die Einwirkungspflicht wird indes durch den Grundsatz von Treu und Glauben eingeschränkt. Die Tarifwidrigkeit des Verhaltens des Verbandsmitglieds muss zwingend aus der Auslegung des Tarifvertrages folgen. Mit anderen Worten: Das Auslegungsergebnis muss eindeutig sein. Ist die Rechtslage zweifelhaft, kann nicht mit Sicherheit beurteilt werden, ob das Handeln rechtmäßig ist – unter dieser Voraussetzung kann einer Tarifpartei nicht zugemutet werden, auf ihr Mitglied einzuwirken. Keine Partei ist bei der Leistungsdurchführung verpflichtet, gleichrangige Eigeninteressen gegenüber Belangen des anderen Teils zurückzustellen.[585] Die Unterstützung des anderen Teils endet dort, wo sie sich nicht mehr mit den eigenen Interessen vernünftig vereinbaren lässt.[586] In diesen Fällen muss das Verfahren des § 9 TVG vorgeschaltet werden.[587]

Dem hat *Annuß* entgegengehalten, dass im Rahmen der Leistungsklage auch über die Auslegung des Tarifvertrages als Vorfrage entschieden werde.[588] Es werde nur die seit Inkrafttreten des Tarifvertrages geltende Rechtslage festgestellt. Dieser beachtliche Kritikpunkt kann jedoch nicht die Belastung überwinden, die ein rechtlicher Schritt gegen die eigenen Mitglieder im Verhältnis zu

579 BAG, Urteil vom 29.4.1992 – 4 AZR 432/91, AP, § 1 TVG, Durchführungspflicht, Nr. 3.
580 *Annuß*, RdA 2000, 287 (288).
581 BAG, Urteil vom 29.4.1992 – 4 AZR 432/91, AP, § 1 TVG, Durchführungspflicht, Nr. 3.
582 *Annuß*, RdA 2000, 287 (289).
583 *Annuß*, RdA 2000, 287 (289).
584 BAG, Urteil vom 29.4.1992 – 4 AZR 432/91, AP, § 1 TVG, Durchführungspflicht, Nr. 3.
585 BAG, AP, § 1 TVG, Durchführungspflicht, Nr. 3; a. A. *Döttger*, S. 34 ff.
586 BAG, AP, § 1 TVG, Durchführungspflicht, Nr. 3.
587 *Däubler*, ArbuR 1995, 305 (308).
588 *Annuß*, RdA 2000, 287 (288).

diesen verkörpert. Es geht daher weniger um den Rechtsbestand als vielmehr um Rücksichtnahme auf das mitgliedschaftliche Rechtsverhältnis. Demgegenüber verfängt auch der auf eine mögliche Schadenersatzpflicht hinauslaufende Hinweis auf das regelmäßig fehlende Verschulden nicht.[589] Dogmatisch bestehen zwei gleichberechtigte Rechtsbeziehungen, und in beiden ist Rücksicht zu nehmen. Der Tarifpartner kann über das Instrument des Vertrages nicht gegenüber den Mitgliedern des einwirkenden Tarifpartners privilegiert werden.

(dd) Prozessuale Besonderheiten

Das Bundesarbeitsgericht leitet die Zuständigkeit und damit einhergehend die Verfahrensart der Durchsetzungspflichten aus § 2 Abs. 1 Nr. 1 ArbGG ab.[590] Es handelt sich um bürgerliche Rechtsstreitigkeiten zwischen Tarifvertragsparteien aus dem schuldrechtlichen Teil des Tarifvertrages.

Die prozessuale Durchsetzung des Einwirkungsanspruchs blickt trotz weniger Urteile auf eine bewegte Geschichte zurück. Ursprünglich verneinte das BAG die Möglichkeit einer Leistungsklage, weil es dem anderen Teil des Tarifvertrages frei stehen müsse, mit welchen Mitteln dieser auf seine Mitglieder einwirke, um die Einhaltung des Tarifvertrages zu gewährleisten. Einmischung in die Angelegenheiten des Verbandes sei sachlich nicht gerechtfertigt. Vielmehr habe der Verband selbst zu entscheiden.[591] Später hat das BAG diesen Standpunkt aufgegeben und zunächst wegen des Bestimmtheitserfordernisses des § 253 Abs. 2 Nr. 2 ZPO bei Erhebung einer Leistungsklage gefordert, dass konkrete Maßnahmen für die Einwirkung vorgegeben werden müssen.[592] Auch hiervon hat sich das Gericht in der Folge distanziert. Nunmehr genügt die Vorgabe der Einwirkung den Bestimmtheitsanforderungen.[593] Die Feststellungsklage lässt das BAG ebenfalls zu.[594]

(ee) Zwischenergebnis

Die Einwirkungsklage besitzt kaum praktische Bedeutung.[595] Dies liegt nicht nur an ihren Anforderungen, sondern ebenfalls daran, dass man sich ihr durch einfachen Verbandsaustritt entziehen kann. Trotzdem bleiben Durchsetzungs- und Einwirkungsanspruch zentrale Elemente im System der Durchsetzung des Tarifrechts. Wendet man die Grundsätze des BAG an, gelangt man zu einem Rechtsbehelf, mittels dessen der Abschluss von Individualvereinbarungen untersagt werden kann, die dem Tarifvertrag widersprechen. Um der Privatautonomie Genüge zu tun, muss dieser Anspruch auf den betroffenen Sachzusammenhang beschränkt sein. Man nähert sich einer Vertragskontrolle an.

---

[589] *Annuß*, RdA 2000, 287 (288).

[590] BAG, Urteil vom 9.6.1982 – 4 AZR 274/81, AP, § 1 TVG, Durchführungspflicht, Nr. 1.

[591] BAG, Urteil vom 9.6.1982 – 4 AZR 274/81, AP, § 1 TVG, Durchführungspflicht, Nr. 1.

[592] BAG, Urteil vom 3.2.1988 – 4 AZR 513/87, AP, § 1 TVG, Durchführungspflicht, Nr. 2.

[593] Folgt man hingegen *Annuß*, RdA 2000, 287 (289 f.), so kommt es weiter darauf an, ob die Satzung Sanktionen bereithält.

[594] BAG, Urteil vom 11.9.1991 – 4 AZR 71/91, AP, § 1 TVG Durchführungspflicht Nr. 5.

[595] *Annuß*, RdA 2000, 287 (290).

(b) Geltendmachen von Rechten aus dem normativen Teil des Tarifvertrages
Wurde soeben thematisiert, dass die Tarifparteien grundsätzlich die Durchführung des Tarifvertrages sowie die Einwirkung auf Tarifgebundene verlangen können, stellt sich nunmehr die Frage, ob ihnen nicht auch das Recht zustehen kann, die Bestimmungen des normativen Teils unmittelbar zugunsten ihrer Mitglieder durchzusetzen. Dieses Problem wird häufig unter dem Schlagwort „Gewerkschaften als Prozessstandschafter“ abgekürzt,[596] greift aber noch etwas tiefer.

§§ 2 und 3 TVG geben eine scheinbar eindeutige Struktur vor. Die Tarifparteien schließen den Tarifvertrag, die Tarifgebundenen werden aus dem normativen Teil berechtigt und verpflichtet.

Eine gesetzliche Prozessstandschaft der Gewerkschaft, die Tarifnormen geltend zu machen, gibt es nicht.[597] Im Bereich der Heimarbeit sieht der mit „Klagebefugnis der Länder“ überschriebene § 25 HAG vor, dass ein Bundesland im eigenen Namen den Anspruch auf Nachzahlung des Minderbetrages nach den speziellen Entgeltregelungen in den §§ 17 ff. HAG an den Berechtigten geltend machen kann. Gegen eine Analogie dieser Norm wird die Eigenschaft als Ausnahmenorm angeführt.[598] Das allein kann zwar auf der Grundlage der bisherigen Ergebnisse nicht überzeugen, indes legt die Systematik des TVG es in der Tat nicht nahe, diese Norm analog anzuwenden. Die Rolle des Staats ist auf die Allgemeinverbindlicherklärung und die Festlegung des Mindestlohns beschränkt.

Mangels gesetzlicher Regelung kommt daher allein eine gewillkürte Prozessstandschaft in Betracht. Diese erfordert zum einen eine Einwilligung und zum anderen ein schützenswertes Eigeninteresse.[599]

Diskutiert wird, ob im vorbehaltlosen Beitritt zu einer Gewerkschaft bereits eine Ermächtigung zu einer Prozessstandschaft enthalten sei. Die wohl herrschende Meinung fordert eine bestimmte Erklärung und lässt daher den Beitritt nur dann genügen, wenn in der Satzung diese Befugnis ausdrücklich vorgesehen ist.[600]

Gegen eine Prozessstandschaft werden bereits strukturelle Bedenken geäußert. Bei Verbandstarifverträgen werden die einzelnen Arbeitgeber keine Tarifparteien. Die unmittelbare Einhaltung der Durchführungspflicht wäre dann ausgehend von einer formalen Verbandstheorie ein Vertrag zulasten Dritter,[601] was gegen § 311 Abs. 1 BGB verstoßen würde. Auch wird ins Feld geführt, diese Prozessstandschaft sei mit der Persönlichkeit und Entfaltungsfreiheit des Arbeitnehmers nicht vereinbar.[602] Abgeschwächt fordert *Annuß*, dass die Gewerkschaft

[596] Vgl. *Annuß*, RdA 2000, 287 (291 f.); *Döttger*, S. 42.
[597] *Franzen*, ZIAS 2004, 32 (51).
[598] *Annuß*, RdA 2000, 287 (292); vgl. auch die Nachweise bei *Döttger*, S. 43.
[599] BAG, Urteil vom 21.12.1982 – 1 AZR 411/80, NJW 1983, 1750 (1751), in dem Urteil lehnte das Gericht eine gewillkürte Prozessstandschaft eines Arbeitgeberverbandes ab.
[600] *Annuß*, RdA 2000, 287 (292).
[601] *Franzen*, ZIAS 2004, 32 (39); *Annuß*, RdA 2000, 287 (293).
[602] Vgl. die Zusammenstellung bei: *Hromadka*, AuA 2000, 13 (13); MüArbR-*Rieble/Klumpp*, § 185, Rn. 8: „Entmündigung tarifgebundener Arbeitnehmer“.

ihre Mitglieder vor Klagerhebung informieren muss, um ihnen die Gelegenheit zur Letztentscheidung zu geben.[603]

Wiedemann hat den Bedenken entgegengehalten, dass es gerade Ziel der dogmatischen Einordnung der Tarifverträge gewesen sei, diese Wirkung zu begründen.[604] Ein Tarifvertrag habe stets belastende Wirkung, die Durchführungspflicht könne nicht eingeschränkt und ausgeschlossen werden.[605] Auch seien die Verbandsmitglieder nicht irgendwelche Dritte, die die Folgen des Tarifabschlusses in keiner Weise zu verantworten hätten, sie seien vielmehr die den Verbandswillen und damit auch die Tarifabschlüsse konstituierenden Mitglieder.[606] Ferner weist er auf § 2 Abs. 4 TVG hin. Insofern bestehe ein Anspruch auf Respektierung abgeschlossener Tarifverträge zwischen den sachlich Betroffenen.

Das Bundesarbeitsgericht lehnt ein schützenswertes Eigeninteresse der Gewerkschaften grundsätzlich ab. Aus der Ordnungsfunktion könne dies nicht hergeleitet werden, da diese bereits mit Schaffung der kollektiven Ordnung erfüllt sei; außerdem stünde § 9 TVG bereit.[607] Ein Teil der Argumentation, die Durchsetzung der tariflichen Rechte gehöre nicht zum Kernbereich des Art. 9 Abs. 3 GG, ist mit der Aufgabe der Kernbereichstheorie die Grundlage weggefallen. Darüber hinaus setzte diese Rechtsprechung das schützenswerte Interesse mit einem verfassungsrechtlich anerkannten Interesse gleich.[608]

In der Literatur wird für ein eigenes Interesse des Verbandes angeführt, dass dieser die Tarifautonomie verteidige und den Tarifvertrag durchsetze.[609] Ergänzend wird darauf abgestellt, dass die Koalitionsbetätigung „Normsetzung" materiell leerliefe, wenn die Normen faktisch unterlaufen werden könnten.[610] Dem wird wiederum entgegengehalten, dass dieses Interesse weder durch die Aufgaben noch durch die Stellung der Koalitionen begründet sei.[611]

(c) Die Verbandsklage im Tarifvertragsrecht

Mit dem Problem verbunden ist die aktuelle Forderung nach einem Klagerecht der Gewerkschaften auf Erfüllung des normativen Teils. Auf dem 70. Deutschen Juristentag wurde unter anderem eine Stärkung des Tarifvertragssystems durch ein solches Klagerecht der Gewerkschaften im Hinblick auf tarifliche Leistungen an tarifgebundene Arbeitnehmer diskutiert.[612] *Bepler* hat eine Erweiterung

---

[603] *Annuß*, RdA 2000, 287 (292).
[604] *Wiedemann*, RdA 2000, 169 (171).
[605] *Wiedemann*, RdA 2000, 169 (171).
[606] *Wiedemann*, RdA 2000, 169 (171).
[607] Allgemein zur Position als Tarifvertragspartei: BAG, Urteil vom 21.12.1982 – 1 AZR/80 = juris.de Rn. 62; BAG, Urteil vom 8.11.1957 – 1 AZR 274/56 = juris.de; vgl. auch BAG, Urteil vom 8.2.1963 – 1 AZR 511/61 = juris.de.
[608] *Annuß*, RdA 2000, 287 (292).
[609] *Pfarr/Kocher*, S. 57 ff.
[610] *Annuß*, RdA 2000, 287 (292).
[611] *Döttger*, S. 43.
[612] *Bepler*, B 32 ff.; zustimmend: *Ahmad/Jansen*, AuR 2014, 311 (318); *Jessolat*, AuR 2014, 318 (318); vgl. auch These Nr. 2 von *Deinert* zum DJT, http://www.djt.de/fileadmin/downloads/70/djt_70_Thesen_140804.pdf, S. 18 [Stand: August 2015].

von § 9 TVG um einen zweiten Absatz vorgeschlagen. Diese Regelung sollte den tarifrelevanten Arbeitgebern und Gewerkschaften die Möglichkeit geben die richtige Anwendung des Tarifrechts klären zu lassen.

Als Gegenposition hat *Höpfner* angeführt, dass es an Daten fehle, die eine systematische Tarifunterschreitung durch Arbeitgeber belegten.[613] Auch für prozessuale Umsetzungsdefizite fehlten belastbare Daten. Alle Vorschläge zur Einführung eines Verbandsklagerechts hätten ein völlig unbegründetes Misstrauen gegen die Selbstbestimmung der einzelnen Arbeitnehmer gemein, um derentwillen Tarifautonomie überhaupt nur existiert. Sie führten, konsequent zu Ende gedacht, zu einer Pervertierung von Tarifautonomie als eine kollektivistische Bevormundung des Arbeitnehmers.[614]

Die Forderung nach belastbaren Daten ist nicht neu. Ihr Fehlen ist jedoch nur zum Teil vorwerfbar. Das Problem der Streuschäden speist sich gerade daraus, dass Rechte auch unbewusst nicht geltend gemacht werden. Die Kritik greift daher zu kurz. Auch der Hinweis auf die Bevormundung des Arbeitnehmers überzeugt an dieser Stelle und vor dem Hintergrund der beachtlichen Argumentation von *Wiedemann* zur Prozessstandschaft nicht. Will der Arbeitnehmer die Leistung nicht, kann er sie ablehnen. Betonte man hingegen, der Arbeitnehmer werde die Leistung auch bei entgegenstehendem Willen nicht ablehnen, so ist man in diesem Moment einen Schritt an die Grundlagen der Verbandsklage herangerückt.

(2) Die sog. arbeitsrechtliche Verbandsklage

In der Diskussion um den Ausbau kollektiver Rechtsbehelfe auf der Grundlage des vorhandenen Rechts sticht die Kontroverse um die quasi-negatorische Sicherung des Art. 9 Abs. 3 GG hervor. Das eingangs erläuterte System hat das Bundesarbeitsgericht um diesen Schutz erweitert. Das Gericht bejahte negatorische Ansprüche einer Gewerkschaft gegenüber einem Unternehmer/Arbeitgeber. Die Ansprüche folgen der traditionellen Systematik des negatorischen Anspruchs aus §§ 12, 861 f. und 1004 BGB analog und zentrieren das subjektive Recht der Gewerkschaft aus Art. 9 Abs. 3 GG.

Der sog. Burda-Beschluss war nicht die erste Entscheidung[615] in diesem Bereich, jedoch der bedeutendste. Der Beschluss stellt das Zentrum der Problematik dar, weil die Entscheidung die wesentlichen Problempunkte aufzeigt und argumentativ bewältigt. Das Bundesarbeitsgericht sprach einer Gewerkschaft

---

[613] *Höpfner*, RdA 2015, 94 (97).

[614] *Höpfner*, RdA 2015, 94 (97) m. w. N.

[615] Vgl. den kurzen Überblick bei *Berg/Platow*, DB 1999, 2362 (2362 f.). § 1004 BGB i. V. m. Art. 9 Abs. 3 GG wird ansonsten hauptsächlich zugunsten von Gewerkschaften angeführt, um Störungen zu verhindern, wenn eine koalitionsspezifische Betätigung unterbunden werden könnte; vgl. BAG, Urteil vom 14.2.1967 – AZR 494, 65, NJW 1967, 843: Unterlassen der Untersagung von Werbung. Zum Fall Viessmann: ArbG Marburg, Urteil vom 7.8.1996 – 1 BV 6/96, hierzu *Buchner*, NZA 1996, 1304, in dem Fall ging es um den Antrag auf Amtsenthebung mehrerer Betriebsratsmitglieder nach § 23 Abs. 1 BetrVG wegen Zustimmung zu einem betrieblichen Bündnis für Arbeit. Das ArbG Marburg gab dem Antrag statt.

einen Unterlassungsanspruch aus § 1004 Abs. 1 S. 2 BGB analog zur Abwehr von Angriffen in die kollektive Koalitionsfreiheit zu.[616]

Für den bisher dargestellten Status quo der rechtlichen Durchsetzung des Tarifrechts ist die Entscheidung auch deshalb herausragend, weil es einer Gewerkschaft ermöglicht wurde, direkt an ein Verbandsmitglied heranzutreten und den oben skizzierten Weg über die Geltendmachung des schuldrechtlichen Teils des Tarifvertrags auszusparen. Auch deshalb wird die Rechtsprechung zum Teil als Fehlentwicklung kritisiert.[617]

(a) Der „Burda"-Beschluss

Der Stellenwert der Burda-Entscheidung macht eine vertiefte Auseinandersetzung erforderlich. Zunächst soll daher der Sachverhalt dargestellt werden und so dann auf die rechtlichen Probleme eingegangen werden.

(aa) Der Sachverhalt

Die Burda Druck GmbH und die Burda Dienstleistungen GmbH unterhielten einen gemeinsamen Betrieb (2.300 Arbeitnehmer), in dem dieser Betriebsrat gebildet war. Beide Unternehmen wurden 1995 von der Burda GmbH rechtlich ausgegliedert. Die Burda GmbH war ihrerseits bis zum 31.12.1996 Mitglied des Arbeitgeberverbandes Papierverarbeitung und Druck Südbaden e.V.

Die Unterlassung begehrende Gewerkschaft hatte mit dem Dachverband des zuständigen Arbeitgeberverbandes einen Manteltarifvertrag für Arbeitnehmer abgeschlossen. Zudem bestand mit dem Verband der Druckindustrie in Baden-Württemberg ein weiterer Manteltarifvertrag für Angestellte. Dieser sah unter anderem Zuschläge für Nachtarbeit, eine Antrittsgebühr an Sonn- und Feiertagen, eine 35-Stunden-Woche sowie eine Abgeltung von Überstunden durch Geld oder Freizeit vor. Im Manteltarifvertrag für die Arbeitnehmer war ferner die Berücksichtigung der Überstundenzuschläge bei der Lohnfortzahlung an Feiertagen vorgesehen.

Im Zuge von Rationalisierungsmaßnahmen schlossen der Betriebsrat und der Arbeitgeber eine „Betriebsvereinbarung (Rahmenvereinbarung)", in der beabsichtigte Sparmaßnahmen gebilligt wurden. Beide erachteten es als notwendig, dass die Arbeitnehmer noch einzelvertraglich zustimmten. Als Gegenleistung sah das Angebot an die Mitarbeiter eine Beschäftigungsgarantie über fünf Jahre vor.[618] In der Folge stimmten 98,5 % der Arbeitnehmer in der Form zu, dass diese Bestimmungen auch Inhalt ihres Arbeitsvertrages werden sollten. Sodann schlossen der Betriebsrat und die Arbeitgeber eine Zusatzbetriebsvereinbarung, deren Inhalt sich auf die Regelung für diejenigen bezog, die nicht zugestimmt hatten.

---

[616] BAG, Beschluss vom 20.4.1999 – 1 ABR 72/98, BAGE 91, 210; zustimmend: *Berg*, AiB 1999, 304.

[617] *Löwisch/Krauss*, Anm. zu BAG – 1 AZR 473/09, EzA, Art. 9, Nr. 105, S. 19; wegen Art. 9 Abs. 1 GG kritisch: *Müller*, DB 1999, 2310 (2310).

[618] Hervorhebungen durch den Verfasser.

Für sie sollte unter entsprechender Anwendung des am 19. April 1996 zwischen dem Bundesverband Druck und der IG Medien abgeschlossenen Tarifvertrages eine Arbeitszeitverkürzung auf 30 Stunden pro Woche ohne Lohnausgleich vereinbart werden. Von Überstunden sollten sie befreit sein.

(bb) Die statthafte Verfahrensart

Das Gericht thematisierte zunächst die Zulässigkeit. Nach Meinung des BAG bezog sich der Unterlassungsantrag sowohl auf die Betriebsvereinbarung als auch auf die einzelvertraglichen Abreden. Was die statthafte Verfahrensart anging, so hielt das Gericht – wegen der §§ 93 Abs. 2, 65 ArbGG in einem obiter dictum – das Beschlussverfahren für statthaft. Es handele sich um Ansprüche aus dem Betriebsverfassungsgesetz, was bei § 23 Abs. 3 BetrVG unproblematisch sei und bei § 1004 BGB analog daraus folge, dass eine betriebsverfassungsrechtliche Angelegenheit vorliege. Verfahrensgegenstand seien nämlich normative Regelungen, für die das Betriebsverfassungsrecht sowohl die rechtliche Grundlage biete als auch den Vollzug durch den Arbeitgeber fordere. Was die Individualvereinbarungen anginge, so seien diese durch das Handeln der Betriebspartner veranlasst, zumal nicht klar erkennbar sei, ob es sich um Regelungsabreden oder um Betriebsvereinbarungen handele. § 2 Abs. 1 Nr. 2 ArbGG sei erst dann einschlägig, wenn Arbeitgeber und Arbeitnehmer allein eine Regelung träfen, ohne dass ein Betriebsrat mitgewirkt hätte. Dann läge ein Rechtsstreit zwischen tariffähigen Parteien aus unerlaubter Handlung um die Vereinigungsfreiheit und nicht zugleich um betriebsverfassungsrechtliche Fragen vor.

(cc) Die Antragsbefugnis

Weiter bejahte das Gericht die Antragsbefugnis. Zum einen ging es auf die Unzulässigkeit bei der Feststellung der Unwirksamkeit einer Betriebsvereinbarung ein, von der sich der vorliegende Fall deswegen unterscheide, weil unmittelbar die Unterlassung der Verletzung von Art. 9 Abs. 3 GG verlangt werde. Zum anderen führte das Gericht aus, dass die Gewerkschaft auch befugt sei, dies ohne den anderen Tarifpartner zu tun. Obgleich die Geltung des Tarifvertrages gegenüber Konkurrenzregelungen verteidigt werde, zwinge dies nicht dazu, dass beide Sozialpartner klagen müssten. Denn an der Einhaltung des Tarifvertrages werden diese je nach Lage des Falles unterschiedlich interessiert sein, da Tarifverträge in der Regel Kompromisscharakter hätten.

(dd) § 1004 BGB i. V. m. Art. 9 Abs. 3 GG

In materiell-rechtlicher Hinsicht bejahte das Gericht den Unterlassungsanspruch. Läge ein grober Verstoß vor, so sei bereits § 23 Abs. 3 BetrVG einschlägig – wobei das Gericht an der Frage des Bezugs von § 23 Abs. 3 BetrVG auf § 77 Abs. 3 BetrVG zweifelte. Jedenfalls verneinte es einen Verstoß gegen § 77 Abs. 3 BetrVG, da keine Betriebsvereinbarung, sondern nur eine Regelungsabrede vorlag und diese nicht von der Norm erfasst würde. § 77 Abs. 3 BetrVG sei darauf gerichtet, Konkurrenzen zu verhindern, und Regelungsabreden könnten eben das Arbeitsverhältnis nicht normativ gestalten. Die Bezeichnung als Betriebsvereinbarung stehe ihrer Einordnung als Reglungsabrede nicht entgegen, da die Parteien auf das Wesensmerkmal der Betriebsvereinbarung – die unmittelbare Wirkung – verzichtet hätten.

Unter Anwendung der klassischen Grundsätze[619] bejahte das Gericht dann einen Anspruch aus § 1004 Abs. 1 S. 2 BGB analog wegen einer bevorstehenden Verletzung von Art. 9 Abs. 3 GG. Eine betriebseinheitliche Regelung zur Schaffung tarifwidriger Regelungen könne Art. 9 Abs. 3 BetrVG beeinträchtigen. Eine Einschränkung oder Behinderung der Koalitionsfreiheit liege auch in Abreden oder Maßnahmen, die darauf gerichtet seien, dessen Wirkung zu vereiteln oder leerlaufen zu lassen. Denn dann ordne die Tarifnorm die Arbeits- und Wirtschaftsbedingungen nicht und verfehle ihren Zweck. Allein die faktische Eignung genüge; dass Art. 9 Abs. 3 S. 2 GG die Wirksamkeit verneine, ändere nichts. Die Zielrichtung entscheide, nicht die rechtliche Wirkung. Dazu müsse die Tarifnorm als kollektive Ordnung verdrängt werden sollen, was bei tarifnormwidrigen Betriebsvereinbarungen im Zweifel anzunehmen sei. Bei vertraglichen Einheitsregelungen sei dies auch möglich, da es sich um bewährte Instrumente der betrieblichen Ordnung handele. Beruhten diese auf einer Regelungsabrede oder würden die entsprechenden Angebote vom Betriebsrat unterstützt, so könne dies den kollektiven Charakter sowie die bewusste Kollision deutlich machen. Allerdings könne nicht jede tarifwidrige Vereinbarung als Eingriff in Art. 9 Abs. 3 GG gewertet werden. Einzelne tarifwidrige Arbeitsbedingungen stellten die Tariordnung nicht infrage. Das setze betriebliche Regelungen voraus, die einheitlich wirkten und an die Stelle der Tarifnorm treten. Wo der Tarifvertrag nicht gelte, stünde es dem Arbeitgeber frei, untertarifliche Arbeitsbedingungen zu vereinbaren. Dies untersage auch der arbeitsrechtliche Gleichbehandlungsgrundsatz nicht.

(ee) Die Anforderungen an den Eingriff in die Tarifautonomie gemäß Art. 9 Abs. 3 GG

Nach den Ausführungen des Bundesarbeitsgerichts muss der Eingriff in Art. 9 Abs. 3 GG darauf gerichtet sein, den Tarifvertrag in seiner Wirkung als kollektive Ordnung zu verdrängen oder leerlaufen zu lassen. Wann eine betriebseinheitliche Regelung anzunehmen ist, erweist sich indes als unklar. In dem dem „Burda"-Beschluss zugrunde liegenden Sachverhalt stimmten ca. 98 % der Belegschaft zu. Dieser Wert ist für eine Grenzziehung wenig hilfreich. Die Parallele zur Diskussion um den kollektiven Tatbestand im Rahmen der Durchführungspflicht ist offensichtlich. Zum Teil wird auch die Parallele zum kollektiven Tatbestand i. S. v. § 87 BetrVG gezogen.[620] Der herrschende Ansatz behilft sich mit den Kriterien der Quantität und der Qualität:

Das BAG hat in seinem Beschluss maßgeblich auf den Betrieb abgestellt. Hiergegen hat *Sutschet* eingewandt, dass die Einheit Betrieb für einen Verbandstarifvertrag kaum tauglich sei, die Wirkung des Tarifvertrages zu bemessen, denn

[619] Hierzu *Klocke*, S. 29 ff.
[620] *Hromadka*, AuA 2000, 13 (13).

es sei gut möglich, dass nur ein Promille betroffen sei.[621] Die Ausführungen des BAG seien richtigerweise in den Kontext der Bejahung des Beschlussverfahrens zu setzen und daher nur ein Aspekt der Verletzung von Art. 9 Abs. 3 GG. Zudem dürfe nicht verkannt werden, dass der Betrieb nach der Systematik des kollektiven Arbeitsrechts der Ausgangspunkt der Gruppenbildung und -organisation sei. Insofern würde hier regelmäßig der Ursprung für konkurrierende Systeme gelegt werden.

Quantitative Ansätze gehen in zwei Richtungen.[622] Zum einen wird auf die Zahl der mitwirkenden Arbeitnehmer abgestellt. Ein Tarifbruch gegenüber wenigen Arbeitnehmern kann die kollektive Ordnung numerisch nicht infrage stellen.[623] Bei der Bemessung greift man auf die Schwellenwerte des § 17 Abs. 1 Nr. 1–3 KSchG zurück.[624] Daneben wird angeführt, eine Verdrängung des Tarifvertrages als kollektive Ordnung setze überhaupt voraus, dass dieser für den überwiegenden Teil der Belegschaft gelte.[625] *Sutschet* konstatiert, dass bei Unterrepräsentation der Gewerkschaft im Betrieb kein einheitliches Wirken als kollektive Ordnung angenommen werden könne.[626] Darüber hinaus wird dieses Kriterium subjektiv interpretiert – so erachtet *Thüsing* den Willen des Arbeitgebers als maßgeblich, *„allgemein so zu verfahren"*.[627]

Qualitative Ansätze stellen auf die Art und Weise der Verletzung von Art. 9 Abs. 3 GG ab, da nicht jede Verletzung des Tarifvertrages den Anspruch begründen dürfe. Zum Teil wird mit Blick auf § 23 Abs. 3 BetrVG ein „grober Verstoßes" gefordert.[628] Das erscheint systematisch nicht richtig. Denn während der Begriff des groben Verstoßes wegen der klaren Fassung der Pflicht das alleinige Abwägungskriterium ist, enthält bereits die Feststellung, ob der Schutzbereich der Koalitionsfreiheit eröffnet ist, ein Abwägungselement. Insofern könnte eine beabsichtigte Harmonisierung zu § 23 Abs. 3 BetrVG Wertungsaspekte übersehen und somit Schutzlücken schaffen.

(ff) Das Verhältnis zur Einwirkungsklage und zur Geltendmachung von Individualrechten

Im „Burda"-Beschluss stellte das BAG fest, dass § 1004 BGB analog nicht durch die Einwirkungsklage[629] verdrängt wird. In einem Urteil aus dem Jahr 1992 hatte

---

[621] *Sutschet*, ZfA 2007, 207 (212).

[622] Für beides: *Sutschet*, ZfA 2007, 207 (214): Es müssten 50 % der Arbeitnehmer tarifgebunden und so viele Arbeitsverhältnisse betroffen sein, dass von einer Änderung der Ordnung gesprochen werden kann.

[623] MüArbR-*Rieble/Klumpp*, § 185, Rn. 16.

[624] MüArbR-*Rieble/Klumpp*, § 185, Rn. 16.

[625] *Schwarze*, RdA 2005, 159 (165); *Hampe/Lägeler*, DB 2008, 1681 (1683).

[626] *Sutschet*, ZfA 2007, 206 (212 f.).

[627] *Thüsing*, DB 1999, 1552 (1554); *Gamillscheg*, FS Henkel, 215 (225).

[628] *Franzen*, ZIAS 2004, 32 (48). Darüber hinaus soll auch die verletzte Regelung selbst berücksichtigt werden. Dies soll daraus folgen, dass gerade nicht der Tarifvertrag, sondern die Chance auf Verbandsgründung und Verbandserhalt von Art. 9 Abs. 3 GG geschützt werde, vgl. *Hampe/Lägeler*, DB 2008, 1681 (1683). Das übersieht jedoch, dass Art. 9 Abs. 3 GG weitgehende Befugnisse gewährt.

[629] Hierzu S. 210 ff.

das BAG noch einen über den Einwirkungsanspruch hinausgehenden Anspruch unmittelbar aus Art. 9 Abs. 3 GG abgelehnt, weil dieses Grundrecht und die darauf beruhende Tarifautonomie nur in ihrem Kernbereich garantiert würden.[630] Dieser Kernbereich werde nicht durch die Beschränkung auf offensichtliche Fälle eingeschränkt. Es sei den Parteien möglich und zumutbar, eindeutige Regelungen zu treffen. Da im konkreten Fall auch die Schiedsstelle zur Klärung angerufen werden konnte und § 9 TVG zur Verfügung stand, sei auch nicht die verfassungsrechtliche Forderung nach wirksamem Rechtsschutz verletzt.

Nunmehr argumentierte das Gericht, die Einwirkungsklage stelle ein zusätzliches Element zur Sicherung der Tarifautonomie dar und sei ansonsten schwächer ausgestaltet. Zudem ginge die Einwirkungsklage weiter, da sie nicht nur die Unterlassung einer Störung, sondern die Erfüllung der tarifvertraglichen Regelung bewirke. Außerdem könne aus der Einwirkungsklage nicht abgeleitet werden, dass es keines weitergehenden Rechts bedürfe, da die Einwirkungsklage lediglich über Umwege zum verbandsrechtlichen Ziel führe.

Darüber hinaus stellt das Gericht klar, dass der Unterlassungsanspruch nicht dazu dienen dürfe, Individualansprüche einzuklagen. Der Anspruch diene allein der kollektiven Koalitionsfreiheit, und diese sei nicht schon dann betroffen, wenn eine tarifliche Regelung nicht erfüllt werde. Ginge es ausschließlich um Rechte einzelner Arbeitnehmer, müssten diese tätig werden. Aus der Befugnis der §§ 24, 25 HAG lasse sich nichts für oder gegen den Anspruch herleiten.

(gg) Zusammenfassung

Die Ermittlung einer Verletzung von Art. 9 Abs. 3 GG ist eine Frage des Einzelfalls. Qualitative Anforderungen an die Art und Weise des Verstoßes tragen die Gefahr in sich, den Regelungsgehalt von Art. 9 Abs. 3 GG zu verkürzen. Auf der anderen Seite darf das Gewicht des Verstoßes nicht außer Betracht bleiben, weil sich hieraus regelmäßig Schlüsse auf die Zielrichtung ergeben. Insofern liegt es aber nahe, dass dem Kriterium durch die Schwellenwerte des § 17 KSchG Genüge getan wird. In Einzelfällen besteht dann immer noch eine Korrekturmöglichkeit, da der Verstoß eben durch eine Abwägung zu ermitteln ist. Einen kollektiven Tatbestand zu fordern, führte jedoch dazu, eine rein betriebsverfassungsrechtliche Kategorie unmittelbar zur Konkretisierung aller Fälle von Angriffen auf Art. 9 Abs. GG heranzuziehen. Letztendlich wird man einen solchen dann nicht ablehnen können, wenn die Schwellenwerte des § 17 KSchG erreicht sind.

Für die durch den Rechtsausschuss aufgeworfene Problematik des Verhältnisses einer Verbandsklage zu den bestehenden Sicherungsmechanismen lässt sich die Burda-Entscheidung fruchtbar machen. Die dort gefundene Lösung dient als Beispiel dafür, dass Instrumente, die im Recht angelegt sind, eingesetzt werden können, wenn ihre Voraussetzungen erfüllt sind und die hinter ihnen stehenden Interessen schützenswert sind.

---

[630] BAG, Urteil vom 29.4.1992 – 4 AZR 432/91, AP, § 1 TVG, Durchführungspflicht, Nr. 3.

(b) Bestehende Probleme der Lösung des BAG

Um dies weiter zu vertiefen, soll auf einzelne Probleme eingegangen werden, die der Burda-Beschluss aufwarf. Dies ist zum einen deshalb wichtig, weil die Kritik etwas über die Reichweite des Schutzes von Art. 9 Abs. 3 GG aussagt und zum anderen Argumente auch für oder gegen die Anwendung des UKlaG auf das Arbeitsrecht übertragen werden könnten.

Die gegen den Beschluss angeführte Kritik richtete sich gegen die Herleitung des Anspruchs, das Verhältnis zum Individualrechtsschutz, die Wirkung gegenüber nicht tarifgebundenen Arbeitnehmern sowie einen Anspruch bei Fehlen jeglicher Tarifbindung und schließlich die Entscheidung für das Beschlussverfahren.

(aa) Der Inhalt von Art. 9 Abs. 3 GG

Einen grundsätzlichen Einwand hat *Walker* vorgetragen. Es sei keinesfalls selbstverständlich, dass mit der Befugnis zur Rechtssetzung auch die Befugnis zur Rechtsdurchsetzung einhergehe.[631] Damit wendet er sich gegen einen Grundsatz, den bereits das PrAL kannte.[632] In der Durchsetzung des Rechts sieht *Walker* keine koalitionsspezifische Betätigung. Es ginge allein um das Schaffen, nicht um das Durchsetzen subjektiver Rechte.[633] Er übersieht jedoch, dass das BAG im Zusammenhang mit Art. 9 Abs. 3 GG nur als subjektives Recht auf die Facette der koalitionsmäßigen Betätigung in Form von Tarifverträgen zurückgreift und den Unterlassungsanspruch aus dem gewohnheitsrechtlich anerkannten Institut des § 1004 BGB analog herleitet.

(bb) Die fehlende gesetzgeberische Konkretisierung des Art. 9 Abs. 3 GG

Richardi wandte[634] unter Anwendung der sog. Rechtsusurpationstheorie ein, dass eine Befugnis aus Art. 9 Abs. 3 GG nicht gegeben sei. Das Gericht schwinge sich zum Gesetzgeber auf, was es aber nur dürfe, wenn eine verfassungsrechtliche Schutzlücke bestehe. Diese scheide aus, weil jede Tarifpartei die Durchsetzung und ggf. Einwirkung von der anderen verlangen könne. Er wies auf die Ausführungen des Bundesverfassungsgerichts hin, dass es Aufgabe des Gesetzgebers sei, die Tragweite der Koalitionsfreiheit zu bestimmen und die Befugnisse der Koalitionen auszugestalten und näher zu regeln.[635] Auch *Annuß* wandte ein, Art. 9 Abs. 3 GG enthalte nur eine unfertige Garantie, die der Ausgestaltung durch die Rechtsordnung bedürfe. Den Gerichten komme diese Aufgabe nur zu, wenn die Voraussetzungen für eine Rechtsfortbildung gegeben seien.[636]

---

[631] *Walker*, ZfA 2000, 29 (40) unter Verweis auf BAG, Beschluss vom 20.8.1991 – 1 ABR 85/90, NZA 1992, 317 (320), dem Beschluss lag freilich die Kernbereichsformel zugrunde.

[632] Hierzu *Einleitung §. 89. Wem die Gesetze ein Recht geben, dem bewilligen sie auch die Mittel, ohne welche dasselbe nicht ausgeübt werden kann*; abrufbar unter: http://www.koebler-gerhard.de/Fontes/ALR1fuerdiepreussischen-Staaten1794teil1.htm [Stand: August 2015], vgl. *Einhaus*, S. 28, Fn. 2.

[633] *Walker*, ZfA 2000, 29 (40).

[634] *Richardi*, Anm. zu AP, Art. 9 GG, Nr. 89.

[635] BVerfG, Beschluss vom 17.2.1981 – BvR 384/78, BVerfGE 57, 220 (248).

[636] *Annuß*, RdA 2000, 287 (294).

Das gewohnheitsrechtlich anerkannte negatorische System dient als rechtliche Basis. Wenn Art. 9 Abs. 3 GG die Schaffung von Kollektivverträgen ermöglicht, wäre es widersprüchlich, die Wirkungsweise von Art. 9 Abs. 3 GG nicht auch auf den Bestand derselben zu erstrecken. Ein anderes Ergebnis könnte die Ordnungsfunktion der Tarifverträge nur schwer erklären. Insofern verletzen auch Abreden, die darauf zielen, die normative Wirkung zu beseitigen, das Recht.[637]

(cc) Vorrang des Individualschutzes

Löwisch hat dem Gedanken, die Lösung des BAG sei deshalb konsequent, weil sie die Befolgung der geschaffenen Norm sicherstelle, entgegengehalten, dass die Tarifparteien insofern das gleiche Schicksal wie der Staat hätten – die Adressaten müssten das Recht durchsetzen.[638]

Andere Autoren betonen, das TVG habe sich dafür entschieden, dem einzelnen Arbeitnehmer einen Anspruch auf Einhaltung des Tarifvertrages zu gewähren – wobei dieser Entscheidung in systematischer Hinsicht unterschiedliches Gewicht eingeräumt wird.[639] Auch wenn man mit dem BAG davon ausginge, dass Art. 9 Abs. 3 GG ebenfalls die Sicherung seiner tatsächlichen Geltungskraft erfasst, so folge daraus noch kein Anspruch auf Durchsetzung der tarifvertraglich begründeten Rechte seiner Mitglieder. Nichts anderes stelle aber der Unterlassungsanspruch im „Burda"-Beschluss dar. Das Fehlen weitergehender Sanktionen sei das Resultat einer gesetzgeberischen Grundwertung, dass die Durchsetzung der für das Arbeitsverhältnis begründeten Rechte auch im Arbeitsverhältnis erfolge. Solange wie es an einer anderslautenden gesetzgeberischen Entscheidung fehle, sei eine Durchsetzung nicht möglich.

Schwarze hob hervor, das Gesetz mute dem Arbeitnehmer grundsätzlich zu, seine Rechte einzuklagen, wenn nötig unter Aufdeckung seiner Gewerkschaftsmitgliedschaft.[640] Nicht anders verhalte es sich auch mit den gesetzlichen Rechten, deren Durchsetzung nicht öffentlich-rechtlich flankiert werde. Wenn schon dieses arbeitsrechtliche Minimum in die Hände des Arbeitnehmers gelegt werde, so könne nichts anderes oberhalb dieses Minimums gelten. Es sei nicht zu bestreiten, dass den Arbeitnehmer erheblich größere Widerstände erwarteten und es ihm schwerer fallen wird, seine Rechte geltend zu machen – dies sei ihm aber auch zuzumuten.[641]

Der Ordnungsbeitrag des Tarifvertrages zur Gesamtordnung sei damit erfüllt, dass er existiere und dem Einzelnen durchsetzbare Rechte gewähre.[642] Der Ordnung sei der Vollzug zwar nicht gleichgültig, sie vertraue indes darauf, dass das

---

637 Vgl. auch BAG, Urteil vom 17.5.2011 – 1 AZR 473/09, NZA 2011, 1169 (1172).

638 *Löwisch*, BB, 1999, 2080 (2082).

639 *Annuß*, RdA 2000, 287 (294); *Schwarze*, RdA 2005, 159 (161); *Thüsing*, DB 1999, 1552 (1553); *Hromadka*, AuA 2000, 13 (14).

640 *Schwarze*, RdA 2005, 159 (161).

641 *Schwarze*, RdA 2005, 159 (162).

642 *Schwarze*, RdA 2005, 159 (162).

individuelle Interesse in der Regel groß genug sei, um dem Tarifvertrag zu einem ausreichenden Vollzug zu verhelfen.[643]

Löwisch ging noch weiter und setzte den Beschluss mit der vom BAG bislang abgelehnten Lösung einer Prozessstandschaft zugunsten der Arbeitnehmerrechte aus dem Tarifvertrag gleich.[644] Auch auf dem Umweg des Unterlassungsanspruchs werde der Arbeitgeber gezwungen, die Leistung zu gewähren.

Franzen hingegen sieht den Umstand der individuellen Rechtsdurchsetzung nicht im Vordergrund. Er hob hervor, dass Art. 9 Abs. 3 GG beeinträchtigt werde. Die Garantie der Koalitionsbetätigung umfasse auch die Bereitstellung eines funktionsfähigen Tarifvertragssystems, damit die Tarifvertragsparteien ihrer Aufgabe nachkommen können, die Arbeits- und Wirtschaftsbedingungen ihrer Mitglieder durch autonome Vereinbarung zu regeln.[645] Hierfür führt er zum einen das Gebot effektiven Rechtsschutzes und zum anderen den Wortlaut des Art. 9 Abs. 3 GG „Wahrung" an.

(dd) Die Erfassung nicht Tarifgebundener

Ein weiteres Problem nähert die Diskussion stark an die Verbandsklage an. Die Lösung des BAG erfasst auch nicht tarifgebundene Arbeitnehmer, wenn diese Anteil an der Verdrängung der kollektiven Ordnung haben. Dies wird in der Literatur unter dem Hinweis kritisiert, dass die Annahme der Verletzung der Tarifautonomie bzw. die Gewährung eines Unterlassungsanspruchs nicht weiter gehen könne als die Tarifautonomie selbst.[646] Auch *Walker* weist darauf hin, dass in dieser Konstellation Art. 9 Abs. 3 GG gar nicht wirken könne, da es an der normativen Wirkung und damit auch einer Beeinträchtigung von Art. 9 Abs. 3 vor § 1004 BGB fehle.[647]

Löwisch merkte an, dass die Gefahr bestehe, so kein Arbeitnehmer tarifgebunden sei, das Verbandsmitglied zu einem Handeln verpflichtet werde, das dieses gar nicht schulde.[648] In diesen Fällen wird es dann freilich schon schwierig werden, eine klagende Gewerkschaft zu finden.

Das System des BAG ist weitaus differenzierter. Das Bundesarbeitsgericht betonte, dass die Gewerkschaft nicht Unterlassung der Anwendung einer einzelvertraglichen tarifwidrigen Regelung gegenüber dem Außenseiter verlangen könne.[649] Sollte diese aber Teil einer kollektiven Regelungsstruktur sein, dann muss der „Burda"-Entscheidung entnommen werden, dass auch diese untersagt werden kann. Unmittelbar wird zudem nur der Arbeitgeber in Anspruch genommen, auf der Ebene der Passivlegitimation wird dem also Rechnung getragen. Allein nach den Vorgaben des BAG ist dieses „Phänomen" einfach zu erklären.

---

[643] *Schwarze*, RdA 2005, 159 (162).
[644] *Löwisch*, BB 1999, 2080 (2080).
[645] *Franzen*, ZIAS 2004, 32 (46), unter Verweis auf BAG, Beschluss vom 26.6.1991 – 1 BvR 779/85, AP, Art. 9 GG, Arbeitskampf, Nr. 117.
[646] *Hrommadka*, AuA 2000, 13 (16); *Hrommadka*, ZTR 2000, 253 (257).
[647] *Walker*, ZfA 2000, 29 (42).
[648] *Löwisch*, BB 1999, 2080 (2080).
[649] BAG, Beschluss vom 20.4.1999 – 1 ABR 72/98, NZA 1999, 887 (892).

Es liegt in der Logik des Verstoßes gegen Art. 9 Abs. 3 GG begründet. Da der Arbeitgeber aus guten Gründen regelmäßig den Organisationsgrad der Arbeitnehmer nicht kennt, wird er üblicherweise mit einer Vielzahl der Arbeitnehmer diese Regelungen treffen, sodass man ihm regelmäßig ein den Tarifvertrag verdrängendes Bestreben nachweisen wird.[650] Dem wird entgegengehalten, der Einheitlichkeitswunsch des Arbeitgebers werde oftmals bloßes Motiv bleiben und habe für das Schicksal der rechtsgeschäftlichen Vereinbarung keine Bedeutung. Man dürfe außerdem nicht ohne Anhaltspunkte von einem unbedingten Willen zur einheitlichen Geltung ausgehen.[651]

Zum Teil wird auch angeführt, die negative Garantie des Art. 9 Abs. 3 GG werde verletzt.[652] In der Konsequenz vertritt auch *Schmidt*, dass die Gewerkschaft nur für ihre Mitglieder auf Unterlassung klagen könne.[653] Der Einwand der Verletzung der negativen Koalitionsfreiheit stehe bereits vor dem Problem, dass der Arbeitnehmer nicht in den Tarifvertrag einbezogen wird.[654]

In der Tat schützt der negative Gehalt des Art. 9 Abs. 3 GG nach der Rechtsprechung des Bundesverfassungsgerichts lediglich davor, dass Zwang oder Druck auf einen Nichtorganisierten ausgeübt wird, einer Koalition beizutreten.[655] Hinzu kommt, dass die Konstellationen betrieblicher Einheitslösungen Situationen des Stellens i. S. v. § 305 BGB angenähert sind und somit – wie das BAG bereits herausgestellt hat – keine wirklich freie Entscheidung der Arbeitnehmer vorliegt.

In der Literatur wird zur Rechtfertigung der Rechtsprechung auf § 139 BGB verwiesen. So führt *Schmidt* den Rechtsgedanken der Norm an – insofern liege ein Gesamtunterlassungsanspruch vor.[656] Der Unterlassungsanspruch erweitere Art. 9 Abs. 3 GG nicht, sondern sei die Konsequenz.[657] *Sutschet* hielt dem entgegen, weder passe § 139 BGB noch führe der Rechtsgedanke der Norm vor dem Hintergrund ihres Zwecks, diejenigen zu schützen, die das Rechtsgeschäft vornehmen, weiter.[658] Weder die Interessen des nicht gebundenen Arbeitnehmers noch die des Arbeitgebers würden berücksichtigt, es werde allein die Gewerkschaft geschützt.

Wenn keine Gefahr für die negative Koalitionsfreiheit besteht, kommt es nur auf die Legitimation des Handelns an. Dies ist eine Frage des Anspruchs bzw. des Anspruchsinhalts von § 1004 BGB analog. Die Mittäterschaft einer weiteren Person ist nicht notwendig. Der Anspruch materialisiert sich schon in der Erstbegehungsgefahr. Was folgt, ist nur die rechtliche Konsequenz der Fortentwicklung des Unterlassungsanspruchs bei Erstbegehungsgefahr. Da der Anspruch

---

[650] *Schmidt*, RdA 2004, 152 (157).
[651] *Annuß*, RdA 2000, 287 (295).
[652] *Sutschet*, ZfA 2007, 206 (220).
[653] *Schmidt*, RdA 2004, 152 (157).
[654] *Schmidt*, RdA 2004, 152 (157).
[655] BVerfG, Urteil vom 11.7.2006 – 1 BvL 4/00, AP Art. 9 GG Nr. 129.
[656] *Schmidt*, RdA 2004, 152 (157).
[657] *Schmidt*, RdA 2004, 152 (157).
[658] *Sutschet*, ZfA 2007, 207 (220).

bei der Gefahr für die Wirkung als kollektive Ordnung ansetzt, ist es auch nur konsequent, die geplanten Einzelabschlüsse zusammenzufassen. Diese formen in ihrer Gesamtheit den Eingriff. Im Rahmen der Gesamtbetrachtung des planenden und vor der Ausführung stehenden Arbeitgebers fällt der Tarifbindung kein Gewicht zu, wenn der Arbeitgeber plant, tarifliche Ordnungen zu unterschreiten. Die konkrete Tarifbindung der Arbeitnehmer ist für den Arbeitgeber irrelevant. Vielmehr entscheidet die eigene Bindung des Arbeitgebers.

(ee) Zwischenfazit und Ausblick

Der Hinweis von *Franzen*[659] auf den Wortlaut des Art. 9 Abs. 3 GG ist in der Diskussion bislang nicht ausreichend gewürdigt worden. In der Tat abstrahiert das BAG Art. 9 Abs. 3 GG zum Schutz der koalitionsmäßigen Betätigung. Dogmatisch wird diese Abstraktion nicht nur vom Fördern, sondern durch das Wahren gefärbt. So wird auch von anderer Stelle geltend gemacht, dass daraus jedenfalls der Schutz der eigenen Fördererergebnisse folgen müsse.[660]

Diesem Ansatz ist im Grundsatz zuzustimmen. Es bleiben zwei Probleme. Erstens sicherte der „Burda“-Beschluss die Tarifautonomie und damit keine Arbeitsbedingungen im engeren Sinne. Zweitens sind das kollektive Arbeitsrecht bzw. die in der Rechtsprechung des BAG vorhandenen Betätigungsrechte aus Art. 9 Abs. 3 GG allesamt auf den Begriff des Förderns entworfen. Soll der Begriff des Wahrens als verfassungsrechtlicher Begriff nicht derogiert werden, muss weiter untersucht werden, wie eine wahrende koalitionsspezifische Tätigkeit aussehen kann. Für den „Burda“-Beschluss ist diese Frage wegen des quasinegatorischen Anspruchs jedenfalls nicht entscheidend. Die Betonung der Wahrung geförderter Arbeitsbedingungen ermöglicht es jedoch, den Einwänden in der Literatur mit Verfassungsrang entgegenzutreten.

(c) Der Unterlassungsanspruch bei für allgemeinverbindlich erklärten Tarifverträgen?

In der neueren Diskussion kam die Frage auf, ob über die „Burda“-Grundsätze auch allgemeinverbindlich erklärte Tarifverträge geschützt werden können. Die Frage vertieft die Entfernung der gewerkschaftlichen Mitgliedschaft von der Durchsetzung des Tarifrechts. Virulent wird die Frage in dem Moment, in dem ein eigentlich nicht tariflich gebundener Arbeitgeber von der Allgemeinverbindlicherklärung erfasst wird und hiervon betriebseinheitlich abweichen will. Streng hiervon zu trennen ist die nur personelle Erstreckung bei Geltung des Tarifvertrages. Hier muss der Rechtsschutz im Sinne der „Burda“-Entscheidung weiterhin gelten, da etwaige nicht Tarifgebundene nunmehr erfasst werden.

---

659 *Franzen*, ZIAS 2004, 32 (46).

660 MüArbR-*Löwisch*/*Rieble*, § 155, Rn. 27 zugleich mit dem Hinweis darauf, dass die Norm nicht sage, wie die Durchsetzung der Rechte auszusehen habe. Dieser Hinweis hat für die vorliegende Untersuchung nur eingeschränkte Relevanz. Durch die Figur der Analogie und die Existent des UKlaG kann die Fragestellung hierauf konzentriert werden.

Gegen die Anwendung der „Burda“-Lösung werden Rechtsnatur und Zweck der Allgemeinverbindlichkeitserklärung angeführt. Durch die Verstärkung der Kartellwirkung des Tarifvertrages würden wettbewerbsverzerrende Unterschreitungen zulasten der Arbeitnehmer verhindert. Es werde primär ein sozialpolitischer Zweck verfolgt.[661] Die Bindung des Arbeitgebers soll keine Folge der Koalitionsbetätigung sein.[662] Es fehle daher an einem Eingriff in Art. 9 Abs. 3 GG.[663] Die Allgemeinverbindlicherklärung soll nicht die Befugnis aus Art. 9 Abs. 3 GG ausweiten.[664]

Die Lösung dieser Konstellation besteht nicht in einer Ausweitung von Art. 9 Abs. 3 GG, sondern vielmehr im Anspruch aus §§ 8, 3 UWG,[665] der mit den gegen den Anspruch vorgebrachten Argumenten ohne Probleme in Einklang zu bringen ist.

(d) Der Folgenbeseitigungsanspruch

Der Beschluss des BAG ist in der Folge in der Literatur auch auf den Folgenbeseitigungsanspruch entworfen worden. *Däubler* nahm an, es sei konsequent, dass die Gewerkschaft auch verlangen könne, dass die tariflichen Leistungen in voller Höhe erbracht würden.[666] Darüber hinaus schütze der Folgenbeseitigungsanspruch davor, dass andere Abmachungen geschlossen würden. Bezieht man dieses Forderungsrecht nur auf den in der Folge eingetretenen Zustand, begründete es auch keinen Widerspruch zur Ablehnung einer allgemeinen Prozessstandschaft hinsichtlich der tariflichen Rechte. Das BAG nahm erst 2011 zu der Frage Stellung.

(aa) Die Entscheidung des BAG vom 17.5.2011 – 1 AZR 473/09

Das Bundesarbeitsgericht hat einen Beseitigungsanspruch hinsichtlich durch Betriebsvereinbarung geschaffener tarifwidriger Zustände bejaht.[667] Zugleich schränkte das Gericht aber die Reichweite ein. Im dem Fall ging es um eine tarifwidrige Verlängerung der Arbeitszeit gegen Entgelt.

Der Beseitigungsanspruch sollte nach Ansicht des Gerichts nicht die Wiederherstellung des tarifkonformen Zustandes durch Nachzahlung der tariflichen Leistungen an die Arbeitnehmer umfassen. Hierdurch werde die bereits beendete Störung der Koalitionsbetätigungsfreiheit der Klägerin nicht beseitigt. Die nachträgliche Erbringung der tariflichen Leistungen ziele vielmehr auf einen individualrechtlichen Ausgleich der den Arbeitnehmern durch die tarifwidri-

[661] *Schmidt*, RdA 2004, 152 (154).
[662] *Walker*, ZfA 2000, 29 (42).
[663] *Schmidt*, RdA 2004, 152 (154).
[664] Gleichwohl findet das Institut seine – eigenständige – Grundlage in Art. 9 Abs. 3 GG: BAG, Urteil vom 20.6.2007 – 10 AZR 302/06, NZA-RR 2008, 24 (27).
[665] Hierzu S. 173.
[666] *Däubler*, AiB 1999, 481 (483).
[667] BAG, Urteil vom 17.5.2011 – 1 AZR 473/09, NZA 2011, 1169; hierzu: *Krause*, JA 2012, 946; kurze und zustimmende Anmerkung bei *Baeck/Winzer*, NZG, 2011, 696, und *Lipinski/Achilles*, BB 2012. 3212.

gen Betriebsvereinbarungen entstandenen wirtschaftlichen Nachteile und nicht auf die Beseitigung fortwirkender kollektivrechtlicher Störungen. Die Beeinträchtigung der kollektiven Koalitionsfreiheit liege nicht in der Nichtzahlung der tariflichen Leistungen für tarifwidrig geleistete Arbeitszeit, sondern in der Vereinbarung einer tarifwidrigen betrieblichen Regelung, welche die tariflichen Vorschriften als kollektive Ordnung im Betrieb zu verdrängen versuche. Diese Beeinträchtigung könne durch die Nichtanwendung der (*ohnehin rechtsunwirksamen*) Betriebsvereinbarung und eine darauf gerichtete, gegenüber den Arbeitnehmern abzugebende ausdrückliche Erklärung des Arbeitgebers beseitigt werden.

(bb) Die Konsequenzen

Der Beschluss ist in mehrfacher Hinsicht bemerkenswert. In der Literatur wird für die Entscheidung angeführt, ein anderes Ergebnis führe zu einer Prozessstandschaft für die Geltendmachung der tariflichen Ansprüche der Arbeitnehmer.[668] Im Grundsatz liefe die Annahme auf eine Vornahmeklage für individuelle Rechte hinaus. Das sei mit dem System des Tarifvertragsrechts, welches auf individuelle Durchsetzung der tariflichen Normen im einzelnen Rechtsverhältnis ausgerichtet ist, nicht ohne weiteres vereinbar.

Dieses Argument lässt jedoch außer Betracht, dass die Situation im Vergleich zur Prozessstandschaft kollektiv-rechtlich aufgeladen ist. In dieser Konstellation setzt sich der Störer nämlich nicht über den Tarifvertrag hinweg, sondern versucht, die aufgebaute normative Ordnung zu beseitigen. Allein darauf abzustellen, dass der Störer nicht besser stehen dürfe als bei Befolgung der Unterlassungsverpflichtung, verfängt nicht. Der Beseitigungsanspruch ist kein Schadenersatzanspruch, sondern zielt lediglich auf Herstellung des Status quo ante.

(e) Gemeinsame prozessuale Probleme

Sowohl der Unterlassungsanspruch als auch der Beseitigungsanspruch werfen vergleichbare prozessuale Probleme auf, die wiederum Erkenntnisse für den kollektiven Rechtsschutz im Arbeitsrecht liefern.

(aa) Die statthafte Verfahrensart

Kontrovers wurde die Annahme des Gerichts diskutiert, das Beschlussverfahren sei anzuwenden. Dieses Problem resultiert aus dem Konflikt von § 2 Abs. 1 Nr. 1 ArbGG mit § 2a Abs. 1 Nr. 1 ArbGG. Nach § 2a Abs. 1 Nr. 1 i. V. m. Abs. 2 ArbGG soll in *Angelegenheiten nach dem Betriebsverfassungsgesetz* das Beschlussverfahren stattfinden. Demgegenüber ermöglichen § 2 Abs. 1 Nr. 1 und § 2 Abs. 1 Nr. 2 i. V. m. Abs. 2 ArbGG, dass für bürgerliche Rechtsstreitigkeiten zwischen Tarifvertragsparteien bzw. tariffähigen Parteien das Urteilsverfahren stattfindet.

---

668 *Löwisch/Krauss*, Anm. zu BAG, Urteil vom 17.5.2011 – 1 AZR 473/09, EzA, Art. 9, Nr. 105.

Auf den ersten Blick ist die Wahl des Beschlussverfahrens konsequent. Das BAG hat zum Beschlussverfahren stets betont, dass dieses wegen des Untersuchungsgrundsatzes eine größere Richtigkeitsgewähr als das Urteilsverfahren bereithielte. Gerade wegen einer weitreichenden Auswirkung auf Dritte sei es wichtig, dass die Entscheidung mit größtmöglicher Sicherheit der materiellen Rechtslage entspreche.[669]

Löwisch hingegen betonte, das Beschlussverfahren sei bereits wegen des Amtsermittlungsgrundsatzes nicht geeignet, die aufgeworfenen Fragen zu beantworten. Vielmehr sei § 2 Abs. 1 Nr. 1 ArbGG einschlägig, weil es nicht schwerpunktmäßig um einen betriebsverfassungsrechtlichen Streit, sondern vielmehr um einen solchen zwischen einer Tarifpartei und einem Dritten ginge.[670]

Der Kritik an der Wahl des Beschlussverfahrens[671] für die „Verbandsklage" gegen betriebsverfassungsrechtliche Regelungen stellte sich das Bundesarbeitsgericht mit Beschluss vom 13.3.2001.[672] Zunächst ging es auf den Einwand ein, § 2 Abs. 1 Nr. 1 ArbGG sei einschlägig. Das Gericht differenzierte grundlegend zwischen der Feststellung einer betriebsverfassungsrechtlichen Angelegenheit i. S. v. § 2a Abs. 1 Nr. 1 ArbGG und einer Streitigkeit aus unerlaubter Handlung i. S. v. § 2 Abs. 1 Nr. 2 ArbGG. Während Letztere auf das Rechtsverhältnis zwischen den Parteien abstelle, sei das Vorliegen eines solchen Rechtsverhältnisses für § 2a Abs. 1 Nr. 1 ArbGG nicht maßgebend. Es ginge um die durch das Betriebsverfassungsgesetz gestaltete betriebliche Ordnung. Der Unterlassungsanspruch berühre den Geltungsanspruch einer betriebsverfassungsrechtlichen Norm und damit das Verhältnis der Betriebsparteien untereinander. In dem den Beseitigungsanspruch anerkennenden Urteil bestätigte das Gericht seine Rechtsprechung im Hinblick auf Betriebsvereinbarungen und Regelungsabreden.[673]

Auch diese Rechtfertigung überzeugt nicht. Das Gericht geht offensichtlich von der Grundannahme aus, dass § 2a ArbGG lex specialis zu § 2 ArbGG ist. Tatsächlich bestehen beide Normen gleichberechtigt nebeneinander.

Den Einwand der Besserstellung tat das Gericht mit dem Hinweis ab, dass § 83 ArbGG auch eine Mitwirkungspflicht – gerade beim Sachvortrag – statuiere und Forschungen „ins Blaue hinein" nicht zulasse. Ferner läge auch keine kostenrechtliche Privilegierung vor. Die Befreiung von Gerichtskosten privilegiere auch den Arbeitgeber, und darüber hinaus seien die außergerichtlichen Kosten erstattungsfähig.

Hiergegen wird wiederum eingewandt, die Anwendung des Beschlussverfahrens führe zu einer systemwidrigen Anwendung von § 85 Abs. 2 S. 2 ArbGG. Denn der Ausschluss des § 945 ZPO fuße allein auf dem Gedanken, dass der

---

[669] BAG, Beschluss vom 23.10.1996 – 4 AZR 409/95, AP, § 3 TVG, Verbandszugehörigkeit, Nr. 15.

[670] *Löwisch*, BB 1999, 2080 (2081).

[671] Vgl. *Annuß*, RdA 2000, 287 (297): der Unterlassungsanspruch ist verfassungsrechtlich begründet; zudem müsste Schutz auch dann bestehen, wenn kein Betriebsrat bestünde; *Döttger*, S. 372 ff.; *Reichold*, RdA 2012, 245 (246).

[672] BAG, Beschluss vom 13.3.2001 – 1 AZB 19/00, AP, § 2a ArbGG, Nr. 17.

[673] BAG, Urteil vom 17.5.2011 – 1 AZR 473/09, NZA 2011,1169 (1170).

Betriebsrat nicht vermögensfähig sei.[674] An der „Verbandsklage" seien indes nur vermögensfähige Parteien beteiligt.

Das wohl stärkste Argument des BAG – die eindeutige Zuordnung des Anspruchs aus §§ 23 Abs. 3, 77 BetrVG zum Beschlussverfahren – erweist sich bei näherer Betrachtung als unerbringlich. Nicht nur können unterschiedliche Anspruchsgrundlagen unterschiedlichen Verfahrensarten zugeordnet werden – die rigide Zuordnung zum Beschlussverfahren legt auch den Schluss nahe, § 23 Abs. 3 BetrVG besitze wertungsgebenden Charakter. Dieser kommt dieser Norm jedoch nicht zu, die Wertungen folgen aus den Pflichten der betriebsverfassungsrechtlichen Ordnung, und diese ordnet sich kraft § 77 Abs. 3 BetrVG der Tarifordnung unter. Richtigerweise ist § 23 BetrVG allenfalls in Verfahren eine Stütze, die betriebsverfassungsrechtlich aufgeladen sind. Eine Verallgemeinerung der Verfahrensart trägt die Norm nicht. Das Urteilsverfahren ist statthaft.

(bb) Die Nennung tarifgebundener Arbeitnehmer im (Klage-)Antrag

Zwischenzeitlich wurde diskutiert, ob im Antrag nicht zumindest tarifgebundene Arbeitnehmer aufgenommen werden müssten. Dieses Erfordernis wurde unter anderem daraus abgeleitet, dass ohne Tarifbindung kein Eingriff in Art. 9 Abs. 3 GG bestünde.[675] Das Bundesarbeitsgericht führte in einem Beschluss aus dem Jahr 2003 aus, dass der Unterlassungsantrag, welcher auf die beschäftigten Mitglieder der Klägerin zielte, deren namentliche Benennung voraussetze.[676] Im Urteil vom 17.5.2011 stellte das Gericht klar, dass diese Auffassung auf einer Sonderkonstellation beschränkt ist und dass es in seinem Beschluss aus dem Jahr 2003 mit einem Antrag konfrontiert war, der sich auf Mitglieder bezog.[677] Darüber hinaus lehnte das BAG dieses Erfordernis ab.

Allein diese Lösung wird Art. 9 Abs. 3 GG gerecht. Es kommt nicht auf die Betroffenheit der einzelnen gewerkschaftlich organisierten Arbeitnehmer an. Entscheidend ist vielmehr, ob der Tarifvertrag als kollektive Ordnung verdrängt werden soll. Ein anderes Ergebnis würde auch dem Umstand nicht gerecht, dass Arbeitnehmer durch Gewerkschaftsbeitritt den Tarifvertrag im Betrieb zur unmittelbaren Geltung bringen können.

(f) Bedeutung für die Verbandsklage

Der Burda-Beschluss und die ihm nachfolgende Diskussion hat in mehrerer Hinsicht Bedeutung für eine Fortbildung des Rechts. Sowohl § 1004 BGB analog als auch § 1 UKlaG analog müssen sich gegenüber dem Vorrang des Individualrechtsschutzes rechtfertigen. Im „Fall Burda" war dies einfacher, weil es um eigene, anerkannte Rechte der Gewerkschaft ging.

---

[674] *Löwisch/Krauss*, Anm. zu BAG, Urteil vom 17.5.2011 – 1 AZR 473/09, EzA, Art. 9, Nr. 105; *Bauer/v. Medem*, NJW 2010, 243 (254).

[675] Thüsing/Braun-*Thees*, Kapitel 10, Rn. 37.

[676] BAG, Urteil vom 19.3.2003 – 4 AZR 271/02, NZA 2003, 1221 (1222 f.); hierzu: *Dieterich*, FS Wissmann, 114 (116 ff.).

[677] BAG, Urteil vom 17.5.2011 – 1 AZR 473/09, NZA 2011, 1169 (1170 f.).

Eine Verbandsklage bediente sich in mehrerer Hinsicht verschiedener Mechanismen dieser Rechtsprechung. Zum einen besteht eine Parallele hinsichtlich der Untersagung Allgemeiner Geschäftsbedingungen und der Untersagung des Treffens einer betrieblichen Gesamtregelung mittels Vertragsänderungen. Diese Parallele wird dann verstärkt, wenn identische und vorformulierte Angebote gemacht werden.

Im „Fall Burda“ hat das BAG das Problem der Einheitsregelungen hervorgehoben. Diese seien geeignet, den Tarifvertrag seiner Geltung zu berauben. Die Verbandsklage nimmt diese Gefahr auf und verlagert sie generell auf § 307 BGB. AGB sind geeignet, das zwingende Recht durch Scheinbindungen zu unterlaufen. Diese Funktion wird daher in den größeren Kontext eingeordnet.

Die Probleme, die mit der Tarifbindung verbunden sind, stellen sich hingegen nicht, weil das zwingende Recht im Grundsatz für alle gilt. Selbst wenn eine tarifliche Öffnung besteht, gibt es keinen Grund, solche Klauseln wegen der Scheinbindung nicht zu kassieren. Die Legitimation des Anspruchs nach § 1 UKlaG und i. S. v. § 194 BGB leitete sich dann aus der Fremdbezogenheit für die Interessen der Arbeitnehmer ab.

Zuletzt drängt sich doch die individualisierende Parallele in der Vollstreckung der Ansprüche auf. Der Einzelne wird für den Anspruch erst dann relevant, wenn es um die vollstreckungsrechtliche Durchsetzung geht.

(3) Zwischenergebnis

An dieser Stelle ist festzuhalten, dass die bestehende Diskussion und ihre Lösung durch das BAG einen guten Nährboden für den Ausbau des kollektiven Rechtsschutzes darstellen, weil das Gericht im Rahmen der „Burda“-Entscheidung viele Problempunkte beseitigen konnte. So weit wie der Rechtsausschuss dachte, geht die Verbandsklage nicht über die bestehende Diskussion hinaus.

(4) Die Zuständigkeit der Arbeitsgerichte

Das zweite durch den Rechtsausschuss ausgemachte Problem war die Zuständigkeit der Arbeitsgerichte. Das UKlaG sieht in § 6 UKlaG eine besondere Vorschrift für die ausschließliche sachliche und örtliche Zuständigkeit vor. Diese Norm setzt jedoch an der Zuständigkeit der ordentlichen Gerichtsbarkeit an. Folgerichtig erscheint § 15 UKlaG im Hinblick auf diese Norm klarstellend. Bei Streichung des § 15 UKlaG wären die ordentlichen Gerichte jedoch nicht automatisch mit dem Arbeitsrecht konfrontiert. Vielmehr kommt es auf § 13 GVG an.

Das ArbGG enthält keine arbeitsrechtliche Generalklausel. Die den Arbeitsgerichten zugewiesenen Fälle werden einzeln aufgelistet.[678] Macht der Arbeitnehmer Rechte wegen der Unwirksamkeit einer Allgemeinen Geschäftsbedingung geltend, so wäre § 2 Abs. 1 Nr. 3 lit. a) ArbGG einschlägig. Ordnet man § 1 UKlaG als Stärkung der Durchsetzung des Rechts ein, so liegt es nahe, diese Norm auch hier anzuwenden.

[678] BeckOK ArbR-*Clemens*, § 2 ArbGG, Rn. 1.

Für die Abgrenzung von der ordentlichen Gerichtsbarkeit hätte auch eine Generalklausel genügt. Die detaillierte Aufschlüsselung trägt dem Umstand Rechnung, dass auch eine Abgrenzung von Urteils- und Beschlussverfahren notwendig ist.[679] Die Aufzählungen in § 2a ArbGG eröffnen keine Zuständigkeit im arbeitsrechtlichen Beschlussverfahren für eine gewerkschaftliche Klauselüberprüfung. Richtigerweise wird wie bei § 8 UWG auf § 2 Abs. 1 Nr. 2 ArbGG abzustellen sein.[680] Die Parallele zur Begründung der Zuständigkeiten bei UWG-Verstößen drängt sich bereits deshalb auf, weil das AGBG historisch an der rechtlichen Struktur der bestehenden Verbandsklage anknüpfen sollte.[681]

(5) Die richtige Verfahrensart

Weiterhin hatte der Rechtsausschuss Bedenken, dass die Anwendung des Beschlussverfahrens zu einer Privilegierung gegenüber den Verfahren nach den §§ 5 ff. UKlaG führen könnte. Dieses Problem stellt sich nach der geltenden Rechtslage nicht. Bereits die Diskussion um die richtige Verfahrensart im sog. Burda-Beschluss hat verdeutlicht, dass § 2 Abs. 1 Nr. 2 UKlaG anzuwenden ist und somit das Urteilsverfahren greift. Das BAG betonte selbst, dass § 2 Abs. 1 Nr. 2 ArbGG anzuwenden sei, hätte der Arbeitgeber die Vereinbarung allein mit den Arbeitnehmern abgeschlossen. Darüber hinaus ist der „Burda"-Rechtsprechung im Hinblick auf die Anwendung des Beschlussverfahrens bei einem spezifischen betriebsverfassungsrechtlichen Einschlag nicht zu folgen.[682] Vor diesem Hintergrund lässt sich der Problempunkt vor der neueren allgemeinen Argumentationslinie des BAG und der generellen Ansicht in der Literatur zugunsten des Urteilverfahrens auflösen. Eine Privilegierung ist nicht zu befürchten.

(6) Die kollektiven Akteure

Die letzte durch den Rechtsausschuss aufgeworfene Frage nach dem kollektiven Akteur einer Verbandsklage nach dem UKlaG hat bei näherer Betrachtung zwei Dimensionen: Zum einen muss die verbraucherrechtliche und zum anderen die arbeitsrechtliche Zuordnung geklärt werden. Es konkurrieren Betriebsrat, Gewerkschaft und Koalitionen. Nach der Begründung des Rechtsausschusses kommt es an dieser Stelle nur darauf an, ob noch anderen Akteuren als den Gewerkschaften die Aktivlegitimation eingeräumt werden muss. Da bereits eine Aktivlegitimation aller Koalitionen im Sinne von Art. 9 Abs. 3 GG abgelehnt wurde,[683] ist die Diskussion an dieser Stelle auf den Betriebsrat zu beschränken.

Aus der Warte des Arbeitsrechts spricht bereits die Unsicherheit darüber, ob ein Betriebsrat gebildet wird, gegen eine Aktivlegitimation. Ein weiteres wichtiges Argument ist das Erfordernis der Rechtsfähigkeit in den §§ 3, 4 UKlaG. Die heute herrschende Meinung ordnet ihn als Organ der Betriebsverfassung und

[679] BeckOK ArbR-*Clemens*, § 2 ArbGG, Rn. 1.
[680] Hierzu S. 173 f.
[681] Vgl. *Urbanczyk*, S. 15.
[682] Hierzu S. 199 u. 208.
[683] Siehe S. 153.

Repräsentant der Belegschaft ein.[684] Das BAG sprach früher auch davon, dass der Betriebsrat Organ der Belegschaft sei.[685] Jedenfalls ist er weder vermögens- noch umfassend rechtsfähig. Er ist nur in seinem durch die Betriebsverfassung übertragenen Wirkungskreis rechtsfähig bzw. teilrechtsfähig.[686] Vor diesem Hintergrund wird er nicht die Voraussetzungen eines rechtsfähigen Verbandes in § 4 Abs. 2 UKlaG erfüllen.

Da es sich hierbei jedoch um ein formelles Argument handelt und im kollektiven Arbeitsrechte das duale Modell vorgegeben ist, soll im Folgenden die Möglichkeit des Betriebsrats im Hinblick auf die Unterlassung der Verwendung unzulässiger AGB weiter untersucht werden. Hieraus lassen sich Rückschlüsse auf die Stellung des Betriebsrats im System der überbetrieblichen Klauselkontrolle ziehen.

(a) Die Funktionen der Betriebsverfassung

Die Betriebsverfassung wird heute als „Fremdbestimmungsordnung" aufgefasst.[687] Weit überwiegend werden zwei Funktionen des Betriebsverfassungsrechts betont:

In erster Linie ist auch das BetrVG Arbeitnehmerschutzrecht. Ausgangspunkt ist wiederum die persönliche und wirtschaftliche Unterlegenheit des Arbeitnehmers. Die Situation im Betrieb ist geprägt von der Alleinentscheidungsbefugnis des Arbeitgebers.[688] Genau hier setzt das BetrVG an und begrenzt die Herrschaftsmacht des Arbeitgebers. Durch die Schaffung betrieblicher Arbeitnehmervertreter soll die Abhängigkeit des Arbeitnehmers ausgeglichen bzw. abgemildert werden.[689] Ziele sind die Selbstbestimmung, die Achtung der Würde des Menschen und der Ausgleichs oder Abbau einseitiger Machtstellungen durch Kooperation der Beteiligten sowie der Mitwirkung an Entscheidungen durch die von der Entscheidung Betroffenen.[690]

Diese Selbstbestimmung ist jedoch nach herrschender Ansicht nicht mit der Durchsetzung von Individualinteressen gleichzusetzen. Das Leitbild ist die gleichberechtigte Teilhabe. Die Betriebsverfassung ist darauf gerichtet, einen Ausgleich der unterschiedlichen Interessen der Arbeitnehmer zu finden und sie gegenüber dem Arbeitgeber geltend zu machen.[691]

Aus § 2 Abs. 1 BetrVG folgt weiter, dass die Betriebsverfassung auch auf das Wohl des Betriebes gerichtet ist. Diese Funktion kommt in § 80 Abs. 1 Nr. 2

---

[684] Richardi-*Richardi*, Einl., Rn. 101; *Dütz/Thüsing*, Rn. 840, auch zu anderen Entwürfen. *Sinzheimer*, Arbeitsrecht, S. 219; *Jacobi*, S. 298: „gesetzliche Vertretung einer gemeinschaftsverbundenen Personenvielfalt".

[685] BAG, Urteil vom 19.7.1977 – 1 AZR 483/74, AP BetrVG 1972, § 77, Nr. 1.

[686] BAG, Beschluss vom 29.9.2004 – 1 ABR 30/03, AP, § 40 BetrVG 1972, Nr. 41; *Dütz/Thüsing*, Rn. 840; vgl. auch: BGH, Urteil vom 25.10.2012 – III ZR 266/11, DB 2012, 2752 mit Anm. von *Molkenbur/Weber*, DB, 2014, 242.

[687] *Waltermann*, S. 99; Richardi-*Richardi*, § 77 BetrVG, Rn. 65.

[688] FESTL, § 1 BetrVG, Rn. 1 f.

[689] Schaub-*Koch*, § 210, Rn. 2 f.

[690] BT-Drs. VI/334, S. 65; ErfK-*Koch*, § 1 BetrVG, Rn. 1.

[691] ErfK-*Koch*, § 1 BetrVG, Rn. 1.

BetrVG zum Ausdruck und tritt offensichtlich neben das Wohl der Belegschaft. Diese Funktion konzentriert zwar das Arbeitsfeld der Beteiligten auf den Betrieb, steht jedoch der Berücksichtigung weitergehender Belange nicht im Wege.[692]

(b) Die Betriebsautonomie bzw. Regelungsbefugnis

Das Bundesarbeitsgericht und die herrschende Literatur billigen den Betriebsparteien eine umfassende Regelungsbefugnis – auch Betriebsautonomie genannt[693] – hinsichtlich Inhalt, Abschluss und Beendigung von Arbeitsverhältnissen zu.[694] Das Gericht leitet dies sowohl aus § 77 Abs. 3 als auch aus § 88 BetrVG ab. § 77 Abs. 3 BetrVG trifft nach Ansicht des BAG auch die Aussage, dass die Betriebsautonomie parallel zur tariflichen Regelungsbefugnis ausgebaut ist. § 88 BetrVG sei zudem nicht abschließend formuliert, sodass auch andere Gegenstände geregelt werden könnten.

(aa) Die Binnenschranken der Betriebsautonomie

Obgleich von einer umfassenden Regelungskompetenz ausgehend, unterwirft das BAG bzw. das BetrVG die Betriebsautonomie sog. Binnenschranken. Das BAG hat aus der Aufgabe nach § 75 Abs. 1 BetrVG, darüber zu wachen, dass alle im Betrieb tätigen Personen nach den Grundsätzen von Recht und Billigkeit behandelt werden, abgeleitet, dass die Betriebsvereinbarung Recht und Billigkeit entsprechen muss.[695] Nach § 75 Abs. 2 S. 1 BetrVG haben die Betriebsparteien die freie Entfaltung der im Betrieb beschäftigten Arbeitnehmer zu schützen und zu fördern. Das BAG interpretiert die Norm in dem Sinne, dass die Vorgaben des Art. 2 Abs. 1 GG die Betriebsparteien auch bei der betrieblichen Normsetzung treffen.[696]

Eine weitere, gesetzesimmanente Schranke des Inhalts der Betriebsvereinbarung bilden die Aufgaben und Kompetenzen des Betriebsrats nach dem BetrVG. Nur insofern diese Angelegenheiten tangiert sind, besteht überhaupt eine Regelungsbefugnis.[697] Geht man davon aus, dass das BetrVG Fremdbestimmung ist, so stellt die Entfaltung der Persönlichkeit einen wichtigen Gradmesser für die betrieblichen Lösungen dar. Während mitgliedschaftlich legitimierte Ergebnisse gerade Ausdruck kollektiver Privatautonomie sind, muss sich die Betriebsvereinbarung am Persönlichkeitsrecht des Arbeitnehmers messen lassen.[698] Wenn

---

[692] Richardi-*Richardi*, § 2, Rn. 16; BeckOK ArbR-*Besgen*, § 2 BetrVG, Rn. 12.

[693] BAG, Urteil vom 12.12.2006 – 1 AZR 96/06, NZA 2007, 453 (455); Richardi-*Richardi*, § 77, Rn. 64.

[694] Grundlegend BAG GS 7. November 1989 – GS 3/85 – zu C I 2 der Gründe, BAGE 63, 211; BAG 12. Dezember 2006 – 1 AZR 96/06 – Rn. 14, BAGE 120, 308; jüngst wieder bestätigt in: BAG, Urteil vom 5.7.2011 – 1 AZR 94/10, AP § 87 BetrVG 1972, Lohngestaltung, Nr. 139.

[695] BAG, Urteil vom 5.7.2011 – 1 AZR 94/10, AP § 87 BetrVG 1972, Lohngestaltung, Nr. 139.

[696] BAG, Beschluss vom 26.8.2008 – 1 ABR 16/07, NZA 2008, 1187 (1189).

[697] Richardi-*Richardi*, § 77 BetrVG, Rn. 64.

[698] Besonders deutlich in: BAG, Urteil vom 11.7.2000 – 1 AZR 551/99, AP, § 87 BetrVG 1972, Sozialeinrichtung Nr. 16, mit Anm. von *v. Hoyningen-Huene*; Richardi-*Richardi* § 87 BetrVG Rn. 46: Sicherung der Selbstbestimmung.

also der Betriebsrat bei der Wahrnehmung seiner Tätigkeit durch die Selbstbestimmung in seinen Kompetenzen beschränkt wird, ist damit schwer vereinbar, ihn in das generelle Schutzsystem der Privatautonomie einzustellen. Er nimmt diese Funktion lediglich innerhalb der Betriebsverfassung und unter normativer Supervision wahr.

(bb) Die dogmatischen Grundlagen der Betriebsautonomie

Aus diesen gesetzlichen Vorgaben kann man ableiten, dass die Betriebsautonomie vom BetrVG vorausgesetzt wird. Woher sie rührt, ist damit aber noch nicht gesagt. Eine vergleichbare Legitimation wie im Tarifvertragsrecht existiert im BetrVG nicht.[699] Die Aufnahme eines Arbeitnehmers in einen Betrieb und die Eingliederung in den Betrieb sind nicht mit einem freiwilligen Beitritt zu einer Koalition vergleichbar.[700] Eine Legitimation allein durch die Betriebsratswahl[701] kann auch nicht vollends überzeugen. Denn jedenfalls fehlt der Zustimmungsakt dessen, der erst nach der Wahl in den Betrieb eintritt.[702]

Wenn es also nach heute herrschender Meinung an einem allgemeinen Akt der Selbstbestimmung fehlt, muss die Legitimation auf andere Weise begründet werden. Überwiegend wird an dieser Stelle auf die Ansätze der sog. Delegationstheorie zurückgegriffen. Dabei ist wiederum zwischen der Übertragung staatlicher Rechtssetzung und der Überweisung der Aufgabe zur Rechtssetzung zu trennen. Die Übertragung staatlicher Regelungsmacht wird überwiegend abgelehnt.[703] Im Rahmen des BetrVG könnten zwar nicht dieselben verfassungsrechtlichen Einwände vorgebracht werden wie zum TVG,[704] dennoch könnten die Delegationstheorien die Herkunft des autonomen Regelns nicht erklären.[705]

Die heute wohl herrschende Meinung folgt einem differenzierten Ansatz. Zwar werde nicht die Regelungsbefugnis delegiert, jedoch verteile der Staat die Regelungsmacht zwischen Arbeitgeber- und Arbeitnehmerseite.[706] Den Betriebsparteien ist damit die Aufgabe überlassen, die betrieblichen Angelegenheiten zu ordnen, während der Staat diese Ordnung anerkennt.[707] Auf dieser Linie liegt auch das Bundesarbeitsgericht. Das Gericht spricht von einer Verleihung der Betriebsautonomie und von privater Normsetzung in Betrieben. Der Gesetzgeber habe den Betriebsparteien durch das BetrVG die Aufgabe überlassen, einen

[699] *Linsenmaier*, RdA 2008, 1 (4).

[700] *Linsenmaier*, RdA 2008, 1 (4); zum Ganzen: *Waltermann*, S. 89.

[701] Richardi-*Richardi*, Einl., Rn. 101.

[702] *Hänlein*, RdA 2003, 26 (32); *Waltermann*, S. 92; *Veit*, S. 188 hat das Prinzip aufgestellt, der Gesetzgeber sei nicht befugt, die private Normsetzung durch Gruppen zu billigen oder entsprechende Zuständigkeiten auf sie zu übertragen, wenn die Gruppe nicht ausreichend durch die Normunterworfenen legitimiert sei. Die Legitimation durch die Normunterworfenen sei dabei Geltungsvoraussetzung, nicht Geltungsgrund der Rechtssetzung der Gruppe. Diese These ist contra legem, sie erklärt nicht die Wirkungsweise der Betriebsautonomie, sondern dokumentiert ihr Scheitern wieder jede Praxis und ohne Fundament in Art. 2 Abs. 1 GG.

[703] Richardi-*Richardi*, § 77, Rn. 65; umfassend: *Waltermann*, S. 113 ff.

[704] *Waltermann*, S. 125.

[705] *Waltermann*, S. 141.

[706] Richardi-*Richardi*, § 77 BetrVG, Rn. 69 f.

[707] *Waltermann*, S. 141.

bestimmten Bereich nach näheren Maßstäben und insbesondere unter Beachtung der Tarifautonomie im Wege der Selbstverwaltung autonom zu regeln. Ihren Vereinbarungen verleihe der Staat durch § 77 Abs. 4 die Verbindlichkeit normativen, unabhängig vom konkreten Willen der Normadressaten geltenden Rechts.[708]

Die mit diesem Ansatz einhergehende Rechtfertigung der Fremdbestimmung wird über die Kompetenz des Gesetzgebers weiter dokumentiert. Aus Art. 74 Abs. 1 Nr. 12 GG ist zu entnehmen, dass das Grundgesetz von einer gesetzlich zu regelnden Betriebsverfassung ausgeht, durch welche die Möglichkeit eröffnet wird, auf dieser Ebene die Arbeitsbedingungen zu gestalten.[709] Eine derartige Gestaltung impliziert die Möglichkeit heteronomer Rechtssetzung.[710]

Die Grundlage der Betriebsautonomie spricht daher bereits für eine Konzentration auf Fragen der Betriebsverfassung und einer Herausnahme aus dem Schutz zugunsten des Rechtsverkehrs. Im Folgenden soll diese Annahme durch die Rolle unterlegt werden, die der Betriebsrat bei der Kontrolle vorformulierter Arbeitsbedingungen einnimmt.

(c) Die AGB-Kontrolle durch den Betriebsrat

Während die Verbandsklage den Rechtsverkehr vor Scheinbindungen schützen soll, ist das Betriebsverfassungsrecht auf den Betrieb und die Verwirklichung von Selbstbestimmung innerhalb des Betriebes ausgerichtet. Damit geht einher, dass sich das bestehende System der AGB-Kontrolle durch den Betriebsrat in diese Annahme nahtlos einfügt. Nur die Verwendung Allgemeiner Geschäftsbedingungen gegenüber Arbeitnehmern im Betrieb besitzt einen spezifischen Bezug zur Betriebsverfassung.

Vor diesem Hintergrund stellt sich die Frage nach der Reichweite des Kontrollrechts nach § 80 Abs. 1 Nr. 1 BetrVG und ob hinsichtlich der Fassung oder Verwendung ein Mitbestimmungsrecht des Betriebsrats besteht. Eine „Burda"-Lösung scheitert hingegen. Anders als bei Art. 9 Abs. 3 GG sind die Beteiligungsrechte des Betriebsrats nicht deliktisch geschützt.[711]

(aa) Die Überwachung der Verwendung der AGB

Betrachtet man zunächst § 80 Abs. 1 Nr. 1 BetrVG, so muss in Übereinstimmung mit dem BAG festgestellt werden, dass die §§ 305 ff. BGB auch Normen sind, die zugunsten der Arbeitnehmer gelten.[712] Das BAG folgerte dies daraus, dass das Schuldrechtsmodernisierungsgesetz vom 26. November 2001 die bislang in § 23 AGBG enthaltene Bereichsausnahme für Arbeitsverträge entfernte und die Geltung des Rechts der Allgemeinen Geschäftsbedingungen auf Arbeitsverträge erstreckt habe.

Allerdings beschränkt das Gericht die Überwachungsaufgabe des Betriebsrats auf eine reine Rechtskontrolle der verwendeten Klauseln und nimmt die Über-

---

708 BAG, Urteil vom 12.12.2006 – 1 AZR 96/06, NZA 2007, 453 (455).
709 *Linsenmaier*, RdA 2008, 1 (4).
710 *Linsenmaier*, RdA 2008, 1 (4).
711 *Klocke*, S. 53 ff.
712 BAG, Beschluss vom 16.11.2005 – 7 ABR 12/05, NZA 2005, 553 (555).

prüfung der Zweckmäßigkeit aus dem Anwendungsbereich der Norm heraus. Der Betriebsrat ist darauf beschränkt, eine Nichtbeachtung der gesetzlichen Vorschriften beim Arbeitgeber zu beanstanden und auf Abhilfe zu drängen. Eine besondere Maßnahme kann er nicht verlangen.

Das BAG trat zudem der Ansicht entgegen, aus § 80 Abs. 1 Nr. 1 BetrVG könne abgeleitet werden, dass der Betriebsrat befugt sei, weitere Ansätze und Meinungen zu den einzelnen Vertragsklauseln zu prüfen und selbst zu entwickeln.[713] Die Entwicklung alternativer Vertragsinhalte sei nämlich nicht von seinem Beteiligungsrecht – so ordnet das Gericht § 80 Abs. 1 Nr. 1 BetrVG ein[714] – gedeckt. Das Überwachungsrecht des Betriebsrats sei bei Formularverträgen auf die Prüfung beschränkt, ob nach Einschätzung eines objektiven Dritten eine überwiegende Wahrscheinlichkeit dafür spreche, dass die verwandten Vertragsklauseln den Anforderungen genügen, die nach dem Gesetz und der dazu ergangenen höchstrichterlichen Rechtsprechung gestellt werden. Liege eine Rechtsprechung des Bundesarbeitsgerichts zu dem Gegenstand der Vertragsklausel nicht vor, sei auf die bisher ergangene Rechtsprechung der Instanzgerichte abzustellen. Fehle es auch hieran, habe die Einschätzung unter Berücksichtigung der im arbeitsrechtlichen Schrifttum ergangenen Stimmen zu erfolgen.

In der Praxis ist dieses Kontrollrecht sehr schwach. Es fehlt an einem Informationsrecht bzw. Auskunftsanspruch des Betriebsrats. Aus § 80 Abs. 2 S. 1 lässt sich folgern, dass der Betriebsrat kein Recht darauf hat, die Klauselverträge vor Verwendung zur Einsicht zu erhalten. Vielmehr ist Absatz 2 bereits ein Verfahren für Unstimmigkeiten bei Angelegenheiten im Rahmen von Absatz 1 Nummer 1 und zudem muss der Betriebsrat von sich aus tätig werden.[715]

(bb) Das Mitbestimmungsrecht des § 94 Abs. 2 BetrVG

Vor diesem Hintergrund ist es systemkonform, dass kein weitergehendes Mitbestimmungsrecht besteht. Nach § 94 Abs. 2 i. V. m. § 94 Abs. 1 BetrVG bedürfen persönliche Angaben in schriftlichen Arbeitsbedingungen, die allgemein für den Betrieb verwendet werden sollen, der Zustimmung des Betriebsrats. Diese Norm wurde wegen Personalfragebögen im Gewand eines Formularvertrages eingeführt.[716] Die Norm geht vom Normalfall des Personalfragebogens aus und soll somit verhindern, dass der Schutz gemäß Absatz 1 durch die Verwendung von Formularverträgen unterlaufen wird.[717] Diesem Zweck entsprechend verneint die herrschende Meinung ein umfassendes Recht auf Mitgestaltung eines Formularvertrages.[718]

---

[713] BAG, Beschluss vom 16.11.2005 – 7 ABR 12/05, NZA 2005, 553.

[714] Das folgt aus Rn. 34 des Beschlusses.

[715] BAG, Beschluss vom 16.11.2005 – 7 ABR 12/05, NZA 2006, 553 (557); hierzu auch: *Linsenmaier*, RdA 2014, 336 (338 f.) m. w. N.

[716] Zum Ganzen: Richardi-*Thüsing*, § 94, Rn. 52.

[717] BT-Drs. VI/2729.

[718] Richardi-*Thüsing*, § 94 BetrVG, Rn. 52; FESTL, § 94, Rn. 27; *HWGNRH*, § 94 BetrVG, Rn. 6 f.; MüArbR-*Matthes*, § 258, Rn. 5; jüngst auch: LAG Nürnberg, Beschluss vom 21.12.2010 – 6 TaBVGa 12/10, NZA-RR, 130, hierzu: *Ebeling*, JurisPRArbR 17/2011, Anm. 3.

Davon zu trennen ist die Reichweite des Unterlassungsanspruchs bei Verletzung des Mitbestimmungsrechts, wenn die Zustimmung zur Verwendung der persönlichen Angaben in den Arbeitsverträgen nicht eingeholt wurde. Das LAG Nürnberg vertritt, dass nur die Aufnahme der Klauseln, nicht aber die Verwendung des gesamten Klauselwerks untersagt werden darf.[719] Diese Ansicht erzielt den gleichen Effekt und ist vor Art. 12 i. V. m. 2 Abs. 1 GG ein weniger intensiver Grundrechtseingriff. Wurde die Klausel jedoch bereits in den Vertrag aufgenommen, so kann die Verwendung der Klausel untersagt werden. Dies betrifft dann auch den Vertrag, bis die Gewähr geschaffen ist, dass die Klausel nicht mehr im Vertragswerk verwendet wird.

(cc) Der Informationsanspruch nach § 80 Abs. 2 BetrVG und die Weitergabe der Informationen

Bemerkenswert ist schließlich ein weiterer Aspekt der Betriebsratsarbeit. Anders als der Verbraucherverband hat der Betriebsrat nach § 80 Abs. 2 BetrVG ein Einsichtsrecht in die Arbeitsverträge.[720] Davon ausgehend stellt sich die Frage, ob der Betriebsrat diese Information an Gewerkschaften weitergeben kann. Das wird de lege lata bereits virulent, wenn der Arbeitgeber – ohne Einwilligung des Betriebsrats – Einheitslösungen schafft, die einen Angriff auf die Tarifautonomie verkörpern könnten. Darüber hinaus wäre dieser Weg auch für § 1 UKlaG zu erwägen.

Die Befugnis zur Weitergabe an eine im Betrieb vertretene Gewerkschaft kann aus den §§ 2 Abs. 1, 31 BetrVG abgeleitet werden. Das Gebot der vertrauensvollen Zusammenarbeit erstreckt sich über den Wortlaut von Absatz 1 hinaus auch auf die Zusammenarbeit des Betriebsrats mit Gewerkschaften.[721]

Diese Befugnis wird durch zwei Normen beschränkt. Zum einen gilt die Geheimhaltungspflicht des § 79 BetrVG. Zum anderen ist wegen § 2 Abs. 1 BetrVG zu verlangen, dass der Betriebsrat zunächst das Verfahren des § 80 Abs. 1 Nr. 1 BetrVG einhält, bevor er sich an eine Gewerkschaft wendet.

(d) Die fehlende weitergehende Zuordnung des Betriebsrats zur Durchsetzung der Rechte der Arbeitnehmer

Dieser innerbetrieblichen Rolle widerspricht eine Zubilligung einer Kompetenz zur systematischen Bekämpfung von AGB. Die Rolle des Betriebsrats ist eine

---

[719] LAG Nürnberg, Beschluss vom 21.12.2010 – 6 TaBVGa 12/10, NZA-RR 2011, 130 (130), zustimmend: ErfK-*Kania*, § 94 BetrVG, Rn. 2; die Argumentation des Gerichts ist einfach angreifbar. Allein der Hinweis, durch Umbenennung des Formulars könne die Unterlassungsverpflichtung unterlaufen werden, übersieht die vollstreckungsrechtliche Kerntheorie. Praktisch verstößt der Arbeitgeber gegen das gerichtliche Verbot erst recht, wenn er die untersagten Klauseln im Rahmen eines Klauselwerks stellt. Damit kommt dem Problem keine praktische Relevanz zu.

[720] Zum Umfang allgemein: Richardi-*Thüsing*, § 80 BetrVG, Rn. 47 ff.

[721] BAG, Beschluss vom 14.2.1967 – 1 ABR 7/66, NJW 1967, 1295 (1296); in dieses Richtung: BAG, Beschluss vom 21.2.1978 – 1 ABR 54/76, AP § 74 BetrVG 1972, Nr. 1; Richardi-*Richardi* § 2 BetrVG, Rn. 11; ErfK-*Koch*, § 2 BetrVG, Rn. 1.

andere. Bereits im Betrieb wird deutlich, dass der Betriebsrat nicht die Rechte einzelner Arbeitnehmer durchsetzen soll. Nach § 80 Abs. 1 BetrVG hat der Betriebsrat generell die Aufgabe, darüber zu wachen, dass die zugunsten der Arbeitnehmer geltenden Gesetze, Verordnungen, Unfallverhütungsvorschriften, Tarifverträge und Betriebsvereinbarungen eingehalten werden. Die überwiegende Auffassung folgert aus § 80 Abs. 1 BetrVG kein Recht auf Durchführung einer zugunsten der Arbeitnehmer bestehenden Norm.[722] Die Durchführung der Normen sei Aufgabe des Arbeitgebers. Der Betriebsrat kann in dieser Funktion nur die Nichtbeachtung oder die fehlerhafte Durchführung der Vorschriften beanstanden und auf Abhilfe drängen. Diese allgemeine Aufgabe des Betriebsrats ist nicht vom Vorliegen bestimmter konkreter Mitwirkungs- bzw. Mitbestimmungsrechte abhängig, sondern bezieht sich auf die Einhaltung und Durchführung sämtlicher Vorschriften zugunsten der Arbeitnehmer.[723]

Aus der Überwachungsaufgabe resultiert nicht, dass der Betriebsrat eine Art Kontrollgremium des Arbeitgebers wird. Die Überwachung ist vielmehr in den Kontext der vertrauensvollen Zusammenarbeit i. S. v. § 2 Abs. 1 BetrVG zwischen den Akteuren zu setzen. Die Überwachungsaufgabe des Betriebsrats ist auf der anderen Seite nicht von der vorherigen Einwilligung des Arbeitnehmers abhängig. Das BAG hat diese Annahme auf den eindeutigen Wortlaut des § 80 Abs. 1 BetrVG gestützt.[724]

(aa) Der allgemeine Unterlassungsanspruch bei Arbeitnehmerschutznormen

Davon ausgehend vertritt das BAG, dass dem Betriebsrat weder ein Einforderungsrecht noch ein Unterlassungsanspruch hinsichtlich der Verletzung von Arbeitnehmerschutznormen zusteht. Das BAG betont, dass der Betriebsrat im Beschlussverfahren lediglich seine eigenen betriebsverfassungsrechtlichen Rechte geltend machen kann. Eine Antragsbefugnis existiert nicht, wenn der Betriebsrat nur Rechte einzelner Arbeitnehmer geltend macht.[725] Im Beschlussverfahren ist die Antragsbefugnis vielmehr nur dann gegeben, wenn der Antragsteller durch die begehrte Entscheidung in seiner kollektivrechtlichen Rechtsposition betroffen sein kann.[726]

(bb) Der allgemeine Durchführungsanspruch aus der Betriebsvereinbarung

Die Pflichten des Arbeitgebers, die gegenüber dem Betriebsrat bestehen, stellen hingegen Ansprüche dar. Nach § 77 Abs. 1 BetrVG ist der Arbeitgeber verpflichtet, die Vereinbarungen zwischen Betriebsrat und Arbeitgeber durchzuführen. Mit dieser Pflicht korrespondiert das Recht des Betriebsrats, die Durchführung

---

722 FESTL, § 80 Rn. 20; BeckOK ArbR-*Werner* § 80 BetrVG Rn. 20; vertiefend: HaKo-*Kohte/Schulze-Doll* § 80 Rn. 27.

723 BAG, Beschluss vom 19.10.1999 – 1 ABR 75/98 – AP, BetrVG 1972 § 80 Nr. 58.

724 BAG, Beschluss vom 7.2.2012 – 1 ABR 46/10, NZA 2012, 744 (745).

725 BAG, Beschluss vom 10.7.2013 – 7 ABR 22/12, NZA 2013, 1221 (1222).

726 BAG, Beschluss vom 4.12.2013 – 7 ABR 7/12, AP, § 78 BetrVG 1972 Nr. 13; BAG, Beschluss vom 17.2.2015 – 1 ABR 41/13, = juris.de.

der Betriebsvereinbarung verlangen zu können.[727] Der Durchsetzungsanspruch der Betriebsvereinbarung impliziert darüber hinaus einen Anspruch auf Unterlassung vereinbarungswidriger Maßnahmen.[728]Als Vertragspartei ist allein der kontrahierende Betriebsrat anspruchsberechtigt. Die Aktivlegitimation folgt der Regelungsbefugnis.[729] Der Durchführungsanspruch setzt an der Weigerung des Arbeitgebers an, eine bestimmte Handlung vorzunehmen, zu der er nach Ansicht des Betriebsrats nach der Betriebsvereinbarung verpflichtet ist.

Begründet eine Betriebsvereinbarung hingegen individuelle Rechte, so darf nach herrschender Meinung diese Sphäre nicht vom Durchführungsanspruch berührt werden.[730] Praktisch wird dies vor allem bei der Antragsfassung deutlich. Das Bundesarbeitsgericht vertritt hierzu, dass sich der Durchführungsanspruch nicht auf die Individualansprüche des normativen Teils bezieht.[731] Begründet wurde diese Ansicht mit der Natur der Betriebsvereinbarung als Normenvertrag. Es läge kein Vertrag zugunsten Dritter vor. Ferner würde diese Konstruktion dazu führen, dass sich individuelle Streitigkeiten auf die kollektive Ebene verlagerten. Der Betriebsrat wäre dann in der ihm nicht zustehenden Rolle des gesetzlichen Prozessstandschafters, und weder § 77 noch § 80 BetrVG deckten dieses Ergebnis. In Verbindung mit der restriktiven Interpretation von § 80 Abs. 1 Nr. 1 BetrVG (kein Forderungsrecht)[732] kann der Betriebsrat die Durchführung einzelner Klauseln nicht verlangen.

Damit der Durchführungsanspruch besteht, muss die Betriebsvereinbarung ihr Fundament in der Regelungsbefugnis des Betriebsrats haben. So erklärt es sich, dass die herrschende Meinung einen Anspruch im Nachgeltungszeitraum nach § 77 Abs. 6 BetrVG ablehnt. Hier wirkt die Betriebsvereinbarung nicht aufgrund der Betriebsautonomie, sondern kraft Gesetz und auf Grundlage des eigenständigen Zwecks, einen regelungslosen Zustand zu verhindern.[733] Das Gleiche zeigt sich in der Konstellation, dass die Betriebsvereinbarung die kollektiv-rechtliche Wirkung (§ 77 Abs. 4 BetrVG) verloren hat, weil sie etwa gem. § 613a Abs. 1 S. 2 BGB nur noch individualvertraglich wirkt.

---

[727] Vgl. auch *Ahrendt* zum dogmatischen Streit der Grundlage dieses Anspruchs, NZA 2011, 774 (774). Eine Grundlage in § 77 BetrVG könnte sich allenfalls über eine teleologische Implikation rechtfertigen. Richtiger dürfte gerade der letzte Halbsatz dafür streiten, dass es stets auf die jeweilige Betriebsvereinbarung ankommt. Es ist gut denkbar, dass die Anhaltspunkte des Einzelfalls auch dafür streiten können, dass ein solche einmal nicht vorliegt. Die Lösung findet sich also in der Auslegung der Betriebsvereinbarung und damit in der Vereinbarung.

[728] BAG, Beschluss vom 10.11.1987 – 1 ABR 55/86, NZA 1988, 255; BAG, Beschluss vom 23.6.1992 – 1 ABR 11/22, NZA 1992, 1095 (1097); BAG, Beschluss vom 29.4.2004 – 1 ABR 30/02, NZA 2004, 670 (677).

[729] BAG, Beschluss vom 18.5.2010, NZA 2010, 1433 (1434); *Ahrendt*, NZA 2011, 774 (776), auch zu möglichen Ausnahmekonstellationen.

[730] Vgl. die Zusammenfassung von *Ahrendt*, NZA 2011, 774 (778).

[731] BAG, Beschluss vom 17.10.1989 – 1 ABR 75/88, NZA 1990, 441 (441 f.).

[732] BAG, Beschluss vom 10.6.1985 – 1 ABR 59/84, NZA 1987, 28.

[733] Hierzu *Ahrendt*, NZA 2011, 774 (775).

(cc) Die ausgeschlossene Abtretungslösung

Die oftmals im kollektiven Rechtsschutz betonte Abtretungslösung scheidet ebenfalls aus. Da der Betriebsrat nicht vermögensfähig und nur im Hinblick auf die ihm gesetzlich zugewiesenen Rechte rechtsfähig ist, kann ein Arbeitnehmer seine Ansprüche nicht an den Betriebsrat abtreten.[734]

(dd) Der Anspruch aus § 23 Abs. 3 BetrVG

Damit verbleibt es nur noch, § 23 Abs. 3 BetrVG in das System des kollektiven Rechtsschutzes einzustellen. § 23 Abs. 3 BetrVG enthält u. a. eine gesetzliche Prozessstandschaft,[735] die ausweislich ihres Wortlauts alle betriebsverfassungsrechtlichen Pflichten erfasst – auch solche gegenüber einzelnen Arbeitnehmern. In einem Beschluss vom 16. November 2004 betonte das BAG, dass der Betriebsrat zur Wahrnehmung der Rechtsposition von Arbeitnehmern nur ausnahmsweise befugt sei.[736] Das Gericht fordert einen kollektiven Bezug auf die betriebsverfassungsrechtliche Organisation. Für das Hinzuziehungsrecht aus § 82 Abs. 2 S. 2 BetrVG hat das BAG dies angenommen und auf zwei Stützen gestellt. Der kollektive betriebsverfassungsrechtliche Bezug ergebe sich bereits aus dem Umstand, dass der Anspruch des Arbeitnehmers nicht auf die Hinzuziehung eines betriebsfremden Dritten, sondern eines Betriebsratsmitglieds gerichtet und damit in seinem Bestand und Umfang in die betriebsverfassungsrechtliche Organisation eingebunden sei. Dieser Bezug werde dadurch verstärkt, dass der Anspruch Gespräche nach § 82 Abs. 2 Satz 1 BetrVG betrifft, in denen es jedenfalls auch um die Möglichkeit der beruflichen Entwicklung im Betrieb gehe. Dadurch seien regelmäßig zugleich die Interessen anderer Arbeitnehmer berührt.

(ee) Die Bedeutung für die Verbandsklage

Die Abtretungslösung stellt seit jeher die Alternative zur Verbandsklage dar. Dass diese bereits aus dogmatischen Gründen scheitert, verdeutlicht die strukturellen Schwierigkeiten der Annahme der Aktivlegitimation des Betriebsrats. Das Betriebsverfassungsrecht enthält mit § 23 Abs. 3 BetrVG eine Norm, die einer Verbandsklage sehr ähnlich sein kann. Ein weitergehender Anspruch wird abgelehnt. Insofern repräsentiert § 80 Abs. 1 BetrVG eine deutliche Wertung gegen weitergehende Befugnisse. Individualrechtliche Konflikte sollen auf den Betrieb bezogen werden und sollen das durch § 80 Abs. 1 Nr. 1 BetrVG implizierte Verfahren einhalten.

(e) Die Einordnung der kollektiven Akteure im System der Verbandsklage

Legt man die soeben herausgearbeiteten Ergebnisse zugrunde, so zeichnet sich bereits de lege lata ein System für den kollektiven Rechtsschutz nach § 1 UKlaG im Arbeitsrecht ab:

---

[734] *Fischer*, RdA 2003, 269 (273).

[735] BAG, Beschluss vom 16.11.2004 – 1 ABR 53/03, AP § 82 BetrVG 1972 Nr. 3.

[736] BAG, Beschluss vom 16.11.2004 – 1 ABR 53/03, AP § 82 BetrVG 1972 Nr. 3.

Im kollektiven Arbeitsrecht kommen im Wesentlichen zwei Akteure in Betracht: Gewerkschaften oder Betriebsräte. Da dem Betriebsrat durch das BetrVG und hier über §§ 94 Abs. 2 und 80 Abs. 1 Nr. 1 i. V. m. Abs. 2 BetrVG eine gesetzliche Regelung zur Seite steht, fehlt es jedoch an der planwidrigen Regelungslücke. Der Gesetzgeber hat den Betriebsrat nur auf die Betriebsverfassung entworfen. Eine Ausnahme stellt der Kontakt zu den Gewerkschaften dar. Durchläuft der Betriebsrat das Verfahren nach § 80 Abs. 1 Nr. 1 BetrVG erfolglos, so kann er unter Wahrung der Arbeitnehmerinteressen die AGB an eine Gewerkschaft weitergeben.

Diese sind im Verbandsklageverfahren aktivlegitimiert. Nicht nur hat der Gesetzgeber sie besonders hervorgehoben. Als Koalition weist ihnen – nicht dem Betriebsrat[737] – bereits Art. 9 Abs. 3 GG die Aufgabe und Befugnis zu, die Arbeitsbedingungen zu wahren. Ferner sind die Tarifverträge in der Regel Gegenstand der Bezugnahmeklauseln bzw. der Individualvertragsgestaltung und damit die Tarifparteien in besonderer Weise durch Klauselverträge tangiert. Da sie sich zudem auf der Grundlage von § 4 UKlaG registrieren lassen können, gibt es keinen Grund, ihnen die Anspruchsinhaberschaft zu verwehren. Ob und wie sich die Verbandsklage in Art. 9 Abs. 3 GG überführen lässt, wird in der Folge im Rahmen des Interessenvergleichs veranschaulicht werden.

Eine gewisse Ähnlichkeit besteht nur in der Legitimation der Tätigkeit – Verbraucherverbände nehmen auch Interessen von Nichtmitgliedern wahr, der Betriebsrat repräsentiert auch solche, die nicht gewählt haben. Jedoch agiert ein Betriebsrat auf der Ebene des Betriebs und kann daher dem Zweck, den Rechtsverkehr vor unzulässigen Klauseln zu schützen, nicht vollumfänglich nachkommen.

(7) Zusammenfassung

Auf der Grundlage der hier gefundenen Ergebnisse lassen sich die durch den Rechtsausschuss aufgeworfenen Fragen wie folgt beantworten:

Eine mögliche Anwendung von § 1 UKlaG geht zwar über § 1004 BGB hinaus, trifft aber auf entscheidende Anknüpfungspunkte, indem in beiden Fällen die Verwendung vertraglicher Gestaltungen untersagt wird. Während es bei „Burda" um die Sicherung des Art. 9 Abs. 3 GG geht, fokussiert § 1 UKlaG auf den Schutz vor Scheinbindungen und das Unterlaufen gesetzlicher Besitzbestände.

Die Zuständigkeit der Arbeitsgerichte lässt sich bereits heute über § 13 GVG i. V. m. § 2 Abs. 1 Nr. 2 ArbGG herleiten. Das Urteilsverfahren ist für § 1 UKlaG die statthafte Verfahrensart. Das entspricht zum einen den Grundsätzen der „Burda"-Rechtsprechung, weil kein betriebsverfassungsrechtlicher Sachverhalt vorliegt, und zum anderen dem System des UKlaG selbst.

Schließlich sollten nur die Gewerkschaften aktivlegitimiert sein. Dies wurde bereits im Rahmen von §§ 8, 3 UWG normativ herausgestellt. Im System würde

[737] Richardi-*Richardi*, Einleitung, Rn. 116.

einem Betriebsrat im Hinblick auf die Sicherung des Arbeitsvertrages eine Rolle zukommen, die im geltenden Recht so nicht angelegt ist.

d) Zwischenergebnis

§ 15 UKlaG hat seine Ausgestaltung erst den Vorschlag des Rechtsausschusses erhalten. Mit der Billigung durch das Parlament liegt eine offene Lücke vor, die ebenso wie die planwidrige Regelungslücke eine Rechtsfortbildung trägt. Die durch den Rechtsausschuss aufgeworfenen Probleme lassen sich bereits heute lösen. Das System des kollektiven Rechtsschutzes gegen unzulässige Vertragsbedingungen setzt im Betrieb an und endet auf der überindividuellen Ebene der §§ 1, 2 UKlaG.

3. Die Vergleichbarkeit der Interessenlagen

Daher soll im Folgenden der Frage nachgegangen werden, ob die Anerkennung der arbeitsrechtlichen Verbandsklage wegen der Vergleichbarkeit der Interessenlagen mit dem geltenden Recht vereinbar ist bzw. ob die Übertragung gerechtfertigt erscheint.[738] Die folgende Untersuchung stützt sich dabei im Wesentlichen auf vier Aspekte: der arbeitnehmerähnlichen Person kommt im UKlaG und im TVG eine verbindende Sonderstellung zu; nach Art. 9 Abs. 3 GG gehört es zu den verfassungsrechtlichen Befugnissen und Pflichten der Koalitionen, die Arbeits- und Wirtschaftsbedingungen *zu wahren*; ferner können Verbraucher- und Arbeitsrecht aufeinander bezogen werden; außerdem propagiert die Empfehlung 2013/396/EU der EU-Kommission einen weiten Ansatz beim kollektiven Rechtsschutz und erfasst partiell das Arbeitsrecht. Insofern lassen sich diese Aspekte unter dem Gesichtspunkt der Vergleichbarkeit der Interessenlage zusammenfassen.

a) Das methodische Vorgehen

Bislang wurde § 15 UKlaG historisch untersucht und eine Delegationslücke bejaht. Hiervon ausgehend stellt sich die Frage, ob §§ 1, 3, 4 UKlaG analog oder unmittelbar anzuwenden sind. Von ihrer Struktur tragen die Normen den Anspruch bereits de lege lata. Insofern geht es nur darum, den Ausschluss nach § 15 UKlaG im Wege einer historisch bzw. subjektiv determinierten Reduktion zu überwinden. Dabei darf jedoch nicht die Komplexität des kollektiven Rechtsschutzes außer Acht gelassen werden. Insofern bietet es sich an, die teleologische Reduktion derart zu untermauern, dass die Voraussetzungen der Analogie eben-

[738] *Säcker* hat – grundsätzlich kritisch – vier Voraussetzungen für eine Verbandsklage aufgestellt: ein rechtfertigendes Bedürfnis, die Eignung des Verbandes als Legitimationsträger, die Einfügung der Klage in das System des Rechtsschutzes und die Verhältnismäßigkeit in Bezug auf die Individualrechte (von ihm sog. Erträglichkeit), vgl. *Säcker*, S. 2 u. 31 ff. Über diese Kriterien verlangt er eine „besondere Rechtfertigung" der Verbandsklage. Der vorliegende Ansatz ist breiter und allgemeiner aufgebaut, wird diese Problempunkte jedoch jedenfalls implizit mitbeantworten. Der Ansatz Säckers geht rechtsdogmatisch in den Anforderungen der Analogie auf.

falls herangezogen werden. Nur so kann auch dem (objektiven) Einwand begegnet werden, die Rechtsgebiete seien völlig verschieden.

b) Die Anforderungen an den Vergleich der Interessenlagen

Die Vergleichbarkeit der Interessenlagen setzt zunächst voraus, dass die betroffenen Sachverhalte vergleichbar sind. Dies ist zu bejahen, wenn sie in den die rechtliche Bewertung maßgebenden Aspekten übereinstimmen.[739] BAG und BGH fordern zudem, dass beide Tatbestände infolge ihrer Ähnlichkeit in der für die gesetzliche Bewertung maßgeblichen Hinsicht gleich zu bewerten sind.[740] Mit anderen Worten dürfen keine Unterschiede bestehen, welche die gesetzliche Wertung ausschließen.[741] Sachlich nicht gerechtfertigte „Wertungsinkonsistenzen" sollen vermieden werden.[742]

Zunächst müssen die der Norm zugrunde liegenden Interessen eruiert werden. Darauf folgt die Ermittlung der Bewertung der Interessen durch den Gesetzgeber.[743] Kern der Bewertung ist der Sinn und Zweck der Norm. Erst hierüber kann ein Vergleich durchgeführt werden – dieser setzt freilich eine „frei schwebende Interessenbewertung" des nicht geregelten Falls voraus.[744] Die Vergleichbarkeit kann auch über den sog. Größenschluss begründet werden. Dabei wird einem „schwächeren" Tatbestand eine Rechtsfolge zugeordnet, die für den „stärkeren" Tatbestand nicht gilt.[745]

c) Die Rechtslage zugunsten der arbeitnehmerähnlichen Person

Eine erste Näherung stellt die unmittelbare Anwendung des § 1 UKlaG zugunsten der Koalitionen arbeitnehmerähnlicher Personen dar. Ob arbeitnehmerähnliche Personen von § 15 UKlaG erfasst werden, ist umstritten. Dieser Streit setzt die bereits bei § 23 AGBG bestehende Problematik fort. Der Bundesgerichtshof hat dies bislang offengelassen.[746]

aa) Die arbeitnehmerähnliche Person als Verbraucher oder als Unternehmer

Eine arbeitnehmerähnliche Person wird erst dann angenommen, wenn die dienstleistende Person einem Arbeitnehmer vergleichbar schutzbedürftig ist.[747] Dies ist wiederum dann der Fall, wenn das Maß der wirtschaftlichen Abhängigkeit nach der Verkehrsanschauung einen solchen Grad erreicht hat, wie er im

---

739 *Larenz/Canaris*, S. 202.

740 BAG, Beschluss vom 24.5.2012 – AZR 679/10, NZA 2012, 1158 (1160); BGH, Urteil vom 13.4.2006 – IX 22/05, NJW 2006, 2997 (2999).

741 *Larenz/Canaris*, S. 202.

742 *Kramer*, S. 176.

743 So wohl auch *Beaucamp/Treber*, Rn. 282.

744 Eine populäre „Kontrollrechnung" ist die Umkehrung der Situation. Man unterstellt die Regelung des nicht geregelten Falls, *Schmidt*, VerwArch, 97 139 (146); *Beaucamp/Treber*, Rn. 283.

745 *Wank*, § 11 III. c).

746 BGH, Urteil vom 22.9.1983 – I ZR 40/81, NJW 1984, 1112 (1112).

747 BGH, Beschluss vom 16.10.2002 – VIII ZB 27/02, NJW-RR 2003, 277 (280).

Allgemeinen nur in einem Arbeitsverhältnis vorkommt, und wenn die geleisteten Dienste nach ihrer sozialen Typik denen des Arbeitnehmers vergleichbar sind.[748]

Mangels Weisungsrecht und Einbeziehung in die Betriebsorganisation ist eine arbeitnehmerähnliche Person selbstständig und wird nicht in persönlicher Abhängigkeit tätig.[749] Von der Warte des Verbraucherschutzrechts ordnet die wohl herrschende Meinung dennoch die arbeitnehmerähnliche Person nicht dem Unternehmerbegriff, sondern dem Verbraucherbegriff zu.[750] Diese Annahme lässt sich nicht absolut durchhalten. Stellt man mit der derzeit herrschenden Meinung die Selbstständigkeit anhand von § 84 Abs. 1 S. 2 HGB fest,[751] so wird es auf die Umstände des Einzelfalls ankommen – zumal die Norm zur Abgrenzung des Arbeitnehmers gegenüber dem Dienstleister verwendet wird.[752]Auch die wirtschaftliche Abhängigkeit kann dann dazu führen, dass der Handelnde seine Tätigkeit im Wesentlichen nicht frei gestalten und seine Arbeitszeit nicht frei bestimmen kann.[753] Insofern läge kein selbstständiges Handeln i. S. v. § 14 BGB vor, und § 13 BGB wäre eröffnet. In den übrigen Fällen wird die Unternehmereigenschaft der besonderen Schutzbedürftigkeit der arbeitnehmerähnlichen Person nicht gerecht. *Micklitz/Purnhagen* nehmen daher § 13 BGB analog an.[754] Dieser Lösungsweg erscheint vorzugswürdig, da § 14 BGB über das Merkmal der gewerblichen Tätigkeit deutlich für die Unternehmereigenschaft spricht. In den Fällen des gewerblichen oder selbstständigen Handelns kann dieser Ansatz dogmatisch überzeugen.

bb) Die Anwendung von § 15 UKlaG

Die Einordnung als Verbraucher oder als Unternehmer ist für § 15 UKlaG vordergründig nicht entscheidend. Für § 15 UKlaG kommt es nur darauf an, ob Arbeitsrecht vorliegt, und: eine Person in persönlicher Abhängigkeit liegt nicht vor. Dass die Schutzbedürftigkeit zum Arbeitnehmer vergleichbar ist, steht jedoch im Hintergrund.

Eine weit verbreitete Ansicht lehnt die Anwendung des § 15 UKlaG auf arbeitnehmerähnliche Personen ab und bejaht die Anwendbarkeit des UKlaG[755] Dafür, dass die Bereichsausnahme arbeitnehmerähnliche Personen nicht erfasst, spricht, dass die Gesetzesbegründung nicht umfassend verfängt. Denn waren die

---

[748] BGH, Beschluss vom 16.10.2002 – VIII ZB 27/02, NJW-RR 2003, 277 (280 f.); BGH, Beschluss vom 4.11.1998 – VIII ZB 12/98, BGHZ, 140, 11 (19 ff.); zum Begriff: *Wachter*, S. 27 ff.; *Neuvians*, S. 28 ff.; *Schubert*, S. 6 ff.

[749] BeckOK ArbR-*Poeche*, § 5 ArbGG, Rn. 8; GMP-*Müller-Glöge*, § 5, Rn. 33 f.

[750] Bamberger/Roth-*Schmidt-Räntsch*, § 14, Rn. 11; *K. Schmidt*, JuS 2006, 1 (3), der diese Annahme an § 5 ArbGG koppelt; *Bülow*, FS Derleder, 27 (29) unter Hinweis auf die gestörte Vertragsparität; a. A.: v. Westphalen-*Thüsing*, Arbeitsverträge, Rn. 56.

[751] Bamberger/Roth-*Schmidt-Räntsch*, § 14 BGB, Rn. 11.

[752] Jüngst: BAG, Urteil vom 25.8.2013 – 10 AZR 282/12, NZA 2013, 1348 (1350).

[753] Bamberger/Roth-*Schmidt-Räntsch*, § 14 BGB, Rn. 11.

[754] MünchKomm-*Micklitz/Purnhagen*, § 13, Rn. 59.

[755] *Schubert*, S. 236 f., auch mit Ausführungen, weshalb eine analoge Anwendung des § 15 UKlaG scheitern muss; DBD-*Däubler*, Einl., Rn. 185; CKK-*Krause* Einführung Rn. 132; Ulmer/Brandner/Hensen-*Witt* § 15 UKlaG Rn. 2; a. A.: *Burg/Thüsing*, ZTR 2007, 71 (76).

bestehenden Arbeitnehmerschutzgesetze Grund für die Bereichsausnahme, so gelten diese bis auf wenige Ausnahmen nicht für arbeitnehmerähnliche Personen.[756] Sie gelten jedenfalls nicht als Arbeitnehmer i. S. v. § 5 BetrVG.[757]

Die Gegenmeinung zeigt kein geschlossenes Bild. Zur alten Rechtslage wollten einige Autoren zwar im Grundsatz das AGBG anwenden, jedoch die Verbandsklage ausnehmen.[758] Jedenfalls wurde betont, dass ein spezielles System bestünde.[759] Dieses System hat aber keineswegs die Dichte wie das Schutzsystem zugunsten des Arbeitnehmers. Das gewichtigste Argument ist § 12a TVG. Denn durch einen Tarifvertrag werden die möglicherweise unangemessenen Klauseln verdrängt. Doch weisen arbeitnehmerähnliche Personen keinen vergleichbaren Grad an Organisation auf.[760] In der Gemengelage von Arbeitnehmern, arbeitnehmerähnlichen Personen und freien Mitarbeitern hat auch der Bundesgerichtshof eine Überprüfung der Klausel über die Verbandsklage für zulässig erachtet, wenn ein Teil der Belegschaft keiner tarifvertraglichen Regelung unterliegt.[761]

Gewichtiger erscheint die Existenz des § 5 Abs. 1 S. 2 ArbGG, der Arbeitnehmer und arbeitnehmerähnliche Personen gleichsetzt und daher einen prozessualen Begriff des Arbeitsrechts für § 15 UKlaG implizieren könnte. Das dringt jedoch nicht durch. Das UKlaG ist wie das ArbGG zwar *auch* ein prozessuales Gesetz. Gleichwohl enthält es auch eigene materiell-rechtliche Anspruchsgrundlagen. Das ArbGG hingegen ist allein eine Verfahrensregelung.

cc) Die zuständige Gerichtsbarkeit

Darüber hinaus wird § 5 Abs. 1 S. 2 ArbGG auch als Indiz gewertet, dass Rechtfragen der arbeitnehmerähnlichen Person vor die Arbeitsgerichte gehören sollen und somit die Verbandsklage nach dem UKlaG nicht passen würde.[762] Da § 15 UKlaG in diesem Fall keine Regelung bereithält, wäre nach der Systematik des UKlaG nach § 6 UKlaG das Landgericht sachlich zuständig.[763] Die Anwendung dieser Norm konkurriert über § 13 GVG mit der Zuständigkeitsnorm des ArbGG. Ginge eine Gewerkschaft gegen einen Arbeitgeber vor, läge eine bürgerlich-rechtliche Streitigkeit vor, und § 2 Abs. 1 Nr. 2 ArbGG wiese diese der Arbeitsgerichtsbarkeit zu. Entscheidendes Gewicht bei der Frage, welche Norm Vorrang hat, kommt § 5 Abs. 1 S. 2 ArbGG zu. Denn da § 2 Nr. 2 ArbGG den Arbeitgeber als tariffähige Person ausreichen lässt und auch im ArbGG Arbeitgeber ist, wer einen Arbeitnehmer beschäftigt,[764] gilt die Norm auch für arbeitnehmerähnliche Personen. Für § 2 Abs. 1 Nr. 2 UKlaG kommt es nicht darauf

---

[756] Ulmer/Brandner/Hensen-*Ulmer* (7. Aufl.), § 23 AGBG, Rn. 7; Erman-*Werner*, § 23 AGBG (9. Aufl.).

[757] BAG, Beschluss vom 12.2.1992 – 7 ABR 42/91, NZA 1993, 334 (334).

[758] Palandt-*Heinrichs*, § 23 AGBG, Rn. 2 (60. Aufl.); Ulmer/Brandner/Hensen-*Ulmer* (7. Aufl.), § 23 AGBG, Rn. 7.

[759] MünchKomm-*Basedow*, § 3 AGBG, Rn. 6 (3. Aufl.).

[760] Däubler-*Reinecke*, § 12a TVG, Rn. 9 ff.; *Löwisch/Rieble*, § 12a TVG, Rn. 7 ff.

[761] BGH, Urteil vom 18.2.1982 – I ZR 81/80, GRUR 1984, 45 (47).

[762] Hierzu *Schubert*, S. 236.

[763] So *Schubert*, S. 236.

[764] GMP-*Schlewing*, § 2, Rn. 51.

an, dass eine unerlaubte Handlung i. S. d. BGB vorliegt.[765] Die Vorschrift will alle Streitigkeiten aus der koalitionsspezifischen Betätigung bündeln.[766]

Überwiegend wird die Anwendung des § 5 ArbGG in einer kollektivrechtlichen Streitigkeit zwar abgelehnt. Begründet wird dies damit, dass § 5 ArbGG nur den Individualprozess regeln soll.[767] Bereits die Stellung von § 5 Abs. 1 S. 1 ArbGG spricht indes dafür, dass die Begriffe für das gesamte ArbGG festgelegt werden. Die Norm befindet sich im Allgemeinen Teil und verwendet die Begriffe im Plural. Damit bezieht sich diese Begriffsfassung auch auf klassische kollektivrechtliche Rechtsstreitigkeiten. Eine andere Interpretation würde auch die systematische Interaktion mit § 12a TVG leerlaufen lassen.

Nur weil der Arbeitnehmer aus den kollektiv-rechtlichen Streitigkeiten herausfällt, bedeutet dies nicht, dass der Begriff keine Bedeutung für das kollektive Arbeitsrecht besitzt. Dies entspricht auch der Tatsache, dass § 5 Abs. 1 S. 2 ArbGG weit ausgelegt wird, um der sozialen Schutzbedürftigkeit der Person gerecht zu werden.[768]

dd) Ergebnis

Gewerkschaften sind für die arbeitnehmerähnlichen Personen gem. § 3 Abs. 1 Nr. 1 UKlaG aktivlegitimiert, wenn sie nach § 4 Abs. 2 UKlaG registriert wurden. Selbst wenn man den Unternehmerbegriff zugrunde legt, bleibt es bei der Klagemöglichkeit aus § 3 Nr. 2 UKlaG.[769] In jedem Fall muss die Rechtsordnung die mögliche Diskrepanz zwischen der Existenz einer Verbandsklage zugunsten arbeitnehmerähnlichen Personen und dem Fehlen im Arbeitsrecht erklären.

d) Der Anspruch aus § 1 UKlaG als Wahrung der Arbeitsbedingungen i. S. v. Art. 9 Abs. 3 GG

Wenn nun Gewerkschaften die §§ 1 f. UKlaG zugunsten der arbeitnehmerähnlichen Person durchsetzen können, spricht vieles dafür, diese Befugnis auch auf Arbeitnehmer zu erstrecken. Das Bundesverfassungsgericht betont, dass Art. 9 Abs. 3 GG die Grundlage für Richterrecht sein kann.[770] Die Ausgestaltung von Art. 9 Abs. 3 GG durch Richterrecht belegt das Arbeitskampfrecht seit jeher. Die Problemstellung wandelt sich an dieser Stelle zu einer solchen der inneren Konsistenz der Ausfüllung des Begriffs der „Wahrung der Arbeitsbedingungen“.

Die Aufgabe des Unionsrechts in Art. 169 AEUV, für ein hohes Verbraucherschutzrecht zu sorgen, kulminiert auch in der Verbandsklage.[771] Diese Forderung

---

[765] GMP-*Schlewing*, § 2, Rn. 34.

[766] Hierzu noch S. 249.

[767] Ulmer/Brandner/Hensen-*Witt*, § 15 UKlaG, Rn. 2; Palandt-*Bassenge*, § 15 UKlaG, Rn. 3; *Friedrich*, MDR 1979, 190 (191): die Norm besagt, dass die klagende arbeitnehmerähnlicher Person vor das Arbeitsgericht gehört; die Aufspaltung der Rechtswege erkennt *Schubert* und nimmt sie unter Hinweis auf § 5 Abs. 3 ArbGG hin, vgl. S. 236 f.; unklar: DBD-*Däubler*, Einl., Rn. 185.

[768] Schwab/Weth-*Kliemt*, § 5 ArbGG, Rn. 210.

[769] So *Schubert*, S. 236; generell zur Schutzbedürftigkeit: *Wißmann*, AuR 2014, 46 (50).

[770] BVerfG, Beschluss vom 6.2.2007 – 1 BvR 978/05 = juris.de.

[771] *Reich*, Rechtsschutz, S. 66: Art. 169 AEUV i. V. m. Art. 47 EGCh.

hat im Grundgesetz eine Entsprechung in Art. 9 Abs. 3 GG im Hinblick auf die Wahrung der Arbeitsbedingungen. Es liegt daher nahe, § 1 UKlaG wegen Art. 9 Abs. 3 GG anzuwenden.

Die Darstellung des kollektiven Arbeitsrechts hat im Vergleich zum Verbraucherrecht gezeigt, dass sich dieser Zweig auf den Ausbau des Rechts konzentriert und erst auf Ablaufkomplikationen reagiert – sei es über den Durchführungsanspruch, über § 1004 BGB analog oder über den Arbeitskampf. Während dem Verbraucherrecht der Gedanke zugrunde liegt, das geltende Recht durch Unterlassungsansprüche zu sichern, zielen Tarifrecht und Betriebsverfassung darauf, „neues" Recht zu schaffen und dieses durchzusetzen. Hinter der Interaktion des kollektiven Arbeitsrechts mit dem Individualarbeitsrecht steht damit „nur" der Begriff des Förderns der Arbeitsbedingungen. Eine eigene originäre Funktion hat „das Wahren" derzeit nicht.

Diese Weichenstellung geht Art. 9 Abs. 3 GG aber nicht mit. Denn die Norm betont neben der Förderung der Arbeitsbedingungen auch die Wahrung von Arbeitsbedingungen. Von der Setzung des Rechts durch Tarifvertrag (Fördern) unterscheidet sich das Wahren der Arbeitsbedingungen fundamental, weil es gerade nicht um die Schaffung legitimationsbedürftigen Rechts, sondern vielmehr um die Wahrung legitimierten Rechts geht. Daher ist zu untersuchen, welche Aussagen Art. 9 Abs. 3 GG für den Ausbau des kollektiven Rechtsschutzes trifft.

aa) Das Koalitionsgrundrecht aus Art. 9 Abs. 3 GG

Art. 9 GG repräsentiert die Zentralnorm des Prinzips freier Gruppenbildung[772]. Art. 9 Abs. 3 S. 1 GG gewährleistet für jedermann das Recht, zur Wahrung und Förderung der Arbeits- und Wirtschaftsbedingungen Vereinigungen zu bilden. Die Norm ist eine spezielle Ausprägung der Vereinigungsfreiheit und dient einem besonderen Schutzbedürfnis mit einem eigenen Regelungskonzept.[773] Art. 9 Abs. 3 GG enthält die verfassungsrechtliche Leitidee für die inhaltliche Regelung der Arbeitsverhältnisse und sichert daher zugleich die Privatautonomie auf kollektiver Ebene ab.[774] Sie enthält eine gesellschaftliche Konkretisierung des Sozialstaatsprinzips und ist damit auch ein soziales Schutzrecht.[775]

(1) Der Schutzbereich

Art. 9 Abs. 3 GG enthält sowohl ein Individualgrundrecht als auch, ohne Rückgriff auf Art. 19 Abs. 3 GG, ein kollektives Grundrecht (Doppelgrundrecht).[776] Träger des Grundrechts sind nicht nur die Arbeitnehmer, Beamte, Richter, Aus-

---

[772] Hierzu S. 192.

[773] Maunz/Dürig-*Scholz*, Art. 9, Rn. 154; ErfK-*Linsenmaier*, Art. 9, Rn. 2; *Preis*, S. 19; zur Gegenansicht *Gamillscheg*, S. 152.

[774] MüArbR-*Richardi*, § 240, Rn. 8.

[775] Maunz/Dürig-*Scholz*, Art. 9, Rn. 155 u. 157, aber: kein soziales Grundrecht.

[776] BVerfG, Beschluss vom 26.6.1991 – 1 BvR 779/85, BVerfGE 84, 212 (225); Urteil vom 4.7.1995 – BvF 2/86 u. a., BVerfGE 92, 365 (393); aus der Literatur: ErfK-*Linsenmaier*, Art. 9 GG, Rn. 39; zum Streitstand: *Bayreuther* S. 14 ff.; *Burkiczak*, S. 141.

zubildende etc.,[777] sondern auch die von ihnen begründete Koalition selbst. Damit geht eine Ausweitung des sachlichen Schutzbereichs auf der kollektiven Ebene einher. Das Bundesverfassungsgericht statuiert zurzeit einen sehr weiten Schutzbereich der kollektiven Koalitionsfreiheit. Das Gericht schützt die Koalition in ihrem Bestand, ihrer organisatorischen Ausgestaltung und ihren Betätigungen, sofern diese der Förderung der Arbeits- und Wirtschaftsbedingungen dienen.[778]

(a) Die sog. Kernbereichsformel

Bis in die Neunzigerjahre betonte das Bundesverfassungsgericht, dass Art. 9 Abs. 3 die Koalitionsfreiheit und damit auch die Betätigung der Koalitionen in einem Kernbereich schütze.[779] Gewerkschaftliche Betätigung sei immer dann geschützt, wenn diese für die Erhaltung und Sicherung der Koalitionen unerlässlich sei oder als unerlässlich betrachtet werden müsse. Mit der Entscheidung „Mitgliederwerbung im Betrieb II" stellte das Gericht 1995 jedoch klar, dass die sog. Kernbereichsformel nicht als Einengung des Schutzbereichs des Grundrechts konzipiert verstanden werden sollte.[780] Hinter der Kernbereichsformel sollte bereits eine Entscheidungshilfe bei kollidierenden verfassungsrechtlichen Interessen stehen, nicht eine Definition des Schutzbereichs. Dieser Klarstellung entspricht auch die Rechtsprechung des Bundesarbeitsgerichts.[781]

(b) Die Wahrung und Förderung der Arbeits- und Wirtschaftsbedingungen

Art. 9 Abs. 3 GG ist darauf ausgerichtet, im Prozess freiheitlicher Interessenauseinandersetzung und autonomer Interessenausgleichung das Arbeitsleben bzw. den dieses maßgebend mitprägenden Gegensatz der Produktionsfaktoren von Kapital und Arbeit zu ordnen und zu gestalten.[782] Die weite und vage Formulierung in Art. 9 Abs. 3 GG ist ausfüllungsbedürftig und folglich normgeprägt.[783] Entscheidend ist die funktionale Wirkungsweise des Grundrechts. Sinn und Geltungsanspruch des Grundrechts sind jeweils aus dem normativ vorgegebenen Koalitionszweck und seiner konkreten Wirksamkeit im aktuellen Arbeits- und Wirtschaftsleben zu erfahren.[784] Der Inhalt wird gemeinhin als entwicklungsoffen verstanden.[785] Heute sind drei Aspekte anerkannt: die Existenzgarantie,

---

[777] BVerfG, Beschluss vom 2.3.1993 – 1 BvR 1213/85, NJW 1993, 1379 (1380); zum Schutz der wirtschaftlich Abhängigen: *Bayreuther*, S. 1, mit Hinweis auf BVerfG, Beschluss vom 27.2.1973 – 2 BvL 27/69, BVerfGE 34, 307 (317).

[778] BVerfG, Beschluss vom 6.2.2007 – 1 BvR 978/05, NZA 2007, 394 (395).

[779] BVerfG, Beschluss vom 14.4.1964 – 2 BvR 69/62, BVerfGE 17, 319 (333); BVerfG, Beschluss vom 18.12.1974 – 1 BvR 430/65 u. 259/66, BVerfGE 38, 281 (305); zur Geschichte vgl. *Bayreuther*, S. 23 ff.; *Burkiczak*, S. 119 ff.

[780] BVerfG, Beschluss vom 14.11.1995 – 1 BvR 601/92, AP, Art. 9 GG, Nr. 80.

[781] BAG, Beschluss vom 13.5.1998 – 7 ABR 5/97, AP, § 12 MitbestG, Nr. 1; BAG, Beschluss vom 20.4.1999 – 1 ABR 72/98, AP, Art. 9 GG, Nr. 89.

[782] Maunz/Dürig-*Scholz*, Art. 9, Rn. 159–162.

[783] *Bayreuther*, S. 25.

[784] Maunz/Dürig-*Scholz*, Art. 9, Rn. 163.

[785] *Bayreuther*, S. 13 f.

die Organisationsautonomie und die Freiheit der koalitionsspezifischen Freiheit (Betätigungsgarantie).[786]

(c) Der Begriff der Arbeits- und Wirtschaftsbedingungen

Von der Fassung dieser Begriffe hängt der Inhalt des kollektiven Arbeitsrechts maßgeblich ab.[787] Nach heute herrschender Meinung versteht man Arbeits- und Wirtschaftsbedingungen als ein einheitliches Begriffspaar.[788] „Arbeitsbedingungen" umfasst alle konkreten Umstände, unter denen abhängige Arbeit erbracht wird.[789] Was unter dem Begriff der Wirtschaftsbedingungen zu verstehen ist, ist umstritten. Das herrschende Verständnis erblickt hierin alle rechtlichen, sozialen oder politischen Angelegenheiten, die in einem unmittelbaren Zusammenhang mit abhängiger Arbeit stehen.[790] Zusammenfassend versteht man unter dem Begriffspaar die Gesamtheit der Bedingungen, unter denen abhängige Arbeit geleistet und eine sinnvolle Ordnung des Arbeitslebens ermöglicht wird.[791] Regelungen über arbeitnehmerähnliche Personen sind damit ebenfalls erfasst.[792] Diese Annahme verstärkt die eingangs postulierte Gleichbehandlung von Arbeitnehmern mit arbeitnehmerähnlichen Personen.

(d) Die Bestandsgarantie und die Organisationsautonomie

Die Bestandsgarantie sichert den Gründungsvorgang und schützt die Koalition vor Eingriffen von außen, die den Wegfall der Koalitionseigenschaft zur Folge hätten.[793] Der Staat muss den Koalitionen genügend Freiräume geben, um durch eigene Maßnahmen den Bestand und die Entwicklung sichern zu können.[794] Darüber hinaus dürfen Koalitionen frei über ihre Organisationsform und -struktur entscheiden.[795]

(e) Die koalitionsspezifische Betätigungsgarantie

Allein die Gründung und eine autonome Organisation reichen nicht aus. Um die in Art. 9 Abs. 3 GG genannten Zwecke zu erfüllen, muss eine Koalition handeln können und in ihrem Handeln geschützt werden. Art. 9 Abs. 3 GG gewährt daher auch ein Recht, Arbeits- und Wirtschaftsbedingungen aktiv zu wahren und zu fördern.[796] Hinzu kommt, dass auch das Herstellen von Vorbedingungen erfasst sein muss – wie etwa die Mitgliederwerbung. Eine Gewerkschaft kann frei

---

[786] MüArbR-*Löwisch/Rieble*, § 157, Rn. 1 ff.
[787] *Preis*, S. 22.
[788] *Preis*, S. 22; *Bayreuther*, S. 9 f.
[789] BVerfG, Urteil vom 9.7.1964 – 5 AZR 463/63, AP § 13 BUrlG, Nr. 2.
[790] *Preis*, S. 22.
[791] *Gamillscheg*, S. 219 ff.; Wiedemann-*Wiedemann*, Einl., Rn. 99; ErfK-*Linsenmaier*, Art. 9, Rn. 23; *Bayreuther*, S. 10: „alle regelungsbedürftigen Einzelheiten des Arbeitsvertrags".
[792] BAG, Urteil vom 17.2.2009 – 9 AZR 611/07 = juris.de, Rn. 26.
[793] *Preis*, S. 38.
[794] Maunz/Dürig-*Scholz* Art. 9 Rn. 155, 164 f.
[795] ErfK-*Linsenmaier* Art. 9 Rn. 40.
[796] Grundlegend: BVerfG, Urteil vom 18.11.1954 – 1 BvR 629/52, AP Art. 9 GG Nr. 1; a. A.: *Burkiczak*, S. 294 ff.

darüber entscheiden, an welchem Ort, durch welche Person und in welcher Art und Weise sie um Mitglieder werben will.[797]

Was darüber hinaus eine koalitionsspezifische Betätigung darstellt, wird nicht einheitlich beurteilt. Die Entstehungsgeschichte des Art. 9 Abs. 3 GG selbst liefert keine inhaltlichen Hinweise,[798] vielmehr griff man auf Art. 159 (Abs. 1) WRV zurück. In dem sehr breit gefächerten Meinungsspektrum[799] ermitteln Teile der Literatur die Reichweite des Art. 9 Abs. 3GG beim Handeln einer Koalition unter Anwendung des Grundsatzes der praktischen Konkordanz.[800] Die Wirkkraft des Art. 9 Abs. 3 S. 1 GG nehme in dem Maße zu, in dem die zur Diskussion stehende Materie aus Sachgründen am besten von den Tarifvertragsparteien geregelt werden könnte, und dort, wo der Schutz besonders gewichtig ausfiele, müssten die Gründe für einen Eingriff in diesen Bereich rechtfertigen sollen, besonders schwerwiegend sein.[801] Als Beispiel für eine koalitionsspezifische Betätigung nennt Art. 9 Abs. 3 S. 3 GG den Arbeitskampf. Das Bundesarbeitsgericht beurteilt die Betätigung als koalitionsspezifisch nicht über das gewählte Mittel, sondern nach dem damit verfolgten Ziel.[802] Folglich bezieht das Bundesverfassungsgericht alle Betätigungen in den Schutzbereich ein, die dem Zweck der Koalitionen dienen, die Arbeits- und Wirtschaftsbedingungen zu wahren oder zu fördern.[803]

So erklärt es sich auch, dass die Tarifautonomie nach der Rechtsprechung des BAG „im Zentrum der den Koalitionen eingeräumten Möglichkeiten zur Verfolgung ihrer Zwecke" steht.[804] Dieses Institut sichert die Förderung der Arbeitsbedingungen. Das Gericht betonte diesbezüglich, dass Art. 9 Abs. 3 GG *auch* das Recht gewährleiste, Arbeits- und Wirtschaftsbedingungen mit der Arbeitgeberseite auszuhandeln und durch Verträge verbindlich für die Mitglieder zu regeln.[805] Die Regelung der Arbeitsbedingungen in Kollektivverträgen diene der Verwirklichung der Interessen der strukturell unterlegenen Arbeitnehmer.

Diese Rechtsprechung nimmt die Finalität („zur") von Art. 9 Abs. 3 GG auf. Allerdings ist die Erzwingung eines Tarifvertrages nach der Rechtsprechung des BAG nur *ein* koalitionsspezifisches Ziel. Daneben bestehen weitere. Die Wahl der den Zweck verwirklichenden Tätigkeiten und Mittel bleibt wiederum den Koalitionen überlassen.[806] *Friese* hat an dieser Stelle zutreffend darauf hingewiesen, dass bislang nicht ausreichend zwischen faktischen und rechtlichen Betä-

---

797 BAG, Urteil vom 28.2.2006 – 1 AZR 2006, EzA, Art. 9, Nr. 87.

798 Vgl. *Burkiczak*, S. 41 ff.

799 Kurzer Überblick etwa bei *Friese*, S. 199 ff.

800 Der Grundsatz besagt, dass kollidierende Verfassungsbelange so ins Verhältnis gesetzt werden müssen, dass sie für alle Beteiligten weitgehend wirksam werden, BVerfG, Beschluss vom 23.10.2013 – 1 BvR 1842/11, NJW 2014, 46 (47).

801 *Richardi/Bayreuther*, § 2, Rn. 38 f. u 58.

802 BVerfG, Beschluss vom 6.2.2007 – 1 BvR 978/05, NZA 2007, 394 (295).

803 BVerfG, Beschluss vom 6.2.2007 – 1 BvR 978/05, NZA 2007, 394 (395) unter Bezugnahme auf BVerfG, Beschluss vom 16.5.1970 – 2 BvR 664/65, BVerfGE 28, 295 (305).

804 BAG, Beschluss vom 11.7.2006 – 1 BvL 4/00, NZA 2007, 42 (44) m. w. N.

805 BAG, Urteil vom 20.11.2012 – 1 AZR 611/11, NZA 2013, 437 (442).

806 BVerfG, Beschluss vom 6.2.2007 – 1 BvR 978/05, NZA 2007, 394 (395) m. w. N.

tigungen unterschieden wird. Während faktische Betätigungen unmittelbar an und über Art. 9 Abs. 3 GG messbar würden, bedürften rechtliche Betätigungen der Bereitstellung der geeigneten Mittel.[807] Die Freiheit der Wahl der Mittel würde jedoch zu unvertretbaren Ergebnissen führen, wenn die Koalitionen durch ihre Anträge vor Gericht ihre Betätigung bzw. ihre materiellen Rechte festlegen könnten. Andererseits bliebe „das Wahren" ohne Ausgestaltung auch ohne Wirkung.

(f) Art. 9 Abs. 3 GG als Durchsetzungsgarantie?

Daher überrascht es nicht, dass ein weiterer Diskussionspunkt des Art. 9 Abs. 3 GG in der Frage besteht, ob die Norm eine eigene Durchsetzungsgarantie beinhaltet. So wurde erörtert, ob Art. 9 Abs. 3 GG die Forderung nach effektiver Sicherung in sich trägt. Angeführt wurde, dass auch die Durchsetzung des Tarifrechts eine koalitionsspezifische Tätigkeit sei. Das Recht auf Normsetzung bleibe ohne diese Komponente unvollendet.[808] Andere folgern aus der spezifischen Angabe des Zwecks, dass den Koalitionen die effektive Zweckdurchsetzung ebenfalls garantiert wird.[809] Wurde diese Aussage zumeist in den Kontext der Arbeitskampfmaßnahmen gestellt, wird neuerdings auch der Schutz der tariflichen Ergebnisse vor individueller Aushöhlung betont.[810]

Die Veranlagung eines allgemeinen Durchsetzungsgedankens in Art. 9 Abs. 3 GG liegt nicht fern. Es ist ein Gebot innerer Logik, dass aus der Verleihung von Rechten auch ihre Durchsetzung folgen muss.[811] Auf der Ebene des Verfassungsrechts besteht jedoch ein allgemeiner „Anspruch" auf Durchsetzung subjektiver Rechte in Art. 20 GG.[812] Darüber hinaus kann die Anerkennung eines solchen Grundsatzes nicht ohne eine Abwägung der betroffenen Interessen stattfinden, weil auf der anderen Seite regelmäßig auch schützenswerte und verfassungsrechtlich anerkannte Interessen stehen. Mit der Fundierung dieses Grundsatzes ist mithin nichts gewonnen.

Die rechtliche Durchsetzung folgt in der Regel erst dann, wenn eine koalitionsmäßige Betätigung unberechtigterweise beeinträchtigt oder unterbunden wurde. In diesen Fällen stellt das Zivilrecht über den quasi-negatorischen Unterlassungsanspruch ein Sicherungsmittel bereit.[813] Darüber hinaus ist es möglich, Rechte und Pflichten unmittelbar aus dem Tarifvertrag als Paradefall einer koalitionsmäßigen Betätigung herzuleiten. Insofern ist die Diskussion um die Effektivität der Durchsetzung der gewonnen Ergebnisse praktisch unergiebig.

---

807 *Friese*, S. 215 ff. m. w. N.

808 *Thüsing*, DB 1999, 1552; *Wendeling-Schröder*, RdA 1999, 138 (142); *Dieterich*, FS Wissmann, 114 (122 ff.).

809 *Bayreuther*, S. 169.

810 Vgl. *Bayreuther*, S. 170.

811 *Ubi ius, Ibi Remedium*, vgl. auch *Reich*, VuR 2012, 327 (327); vgl. auch S. 202.

812 Hierzu BVerfG, Beschluss vom 30.5.2012 – 1 BvR 509/11, NJW 2012, 2869 (2869) m. w. N.

813 Zur sog. Burda-Entscheidung siehe S. 216.

(g) Die Wahrung der Arbeitsbedingungen

Sie ist jedoch aufschlussreich für die Frage eines eigenen Sinngehalts des Wahrens im Sinne von Art. 9 Abs. 3 GG. Geht man zum Wortlaut zurück, so hat Art. 9 Abs. 3 S. 1 GG eigentlich ein duales System vor Augen: Ausbau bzw. Förderung der Arbeitsbedingungen durch die Regelung derselben. Daneben fordert die Norm *auch* die Wahrung der Arbeitsbedingungen. Diesen Begriff stellt Art. 9 Abs. 3 GG sogar vor den Begriff der Förderung. Die Stellung impliziert also einen weiteren Ansatz. Nur in der Variante „Förderung und Wahren der Arbeitsbedingungen" erscheint es möglich, dass zunächst gefördert und erst dann gewahrt wird. Anders herum positioniert, wird „das Wahren" jedenfalls zur allgemeinen Vorgabe für die koalitionsmäßige Betätigung.

Die Begriffe „Förderung" und „Wahrung" stehen gleichberechtigt und im Verhältnis praktischer Konkordanz nebeneinander. Nach seinem Wortlaut bedeutet Wahrung die Sicherstellung der Einhaltung der Arbeitsbedingungen. Art. 9 Abs. 3 GG gewährt wiederum die Befugnis zur koalitionsspezifischen Betätigung, Arbeitsbedingungen zu wahren. Folglich muss es ein Recht geben, welches zur Einhaltung der Arbeitsbedingungen führt.

Einen Aspekt der Wahrung bilden die effektive Verteidigung und Durchsetzung der erlangten Rechtspositionen aus den Tarifverträgen.[814] Die Formulierung „Arbeitsbedingungen" legt daneben ein weiteres Verständnis nahe. *Löwisch/Rieble* etwa betonen, dass Koalitionen ihren Mitgliedern auch bei der Wahrung vertraglicher und gesetzlicher Arbeitsbedingungen beistehen können.[815] Wie dies geschehen soll, sei jedoch eine Frage der einfachgesetzlichen Rechtsordnung.

Man muss an dieser Stelle nicht so weit gehen, aus Art. 9 Abs. 3 GG originär einen Anspruch abzuleiten. Das UKlaG stellt diese Ansprüche bereit und eröffnet über § 15 UKlaG selbst die Diskussion. Im Fall von § 1 UKlaG ist diese Ausgestaltung also bereits angelegt. Der Gesetzgeber hat sich zu der Frage positioniert und sie delegiert. Betrachtet man die Situation aus der Sicht des Individualrechts, so ist eine Klausel, die gegen § 307 BGB verstößt, unwirksam. Sie führt schon eo ipso zu keinen Wirkungen. Wenn nun ein Arbeitgeber im Begriff ist, diese zu verwenden, so bedroht er eine Arbeits- und Wirtschaftsbedingung, weil wegen der Unwirksamkeit ein rechtlicher Status quo über den Schein der AGB bedroht wird. Mit der Absicht, diese Klausel vielfach einzusetzen, wird die Gefahr begründet, § 307 BGB mehrmals zu verletzen. Insofern ist man wiederum bei den Arbeitsbedingung*en* und bei Art. 9 Abs. 3 S. 1 GG.

(h) Reduzierte Akzeptanz bei systematischen Angriffen auf Arbeitsbedingungen

Daher soll nun genauer untersucht werden, wie sich Art. 9 Abs. 3 S. 1 GG zu der Verbandsklage nach dem UKlaG verhält. Das kollektive Arbeitsrecht soll von dem Gedanken geprägt sein, dass der Arbeitnehmer seine Rechte selbst durchsetzt.[816] Einerseits existiert also die Möglichkeit, bestehende Gesetze über

---

[814] MüArbR-*Löwisch/Rieble*, § 155, Rn. 27; *Preis*, S. 23.
[815] MüArbR-*Löwisch/Rieble*, § 155, Rn. 27.
[816] Vgl. zu „Burda" S. 222.

eigene Tarifverträge zu ersetzen, andererseits lässt man den Arbeitnehmer bei der Wahrnehmung dieser Rechte allein. Dieses Ergebnis wirkt widersprüchlich, weil die Schaffung kollektiver Akteure aufzeigt, dass das Arbeitsverhältnis auf weitere Kräfte angewiesen ist. So gesehen führt die Verbandsklage nicht nur diese Gedanken zusammen, sie führt auch Art. 9 Abs. 3 GG in seinen beiden koalitionsspezifischen Betätigungen zu praktischer Wirksamkeit. Von der Warte des Art. 9 Abs. 3 GG steht die Überprüfung von AGB eine Abstraktionsstufe über der Überprüfung einfacher Vertragsklauseln. AGB weichen in systematischer Hinsicht von den Arbeits- und Wirtschaftsbedingungen ab und begründen hierüber ein anderes Gefahrenniveau für die Integrität des dispositiven Arbeitsrechts. Nur bei einfachen Verstößen gegen *eine* Arbeitsbedingung ist Art. 9 Abs. 3 GG in seiner Wahrungsdimension noch nicht eröffnet.

Die Betonung der individuellen Durchsetzung des Tarifrechts hat schon deshalb strukturelle Probleme, weil die Wahrung explizit in Art. 9 Abs. 3 GG betont wird, effektiver Rechtsschutz aber ansonsten nur aus den Art. 2 Abs. 1, 19 Abs. 4, 20 GG hergeleitet wird. Die individuelle Durchsetzung ist eine Struktur, die es auch ohne Art. 9 Abs. 3 GG gibt. Sie bei der Wahrung des Rechts nicht zu überwinden, ist wegen des Wortlauts von Art. 9 Abs. 3 GG begründungsbedürftig.

(2) Die unmittelbare Drittwirkung

Für die Rechtsfortbildung und die Reichweite der Vorgaben „Wahrung der Arbeits- und Wirtschaftsbedingungen" ist die Reichweite der unmittelbaren Drittwirkung relevant. Denn Art. 9 Abs. 3 GG überlagerte dann § 1 UKlaG und verstärkte den Anspruch. Obwohl ein Spezialfall der Vereinigungsfreiheit, geht Art. 9 Abs. 3 GG weit über Art. 9 Abs. 1 GG hinaus.[817] Die unmittelbare Drittwirkung kann Art. 9 Abs. 3 S. 2 GG entnommen werden. Nach dieser Norm sind Abreden nichtig, wenn sie Art. 9 Abs. 3 GG einschränken oder behindern. Ebenso sind hierauf gerichtete Maßnahmen rechtswidrig.

Ob sich die Aussage von Satz 2 zur unmittelbaren Drittwirkung auf den Inhalt des Art. 9 Abs. 3 S. 1 GG bezieht, wird uneinheitlich beurteilt. Das Meinungsspektrum ist divers. Im Wesentlichen kann man zwei Strömungen ausmachen. Nach einer Ansicht soll sich Art. 9 Abs. 3 S. 2 GG nicht auf die kollektive, sondern allein auf die individuelle Koalitionsfreiheit beziehen. Folglich käme der kollektiven Koalitionsfreiheit keine unmittelbare Drittwirkung zu.[818] Hierfür wird bereits der Wortlaut angeführt. So sei „dieses Recht" i. S. d. Art. 9 Abs. 3 S. 2 GG nur die individuelle Koalitionsfreiheit, weil nur dieses dort ausdrücklich geregelt sei. Auch mahne die Ausnahmestellung des Art. 9 Abs. 3 S. 2 GG eine behutsame Auslegung an. Zudem sei Art. 9 Abs. 3 S. 2 GG im Rahmen der Gesetzgebung allein unter individualrechtlichen Gesichtspunkten erörtert worden.[819] Dessen ungeachtet sei die unmittelbare Drittwirkung eine nicht zu rechtfertigende Privilegierung der Koalitionen. Das Argument, die individuelle Koali-

---

[817] Maunz/Dürig-*Scholz*, Art. 9, Rn. 154.
[818] *Höfling/Burkiczak*, RdA 2004, 263.
[819] *Höfling/Burkiczak*, RdA 2004, 263 (272f.).

tionsfreiheit laufe andernfalls leer, verfange nur gegenüber dem Staat. Gegenüber Privaten genüge die mittelbare Drittwirkung. Letztlich sei Satz 2 wegen des Gebots der Normklarheit einschränkend auszulegen.

Die herrschende Meinung folgt dieser Differenzierung nicht.[820] Das Bundesarbeitsgericht geht sogar über Art. 9 Abs. 3 S. 2 GG hinaus und wendet Art. 9 Abs. 3 S. 1 GG unmittelbar an.[821] Nach dieser Lösung ist Art. 9 Abs. 3 GG ein integraler Bestandteil für das Zivilrecht.[822] Ohne die unmittelbare Drittwirkung wäre die koalitionsspezifische Handlung aus dem System des Privatrechtes genommen. Auch spricht vieles dafür, dass die unmittelbare Drittwirkung mittlerweile gewohnheitsrechtlich anerkannt ist. Die „Privilegierung" der Koalitionen rührt aus der aus Art. 9 Abs. 3 GG resultierenden Aufgabe her, das Arbeitsleben rechtlich zu gestalten. Die Wahrnehmung dieser Aufgabe erfordert es, gegenüber Privaten berechtigterweise tätig zu werden und gegebenenfalls auf dem Boden des Rechts Arbeitskampfmaßnahmen durchzuführen. Ohne die unmittelbare Drittwirkung könnte ein Arbeitgeber die Tätigkeit behindern, ohne dass sein Handeln unter § 823 Abs. 1 BGB fiele. Eine mittelbare Drittwirkung würde allenfalls dann genügen, wenn in Rechte des Arbeitgebers eingegriffen wird. Darüber hinaus begründet Art. 9 Abs. 3 GG eine Legitimation gegenüber Privaten. Es ist sonach nur konsequent, dass es bereits im Rahmen von Satz 2 nicht auf die Art der Vereinbarung ankommt, sondern alle Vereinbarungen erfasst werden und folglich eine restriktive Auslegung abgelehnt wird.[823]

(3) Das Kodifikationskonzept

Für die Fragestellung, ob das UKlaG für das Arbeitsrecht geöffnet werden sollte, stellt Art. 9 Abs. 3 S. 1 GG somit ein klare Votum für den Ausbau des Wahrens der Arbeitsbedingungen zwischen Privaten dar. Die unmittelbare Drittwirkung der Norm bildet einen fruchtbaren Boden. Es bleibt jedoch zu klären, wie sich die Vorgabe des Art. 9 Abs. 3 GG mit der Normsetzungsprärogative des Gesetzgebers verträgt.

Gesetzgeberisches Tätigwerden wird für Art. 9 Abs. 3 GG in zweierlei Hinsicht relevant. Einerseits wird betont, dass Art. 9 Abs. 3 GG vom Gesetzgeber ausgestaltet werden müsse. Denn sonst könnten Koalitionen ihre Aufgabe nicht erfüllen, da sie nicht die erforderlichen Instrumente innehätten.[824] Das Bundesverfassungsgericht entnimmt Art. 9 Abs. 3 GG andererseits die Zurückhaltung des Staates in seiner Zuständigkeit zur Rechtsdurchsetzung, soweit es um den

---

820 Maunz/Dürig-*Scholz*, Rn. 154, 171 u. 333 f.; MüArbR-*Löwisch/Rieble*, § 155, Rn. 72; ErfK-*Linsenmaier*, Art. 9 GG, Rn. 43.

821 Sehr deutlich: BAG, Urteil vom 20.1.2009 – 1 AZR 515/08, EzA, Art. 9, Nr. 96; BAG, Urteil vom 28.2.2006 – 1 AZR 460/04, EzA, Art. 9, Nr. 87; BAG, Urteil vom 26.8.2009 – 4 AZR/08, NJW 2010, 1017 (1019); allein auf S. 2 stellt das BAG in seinem Urteil vom 20.11.2012 – 1 AZR 611/11, NZA 2013, 437 (443) ab.

822 ErfK-*Linsenmaier*, Art. 9 GG, Rn. 43.

823 Zusammenfassend: Maunz/Dürig-*Scholz*, Art. 9, Rn. 332.

824 ErfK-*Linsenmaier*, Art. 9 GG, Rn. 42; BVerfG, Beschluss vom 20.10.1981 – 1 BvR 404/78, AP, § 2 TVG, Nr. 1; BAG, Urteil vom 20.1.2009 – 1 AZR 515/08, EzA, Art. 9, Nr. 96.

Inhalt von Arbeitsverträgen geht.[825] Die Norm enthalte die Grundentscheidung, die Bestimmung aller regelungsbedürftigen Einzelheiten des Arbeitsvertrages den in den Tarifparteien organisierten Arbeitnehmern und Arbeitgebern zu überlassen. Das Zurücktreten des Staates gewinne seinen Sinn aus der Sachnähe der unmittelbar Betroffenen und aus dem Prinzip der Privatautonomie.

Der Staat bleibt im von Art. 9 Abs. 3 GG erfassten Bereich subsidiär gesetzgebungszuständig. Er muss erst dann tätig werden, wenn die Koalitionen das Arbeitsleben durch Tarifverträge im Einzelfall nicht mehr sinnvoll ordnen können und die soziale Schutzbedürftigkeit einzelner Arbeitnehmer oder Arbeitnehmergruppen oder ein sonstiges öffentliches Interesse ein Eingreifen des Staates erforderlich macht.[826] Dabei muss die Ausübung dieser Zuständigkeit dem Vorrecht der Verbände, die Arbeitsbedingungen zu wahren und zu fördern, so weit wie möglich Rechnung tragen.[827]

Sieht der Staat von einer Kodifikation ab, so ist es nach der Rechtsprechung von BVerfG und BAG Sache der Gerichte, den mit Art. 9 Abs. 3 GG verbundenen staatlichen Schutzauftrag bei der Normauslegung und gegebenenfalls im Wege der Rechtsfortbildung wahrzunehmen.[828] Insofern hält sich die Ableitung von § 1 UKlaG im Kodifikationskonzept von Art. 9 Abs. 3 GG. Dies gilt umso mehr wegen der Delegation der Frage durch die Materialien.

(4) Die Verbandsklage als Ausdruck kollektiver Privatautonomie

Ein letzter Punkt bezieht sich auf die Struktur des tariflichen Regelungssystems. Art. 9 Abs. 3 GG wird heute überwiegend als Ausdruck kollektiver Privatautonomie eingeordnet (dazu sogleich). Davor ließe sich die Verbandsklage i. S. der Erfüllung eines staatlichen Schutzauftrages in Art. 9 Abs. 3 GG einfügen. Zur Konturierung der Funktion des Wahrens der Arbeits- und Wirtschaftsbeziehungen durch § 1 UKlaG bietet sich ein Vergleich der Legitimation zum Handeln für die durch die AGB betroffenen Verkehrskreise an. Die Legitimation im Zusammenhang mit der jeweiligen Betätigung stellt einen wesentlichen Baustein für die vorzunehmende Rechtsfortbildung dar. Der Unterschied zeigt sich bereits in den unterschiedlichen Tätigkeitsfeldern. Die Aufgabenwahrnehmung des kollektiven Akteurs für und wider andere Rechtssubjektive kann sich ganz unterschiedlich artikulieren. Während die Verbraucherverbände rein negatorische Aufgaben des rechtlichen Status quo wahrnehmen, gestalten Gewerkschaften das Individualarbeitsverhältnis.[829]

---

[825] BVerfG, Beschluss vom 27.2.1973 – 2 BvL 27/69, NJW 1973, 1320 (1321).

[826] BVerfG, Beschluss vom 24.5.1977 – 2 BvL 11/74, NJW 1977, 2255 (2256) zur Allgemeinverbindlichkeitserklärung.

[827] BVerfG, Beschluss vom 24.5.1977 – 2 BvL 11/74, NJW 1977, 2255 (2257).

[828] BVerfG, Urteil vom 26.6.1991 – 1 BvR 779/85; *BAG*, Urteil vom 20.1.2009 – 1 AZR 515/08, NJW 2009, 1990 (1994); BAG, Urteil vom 20.1.2009 – 1 AZR 515/08, EzA, Art. 9, Nr. 96, S. 15; diese Aufgabe hat den Gerichten im Arbeitsrecht den negativ konnotierten Titel „Ersatzgesetzgeber“ eingebracht, vgl. *Zundel*, NJW 2014, 195 (200).

[829] Vgl. aber auch § 5 BGG.

(a) „Virtuelle Repräsentation"?

Einen ersten Ansatz hat *Bayreuther* geliefert. Sein Gedankenspiel bei der Erfassung des Tarifaußenseiters verknüpft Tarifrecht und Verbandsklagen unter dem Begriff der virtuellen Repräsentation.[830] Nichtsdestotrotz wird die Kompatibilität gerade im Hinblick darauf verneint, dass die Verbandsklage nur systemimmanente Korrekturen und eine gewisse Breitenwirkung ermögliche. Die Verbandsklage sei lediglich ein Kontrollverfahren zur besseren Rechtsdurchsetzung. Zudem könnten Verbraucherverbände keine positiven Regelungen schaffen. Außerdem seien nur die „Nebenfragen" des Austauschvertrages betroffen (§ 307 Abs. 3 BGB). Die Regelungsbefugnis der Verbraucherverbände bliebe daher deutlich hinter derjenigen der Tarifvertragsparteien zurück. Man könne eigentlich gar nicht mehr von einer Repräsentation der Verbraucher durch die Verbände reden.

Weiter betont *Bayreuther*, dass diese Repräsentationsfunktion auf staatliche Delegation zurückgeht. Ihr „Regelungsauftrag" beruhe allein auf einem einfachgesetzlichen Delegationsakt. Dies werde dadurch verstärkt, dass der Gesetzgeber nicht verpflichtet sei, den Verbänden eine entsprechende Regelungsbefugnis einzuräumen. Zwar könnte er einen Schutzauftrag zugunsten der Einzelnen verletzen – würde der Gesetzgeber aber die Verbandsklage abschaffen, würde kein Selbstverwaltungsrecht der Verbände verletzt werden. Es gäbe im Zivilrecht keine genuine Form der virtuellen Repräsentation.

(b) Gewerkschaftliches Handeln als kollektive Privatautonomie

Diesen Befund stärkt die Dogmatik des Art. 9 Abs. 3 GG. Vor der Kodifikation des Tarifwesens existierte keine Regelung, welche die unmittelbare und zwingende Wirkung des Tarifvertrages festgelegt hat. Dementsprechend bildeten sich mehrere Ansätze heraus, um diese Wirkung auf der Grundlage des allgemeinen Zivilrechts zu begründen. *Lotmar*[831] entwickelte die sog. Vertretungslösung. Er sah die jeweiligen Verbände als Stellvertreter i. S. v. § 164 ff. BGB für ihre Mitglieder an. Über diese Figur wurden nur die Verbandsmitglieder verpflichtet und begünstigt. Die Problematik des später hinzukommenden Verbandsmitgliedes sollte über eine Genehmigung gelöst werden. Demgegenüber vertrat *Sinzheimer*,[832] dass die Verbände die Tarifverträge nicht im fremden, sondern vielmehr im eigenen Namen abschlossen. Die Normen des Tarifvertrages sollten durch die Willenserklärungen der Arbeitsvertragsparteien Geltung erlangen. Dieser Theorie schloss sich in der Folge auch die Rechtsprechung an.[833] Wurden und werden immer noch vermittelnde Ansichten (v. a. die Differenzierungstheorie[834]) vertreten, wurde der Streit durch den Erlass des TVG praktisch unerheblich und „verblasste".

---

[830] *Bayreuther*, S. 102.

[831] *Lotmar*, S. 834 f.

[832] *Sinzheimer*, S. 98; *Sinzheimer*, Arbeitsrecht, S. 255.

[833] AG, Urteil vom 14.10.1997 – 7 AZR 811/96, AP § 1 Tarifverträge: Metallindustrie Nr. 155; BAG, Beschluss vom 27.1.2010 – 4 AZR 549/08 (A), AP § 3 TVG Nr. 46.

[834] *Ramm*, passim; *Ramm*, JZ 1962, 78 (81 ff.).

Nach der Normierung der Tarifverträge als private Normenverträge verlagerte sich die Kontroverse auf die Begründung der Legitimation für den Normenvertrag. Diese Frage geht zudem Hand in Hand mit der Frage nach der Funktion des Tarifvertragssystems.

Nach der Delegationslehre[835] beruht die Tarifautonomie auf staatlicher Delegation seiner Regelungsmacht hinsichtlich dieser Materie. Die Befugnis zur Setzung objektiven Rechts liege beim Staat, dieser könne aber hierüber disponieren. Die Tarifverträge setzten für die Tarifunterworfenen objektives Recht. Damit ginge einher, dass Rechtssetzung i. S. v. Art. 1 Abs. 3 GG anzunehmen sei. Dabei sei den Sozialpartnern lediglich die Ermächtigung eingeräumt, die generelle Zuständigkeit verbleibe beim Staat. Gegen diesen Lösungsweg spricht in erster Linie Art. 80 GG. Rechtssetzung jenseits des parlamentarischen Gesetzgebers muss den dort genannten Anforderungen genügen. § 1 TVG genügt dem jedoch nicht.[836] Die Ausgestaltung des Privatrechts allein deutet denklogisch nicht auf eine Delegation hin, weil andernfalls auch die individuelle Freiheit staatlich delegiert wäre.[837]

Daneben vertritt ein Teil der Literatur, dass die Befugnis zum Abschluss eines Tarifvertrages auf der mitgliedschaftlichen Legitimation des Verbandes beruhe. So akzentuiert die Autonomietheorie die Befugnis kraft Mandatierung durch die Privaten.[838] Andere akzentuieren das Schuldverhältnis als Grundelement der Legitimation.[839] Der Tarifvertrag ist danach originäre Normsetzung und gebündelter Ausdruck individueller Selbstbestimmung.[840] Die Gestaltungsmacht beruht auf privater Unterwerfung.

In diesem Grundgedanken wurzelt die Beschreibung der Tarifautonomie als kollektiv ausgeübte Privatautonomie. Teilweise wird zwar eindeutig die Privatautonomie akzentuiert, indessen in den Bereichen der betriebsverfassungsrechtlichen Fragen und der Betriebsnorm die staatliche Delegation bemüht.[841]

Gleichwohl können auch in der privatautonomen Sichtweise die besonderen Wirkungen gegenüber einem Außenseiter nur auf den staatlichen Normierungsbefehl des TVG zurückgeführt werden.[842] Diese Verleihung ist grundrechtlich indiziert und hat allein dienende Funktion.

Eine vermittelnde Ansicht zieht die Delegationstheorie nur hinsichtlich der Rechtsnormwirkung heran.[843] So wird betont, dass der Staat seine Regelungsbefugnis weit zurückgenommen und zugleich über Art. 9 Abs. 3 GG die Regelung der Arbeitsbedingungen den Tarifparteien *überlassen* habe. Davon ausge-

---

835 BAG, Urteil vom 15.1.1955 – 1 AZR 305/54, NJW 1955, 684 (687), vgl. auch *Giesen*, S. 156.

836 *Richardi*, Kollektivgewalt, S. 147 f.

837 MüArbR-*Rieble/Klumpp*, § 163, Rn. 17.

838 BAG, Urteil vom 4.4.2000 – 3 AZR 729/98, RdA 2001, 110 (116); *Ulber*, RdA 2011, 353 (357).

839 *Bayreuther*, S. 57.

840 *Paschke*, S. 28.

841 *Bayreuther*, S. 122.

842 *Paschke*, S. 31.

843 MüArbR-*Rieble/Klumpp*, § 163, Rn. 18.

hend wird Art. 9 Abs. 3 als Befugnis aufgefasst. Wiederum andere betonen die Herkunft aus dem TVG.[844] Erst durch die staatliche Anerkennung erhielten die Tarifnormen ihre zwingende und unmittelbare Wirkung.

(c) Die Formen möglicher Repräsentation

Wohl auch vor diesem Hintergrund hat *Halfmeier* zwei Systeme unterschieden:[845] Das erste sei dadurch gekennzeichnet, dass der primär Betroffene einen Dritten mandatiert, um seine Interessen durchzusetzen. Im zweiten bestimmt der Staat eben ex officio, dass der Dritte für den Betroffenen tätig wird. Im Vergleich der beiden Systeme betont *Halfmeier*, dass die mandatierte Repräsentation das mildere Mittel verkörpere, weil sie die Entscheidung über die Wahrnehmung der Interessen in der Hand der Betroffenen beließe.[846] Bei den Repräsentanten ex officio hingegen seien nicht mehr die Interessen des Betroffenen, sondern andere Faktoren maßgeblich, insbesondere die Einschätzung des Repräsentanten und dessen finanzielle oder organisatorische Ausstattung.[847]

Vor dieser Unterteilung fügt sich die Verbandsklage in das typischerweise mitgliedschaftlich verfasste Tarifrecht „besser" ein und ist näher an der Privatautonomie als das typischerweise schwach legitimierte und stärker fremdbestimmte Verbraucherrecht. Auch wenn die Verbandsklage im Arbeitsrecht typischerweise Fremdbestimmung begründen wird, benötigen Gewerkschaften eine starke mitgliedschaftliche Struktur, weil sie andernfalls wirtschaftlich nicht überleben können und anders als Verbraucherverbände nicht staatlich gefördert werden.[848]

(d) Legitimation und Organisation der Verbände

Damit verbleibt einzig zu klären, ob die unterschiedlichen Legitimationsstrukturen einander ausschließen. Dieses strukturelle Problem spiegelt sich auch in dem von *Pfarr/Kocher* hervorgehobenen Phänomen wider. Im Arbeitsrecht gehe es weniger um diffuse Interessen als vielmehr um kollektive Interessen bestimmter Gruppen von Beschäftigten.[849] Nicht zuletzt wegen der diffusen Interessen[850] wird das Verbraucherrecht als „unbündelbar" beschrieben.[851] Auch unterscheiden sich die Interessen in ihrer Organisierbarkeit. Im Arbeitsrecht sei die fehlende Organisationsfähigkeit der Interessen weniger ausgeprägt, während dieses Phänomen das Verbraucher- und das Umweltrecht kennzeichne, also Gebiete, in denen die Verbandsklage anerkannt werde. Dementsprechend seien die kollektiven Interessen den Allgemeininteressen entrückt. Im Verbraucherrecht hingegen bestünde Identität.

---

844 *Zöllner/Loritz/Hergenröder*, § 36 Rn. 18 f.
845 *Halfmeier*, JJZ 2003, 129 (132 ff.).
846 *Halfmeier*, JJZ 2004, 129 (135).
847 *Halfmeier*, JJZ 2003, 129 (135).
848 *Janssen*, in: Casper/Janssen/Pohlmann/Schulze, 259 (268).
849 *Pfarr/Kocher*, S. 128.
850 Zum Begriff siehe S. 68.
851 Tamm/Tonner-*Tonner*, § 3, Rn. 18 f.

Höland ergänzte diese Feststellung dahin gehend, dass sich die Arbeitnehmer auf der untersten Ebene der Zusammenschlüsse in der Regel kennen und die Arbeitsbedingungen erlebten, wodurch sie sich wiederum strukturierten. Verbraucher hingegen seien nicht über soziale Bindungen zusammengefasst, sie gingen nur punktuelle Austauschbeziehungen ein.[852] Bezöge sich die Verbandsklage gerade auf das Phänomen der Unorganisierbarkeit der kollektiven Interessen, so wäre der Weg im Arbeitsrecht verbaut; wobei ebenfalls zu beobachten ist, dass mit zunehmendem Organisationsgrad die personelle Verbindung schwindet.

Zunächst werden durch die Verbandsklage nur negatorische Interessen im Hinblick auf die relevante Schutzposition geltend gemacht. Damit werden in erster Linie solche Interessen verfolgt, die bereits im Gesetz angelegt sind und für schützenswert erachtet werden. Diese Schutzwirkung ist auf der Ebene des Individuums begründet und nicht mit der fehlenden Organisation verbunden. Geht man mit *Bayreuther* davon aus, dass die tarifliche Legitimation aus dem Versagen des Schuldverhältnisses resultiert, wird sogar eine Parallele zum Verbraucherrecht begründet.[853]

In erster Linie erklärt die schwache Organisierbarkeit allerdings, weshalb im Verbraucherrecht die Anforderungen an die Anerkennung des kollektiven Akteurs (§ 4 Abs. 2 UKlaG) geringer sind als die an eine Gewerkschaft. Zudem wird hervorgehoben, dass die fehlende Organisation eher die Effektivität der Verbandsklage beschränkt.[854] Dann kann diese Eigenschaft auch kein strukturelles bzw. wesentliches Element der Verbandsklage sein.

Nicht jeder Verbraucher, der über § 1 f. UKlaG geschützt wird, ist Mitglied eines Verbraucherverbandes. Er kann es aber wegen der mitgliedschaftlichen Verfassung der Verbände werden. Bereits im Rahmen der sog. Burda-Entscheidung deutet sich an, dass eine strikte mitgliedschaftliche Eigenorganisation im Rahmen der Unterlassungsansprüche dann nicht zwingend mit kollektivem Rechtsschutz verbunden sein muss, wenn der Verstoß aus seiner Natur heraus auch die Einbeziehung nicht Tarifgebundener einschließt. Geht es hingegen „nur" um die Einhaltung bestehender Gesetze, so ist die Organisation nicht der entscheidende Aspekt. Es genügt vielmehr die Möglichkeit der Mitgliedschaft. Diese Annahme resultiert daraus, dass der Gesetzgeber die Interessen bereits bewertet hat. Bei einer neuen Bewertung der Interessen im Rahmen des Tarifvertrages oder der Betriebsvereinbarung bedarf es einer stärkeren Legitimation.

(e) Das repräsentierte Interesse

Aus einem anderen Blickwinkel lassen sich die Formen auch unter dem Gesichtspunkt der Interessenkonkretisierung vergleichen.

Wenn die kollektiven Interessen diffus sind, so erhalten sie durch den kollektiven Akteur in der Regel ein Artikulationsorgan. Davon ausgehend ließen sich die Interessenäußerungen des kollektiven Akteurs als Artikulation der kollekti-

---

852 *Höland*, FS Bepler, 221 (236).
853 *Bayreuther*, S. 154.
854 *Pfarr/Kocher*, S. 130.

ven Interessen auffassen bzw. diese gleichsetzen. Seine Aktivitäten werden dann stellvertretend für alle Mitglieder der Gruppe gewertet. Damit ist aber gesagt, dass der kollektive Akteur die Interessen setzt. Eine solche Befugnis erfordert eine weitreichende Legitimation.

Für die Verbandsklage im Sinne des UKlaG bedeutet die Durchsetzung der Interessen Negation verbotswidrigen Verhaltens. Die typischen Interessen lassen darauf schließen, dass die repräsentierte Masse ein solches Interesse hat.

Ungeachtet der Reichweite dessen, worüber der Verband entscheidet und für wen der Verband etwas Rechtserhebliches äußern kann, ist der Verband eine überindividuelle Instanz sowie eine juristisch greifbare Einheit. In dieser Konzeption fungiert der Verband als „Konkretisierer" des anders gar nicht artikulierbaren kollektiven Interesses. Nur sind diese Interessen im Fall der Verbandsklage durch das Gesetz vorgezeichnet.

Von diesem Verständnis geht auch das Gesetz aus. Im Rahmen des UWG hat der Gesetzgeber den Verbänden die Ansprüche deshalb zur freien Verfügung gestellt, weil er davon ausging, dass die Ansprüche nur dann geltend gemacht werden, wenn die Geltendmachung im Interesse der Verbraucher ist. Die früher in § 13 UWG enthaltene Konkretisierung auf *„Handlungen, die die wesentlichen Belange der Verbraucher berühren"* wurde 2004 gestrichen.[855] Der Gesetzgeber war der Ansicht, dass in Fällen ohne Verbraucherbezug kein Interesse an der Verfolgung (durch die Verbände) bestünde und im Übrigen Bagatellverstöße über § 3 UWG ausgeschlossen werden würden. Eventuellen Missbrauchsgefahren sollte über § 8 Abs. 4 UWG begegnet werden.

Gerade im Hinblick auf die durchgesetzten Interessen ist wegen des Verweises von § 1 UKlaG auf § 307 BGB eine Parallele gegeben. Eine darüber hinausgehende Befugnis zu kollektiven Verhandlungen besteht nicht. Das so erreichte Legitimationsniveau genügt der Geltendmachung von Unterlassungsansprüchen. Die Schutzbedürftigkeit des Interesses des Anspruchsgegners wird durch die individualrechtliche Linie zurückgedrängt. Auf kollektivrechtlicher Ebene kann das Interesse, nicht von jedermann in Anspruch genommen zu werden, die Interessenaggregation nicht mehr überwiegen. Eine andere Sache ist es, aus der abstrakten Legitimation eine konkrete Befugnis für Vertragsbedingungen zu gewinnen. Während die §§ 307 ff. BGB die Unwirksamkeit bedingen und damit ohnehin schon keine Wirkung eintritt, wird dort der Inhalt – wirksam – geprägt. Hierfür bedarf es der individuellen Legitimation oder der weitergehenden staatlichen Intervention.

Dies leitet zu Art. 9 Abs. 3 GG über. Das Verständnis als kollektiv ausgeübte Privatautonomie kann einen kollektiven Sicherungsmechanismus für Privatautonomie aufnehmen. Es ist unerheblich, dass die Verbandsklage aus einem System der Konkretisierung diffuser Interessen herrührt.

Über die individuelle Legitimation wird in der Summe eine Richtigkeitsgewähr für das Einschreiten eines kollektiven Akteurs erzeugt. Umso mehr Personen davon ausgehen, dass der Verband ihre Interessen vertreten kann, desto

[855] BT-Drs. 15/1487, S. 23.

stärker wird die Legitimation, hinsichtlich der Personen zu handeln, die nicht vertreten sind. Der Tarifvertrag bedarf umfassender Legitimation, indes negatorischer Schutz nur partieller Legitimation, wenn dieser staatlich delegiert wurde.

(e) Die Durchsetzung negativer Interessen

Bayreuthers Vergleich lässt sich für das vorliegende Thema daher umstellen. Während er die Gestaltung des Arbeitsverhältnisses und die Bewahrung der Arbeitnehmerschutzrechte im Hinblick auf die Repräsentation gleichsetzt, können diese Formen auch in ein Stufenverhältnis gestellt werden. Der Gesetzgeber sah sich dazu veranlasst, in § 15 UKlaG eine Anwendung des UKlaG zu verneinen. Ohne diese Norm wäre es schief, die Institute gleichzusetzen, weil das UKlaG bereits Anwendung fände. Im Kern muss es darum gehen, die Institute in Bezug auf ihr jeweiliges Legitimationsniveau im Hinblick auf die Gestaltung des Arbeitsverhältnisses zu positionieren.

(f) Zwischenergebnis

Staatliche Delegation ist auch im Tarifvertragsrecht existent. Das Tarifvertragsrecht selbst dokumentiert, dass sich staatliche Delegation und individuelle Legitimation nicht ausschließen, sondern ein System bilden können. Aus dem Stufenverhältnis der Legitimationsformen folgt allenfalls eine schwächere Ausgestaltung der kollektiven Befugnis. Damit lässt sich bei einer stärkeren Legitimation ein mehr an Befugnissen und insbesondere ein kollektiver Vertragsmechanismus rechtfertigen.

bb) Die Bedeutung der negative Koalitionsfreiheit – Schutz des Außenseiters?

Über dieses Stufenverhältnis kann die Verbandsklage auch in ein Verhältnis zur negativen Koalitionsfreiheit gesetzt werden. Der Arbeitnehmer hat es über den Beitritt zu einer Gewerkschaft selbst in der Hand, den Schutz des Tarifrechts herbeizuführen. Nach der sog. negativen Koalitionsfreiheit aus Art. 9 Abs. 3 GG[856] hat jedermann das Recht, Koalitionen fernzubleiben. Damit entschließt sich die Person, nicht am kollektiven Sicherungssystem durch Tarifverträge teilzunehmen. Dann kann eine gestörte Vertragsparität auf diesem Wege nicht korrigiert werden. Ungeachtet dessen spricht Art. 2 Abs. 1 i. V. m. Art. 12 GG dafür, dem Arbeitnehmer in dieser Situation Schutz zukommen zu lassen.

Bundesarbeitsgericht und Bundesverfassungsgericht interpretieren die negative Koalitionsfreiheit als Fernbleiberecht.[857] Das Grundrecht schütze davor, dass Zwang oder Druck auf die Nicht-Organisierten ausgeübt werden, einer Organisation beizutreten. Ein von einer Regelung oder Maßnahme ausgehender bloßer Anreiz zum Beitritt erfülle diese Voraussetzung nicht.[858] Mit dieser engen

---

[856] Vgl. zur Diskussion um die Verortung der negativen Koalitionsfreiheit: *Deinert*, RdA 2014, 129 (129 u. 132).

[857] BVerfG, Urteil vom 1.3.1979 – 1 BvR 532, 533/77, BVerfGE 50, 290 (367); BVerfG, Beschluss vom 15.7.1980 – 1 BvR 24/74, BVerfGE 55, 7 (21); BVerfG, Beschluss vom 14.11.1995 – 1 BvR 601/92, BVerfGE 93, 352 (357); *Deinert*, RdA 2014, 129 (132).

[858] BVerfG, Urteil vom 11.7.2006 – 1 BvL 4/00, AP Art. 9 GG Nr. 129 m. w. N.

Schutzbereichsbestimmung ist jedoch noch keine Aussage über das Verhältnis zur staatlichen Schutzpflicht aus Art. 2 Abs. 1 bzw. Art. 12[859] GG verbunden.

Das Konkurrenzverhältnis lässt sich anhand von Art. 2 Abs. 1 GG dokumentieren. Besondere Grundrechtsnormen schließen eine Verletzung von Art. 2 Abs. 1 GG erst dann aus, wenn eine Verletzung von Art. 2 Abs. 1 GG und der anderen Norm unter demselben sachlichen Gesichtspunkt in Betracht kommt.[860] Art. 2 Abs. 1 GG und die negative Koalitionsfreiheit haben in diesem Punkt unmittelbar keine Gemeinsamkeit. Bei Art. 2 Abs. 1 GG geht es darum, die Defizite bei der Privatautonomie wiederherzustellen. Die negative Koalitionsfreiheit sichert einzig ein Fernbleibrecht. Im weiteren Kontext stellt sich jedoch die Frage, ob die Wahrnehmung der negativen Koalitionsfreiheit nicht auch eine Aussage über die Sicherung der Privatautonomie in sich trägt.

Der Verzicht auf einen eine Mitgliedschaft erfordernden Sicherungsmechanismus muss schon wegen der negativen Koalitionsfreiheit selbst ohne Aussage für den Schutz der individuellen Privatautonomie bleiben. Der einzelne muss an dieser Stelle so stehen, als stünde ihm die Rechtsordnung ohne Mitgliedschaft zur Seite.

Das zwingende Recht kann für sich nur einen rechtlichen Zustand herbeiführen, der sich in der gleichen Gefährdungslage niederschlägt, die bereits während des Treffens der vertraglichen Regelung bestand. Die Mächtigkeit der anderen Partei wird sich durchsetzen. Die Unterlassungsklage eines kollektivierten Marktgegenspielers hingegen verhindert diesen Effekt und soll neben den rechtlichen Wirkungen auch die faktischen Gefahren vermindern. Damit ist nicht gesagt, dass die Verbandsklage zwingend aus der Schutzpflicht des Art. 2 GG folgt, allerdings hat sich der Gesetzgeber für dieses Modell entschieden und es seitdem auf viele Bereiche erstreckt.

Dass der Arbeitnehmer es mit seinem Beitritt selbst in der Hand hat, für den Schutz des Art. 9 Abs. 3 GG zu sorgen, ist demnach nicht entscheidend. Vielmehr müsste sich die Nichtanwendung der Verbandsklage wegen Art. 12, Art. 2 Abs. 1 GG rechtfertigen.

cc) Der dogmatische Unterschied zur Burda-Lösung

Das BAG hat in der sog. Burda-Entscheidung herausgestellt, dass ein einfacher Verstoß gegen einen Tarifvertrag keine Angelegenheit der Tarifparteien sei.[861] Insofern liegt es nahe, einen Wertungswiderspruch anzunehmen, sollte ein einfacher Verstoß gegen § 307 ff. BGB zu einem Anspruch der Gewerkschaften führen. Zunächst bewirkt § 1 UKlaG nur einen Anspruch gegen die missbräuchliche Verwendung von AGB und nicht zur Untersagung jeglichen Rechtsbruchs. § 2 UKlaG verlangt neben dem Verstoß zudem, dass die Geltendmachung im Interesse des Verbraucherschutzes liegt.

---

[859] Hierzu S. 177; Zum Verhältnis Art. 12 und Art. 2 im Hinblick auf die Arbeitsvertragsfreiheit: BVerfG, Beschluss vom 11.7.2006 – 1 BvL 4/00, AP Art. 9 GG Rn. 129.

[860] BVerfG, Beschluss vom 11.7.2006 – 1 BvL 4/00, AP Art. 9 GG Rn. 129; Maunz/Dürig-*di Fabio*, Art. 2, Rn. 21.

[861] Hierzu S. 215.

Nach der „Burda-Rechtsprechung“ ist eine Verletzung des Art. 9 Abs. 3 GG, also eines eigenen Rechts der Koalition, notwendig. § 1 UKlaG unterscheidet sich daher trotz einer Schnittmenge fundamental von der Lösung des BAG im sog. Burda-Beschluss. In dieser Entscheidung ging es um die Abwehr eines Angriffs auf Art. 9 Abs. 3 GG. Bei § 1 UKlaG geht es um die Entfernung unangemessener Klauseln aus dem Rechtsverkehr, einem systematischen Angriffs auf Art. 2 GG der betroffenen Verbraucher. Eine Schnittmenge beider Instrumente besteht in dem Bereich, in dem mit Hilfe von AGB-Verträgen versucht wird, die tarifliche Ordnung zu derogieren. Nach dem BAG bedarf es aber eines gezielten Angriffs auf die Beseitigung der normativen Wirkung des Tarifwerks, § 1 UKlaG erfordert dies nicht. Es geht daher bei § 1 UKlaG im Ausgangspunkt nicht um die Sicherung von Art. 9 Abs. 3 GG, sondern vielmehr um die Wahrung von Arbeitsbedingungen i. S. v. Art. 9 Abs. 3 GG. Auf der anderen Seite stellt Art. 9 Abs. 3 GG selbst keine zu wahrende Arbeitsbedingung dar – unter Art. 9 Abs. 3 GG wird keine Arbeit geleistet. Die Norm gibt vielmehr die Befugnis, Arbeitsbedingungen zu schaffen und zu wahren. Vor diesem Hintergrund erklärt sich auch die „Burda“-Lösung. Die Fundierung der Aktivlegitimation über Art. 9 Abs. 3 GG ist folglich mit der Lösung des BAG vereinbar.

dd) Zwischenergebnis

Versagten die Fachgerichte den Gewerkschaften die Verbandsklage, müssten diese Entscheidungen in letzter Konsequenz an Art. 9 Abs. 3 GG gemessen werden. Anders als im „UKlaG-Beschluss“ des BVerfG[862] kann sich die Gewerkschaft auf diese grundrechtlich geschützte Position zurückziehen. § 15 UKlaG kann dieses Grundrecht an dieser Stelle nicht ausfüllen. An die totale Versagung der Wahrung von Arbeitsbedingungen wären hohe Anforderungen zu stellen. Entscheidend ist jedoch, dass der Gesetzgeber § 15 UKlaG nicht als zwingende Ausgestaltung des Art. 9 Abs. 3 GG bzw. als Sperre gegen eine Verbandsklage konzipiert hat, sondern vielmehr eine Rechtsfortbildung erlaubt hat. Für eine solche ist Art. 9 Abs. 3 GG – das Arbeitskampfrecht belegt dies – der richtige Nährboden.

Die negative Koalitionsfreiheit steht zu diesem Ergebnis in praktischer Konkordanz. Das Fernbleiberecht wird gewahrt und der staatliche Schutzauftrag wird erfüllt. Zugleich kann ein Wahren i. S. v. Art. 9 Abs. 3 GG gewährleistet werden, welches vom Wortlaut der Norm her keine Einschränkung auf Mitglieder nahelegt.

e) Unterschiedliche Funktionen und Regelungsansätze im Verbraucher- und im Arbeitsrecht

Ein weiterer Aspekt, der einer Anwendung des § 1 UKlaG i. V. m. Art. 9 Abs. 3 GG entgegenstehen könnte, liegt in den unterschiedlichen Ansätzen von Verbraucher- und Arbeitsrecht. Während es bislang um die Tiefenstrukturen

[862] Hierzu S. 20.

und verfassungsrechtlichen Hintergründe ging, soll in dem folgenden letzten Abschnitt das einfachgesetzliche Recht in den Vordergrund rücken und systemtisch-teleologisch ausgewertet werden.

Die Verbandsklagen nach UKlaG und UWG stehen nicht isoliert in der Rechtsordnung, sondern bilden mit den Normen des übrigen Verbraucherrechts ein zusammenhängendes Schutzsystem. Gleiches gilt für das kollektive Arbeitsrecht. Die Regeln lassen sich nur in ihrer Interaktion mit den anderen Normen einordnen. Die analoge Anwendung der Verbandsklage könnte daher systematische Probleme begründen: Zum einen würde ein Institut, welches auf einer völlig anderen individualrechtlichen Grundlage fußt, aus dieser herausgenommen. Zum anderen würde die Verbandsklage als Fremdkörper in ein System „hineingepresst".[863] Einzelne Unterschiede wiederum liegen bei zwei unterschiedlichen Rechtsbereichen auf der Hand – es kommt für die Rechtsfortbildung auf eine Vergleichbarkeit an.

aa) Die Regelungsansätze des individuellen Arbeits- und des individuellen Verbraucherrechts

Weder im Arbeitsrecht noch im Verbraucherrecht können die Verbände über die individuellen Rechtspositionen entscheiden. Wie die vorangegangenen Darstellungen deutlich gemacht haben, bleibt es den Einzelnen überlassen, ihre Rechte durchzusetzen. Erst wenn sich der andere Teil weigert, kann hierin unter Umständen ein vollstreckungsrechtlich relevantes Verhalten erblickt werden. Auch § 11 UKlaG setzt voraus, dass der Verbraucher überhaupt tätig werden will. Die Verbandsklage ist ein Institut, welches zur Stärkung der Durchsetzung eines bestimmten Rechtsgebiets eingesetzt wird. Der bereichsspezifische Ausbau dokumentiert sich im Umweltrecht, im Tierschutzrecht oder im Kartellrecht.[864] Die Verbandsklage kann mithin nicht ohne das Recht eingeordnet werden, das sie durchsetzt.

(1) Die Rolle des zwingenden Rechts

Das Verbraucherrecht operiert über zwingendes Recht[865] und umfassende kollektive Durchsetzung durch §§ 8, 3 UWG sowie § 1 und § 2 UKlaG. Diskrepanzen zwischen kollektiver und individueller Rechtsdurchsetzung treten lediglich gegenüber der kollektiven Ebene auf. Die Tatbestände des UWG sind nach herrschender Meinung keine Schutzgesetze.[866] Die Struktur des individuellen Verbraucherrechts bzw. der Ausgestaltung der individuellen Rechtspositionen entspricht den ersten drei Kennedy-Rechten (Sicherheit, Information und Wahl-

---

[863] Vgl. auch *Epiney*, NVwZ 1999, 485 (485); kritisch hierzu: *Mangold/Wahl*, Verw 2015, 1 (18), die den Begriff schon wegen der Stärkung der zugrundeliegenden Belange kritisieren.

[864] Zu letzterem vgl. § 33 Abs. 2 Nr. 2 lit. a) GWB.

[865] Einen instruktiven Überblick über den Individualrechtsschutz im Verbraucherrecht bietet: *Albrecht*, S. 177 ff.

[866] Zur Diskussion: *Albrecht*, S. 253.

[867] Vgl. S. 21 ff.

freiheit) unter Berücksichtigung der generellen Vorgabe des Art. 169 AEUV, die wirtschaftlichen Interessen zu schützen.[867] Damit entwirft das Verbraucherrecht seine Regelungen auf eine freie und informierte geschäftliche Entscheidung und Abwicklung des Vertrages. Die rechtlichen Instrumente hierfür stellen einerseits die Widerrufsrechte im Falle einer disparaten Vertragssituation und die Informationsrechte bei Vertragsschluss.[868] Die Sicherheit der Verbraucher – freilich nicht nur dieser – wird in erster Linie durch das ProdhaftG[869] gegenüber dem allgemeinen Deliktsrecht verstärkt.

Das zwingende Arbeitsrecht ist vor dem Hintergrund dieser Möglichkeit nur ein Mindeststandard, der durch Tarifverträge überschritten werden darf bzw. soll („Auffanglinie").[870] Das Arbeitsrecht unterstellt das zwingende individuelle Recht in hohem Maße auch der Tarifordnung. Sogar eine Unterschreitung ist im Falle einer gesetzlichen Öffnung (etwa §§ 7, 13 BUrlG) möglich. Über das Grundphänomen der persönlichen Abhängigkeit lässt sich keine allgemeine Strategie destillieren. Andererseits war die gestörte Vertragsparität auch ein Grund für die Erstreckung der §§ 305 ff. BGB auf den Arbeitsvertrag. Das individuelle Arbeitsrecht konstituiert sich auch über die Fragen der Begründung und der Beendigung des Arbeitsvertrages.

(2) Die Abstraktionshöhe der Rechtsgebiete/die Bedeutung des öffentlichen Interesses

Ein erster Einwand könnte daraus herrühren, dass jedermann Verbraucher sein kann, es in Deutschland allerdings nur um die 40 Millionen Arbeitnehmer gibt.[871] Vor diesem Hintergrund könnte man von einer unterschiedlichen Abstraktionshöhe der Rechtsgebiete ausgehen. Wenn jedermann mit unangemessenen AGB konfrontiert werden kann, dann muss notwendigerweise ein Interesse der Allgemeinheit existieren, diese zu beseitigen. Dieses Interesse ist bei den Arbeitnehmern durch die eindeutige Trennung der Arbeitnehmerschaft gegenüber der Gesamtgesellschaft nicht in gleicher Weise evident.

Dieser Gedanke erweist sich tatsächlich als schief. Grundsätzlich kann jedermann im Rahmen der Gesetze in Deutschland auch Arbeitnehmer sein. Dieser Grundgedanke kommt bereits in der Fassung des Tatbestandsmerkmals zum Ausdruck. Es besteht nur ein großer Unterschied. Wer Arbeitgeber ist, kann nicht regelmäßig in einer anderen Situation zu einem Arbeitnehmer werden, ohne dass sich die gesamte Lebenssituation ändert. Ein solches Phänomen hat jedoch keinen Platz in der Schutzdimension des Arbeitnehmerbegriffs. Sowohl das Verbraucherschutzrecht als auch das Arbeitnehmerschutzrecht rühren verfassungsrechtlich aus der Schutzfunktion der Privatautonomie her. Gerade diese Funktion hängt mit dem öffentlichen Interesse zusammen. Art. 2 Abs. 1 GG ordnet die diffusen Inte-

[868] *Hager*, JA 2011, 721 (721).

[869] Zu dieser Schutzdimension: MünchKomm-*Wagner*, Einleitung ProdHaftG, Rn. 2.

[870] Tamm/Tonner-*Tonner*, § 3, Rn. 17.

[871] Stand Juli 2015 vermeldet das Statistische Bundesamt 42,8 Millionen Erwerbstätige, destatis.de [Stand: August 2015], die Statistik erfasst auch Beamte und Richter etc.

ressen beider „Gruppen" und verfestigt sie zu Verfassungsbelang in Form einer Schutzpflicht und in objektiver Hinsicht zu einem öffentlichen Interesse.[872]

(3) Der Schutz des Schwächeren im Schuldverhältnis

Systematisch bezwecken Verbraucher- und Arbeitsrecht den Schutz des Schwächeren im Schuldverhältnis. Neben dem kollektiven Arbeitsrecht betont das Bundesarbeitsgericht die strukturelle Unterlegenheit sonst nur in vergleichbarer Intensität bei der Inhaltskontrolle des Arbeitsvertrages.[873]

(a) Der gemeinsame Ausgangspunkt

Diese einende Erkenntnis steht auch hinter dem Streit um die Verbrauchereigenschaft des Arbeitnehmers. Allerdings stellt sie nicht *den* Geltungsgrund des Arbeitsrechts dar. Die persönliche Abhängigkeit ist ein empirisches Phänomen. So hat *Richardi* zutreffend darauf hingewiesen, dass die meisten Normen des Arbeitsrechts aus Konflikten hervorgingen, die erst aus der Sonderverbindung erwachsen.[874] So sei etwa das Kontinuitätsinteresse des Arbeitnehmers an der Dauerbeziehung der materielle Geltungsgrund für den allgemeinen und besonderen Kündigungsschutz, durch den auch ein sozialer Bestandsschutz verwirklicht werde.

Ein vergleichbarer Befund kann jedoch auch dem Verbraucherrecht ausgestellt werden. Die Institute des Verbraucherrechts rühren nicht nur aus der Unterlegenheit des Verbrauchers her, sondern werden durch spezifische Gefahrenlagen aufgeladen.[875]

(b) Der Schutz des Individuums vor Verbandsmacht

Während das UKlaG die Einflussnahmemöglichkeiten des Einzelnen auf den Beitritt zu den Verbänden und das Vollstreckungsverfahren beschränkt, ermöglicht das kollektive Arbeitsrecht eine weitaus stärkere Realisierung des Willens des Arbeitnehmers, indem kollektive Ergebnisse hinter günstigeren Regelungen zurücktreten müssen. Insofern ist zu vergleichen, inwiefern auf der Ebene des Individualvertrages von den kollektiven Ergebnissen abgewichen werden kann. Diese Frage beantwortet das Günstigkeitsprinzip.

---

[872] Zu Art. 9 Abs. 3: BVerfG, Beschluss vom 20.3.2007 – 1 BvR 1047/05, NZA 2007, 609 (611); zu Art. 4: BVerfG, Urteil vom 1.12.2009 – 1 BvR 2857/06, GewArch 2010, 29 (33); zu Art. 2 Abs. 2: BVerfG, Beschluss vom 5.3.1997 – 1 BvR 1071/95, NJW 1997, 3085 (3085).

[873] Vgl. BAG, Urteil vom 23.8.2012 – 8 AZR 804/11, NZA 2013 zur Verpflichtung, die Steuererklärung durch eine vom Arbeitgeber beauftragte Steuerberatergesellschaft durchführen zu lassen; BAG, Urteil vom 30.7.2008 – 10 AZR 606/07, NZA 2008, 1173, zum Freiwilligkeitsvorbehalt bei Sonderzahlungen; BAG, Urteil vom 25.4.2007 – 5 AZR 627/06, NZA 2007, 853 zum Freiwilligkeitsvorbehalt bei Leistungszulagen.

[874] MüArbR-*Richardi*, § 1, Rn. 11 ff.

[875] Tamm/Tonner-*Tonner*, § 3, Rn. 3 f.; vgl. zu den Methoden des Verbraucherschutzes, *Hippel* S. 25 ff.

(aa) Der Günstigkeitsvergleich

Nach § 4 Abs. 3 TVG sind vom Tarifvertrag abweichende Regelungen dann zulässig, wenn sie vom selbigen gestattet oder für den Arbeitnehmer günstiger sind. Das sog. Günstigkeitsprinzip ist damit *die* Kollisionsnorm zwischen der individuellen und der kollektiven Ebene.[876] § 4 Abs. 3 TVG enthält sowohl eine Einschränkung der Tarifautonomie als auch eine Garantie der individuellen Gestaltung des Arbeitsverhältnisses.[877] Das Prinzip geht aber nicht so weit, dass die Tarifparteien verpflichtet sind, Raum für Individualregelungen zu lassen.[878]

Das Bundesarbeitsgericht erblickt allerdings in § 4 Abs. 3 TVG nur einen Ausschnitt eines umfassenden Rechtsprinzips, der unabhängig von der Art der Rechtsquelle und auch außerhalb des Tarifvertragsgesetzes Geltung beansprucht.[879] Seine Grundlage wird heute überwiegend in dem weitergehenden arbeitsrechtlichen Schutzprinzip erblickt.[880] Das Günstigkeitsprinzip basiert auf dem Gedanken, dass das Tarifvertragsrecht zugunsten der strukturell unterlegenen Arbeitnehmer wirken soll.[881] Treffen Rechtsquellen unterschiedlichen Ranges aufeinander, so kann das rangniedrigere Recht im Zweifel zugunsten des Arbeitnehmers abweichen.[882]

(bb) Keine Ausnahme beim Fehlen struktureller Ungleichheit

Zum Teil wurde in der Literatur vorgeschlagen, die einzelvertragliche Gestaltungsfreiheit immer dann vorgehen zu lassen, wenn keine strukturelle Ungleichheit bestünde. Denn in diesem Fall greife die Schutzvorgabe nicht mehr ein. So ging *Heinze* davon aus, dass das Grundgesetz den Vorrang der Privatautonomie gegenüber der Kollektivautonomie statuiere, soweit das Sozialstaatsprinzip nicht ausnahmsweise anderes erfordere.[883] Gleichwohl sei darüber hinaus anhand des kollektiven Regelungssystems zu überprüfen, ob die abweichende Individualregelung sozialstaatskonform sei.[884]

Diese Ansicht war nichts anderes als der Versuch einer teleologischen Reduktion des Tarifvertragssystems über das Vehikel des Günstigkeitsprinzips. Bereits strukturell birgt diese Ansicht Probleme. Die Bewertung der strukturellen Ungleichheit setzt einen Rückgriff auf das gesamte Verhandlungssystem voraus

---

[876] *Bayreuther*, S. 658; *Annuß*, RdA 2000, 287 (295): Scheidepunkt; Däubler-*Deinert*, § 4 TVG, Rn. 581; *Melms/Kentner*, NZA 2014, 127 (127 f.).

[877] *Richardi*, Kollektivgewalt, S. 365; *Wlotzke*, Günstigkeitsprinzip, S. 22 ff.; *Däubler*, NZA 1988, 857 (861): arbeitsrechtliche Verkörperung des Individualismus.

[878] Wiedemann-*Wank*, § 4 TVG, Rn. 387.

[879] Jüngst: BAG, Urteil vom 5.3.2013 – 1 AZR 880/11, BeckRS 2013, 71107; grundlegend: BAG – Großer Senat, Beschluss vom 16.9.1986 – GS 1/82, AP, § 77 BetrVG1972, Nr. 17; Wiedemann-*Wank*, § 4, Rn. 386.

[880] BAG – Großer Senat, Beschluss vom 16.9.1986 – GS 1/82, AP, § 77 BetrVG 1972, Nr. 17; Wiedemann-*Wank*, § 4, Rn. 386 m. w. N. zum Streitstand u. Rn. 388 zum Leistungsprinzip als Fundament.

[881] *Bayreuther*, S. 658.

[882] Wiedemann-*Wank*, § 4 TVG, Rn. 386.

[883] *Heinze*, NZA 1991, 329 (333).

[884] *Heinze*, NZA 1991, 329 (333).

und führt ihrerseits zu einer Objektivierung.[885] Zudem ist § 4 Abs. 3 TVG die bewusste Gestaltungsentscheidung zu entnehmen, die kollektive Lösung *nur* zurücktreten zu lassen, wenn eine günstige Regelung vorliegt.[886]

(cc) Der Bezugspunkt: das Individualinteresse

Den Ausgangspunkt des Günstigkeitsvergleichs[887] nach § 4 Abs. 3 Alt. 2 TVG bildet der Arbeitsvertrag.[888] Darauf, ob die Abweichung für die Belegschaft insgesamt günstiger ist, kommt es nicht an.[889] Es entscheiden die Interessen des Arbeitnehmers. Die Interessen der Tarifparteien sind zunächst unerheblich.[890] Freilich kommt es nicht allein auf das Arbeitsverhältnis an. Das Günstigkeitsprinzip setzt die Existenz beider Ebenen voraus und löst die Konkurrenz auf. Bestehen die beiden Normebenen, kann bereits aus § 3 Abs. 3 Alt. 1 TVG abgelesen werden, dass der Tarifvertrag gänzlich irrelevant ist.[891]

(dd) Der Vergleichsmaßstab

Wenn § 4 Abs. 3 Alt. 2 TVG also grundsätzlich das Interesse des Arbeitnehmers in den Vordergrund rückt, dann ist damit aber noch nichts über den Maßstab des Vergleichs gesagt. Insofern lassen sich zwei Ansätze trennen: eine objektive und eine subjektive Bestimmung des Arbeitnehmerinteresses.

Der subjektive Ansatz ist in der Minderheit. Gegen ihn wird angeführt, dass der Arbeitnehmer durch seinen freiwilligen Beitritt zur Koalition an die Zielsetzungen der Koalition gebunden sei.[892] Dem wird entgegengehalten, dass der Beitritt nicht das Maß der Bindung festlege, sondern lediglich die Zustimmung zu einem System enthalte.[893] Daneben widerspräche es dem Koalitionszweck, wenn der Arbeitnehmer nicht für sich bessere Arbeitsbedingungen erreichen könne. Die Koalitionsmacht solle zugunsten der Privatautonomie beschränkt werden.[894]

Ein rein subjektiver Maßstab könnte Auswirkungen auf die Tarifautonomie haben, die zu einem Stellenwert führte, der ihrer verfassungsrechtlichen Position

---

885 Wiedemann-*Wank*, § 4 TVG, Rn. 455.

886 *Annuß*, RdA 2000, 287 (295).

887 Über § 4 Abs. 3 TVG hinaus wird in der Literatur überwiegend eine Unterscheidung getroffen. Begründe der Tarifvertrag Individualrechte, so sei der Günstigkeitsvergleich ein individueller, würden kollektive Rechte eingeräumt, so sei ein kollektiver Maßstab anzusetzen. Das BAG hat für die betriebliche Mitbestimmung bei Sozialleistungen eine kollektive Günstigkeit gefordert, vgl. AP, § 77 BetrVG, Nr. 17. Es solle darauf ankommen, ob bzw. welche Vor-/Nachteile die Regelung für Belegschaft insgesamt zur Folge habe, BAG, Beschluss vom 16.9.1986 – GS 1/82, NZA 1987, 168 (169). Das Gericht leitete aus dem kollektiven Bezug der Ansprüche den Vergleichsmaßstab des Günstigkeitsprinzips ab. Wenn die kollektiven Voraussetzungen und der Verteilungsplan das Bild einer vertraglichen Einheitsregelung prägten, dürften bei der Anwendung des Günstigkeitsprinzips nicht die einzelnen Zusagen als Maßstab benutzt werden.

888 *Belling*, S. 170.

889 ErfK-*Franzen*, § 4 TVG, Rn. 35; *Belling*, S. 173; zusammenfassend: *Wlotzke*, S. 76 f.

890 Däubler-*Deinert*, § 4, Rn. 672 u. Rn. 673 zu den „Einschränkungen".

891 Hierzu *Annuß*, RdA 2000, 287 (295).

892 *Käppler*, NZA 1991, 745 (751 ff.).

893 *Bergner*, S. 41 f.

894 *Bergner*, S. 48.

nicht gerecht werde.[895] Für einen Arbeitnehmer sind Regelungen schnell günstig. *Linsenmaier* hat hierzu pointiert bemerkt: Ermöglichte man einen subjektiven Günstigkeitsvergleich, so beraubte man die Koalitionen ihrer Funktion.[896] Man stünde dort, wo man ohne das kollektive Recht wäre. Stellte man nur auf die Sicht des Arbeitnehmers ab, ginge eine einheitliche Ordnung des Arbeitslebens – das Leitbild von Art. 9 Abs. 3 GG – verloren. [897] Ein subjektiver Maßstab liefe dem Unabdingbarkeitsgrundsatz des § 4 Abs. 1 TVG zuwider.[898]

Überwiegend wird auf den verständigen Arbeitnehmer abgestellt.[899] Es kommt darauf an, wie dieser unter Berücksichtigung aller Umstände des Einzelfalls die Bestimmung im Arbeitsvertrag im Vergleich zum Tarifvertrag einschätzen würde.[900] Die Verkehrsanschauung in seinem Berufsstand ist zu berücksichtigen.[901] Hierfür bildet die Einschätzung des einzelnen Arbeitnehmers ein wichtiges Indiz.[902] Auf der anderen Seite berücksichtigt ein verständiger Arbeitnehmer die Wertungen der Arbeitsrechtsordnung.[903]

In der Figur des verständigen Arbeitnehmers[904] wird der Konflikt zwischen tariflicher und vertraglicher Regelung durch eine Kunstfigur aufgelöst. Die Privatautonomie feiert in gewisser Weise nur einen Pyrrhussieg, weil allein die richterliche Bewertung in Form des vernünftigen Arbeitnehmers die privatautonome Regelung aufleben lässt.

(ee) Der Vergleichsgegenstand

Bei der Durchführung des Vergleichs bieten sich im Wesentlichen drei Lösungen an. Erstens ließe sich jede Einzelregelung mit ihrem tarifvertraglichen Pendant vergleichen. Zweitens könnte man den Tarifvertrag und den Arbeitsvertrag insgesamt vergleichen (sog. Gesamtvergleich). Drittens bietet sich noch ein Vergleich nach sachlichen Zusammenhängen an.

Ein sog. Einzelgruppenvergleich[905] für jede einzelne Tarifbestimmung hat sich nicht durchgesetzt. Dadurch soll verhindert werden, dass dem Arbeitnehmer Vorteile zuflössen, die so weder im einen noch im anderen Regelungswerk enthalten sind.[906] Außerdem würde ein Einzelgruppenvergleich regelmäßig dazu führen, Regelungszusammenhänge aufzusprengen bzw. zu zerreißen.[907] Gegen

---

[895] Wiedemann-*Wank*, § 4 TVG, Rn. 458.

[896] ErfK-*Linsenmaier*, Art. 9, Rn. 65.

[897] Däubler-*Deinert*, § 4 TVG, Rn. 689.

[898] *Belling*, S. 175; *Wlotzke*, S. 78.

[899] Vgl. auch schon den Ansatz bei *Wlotzke* auf S. 79.

[900] ErfK-*Franzen*, § 4 TVG, Rn. 39; zu diesem Maßstab im Rahmen des § 307 Abs. 1 S. 2 BGB: BAG, Urteil vom 5.8.2009 – 10 AZR 483/08, NZA 2009, 1105 (1107).

[901] Däubler-*Deinert*, § 4 TVG, Rn. 679.

[902] *Belling*, S. 176.

[903] Däubler-*Deinert*, § 4 TVG, Rn. 689.

[904] Thüsing/Braun-*Forst*, Kapitel 7, Rn. 46, spricht von einem homunculus und spannt den Bogen zu den anderen verständigen Rechtspersonen und insbesondere zum „mündigen Verbraucher".

[905] So etwa Däubler-*Deinert*, § 4 TVG, Rn. 663.

[906] *Löwisch/Rieble*, § 4, Rn. 301; *Kort*, FS BAG, 753 (760 f.).

[907] *Annuß*, RdA 2000, 287 (295).

den Gesamtvergleich spricht bereits der Wortlaut des § 4 Abs. 3 TVG. Wäre ein solcher Vergleich bezweckt, spräche die Norm von Vertrag und nicht von Regelungen.[908]

Durchgesetzt hat sich im Grundsatz der Sachgruppenvergleich.[909] Entscheidend ist, ob die Regelungen miteinander in einem sachlichen Zusammenhang stehen. Beim Vergleich unterschiedlicher Regelungen kommt es darauf an, ob diese funktional gleichwertig sind, das heißt, mit der gleichen Gegenleistung verbunden sind, m. a. W., ob und wie die betroffenen Regelungen einheitliche Problembereiche jeweils einer Lösung zuführen.[910] Etwas anderes kann indes gelten, wenn dies im Tarifvertrag festgeschrieben ist.

Das BAG argumentierte in der sog. Burda-Entscheidung,[911] dass nur ein Sachgruppenvergleich dem Zweck des TVG entspräche. Die wertende Entscheidung darüber, wie bei der Regelung der Arbeitsbedingungen das Interesse der Arbeitnehmer an möglichst hohen Entgelten mit dem unternehmerischen Interesse an geringen Arbeitskosten um der Wettbewerbsfähigkeit willen und damit auch zur Sicherung der Arbeitsplätze in Einklang gebracht werden kann, sei eine tarifpolitische Grundsatzfrage und gehöre zu den typischen Aufgaben der Tarifvertragsparteien. Diesen sei es überlassen, nach ihren gemeinsamen Zweckmäßigkeitsvorstellungen einerseits Kostenfaktoren für die unternehmerische Tätigkeit und andererseits Untergrenzen der Arbeitsbedingungen zu bestimmen.

Was die Interessen der Einzelnen anging, so verlagerte das Gericht diese auf die Ebene der Grundsatzentscheidung. Tarifparteien seien dem koalitionspolitischen Konkurrenzdruck ausgesetzt und müssten den Verlust von Mitgliedern fürchten, wenn sie Interessen nicht im ausreichenden Maße durchsetzen. Auf Arbeitgeberseite komme als Korrektiv der Wettbewerb mit Unternehmen hinzu, die nicht der Tarifbindung unterliegen.[912]

(ff) Die Bedeutung für das Arbeitsrecht

Zählt man die staatliche Gesetzgebungskompetenz nicht hinzu, konkurrieren im Arbeitsrecht drei Instanzen um die Autonomie des Arbeitnehmers auf Seiten des Arbeitnehmers: der Arbeitnehmer selbst, der Betriebsrat und die Gewerkschaften. Die Abgrenzung dieser repräsentiert die grundsätzliche Freiheitsfrage.[913] Besonders deutlich wird rechtliche Freiheit beim Günstigkeitsvergleich nach § 4 Abs. 3 Alt. 2 TVG. Das Tarifvertragsrecht verhilft der Privatautonomie der Koalierten zum Durchbruch, weil es Regelungen unterhalb des tariflichen Mindestniveaus versagt, oberhalb jedoch zulässt.[914]

---

908 So Däubler-*Deinert*, § 4 TVG, Rn. 654.

909 BAG, Urteil vom 23.5.1984 – 4 AZR 129/82, AP § 339 BGB, Nr. 9; ErfK-*Franzen*, § 4 Rn. 36; *Wlotzke*, S. 81 ff.

910 *Annuß*, RdA 2000, 287 (296).

911 BAG, Beschluss vom 20.4.1999 – 1 ABR 72/98, NZA 1999, 887 (893); auch: S. 198.

912 BAG, Beschluss vom 20.4.1999 – 1 ABR 72/98, NZA 1999, 887 (893).

913 *Picker*, NZA 2002, 761 (761).

914 *Bayreuther*, S. 659.

Der Schutz des Einzelnen durch Arbeits- und Verbraucherrecht zeichnet sich auch auf der Ebene des Individualvertrages durch eine starke Abstraktion aus. Die natürlichen Interessen werden erst dann zur Geltung gebracht, wenn sie mit dem typisierten Interesse übereinstimmen. Der Arbeitnehmer i. S. d. § 4 Abs. 3 TVG ist der „verständige Arbeitnehmer". Was der Einzelne für günstig hält, ist nicht von Belang, er kann nur aus seinerseits ungünstig empfundenen Regelungen die Konsequenz ziehen und das Kollektiv verlassen. Das Günstigkeitsprinzip ist damit zum einen Ausnahme vom kollektiven Schutz und damit individuelle Freiheit, zum anderen ist es aber auch Beschränkung derselben. § 4 Abs. 3 TVG hat, wie *Annuß* richtig feststellt, in gewisser Weise janusköpfigen Charakter. Die Norm ist nicht nur die Grenze der Kartellbefugnis der Gewerkschaften, er ist zugleich auch Demarkierung der Befugnis der Gewerkschaften, den Individualwillen zugunsten einer kollektiven Regelung festzulegen.[915]

(gg) Zwischenergebnis

Der Schutz des Arbeitnehmers durch die Figur des verständigen Arbeitnehmers erinnert stark an die Figur des Durchschnittsverbrauchers. Im Tarifrecht ermöglicht die Entsprechung vom natürlichen und vernünftigen Interesse ein Abweichen vom Tarifvertrag. Im Verbraucherrecht sind es die typisierten Durchschnittsinteressen, die die Verbandsklage tragen. Verbraucher- und Arbeitsrecht eint daher, dass die Reichweite der Verbandsmacht vom typisierten Willen abhängig ist.

(4) Verbraucherrecht als punktuelles Recht?

Sowohl das individuelle als auch das kollektive Verbraucherrecht sollen in ihrem Ausgangspunkt einen punktuellen Ansatz aufweisen.[916] Ihre Normen zielen auf punktuelle Marktkontakte.

Der Inbegriff des negativen Ergebnisses sind der sog. Streuschaden und der sog. Bagatellschaden.[917] Plakativ formuliert: Eine Vielzahl von Verträgen kommt wegen irreführender Werbung zustande und wird mit Produkten „erfüllt", die geringfügig weniger als angegeben enthalten etc.[918]

Dieses Problem kommt bei § 2 UKlaG zum Tragen. Denn § 2 UKlaG verweist auf alle Verbraucherschutznormen und nimmt folglich das individualrechtliche Verbraucherrecht vollends in Bezug. §§ 1 und 2 UKlaG bilden daher ein System, das individuelle Verbraucherrecht über einen weiteren Akteur – auf einem zweiten Weg – durchzusetzen. Für das Arbeitsrecht würde ein solch weitreichendes System fast schon einen dritten Weg – neben Individual- sowie Betriebsverfassungs- und Tarifrecht – bedeuten.

---

915 *Annuß*, RdA 2000, 287 (296).

916 MünchKomm-*Micklitz/Purnhagen* Vorbemerkung §§ 13, 14 Rn. 41 f.

917 *Wimmer-Leonhardt*, GRUR 2004, 12 (12); hierzu auch *Jünemann*, in: Brömmelmeyer, 9 (9).

918 Vgl. auch *Wimmer-Leonhardt*, GRUR 2004, 12 (13).

(a) Die Rechtsprechung zu § 312 a. F. BGB

Nach § 312 Abs. 1 Nr. 1 a. F. BGB konnte ein Verbraucher einen Vertrag mit einem Unternehmer über eine entgeltliche Leistung widerrufen, wenn er an seinem Arbeitsplatz zum Abschluss des Vertrages bestimmt worden ist. Das Bundesarbeitsgericht hat die Anwendung des § 312 a. F. BGB in weiten Teilen des Arbeitsrechts eingeschränkt. 2003 nahm das Gericht den Aufhebungsvertrag,[919] 2010 die Eigenkündigung[920] aus dem Anwendungsbereich der Norm heraus, obwohl der Begriff des Arbeitsplatzes ansonsten weit ausgelegt wurde. Das Gericht argumentierte unter anderem, der Arbeitsvertrag stelle keine besondere Vertriebsform i. S. d. §§ 312 ff. BGB dar, da die Verbraucher Empfänger der Leistung sein müssten. Als Grundlage dieses Gedankens habe die Richtlinie 85/577/EWG gedient, und Anhaltspunkte für eine überschießende Umsetzung ließen sich nicht finden. Ferner habe der Gesetzgeber eine Anwendung der Regelung auf das Arbeitsrecht – anders als in § 310 Abs. 4 S. 2 BGB – nicht angeordnet. Dessen ungeachtet konfligiere das Widerrufsrecht mit dem Beschleunigungsinteresse arbeitsrechtlicher Streitigkeiten. Schließlich schütze § 312 a. F. BGB vor „Überrumpelung". Ein Arbeitnehmer befände sich aber bei Abschluss eines Aufhebungsvertrages regelmäßig nicht in einer vom Schutzzweck erfassten Situation. Der Arbeitsplatz sei der typische Ort des Aufhebungsvertrages. Der Arbeitnehmer müsse an seinem Arbeitsplatz damit rechnen, Fragen und Probleme seines Arbeitsverhältnisses besprechen oder regeln zu müssen.

(b) Exkurs: Das Gesetz zur Umsetzung der Verbraucherrechterichtlinie u. a.

Das Gesetz zur Umsetzung der Verbraucherrechterichtlinie und zur Änderung des Gesetzes zur Regelung der Wohnungsvermittlung vom 20. September 2013 hat das bisherige Verbraucherrecht umfassend geändert und neu strukturiert.[921] Gerade im Hinblick auf das Haustürwiderrufsrecht hat das Gesetz die herkömmliche Konzeption aufgegeben und die Kategorie der außerhalb von Geschäftsräumen geschlossenen Verträge eingeführt. Die §§ 312 g i. V. m. 312b BGB n. F. übernehmen den Regelungsbereich des § 312 a. F. und sprechen nun nicht mehr explizit von Arbeitsplatz, sondern allein davon, dass der Kontakt außerhalb von Geschäftsräumen hergestellt werden muss.[922] Die Gesetzesbegründung stellt in Umsetzung von Erwägungsgrund 22 nunmehr klar, dass ein Arbeitsplatz der Verbraucherrechterichtlinie weiterhin keinen Geschäftsraum darstellen kann. Diese Aussage ergibt nur dann Sinn, wenn man den Arbeitgeber und andere Unternehmer kategorisch trennt. Spricht der Arbeitgeber den Arbeitnehmer an, so geschieht dies innerhalb von Geschäftsräumen. Eine Hintertür besteht jedoch nach der Gesetzesbegründung. Denn der Ausschluss ist von dem Gedanken getragen, dass sich der Verbraucher außerhalb von Geschäftsräumen in einer

---

919 Grundlegend: BAG, Urteil vom 27.11.2003 – 2 AZR 135/03, AP, § 312, Nr. 1; bestätigt in: BAG, Urteil vom 25.52005 – 5 AZR 572/04, BB, 2005, 2131 (2135); BAG, 8 AZR 523/04, NZA 2006, 145 (149).

920 BAG, Urteil vom 9.6.2011 – 2 AZR 418/10, NZA-RR 2012, 129 (130).

921 BGBl. 2013/58, S. 3642.

922 BT-Drs. 17/12637 S. 49.

Drucksituation befindet.[923] Vor diesem Hintergrund sollte nicht kategorisch ausgeschlossen werden, dass auch der eigene Arbeitgeber den Arbeitnehmer in Situation bringt, die ihn aus der Warte des Verbraucherrechts als schutzbedürftig erscheinen lässt.

Ausdrücklich wird der Arbeitsplatz nunmehr in § 312 Abs. 2 Nr. 8 BGB genannt und damit in der Bereichsausnahme des Schutzes durch die § 312 ff. BGB. Diese Konstellation erfasst eine typische Verknüpfung von Arbeitsrecht und Verbraucherrecht. Der Arbeitnehmer fragt nach, um seinen täglichen Bedarf an Lebensmitteln etc. während der Arbeit zu erfüllen. Diese Ausnahme wurde nicht systematisch mit dem Schutz durch das Arbeitsrecht gerechtfertigt, sondern damit, dass die bisherige Rechtslage nunmehr auch für Verträge gelten sollte, die außerhalb von Geschäftsräumen geschlossen wurden. [924] Das Arbeitsrecht könnte diese Konstellation überhaupt nur lösen, wenn Waren vom Arbeitgeber bezogen worden wären.

(c) Die Sonderstellung des AGB-Rechts

In seinem Urteil zu § 312 BGB a. F. sprach das BAG davon, dass die Norm einen situationsbezogenen Verbraucherschutz schaffe und nach einzelnen typisierten Situationen differenziere.[925] Für das Verbraucherrecht ist diese Annahme nicht stringent verallgemeinerungsfähig, führte man Energieversorgungsverträge oder Handyverträge an. Auch im Mietrecht werden Rechtsverhältnisse nach § 1 UKlaG kontrolliert, deren Ansatz offensichtlich nicht punktuell, sondern von Dauer ist – und eine wichtige soziale Dimension hat.[926] Daher kommt der AGB-Kontrolle eine Sonderstellung zu. Sie schützt vor unzulässigen vorformulierten Vertragsbedingungen – ungeachtet des speziellen Vertragstyps. Für den Verbraucher gelten lediglich die Sonderregelungen nach § 310 Abs. 3 BGB.

Der Hinweis auf den punktuellen Charakter hat daher eine Berechtigung eher in Bezug auf § 2 UKlaG. Doch auch dort sind Regelungsansätze zu finden, die über den punktuellen Bereich hinausgehen. So verweist § 2 Abs. 2 Nr. 10 UKlaG beispielsweise auf das Gesetz zur Regelung von Verträgen über Wohnraum mit Pflege- und Betreuungsleistungen.

Hinzu kommt, dass die Arbeitnehmer im Rahmen der Inhaltskontrolle zu einem Verkehrskreis werden. Anders als bei § 312 a. F. BGB wird eine Situation daher für den Arbeitnehmer nicht ausgeschieden, sondern von der Norm bewusst verarbeitet. Von diesem punktuellen Charakter unterscheidet sich der Einsatz von AGB selbst dann, wenn der Vertragsschluss seinerseits lediglich punktuell war. Unzulässige AGB haben für die Rechtsordnung eine andere Qualität als isolierte Rechtsverstöße, weil sie auf eine Vielzahl abzielen.

---

[923] BT-Drs. 17/12637 S. 49.

[924] Vgl. dazu die Kritik: BT-Drs. 17/13951, S. 59.

[925] BAG, Urteil vom 27.11.2003 – 2 AZR 135/03, AP, § 312 BGB, Nr. 1.

[926] *Wolf/Neuner* § 10 Rn. 63; Vgl. etwa OLG Brandenburg, Urteil vom 4.7.2012 – 7 U 204/11, BeckRS 2012, 15697.

Die Inhaltskontrolle von AGB ist eine materielle Einschränkung der Vertragsfreiheit mit generellem Charakter.[927] Sie ist von anderen Wirksamkeitsprüfungen bereits deshalb zu unterscheiden. Die Inhaltskontrolle geht damit nicht allein von einer punktuellen Einschränkung der Vertragsfreiheit aus, die Verwendung als AGB mit ihrem Inhalt macht sie aus und legitimiert auf der Gegenseite die systematische Unterbindung ihres Einsatzes.[928] Dieser Gedanke beansprucht Geltung im Verbraucher- wie im Arbeitsrecht.

(d) Der Eingriff durch AGB

Im Arbeitsrecht wurde die kollektive Wirkung des AGB-Einsatzes früh erkannt. Bereits im Zusammenhang mit den sog. Allgemeinen Arbeitsbedingungen[929] betonte *Säcker* einerseits die Individualität ihres Ursprungs und andererseits die Kollektivität ihrer Wirkung.[930] Ein weiteres Phänomen besteht dahin, dass AGB sogar von Interessenverbänden ausgehandelt werden.[931]

Der Angriff durch AGB im Arbeitsrecht geht wegen der Dauerbeziehung zwischen Arbeitnehmer und Arbeitgeber in seiner Intensität über die eines punktuellen Kontakts hinaus. Das Arbeitsverhältnis wird für die gesamte Dauer in seinem Bestand dazu besonders geschützt und durch die Klauseln geprägt. Aus der Natur der arbeitsrechtlichen AGB folgt außerdem, dass eine AGB nur für ein Arbeitsverhältnis wirken kann. Während es möglich ist, als Käufer mehrmals punktuell mit der AGB in Berührung zu kommen, liegt es im Arbeitsrecht – mit der Ausnahme von befristeten Verträgen – fern, dass eine Person mehrmals auf eine solche Klausel trifft. Damit wird allerdings eine andere Qualität der Breitenwirkung erreicht. Denn die Vielzahl von Verträgen wird auch zu einer Vielzahl von Arbeitsverträgen mit unterschiedlichen Arbeitnehmern.

(e) Zwischenergebnis

Zunächst darf nicht aus dem Auge verloren werden, dass durch die Häufigkeit der punktuellen Kontakte eine gewisse Dauerhaftigkeit der Verbrauchereigenschaft erzeugt wird. Bereits im ersten Teil wurde darauf hingewiesen, dass deshalb vergleichbare Begründungslinien zu gruppenbildenden Dauereigenschaften bestehen. Für das UKlaG ist dies zu spezifizieren:

Während der Rechtsbruch einen punktuellen Charakter aufweist, liegt es bereits in der Begriffsfassung der Allgemeinen Geschäftsbedingungen, dass diese über die „Vielzahl von Verträgen“ einen systemischen bzw. kollektiven Tatbestand darstellen.

Für die Übertragung des Anspruchs aus § 1 UKlaG auf das Arbeitsrecht kommt es indes nicht auf das gesamte System des Verbraucherrechts an. So fand § 312 a. F. BGB keine Anwendung. Insofern ermöglicht die systematische Tren-

[927] Hierzu S. 31 ff.
[928] *Fastrich*, S. 12 f.
[929] Zum Begriff: *Preis*, NZA 2010, 361 (361); NK-*Franzen*, § 611, Rn. 46.
[930] Hierzu *Säcker*, S. 9.
[931] Hierzu schon *Raiser*, S. 116 ff.

nung der §§ 1 und 2 UKlaG, die Diskussion auf die Frage der AGB zu konzentrieren – nicht zuletzt aus dem Grund, weil § 2 UKlaG vom Gesetzgeber lediglich angefügt wurde.

Die Öffnung durch den Gesetzgeber dokumentiert sich auch im Wortlaut der § 15 UKlaG und §§ 305 ff. BGB. Die §§ 305 ff. BGB regeln kein Arbeitsrecht i. e. S., sie können auch für das Arbeitsrecht relevant werden, sind systematisch jedoch allgemeines Vertragsrecht. Es geht um die Anwendung auf arbeitsrechtliche Sachverhalte bzw. um die Anwendung auf den Arbeitsvertrag.[932] Insofern ist der Ausschluss des § 15 UKlaG missglückt, weil er auch so aufgefasst werden könnte, dass § 310 Abs. 4 S. 2 BGB nicht zur Anwendung kommen sollte.

(5) Unterschiedliche individuelle Ansätze von Arbeitnehmern und Verbrauchern?

Schließlich stellt sich die Frage, ob sich die tatsächliche Durchsetzung des Individualarbeitsrechts von der Durchsetzung des Verbraucherrechts unterscheidet. Nach *Jhering* besteht an dieser Stelle kein Unterschied, weil jeder Rechtssatz durchgesetzt werden muss.[933] Beide Gruppen dürften sich demnach nicht auf ihre Apathie zurückziehen.

(a) Fehlende Durchsetzung als Ausgangspunkt

Der kollektive Rechtsschutz, speziell der Verbraucherschutz, wird als Kompensation von Durchsetzungsdefiziten begriffen.[934] *Franzen* hat jedoch richtigerweise darauf hingewiesen, dass bloße Durchsetzungsschwierigkeiten nicht zugleich zu kollektivem Rechtsschutz führen können. Er betont, dass sich hier ein typisches Phänomen aller Dauerrechtsverhältnisse zeige.[935] Die Rechtsordnung lege die Ansprüche in die Hände des Arbeitnehmers, damit dieser die Nachteile der Rechtsverfolgung genau abwägen und autonom entscheiden könne. Für den Fall, dass Individualansprüche von Gewerkschaften geltend gemacht werden würden, müsse der Arbeitnehmer jedenfalls in der Prozesssituation genannt werden. Man schone ihn somit nicht. Grundsätzlich bleibt es dem Einzelnen überlassen, seine Rechte durchzusetzen. Diese Freiheit nimmt sich der kollektive Rechtsschutz indes nicht. In der Vollstreckung haben es Verbraucher und Arbeitnehmer selbst in der Hand, sich zu ihren Rechten zu bekennen.

(b) Die Rechtsschutzlücke

Umfassend verlässliche Daten, weshalb Arbeitnehmer im bestehenden Arbeitsverhältnis ihre Rechte nicht geltend machen, sind nicht vorhanden.[936] Allein die Beweggründe nach einer Kündigung entweder durch den Arbeitnehmer oder durch den Arbeitgeber sind vertieft empirisch untersucht worden.[937]

---

932 PG-Halfmeier, § 15 UKlaG Rn. 1.
933 *Jhering*, Kampf, S. 25 f.; darauf weist auch *Halfmeier*, JJZ 2003, 129 (150) hin.
934 *Halfmeier*, JJZ 2003, 129 (142), auf das objektive Recht bezogen.
935 *Franzen*, ZIAS 2004, 32 (35 f.).
936 *Höland*, AuR 2010, 452 (453).
937 Vgl. die Zusammenstellung von *Höland*, AuR 2010, 452 (453).

Sowohl im Arbeitsrecht als auch im Verbraucherrecht bestehen Zugangsbarrieren zum Gericht.[938] Häufig wird betont, dass das bestehende kollektive Arbeitsrecht die große Rechtsschutzlücke im Individualarbeitsrecht nicht schließen könne.[939] Viele Arbeitnehmer brächten nicht die Konfliktbereitschaft oder die Energie auf.[940] In den meisten Fällen machen Arbeitnehmer ihre Rechte erst nach Ausscheiden aus dem Arbeitsverhältnis geltend.[941]

Das Arbeitsverhältnis bildet die Lebensgrundlage und ermöglicht eine Karriere. Um diese nicht zu gefährden, werden Probleme nicht vor Gericht getragen und bestehende Rechte „liegengelassen". Während also das Wettbewerbs- und Verbraucherrecht die Integrität der bestehenden Rechtslage objektiv durchsetzt, ist Rechtsschutz im Individualarbeitsrechtsverhältnis von einer Abwägung der Auswirkungen auf das Arbeitsverhältnis abhängig.[942]

Dass Rechte aus Angst vor den Konsequenzen nicht wahrgenommen werden, kann eine Rechtsordnung nicht akzeptieren. Das deutsche Recht hat hierauf etwa mit § 612a BGB reagiert. Eine vergleichsweise allgemeine kollektive Antwort hingegen gibt es nicht.

Während es also gute Gründe geben kann, warum die Verletzung im Arbeitsverhältnis nicht geltend gemacht werden soll, stellt sich die Situation bei vorformulierten Arbeitsbedingungen anders dar. Diese wurden bereits zu Beginn ihrer wissenschaftlichen Aufarbeitung in die Nähe tariflicher Regelungen eingeordnet und prägen selbst das Arbeitsverhältnis. Während also § 2 UKlaG das Verletzen feststehender Arbeitsbedingungen sanktionieren würde, würde § 1 UKlaG dazu führen, angemessene Arbeitsbedingungen in Form des dispositiven Rechts in das Arbeitsverhältnis einzuführen. Damit wäre wiederum ein wesentlicher Grundgedanke des kollektiven Arbeitsrechts erfüllt: es wird ein Beitrag geleistet, um angemessene Arbeitsbedingungen zu schaffen.

Darüber hinaus individualisiert § 1 UKlaG nicht in der Weise wie § 2 UKlaG. Bei § 1 UKlaG kommt es allein auf den Vertrag bzw. die Vertragsbedingungen an. Dass der Arbeitgeber diese verwendet, wird selten streitig sein. Jedenfalls kann der Arbeitnehmer aus dem Prozess herausgehalten werden. Bei § 2 UKlaG hingegen bedarf es eines drohenden Verstoßes oder eines begangenen Verstoßes. In beiden Fällen muss der Verstoß über einen Arbeitnehmer individualisiert werden.

(c) Die Abstrahierung des Durchsetzungsinteresses

Gewährt der Gesetzgeber kollektiven Rechtsschutz, so macht er die klageweise Durchsetzung des Rechts nicht von einer Entscheidung des Individuums abhängig. Dabei entmachtet er das Individuum nicht, er geht vielmehr davon aus, dass das Geltendmachen des Rechts typischerweise auch im Interesse des Einzelnen liegt. Dieses abstrahierte Durchsetzungsinteresse ist im Fall des § 1 UKlaG

938 *Pfarr/Kocher*, S. 128 u. 130; PG-*Halfmeier*, § 15 UKlaG, Rn. 1.
939 *Höland*, FS Bepler, 221 (238).
940 *Pfarr/Kocher*, NZA 1999, 358 (359).
941 *Höland*, AuR 2010, 452.
942 *Höland*, FS Bepler, 221 (238).

bereits durch die Diskussion im Gesetzgebungsverfahren angelegt, sodass es hier nur darum geht, die Lücke zu schließen. Es kommt mithin nicht darauf an, es herzuleiten. So sprächen § 23 Abs. 2 AGG und § 63 SGB IX eindeutig dafür, dass diese Rechte auch praktisch durchgesetzt werden sollen.[943]

(d) Zwischenergebnis

Bereits auf der Ebene der individuellen Rechtsbeziehungen weisen Arbeits- und Verbraucherrecht vergleichbare Strukturen auf, die als Grundlage für einen kollektiven Rechtsschutz genutzt werden können. Schon der Hinweis auf den punktuellen Charakter des Verbraucherrechts ist nicht stringent durchzuhalten. Ferner verarbeitet das individuelle Verbraucherrecht die Schutzbedürftigkeit des Arbeitnehmers qualifiziert und reflektiert.

bb) Die Regelungsansätze im kollektiven Arbeits- und kollektiven Verbraucherrecht

Nunmehr ist vom individuellen Recht zum kollektiven Recht überzugehen. Kollektiver Rechtsschutz in Deutschland ist fragmentarisch konstruiert.[944] Vor diesem Hintergrund müssen auch die kollektiven Strukturen verglichen werden.

(1) Der verallgemeinerungsfähige Schutz vor Scheinbindungen

Zunächst ist zu bemerken, dass ein wesentlicher Zweck des § 1 UKlaG – der Schutz vor Scheinbindungen und die Sicherung des Rechtsverkehrs – ebenso gut im Arbeitsrecht erreicht werden kann. Gegenüber dem Verbraucher unterscheidet sich die Situation nur dadurch, dass der Arbeitnehmer regelmäßig mit mehr Rechtsquellen konfrontiert sein wird – was die Beurteilung für ihn nicht einfacher gestaltet. Die Gefahr scheinbar wirksamer Regelungen wird dadurch reduziert, dass „günstigere“ Regelungen vorhanden sein können, die wegen der Normenhierarchie Vorrang beanspruchen.

(2) Die Konkurrenz zur tarifvertraglichen Ordnung

Rechtsfortbildung im kollektiven Arbeitsrecht ist zwar seit Langem anerkannt. Vor dem Hintergrund des oben beschriebenen Kodifikationskonzepts[945] ist jedoch zunächst zu klären, ob Art. 9 Abs. 3 GG hier überhaupt eine Rechtsfortbildung zulässt. Grundsätzlich sind die Tarifparteien im Anwendungsbereich des Art. 9 Abs. 3 GG dazu berufen, eine Lösung herbeizuführen. Die Reaktion des Arbeitsrechts auf unangemessene Klauseln sollen angemessene Klauseln im Tarifvertrag sein. Allerdings geht es bei der Anwendung von § 1 UKlaG nicht um die Bestimmung von Einzelheiten i. S. d. oben beschriebenen Rechtsprechung des BVerfG.[946] § 1 UKlaG gewährt keine „Vertragshilfe“[947], sondern nur

[943] *Höland*, AuR 2010, 452 (458).
[944] *Montag*, ZRP 2013, 172 (274).
[945] Hierzu S. 247.
[946] Vgl. S. 254 ff.
[947] Zum Begriff: *Fastrich*, S. 11.

eine Klauselkontrolle i.S.v. § 307ff. BGB. Es geht nicht um eine weitergehende Ordnung des Arbeitslebens, sondern nur um die Wahrung der vorhandenen, dispositiven Ordnung gegenüber unzulässigen Eingriffen.

(a) Zwecke des Tarifvertragsrechts

Die Lösung des Konflikts des Tarifvertragssystems mit der Verbandsklage ist aus der Gegenüberstellung der Zwecke zu gewinnen.

(aa) Schutzfunktion und Kartellwirkung

Aus historischer Sicht entspringt die Tarifordnung dem Schutzbedürfnis des einzelnen Arbeitnehmers.[948] Die strukturelle Unterlegenheit des Arbeitnehmers gegenüber dem Arbeitgeber führte – man wird dies im Einzelfall einzuschränken haben – zum Missbrauch der Vertragsfreiheit.[949] Um die Unterlegenheit zu reduzieren, schlossen sich Arbeitnehmer zusammen und bündelten ihre Marktmacht (Machtbündelung in Form von Gruppenbildung).[950] Heute äußert sich diese Schutzfunktion in zwei Grundannahmen des Tarifrechts: Erstens sollen interessengerechte, angemessene Lösungen gefunden werden. Zweitens soll dies über paritätische Verhandlungen geschehen.[951]

Wem ein Tarifvertrag zugutekommt, wird unterschiedlich beurteilt. Während die einen die Vertretung der Mitgliederinteressen betonen,[952] stellt der Großteil der juristischen Literatur die Berücksichtigung der Interessen von Nichtmitgliedern fest.[953] Man wird zu unterscheiden haben. Unmittelbar kommt der Tarifvertrag nur den Tarifgebundenen zugute. Andere profitieren erst auf anderem Wege (Bezugnahmeklausel, Erstreckung etc.). Das rechtfertigt es, davon zu sprechen, dass der Tarifvertrag sie grundsätzlich nicht schützen soll.

Die normativ wirkenden Tarifregelungen werden einheitlich gebündelt ausgehandelt. Dadurch, dass Tarifverträge den Mindestinhalt der Arbeitsbedingungen festlegen können, schalten sie einen Unterbietungswettbewerb aus.[954] Gewerkschaften und Arbeitgeberverbände bzw. Arbeitgeber begründen damit ein Kartell.[955] Dieses Kartell hat jedoch eine klare Schutzrichtung: den Arbeitnehmer. Die Bündelung von Marktmacht ist daher vor dem Hintergrund von Art. 9 Abs. 3 GG erwünscht. Die Bündelung soll die strukturelle Unterlegenheit des Arbeitnehmers/der Arbeitnehmer gegenüber dem Arbeitgeber ausgleichen.[956]

---

[948] Zum TVG: Wiedemann-*Wiedemann*, Einl., Rn. 3; *Preis*, S. 78.

[949] Wiedemann-*Wiedemann*, Einl., Rn. 3; der Mechanismus der Vertragsfreiheit wird auf diese Weise außer Kraft gesetzt.

[950] BeckOK ArbR-*Giesen*, § 1 TVG, Rn. 11.; ErfK-*Franzen*, § 1 TVG, Rn. 2.

[951] BAG, Beschluss vom 26.6.1991 – 1 BvR 779/85, AP, Art. 9 GG, Arbeitskampf, Rn. 117; Wiedemann-*Wiedemann*, Einl., Rn. 4.

[952] Vgl. den Überblick bei Wiedemann-*Wiedemann*, Einl., Rn. 25.

[953] Ohne Unterscheidung auch ErfK-*Franzen*, § 1 TVG, Rn. 1; BeckOK ArbR-*Waas*, § 1 TVG, Rn. 12; *Löwisch/Rieble*, Grundlagen, Rn. 19.

[954] *Löwisch/Rieble*, Grundlagen, Rn. 32; ErfK-*Franzen*, § 1 TVG, Rn. 2.

[955] BeckOK ArbR-*Giesen*, § 1 TVG, Rn. 11.

[956] BAG, Urteil vom 22.9.2009 – 1 AZR 972/08, NJW 2010, 631; BVerfG, Beschluss vom 23.11.2006 – 1 BvR 1909/06, NZA 2007, 85 (85).

Anders als beim klassischen Kartell wirkt ein Tarifvertrag nicht marktmachtverstärkend, sondern vertikal und begrenzt somit auf beiden Seiten die Marktmacht.[957] Keine „Seite“ kann die Bedingungen diktieren.

Zum Teil wird angenommen, die Kartellwirkung werde durch Art. 9 Abs. 3 GG bezweckt und gefördert.[958] Das BAG hat indessen jüngst hervorgehoben, dass die Kartellfunktion des Tarifvertrages nicht auf einer normativen Festlegung durch das geltende Tarifrecht beruhe.[959] In der Literatur wird daher auch davon gesprochen, dass der Tarifvertrag keine Kartellfunktion, sondern nur Kartellwirkung besitze.[960]

(bb) Die Ordnungsfunktion

Die Ordnungsfunktion kann § 1 TVG unmittelbar entnommen werden und hat ihren Sitz ebenfalls in Art. 9 Abs. 3 GG. Tarifverträge sollen einheitliche und typisierte Arbeitsbedingungen begründen.[961] Sie sichern die im öffentlichen Interesse liegende autonome Ordnung des Arbeitslebens durch Koalitionen.[962] In ihr verbirgt sich auch eine Entlastung des Gesetzgebers einerseits und der Arbeitsvertragsparteien andererseits.[963] Der Gesetzgeber kann aber die Ordnungsfunktion fördern, indem er unterstützende bzw. ausweitende Regelungen trifft.[964]

Das Bundesarbeitsgericht hat die Ordnungsfunktion vor dem Hintergrund der Aufgabe des Grundsatzes der Tarifeinheit im Hinblick auf die Verbandsmitglieder beschränkt und einer „sinnvollen Ordnung des Arbeitslebens“ i. S. e. einer einheitlichen betrieblichen Regelung eine Absage erteilt.[965] Die Ordnungsfunktion profitiert dabei von optimalen Eigenschaften der Tarifautonomie: Flexibilität und Aktualität. Insbesondere die Nachwirkung kann als wichtiger Aspekt der Ordnungsfunktion begriffen werden. Ganz allgemein sollen Arbeitnehmer und Arbeitgeber während der Laufzeit eines Tarifvertrages auf die Regelungen vertrauen dürfen.

Hinter der Ordnungsfunktion versteckt sich auch die eigentliche Spannungslage zur Privatautonomie. Gerade diese Funktion wird häufig angeführt, wenn es um die Erstreckung von Tarifnormen auf sog. Außenseiter geht.[966] Darüber hinaus findet sich hier über die Vorgabe der Arbeitsbedingungen ein wegen der mitgliedschaftlichen Legitimation abgeschwächter Akt der Bevormundung der Arbeitsvertragsparteien durch eine kollektive Ebene.

---

957 *Löwisch/Rieble*, Grundlagen, Rn. 33.

958 BeckOK ArbR-*Waas*, § 1 TVG, Rn. 11.

959 BAG, Urteil vom 7.7.2010 – 4 AZR 549/08, AP Art. 9 GG Nr. 140.

960 *Bayreuther*, S. 145.

961 BeckOK ArbR-*Waas*, § 1 TVG, Rn. 14.

962 BVerfG, Beschluss vom 16.5.1970 – 2 BvR 664/65, BVerfGE 28, 295 (304); BVerfG, Beschluss vom 15.7.1980 – 1 BvR 24/74, BVerfGE 55, 7 (23 f.).

963 ErfK-*Franzen*, § 1 TVG, Rn. 2.

964 BVerfG, Beschluss vom 20.3.2007 – 1 BvR 1047/05, NZA 2007, 609 (611); BAG, Urteil vom 1.7.2009 – 4 AZR 262/08, BeckRS 2009, 74695.

965 BAG, Urteil vom 7.7.2010 – 4 AZR 549/08, NZA 2010, 1068 (1076).

966 Wiedemann-*Wiedemann*, Einl., Rn. 18; kritisch: BeckOK ArbR-*Waas*, § 1 TVG, Rn. 14; *Giesen* S. 199 ff.

(cc) Die Verteilungsfunktion

Dadurch, dass Tarifverträge ein Lohnsystem/-gefüge erstellen, bestimmen die sozialen Partner über das Verhältnis der Löhne zueinander. Damit hält der Tarifvertrag auch Lohn- und Einkommensgerechtigkeit vor.[967] Ferner bieten Tarifverträge durch die Festsetzung der Löhne die Möglichkeit, die Arbeitnehmer an der gesamtwirtschaftlichen Entwicklung teilhaben zu lassen.[968]

(dd) Befriedungsfunktion

Während der Laufzeit eines Tarifvertrages dürfen keine Arbeitskämpfe stattfinden. Das Tarifvertragsrecht institutionalisiert Arbeitskonflikte und trägt damit zur gesamtgesellschaftlichen Befriedung des Arbeitslebens bei.[969] Die sozialen Konflikte werden entschärft und beherrschbar. Der Tarifvertrag bietet die Möglichkeit, Konflikte zu antizipieren. Tarifliche Regelungen beugen daher Konflikten vor.

(ee) Die „Demarkation" öffentlicher und privater Interessen

In den soeben beschriebenen Zwecken treffen öffentliche und private Interessen aufeinander. So liegt die autonome Ordnung des Arbeitslebens durch Koalitionen im öffentlichen Interesse.[970] Auf der anderen Seite wird der Inhalt der Tarifnormen maßgebend durch die Interessen der Verbände und ihrer Mitglieder bestimmt, der Inhalt steht somit nicht im Allgemeininteresse.[971] Das öffentliche Interesse bleibt in diesen Fällen ein systemisches, während das private Interesse auf den Inhalt der Regelungen gerichtet ist – diese rücken schließlich ins Arbeitsverhältnis ein.

Darüber hinaus verlaufen das kollektive Verhandlungsergebnis und die typisierte Angemessenheit parallel. Tarifverträge sind dazu bestimmt, einen tatsächlichen Machtausgleich zwischen Arbeitnehmern und Arbeitgebern zu schaffen. Sie bieten eine materielle Richtigkeitsgewähr. Normalerweise ist davon auszugehen, dass ihre Regelungen den Interessen beider Seiten gerecht werden und keiner Seite ein unzumutbares Übergewicht vermitteln.[972] Die Richtigkeitsgewähr ist die Grundlage dafür, dass der Gesetzgeber eine Reihe von Schutzvorschriften tarifdispositiv ausgestaltet hat.[973] Insofern geht die ausgehandelte Interessenbewertung der normierten Interessenbewertung vor.

(b) Die unterschiedlichen Zwecke von Verbandsklage und Tarifordnung

Von diesen Grundlagen ausgehend, können die Zwecke der Verbandsklage und des Tarifrechts in ein Verhältnis zueinander gesetzt werden.

---

[967] *Preis*, S. 81; BeckOK ArbR-*Waas*, § 1 TVG, Rn. 15.

[968] Wiedemann-Wiedemann, Einl., Rn. 29.

[969] ErfK-*Franzen*, § 1 TVG, Rn. 2.

[970] BVerfG, Beschluss vom 1.12.2010 – 1 BvR 2593/09, AP Art. 9 GG Nr. 146; BVerfG, Beschluss vom 11.7.2006 – 1 BvL 4/00, AP Art. 9 GG Nr. 129.

[971] BAG, Urteil vom 30.8.2000 – 4 AZR 563/99, AP, § 4 TVG, Geltungsbereich, Nr. 25; LAG Köln, Urteil vom 8.5.2012 – 12 Sa 1125/11 = juris.de, Rn. 86.

[972] BAG, Urteil vom 10.6.1980 – 1 AZR 168/79, AP Art. 9 GG Arbeitskampf Nr. 65.

[973] BAG, Urteil vom 10.6.1980 – 1 AZR 168/79, AP Art. 9 GG Arbeitskampf Nr. 65.

Das Tarifvertragsrecht stellt die klassische Antwort des Arbeitsrechts auf als unzureichend erachtete Arbeitsbedingungen dar. Das System einer gewerkschaftlichen Verbandsklage steht mithin vor dem Problem, dass es der Gewerkschaft grundsätzlich obliegt, Vertragsbestandteile durch günstigere kollektive Regelungen „abzulösen". Wegen der zwingenden und unmittelbaren Wirkung eines Tarifvertrages determinieren dessen Regelungen die Arbeitsverhältnisse in dessen Anwendungsfeld. Wenn daher die streitbefangene Klausel gar keine Wirkung in den Arbeitsverhältnissen entfaltet, ließe sich erwägen, das Bedürfnis an einem Unterlassungsanspruch zu verneinen. Insofern besteht ein Mittel, welches genau daraufhin zielt, negativ wirkende Individualverträge durch kollektives Handeln zu verdrängen.

(aa) Die fehlende Vertragsgestaltung im kollektiven Verbraucherrecht

Die AGB-Kontrollklage ist in ein System eingefügt, welches der Tarifvertragsordnung entrückt ist. Die AGB-Inhaltskontrolle gewährt im Grundsatz keine Kompetenz zur Vertragsgestaltung,[974] und auch sonst kennt das Verbraucherrecht keinen kollektiven Verhandlungsmechanismus. Die Gruppe der Verbraucher wird für nicht homogen genug gehalten, um gemeinsame Interessen wahrzunehmen.[975] Die fehlenden Instrumente erhöhen folglich die Notwendigkeit der Verbandsklage. Den beiden Rechtsgebieten ist andererseits gemein, dass auch im kollektiven Verbraucherrecht keine Möglichkeit besteht, die individualvertraglichen Rechte der Verbraucher – wie „Vertragshelfer" – einzuklagen. Vielmehr muss auf die gewillkürte Prozessstandschaft ausgewichen werden. Insbesondere ist im kollektiven Arbeitsrecht der Folgenbeseitigungsanspruch in dieser Hinsicht nach der Rechtsprechung eingeschränkt, wie er im Verbraucherrecht ausgeschlossen ist.

(bb) Die Harmonisierung der Zwecke von Verbandsklage und Tarifvertrag

Während der Schutz von Verbraucher und Arbeitnehmer eine gewisse Parallele begründet, geht die Betonung der Vorrechte der Verbände im kollektiven Arbeitsrecht weit über das Verbraucherrecht hinaus. Dies liegt jedoch an Art. 9 Abs. 3 und schließt eine Rechtsfortbildung zugunsten der Koalitionen nicht aus.

Die Existenz erwünschter Kartelle im Arbeitsrecht steht der Analogie nicht im Wege, weil es für § 1 UKlaG nicht darauf ankommt, dass ein Wettbewerbssystem existiert. Ein kartellfreier Markt ist keine Grundvoraussetzung für Verbraucherschutz. Auf Kartelle reagiert das GWB seinerseits mit einer eigenständigen Verbandsklage in § 33 GWB.

Die Verteilungsfunktion des Tarifvertrages wird ebenfalls nicht tangiert, vielmehr verhindert die analoge Anwendung, dass das Lohngefüge über unangemessene Nebenbestimmungen verzerrt wird. Die Friedensfunktion des Tarifvertrages wird schon deshalb nicht berührt, weil die Verbandsklage kein Arbeitskampf ist und ohnehin bestehendes Recht durchsetzt.

---

974 *Fastrich*, S. 11.

975 Tamm/Tonner-*Tonner*, § 3, Rn. 18; hierzu S. 233.

(cc) Die Konkurrenz der Angemessenheit

Darüber hinaus nimmt die Verbandsklage das ordnende Moment des Tarifvertrages auf. Ein untersagendes Urteil ordnet die vertraglichen Arbeitsbedingungen in negativer Weise. Die Verbandsklage stellt damit sicher, dass unzulässige Klauseln nicht in tatsächlicher Weise das Arbeitsleben gestalten. Der Tarifvertrag hingegen trägt Sorge dafür, dass angemessene Klauseln dies positiv und normativ gestalten. Während das Tarifvertragsrecht wegen des Vorrangs dazu führt, dass die Klausel nicht angewendet wird, führt das UKlaG zum tatsächlichen Ausscheiden der Klausel aus dem Rechtsverkehr. Das Verhindern unangemessener Regelungen wahrt jedenfalls das dispositive Gesetzesrecht, welches eine ähnliche Ausgewogenheitsvermutung in sich trägt (vgl. § 307 Abs. 3 BGB).[976] Anders als bei Tarifverträgen und grundsätzlich bei frei ausgehandelten vertraglichen Regelungen wohnt AGB keine Billigkeits- und Angemessenheitsvermutung inne. Hinzu kommt, dass § 1 UKlaG nicht nur auf unangemessene Klauseln ausgerichtet ist, sondern der Schutzzweck auch Scheinbindungen verhindern soll und auf die Unzulässigkeit der Regelung erweitert wird.[977]

Dies führt nun zu der Problematik, ob Klauseln, die im Anwendungsbereich eines Tarifvertrages dessen Regelungen zuwiderlaufen, über die § 307 Abs. 1 u. 3 BGB im Hinblick auf die tarifvertraglichen Festsetzungen auf ihre Angemessenheit überprüft werden können. Regelungen des normativen Teils werden grundsätzlich als Gesetze i. S. v. Art. 2 EGBGB eingeordnet.[978] Nach § 307 Abs. 2 Nr. 1 BGB ist eine unangemessene Benachteiligung im Zweifel anzunehmen, wenn eine Klausel mit einem wesentlichen Grundgedanken der gesetzlichen Regelung, von der abgewichen wird, nicht in Einklang zu bringen ist.

Gegenüber Individualvereinbarungen ordnet das TVG „nur" den Vorrang nach § 4 Abs. 1 TVG an. Die allgemeine Diskussion um die Wirksamkeit abweichender Vertragsbestimmungen dürfte heute dahin gehend geklärt sein, dass nur ein Anwendungsvorrang des Tarifvertrages besteht, die vertragliche Klausel aber ihre Wirksamkeit behält.[979] Dieses System würde Gefahr laufen, umgangen zu werden, würden Grundwertungen des Tarifvertrages zur Unwirksamkeit des Vertrages nach §§ 307 Abs. 1 u. 2 Nr. 1 BGB führen. Systematisch lässt sich dies auch über die „Mindestlohnrechtsprechung" bei § 138 BGB rechtfertigen. Im Rahmen von § 138 BGB bedarf es regelmäßig qualifizierter Anforderungen, um auf eine Verkehrsüblichkeit zu schließen.[980] Der Gesetzgeber hat es zudem ausweislich § 310 Abs. 4 S. 3 BGB bewusst vermieden, auf § 307 Abs. 2 Nr. 1 BGB zu verweisen – auch wenn es dort um den Schutz der Bezugnahmeklauseln geht.[981] Der Tarifvertrag kann daher nur ausnahmsweise und nur auf der Ebene des § 307 Abs. 1 BGB relevant werden.

---

[976] Vgl. S. 30.

[977] BGH, Urteil vom 12.122007 – IV ZR 130/06, 1160 (1161).

[978] ErfK-*Franzen*, § 4 TVG, Rn. 3 m. w. N.

[979] CKK-*Krause*, Vor § 307, Rn. 10 m. w. N., auch kritisch zu Ansätzen, über § 134 BGB die Unwirksamkeit zu konstruieren; Wiedemann-*Wank*, § 4 TVG, Rn. 371.

[980] Vgl. BAG, Urteil vom 18.4.2012 – 5 AZR 630/10, AP § 138 BGB, Nr. 65; BAG, Urteil vom 22.4.2009 – 5 AZR 436/08, AP § 138 BGB Nr. 64.

[981] BeckOK ArbR-*Jacobs*, § 307 BGB, Rn. 48.

Die neuere Entwicklung im UKlaG (etwa die Anwendung auf generelle Einbeziehungen nach § 1 UKlaG analog[982]) hat das Konkurrenzverhältnis daher entspannt. Die Vorgabe der Angemessenheit allein vermag keine Sperrwirkung zu begründen, anders wäre die Anwendbarkeit von § 307 BGB im Arbeitsrecht bei gleichzeitiger Tarifbindung nicht zu erklären. Die §§ 305 ff. stehen nicht in Konkurrenz zum TVG.

(dd) Die Reichweite tariflicher Lösungen und der AGB-Kontrolle

Däubler hat im Zusammenhang mit der Erstreckung der AGB-Kontrolle auf das Arbeitsrecht hervorgehoben, dass die richterliche Inhaltskontrolle über die zivilrechtlichen Generalklauseln belege, dass die Anordnung der Exklusivität der Rechtsbereiche schon bei Schaffung des AGBG unzutreffend war.[983] Gewerkschaften und Betriebsräte seien nicht in der Lage, in den Bereichen, die üblicherweise durch AGB geregelt seien, einen angemessenen Ausgleich der widerstreitenden Interessen zu gewährleisten. Diese Sachfragen würden üblicherweise überhaupt nicht angesprochen oder aufgegeben, um der Arbeitgeberseite andere Zugeständnisse abzuringen.

Diese Annahme begründet allerdings auch die Gefahr für den Steller, dass das kollektive Verhandlungsergebnis über § 1 UKlaG verzerrt werden könnte. Denn es ist nicht ausgeschlossen, dass bestimmte Regelungen gerade auch im Hinblick auf bestehende AGB getroffen werden. Dieser Einwand trägt indes nur in tatsächlicher, nicht in rechtlicher Hinsicht, da bereits § 307 BGB zur Unwirksamkeit der Klausel führt. Im Übrigen wird es darauf ankommen, ob der Tarifvertrag abschließend konzipiert wurde. Der Verwender trägt hierbei jedoch das Verwendungsrisiko.

Für Arbeitnehmer kann es dann im Einzelfall äußerst schwierig zu klären sein, ob eine arbeitsvertragliche Regelung durch den Tarifvertrag verdrängt wird. Das ist vor allem der Fall, wenn ein Tarifvertrag eine Sachgruppe regelt und keine Regelung über ein Recht des Arbeitgebers enthält, was jedoch individualvertraglich besteht und in diese Sachgruppe hineinfiele. Die Komplexität des Rechtsverkehrs wird durch zusätzliche Regelungen erhöht. Die Notwendigkeit der Bereinigung wird dementsprechend ebenfalls erhöht. Insofern zielen die Zwecksetzungen der Normen aneinander vorbei und begründen keine Konkurrenz.

(ee) Zwischenergebnis

Zwischen Verbandsklage und tarifvertraglicher Regelungsbefugnis besteht kein Exklusivitätsverhältnis. Die Zwecke beider Instrumente können nicht konkurrieren und werden durch das jeweils andere nicht vermindert. Vielmehr kann die Verbandsklage das Tarifsystem vor Scheinbindungen und Scheinergänzungen durch unzulässige AGB schützen.

---

[982] Hierzu S. 30.

[983] DBD-*Däubler*, Einl., Rn. 24.

(3) Die Zunahme überindividueller Rechtsschutzinstrumente im Arbeitsrecht
Systematisch-objektiv ist der Ausbau des kollektiven Rechtsschutzes im kollektiven Arbeitsrecht ebenfalls nicht gesperrt. So hat *Höland* in der Diskussion um den Ausbau des kollektiven Rechtsschutzes im Arbeitsrecht darauf hingewiesen, dass das Arbeitsrecht in seiner jüngeren Entwicklung immer stärker überindividuelle Zielsetzungen – ein Sachinteresse der Allgemeinheit an der Einhaltung des Rechts – aufgenommen habe.[984] Zudem belegten §§ 63 SGB IX und § 23 Abs. 2 AGG, dass der Ausbau des kollektiven Rechtsschutzes weder neuartig noch systemwidrig sei.[985]

(4) Schutz vor Rechtsmissbrauch
§ 1 UKlaG sieht keine § 2 Abs. 3 UKlaG vergleichbare Regelung vor. Es ist daher nachvollziehbar, dass die Gefahr eines Rechtsmissbrauchs im Raum steht. Nichtsdestotrotz hat der Gesetzgeber selbst betont, dass § 1 UKlaG weniger missbrauchsanfällig sei.[986] Zudem wird man einer Koalition, die sämtliche Anforderungen an eine Gewerkschaft, insbesondere die soziale Mächtigkeit, erfüllt, nicht erfolgreich vorhalten können, zu den Zwecken des § 2 Abs. 3 UKlaG handeln zu wollen. Sollten in der Praxis Fälle auftauchen, so werden diese über § 242 BGB gelöst werden können.

cc) Die Interaktionen von kollektiver und individueller Ebene

Die Anwendung von § 1 UKlaG im Arbeitsrecht wird außerdem durch den Bedeutungsgewinn der AGB für das Arbeitsleben und die zu beobachtende Erosion tariflicher Strategien getragen.

(1) Das Phänomen der Tariferosion
Als der Rechtsausschuss § 15 UKlaG für die Rechtsfortbildung öffnete, wurde bereits über das Problem der sog. Tariferosion diskutiert, welches seit Mitte 2000 vollends in das Bewusstsein der Arbeitsrechtswissenschaft eingetreten ist. Der Begriff „Tariferosion" versammelt eine Menge einzelner Symptome unterschiedlicher Branchen, in unterschiedlichen Regionen und unter variablen Bedingungen unter einem Stichwort.[987] Im Zentrum steht die Abnahme der Tarifbindung. Auch wenn die statistischen Zahlen divergieren, so lässt sich eine deutliche Abnahme der tariflichen Bindung in West- und stärker noch in Ost-Deutschland dokumentieren.[988] Das Statistische Bundesamt hat 2013 für 2010 eine Tarifbindung von insgesamt 55 % ermittelt,[989] wobei die Tarifbindung mit Zunahme der Größe des

---

984 *Höland*, AuR 2010, 452 (458).
985 *Höland*, AuR 2010, 452 (458).
986 BT-Drs. 14/2658, S. 53.
987 Däubler-*Däubler*, Einl., Rn. 58 f.; vgl. auch *Picker*, RdA 2014, 25 (27); vgl. auch FD-ArbR 2012, 338538.
988 Däubler-*Däubler*, Einl., Rn. 58: insgesamt: 1996: 62 %; nunmehr 46 % (Ost) und 26 % (Ost); anders sieht dies aus bei großen Unternehmen; 65 % (West); 51 % (Ost); vgl. auch die Daten bei *Picker*, RdA 2014, 25 (27).
989 Taftbindung in Deutschland, S. 25, abrufbar unter: www.destatis.de [Stand: August 2015].

Unternehmens steigt. In kleineren Unternehmen beträgt sie 20–35 %, in größeren (ab 250 Beschäftigten) beträgt sie 52–86 %. Durch die „tariflosen Zustände“ nimmt auch die Prägekraft des Tarifsystems ab.[990] In den östlichen Bundesländern werden Tarifverträge schon nicht mehr für repräsentativ gehalten.[991]

Zwar wird das Phänomen hauptsächlich im Zusammenhang mit den Flächentarifverträgen betont,[992] doch führt das Absinken des gewerkschaftlichen Organisationsgrades auch dazu, dass ein Firmentarifvertrag nur schwer erzwungen werden kann.[993]

Zudem trifft die Tariferosion nicht die wirtschaftlich Stärksten, sondern ist häufig im Bereich der Niedriglohnsektoren anzutreffen. So betonte *Picker*, dass gerade im Niedriglohnsektor die Tarifautonomie strukturell versage.[994] Es bestehe ein geringer Organisationsgrad, oftmals fehle es an Tarifverträgen. Bestehende Tariflöhne seien auffallend niedrig. Darüber hinaus betont *Picker* auch, dass nicht einmal der Anreiz besserer Arbeitsbedingungen mittels Tarifverträgen aus den schwachen Arbeitsbedingungen dazu führe, dass sich die Arbeitnehmer organisierten.

Die Abnahme der Tarifbindung führt zur sog. Renaissance des Arbeitsvertrages.[995] Einfache arbeitsvertragliche Klauseln gewinnen damit praktisch an Bedeutung. Da fehlende Organisation zur strukturellen Unterlegenheit überleitet, wird das Stellen vorformulierter Arbeitsbedingungen in den bezeichneten Bereichen wieder zum das Arbeitsverhältnis prägenden Normalfall.

(2) Allgemeine Geschäftsbedingungen im Arbeits- und Tarifrecht

Diese Renaissance schlägt sich in einer Vielzahl höchstrichterlicher Entscheidungen des BAG zur Klauselkontrolle nieder.[996] § 1 UKlaG zielt auf eine kollektive Klauselkontrolle anhand der §§ 307 ff. BGB. Im Arbeitsrecht existieren indes einige Besonderheiten, die einer Anwendung entgegenstehen könnten. Für die Interessenbewertung ist im Ausgangspunkt der Vergleich zu § 307 Abs. 1 BGB entscheidend. Die Norm stellt das Herzstück der Klauselkontrolle[997] und auch das Herzstück des § 1 UKlaG dar.

Die arbeitsrechtliche Klauselkontrolle folgt der Struktur der allgemeinen Vorgaben. Es findet eine generell-typisierende und damit überindividuelle Betrachtung statt.[998] Damit kommt das Arbeitsrecht bei der Gruppenbildung der angesprochenen Verkehrskreise i. S. v. § 307 BGB zum Zuge. Der Einzelfall kommt erst über § 310 Abs. 3 Nr. 3 BGB in die Falllösung. Diese Norm gilt wie veranschaulicht auch im Arbeitsrecht.[999]

---

990 *Bispinck*, WD, 7 (7).
991 *Rieble*, BB 2004, 884 (892).
992 *Schnabel*, NZA-Beil. 2011, 56 (61).
993 Däubler-*Däubler*, Einl., Rn. 58.
994 *Picker*, RdA 2014, 25 (27); *Seiwerth*, RdA 2014 358 (358).
995 *Reinecke*, NZA-Beil. 2000, 23 (33).
996 Instruktiv: *Oetker*, AcP 212, 202 (238 f.).
997 CKK-*Klumpp*, § 307, Rn. 14.
998 CKK-*Klumpp*, § 307, Rn. 14.
999 Vgl. S. 139 ff.

Die Klauselkontrolle nach § 307 BGB unterscheidet sich im Grundsatz nicht in beiden Gebieten. Gerade die ursprünglich über §§ 138, 242 BGB[1000] durchgeführte arbeitsrechtliche Inhaltskontrolle und die §§ 307ff. n. F. BGB haben im Arbeitsrecht zur Herausbildung normativer Leitbilder und Strukturen geführt.[1001] Vor allem ging es darum, die typischen Interessen der beteiligten Verkehrskreise in die Beurteilung der Unangemessenheit einzustellen.[1002] Es kommt damit nicht auf *den Arbeitnehmer* an. Es kommt vielmehr auf das Gegenüber des Verwenders in einer typisierten Konstellation an, die auch durch die Aufnahme von abhängiger Arbeit in einer typischen Konstellation geprägt ist.

(a) Die Besonderheiten des Arbeitsrechts nach § 310 Abs. 4 S. 2 BGB

Von der parallelen Struktur der Klauselkontrolle ausgehend, bestimmt § 310 Abs. 4 S. 2 BGB, dass die Besonderheiten des Arbeitsrechts zu berücksichtigen sind. Dazu zählen neben den rechtlichen auch die tatsächlichen Besonderheiten des Arbeitsrechts.[1003] Mit der Formulierung war im Gesetzgebungsverfahren die Erwartung verbunden, dass bei der Anwendung der Klauselkontrolle den Besonderheiten des Arbeitsrechts ausreichend Rechnung getragen werden kann.[1004]

Zum Teil wird der Norm der Sinn zugesprochen, im Einzelfall eine Klausel zu „retten", wenn diese nach allgemeinen zivilrechtlichen Maßstäben unwirksam wäre.[1005] Was die allgemeine Abwägung nach § 307 Abs. 1 BGB angeht, so ist der eigene Wert des § 310 Abs. 4 S. 2 BGB höchst fraglich, weil diese Norm per se eine Gewichtung der Interessen erlaubt und arbeitsrechtliche Aspekte aus sich heraus konkordant gelöst werden müssen. Die eigentliche Bedeutung liegt in der Anwendung des § 309 BGB.[1006] Dieser ist wegen des Verzichts auf Wertungsmöglichkeiten in der Interessenbewertung rigide und muss bzw. kann nur extern geöffnet werden. Diese Funktion übernimmt § 310 Abs. 4 S. 2 BGB. Bekanntestes Beispiel sind die Vertragstrafen trotz § 309 Nr. 6 BGB im Arbeitsvertrag.[1007] Das Gericht argumentierte mit der Besonderheit, dass der Arbeitgeber den vertraglichen Primäranspruch wegen § 888 Abs. 3 ZPO ansonsten nicht durchsetzen könne.

(b) AGB und das Tarifvertragssystem

Die Bedeutung Allgemeiner Geschäftsbedingungen im Arbeitsrecht war nicht immer gleich. Während die sog. Allgemeinen Arbeitsbedingungen des Arbeitgebers neben der betrieblichen Übung eine durchaus bedeutende Rolle spielten,[1008]

[1000] Hierzu *Oetker*, AcP 212, 202 (237).

[1001] ErfK-*Preis*, § 310 BGB, Rn. 45.

[1002] ErfK-*Preis*, § 310 BGB, Rn. 46.

[1003] BAG, Urteil vom 19.10.2011 – 7 AZR 672/10, AP § 307 BGB Nr. 58.

[1004] BT-Drs. 14/7052, S. 189.

[1005] BeckOK ArbR-*Jacobs*, § 310 BGB, Rn. 21.

[1006] Vgl. Hierzu BT-Drs. 14/6857, S. 54; *Hönn*, ZfA 2003, 325 (329, 332ff.).

[1007] BAG, Urteil vom 4.3.2004 – 8 AZR 196/03, AP § 309 BGB Nr. 3; mittlerweile ist das System weiter ausdifferenziert worden: BAG, Urteil vom 23.9.2010 – 8 AZR 897/08, NZA 2011, 89 (90).

[1008] Das spiegelt sich auch in Literatur und Rechtsprechung wider: *Säcker*, AAB, passim.

führte eine starke Tarifbindung dazu, dass die Bedeutung abnahm. In Zeiten der „Tariferosion" hingegen nimmt auch die Bedeutung der Regelungen im Arbeitsvertrag wieder zu. Über diese Bedeutungswechselwirkung ist die AGB-Kontrolle in zweifacher Hinsicht mit dem Tarifvertragssystem verbunden:

Nach § 310 Abs. 4 S. 1 findet keine AGB-Kontrolle bei Tarifverträgen, Betriebs- und Dienstvereinbarungen statt. Grundlage dieser Ausnahme bilden die normative Wirkung und der Schutz der Tarifordnung. Diese sollen nicht unterlaufen werden.[1009] Die Richtigkeitsgewähr des Verhandlungsergebnisses macht theoretisch eine Angemessenheitskontrolle obsolet.[1010] Darüber hinaus ordnet § 310 Abs. 4 S. 3 BGB an, dass Tarifverträge, Betriebs- und Dienstvereinbarungen Rechtsvorschriften i. S. v. § 307 Abs. 3 BGB gleichstehen. Die wichtigste Wirkung dieser Anordnung besteht darin, dass Bezugnahmeklauseln nicht der Inhaltskontrolle unterworfen sind, wenn sie mit den Tarifverträgen übereinstimmen und den gesamten Inhalt wiedergeben.[1011] Für das Transparenzgebot nach § 305 Abs. 1 S. 2 BGB gilt dies hingegen nicht.

dd) Zwischenergebnis

In der Gesamtschau sind die Unterschiede der Rechtsgebiete nicht geeignet, die Verbandsklage nach § 1 UKlaG im Arbeitsrecht auszuschließen. Umgekehrt tragen die vergleichbaren Strukturen die Anwendung von § 1 UKlaG.

f) Die Bedeutung der Empfehlung 2013/396/EU für das Arbeitsrecht

Ein weiterer Punkt, den es zu beachten gilt, ist die unionsrechtliche Dimension der Rechtsverwirklichung. Bereits in der Einleitung wurde auf die Empfehlung 2013/396/EU hingewiesen. Die Europäische Kommission hat am 11. Juni 2013 eine Empfehlung hinsichtlich gemeinsamer Grundsätze für kollektive Unterlassungs- und Schadensersatzverfahren in den Mitgliedstaaten bei Verletzung von durch Unionsrecht garantierten Rechten veröffentlicht.[1012] Von der Warte des Unionsrechts liegt es daher nahe, die kollektiven Strukturen in diesem Punkt zu harmonisieren. Neben dem Verbraucherrecht ist es das Arbeitsrecht, welches als Materie des Privatrechts der Harmonisierung durch das Unionsrecht unterliegt.

aa) Der Inhalt der Empfehlung vom 11.6.2013

Die Empfehlung trägt ausweislich ihres 10. Erwägungsgrundes allen Mitgliedstaaten die Einführung eines innerstaatlichen kollektiven Rechtsschutzsystems an. Bereits vorhandene kollektive Unterlassungsverfahren – vor allem die RL 2009/22/EG – bleiben von der Empfehlung unberührt.

Im Folgenden sollen die wesentlichen Aussagen der Empfehlung für das Arbeitsrecht zusammengefasst werden. Die Nr. 4–18 enthalten allgemeine Grund-

---

1009 BT-Drs. 14/6857, S. 54: „konterkariert"; *Witt*, NZA 2004, 135 (135 f.).
1010 DBD-*Däubler*, § 310, Rn. 25.
1011 BT-Drs. 14/6857, S. 54.
1012 Abl. EU L 201/60 vom 26.7.2013; eine rechtspolitische kritische Würdigung gibt: *Deutlmoser*, EuZW 2013, 652.

sätze. Die Nr. 19 und 20 enthalten spezielle Vorgaben für Unterlassungsklagen. Nach der Ansicht der Kommission und des Parlaments ist die Frage nach kollektivem Rechtsschutz eine Frage des Verfahrens.[1013]

Die Empfehlung verfolgt vier Zwecke (Nr. 1). Zum einen geht es um die Verbesserung und Erleichterung des Zugangs zur Justiz. Zweitens sollen rechtswidrige Verhaltensweisen unterbunden werden. Zudem soll bei Massenschadensereignissen den Geschädigten Schadensatz ermöglicht werden. Diese Zwecke eint die Unterlassung der Rechtsdurchsetzung aus „rationalem Desinteresse".[1014] Schließlich werden diese Vorgaben durch einen allgemeinen Rechtsmissbrauchsschutz eingerahmt. In ihrer Wertigkeit sind diese Zwecke sicherlich unterschiedlich. So ergibt der Schutz vor Rechtsmissbrauch nur Sinn, wenn im Grundsatz überhaupt ein kollektives Verfahren bereitgestellt wird. Gleichwohl konstituiert sich das kollektive Recht aus diesen Grundsätzen. Gerade der Schutz vor Rechtsmissbrauch ist ein wesentliches integratives Element, weil im Hinblick auf die US-amerikanische *class-action* dem Ausbau Skepsis entgegengebracht wird.[1015]

Der zentrale Begriff der Empfehlung ist die Verletzung eines vom Unionsrecht garantierten Rechts. Nach Erwägungsgrund 6 sollen hierunter alle Sachverhalte fallen, bei denen natürliche und juristische Personen durch eine Verletzung von auf Unionsebene begründeten Rechten geschädigt wurden oder geschädigt zu werden drohen. Diese Vorgabe erstreckt den Rechtsschutz nicht nur auf unmittelbare Unionsrechte, sondern auch auf solche Rechtspositionen, die erst aus der nationalen Umsetzung unionsrechtlicher Vorgaben resultieren.

Als Reaktionen auf den Verstoß differenziert die Empfehlung zwischen Gruppenklagen und Vertreterklagen. Die Empfehlung enthält in Nr. 3a) eine Begriffsbestimmung für Verfahren des kollektiven Rechtsschutzes. Diese Definition ist nicht allgemein bzw. breit angelegt, sondern nennt nur zwei unterschiedliche Formen. So differenziert die Empfehlung zwischen kollektiven Unterlassungsverfahren – analog zur Richtlinie 2009/22/EG – und kollektiven Schadensersatzverfahren. Ein kollektives Unterlassungsverfahren zielt auf die Einstellung eines rechtwidrigen Verhaltens, das kollektive Schadensersatzverfahren zielt auf das Verlangen-Können von Schadensersatz aus einem Massenschadensereignis. An wen dieser zu leisten ist, bestimmt der Begriff nicht. Der kollektive Bezug wird nun dadurch hergestellt, dass Nr. 3a) mindestens zwei natürliche Personen oder eine zur Erhebung befugte juristische Person fordert. Das Massenschadensereignis definiert Nr. 3b) als ein Ereignis, bei dem mindestens zwei (natürliche oder juristische) Personen geltend machen, durch dasselbe rechtswidrige Verhalten oder durch ähnliche rechtswidrige Verhaltensweisen geschädigt worden zu sein.

Die allgemeinen Grundsätze für den kollektiven Rechtsschutz sind in den Nummern 4–18 festgelegt. Dieser Abschnitt bildet bei Weitem den größten Teil

---

[1013] Vgl. die Mitteilung vom 11.6.2013, COM(2013) 401 final S. 2: „verfahrensrechtliche Lösungen" usw.

[1014] *Behrendt/Freiin zu Enzberg*, RIW 2014, 253 (254).

[1015] *Deutlmoser*, EuZW 2013, 652 (653); *Behrendt/Freiin zu Enzberg*, RIW 2014, 253 (253 f. u. 259); wiederum kritisch: *Montag*, ZRP 2013, 172 (174).

der Empfehlung. Er ist in Regelungen für die Klagebefugnis der Vertretungsklagen, die Zulässigkeit, die Information über das kollektive Rechtsschutzverfahren, die Erstattung der Rechtskosten, die Finanzierung und die grenzüberschreitenden Rechtssachen untergliedert.

Nr. 4 der Empfehlung legt drei Mindestvoraussetzungen für die gesetzlichen Anforderungen an die Klagebefugnis nach den Rechtsordnungen der Mitgliedstaaten fest. Die Vertreterorganisationen müssen gemeinnützig sein (a), es muss ein direkter Zusammenhang zwischen den wichtigsten Zielen der Organisation und durch das Unionsrecht garantierten Rechten, deren Verletzung geltend gemacht wird, bestehen (b). Die Vertreter müssen über ausreichende finanzielle und personelle Ressourcen sowie den erforderlichen juristischen Sachverstand verfügen, um mehrere Personen zu vertreten und deren Interesse wahrnehmen zu können (c). Diese Voraussetzungen bestehen kumulativ (Nr. 5). Aus Nr. 6 lässt sich folgern, dass ein Zulassungsverfahren nicht zwingend erforderlich ist. Nach erfolgter Zulassung oder der Erfüllung der Voraussetzungen von Nr. 4 soll jedoch die Klagebefugnis bestehen. Nr. 7 eröffnet für die Mitgliedstaaten die Möglichkeit, alternativ oder kumulativ eine Behörde zu institutionalisieren.

Nach Nr. 2 S. 3 sollen die Verfahren des kollektiven Rechtsschutzes fair, gerecht, zügig und nicht übermäßig teuer sein. Diese Formulierung stellt eine Ausformung der Angemessenheit bzw. der Verhältnismäßigkeit dar. Wie sich aus Nr. 1 ergibt, ordnet die Kommission den kollektiven Rechtsschutz als effektives Mittel zur Unterbindung rechtswidrigen Verhaltens ein, womit sie auch die abschreckende Wirkung impliziert.

Die Zulässigkeit des Verfahrens ist von Amts wegen (Nr. 8) zu prüfen. Welche Voraussetzungen vorzusehen sind, dazu äußert sich die Empfehlung nicht. Sie gibt allein vor, dass ein offensichtlich unzulässiger oder unbegründeter Fall eingestellt wird (Nr. 7). Der Zweck der offensichtlichen Unbegründetheit wird darin gesehen, dass missbräuchliche Klagen zur Erwirkung eines Vergleichs ausgeschlossen werden.[1016] Nummer 13 sieht die Regelung vor, dass die verlierende Partei die Kosten des Rechtsstreits der obsiegenden Partei zu tragen hat. Die Formulierung ermöglicht auch gerichtskostenfreie Verfahren.

Im besonderen Teil fordert die Empfehlung einen zügigen Verfahrensablauf und notfalls ein Schnellverfahren, um den Schaden abzuwehren (Nr. 19). Im Falle des Erfolgs des Antrags sollten wirksame Mittel vorgesehen werden, damit der Unterlegene der Anordnung auch wirklich Folge leistet (Nr. 20). Diese Vorgabe bezieht sich vorrangig auf Vollstreckungsmaßnahmen in Form von Ordnungsgeld.

bb) Die Auswirkungen der Empfehlung für das Arbeitsrecht

Nach der Darstellung der wesentlichen Aussagen hinsichtlich der Verbandsklagen soll nunmehr die Bedeutung der Empfehlung für das Arbeitsrecht untersucht werden.

[1016] *Deutlmoser*, EuZW 2013, 652 (654).

(1) Der allgemeine Bedeutung einer Empfehlung

Die Empfehlung ist eine ausdrücklich in Art. 288 AEUV vorgesehene unverbindliche Handlungsform der Europäischen Union. Eine Empfehlung soll eine Koordinierung der Mitgliedstaaten ermöglichen und dort den Weg bereiten, wo rechtliche, praktische oder politische Probleme hinsichtlich einer verbindlichen Rechtshandlung der Union bestehen.[1017] Weil sie ein Instrument der Rechtsangleichung verkörpern, werden Empfehlungen auch als unverbindliche Richtlinien beschrieben.[1018] Diese Rechtsnatur zieht sich durch die Vorgaben der Empfehlung. Sie formuliert ihre Vorgaben grundsätzlich im Konjunktiv und setzt den Mitgliedstaaten eine unverbindliche Frist von zwei Jahren (Erwägungsgrund 24 und 38). Wie sich aus Art. 292 S. 4 AEUV ergibt, sind die Anforderungen an die Abgabe einer Empfehlung nicht sonderlich hoch.[1019]

Der EuGH hat einer Empfehlung jedoch nicht jede Wirkung abgesprochen. Die innerstaatlichen Gerichte sind nach der Rechtsprechung des EuGH verpflichtet, die Empfehlung bei ihrer Entscheidung über den bei ihnen anhängigen Rechtsstreit zu berücksichtigen. Das gilt insbesondere dann, wenn die Empfehlung Aufschluss über die Auslegung des zu ihrer Durchsetzung erlassenen Rechts gibt, oder wenn sie verbindliche Unionsrechtsakte ergänzen soll.[1020] Diese Vorgabe wird dahin gehend eingeordnet, dass keine Befolgungspflicht existiert. Mit dem Gebot der richtlinienkonformen Auslegung ist die Berücksichtigungspflicht auch nicht vergleichbar. Die Empfehlung ist in ihren Zielen nicht verbindlich.[1021] Die nationalen Gerichte müssen folglich nicht alles in ihrer Zuständigkeit Liegende unternehmen, um der Empfehlung Wirksamkeit zu verleihen. Andererseits dürfen die Mitgliedstaaten nicht einfach über die Empfehlung hinweggehen, sondern müssen diese ernsthaft prüfen und dürfen sie nur begründet zurückweisen.[1022]

Die „Grimaldi-Rechtsprechung" des EuGH sieht insbesondere eine Berücksichtigung der Vorgaben der Empfehlung dann vor, wenn diese Rechtsakte der EU ergänzen soll. Die Empfehlung der Kommission wiederum knüpft an den durch das Unionsrecht gewährten Rechten an. Damit ist bei der Auslegung des Unionsrechts und der Umsetzungsgesetze der Mitgliedstaaten die Berücksichtigung vorgezeichnet.

[1017] Streinz-*Schroeder*, Art. 288, Rn. 145.

[1018] Streinz-*Schroeder*, Art. 288, Rn. 145.

[1019] Vgl. auch Art. 17 EUV, *Oppermann/Classen/Nettesheim* § 9 Rn. 124.

[1020] Speziell zu einer Empfehlung der Kommission: EuGH, Urteil vom 13.12.1989 – C-322/88 („*Grimaldi*"), Slg. 1989, 4407 (4421) = NZA 1991, 283 (285); EuGH, Urteil vom 21.1.1993 – C-188/91 („*Deutsche Shell*") = juris.de; EuGH, Urteil vom 11.9.2003 – C-207/01 („*Altair Chimica*"), BeckRS 2004, 74963; EuGH, Urteil vom 18.3.2010 – C-317/08 („*Alassini*"), EuZW 2010, 550 (552); vgl. *Bogdandy/Bast/Arndt* ZaöRV 2002, 77 (116) – diese sprechen einerseits von einer empfehlungskonformen Auslegung, betonen aber andererseits die Besonderheiten.

[1021] Streinz-*Schröder*, Art. 288, Rn. 146.

[1022] Grabitz/Hilf/Nettesheim-*Nettesheim*, Art. 288 AEUV, Rn. 206.

(2) Der Impuls für das Arbeitsrecht

Die von der Empfehlung für sinnvollerweise erfasst erachteten Bereiche sind nach Erwägungsgrund 7 der Wettbewerb, der Verbraucherschutz, der Umweltschutz, der Schutz personenbezogener Daten, Finanzdienstleistungen und Anlegerschutz. Dieser Aufzählung ist jedoch nicht abschließend. Die Grundsätze der Empfehlung sollen in den Bereichen, in denen kollektive Unterlassungsklagen *oder* Schadensersatzklagen von Interesse sein könnten, einheitlich angewandt werden. Die nicht abschließende Aufzählung in Erwägungsgrund 7 leitet zu der Frage über, wann ein kollektives Rechtsschutzverfahren für ein Rechtsgebiet wie das Arbeitsrecht von Interesse sein kann. Diese Formulierung nimmt den sog. horizontalen Ansatz der Kommission in der vorangegangenen öffentlichen Konsultation[1023] und des Europäischen Parlaments in seiner darauffolgenden Entschließung[1024] auf. Ziel war es, über das Verbraucherrecht hinweg zu einem allgemeinen Rahmen zu gelangen.

In der Literatur wird seit jeher darauf hingewiesen, dass die Übernahme der Verbandsklage bzw. die Übernahme der unionsrechtlichen Determinanten des kollektiven Rechtsschutzes für das System des nationalen Rechtsschutzes erhebliche Auswirkungen haben kann.[1025] Was die Empfehlung selbst angeht, so sollten ihre Auswirkungen weder unter- noch überschätzt werden.[1026] In Frankreich etwa hat man neue verbraucherschützende Regelungen gerade im Hinblick auf die Empfehlung eingeführt.[1027] Die Empfehlung bietet andererseits eine Vielzahl von Strukturen an, die ihrerseits im deutschen Arbeitsrecht zu Strukturbrüchen führen könnten. Verengt man jedoch den Blick auf die Verbandsklage, so kann der Empfehlung jedenfalls eine Forderung nach Reflektion entnommen werden.

(3) Die strukturelle Trennung von Arbeits- und Verbraucherrecht im Unionsrecht

Das Unionsrecht ist durch eine starke politische Trennung von Arbeits- und Verbraucherrecht geprägt. Im sekundären Unionsrecht durchzieht diese Trennung die Richtlinien. Insbesondere soll die Klauselrichtlinie 93/13/EWG nach Erwägungsgrund 10 nicht für Arbeitsverträge gelten. Man orientierte sich scheinbar sogar an der Trennung nach § 23 AGBG des deutschen Rechts.[1028] Gleiches gilt für die Verbraucherrechterichtlinie (2011/83/EU – Erwägungsgrund 8) und im Falle der Verbraucherkreditrichtlinie (2008/48/EG), wenn ein Arbeitnehmer besondere Konditionen erhält (Art. 2 Abs. 2 lit. g).

[1023] SEK(2011) 173 endg.; *Behrendt/Freiin zu Enzberg*, RIW 2014, 253 (255).

[1024] Report vom 12.1.2012, 2011/2089(INI).

[1025] *Epiney*, NVwZ 1999, 485 (485); *Deutlmoser*, EuZW 2013, 652 (656); *Brand*, NJW 2012, 1116.

[1026] Skeptisch: *Behrendt/Freiin zu Enzberg*, RIW 2014, 253 (258); *Hempel*, NJW 2015, 2077 (2079).

[1027] *Rohlfing-Dijoux*, EuZW 2014, S. 771; zur Rechtslage in Frankreich: *Ahmad/Jansen*, AuR 2014, 311 (316).

[1028] KOM (1990) 322 endg., S. 21.

Die arbeitsrechtlichen Richtlinien, die Berührungen mit vorformulierten Vertragsbedingungen aufweisen könnten, regeln dieses spezifische Problem nicht. So richtet sich die Richtlinie 1999/70/EG gegen die missbräuchliche Aneinanderreihung von Befristungen, hingegen nicht in spezifischer Weise gegen die vorformulierte Befristungsabrede. Diskriminierende Vertragsklauseln sind verboten, egal, ob diese vorformuliert sind oder nicht (vgl. beispielsweise Art. 3 RL 2000/42/EG).

Die Trennung von Arbeits- und Verbraucherrecht lässt sich zunächst auf einen politischen Grund zurückzuführen. Die Bereiche sind unterschiedlichen Ressorts bzw. Generaldirektionen zuzuordnen.[1029] Auch inhaltlich lassen sich die Bereiche im Unionsrecht nur schwer kombinieren. Das liegt weniger am unionsrechtlichen Verbraucherbegriff als vielmehr an den unterschiedlichen Kompetenzen der EU. Hinsichtlich des Verbraucherrechts besteht eine weitreichende Kompetenz nach Art. 114, 169 AEUV, die nach Art. 114 Abs. 2 nicht für das Arbeitsrecht gilt. Dahinter steht der Gedanke, dass das Verbraucherrecht (inklusive Vollharmonisierung) für die Verwirklichung des Binnenmarkts durch die EU vorangetrieben werden muss, während im Arbeitsrecht wegen der traditionell großen Unterschiede zwischen den gewachsenen Strukturen in den Mitgliedstaaten ein großer Umsetzungsspielraum gewährt werden soll.[1030]

(4) Die Zusammenführung von Arbeits- und Verbraucherrecht

Wenn nun die Empfehlung einen Spill-over-Effekt offensichtlich propagiert, dann rücken die §§ 305 ff. BGB in den Vordergrund. Denn in § 310 Abs. 4 S. 2 BGB hat der deutsche Gesetzgeber zu erkennen gegeben, dass die Klauselkontrolle als Umsetzung der Richtlinie 93/13/EWG auch für Arbeitnehmer gelten soll. Damit könnte das Durchsetzungsmodell des Klauselverfahrens ebenfalls von Interesse sein.

Allgemein wird an dieser Stelle die Frage eröffnet, ob Art. 7 Abs. 2 der Richtlinie 93/13/EWG wegen der überschießenden Umsetzung nicht auch für den kollektiven Arbeitnehmerschutz Relevanz erhält. Vor dem Hintergrund der Richtlinienstruktur wäre dies konsequent gewesen. Die Erwägungsgründe („müssen einleiten können“) und Art. 7 Abs. 2 fordern nämlich, dass die Klauselkontrolle mit kollektivem Rechtsschutz einhergeht. Diese Forderung wird durch das Zusammenspiel der Richtlinien 2009/22/EG und 93/13/EWG verstärkt.

Durch die Empfehlung der Kommission zum kollektiven Rechtsschutz vom 11. Juni 2013 hat sich die Problemstellung verändert. Denn die Empfehlung propagiert nicht nur eine kollektive Durchsetzung von Unionsrechten, sondern kollektiven Rechtsschutz dort, wo er von Interesse ist.

Unergiebig für eine Abgrenzung ist zunächst eine Untersuchung der Kompetenz. Ob das Prinzip der begrenzten Einzelermächtigung auch für die Empfehlung gilt, ist bereits umstritten.[1031] Davon ausgehend können Unionsorgane

[1029] http://ec.europa.eu/about/ds_de.htm [Stand: August 2015].

[1030] *Riesenhuber*, § 4, Rn. 49.

[1031] Ablehnend: Rengeling-*Gärditz*, § 34, Rn. 52; Grabitz/Hilf/Nettesheim-*Nettesheim*, Art. 288, Rn. 200; a. A.: *Geiger/Khan/Kotzur*, Art. 288, Rn. 26; Schwarze-*Biervert*, Rn. 36.

jedoch im Rahmen ihrer Sachkompetenz stets Empfehlungen abgeben. Die Kommission hat sich für die Empfehlung auf den AEUV und insbesondere auf Art. 292 AEUV gestützt. Der weitreichende Art. 114 AEUV gilt zwar nach Abs. 2 nicht für das Arbeitsrecht. In den vom Unionsrecht erfassten Bereichen des Arbeitsrechts, insbesondere Art. 8 und Art. 153 AEUV, besteht jedenfalls eine Kompetenz für die Empfehlung. Demnach können sich die Implikationen der Empfehlung sachlich auch auf die unionsrechtlichen Vorgaben für das Arbeitsrecht beziehen.

Die Vorgabe der Empfehlung, einheitliche Grundsätze zu schaffen und die nationalen Strukturen zu wahren, wird durch die analoge Anwendung des Unterlassungsklagegesetzes erfüllt. Allerdings hat die Empfehlung in erster Linie die Durchsetzung des Unionsrechts vor Augen. Das führt dazu, dass der Rechtsbruchtatbestand in § 2 UKlaG für die Empfehlung in den Mittelpunkt rückt, weil die Klauselkontrolle im Arbeitsrecht nicht auf Unionsrecht, sondern auf der autonomen Entscheidung der BRD beruht. Die Trennung wurde im Rahmen der Schuldrechtsmodernisierung nach der Stellungnahme des Bundesrats aufgegeben.[1032] Indes bilden diese Gedanken nur den Ausgangspunkt. Die Empfehlung selbst besagt, dass ihre Grundsätze überall dort erwogen werden sollen, wo sie von Interesse sein könnten.

Dieses Interesse wird in Deutschland durch Art. 9 Abs. 3 GG aufgenommen. Es liegt folglich nahe, in den Bereichen die Grundsätze der Empfehlung zu berücksichtigen, in denen kollektive Interessen sich so verstärken, dass sie zum Gegenstand des kollektiven Rechts selbst werden. Ein weiteres Einfallstor der Empfehlung in das Arbeitsrecht bilden auch solche AGB, die ihrerseits aufgrund ihres Inhalts gegen unionsarbeitsrechtliche Vorgaben verstoßen.

g) *Zwischenergebnis*

Verbraucher- und Arbeitsrecht sind unterschiedlich. Das BAG hat mit guten Gründen § 312 a. F. nicht auf den Arbeitsvertrag angewendet.[1033] Jedoch verläuft die AGB-Kontrolle parallel und ermöglicht es gegenüber dem Verbraucherrecht, Besonderheiten des Arbeitsrechts zu berücksichtigen. Insofern schießt das Arbeitsrecht lediglich über das Verbraucherrecht hinaus. Ein fundamentaler Unterschied besteht dort nicht und könnte sogar gegebenenfalls abgefedert werden.

Die Verbandsklage nach § 1 UKlaG hat ihren Raum im Arbeitsrecht. Der Rechtsverkehr muss auch dort vor unzulässigen Klauseln geschützt werden. Nach alter Rechtslage war das AGB-Recht über 25 Jahre von dem Gedanken beherrscht, dass die Bewertung als unangemessen auch den Unterlassungsanspruch der Verbände nach sich zieht. Insofern beinhaltete das AGBG einen konsequenten Rechtsgedanken. Das Arbeitsrecht griff in der Vergangenheit auf die §§ 138, 242 BGB zurück, die offensichtlich keine prozessualen Konsequenzen aufzeigten.

[1032] BR-Drs. 338/01, S. 28.

[1033] Hierzu S. 272.

Diese Linien sind durch das „Eurogesetz“ und die Schuldrechtsmodernisierung verzerrt worden. Zum einen wurde die Rechtsbruchklage in das AGBG eingeführt und zum anderen die AGB-Kontrolle auf das Arbeitsrecht erstreckt. Die Verbindung des Rechtsbruchs mit den Verbänden zu einer Rechtsbruchklage geht auf eine Koppelung des individuellen Verstoßes an die kollektive Durchsetzung zurück. Insofern bleibt der ursprüngliche Gedanke weiterhin angelegt. Denn nur an dieser Stelle diskutiert der Rechtsausschuss 2001 überhaupt eine Rechtsfortbildung.

Sowohl das kollektive Verbraucherrecht als auch das kollektive Arbeitsrecht überwinden Defizite des Einzelnen. Die Überwachung des lauteren Handelns des Unternehmers kann der Einzelne nur begrenzt leisten, hier greifen Wettbewerbs- und Verbraucherrecht ein. Das kollektive Arbeitsrecht schafft Arbeitsbedingungen, die der Einzelne so nicht aushandeln (Tarifrecht) oder ausüben (Betriebsverfassungsrecht) würde bzw. kann.[1034]

Die Unwirksamkeit nach § 307 Abs. 1 BGB ist die stärkste Wirkung des Rechts gegenüber einer vertraglichen Regelung. Dies allein hat jedoch den Gesetzgeber nicht dazu veranlasst, von einer Verbandsklage abzusehen. Ihm ging es darum, die Klauseln aus dem Rechtsverkehr zu entfernen. Diese Problematik kann ein Tarifvertrag nicht lösen. Zum einen bewirkt er nur einen Anwendungsvorrang, zum anderen führt er nicht automatisch zum Verschwinden der Klausel aus dem Rechtsverkehr. Der Verwender kann auf die Klausel weiterhin zurückgreifen. Beruft sich ein Arbeitgeber auf eine Klausel, so wird die Gefahr geschaffen, dass ein Arbeitnehmer den Konflikt scheut. Dies ist auch trotz Tarifbindung und gewerkschaftlichem Rechtsschutz denkbar.

Das Arbeitsrecht verfügt über ein besonders starkes Gegenmachtprinzip. Der gesamte Arbeitsvertrag kann unter die Verhandlungsführung der Tarifparteien gestellt werden. Diesen Mechanismus hat das Verbraucherrecht offensichtlich nicht. Es bedient sich daher – wie das Arbeitsrecht auch – zwingenden Rechts, um Machtgefälle zu kompensieren.[1035] Die Verbandsklage wiederum sichert die Durchsetzung des zwingenden Rechts.

§ 307 BGB (etc.) i. V. m. § 1 UKlaG ist eine Konsequenz aus der gestörten Vertragsparität im Verbraucherrecht. § 1 UKlaG im Arbeitsrecht muss sich daher dem Einwand widersetzen, dass im Arbeitsrecht die gestörte Vertragsparität auf der Ebene des Einzelarbeitsvertrages durch die Kollektivautonomie sowie das zwingende Arbeitnehmerschutzrecht einschließlich der Mitbestimmung kompensiert werden.[1036]

Dieser Einwand lag indes bereits § 23 AGBG zugrunde[1037] und wurde durch die Betonung der Möglichkeit zur Rechtsfortbildung bei der Schaffung des UKlaG aufgeweicht. Dennoch bleibt dieser Punkt entscheidend, denn die

1034 *Höland*, FS Bepler, 221 (237).

1035 Im Zusammenhang mit der ökonomischen Theorie des Rechts: *Wagner*, in: aquis, 1 (19 f.).

1036 *Oetker*, AcP 2012, 203 (240); Tamm/Tonner-*Tonner*, § 3, Rn. 16.

1037 Vgl. S. 204.

Sicherung über Tarifverträge stellt ein Mittel dar, welches anderen qualifizierten Einrichtungen i. S. v. § 4 Abs. 2 UKlaG nicht zur Verfügung steht. Zudem wäre es unrichtig, kollektiven Verbraucherschutz mit „Verbandsklage" gleichzusetzen. Die Praxis wird von der Abmahnung dominiert. Ferner wurde offenbar auch deswegen, weil man die Verbandsklage nicht für ausreichend erachtet hat, zusätzlich ein Gewinnabschöpfungsanspruch in § 10 UWG eingeführt.[1038]

In systematischer Hinsicht kann dem Zusammenspiel von §§ 15 UKlaG und § 12a TVG entnommen werden, dass die Möglichkeit, Tarifverträge zu schließen, kein zwingender Grund ist, die Verbandsklage auszuschließen. Über diese Normen wird den Gewerkschaften ermöglicht, einerseits Tarifverträge zugunsten arbeitnehmerähnlicher Personen abzuschließen und andererseits eine Verbandsklage gegen verwendete AGB zu erheben.

4. Zwischenergebnis und dogmatische Lösung

Nach alledem kann ein Anspruch der sachlich zuständigen Gewerkschaft nach den §§ 1, 3, 4 UKlaG de lege lata bejaht werden. Der Anspruch resultiert aus der unmittelbaren Anwendung der Normen bei gleichzeitiger teleologischer Reduktion von § 15 UKlaG.

5. Dogmatische Konsequenzen für den Anspruch aus § 1 UKlaG

Durch die Untersagung der Verwendung von Klauseln und die Flankierung über die Vollstreckung nach § 890 ZPO kann es zu Problemen im Zusammenhang mit Arbeitskampfmaßnahmen auf Arbeitgeberseite kommen. Eine mögliche Konstellation wäre die Erzwingung eines Haustarifvertrages, während eine Unterlassungsklage nach § 1 UKlaG gegen eine arbeitsvertragliche Klausel angestrengt wird.

In der Literatur wurde der Sinn und Zweck des § 15 UKlaG auch darin gesehen, zu verhindern, dass Gewerkschaften Unterlassungsklagen gegen allgemeine Arbeitsbedingungen als Mittel in Tarifauseinandersetzungen nutzen.[1039] Von der Gesetzesbegründung ist dies nicht gedeckt. Die Annahme liegt auch schon deshalb nicht nahe, weil es nicht unbedingt gesetzgeberischer Tradition entspricht, die Zulässigkeit von Handlungen im Zusammenhang von Arbeitskampfmaßnahmen zwischen tariffähigen Parteien zu regeln. Jedoch greift dieser Ansatz ein allgemeineres Problem auf. Der Unterlassungsanspruch könnte die Arbeitskampfparität auf der Arbeitgeberseite stören.

Für dieses Problem bieten zwei klassische Entscheidungslinien des BAG eine angemessene Lösung: die Zulässigkeit von Arbeitskampfmitteln und die Relevanz von Beteiligungsrechten des Betriebsrats im Arbeitskampf. Wegen des Rechtsverhältnisses Gewerkschaft – Arbeitgeber ist das Problem personell näher an den Fällen der Zulassung von Arbeitskampfmaßnahmen. Allerdings ist

[1038] BT-Drs. 15/1487, S. 13 („nicht *mehr* lohnt").
[1039] *Lorenz/Riehm*, Rn. 113.

der Unterlassungsanspruch auf die Beseitigung einer unangemessenen Klausel und damit nicht auf die Erreichung eines tarifvertraglichen Ziels gerichtet.[1040] Passender erscheint mithin der Vergleich zu den Beteiligungsrechten, zumal diese auch im Regelfall über einen Unterlassungsanspruch gesichert werden können.[1041] In der BetrVG-Konstellation liegt ein personelles Dreieck vor, während in der UKlaG-Konstellation nur ein funktionelles Dreieck vorhanden ist. Die Gewerkschaft tritt in zwei unterschiedlichen Funktionen gegenüber dem Arbeitgeber auf – zum einen als Akteur eines Arbeitskampfs, zum anderen als qualifizierte Einrichtung.

Das Bundesarbeitsgericht hat zur Rechtslage im BetrVG die Gefahr der Beeinträchtigung der Arbeitskampfparität durch eine arbeitskampfkonforme Auslegung der Beteiligungsrechte gelöst.[1042] Grundsätzlich bleibt das Mitbestimmungssystem des BetrVG in Kraft, auch wenn ein Arbeitskampf stattfindet. Eine Beschränkung ist zwar möglich, muss aber arbeitskampfrechtlich begründet sein.[1043] So ist der Betriebsrat daran gehindert, einzelne Mitbestimmungsrechte wahrzunehmen, wenn hierdurch die Arbeitskampffreiheit des Arbeitgebers ernsthaft beeinträchtigt wird.[1044] Ein gewerkschaftsangehöriges Betriebsratsmitglied hat sich während eines Arbeitskampfes im Rahmen seiner Amtsausübung neutral zu verhalten.[1045] Vor allem bekräftigte das BAG, dass Beteiligungsrechte dann nicht eingeschränkt werden müssen, wenn sie mit der Kampfabwehr nichts zu tun und keine Auswirkung auf das Kampfgeschehen haben.[1046]

Vor diesem Hintergrund verhält sich eine Gewerkschaft nicht widersprüchlich, wenn sie den Arbeitsvertrag (inklusive AGB) eigentlich durch ein Tarifwerk ablösen will und § 1 UKlaG geltend macht. Zum einen können die Tarifvertragsverhandlungen scheitern, zum anderen wird der Gefahr von Scheinklauseln entgegengewirkt und der Rechtsverkehr von unzulässigen Klauseln bereinigt. Zudem ist nicht gesagt, dass die angegriffene Klausel durch einen späteren Tarifvertrag verdrängt wird. In diesem Fall kann es keinen Grund geben, die Klauselkontrolle zu sperren. Ein Schutzbedürfnis besteht weiterhin.

Darüber hinaus können aber Situationen entstehen, in denen die Gefahr einer erheblichen Beeinträchtigung der Kampfparität ausgemacht werden könnte. So hat der Betriebsrat kein Mitbestimmungsrecht nach § 99 BetrVG, wenn ein arbeitswilliger Arbeitnehmer arbeitskampfbedingt in einen bestreikten Betrieb versetzt wird.[1047] Hingegen könnte die Verwendung eines ausnahmsweise unangemessenen Versetzungsvorbehalts[1048] über § 1 UKlaG untersagt werden. Über

---

[1040] Zu diesem Erfordernis: BAG, Urteil vom 31.5.1988 – 1 AZR 589/86, NZA 1988, 886 (886); MünchKomm-*Wagner* § 823 Rn. 284.

[1041] Hierzu *Klocke*, passim.

[1042] Grundlegend: BAG, Urteil vom 26.10.1971 – 1 AZR 113/68, AP, Art. 9 GG, Arbeitskampf, Nr. 44, vgl. auch BVerfG, Beschluss vom 7.4.1997 – 1 BvL 11/96, NZA 1997, 773.

[1043] BAG, Beschluss vom 13.12.2011 – 1 BR 2/10, BeckRS 2012, NZA 2012, 571 (573).

[1044] BAG, Beschluss vom 13.12.2011 – 1 BR 2/10, BeckRS 2012, NZA 2012, 571 (573).

[1045] Richardi-*Richardi*, § 74, Rn. 26.

[1046] BAG, Beschluss vom 30.8.1994 – 1 ABR 10/94, BB 1995, 99 (99).

[1047] BAG, Beschluss vom 13.12.2011 – 1 ABR 2/10, NZA 2012, 571 (574).

[1048] Vgl. BAG, Urteil vom 25.8.2010 – 10 AZR 275/09, AP § 106 GewO Nr. 11.

die einstweilige Verfügung bzw. das Ordnungsgeld i. S. v. § 890 ZPO könnte dann die Weisung[1049] verhindert werden. Dies würde allerdings nur für den Fall gelten, wenn der Anspruch auch besteht. Der Verfassungsrang von Art. 9 Abs. 3 GG, sowohl im Bereich der Wahrung der Arbeitsbedingungen als auch im Bereich der Arbeitskampfmaßnahme, erfordert mithin eine Einzelfalllösung. Nach der hier präferierten Lösung würde der Anspruch aus § 1 UKlaG daher im Einzelfall nicht bestehen, wenn er die Arbeitskampffreiheit des Arbeitgebers unverhältnismäßig beschränkte. Ein systematisches Argument gegen die Rechtsfortbildung kann in keinem Fall gewonnen werden.

II. § 2 UKlaG

Nach § 2 UKlaG kann derjenige, welcher dem Schutz der Verbraucher dienenden Normen zuwiderhandelt, im Interesse des Verbraucherschutzes auf Unterlassung in Anspruch genommen werden. Die Anwendung der Verbraucherdefinition in § 13 BGB führte dazu, dass auch die Normen zum Schutz des Verbrauchers in persönlicher Abhängigkeit erfasst werden würden. Während also die §§ 305 ff. BGB eigentlich kein Arbeitsrecht sind, sondern nur den Besonderheiten des Rechtsgebiets speziell Rücksicht tragen sollen (§ 310 Abs. 4 S. 1 BGB), kommen an dieser Stelle § 15 UKlaG und der Ausschluss des Arbeitsrechts unmittelbar zum Tragen.

Auch die historische Auslegung spricht gegen eine Rechtsfortbildung. Die relativierenden Äußerungen aus dem Gesetzgebungsprozess sind nur im Zusammenhang mit der Klauselkontrolle gefallen und haben sich nicht unmittelbar auf § 2 UKlaG bezogen.[1050] Die Trennung von § 1 und § 2 UKlaG setzt sich zudem systematisch fort, so gelten die §§ 8 ff. UKlaG allein für die AGB-Kontrolle. Die Trennung der beiden Instrumente ist daher dem UKlaG immanent.

Für die Frage einer analogen Anwendung der Norm sind zwei Aspekte besonders bedeutend. Zum einen würde die Rechtsfortbildung eine umfassende arbeitsrechtliche Verbandsklage begründen. Zum anderen wurde § 2 UKlaG um die Jahrtausendwende wegen der Richtlinie 98/27/EG eingeführt. Die uneingeschränkte Anwendung der Norm würde die Gefahr begründen, die Wertungen des nationalen Rechts zu verändern.

Dies gilt generell in der Hinsicht, dass die Normen des individuellen Arbeitsrechts pauschal um eine zweite Durchsetzungslinie erweitert würden. Dies gilt aber vor allem im Hinblick auf die Aussagen des individuellen Arbeitsrechts selbst. So würde beispielsweise eine Unterlassungsklage gegen ungerechtfertigte betriebsbedingte Kündigungen das System der §§ 4 und 7 KSchG unterlaufen. Macht der Arbeitnehmer die fehlende soziale Rechtfertigung nicht geltend, so gilt die Kündigung als rechtswirksam. Wenn es dem Arbeitnehmer verwehrt ist, sich auf die Wirksamkeit der Kündigung zu berufen, kann nichts anderes für ein Verbandsklagerecht gelten. Es ließe sich bereits annehmen, dass wegen der

---

[1049] Zur extensiven Interpretation im Rahmen von § 1 UKlaG siehe S. 45.
[1050] BT-Drs. 14/7052, S. 189 f.

Fiktionswirkung der §§ 4, 7 KSchG keine rechtswidrige Praxis besteht. Die §§ 4, 7 KSchG sind vielmehr eine deutliche Entscheidung für den Individualprozess.

Raum besteht hingegen in den Bereichen, in denen es um die Durchsetzung von Arbeitnehmerrechten geht, die auf Unionsrecht basieren, vor allem im AGG. Zum einen sollte § 2 UKlaG Unionsrecht durchsetzen, zum anderen entspricht dies auch der Empfehlung der Kommission zum kollektiven Rechtsschutz. Dieser Raum wird jedoch ebenfalls durch § 4 Nr. 11 UWG ausgefüllt.

III. Prozessuale Besonderheiten

Im Folgenden soll noch erörtert werden, welche Besonderheiten für den arbeitsgerichtlichen Prozess existieren. Prozesse im kollektiven Arbeitsrecht weisen einige Besonderheiten auf, welche vor der Anwendung des § 1 UKlaG im Hinblick auf den prozessualen Teil des UKlaG realisiert werden müssen.

1. Die Bedeutung der §§ 5 ff. UKlaG

Durch die Geltung des ArbGG haben die §§ 5 (mit Ausnahme der Verweise auf das UWG) und 6 UKlaG keine Bedeutung für den Anspruch aus § 1 UKlaG. Allein § 7 UKlaG findet Anwendung. Es besteht keine verdrängende Norm im ArbGG. Die eingeschränkte Geltung des UKlaG ist in der Öffnung des UKlaG für die Rechtsfortbildung angelegt und orientiert sich daran, so viel wie möglich von der Geltung des prozessualen Teils des UKlaG zu erhalten. Es gelten zunächst die Grundsätze des ArbGG und erst über § 46 Abs. 2 ArbGG die ZPO.

2. Der Globalantrag und § 8 UKlaG

Nach § 8 Abs. 1 UKlaG muss der Antrag die AGB im Wortlaut und die Art des Rechtsgeschäfts enthalten. Diese Vorgabe geht in die Rechtsprechung des BAG zu den sog. Globalanträgen hinsichtlich § 253 Abs. 1 Nr. 1 ZPO über. Das Bundesarbeitsgericht lässt Anträge, die eine generelle Handlung für einen denkbar großen Raum möglicher Fallgestaltungen vorgeben, zu.[1051] Der Globalantrag bezieht sich auf eine Vielzahl möglicher bzw. alle denkbaren Fallgestaltungen.[1052] In der älteren Rechtsprechung sah das Bundesarbeitsgericht einen solchen Antrag noch deswegen als problematisch an, weil er auf ein Rechtsgutachten hinausliefe.[1053] Diese Bedenken hat das Gericht in der Folge jedoch aufgegeben.

Der Großteil der Fälle kommt aus dem Betriebsverfassungsrecht. Dort geht es entweder um die Feststellung von Mitbestimmungsrechten oder um die Unterlassung beteiligungswidriger Maßnahmen (Beispiel: *„Festzustellen, dass die Versetzung von Arbeitnehmern zur Streikabwehr [...] der Zustimmung des Betriebs-*

[1051] BAG, Beschluss vom 9.5.1995 – 1 ABR 58/94 = juris.de.
[1052] BAG, Beschluss vom 18.9.1991 – 7 ABR 63/90, NZA 1992, 315 (315).
[1053] BAG, Beschluss vom 8.11.1983 – 1 ABR 57/81, AP, § 87 BetrVG 1972, Nr. 11.

rats bedarf."). Aus dem Tarifvertragsrecht führen in der Regel Probleme bei der normativen Wirkung des Tarifvertrages oder Verstöße gegen Art. 9 Abs. 3 oder 12, 14 GG in diese Problematik (Beispiel: *„[...] es zu unterlassen, ihre Mitglieder oder andere Arbeitnehmer zu einem Streik [...] aufzurufen.*").[1054]

a) Die Anforderungen des § 253 Abs. 2 Nr. 2 ZPO i. V. m. § 46 Abs. 2 ArbGG

Das Bundesarbeitsgericht unterwirft Urteils- und Beschlussverfahren den gleichen Anforderungen hinsichtlich der Bestimmtheit der Anträge.[1055] Nach § 253 Abs. 2 Nr. 2 ZPO muss eine Klageschrift einen bestimmten Antrag enthalten. Der Kläger/Antragsteller muss eindeutig festlegen, welche Entscheidung er begehrt. Er muss den Streitgegenstand so genau bezeichnen, dass der Rahmen der gerichtlichen Entscheidungsbefugnis vor dem Hintergrund der Beschränkung durch § 308 ZPO keinem Zweifel unterliegt und die eigentliche Streitfrage zwischen den Parteien entschieden werden kann.[1056] Später dürfen keine Zweifel über den Umfang der Rechtskraft herrschen.[1057] Der Beklagte soll wissen, was auf ihn zukommt, und er muss sich darauf einstellen können; dies gilt insbesondere vor dem Hintergrund eines möglichen Ordnungsgeldes im Vollstreckungsverfahren.[1058] Die Prüfung, welche Maßnahmen der Schuldner vornehmen, dulden oder unterlassen muss, darf nicht in das Vollstreckungsverfahren verlagert werden.[1059]

Bei Unterlassungs- und Duldungsbegehren sind generalisierende Formulierungen unvermeidlich, weil andernfalls die Möglichkeit, gerichtlichen Rechtsschutz zu erlangen, durch prozessuale Anforderungen unzumutbar erschwert, wenn nicht gar beseitigt wäre.[1060] Maßgeblich für die Bestimmtheit des Antrages sind die Besonderheiten des anzuwendenden materiellen Rechts und die Umstände des Einzelfalls.[1061]

b) Die prozessuale Behandlung zu weit gefasster Globalanträge

Erfasst ein Globalantrag Fallgestaltungen, in denen das geltend gemachte Recht nicht besteht, so ist die gesamte Klage bzw. der gesamte Antrag als unbegründet ab- bzw. zurückzuweisen.[1062] Dem Antrag nur unter Einschränkungen statt-

---

1054 Kompletter Antrag bei BAG, Urteil vom 24.4.2007 – 1 AZR 252/06, AP § 1 TVG Nr. 2; vgl. zur Frage nach der Gewerkschaftszugehörigkeit: BAG, Urteil vom 18.11.2014 – 1 AZR 257/13, NZA 2015, 306 (308).

1055 BAG, Beschluss 14.9.2010 – 1 ABR 32/09, NZA 2011, 364 (365).

1056 BAG, Urteil vom 14.12.2011 – 5 AZR 675/10, NZA 2012, 618 (618); BAG, Urteil vom 16.11.2011 – 4 AZR 834/09 = juris.de, Rn. 36.

1057 BAG, Urteil vom 6.7.2011 – 4 AZR 494/09, AP § 1 TVG Bezugnahme auf Tarifvertrag, Nr. 90.

1058 BAG, Beschluss vom 7.2.2012 – 1 ABR 77/10, NZA-RR 2012, 359 (361); BAG, Beschluss vom 14.9.2010 – 1 ABR 32/09, EzA § 253 ZPO 2002, Nr. 4.

1059 BAG, Beschluss vom 16.8.2011 – 1 ABR 22/10, NZA 2012, 342 (343).

1060 BAG, Urteil vom 22.6.2010 – 1 AZR 179/09, DB 2010, 2674.

1061 BAG, Urteil vom 14.12.2011 – 10 AZR 283/10, NZA 2012, 501 (502).

1062 BAG, Beschluss vom 18.9.1991 – 7 ABR 63/90, NZA 1992, 315 (316); BAG, Beschluss vom 13.12.2011 – 1 ABR 2/10, NZA 2012, 571 (572).

zugeben, läuft nach Ansicht des Bundesarbeitsgerichts vor dem Hintergrund des § 308 ZPO nicht auf ein Minus, sondern auf eine aliud hinaus. Denn nach Ansicht des Gerichts ist es etwas anderes, ob ein Anspruch für alle denkbaren Fälle oder nur in bestimmten, von weiteren Umständen abhängigen Einzelfällen besteht.[1063]

c) Bedeutung für die Verbandsklage nach § 1 UKlaG

Die Rechtsprechung zum Globalantrag muss im Rahmen des Verfahrens nach dem UKlaG im Hinblick auf § 9 UKlaG modifiziert werden. Die Untersagung der Verwendung einer AGB ist generell, sie begründet jedoch ein Problem im Zusammenhang von § 310 Abs. 3 Nr. 3 BGB. Denn in diesen Fällen ist die Verwendung der Klausel nicht verboten. Würde man die Rechtsprechung des BAG hierauf beziehen, müsste die gesamte Klage scheitern. Richtigerweise begründen das Verfahren und der eingeschränkte Prüfungsmaßstab ohne konkrete Gegenstände auch den für den Globalantrag maßgebenden rechtlichen Stoff. Dadurch, dass § 310 Abs. 3 Nr. 3 BGB nicht geprüft wird, kann die Norm für die Bewertung der Klausel im Rahmen des UKlaG gar keine Relevanz haben. Dies deckt sich auch mit den Grundlagen des § 253 Abs. 2 Nr. 2, da sich das Bestimmtheitserfordernis am materiellen Recht und damit am Prüfungsmaßstab des § 1 UKlaG orientiert.

3. Rechtskrafterstreckung

Im Bereich der Breitenwirkung konkurrieren § 9 TVG und § 11 UKlaG. § 9 TVG ist eigentlich auf die Klärung des Inhalts und der Existenz eines Tarifvertrages für Tarifgebundene ausgelegt. Gleichwohl lässt sich sein Rechtsgedanke auch auf die verbindliche Existenz einer Klausel hin entwerfen – ohne dass man der Normentheorie folgen müsste. Dass § 9 TVG der Rechtsfortbildung zugänglich ist, hat das BAG bereits begründet.[1064] Da die Norm zudem Ausfluss der Koalitionsfreiheit ist und § 1 UKlaG ein Wahren i. S. v. Art. 9 Abs. 3 GG ermöglicht, liegt dieser Gedankengang nahe. Hinzu kommen die unionsrechtlichen Probleme des § 11 UKlaG,[1065] wobei § 10 UKlaG uneingeschränkt möglich bleibt. In den meisten Fällen wird es in beiden Verfahren um die Abweichung von dispositivem Recht gehen. § 9 TVG ermöglicht es dabei sogar, die Unwirksamkeit des Tarifvertrags feststellen zu lassen; es kommt wie bei § 307 BGB zur Rückkehr zum dispositiven Recht. Da die Norm aber nur für die Tarifgebundenen gilt, wird man in der Praxis nicht umherkommen, die Analogie auf die Klauselunterworfenen hin zu erstrecken.

1063 A. A.: *Backsmeier*, S. 93 ff. u. 164.
1064 Hierzu S. 128.
1065 Hierzu S. 100.

4. Kosten

Über § 5 UKlaG i. V. m. § 12 Abs. 4 UWG besteht die Möglichkeit, den Streitwert abzusenken. Die neue Fassung lässt Verbänden wenig Spielraum.[1066] Wäre das Beschlussverfahren hingegen statthaft, fielen keine Prozesskosten an (§ 2 Abs. 2 GKG). § 2 Abs. 2 GKG gilt sogar im Zwangsvollstreckungsrecht. Aus der systematischen Stellung von § 85 BetrVG im zweiten Abschnitt des ArbGG folgt, dass das Zwangsvollstreckungsrecht als Teil des Beschlussverfahrens anzusehen ist.[1067] Das the-loser-pays-principle ist ein tragender Grundsatz des Prozessrechts. Dieser Gedanke wird auch durch die Empfehlung der Kommission vom 13.6.2013 propagiert. Zwar sind die arbeitsrechtlichen „Verbandsklagen" in § 2a Abs. 1 Nr. 4 ArbGG dem Beschlussverfahren und damit § 2 Abs. 2 GKG zugeordnet, jedoch ändert dies nichts daran, dass das UKlaG selbst ebenfalls § 91 ZPO folgt.

IV. Ergebnisse

Die Anwendung des § 1 UKlaG im Arbeitsrecht konstituiert sich im größeren Bild aus einer Interaktion der kollektiven Strukturen. Der Unterlassungsanspruch aus der Norm wird in das kollektive Arbeitsrecht übertragen. Diese Rechtsfortbildung hat der Gesetzgeber im Rahmen der Schuldrechtsmodernisierung selbst ausgeleuchtet. Für § 2 UKlaG lassen die Materialien keinen Raum für die Annahme einer Delegationslücke.

Die Anwendung von § 1 UKlaG stellt keine Verallgemeinerung kollektiver Strukturen dar. Kollektive Strukturen sind nur begrenzt verallgemeinerungs-, jedoch ohne weiteres analogiefähig. Durch §§ 307 ff. BGB werden vergleichbare Interessen im Verbraucher- und im Arbeitsrecht geschützt. Zudem wird der Anspruch aus § 1 UKlaG auf die ohnehin bestehende Aktivlegitimation der Gewerkschaften nach §§ 3, 4 UKlaG für das Arbeitsrecht geöffnet.

§ 15 UKlaG steht nur seinem Wortlaut nach der Anwendung auf das Arbeitsrecht entgegen, Sinn und Zweck dieser Ausnahme verfängt bei § 1 UKlaG nicht. Hinter der Norm steht kein absoluter Ausschluss, sondern eine Öffnung für die Rechtsfortbildung. Die Zurückhaltung des Rechtsausschusses wurde von der Befürchtung getragen, dass die ordentliche Gerichtsbarkeit über arbeitsrechtliche Sachverhalten entscheiden müsse, dass nicht klar sei, welche Verfahrensart anzuwenden sei und, dass dieser Rechtsbehelf weiterginge, als bislang diskutiert. Diese Bedenken lassen sich auf der Grundlage des geltenden Rechts zerstreuen.

Bereits die sog. „Burda"-Entscheidung hat deutlich gemacht, dass individuelle Abreden Relevanz für die kollektive Ebene haben können. Die Diskussion dieser Entscheidung hat insbesondere bestätigt, dass die Verbandsklage nach § 1 UKlaG grundsätzlich dem Urteilsverfahren gemäß § 2 ArbGG zuzuordnen ist.

[1066] Vgl. hierzu *Köhler*/Bornkamm, § 12 UWG, Rn. 5.21: die Insolvenz muss drohen.
[1067] BAG, Beschluss vom 2.6.2008 – 3 AZB 24/08, EzA, § 23 BetrVG 2001, Nr. 2.

Die Aktivlegitimation nach §§ 3, 4 UKlaG besteht nur für die Gewerkschaften, nicht auch für den Betriebsrat. Dieser stellt bereits keinen Verband im Sinne von § 4 UKlaG dar. Darüber hinaus lässt sich aus dem System des BetrVG ableiten, dass Allgemeine Geschäftsbedingungen nur über das System des § 80 BetrVG kontrolliert werden können. In den Grenzen von § 2 Abs. 1 BetrVG kann der Betriebsrat jedoch mit den im Betrieb vertretenen Gewerkschaften zusammenarbeiten und diese auf die Rechtswidrigkeit der Klauseln hinweisen.

Kollektive Sicherung ist mit individueller Freiheit abzuwägen. Die Sicherung der typischen Interessen der zu Schützenden und die Verhaltensvorgaben an die Passivlegitimierten müssen gerechtfertigt werden. Eine kategorische Lösung hat sich im System des Privatrechts jedoch seit jeher nicht durchsetzen können. Der Ausbau kollektiven Rechtsschutzes ist vielmehr mit der Frage verbunden, wie typisierte Störungen verhindert oder behoben werden können. Diese Problemstellung ist im Rahmen der vorliegenden Frage gegenüber einer „vollständigen Analogie" vereinfacht, weil zum einen die Aktivlegitimation der Gewerkschaften schon besteht und zum anderen die typisierte Interessenlage der Arbeitnehmer durch § 307 BGB vorgezeichnet wird. Dieses Interesse ist darauf gerichtet, von unangemessenen Klauseln verschont zu bleiben.

Dieses Ergebnis wird durch die Rechtslage bei der arbeitnehmerähnlichen Person gestützt. In diesem Bereich können die Dienstverträge über die Verbandsklage kontrolliert werden und zudem Tarifverträge ausgehandelt werden. Wegen der Voraussetzung der arbeitnehmerähnlichen Person, vergleichbar schutzbedürftig zu sein, ist das duale System von Verbandsklage und Tarifvertrag auch auf den Arbeitsvertrag anzuwenden.

Vor diesem Hintergrund gewinnt die Ausstrahlungskraft der negativen Koalitionsfreiheit an Bedeutung. Der Schutz vor Äquivalenzstörungen kann nicht enden, nur weil der Arbeitnehmer von seinem verfassungsmäßigen Recht Gebrauch macht, einer Koalition fernzubleiben. Vielmehr stellen die Existenz des kollektiven Arbeitsrecht zunächst die allgemeine Antwort des Arbeitsrechts und § 1 UKlaG eine Antwort des Zivilrechts auf eine gestörte Vertragsparität dar. Es ist daher systemkonform, § 1 UKlaG in das kollektive Arbeitsrecht einzufügen. § 1 UKlaG ist der generelle Schutz.

Art. 9 Abs. 3 GG deckt diese Lösung. Es werden Arbeitsbedingungen gewahrt. Bisher lag der Fokus auf der Wahrung des Geförderten. § 1 UKlaG ändert dies und ermöglicht neben dem Fördern der Arbeitsbedingungen ein Wahren der durch § 307 BGB erfassten Arbeitsbedingungen. Die Spannungslage von individueller Freiheit und kollektiver Sicherheit, die durch die Wahrung des Rechts entsteht, wird wiederum durch das Stellen von AGB abgeschwächt. Das Stellen begründet durch die Vielzahl anvisierter potenzieller Verträge für den Rechtsverkehr eine andere Relevanz als die Individualabrede. Der Verkehrskreis, nicht nur der einzelne Arbeitnehmer wird angesprochen. Die Verbandsklage ist daher ein Ausdruck kollektiv ausgeübter Privatautonomie. Anders als in der „Burda"-Entscheidung geht es nicht um die Sicherung der Tarifautonomie, sondern vielmehr um ein Wahren im Sinne von Art. 9 Abs. 3 GG. Insofern besteht der Anspruch aus § 1 UKlaG in Verbindung mit Art. 9 Abs. 3 GG.

Anders als etwa den Arbeitsvertrag gibt es nicht den „Verbrauchervertrag“, jedoch ist der Arbeitsvertrag ein Verbrauchervertrag. Dass viele Normen des Verbraucherrechts auf einen punktuellen Marktkontakt oder eine spezielle Interessenlage ausgerichtet sind, hat für die Anwendung von § 1 UKlaG im Ergebnis keine Auswirkung. Zunächst geht es bei § 1 UKlaG nur um die Kontrolle nach §§ 307 ff. BGB. Darüber hinaus erfasst das Verbraucherrecht schon längst auch Dauerschuldverhältnisse

Die Regelungskonzepte von Verbraucherrecht und Arbeitsrecht decken sich an diesem Punkt, die Abwehr unzulässiger AGB kann in beiden Bereichen vergleichbar gelöst werden. Der Ausgangspunkt beider Rechtsgebiete ist der Schutz der typisch schwächeren Vertragsseite. Der Verbraucher bzw. Kunde und der Arbeitnehmer stellen Typen dar, deren Interessen über §§ 307 ff BGB durchgesetzt werden. Die individuell-rechtlichen Ebenen verlaufen an dieser Stelle vergleichbar. Möglicherweise unterschiedliche Erwartungen können über diese Normen verarbeitet werden. Die Besonderheiten des Arbeitsrechts können zudem über § 310 Abs. 4 S. 2 im Rahmen der Angemessenheit der Klausel berücksichtigt werden. Dieser Punkt „korrigiert“ die Gefahr von Verzerrungen der individuellen Regelungen.

Das hohe Abstraktionsniveau des kollektiven Rechtsschutzes und die bestehenden Bereiche führen auch dazu, dass die schwer empirisch feststellbaren Durchsetzungsprobleme zurücktreten. Der Zweck, den Rechtsverkehr vor den unzulässigen Klauseln zu schützen, und das typisierte Durchsetzungsinteresse der geschützten Verkehrskreise rücken in den Mittelpunkt.

Eine „Konkurrenz der Angemessenheit“ besteht nicht. Die Zwecke des Tarifrechts und der Verbandsklage können ohne weiteres nebeneinander erreicht werden. Die Vielzahl möglicher Rechtsquellen von Arbeitsbedingungen erhöht nur die Notwendigkeit, zumindest auf der Ebene des Arbeitsvertrags Klarheit darüber zu haben, ob die Bestimmung unwirksam ist. Zudem besteht die Möglichkeit, dass die tarifvertragliche Regelung typische AGB-relevante Punkte ausspart.

Der Tarifvertrag ist für die Klauselkontrolle daher insofern relevant, als er eine Verkehrssitte vorzeichnen kann. Nur weil einer tariflichen Klausel eine Angemessenheitsvermutung zukommt, bedeutet dies nicht automatisch, dass eine anderslautende, vorformulierte Klausel unangemessen ist. Die Systeme stehen vielmehr nebeneinander. Das gleiche gilt auch für die Sicherungsinstrumente des Tarifrechts. Der Einwirkungsanspruch stand bereits der quasi-negatorischen Sicherung des Art. 9 Abs. 3 GG nicht entgegen. Der Anspruch ist ein Instrument der kollektiven Sicherung und begründet Anspruchskonkurrenz. Dies gilt auch deshalb, weil die Sicherung durch Tarifverträge in den letzten Jahren an Effektivität verloren hat.

Der Anspruch gem. § 1 UKlaG i. V. m. Art. 9 Abs. 3 GG richtet sich prozessual nach den Grundsätzen der §§ 2, 46 ff. ArbGG. Das UKlaG findet so weit wie möglich Anwendung, wenn es die prozessuale Situation speziell regelt.

Zusammenfassung der Ergebnisse

Die Verbandsklagen nach dem Unterlassungsklagengesetz und dem Gesetz gegen den unlauteren Wettbewerb haben sich in der Praxis bewährt.[1] Während sich § 1 UKlaG allein gegen unwirksame Allgemeine Geschäftsbedingungen richtet, kann über § 2 UKlaG jeder Verstoß gegen verbraucherschützende Normen unterbunden werden. § 8 UWG ermöglicht dies nur, wenn es sich um Marktverhaltensregelungen handelt. Diese Strukturen schlagen sich auch bei der Erfassung des Arbeitsrechts durch das Verbraucherrecht nieder. Die vorliegende Untersuchung hat zu folgenden Ergebnissen geführt:

Zum ersten Teil

1. Die Verbandsklage erfüllt einen präventiven Zweck im Verbraucherrecht. Die einzelnen Kunden sollen gar nicht erst mit rechtswidrigen Verhaltensweisen konfrontiert werden. Wird eine Störung bekannt, so sollen alle weiteren unterbunden werden.

2. Für § 1 UKlaG bedeutet dies, dass die einzelnen Kunden nicht mit den AGB in Kontakt kommen sollen. Dies spiegelt sich auch in der Zweckrichtung der Norm wider. Die Verbandsklage schützt vor unangemessenen Klauseln und den dadurch erzeugten Scheinbindungen. Sie geht von dem Gedanken aus, dass alle Kunden bzw. Verbraucher ein Interesse hieran haben. Dies führt gleichzeitig dazu, dass der Rechtsverkehr vor unzulässigen Klauseln geschützt wird.

3. Wird diese Funktion erreicht, so kommt es nicht mehr dazu, dass der Verbraucherschutz im Individualrecht wirken muss. Diese „verzehrende Wirkung" darf jedoch nicht darüber hinweg täuschen, dass der Verbraucher weiterhin Schutzsubjekt der Verbandsklage bleibt. Vielmehr wird der Schutz vorgelagert. Die „Entindividualisierung" begründet Individualschutz. Der Begriff des Individualinteresses kann diesen Individualschutz nicht erklären.

4. Das Individualinteresse ist zwar für die Architektur des Zivilrechts maßgeblich; es gerät jedoch im Rahmen des sog. Durchsetzungsinteresses strukturell an seine Grenzen. Das Durchsetzungsinteresse ist nicht in der Interessenauflösung auf Tatbestandsebene angelegt, sondern vielmehr der Rechtsfolgenseite zuzuord-

[1] *Höland/Meller-Hannich*, passim.

nen. Damit wird es aber auch zur Konsequenz der Rechtssetzung und entzieht sich der Bewertung durch die Norm. Es fehlt an einer gesetzgeberischen Entscheidung in der Norm, dass das Recht durchgesetzt werden soll.

5. Gleichwohl lassen sich kollektiver Rechtsschutz im Zivilrecht und ein Anspruch i. S. v. § 194 BGB begründen. Die Interessenarchitektur entwirft sich auf den typisierten Interessengegensatz des Individualrechts und abstrahiert diesen über das kollektive Klagerecht. Das Klagerecht folgt daher dem fremdgerichteten Interesse des Verbands, an der Durchsetzung der zugrunde liegenden Fallkonstellation. Das „Verlangendürfen" der Verbände i. S. v. § 194 BGB leitet sich aus den kollektiven Interessen des Individualrechts und dem kollektiven Interesse an der Durchsetzung des Rechts ab.

6. Die Rechtsfigur der kollektiven Interessen ist je nach Regelungsbereich anders zu bestimmen. Zu dem Verbraucherkollektiv gehört prinzipiell jedermann. Da diese Eigenschaft jedoch nur latent und flüchtig ist, wird ein relatives Kollektiv gebildet, welches sich von der Allgemeinheit abhebt. Man ist eben nicht immer Verbraucher, sondern nur in bestimmten Situationen; zur Gesellschaft hingegen zählt jedermann dauerhaft. Dem entsprechend betonen die maßgebenden Richtlinien die Interessen der Verbraucher und nicht „den Verbraucherschutz" als öffentliches Interesse bzw. als öffentliche Aufgabe. Dass beide Zwecke über die Figur der Verbandsklage verfolgt werden können, steht hier außer Streit. Dass sich die Figur der kollektiven Interessen in der Praxis bewährt hat, belegt das Betriebsverfassungsrecht.

7. Die Figur „virtuelle Repräsentation" wird dem Legitimationsniveau für das Verlangendürfen i. S. v. § 194 BGB nicht gerecht. Die Bewahrung des rechtlichen Status quo bedarf nicht des gleichen Legitimationsniveaus wie die Schaffung unmittelbarer und zwingender Arbeitsbedingungen. Es geht nicht um die Schaffung von Normen, sondern um die Durchsetzung des Rechts, welches die legitimierenden kollektiven Interessen zu schützen bestimmt ist. Es ist ein Wesenszug kollektiven Rechts, dass eigene Rechte im (auch-)fremden Interesse geltend gemacht werden.

8. Das Verbraucherrecht konstruiert kollektive Interessen durch die Ordnung der diffusen Interessen in typisierter Weise und begründet ein abstraktes Durchsetzungsinteresse. Dem deutschen Recht und den EU-Richtlinien liegt die Vorstellung zugrunde, dass jeder Verbraucher ein Interesse hat, von gesetzeswidrigen Verhaltensweisen verschont zu bleiben. Dieses Interesse setzt die Verbandsklage durch. Da es situativ nicht individualisiert werden kann bzw. soll, besteht es als kollektives Interesse auf einer höheren Abstraktionsebene. Das kollektive Durchsetzungsinteresse wird durch die §§ 1, 2, 3, 4 UKlaG vermittelt.

9. § 3 UKlaG i. V. m. § 1 bzw. § 2 UKlaG stellt sowohl eine Spezialregelung der Prozessführungsbefugnis als auch einen materiell-rechtlichen Anspruch dar. Die Doppelnatur der Verbandsklage rührt daraus her, dass das materielle Recht selbst von dem Gedanken der Verstärkung der Durchsetzung des Rechts durchzogen

ist. Diese materiell-rechtliche Durchsetzung tritt neben den klassischen prozessualen Zweck, subjektive Rechte durchzusetzen. Im Sinne des Prozessrechts handelt es sich bei den Ansprüchen auch um subjektive Rechte.

10. Die kollektive Bedeutung der Verletzungshandlungen wird anhand der Tatbestandsstruktur der §§ 1 und 2 UKlaG deutlich. Während es bei § 2 UKlaG neben dem Rechtsverstoß noch des Interesses des Verbraucherschutzes an der Verfolgung bedarf, geht § 1 UKlaG davon aus, dass bereits das Verwenden und Empfehlen der AGB einen kollektiven Angriff darstellt.

11. Als gesetzliche Sonderverbindung stellt die Existenz der Verbandsklagen nach dem UKlaG und UWG einen Erfüllungsakt staatlicher Schutzpflichten dar. Durch das Verbandserfordernis und die erforderliche Mindestmitgliederzahl erfährt sie zugleich den Einfluss „privater" Gruppenbildung. In den Koordinaten der arbeitsrechtlichen Legitimationsmuster steht sie somit zwischen staatlicher Aufgabenübertragung und kollektiv ausgeübter Privatautonomie. Die Verbandsklage nach § 1 UKlaG sichert auf kollektiver Ebene die Privatautonomie und stellt daher kollektiv *ausgeübte* negatorische Privatautonomie dar.

Zum zweiten Teil

1. Bereits jetzt können arbeitsrechtliche Normen über das UWG durchgesetzt werden. Dazu müssen sie entweder die Lauterkeit des Verhaltens auf dem Arbeitsmarkt festlegen oder für Handlungen auf dem Gütermarkt eine Schutzfunktion entfalten.

a) Durch die beiden UWG-Novellen 2004 und 2008 ist das Wettbewerbsrecht objektiviert und der Rechtsbruchtatbestand in § 4 Nr. 11 UWG kodifiziert worden. Für das Wettbewerbsrecht kommt es darauf an, ob die Norm ein Marktverhalten vorgibt. Dieses kann sowohl für den Arbeitsmarkt als auch für den Gütermarkt gelten. Das UWG differenziert nicht und bezieht die Nachfrage nach Diensten ausdrücklich in den Anwendungsbereich des UWG. Damit wird es regelmäßig darauf ankommen, ob die Norm ein Verhalten bei der Beschaffung von Arbeit festlegt oder nur weitergehenden Arbeitnehmerschutz gewähren soll. Über dieses Verständnis ermöglicht das UWG beispielsweise, Diskriminierungen im Vorfeld einer Bewerbung zu bekämpfen.

b) Für die Ansprüche nach §§ 8, 3, 4 Nr. 11 UWG sind die Arbeitsgerichte zuständig. Das UWG enthält keine Festlegung des Rechtswegs. Nach § 2 Abs. 1 Nr. 2 ArbGG i. V. m. § 13 GVG geht es um die koalitionsspezifische Aufgabe des Wahrens von Arbeitsbedingungen.

2. Kollektive Strukturen sind der Rechtsfortbildung zugänglich. Die Normen einer kollektiven Struktur können prinzipiell auf eine andere kollektive Struktur analog angewendet werden. Dies belegt nicht zuletzt die analoge Anwendung

von § 9 TVG im Betriebsverfassungsrecht – eine Norm der „kollektiv ausgeübten Privatautonomie" wird im Bereich der Räteordnung des BetrVG angewendet. Die Verbandsklage ist wegen ihrer freiheitssichernden Wirkung kein Fremdkörper im Recht. Die vermehrte Zunahme kollektiven Rechtsschutz dokumentiert, dass diese Rechtschutzform in der Rechtsordnung angekommen ist.

3. Nach der Empfehlung 2013/396/EU sollte kollektiver Rechtsschutz überall dort erwogen werden, wo er „von Interesse ist". Das ist auch in Arbeitsrecht der Fall. Die Gerichte sind verpflichtet, die Grundsätze des Unionsrechts zu berücksichtigen.

4. Für die Übertragung der Verbandsklage vom Verbraucher- und Wettbewerbsrecht in das Arbeitsrecht bedarf es grundsätzlich nicht nur einer Lücke, sondern auch einer zweifach vergleichbaren Interessenbewertung. Sowohl die Anspruchsinhaberschaft als auch das individuelle Recht müssen vergleichbar sein. Die materiell-rechtliche Komponente ist jeweils zweigeteilt: Zum einen geht es um das durchzusetzende Recht, wie §§ 307 ff. BGB bzw. die Verbraucherschutznormen. Zum anderen geht es um den mit der Aktivlegitimation verbundenen Unterlassungsanspruch, also das durchsetzende Recht.

5. Trotz § 15 UKlaG ist das Unterlassungsklagengesetz auf das Arbeitsrecht zum Teil anwendbar. § 15 UKlaG wurde erst spät in den Gesetzgebungsprozess eingeführt. Die insoweit maßgebenden Bundestags-Drucksachen öffnen die Rechtsfortbildung, werfen aber zugleich mehrere Fragen auf, die diese Arbeit beantwortet: Die Arbeitsgerichte sind nach § 2 Abs. 1 Nr. 2 ArbGG zuständig. Statthaft ist das Urteilsverfahren. Darüber hinaus hat die Diskussion um die „Burda"-Entscheidung des BAG den theoretischen Weg für die Rechtsfortbildung geebnet. Die Verbandsklage nach § 1 UKlaG ist indes nicht mit der „Burda-Rechtsprechung" gleichzusetzen. § 1004 BGB analog sichert die Koalitionsfreiheit und das subjektive Recht aus Art. 9 Abs. 3 GG, § 1 UKlaG die in Art. 9 Abs. 3 GG genannten Arbeitsbedingungen.

6. Das Arbeitsrecht und das Verbraucherrecht greifen ineinander. Das Verbraucherrecht erfasst das Arbeitsrecht.

a) Beide Rechtsgebiete haben sich systematisch und strukturell aufeinander zu entwickelt. Das Verbraucherrecht ist durch seine Aufnahme in den Allgemeinen Teil des Bürgerlichen Gesetzbuches und den Allgemeinen und Besonderen Teil des Schuldrechts des BGB für das Arbeitsrecht systematisch relevant geworden. Diese Rechtsgebiete gehen von dem Gedanken aus, dass der schwächere Teil im Schuldverhältnis geschützt werden soll. Zudem wird weitgehend ein vergleichbares, wenn auch diffuses Durchsetzungsdefizit ausgemacht. Der Arbeitnehmer ist Verbraucher i. S. v. § 13 BGB und § 2 Abs. 2 UWG.

b) Der Ausgangspunkt des Verbraucherrechts ist zunächst eine Blankettnorm. § 13 BGB trifft keine Aussage über die Regelungszwecke des Verbraucherrechts.

Materielle Aussagen wachsen dem Begriff erst über die speziellen Tatbestände zu. Diese Struktur hat das Verbraucherrecht weit geöffnet. Der Großteil der Einwände gegen die Interaktion von Verbraucher- und Arbeitnehmerbegriff sind mit der mittlerweile gefestigten Rechtsprechung des BAG gegenstandslos geworden. Die Problematik wurde auf die Frage verlagert, welche Normen des Verbraucherrechts mit dem Arbeitsrecht kompatibel sind. Die Rechtsprechung zu § 312 a. F. BGB dokumentiert eine differenzierte und behutsame Lösung in der Praxis.

c) Verbrauchervertrag und Arbeitsvertrag sind im Ausgangspunkt unterschiedlich. Punktueller Marktkontakt und Dauerrechtsbeziehung stehen einander gegenüber. Doch täuscht diese Polarisierung. Viele Verbraucherverträge sind heute als Dauerschuldverhältnisse ausgestaltet. Darüber hinaus wird die Verbrauchereigenschaft wegen der Häufigkeit der punktuellen Kontakte jedes Einzelnen im modernen Rechtsverkehr einer Dauereigenschaft angenähert.

d) Vorformulierte Arbeitsverträge und andere Verbraucherverträge werden gleichermaßen über § 307 BGB bewertet. Ein anderes System besteht nur bei der nicht erfassten Einbeziehungskontrolle. In diesem Bereich hält das Arbeitsrecht über das NachwG ein anderes Schutzsystem bereit.

7. Die Aktivlegitimation der Gewerkschaften, die Verwendung und Empfehlung unzulässiger AGB zu unterbinden, fügt sich in das geltende Recht ein.

a) Die bestehenden Durchsetzungsinstrumente des kollektiven Arbeitsrechts (Durchführungs- und Einwirkungsanspruch, § 9 TVG und § 97 ArbGG) sind allesamt darauf bezogen, Tarifverträge und Betriebsvereinbarungen durchzusetzen. Damit setzen sie aber originär am „Fördern" i. S. v. Art. 9 Abs. 3 GG an. Dadurch läuft das „Wahren" als eigenständiger und vorangestellter Bestandteil des Art. 9 Abs. 3 S. 1 GG Gefahr, ohne Wirkung zu bleiben. Ein Wahren des Geförderten genügt nicht.

b) Die Zweckbestimmung, den Rechtsverkehr im öffentlichen Interesse vor Scheinbindungen durch AGB zu schützen, verfängt auch im Arbeitsrecht. Der staatliche Schutzauftrag nimmt mit der Vielzahl der Betroffenen zu. Diese Lösung begründet sogar eine Parallele zur Funktion des Art. 9 Abs. 3 GG. Diese Norm schützt nicht nur die Arbeitnehmer, sondern dokumentiert auch ein öffentliches Interesse an einer funktionierenden Tarifordnung.

c) Anders als das Arbeitsrecht mit dem „Betrieb" verfügt das Verbraucherrecht nicht über eine Urzelle der Organisation. Die Verbände selbst werden zu Anlaufstellen. Organisierbarkeit und Unorganisierbarkeit begründen jedoch keine strukturellen Verwerfungen. Die Verbandsklage ist keine Konsequenz aus der Unorganisierbarkeit. Sie wird hierdurch vielmehr selbst beschränkt.

d) Da arbeitnehmerähnliche Personen über die Verbandsklage geschützt werden, muss sich die Versagung kollektiven Rechtschutz für Arbeitnehmer an Art. 9 Abs. 3 GG messen lassen. Beide Gruppen sind vergleichbar schutzwürdig. Zudem zeigt das Nebeneinander von § 1 i. V. m. § 15 UKlaG und § 12a TVG bei arbeitnehmerähnlichen Personen, dass das TVG und die Verbandsklage sich nicht ausschließen.

e) Das Tarifvertragsrecht sperrt die Verbandsklage auch ansonsten nicht. Mögliche Verzerrungen der Arbeitskampfparität lassen sich – das zeigt das BetrVG – über Art. 9 Abs. 3 GG lösen. Praktisch werden nicht alle Bereiche typischer AGB auch im Tarifvertrag geregelt. Darüber hinaus besteht keine „Konkurrenz der Angemessenheit". Das Tarifvertragssystem macht es für den Arbeitnehmer nur komplizierter zu ersehen, ob einzelne Klauseln für ihn gelten oder nicht. Der Zweck, vor Scheinbindungen zu schützen, wird daher nicht durch das Tarifvertragssystem erfüllt bzw. verdrängt.

f) Das Arbeitsrecht hat sich von der Fokussierung auf das Tarifrecht gelöst und sich wieder dem Arbeitsvertrag zugewandt. Lange Zeit konnten Arbeitsbedingungen durch starke tarifliche Lösungen gesichert werden.

g) Da der Gesetzgeber bislang die „Wahrung der Arbeitsbedingungen" nach Art. 9 Abs. 3 GG nicht ausgefüllt hat und die Frage nach der Anwendung des § 1 UKlaG im Arbeitsrecht delegiert hat, sind die Gerichte zur Rechtsfortbildung berufen. An diesem Punkt kann das Arbeitsrecht strukturell auf das Verbraucherrecht zurückgreifen. Im Hinblick auf die Verbandsklage bestehen weitgehende Strukturparallelen zwischen beiden Rechtsgebieten. In gewisser Weise lässt sich die Verbandsklage sogar besser in das Arbeitsrecht integrieren – nicht zuletzt wegen Art. 9 Abs. 3 S. 1 GG.

i) Gewerkschaften können sich schon heute als qualifizierte Einrichtungen eintragen lassen – ihre „Spezialisierung" auf Arbeitnehmer ist für das Eintragungsverfahren des § 4 Abs. 2 UKlaG ohne Belang. Ihre daraus resultierende Aktivlegitimation wird allerdings über Art. 9 Abs. 3 GG verstärkt und eindeutig dem Arbeitsrecht zugeordnet.

k) Die Frage nach der Aktivlegitimation des Betriebsrats wird bereits durch § 4 Abs. 2 UKlaG und § 80 Abs. 1 BetrVG beantwortet. Ein Betriebsrat hat nach geltendem Recht keinen allgemeinen Unterlassungsanspruch, nur ein Prüf- und Beschwerderecht. Zudem kann ein Betriebsrat strukturell nicht alle Anforderungen des § 4 Abs. 2 UKlaG erfüllen – geschweige denn, dass ihm Art. 9 Abs. 3 GG zusteht. Der Betriebsrat hat in diesem System daher eine untergeordnete Rolle. Der Betriebsrat hat im Hinblick auf AGB ein „Wächteramt" inne und keine weitergehenden negatorischen Befugnisse.

l) Der Betriebsrat kann seiner Ansicht nach unangemessene Klauseln an sachlich zuständige Gewerkschaften weitergeben, wenn er das von § 80 Abs. 1 BetrVG vorgesehene und durch das BAG im Hinblick auf AGB konkretisierte Verfahren ohne Erfolg durchgeführt hat. Dieses Verfahren spiegelt zugleich den Aufbau der Organisation der Arbeitnehmerinteressen wider.

8. Für die Klage der Gewerkschaften nach § 1 UKlaG sind die Arbeitsgerichte nach § 2 Nr. 2 ArbGG zuständig. Die de lege lata statthafte Verfahrensart ist das Urteilsverfahren.

9. Dogmatisch wird die Rechtsfortbildung durch eine historisch-teleologische Reduktion ermöglicht. § 1 UKlaG muss deshalb unmittelbar angewendet werden.

10. Eine Anwendung von § 2 UKlaG scheitert am deutlichen Willen des Gesetzgebers in § 15 UKlaG. Sie wäre allenfalls für den Bereich des unionsrechtlichen Bezugsrahmens zu rechtfertigen, wenn man allgemein unterstellt, dass das nationale Recht stets umfassend dem Unionsrecht folgt. Diese These hat sich jedoch weder in der Literatur noch in der Praxis durchgesetzt. § 2 UKlaG geht auf § 22a AGBG zurück und diese Norm sollte (nur) die Richtlinie 98/27/EG umsetzen. Die Empfehlung 2013/396/EU der Europäischen Kommission hat an dieser Einordnung nichts geändert. Die Pflicht zur Berücksichtigung ändert nichts an dem deutlichen Wortlaut von § 15 UKlaG und dem Fehlen zu § 1 UKlaG vergleichbarer Ausführungen im Gesetzgebungsverfahren.

11. Gewerkschaften als qualifizierte Einrichtungen anzusehen, führt in eine doppelte Sicherung vor Missbrauch. Zum einen ermöglichen die herkömmlichen Instrumente des UWG (und UKlaG) die Bekämpfung von Rechtsmissbrauch. Darüber hinaus stehen noch spezifische Instrumente des Arbeitsrechts (vor allem § 97 ArbGG) bereit, um Missbrauch – insbesondere des Verfahrens nach § 4 Abs. 1 UKlaG – zu verhindern.

12. Mit der Anwendung von § 1 UKlaG sind Folgefragen verbunden. Dabei ist das UKlaG soweit wie möglich anzuwenden. Zentral wird sein, ob §§ 10 und 11 UKlaG anzuwenden sind oder § 9 TVG wie im BetrVG analoge Anwendung findet. Für eine Vergleichbarkeit spricht insbesondere, dass § 9 TVG auch auf den unwirksamen Tarifvertrag abstellt und damit eine nicht unverwandte Reaktion in vergleichbarer Richtung auslöst: Durch die Entscheidung des Gerichts wird geklärt, welche Rechtsquelle maßgebend ist. Ist der Tarifvertrag unwirksam, so findet der Arbeitsvertrag Anwendung. Ist die Klausel unwirksam, so ist das dispositive Recht anzuwenden.

Literaturverzeichnis

Adomeit, Klaus; Arbeitsmarktreform – was ist das?; NJW 2001, S. 3314–3315.

Adomeit, Klaus; Tarifvertrag – liberal revidiert; NJW 2000, S. 1918–1919.

Ahmad, Natascha; *Jansen*, André; Kollektive Rechtswahrnehmung und individuelle Verantwortung – ein Blick auf das Arbeitsrecht in Deutschland aus nationaler, französischer und europarechtlicher Sicht; AuR 2014, S. 311–318.

Albrecht, Stefanie; die Aktivlegitimation der Verbraucher nach Wettbewerbsverstößen, Göttingen 2011.

Alexander, Christian; Nutzen und Zukunft der Gewinnabschöpfung in der Diskussion; WRP 2012, S. 1190–1197.

Alexander, Christian; Die Umsetzung der Verbraucherrechte-Richtlinie und die Auswirkungen auf das Lauterkeitsrecht, WRP 2014, S. 501–509.

Annuß, Georg; Der Arbeitnehmer ist als solcher kein Verbraucher; NJW 2002, S. 2844–2846.

Annuß, Georg; Schutz der Gewerkschaften vor tarifwidrigem Handel der Betriebsparteien; RdA 2000, S. 287–297.

Ascheid, Reiner; *Preis*, Ulrich; *Schmidt*, Ingrid; Kündigungsrecht; 4. Auflage, 2012 (zitiert: APS-*Bearbeiter*).

Asendorf, Claus Dietrich; Wettbewerbs- und Patentstreitsachen vor Arbeitsgerichten? Die sachliche Zuständigkeit bei der Verletzung von Betriebsgeheimnissen durch Arbeitnehmer; GRUR 1990, S. 229–237.

Aulmann, Peter; Verstöße gegen das Arbeitnehmerentsendegesetz als unlauterer Wettbewerb im Sinne von § 4 Nr. 11 UWG; BB 2007, S. 826–830.

Backsmeier, Petra; Das „Minus“ beim unterlassungsrechtlichen Globalantrag; Berlin, 2000.

Baeck, Ulrich; *Winzer*, Thomas; BAG: Tarifwidrige Betriebsvereinbarungen und gewerkschaftlicher Beseitigungsanspruch; NZG, 2011, S. 696.

Baer, Susanne; Rechtssoziologie; Baden-Baden, 2011.

Balzer, Christian; Die Darlegung der Prozessführungsbefugnis und anderer anspruchsbezogener Sachurteilsvoraussetzungen im Zivilprozess, NJW 1992, S. 2721–2727.

Bamberger, Heinz-Georg; *Roth*, Herbert; Kommentar zum Bürgerlichen Gesetzbuch; Band 1 (§§ 1–610), 3. Auflage, München 2012 (Zitiert: Bamberger/Roth-*Bearbeiter*).

Basedow, Jürgen (Hrsg.); *Hopt*, Klaus J.(Hrsg.); *Kötz*, Hein (Hrsg.); *Baetge*, Dietmar (Hrsg.); Die Bündelung gleichgerichteter Interessen im Prozeß – Verbandsklage und Gruppenklage; Tübingen 1999 (zitiert: *Bearbeiter*, in: Bündelung).

Basedow, Jürgen; Kollektiver Rechtsschutz und individuelle Rechte – die Auswirkung des Verbandsprozesses auf die Inzidentkontrolle von AGB, AcP 182, S. 335–371.

Bauer, Jobst-Hubertus; *Kock*, Martin; Arbeitsrechtliche Auswirkungen des neuen Verbraucherschutzrechts; DB 2002, S. 42–46.

Bauer, Jobst-Hubertus; *von Medem*, Andreas; Anmerkung zu BAG, Urteil vom 17.5.2011 – 1 AZR 473/09, NJW 2012, S. 253–254.

Bayreuther, Frank; Drittbezogene und hypothetische Diskriminierungen; NZA 2008, S. 986–990.

Bayreuther, Frank; Tarifautonomie als kollektiv ausgeübte Privatautonomie: Tarifrecht im Spannungsfeld von Arbeits-, Privat- und Wirtschaftsrecht; München 2005.
Beater, Axel; Unlauterer Wettbewerb; Tübingen 2011.
Beaucamp, Guy; *Treder*, Lutz; Methoden und Technik der Rechtsanwendung: 2. Aufl. Heidelberg, 2011.
Becker-Eberhard, Ekkehard; Neue dogmatische Einordnung der Verbandsklage kraft Gesetzes, FS Leipold, S. 4–19.
Belling, Detlev; Die Haftung des Betriebsrats und seiner Mitglieder für Pflichtverletzungen; Tübingen 1990.
Bepler, Klaus; Stärkung der Tarifautonomie – Welche Änderungen des Tarifvertragsrechts empfehlen sich (Gutachten B), in: Verhandlungen des 70. Deutschen Juristentags, herausgegeben von der ständigen Deputation des Deutschen Juristentags, Band I: Gutachten, München 2014.
Berg, Hans; Die Prozessführungsbefugnis im Zivilprozeß; JuS 1966, S. 461–466.
Berg, Peter; *Platow*, Helmut; Unterlassungsanspruch der Gewerkschaften gegen tarifwidrige betriebliche Regelungen, DB 1999, S. 2362–2368.
Bergner, Ralf; Die Zulässigkeit kollektivvertraglicher Arbeitszeitregelungen und ihr Verhältnis zu abweichenden individualvertraglichen Vereinbarungen im Lichte des Günstigkeitsprinzips; Berlin 1995.
Berlin, Isaiah; Freiheit – vier Versuche; Frankfurt a. M., 2006.
Bettermann, Karl August; Zur Verbandsklage, ZZP 85 (1972), S. 133–144.
Billen, Gerd; Verbraucherpolitik ist gestaltende Wirtschaftspolitik; VuR 2009, S. 281–282.
Boecken, Winfried; BGB – Allgemeiner Teil; 2. Auflage 2012.
Boemke, Burkhard; Höhe der Verzugszinsen für Entgeltforderungen des Arbeitnehmers; BB 2002, S. 96–97.
Boesche, Katharina Vera; Wettbewerbsrecht; 4. Auflage, Heidelberg 2011.
Böhler, Roland; Alter und neuer Rechtsbruchtatbestand; Berlin 2009.
Böhm, Wolfgang; 60 Jahre Betriebsverfassungsgesetz – Rückblick und Ausblick anhand der Zentralbegriffe Betrieb und Arbeitnehmer; RdA 2013, S. 193–211.
Bork, Reinhard; Allgemeiner Teil des Bürgerlichen Gesetzbuchs; 3. Auflage, Tübingen 2011.
Brägelmann, Rudolf; Die Passivlegitimation für Unterlassungsansprüche gegen die Verwendung und Empfehlung Allgemeiner Geschäftsbedingungen, Berlin 1995.
Brand, Peter-Andreas; US-Sammelklagen und kollektiver Rechtsschutz in der EU; NJW 2012, S. 1116–1121.
Braun, Axel (Hrsg.); *Thüsing*, Gregor (Hrsg.); Tarifrecht: Handbuch; München 2011 (zitiert: Braun/Thüsing-Bearbeiter).
Braun, Johann; Einführung in die Rechtsphilosophie; 2. Auflage, Tübingen 2011.
Brecht, Hans-Theo; Anm. zu BAG, Urteil vom 10.4.1984 – 3 AZR 60/82, AP, § 25 HAG, Nr. 4.
Brexl, Oliver; Keine Zusammenhangsklage gegen Nichtarbeitnehmer in Wettbewerbsstreitigkeiten; GRUR-Prax 2010, S. 398.
Brock, Hans-Günther; Der Mißbrauch der Aktivlegitimation; GRUR 1990, S. 249–257.
Brodführer, Michael; Bewusste Lücken im Gesetz und der Verweis auf „Wissenschaft und Praxis"; Baden-Baden, 2010.
Brömmelmeyer, Christoph (Hrsg.); Die EU-Sammelklage: Status und Perspektiven; Baden-Baden 2013 (zitiert: *Bearbeiter*, in: Brömmelmeyer).
Brömmelmeyer, Christoph; Der Binnenmarkt als Leitstern der Richtlinie über unlautere Geschäftspraktiken; GRUR 2007, S. 295–302.
Brors, Christiane; Das Widerspruchsrecht des Arbeitnehmers; DB 2002, S. 2046–2048.
Brox, Hans; *Walker*, Wolf-Dietrich; Allgemeiner Teil des BGB, 37. Auflage, München 2013.

Buchner, Herbert; Betriebsräte auf schwierigem Terrain – die Viessmann-Entscheidungen des Arbeitsgerichts Marburg; NZA 1996, S. 1304–1306.
Buchner, Herbert; Der Unterlassungsanspruch der Gewerkschaft – Stabilisierung oder Ende des Verbandstarifvertrages? NZA 1999, S. 897–902.
Buchner, Jenny; Kollektiver Rechtsschutz für Verbraucher in Europa; Kiel 2015.
Bull, Hans Peter; Die Staatsaufgaben nach dem Grundgesetz; Kronenberg 1977.
Bülow, Peter; *Artz*, Markus; Verbraucherprivatrecht, 4. Auflage, Heidelberg, München, Landsberg, Berlin 2014.
Burkiczak, Christian; Grundgesetz und Deregulierung des Tarifvertragsrechts – gebietet Art. 9 Abs. 3 GG die zwingende Wirkung von Tarifverträgen (§ 4 Abs. 1 und 3 TVG) und den Tarifvorrang (§ 77 Abs. 3 BetrVG)?; Berlin 2006.
Bydlinski, Franz; Juristische Methodenlehre und Rechtsbegriff; Wien, 1991.
Calliess, Christian; *Ruffert*, Matthias; EUV/AEUV – Kommentar; 4. Auflage, München 2011. (zitiert: Callies/Ruffert-*Bearbeiter*).
Canaris, Claus-Wilhelm; Die Feststellung von Lücken im Gesetz; 2. Auflage, Berlin 1983.
Casper, Mathias; *Janssen*, André; *Pohlmann*, Petra; *Schulze*, Reiner (Hrsg.); Auf dem Weg zu einer europäischen Sammelklage?; München 2009.
Caspers, Sven; Die den Vertragsschluss begleitenden Umstände im Sinne von § 310 Abs. 3 Nr. 3 BGB, München 2011.
Clemenz, Susanne (Hrsg.); *Kreft*, Burghard (Hrsg.); *Krause*, Rüdiger (Hrsg.); AGB-Arbeitsrecht, Köln 2013 zitiert: CKK-*Bearbeiter*).
Coing, Helmut; Grundzüge der Rechtsphilosophie; 5. Auflage, Berlin 1993.
Dahrendorf, Ralf; homo sociologicus: ein Versuch zur Geschichte, Bedeutung und Kritik der sozialen Rolle; 16. Auflage, Wiesbaden 2006.
Damm, Reinhard; Privatautonomie und Verbraucherschutz; VersR 1999, S. 129–141.
Dau, Dirk; *Düwell*, Franz Josef; *Joussen*, Jacob (Hrsg.); Sozialgesetzbuch IX – Handkommentar; 4. Auflage, Baden-Baden 2014 (zitiert: Dau/Düwell/Joussen-*Bearbeiter*).
Däubler, Wolfgang (Hrsg.); Tarifvertragsgesetz; 3. Aufl. 2012 (zitiert: Däubler-*Bearbeiter*).
Däubler, Wolfgang; *Bonin*, Birger; *Deinert*, Olaf; AGB-Kontrolle im Arbeitsrecht; 4. Auflage, München 2014 (zitiert: DBD-*Bearbeiter*).
Däubler, Wolfgang; Das Arbeitsrecht – 1; 16. Auflage, 2006.
Däubler, Wolfgang; das neue Klagerecht der Gewerkschaften bei Tarifbruch des Arbeitgebers; AiB 1999, S. 481–485.
Däubler, Wolfgang; Die Auswirkungen der Schuldrechtsmodernisierung auf das Arbeitsrecht; NZA 2001, S. 1329–1337.
Däubler, Wolfgang; *Hjort*, Jens Peter; *Schubert*, Michael; *Wolmerath*, Martin (Hrsg.); Arbeitsrecht: Individualarbeitsrecht mit kollektiven Bezügen (Däubler/Hjort/Schubert/Wolmerath-*Bearbeiter*).
Däubler, Wolfgang; Individuum und Kollektiv im Arbeitsrecht; NZA 1988, S. 857–866.
Däubler, Wolfgang; *Kittner*, Michael; *Klebe*, Thomas; *Wedde*, Peter; BetrVG – Kommentar; 14. Auflage, Nördlingen 2014 (zitiert: DKKW-*Bearbeiter*).
Däubler, Wolfgang; kollektive Durchsetzung individueller Rechte?, AuR 1995, S. 305–312.
Dauner-Lieb, Barbara; *Heidel*, Thomas; *Ring*, Gerhard (Hrsg.); NomosKommentar BGB; Band 2 Schuldrecht (herausgegeben von *Dauner-Lieb*, Barbara; *Langen*, Werner), 2. Auflage, Baden-Baden (NK-*Bearbeiter*).
Dauner-Lieb, Barbara; Verbraucherschutz durch Ausbildung eines Sonderprivatrechts für Verbraucher, Berlin 1983.
Dauses, Manfred A. (Hrsg.); Handbuch des EU-Wirtschaftsrechts, 36. Ergänzungslieferung, München 2014 (zitiert: Dauses-*Bearbeiter*).
Deinert, Olaf; Negative Koalitionsfreiheit – Überlegungen am Beispiel der Differenzierungsklausel, RdA 2014, S. 129–135.

Derleder, Peter; Die Selektivität der Verbraucherrechtsentwicklung; VuR 2011, S. 41.
Derleder, Peter; Kurzkommentar zu LG Bonn, Beschluss vom 17.3.2005 – 3 O 657/03; EWiR 2005 Art. 1 § 1 RBerG 6/05.
Dieterich, Thomas; Arbeitsgerichtlicher Schutz der kollektiven Koalitionsfreiheit; Festschrift Hellmut Wißmann, S. 114–132.
Dieterich, Thomas; Die Grundrechtsbindung von Tarifverträgen; FS Schaub, S. 117–134.
Dieterich, Thomas; Tarifautonomie und Gesetzgebung; Frankfurt a. M., 2003.
Döttger, Doreen; Der Schutz tariflicher Normsetzung; Berlin 2003.
Drexl, Josef; die wirtschaftliche Selbstbestimmung des Verbrauchers; Tübingen 1998.
Dribbusch, Heiner; *Birke*, Peter; Die Gewerkschaften in der Bundesrepublik Deutschland; Studie der Friedrich-Ebert-Stiftung, März 2012.
Dütz, Wilhelm; *Thüsing*, Gregor; Arbeitsrecht, 19. Auflage, 2014.
Düwell, Franz Josef (Hrsg.); Betriebsverfassungsgesetz: Handkommentar; 4. Auflage, Baden-Baden 2014 (zitiert: HaKo-*Bearbeiter*).
Ebeling, Antje; Unterlassungsanspruch des Betriebsrates bei Formularverträgen; JurisPRArbR 17/2011, Anm. 3.
Ebers, Martin; Anmerkung zu EuGH, Urteil vom 26.4.2012 – C-472/10; LMK 2012, 333520.
Edelmann, Johann; Die Entwicklung der Interessenjurisprudenz: eine historisch-kritische Studie über die deutsche Rechtsmethodologie vom 18. Jahrhundert bis zur Gegenwart; Bad Homburg, 1967.
Einhaus, Stefan; Kollektiver Rechtsschutz im englischen und deutschen Zivilprozessrecht; Berlin 2008.
Elbrecht, Carola; *Schröder*, Michaela; Verbandsklagebefugnisse bei Datenschutzverstößen für Verbraucherverbände; K & R 2015, S. 361–366.
Emmerich, Volker; Unlauterer Wettbewerb; 9. Auflage, München 2012.
Engel, Martin; *Stark*, Johanna; Verbraucherrecht ohne Verbraucher? ZEuP 2015, S. 32–51.
Engisch, Karl; Einführung in das juristische Denken, 11. Auflage, Stuttgart, Berlin, Köln 2010.
Enneccerus, Ludwig; *Nipperdey*, Hans Carl; Allgemeiner Teil des bürgerlichen Rechts – erster Halbband: Allgemeine Lehren, Personen, Rechtsobjekte; 14. Aufl., Tübingen 1952.
Epiney, Astrid; Gemeinschaftsrecht und Verbandsklage, NVwZ 1999, S. 485–495.
Epping, Volker; *Hillgruber*, Christian (Hrsg.); GG-Kommentar; Stand: 1.6.2015 (zitiert: BeckOK GG-*Bearbeiter*).
Erman, Walter (Begr.); *Westermann*, Harm-Peter (Hrsg.); Bürgerliches Gesetzbuch: Handkommentar; Band 1: §§ 1–758, AGG, UKlaG; 13. Auflage, Köln 2011; 9. Auflage, Köln, 1993; 14. Aufl., Köln 2014 (zitiert: Erman-*Bearbeiter*).
Fasholz, Sabrina; Überwachung der Tariffähigkeit als Aufgabe der Exekutive; Baden-Baden 2013.
Fastrich, Lorenz; Richterliche Inhaltskontrolle im Privatrecht; München 1992.
Fehl, Norbert; Systematik des Rechts der Allgemeinen Geschäftsgrundlagen, Heidelberg 1979.
Fezer, Karl-Heinz; Lauterkeitsrecht; München 2010 (zitiert: Fezer-*Bearbeiter*).
Fiebig, Andreas; Der Arbeitnehmer als Verbraucher; DB 2002, S. 1608–1610.
Fikentscher, Wolfgang; Finanzkrise, Wettbewerb und Regulierung; GRUR Int 2009, S. 635–646.
Fischer, Ulrich; Betriebsratliche Rechtsdurchsetzung von gleichgelagerten betrieblichen Arbeitnehmeransprüchen – Alternative zur Massenklage? RdA 2003, S. 269–274.
Fitting, Karl (Begr.); *Engels*, Gerd; *Schmidt*, Ingrid; *Trebinger*, Yvonne; *Linsenmaier*, Wolfgang (Hrsg.); Betriebsverfassungsgesetz – Handkommentar; 27. Auflage, München 2014 (zitiert: FESTL).
Flume, Werner; Allgemeiner Teil des Bürgerlichen Rechts; Band 1 – Zweiter Teil, 1983.
Fornasier, Matteo; Freier Markt und zwingendes Vertragsrecht; Berlin 2013.

Franke, Karl; Arbeitsschutz und Wettbewerb: die Sanktionierung von Verstößen gegen Arbeitsschutznormen durch die Vorschriften des Gesetzes gegen den unlauteren Wettbewerb; Konstanz 1992.

Franzen, Martin; Kollektive Rechtsdurchsetzung – Länderbericht Deutschland, ZIAS 2004, S. 32–56.

Frenz, Walter; Handbuch Europarecht; Band 5: Wirkungen und Rechtsschutz, Heidelberg, Dordrecht, London, New York, 2010.

Fricke, Wilhelm; Verbraucherschutz – Klagerechte des Verbrauchers und der Verbraucherverbände aus UWG und BGB, GRUR 1976, S. 680–689.

Friedrich, Klaus; AGB-Gesetz und Verträge mit arbeitnehmerähnlichen Personen; MDR 1979, S. 190–192.

Friese, Birgit; kollektive Koalitionsfreiheit und Betriebsverfassung, Berlin 2000.

Fritzsche, Jörg, Unterlassungsanspruch und Unterlassungsklage, Berlin 2000,

Gagel, Alexander; Anspruch auf Schadensersatz und Entschädigung aufgrund einer Benachteiligung wegen einer Behinderung; jurisPR-ArbR 43/2010, Anm. 3.

Galenkamp, Marlies; collective rights: much ado about nothing? A review essay; NQHR 1991, S. 291–307.

Gamillscheg, Franz; Die Durchsetzung tariflicher Ansprüche; FS Henckel, S. 215–234.

Gamillscheg, Franz; Kollektives Arbeitsrecht; Band 1, München 1997.

Gaul, Björn; *Otto*, Björn; Das Widerrufsrecht bei Aufhebungsverträgen; DB 2002, S. 2049–2050.

Gaul, Hans Friedhelm; Die Erstreckung und Durchbrechung der Urteilswirkungen nach §§ 19, 21 AGBG, Festschrift für Günther Beitzke, S. 997–1050.

Geffken, Rolf; Die junge Arbeitnehmerkoalition im Statusverfahren; RdA 2015, S. 167–171.

Geiger, Rudolf; *Khan*, Daniel-Erasmus; *Kotzur*, Markus; EUV/AEUV: Vertrag über die Europäische Union und Vertrag über die Arbeitsweise der Europäischen Union – Kommentar; 5. Auflage, München 2010.

Georgiades, Apostolos; Der Anspruch im Sinne des § 194 BGB und seine Funktionen; Festschrift für Herbert Buchner, München 2009, S. 245–257.

Germelmann, Claas Hinrich; *Matthes*, Hans-Christoph; *Prütting*, Hanns (Hrsg.); Arbeitsgerichtsgesetz – Kommentar, 8. Auflage, München 2013 (zitiert: GMP-*Bearbeiter*).

Gernhuber, Joachim; Das Schuldverhältnis, in Handbuch des Schuldrechts – Band 8, Tübingen 1989.

Geserich, Stephan; Auslegung und Rechtsfortbildung; DStR-Beih 2011, S. 59–66.

Gierke, Otto von; Die Genossenschaftstheorie und die deutsche Rechtssprechung, Berlin 1887 (3. Nachdruck).

Giesen, Richard; Tarifvertragliche Rechtsgestaltung für den Betrieb: Gegenstand und Reichweite betrieblicher und betriebsverfassungsrechtlicher Tarifnomen; Tübingen 2002.

Gilles, Peter; Prozeßrechtliche Probleme von verbraucherpolitischer Bedeutung bei den neuen Verbraucherverbandsklagen im deutschen Zivilrecht; ZZP 98 (1985) S. 1–31.

Glöckner, Jochen; Wettbewerbsbezogenes Verständnis der Unlauterkeit und Vorsprungserlangung durch Rechtsbruch durch Rechtsbruch, GRUR 2008, S. 960–967.

Götting, Horst-Peter; *Nordemann*, Axel; UWG – Handkommentar; 2. Aufl., Baden-Baden 2013 (zitiert: Götting/Nordemann-*Bearbeiter*).

Grabitz, Eberhard (Begr.); *Hilf*, Meinhard (Ffg.); *Nettesheim*, Martin (Hrsg.) Das Recht der Europäischen Union; Band I–III, 56. Ergänzungslieferung, München April 2015; Band IV: Sekundärrecht (Stand: vierzigste Ergänzungslieferung), München 2009 (zitiert: Grabitz/Hilf/Nettesheim-*Bearbeiter*).

Greger, Reinhard; Neue Regeln für die Verbandsklage im Verbraucherschutz- und Wettbewerbsrecht; NJW 2000, S. 2457–2463.

Gruber, Wolfgang: Der abgeleitete Unterlassungsanspruch – Ein Instrument der Sicherung des Unterrichtungs- und Beratungsanspruchs des Betriebsrats; NZA 2011, S. 1011–1018.

Grunewald, Barbara; *Peifer*, Karl-Nikolaus; Verbraucherschutz im Zivilrecht; Berlin, Heidelberg 2010.

Gundermann, Peter; *Härle*, Philipp; Das Kapitalanleger-Musterverfahrensgesetz – eine Momentaufnahme zum Jahresende, VuR 2006, S. 457–461.

Gutzeit, Martin; Theorie der notwendigen Mitbestimmung; NZA 2008, S. 255–259.

Habscheid, Walther; Zur Problematik der Verbandsklage im Deutschen Recht; Festschrift für Georgios Rammos, S. 257–275.

Hadding, Walther; Die Klagebefugnis der Mitbewerber und der Verbände nach § 13 Abs. 1 UWG im System des Zivilprozeßrechts; JZ 1970, S. 305–312.

Haertlein, Lutz; Neue Aufgaben für den Zivilprozess: Der kollektive Rechtsschutz – Hallesches Symposion zum Zivilverfahrensrecht am 6. Oktober 2008, ZZP 121, S. 249–257.

Hager, Johannes; Grundlagen des Deutschen Verbraucherschutzes; JA 2011, S. 721–727.

Halfmeier, Axel; Popularklagen im Privatrecht, Tübingen 2006.

Halfmeier, Axel; zur sozialen Funktion des kollektiven Rechtsschutzes im Zivilprozessrecht, Jahrbuch Junger Zivilrechtler 2003, S. 129–151.

Hampe, Ingrid-Beate; *Lägeler*, Alexander; Tarifflucht durch Tarifbruch – Handlungsoptionen der Tarifvertragsparteien; DB 2008, S. 1681–1684.

Hänlein, Andreas; Die Legitimation betrieblicher Rechtssetzung; RdA 2003, S. 26–32.

Harte-Bavendamm, Henning; *Henning-Bodewig*, Frauke; Gesetz gegen den unlauteren Wettbewerb (UWG) – Kommentar; 3. Auflage, 2013 (Harte-Bavendamm/Henning-Bodewig-*Bearbeiter*).

Hartmann, Felix; *Lobinger*, Thomas; Die Arbeitsvertrags- und Wettbewerbsfreiheit als Grenze tarifvertraglicher Vorteilsregelung; NZA 2010, 421–427.

Heck, Philipp; Begriffsbildung und Interessenjurisprudenz, Tübingen 1932.

Hefermehl, Wolfgang; Die Klagebefugnis der Verbände zur Wahrnehmung der Interessen der Verbraucher; GRUR 1969, S. 653–659.

Heinrichs, Helmut; Die EG-Richtlinie über mißbräuchliche Klauseln in Verbraucherverträgen; NJW 1993, S. 1817–1822.

Heinze, Meinhard; Tarifautonomie und sogenanntes Günstigkeitsprinzip; NZA 1991, S. 329–336.

Helwege, Philipp; Allgemeine Geschäftsbedingungen, einseitig gestellte Vertragsbedingungen und die allgemeine Rechtsgeschäftslehre, Tübingen 2010.

Hempel, Rolf; Ende des kollektiven Rechtsschutzes im deutschen Kartellrecht? NJW 2015, S. 2077–2080.

Henckel, Wolfram; Prozessrecht und materielles Recht, Göttingen, 1970.

Henckel, Wolfram; Vorbeugender Rechtschutz im Zivilrecht; AcP 174, S. 97–144.

Henkel, Heinrich; Einführung in Rechtsphilosophie, 2. Auflage, München 1977.

Hennig-Bodewig, Frauke; Haften Privatpersonen nach dem UWG? GRUR 2013, S: 26–32.

Henning-Bodewig, Frauke; Die Gewinnabschöpfung nach § 10 UWG – ein Flop?; GRUR 2015, S. 731–739.

Henssler, Martin; *Moll*, Wilhelm; *Bepler*, Klaus; Der Tarifvertrag – Handbuch für das gesamte Tarifrecht, Köln 2013 (zitiert: Henssler/Moll/Bepler-*Bearbeiter*).

Hess, Burkhard; „private law enforcement“ und Kollektivklagen- Regelungsbedarf für das deutsche Zivilprozessrecht?, JZ 2011, S. 66–74.

Hess, Harald; *Worzalla*, Michael; *Glock*, Dirk; *Nicolai*, Andrea; *Rose*, Franz-Josef; Huke, Kristina; BetrVG – Kommentar zum Betriebsverfassungsgesetz; 8. Auflage, 2011 (zitiert: HWGNRH).

Hippel, Eike *von*; Verbraucherschutz, 3. Auflage, Tübingen 1986.

Höfling, Wolfram; *Burkiczak*, Christian; Die unmittelbare Drittwirkung gemäß Art. 9 Abs. 3 S. 2 GG; RdA 2004, S. 263–273.

Hohl, Julia; Die US-amerikanische Sammelklage im Wandel, Berlin 2008.

Höland, Armin; Der arbeitsgerichtliche Rechtsschutz während des Arbeitsverhältnisses – einige Schwächen, ihre Gründe und ihre Folgen; AuR 2010, S. 452–458.

Höland, Armin; Kollektiver Rechtsschutz im Arbeitsrecht und im Verbraucher- und Wettbewerbsrecht, Festschrift für Klaus Bepler, München 2012, S. 221–240.

Holtkamp, Werner; Der Arbeitnehmer als Verbraucher?, AuA 2002, S. 250–254.

Holtz, Michael; Die AGB-Kontrolle im Wettbewerbsrecht, Baden-Baden 2010.

Hönn, Günther; Zu den „Besonderheiten" des Arbeitsrechts; ZfA 2003, S. 325–359.

Höpfner, Clemens; Die Tarifgeltung im Arbeitsverhältnis, Baden-Baden 2015.

Höpfner, Clemens; Das Tarifvertragsrecht auf dem 70. Deutschen Juristentag 2014 – Eine Nachbetrachtung, RdA 2015, S. 94–99.

Hromadka, Wolfgang; Betriebliche Bündnisse für Arbeit vor dem „Aus"?; AuA 2000, S. 13–17.

Hromadka, Wolfgang; Zum Unterlassungsanspruch gegen tarifwidrige Bündnisse für Arbeit; ZTR 2000, S. 253–258.

Hümmerich, Klaus; *Boecken*, Winfried; *Düwell*, Franz Josef (Hrsg.); Arbeitsrecht; 2. Auflage 2010 (zitiert: Hümmerich/Boecken/Düwell-*Bearbeiter*).

Hümmerich, Klaus; *Holthausen*, Joachim; Der Arbeitnehmer als Verbraucher; NZA 2002, S. 173–181.

Immenga, Ulrich (Hrsg.); *Mestmäcker*, Ernst-Joachim (Hrsg.); Wettbewerbsrecht, Band 2: Kommentar zum Deutschen Kartellrecht, 4. Auflage, München 2007 (zitiert: Immenga/Mestmäcker-*Bearbeiter*).

Isay, Hermann; Das Rechtsgut des Wettbewerbs, Berlin 1933.

Isay, Hermann; Die Methode der Interessenjurisprudenz, in: *Ellscheid*, Günter; *Hassemer*, Winfried (Hrsg.); Interessenjurisprudenz; Darmstadt, 1974, S. 222–234.

Isensee, Josef; *Kirchhof*, Paul; Handbuch des Staatsrechts; Band VII: Freiheitsrechte, 3. Auflage, Heidelberg 2009.

Jacobi, Erwin; Grundlehren des Arbeitsrechts; Leipzig, 1927.

Jauernig, Othmar (Begr.); *Stürner*, Rolf (Hrsg.); Jauernig – Bürgerliches Gesetzbuch; 15. Auflage, 2014 (zitiert: Jauernig-*Bearbeiter*).

Jessolat, Karsten; Verbandsklage und Ausschlussfristen; AuR 2014, S. 318–312.

Jhering, Rudolf von; Der Kampf um's Recht; herausgegeben und mit einem Anhang versehen von *Klenner*, Hermann; 1. Aufl., Freiburg, Berlin 1992.

Jhering, Rudolf von; Geist des römischen Rechts auf den verschiedenen Stufen seiner Entwicklung – Dritter Theil. Erste Abtheilung; Leipzig, 1865.

Jovanović, Miodrag; collective rights: a legal theory; Cambridge 2012.

Junker, Abbo; Grundlegende Weichenstellung der AGB-Kontrolle von Arbeitsverträgen, Festschrift Buchner; München 2009; S. 369–384.

Kant, Immanuel; Werkausgabe in 12 Bänden; Band 7: Die Metaphysik der Sitten; 9. Auflage, Frankfurt a. M., 1991.

Käppler, Renate; Tarifvertragliche Regelungsmacht; NZA 1991, S. 745–754.

Kempen, Otto Ernst: Kollektivautonomie kontra Privatautonomie: Arbeitsvertrag und Tarifvertrag; NZA-Beil. 2000 Nr. 3, S. 7–13.

Kirchhof, Gregor; Die Allgemeinheit des Gesetzes, Tübingen 2009.

Klocke, Daniel; Der Unterlassungsanspruch in der deutschen und europäischen Betriebs- und Personalverfassung; Berlin 2013.

Klocke, Daniel; Gewerkschaften als Verbraucherschützer? In: Latzel, Clemens; Picker, Christian; neue Arbeitswelt, Tübingen 2014, S. 145–159.

Klocke, Daniel; Rechtsfortbildung im und am Unterlassungsklagengesetz; VuR 2013, S. 203–207.

Klute, Nikolai; Die aktuellen Entwicklungen im Lauterkeitsrecht, NJW 2015, S. 2466–2470.

Koch, Harald; Verbraucherprozeßrecht; Heidelberg, 1990.

Kocher, Eva; Anmerkung zu BGH, Urteil vom 14.11.2006 - XI ZR 294/05, VuR 2007, S. 275–278.

Kocher, Eva; Barrieren der Mobilisierung von Arbeitsrecht – Oder: lässt sich fairness erzwingen? juridicum 2012, S. 63–73.

Kocher, Eva; Die „Verbandsklage" in den Antidiskriminierungsrichtlichtlinien; in: *König*, Doris; *Lange*, Joachim; *Rust*, Ursula; *Schöpp-Schilling*, Hanna Beate (Hrsg.), Gleiches Recht – gleiche Realität? S. 187–208.

Kocher, Eva; Effektive Mobilisierung von Beschäftigtenrechten; Düsseldorf 2009.

Kocher, Eva; Funktionen der Rechtsprechung, Tübingen 2007 (zitiert: *Kocher*, Funktionen).

Kocher, Eva; Gesetzentwurf für eine Verbandsklage im Arbeitsrecht (abrufbar unter: http://www.boeckler.de/pdf/p_edition_hbs_72.pdf [Stand: August 2015]); Düsseldorf 2002 (zitiert: *Kocher*, Verbandsklage).

Kocher, Eva; Unternehmerische Selbstverpflichtungen im Wettbewerb – Die Transformation von „soft law" in „hard law" durch das Wettbewerbsrecht; GRUR 2005, S. 647–652.

Köhler, Helmut; *Bornkamm*, Joachim; Gesetz gegen den unlauteren Wettbewerb; 33. Auflage, München 2015; 32. Auflage, München 2014 (zitiert: Köhler/Bornkamm).

Köhler, Helmut; Anmerkung zu BGH, Urteil vom 2.12.2009 – I ZR 152/07, GRUR 2010, S. 657–658.

Köhler, Helmut; Die UWG-Novelle 2008; WRP 2009, S. 109–117.

Köhler, Helmut; Rechtsprechungsübersicht zum Recht des unlauteren Wettbewerbs (Teil 1) GRUR-RR 2006, S. 1–4.

Köhler, Helmut; Richtlinienkonforme Gesetzgebung statt richtlinienkonforme Auslegung: Plädoyer für eine weitere UWG-Novelle; WRP 2012, S. 251–260.

Köhler, Helmut; Unzulässige geschäftliche Handlungen bei Abschluss und Durchführung eines Vertrags; WRP 2009, S. 898–913.

Köhler, Helmut; Vertragliche Unterlassungspflichten; AcP 190 (1990), S. 496–537,

Köhler, Helmut; Zur Konkurrenz lauterkeitsrechtlicher und kartellrechtlicher Normen; WRP 2005, S. 645–654.

Köhler, Karl Friedrich; Prozessführungsbefugnis und Klagerecht der Verbände behinderter Menschen nach SGB IX und Behindertengleichstellungsgesetz; ZFSH 2010, S. 19–28.

Köpernik, Kristin; Zur Notwendigkeit einer Verbandsklage bei Datenschutzverstößen; VuR 2014, S. 240–242.

Kort, Michael; Kündigungserschwerungen gegen Lohnverzicht in „Bündnissen für Arbeit" – Vergleich von Äpfeln und Birnen?; FS BAG, S. 753–794.

Kossens, Michael; *von der Heide*, Dirk; *Maaß*, Michael; SGB IX – Kommentar; 4. Auflage, München 2015 (zitiert: Kossens/von der Heide/Maaß-*Bearbeiter*).

Kötz, Hein; Vertragsrecht; 2. Auflage, Tübingen 2012.

Kotzur, Jonas: Der Referentenentwurf zur Umsetzung der Richtlinie über die alternative Beilegung verbraucherrechtlicher Streitigkeiten – Fortschritt oder Rückschritt; VuR 2015, S. 243–251.

Kramer, Ernst; Juristische Methodenlehre; 2. Auflage, Bern 2005.

Krause, Rüdiger; Gewerkschaften und Betriebsräte zwischen Kooperation und Konfrontation; RdA 2009, S. 129–143.

Krause, Rüdiger; Gewerkschaftlicher Beseitigungsanspruch bei tarifwidrigen betrieblichen Regelungen; JA 2012, S. 946–948.

Krause, Rüdiger; Rechtskrafterstreckung im kollektiven Arbeitsrecht, Berlin 1996.
Kummer, Steffen; Diffuse Umweltrechte in Brasilien; ZUR 2012, S. 459–468.
Küttner, Wolfdieter; Personalbuch; 22. Auflage, München 2015.
Lakies, Thomas; Vertragsgestaltung und AGB im Arbeitsrecht; 2. Auflage, Heidelberg 2011.
Lambrich, Thomas; Tarif- und Betriebsautonomie: ein Beitrag zu den Voraussetzungen und Grenzen des Tarifvorbehalts, insbesondere der Tarifbindung des Arbeitgebers; Berlin, 1999.
Langenbucher-Adolff, Katja; Die Entwicklung und Auslegung von Richterrecht; München 1996.
Larenz, Karl; *Canaris*, Claus-Wilhelm; Methodenlehre der Rechtswissenschaft; 3. Auflage, Berlin, Heidelberg, New York, Barcelona, Budapest, Hong Kong, London, Mailand, Paris, Tokyo 1995.
Larenz, Karl; *Wolf*, Manfred; Allgemeiner Teil des Bürgerlichen Rechts; 9. Auflage, München 2004.
Leipold, Dieter; BGB I: Einführung und Allgemeiner Teil, 7. Auflage 2013.
Lettl, Tobias; Werbung mit einem Telefonanruf gegenüber einem Verbraucher nach § 7 Abs. 2 Nr. 2 Alt. 1 UWG; WRP 2009, S. 1315–1329.
Lindner, Josef Franz; Staatliches Anprangern des Arbeitgebers wegen Verstoßes gegen das AGG? Zugleich Besprechung zum Urteil des EuGH vom 10.7.2008 RS C-54/07 – „Feryn“; RdA 2009, S. 45–48.
Linsenmaier, Wolfgang; Normsetzung der Betriebsparteien und Individualrechte der Arbeitnehmer; RdA 2008, S. 1–13.
Linsenmaier, Wolfgang; Arbeitsvertrag und Betriebsvereinbarung – Kompetenz und Konkurrenz; RdA 2014, S. 336–345.
Linton, Ralph; the study of man – an introduction; New York 1936.
Lipinski, Wolfgang; *Achilles*, Sarah; Gewerkschaftlicher Beseitigungsanspruch bei tarifwidrigen betrieblichen Regelungen; BB 2012, S. 3212.
Lobe, Adolf; Materialien des Gesetzes zur Bekämpfung des unlauteren Wettbewerbs vom 27. Mai 1896; Leipzig 1907.
Lorenz, Stephan; *Riehm*, Thomas; Lehrbuch zum neuen Schuldrecht; München 2002.
Gloy, Wolfgang (Begr.); *Loschelder*, Michael (Begr. u. Hrsg.); *Erdmann*, Willi (Begr. u. Hrsg.); Handbuch des Wettbewerbsrechts; 4. Auflage, München 2010 (zitiert: Gloy/Loschelder/Erdmann-*Bearbeiter*).
Löwisch, Manfred; Auswirkungen der Schuldrechtsreform auf das Recht des Arbeitsverhältnisses; FS Wiedemann, S. 311–332.
Löwisch, Manfred; Deliktsschutz gegen abtrünnige Mitglieder? BB, 1999, S. 2080–2083.
Löwisch, Manfred; Krauss, Anmerkung zum Urteil des BAG vom 17.5.2011 – 1 AZR 473/09, EzA, Art. 9, Nr. 105.
Löwisch, Manfred; *Rieble*, Volker; Tarifvertragsgesetz: Kommentar; 3. Auflage, 2012.
Ludwigs, Markus; Verwirklichung des Binnenmarkts durch ein „Gemeinsames Europäisches Kaufrecht“? EuZW, S. 608–613.
Mahlmann, Matthias; Rechtsphilosophie und Rechtstheorie; 2. Auflage, 2012, Baden-Baden.
Mangold, Anna Katharina; *Wahl*, Rainer; Das europäisierte deutsche Rechtsschutzkonzept, die Verwaltung 2015, S. 1–28.
Mann, Marius; Kollektive Rechtsdurchsetzung und das Rechtsdienstleistungsgesetz: der BGH schafft Klarheit; DStR 2013, S. 765–770.
Marotzke, Wolfgang; Rechtsnatur und Streitgegenstand der Unterlassungsklage aus § 13 UWG; ZZP 98 (1985), S. 160–200.
Marotzke, Wolfgang; Von der schutzgesetzlichen Unterlassungsklage zur Verbandsklage; Tübingen, 1992.

Masuch, Peter; *Spellbrink*, Wolfgang; Das Gerichtsverfahren nach dem Sozialgerichtsgesetz – Stand und Perspektiven, Denkschrift 60 Jahre Bundessozialgericht, Band 1, S. 437–462.

Maunz, Theodor (Begr.); *Dürig*, Günter (Begr.); *Herzog*, Roman; *Scholz*, Rupert; *Herdegen*, Matthias; *Klein*, Hans H. (Hrsg.); Grundgesetz Kommentar; München, Stand: 74. Lieferung (Mai 2015) (zitiert: Maunz/Dürig-*Bearbeiter*).

Meller-Hannich, Caroline (Hrsg.); (zitiert: Meller-Hannich-*Verfasser*).

Meller-Hannich, Caroline; *Höland*, Armin: Kollektiver Rechtsschutz im Verbraucherrecht | DRiZ 2011, 164–167.

Meller-Hannich, Caroline; Verbraucherschutz im Schuldvertragsrecht, Tübingen 2005.

Meller-Hannich, Caroline; Der Verbraucherprozess, Festschrift für Armin Höland, Baden-Baden 2015, S. 659–684.

Melms, Christopher; *Kentner*, Kathrin; Die Modifikation des Günstigkeitsprinzips; NZA 2014, S. 127–133.

Merten, Detlef; *Papier*, Hans-Jürgen; Handbuch der Grundrechte; Band II: Allgemeine Lehren, Heidelberg, 2006; Band V: Einzelgrundrechte, Heidelberg, 2013 (zitiert: HGR-*Bearbeiter*).

Metzger, Axel; Die Entwicklung des Rechtsbruchtatbestands nach der Umsetzung der UGP-Richtlinie – ein Zwischenbericht; GRUR Int. 2015, S. 687–692.

Michael, Lothar; Der allgemeine Gleichheitssatz als Methodennorm komparativer Systeme; Berlin, 1997.

Michailidou, Chrisoula; Prozessuale Fragen des Kollektivrechtsschutzes im europäischen Justizraum; Baden-Baden 2007.

Micklitz, Hans-W.; *Beuchler*, Holger; Musterklageverfahren – Einziehung einer Forderung im Interesse des Verbraucherschutzes, NJW 2004, S. 1502–1504.

Micklitz, Hans-W.; Brauchen Konsumenten und Unternehmen eine neue Architektur des Verbraucherrechts, in: Verhandlungen des 69. Juristentages – München 2012, A 1–129; München, 2012 (zitiert: *Micklitz*, Gutachten).

Micklitz, Hans-W.; *Hüttner*, Katja; Anmerkung zu BGH, Urteil vom 14.11.2006 – XI ZR 294/05, JZ 2008, S. 151–152.

Micklitz, Hans-Wolfgang, in: Brönneke, Tobias (Hrsg.); Kollektiver Rechtsschutz im Zivilprozeßrecht : Gruppenklagen, Verbandsmusterklagen, Verbandsklagebefugnis und Kosten des kollektiven Rechtsschutzes; Baden-Baden 2001, S. 87–135.

Micklitz, Hans-Wolfgang; *Reich*, Norbert; AGB-Recht und UWG – (endlich) ein Ende des Kästchendenkens nach EuGH Perenicova und Invitel? EWS 2012, S. 257–264.

Miethaner, Tobias; AGB-Kontrolle versus Individualvereinbarung, Tübingen 2010.

Mohr, Jochen; Der Begriff des Verbrauchers und seine Auswirkungen auf das neugeschaffenen Kaufrecht und das Arbeitsrecht; AcP 2004 (204), S. 660–696.

Molkenbur, Josef; *Weber*, Christian; Der Betriebsrat als Vertragspartner und die Haftung seiner Mitglieder am Beispiel des § 111 S. 2 BetrVG, DB 2014, S. 242–246.

Möller, Mirko; UWG-Zuständigkeit geht vor; jurisPR-WettbR 12/2010 Anm. 4.

Moltke, Ludwig *von*; Kollektiver Rechtsschutz der Verbraucherinteressen, München 2003.

Mom, Andreas; Kollektiver Rechtsschutz in den Niederlanden; Tübingen 2011.

Montag, Jerzy; Kollektiver Rechtsschutz in Europa und der Gesetzesentwurf zur Einführung von Gruppenklagen; ZRP 2013, S. 172–175.

Moog, Rüdiger; Funktionsunterschiede zwischen Arbeits- und Gütermarkt und die Weiterentwicklung des Wettbewerbsrechts; GRUR 1981, S. 173–178.

Morgenthaler, Gerd; Freiheit durch Gesetz; Tübingen 1999.

Mugdan, Benno; Die gesammelten Materialien zum Bürgerlichen Gesetzbuch für das Deutsche Reich; 1. Band: Einführungsgesetz und Allgemeiner Teil, Berlin 1899 (zitiert: Mugdan I); Band 3: Sachenrecht, Berlin 1899 (zitiert: Mugdan III).

Müller, Friedrich; *Christensen*, Ralph; Juristische Methodik; Band 1: Grundlegungen für Arbeitsmethoden der Rechtspraxis, 11. Auflage, Berlin 2013.
Müller, Hans-Peter; Privatautonomie gegen Kollektivgewalt; DB 1999, S. 2310–2315.
Müller-Glöge; Rudi; *Preis*, Ulrich; *Schmidt*, Ingrid; Erfurter Kommentar zum Arbeitsrecht, 15. Aufl. 2015 (zitiert: ErfK-*Bearbeiter*).
Musielak, Hans-Joachim; *Voit*, Wolfgang; Kommentar zur Zivilprozessordnung: 12. Auflage, München 2015 (zitiert: Musielak/Voit-*Bearbeiter*).
Natzel, Ivo; Schutz des Arbeitnehmers als Verbraucher? NZA 2002, S. 595–597.
Nettesheim, Martin; Subjektive Rechte im Unionsrecht, AöR 2007, S. 333–392.
Neumann, Dirk; *Pahlen*, Ronald; *Majerski-Pahlen*, Monika; Sozialgesetzbuch IX – Rehabilitation und Teilhabe behinderter Menschen, 12. Auflage, München 2010 (Neumann/Pahlen/Majerski-Pahlen-*Bearbeiter*).
Neuvians, Nicole; Die arbeitnehmerähnliche Person; Berlin 2002.
Niebling, Jürgen; AGB-Recht – Aktuelle Entwicklungen zu Einbeziehung, Inhaltskontrolle und Rechtsfolgen; MDR 2015, S. 560–563.
Nikisch, Arthur; Arbeitsrecht; II. Band, 2. Auflage, Tübingen 1959.
Nobbe, Julia; Das Günstigkeitsprinzip im Verbrauchervertragsrecht; München 2007.
Oetker, Hartmut; AGB-Kontrolle im Zivil- und Arbeitsrecht; AcP 212 (2012); S. 202–250.
Oetker, Hartmut; Tarifvertragliche Mindestentgelte im Lichte des Lauterkeitsrechts; Festschrift für Klaus Bepler, München 2012, S. 467–478.
Ohly, Ansgar; *Sosnitza*, Olaf; Gesetz gegen den unlauteren Wettbewerb, 6. Aufl., München 2014.
Olsen, Mancur, jr.; Die Logik kollektiven Handelns; Tübingen 1968.
Oppermann, Thomas; *Classen*, Claus Dieter; *Nettesheim*, Martin; Europarecht; 6. Auflage, München 2015.
Pahlke, Armin; Typusbegriff und Typisierung, DStR-Beih 2011, S. 66–71.
Palandt, Otto (Begr.); Bürgerliches Gesetzbuch; 74. Auflage, München 2015; 65. Auflage, München 2006; 60. Auflage, München 2001 (zitiert: Palandt-*Bearbeiter*).
Paschke, Christian; der firmenbezogene Arbeitskampf gegen einen verbandsangehörigen Arbeitgeber; Baden-Baden, 2011.
Pastor, Wilhelm; Verbraucherverbände im Sinne des § 13 Abs. 1a UWG, GRUR 1969, S. 571–581.
Pauly, Holger; Widerrufsrecht beim arbeitsrechtlichen Aufhebungsvertrag auf Grund neuer Gesetzeslage? ZTR 2003, S. 541–544.
Pawlowski, Hans-Martin; Methodenlehre für Juristen; 3. Auflage, Heidelberg 1999.
Petersen, Jens; Von der Interessenjurisprudenz zur Wertungsjurisprudenz; Tübingen, 2001.
Pfarr, Heide Marie; *Kocher*, Eva; Kollektivverfahren im Arbeitsrecht: Arbeitnehmerschutz und Gleichberechtigung durch Verfahren; Baden-Baden, 1998.
Pfeiffer, Thomas; Verbraucherrecht mit vielen Säulen – auf der Suche nach funktionsgerechten Konstruktionsprinzipien eines Rechtsgebiets; NJW 2012, S. 2609–2613.
Pflug, Hans-Joachim; Kontrakt und Status im Recht der Allgemeinen Geschäftsbedingungen; München 1986.
Picker, Christian; Niedriglohn und Mindestlohn; RdA 2014, S. 25–36.
Picker, Eduard; Tarifautonomie – Betriebsautonomie – Privatautonomie; NZA 2002, S. 761–770.
Plager, Anton; Schutzzwecke des Lauterkeitsrechts: Entfaltung und Entwicklung zwischen 1909 und 2004; Frankfurt am Main 2010.
Podszun, Rupprecht; 8. GWB-Novelle: Neuerungen im deutschen Kartellrecht; GWR 2013, S. 329–332.

Pokrant, Günther, Zur missbräuchlichen Anspruchsverfolgung im Sinne von § 8 Abs. 4 UWG; Festschrift für Joachim Bornkamm, München 2014, S. 1053–1061.
Preis, Ulrich; Arbeitsrecht – Kollektivarbeitsrecht; 3. Auflage, Köln 2012 (zitiert: Preis).
Preis, Ulrich; Arbeitsrecht, Verbraucherschutz und Inhaltskontrolle | NZA 2003, Sonderbeilage zu Heft 16, S. 19–33.
Preis, Ulrich; Probleme der Bezugnahme auf Allgemeine Arbeitsbedingungen und Betriebsvereinbarungen; NZA 2010, S. 361–367.
Prütting, Hanns; *Gehrlein*, Markus (Hrsg.); ZPO – Kommentar, 7. Auflage, Köln 2015 (zitiert: PG-*Bearbeiter*).
Prütting, Hanns; *Wegen*, Gerhard; *Weinreich*, Gerd; BGB – Kommentar, 10. Auflage, 2015; zitiert: PWW-*Bearbeiter*).
Purnhagen, Kai; Die Auswirkungen der neuen EU-Richtlinie auf das deutsche Verbraucherrecht; ZRP 2012, S. 36–39.
Raab, Thomas; Der kollektive Tatbestand als Voraussetzung der Mitbestimmung des Betriebsrats in sozialen Angelegenheiten; ZfA 2001, S. 31–66.
Raasch, Sybille; Diskriminierungsschutz auf neuen Wegen: Verbandsbeteiligung und Antidiskriminierungsstelle im Entwurf eines deutschen Antidiskriminierungsgesetzes; ZESAR 2005, S. 209–217.
Radbruch, Gustav; Rechtsphilosophie; 8. Auflage, Stuttgart 1973.
Raiser, Ludwig; Das Recht der allgemeinen Geschäftsbedingungen; Bad Homburg, 1961.
Raiser, Ludwig; Der Stand der Lehre vom subjektiven Recht im Deutschen Zivilrecht, JZ 1961, S. 465–473.
Ramm, Thilo; Die Arbeitsverfassung der Bundesrepublik Deutschland; JZ 1977, S. 1–6.
Ramm, Thilo; Die Parteien des Tarifvertrags; Stuttgart, 1961.
Ramm, Thilo; Die Rechtsnatur des Tarifvertrags, JZ 1962, S. 78–83.
Rauscher, Thomas; *Wax*, Peter; *Wenzel*, Joachim; Münchener Kommentar zur Zivilprozessordnung mit Gerichtsverfassungsgesetz und Nebengesetzen; Band 1, 4. Auflage 2014; Band 3, 4. Auflage, 2013 (zitiert: MünchKommZPO-*Bearbeiter*).
Rehart, Nikolaus Konstantin; Aufgespaltene Rechtsverfolgung – auch im UKlaG rechtsmissbräuchlich? – Zusammenfassung der Grundsätze der UWGRechtsprechung und deren Übertragbarkeit auf UKlaG-Konstellationen; MMR 2014, S. 506–512.
Reich, Norbert; Förderung und Schutz diffuser Interessen durch die Europäischen Gemeinschaften, Baden-Baden 1987 (zitiert: *Reich*, Förderung).
Reich, Norbert; Individueller und kollektiver Rechtsschutz im Verbraucherrecht, Baden-Baden 2012 (zitiert: *Reich*, Rechtschutz).
Reich, Norbert; Kurzbesprechung der Schlussanträge des Generalanwalts Poiares- Maduro vom 12.3.2008 in der Rechtssache C-54/07 (Centrum voor Gelijkheid van Kansen en voor Racismebestrijding/Firma Feryn NV), EuZW 2008, S. 229–230.
Reich, Norbert; Zivilrechtstheorie, Sozialwissenschaften und Verbraucherschutz; ZRP 1974, S. 187–194.
Reich, Norbert; Zur Möglichkeit und Durchsetzung eines sog. Folgenbeseitigungsanspruchs im UWG und im AGB-Recht – das Flexstrom-Urteil des KG v. 27.3.2013 und die Folgen für unberechtigt geforderte Energiepreis„anpassungen" durch die Versorger; VuR 2014, S. 247–250.
Reichert, Bernhard; Vereins- und Verbandsrecht, 11. Auflage, Köln 2007.
Reichhardt, Vanessa; Der Verbraucher und seine variable Rolle im Wirtschaftsverkehr; Berlin 2008.
Reichold, Hermann; Arbeitsrecht, 4. Auflage, München 2012.
Reichold, Hermann; Zum Inhalt des gewerkschaftlichen Beseitigungsanspruchs bei tarifwidrigen betrieblichen Regelungen, RdA 2012, S. 245–247.
Reim, Uwe; Arbeitnehmer und/oder Verbraucher, DB 2002, S. 2434–2438.

Reinecke, Gerhard; Arbeitnehmerfreundlichste oder arbeitnehmerfeindlichste Auslegung Allgemeiner Geschäftsbedingungen; AuR 2003, S. 414–416.

Reinecke, Gerhard; Vertragskontrolle im Arbeitsverhältnis, NZA-Beil. 2000 Nr. 3, S. 23–33.

Rengeling, Hans-Werner (Hrsg.); *Middeke*, Andreas (Hrsg.); *Gellermann*, Martin (Hrsg.); Handbuch des Rechtsschutzes in der Europäischen Union; 3. Auflage, München 2014 (zitiert: Rengeling-*Bearbeiter*).

Renner, Cornelius; *Schmidt*, André; Unterlassung von Handlungen Dritter? Die Erfolgshaftung im gewerblichen Rechtsschutz und Urheberrecht; GRUR 2009, S. 908–913.

Reuter, Dieter; Anmerkung zu BAG, Urteil vom 8.12.1981 – 3 AZR 518/80, SAE 1983, S. 201–204.

Reuter, Wolf J.; Wettbewerbsrechtliche Ansprüche bei Konflikten zwischen Arbeitgebern und Arbeitnehmern – Terra Incognita? NJW 2008, S. 3538–3544.

Reymann, Christoph; Das Sonderprivatrecht der handels- und Verbraucherverträge, 2009 Tübingen.

Richardi, Reinhard Kollektivgewalt und Individualwille bei der Gestaltung des Arbeitsverhältnisses, München 1968.

Richardi, Reinhard; Anm. zu BAG, Beschluss vom 20.4.1999 – 1 ABR 72/98; AP, Art. 9 GG, Nr. 89.

Richardi, Reinhard; *Bayreuther*, Frank; Kollektives Arbeitsrecht; 2. Auflage, 2012.

Richardi, Reinhard; Betriebsverfassungsgesetz – Kommentar; 14. Auflage, 2014 (zitiert: Richardi-*Bearbeiter*).

Richardi, Reinhard; Individualrechtsschutz vor Betriebsherrschaft, NZA 1999, S. 617–622.

Richardi, Reinhard; Verbandsmitgliedschaft und Tarifgeltung als Grundprinzip der Tarifautonomie; NZA 2013, S. 408–412.

Richardi, Reinhard; *Wlotzke*, Otfried; *Wißmann*, Hellmut; *Oetker*, Hartmut (Hrsg.); Münchener Handbuch zum Arbeitsrecht; Band 2: Kollektivarbeitsrecht/Sonderformen, München 2009 (Zitiert: MüArbR-*Bearbeiter*).

Ricken, Oliver; Autonomie und tarifliche Rechtsetzung: die Tarifzuständigkeit als Wirksamkeitserfordernis des Tarifvertrages; München 2006.

Rieble, Volker; Arbeitsmarkt und Wettbewerb; Berlin, Heidelberg, New York, 1996.

Rieble, Volker; Der CGM-Beschluss des ArbG Stuttgarts; BB 2004, S. 885–892.

Rieble, Volker; *Klumpp*, Steffen; Widerrufsrecht des Arbeitnehmer-Verbrauchers?, ZIP 2002, 2153–2161; ZIP 2002, S. 2153–2161.

Rieble, Volker; Tarifnormenkontrolle durch Verbandsklage; NZA 1992, S. 250–257.

Riesenhuber, Karl; Europäisches Arbeitsrecht, Heidelberg, München, Landsberg, Frechen, Hamburg, 2009.

Ritter, Joachim; *Gründer*, Karlfried; Historisches Wörterbuch der Philosophie, Band 4: I–K; Basel, Stuttgart, 1976 (zitiert: Ritter/Gründer-*Bearbeiter*).

Röhl, Klaus F.; Rechtssoziologie; Köln, 1987.

Röhl, Klaus F.; *Röhl*, Christian; Allgemeine Rechtslehre, Köln, München 2008.

Rohlfing-Dijoux, Stephanie; Reform des Verbraucherschutzes in Frankreich durch die Einführung einer Gruppenklage in das französische Recht; EuZW 2014, S. 771–774.

Rolfs, Christian; *Giesen*, Richard; *Kreikebohm*, Ralf; *Udsching*, Peter; Kommentar – Sozialrecht; Stand: 1.6.2015 (zitiert: BeckOK ArbR-*Bearbeiter*).

Roloff, Sebastian; Entwicklungslinien der Rechtsprechung zu § 87 Abs. 1 Nr. 10 BetrVG; RdA 2014, S. 228–250.

Rösler, Hannes; Europäisches Konsumentenvertragsrecht: Grundkonzeption, Prinzipien und Fortentwicklung; München, 2004.

Röthel, Anne; Normkonkretisierung im Privatrecht; Tübingen 2004.

Rott, Peter; the protection of Consumers' Interests after the Implementation of the EC Injunctions Directive into German and English Law, JCP 2001, S. 401–442.

Rust, Ursula; *Falke*, Josef; AGG: Allgemeines Gleichbehandlungsgesetz – Kommentar; Berlin, 2007 (zitiert: Rust/Falke-Bearbeiter).

Rüthers, Bernd; *Fischer*, Christian; *Birk*, Axel; Rechtstheorie; 8. Aufl. München 2015.

Rybarz, Jonas C.; Billigkeitserwägungen im Kontext des Europäischen Privatrechts; Tübingen 2011.

Saam, Daniel; Kollektive Rechtsbehelfe zur Durchsetzung von Schadensersatzansprüchen im europäischen Wettbewerbs- und Verbraucherrecht; Baden-Baden 2011.

Sachs, Michael; Grundgesetz – Kommentar; 7. Auflage, München 2014 (Zitiert: Sachs-*Bearbeiter*).

Sack, Rolf; Die wettbewerbsrechtliche Durchsetzung arbeitsrechtlicher Normen; WRP 1998, 683–692.

Säcker, Fran Jürgen; Allgemeine Arbeitsbedingungen im Schnittpunkt von Privat- und Kollektivautonomie: methodologische und dogmatische Untersuchungen zur arbeitsvertraglichen Einheitsregelung, Gesamtzusage und Betriebsübung; Köln, 1966.

Säcker, Franz Jürgen; *Rixecker*, Roland (Hrsg.); Münchner Kommentar zum Bürgerlichen Gesetzbuch; Band 1, 7. Auflage 2015; Band 1, 3. Auflage, 1993; Band 2, 6. Auflage, 2012; Band 5, 6. Auflage, 2013 (zitiert: MünchKomm-Bearbeiter).

Saenger, Ingo (Hrsg.); Zivilprozessrechtsordnung – Kommentar; 6. Auflage, Baden-Baden 2015; (zitiert: Saenger-*Bearbeiter*).

Savigny, Friedrich Cal von; System des heutigen Römischen Rechts; 1. Band, Berlin 1840 (zitiert: System I); 2. Band, Berlin 1840 (zitiert: System II).

Schack, Haimo; Drittwirkung der Rechtskraft? NJW 1988, S. 865–873.

Schaub, Günter (Begr.); Arbeitsrecht – Handbuch; 16. Auflage, München 2015 (zitiert: Schaub-*Bearbeiter*).

Schauhoff, Stephan; Das Handbuch der Gemeinnützigkeit; 3. Auflage, München 2010.

Schaumburg, Ellen; Die Verbandsklage im Verbraucherschutz- und Wettbewerbsrecht, Baden-Baden 2006.

Schild, Wolfgang; Der rechtlicher Kampf gegen das Unrecht. Reflexionen zu Rudolf von Jhering „Der Kampf ums Recht", in: *Luf*, Gerhard; *Ogris*, Werner; der Kampf ums Recht: Forschungsband aus Anlass des 100. Todestags von Rudolf von Jhering; Berlin 1995, S. 31–56.

Schilken, Eberhard; Zivilprozessrecht; 7. Auflage, München 2014.

Schlacke, Sabine; Überindividueller Rechtsschutz: Phänomenologie und Systematik überindividueller Klagebefugnisse im Verwaltungs- und Gemeinschaftsrecht, insbesondere am Beispiel des Umweltrechts; Tübingen, 2008.

Schleusner, Axel; Zur Widerrufsmöglichkeit von arbeitsgerichtlichen Aufhebungsverträge nach § 312 BGB; NZA 2002, S. 949–952.

Schloßer, Philipp; Unlautere Werbung durch Stellenanzeigen; WRP 2004, S. 145–153.

Schmidt, Eike; Die Verbandsklage nach dem AGB-Gesetz; NJW 1989, S. 1192–1197.

Schmidt, Eike; in diffusis submersus – oder aber: diffusitas non nocet; liber amicorum Norbert Reich, Baden-Baden 1997, S. 81–92.

Schmidt, Eike; Verbraucherschützende Verbandsklagen; NJW 2002, S. 25–30.

Schmidt, Karsten; Wettbewerbsrechtliche und vereinsrechtliche Instrumente gegen die Tätigkeit der Abmahnvereine; NJW 1983, S. 1520–1525.

Schmidt, Karsten; Verbraucherbegriff und Verbrauchervertrag, JuS 2006, S. 1–8.

Schmidt, Klaus; *Koberski*, Wolfgang; *Tiemann*, Barbara; *Wascher*, Angelika; Heimarbeitsgesetz, 4. Auflage, München 1998.

Schmidt, Kristina; Die normative Tarifgeltung am Beispiel des allgemeinen koalitionsrechtlichen Unterlassungsanspruch; RdA 2004, S. 152–160.

Schmidt, Thorsten Ingo; Die Analogie im Verwaltungsrecht; VerwArch, 97 S. 139–164.
Schmidt-Kessel, Martin; Vom Beruf unserer Zeit für Gesetzgebung und Wissenschaft auf dem Gebiete des Verbraucherrechts; VuR 2012, S. 350–355.
Schmidt-Rimpler, Walter; Grundfragen einer Erneuerung des Vertragsrechts; AcP 147, S. 130–197.
Schmidt-Salzer, Joachim; Recht der AGB und der mißbräuchlichen Klauseln: Grundfragen; JZ 1995, S. 223–231.
Schnabel, Claus; Flächentarifverträge: Eine ökonomische und arbeitsmarktpolitische Betrachtung; NZA-Beil. 2011, S. 56–60.
Schneider, Gero; Einfluss der Rom I – VO auf die Arbeitsvertragsgestaltung mit Auslandsbezug; NZA 2010, S. 1380–1384.
Schneider, Hans; Gesetzgebung; 3. Auflage, Heidelberg 2002.
Schricker, Gerhard; Verbraucherrecht – ein neues Rechtsgebiet? GRUR Int 1976, S. 315–322.
Schubert, Claudia; Der Schutz arbeitnehmerähnlicher Personen; München, 2004.
Schulze, Reiner; *Dörner*, Heinrich; *Ebert*, Ina; *Hoeren*, Thomas; *Saenger*, Ingo; *Schreiber*, Klaus; *Schulte-Nölke*, Hans; *Staudinger*, Ansgar; Bürgerliches Gesetzbuch – Handkommentar, 8. Aufl., Baden-Baden 2014 (zitiert: HkBGB-Bearbeiter).
Schwab, Dieter; *Löhnig*, Martin; Einführung in das Zivilrecht; 19. Auflage, Heidelberg, München, Landsberg, Frechen, Hamburg, 2012.
Schwab, Norbert; *Weth*, Stephan; Arbeitsgerichtsgesetz – Kommentar; 4. Auflage, Köln 2015 (zitiert: Schwab/Weth-*Bearbeiter*).
Schwarze, Jürgen (Hrsg.); EU-Kommentar; 3. Auflage, 2012 (zitiert: Schwarze-*Bearbeiter*).
Schwarze, Roland; Was wird aus dem gewerkschaftlichen Unterlassungsanspruch?; RdA 2005, S. 159–166.
Seiwerth, Stephan; Schwäche und Stärkung der Tarifautonomie aus rechtsökonomischem Blickwinkel: vitale Mitgliedschaft und Anreize oder Perspektive Staat vor Privat, RdA 2014, S. 358–365.
Siebert, Wolfgang; Kollektivmacht und Individualsphäre beim Arbeitsverhältnis; BB 1953, S. 241–243.
Singbartl, Jan; Pauschale Entgeltklausel für Buchungen bei der Führung privater Girokonten ist unwirksam; GWR 2015, S. 126.
Singer, Reinhard; Arbeitsvertragsgestaltung nach der Reform des BGB, RdA 2003, S. 194–204.
Sinzheimer, Hugo; Grundzüge des Arbeitsrechts, 2. Auflage, Jena 1927 (zitiert: *Sinzheimer*, Arbeitsrecht).
Sinzheimer, Hugo; Der korporative Arbeitsnormenvertrag, 2. Auflage, Berlin 1977.
Soergel, Hans Theodor; Siebert, Wolfgang; Bürgerliches Gesetzbuch: mit Einführungsgesetz und Nebengesetzen; Teil 2: §§ 104–240, 13. Auflage, Stuttgart 1999 (zitiert: Soergel-*Bearbeiter*).
Sonnenberger, Hans Jürgen; Verkehrssitten im Schuldvertrag: rechtsvergleichender Beitrag zur Vertragsauslegung und zur Rechtsquellenlehre; München 1970.
Sosnitza, Olaf; Der Gesetzentwurf zur Umsetzung der Richtlinie über unlautere Geschäftspraktiken; WRP 2008, S. 1014–1034.
Sosnitza, Olaf; Der Regierungsentwurf zur Änderung des Gesetzes gegen den unlauteren Wettbewerb; GRUR 2015, S. 318–322.
Sprenger, Markus; Aktuelle Tendenzen des EuGH im Diskriminierungsrecht – Rechtsprechung oder Rechtsfortbildung? BB 2008, S. 2405–2409.
Stadler, Astrid; Grenzüberschreitender kollektiver Rechtsschutz in Europa, JZ 2009, S. 121–132.

Stadler, Astrid; *Klöpfer*, Matthias; Drittwirkung von Urteilen aufgrund von Verbands-Unterlassungsklagen nach §§ 1, 2 UKlaG? VuR 2012, S. 343–350.
Stadler, Gunda; Der Unterlassungsanspruch der Gewerkschaft gegen tarifwidrige Regelungsabreden auf der Grundlage von Art. 9 III GG; München 2003.
Staudinger, Julius von (Begr.); Kommentar zum Bürgerlichen Gesetzbuch: mit Einführungsgesetz und Nebengesetzen; 13. Bearbeitung, Berlin; Einl. BGB, §§ 1–14, VerschG (Stand: 2013); §§ 305–310/UKlaG (Stand: 2013); §§ 657–704 (Stand: 2015); §§ 823–825 (Stand: 1999) (zitiert: Staudinger-*Bearbeiter*).
Steinbrück, Hans-Joachim; Die Prozessführungsbefugnis und das Verbandsklagerecht der Verbände behinderter Menschen nach §§ 12 und 13 des Behindertengleichstellungsgesetzes – ein Überblick; br 2008, S. 99–104.
Stern, Klaus; Das Staatsrecht der Bundesrepublik Deutschland; Bd. 3: Allgemeine Lehren der Grundrechte, Halbband 1, München 1988.
Stoffels, Markus; AGB-Recht, 3. Auflage, München 2015.
Streinz, Rudolf (Hrsg.); EUV/AEUV: Vertrag über die Europäische Union und Vertrag über die Arbeitsweise der Europäischen Union, 2. Auflage, München 2012 (zitiert: Streinz-*Bearbeiter*).
Sutschet, Holger; Zur Unterlassungsklage der Gewerkschaft gegen betriebliche Bündnisse für Arbeit; ZfA 2007, S. 207–227.
Tamm, Marina (Hrsg.); *Tonner*, Klaus (Hrsg.); Verbraucherrecht, Baden-Baden 2012 (zitiert: Tamm/Tonner-*Bearbeiter*).
Taylor, Charles; Negative Freiheit? Zur Kritik des neuzeitlichen Individualismus; Frankfurt a. M. 1988.
Teplitzky, Otto; Wettbewerbsrechtliche Ansprüche und Verfahren; 9. Auflage, Köln, Berlin, München 2007.
Thiere, Karl; Die Wahrung überindividueller Interessen im Zivilprozess; Bielefeld 1980.
Thüsing, Gregor; *Burg*, Indra; Unterstützung durch Antidiskriminierungsverbände nach § 23 AGG; ZTR 2007, S. 71–78.
Thüsing, Gregor; Der Schutz des Tarifvertrags vor den tarifvertraglich Geschützten; DB 1999, S. 1552–1555.
Tilmann, Winfried; Das AGB-Gesetz und die Einheit des Privatrechts; ZHR 142, S. 52–70.
Tschöpe, Ulrich; *Pirscher*, Andrea; Der Arbeitnehmer als Verbraucher im Sinne des § 13 BGB? Eine immer noch offene Frage; RdA 2004, S. 358–367.
Ulber, Daniel; Neues zur Tariffähigkeit; RdA 2011, S. 353–362.
Ullmann, Eike; Das Koordinatensystem des Rechts des unlauteren Wettbewerbs im Spannungsfeld von Europa und Deutschland, GRUR 2003, S. 817–825.
Ulmer, Peter; *Brandner*, Hans Erich; *Hensen*, Horst-Diether (Begr.); AGB-Recht Kommentar; 11. Auflage, Köln 2011; 7. Auflage, Köln 1993 (zitiert: Ulmer/Brandner/Hensen-*Bearbeiter*).
Ulrici, Bernhard; Arbeitnehmerüberlassung ohne erforderliche Erlaubnis als Wettbewerbsverstoß? jurisPR-ArbR 22/2015 Anm. 4.
Urbanczyk, Reinhard; Zur Verbandsklage im Zivilprozess; Köln, Berlin, Bonn, München 1981.
v. Falck, Kurt; Anm. zu BGH, Urteil vom 8.11.1963 – Ib ZR 25/62, GRUR 1964, S. 269.
Veit, Barbara; Die funktionelle Zuständigkeit des Betriebsrats; München 1998.
Vogel, Markus; Kollektiver Rechtsschutz im Kartellrecht, Köln 2010.
Vorwerk, Volkert (Hrsg.); *Wolf*, Christian (Hrsg.); Kapitalanlegerverfahrensgesetz, München 2007 (zitiert: Vorwerk/Wolf-*Bearbeiter*).
Wach, Adolf; Handbuch des deutschen Civilprozessrechts, Band 1, Leipzig 1885.
Wachter, Gustav; Wesensmerkmale der arbeitnehmerähnlichen Person; Berlin 1980.

Wagner, Gerhard; Zwingendes Privatrecht; in: *Eidenmüller*, Horst; *Faust*, Florian; *Grigoleit*, Hans Christoph; *Jansen*, Nils; *Wagner*, Gerhard; *Zimmermann*, Reinhard; Die Revision des Verbraucher-*acquis*, Tübingen, 2011.
Walker, Wolf-Dietrich; Der tarifvertragliche Einwirkungsanspruch; Festschrift für Günter Schaub, S. 743–760.
Walker, Wolf-Dietrich; Rechtsschutz der Gewerkschaften gegen tarifwidrige Vereinbarungen; ZfA 2000, S. 29–50.
Walter, Torsten; Anmerkung zu BAG, Beschluss vom 7.3.2001 – GS 1/00: AiB 2002, S. 381–381.
Waltermann, Raimund; Rechtssetzung zwischen Privatautonomie und Tarifautonomie; Tübingen, 1996.
Wank, Rolf; Die Auslegung von Gesetzen; 6. Auflage, München 2015.
Weber, Franziska; Gegenwärtige Verbraucherrechtsfälle und Bedarf an staatlicher Rechtsdurchsetzung; VuR 2013, S. 323–332.
Weber, Max; Gesammelte Aufsätze zur Wissenschaftslehre; 7. Auflage, Tübingen 1988.
Wedde, Peter; Schuldrechtsmodernisierungsgesetz – Auswirkungen auf das Arbeitsrecht; AiB 2002, 267–273.
Weiss, Manfred; Herausforderungen an das Arbeitsrecht; AuR 2010, S. 284–290.
Weiss, Manfred; Zum Verhältnis von Individuum und Kollektiv im Arbeitsrecht; in: liber amicorum Spiros Simitis, S. 467–482.
Weiß, Matthias; Zur Bekämpfung von Streuschäden, Stuttgart, München, Hannover, Berlin, Weimar, Dresden 2012.
Wenckebach, Johanna; *Welti*, Felix; Barrierefreier Zugang zu Waren und Dienstleistungen – Recht und seine Durchsetzung, VuR 2015, S. 209–216.
Wendeling-Schröder, Ulrike; Arbeitsrecht und Gewerkschaften; RdA 1999, S. 138–146.
Wendt, Domenik; Kollektiver Rechtsschutz in Europa – Kompetenzen, Alternativen und Safeguards; EuZW, S. 616–622.
von Westphalen, Friedrich Graf (Hrsg.); *Thüsing*, Gregor; Vertragsrecht und AGB-Klauselwerke, 36. Ergänzungslieferung, München 2015.
Wieacker, Franz; Privatrechtsgeschichte der Neuzeit; 2. Auflage, Göttingen 1967.
Wiedemann, Herbert (Hrsg.); Tarifvertragsgesetz; 7. Auflage, München 2007 (zitiert: Wiedemann-*Bearbeiter*).
Wiedemann, Herbert; Anmerkung zu BAG, Beschluss vom 20.4.1999 – 1 ABR 72/98; RdA 2000, S. 169–173.
Wiedemann, Herbert; *Wonneberger*, W.; Anm. zu BAG, Urteil vom 26.6.1989 – 1 AZR 404/88, AP Art. 9 GG, Arbeitskampf, Nr. 113.
Wiese, Günther; Individuum und Kollektiv im Betriebsverfassungsrecht; NZA 2006, S. 1–10.
Wimmer-Leonhardt, Susanne; UWG-Reform und Gewinnabschöpfungsanspruch oder die Wiederkehr der Drachen", GRUR 2004, S. 12–19.
Windscheid, Bernhard; Die Actio des römischen Zivilrechts vom Standpunkt des heutigen Rechts; Düsseldorf 1856 (zitiert: *Windscheid*, actio).
Windscheid, Bernhard; Lehrbuch des Pandektenrechts; Band 1; 4. Auflage, Stuttgart 1879 (zitiert: *Windscheid*, Pandektenrecht).
Wissenbach, Kay; Von der behördlichen Kartelldurchsetzung zum privaten Schadensprozess; Halle (Saale) 2010,
Wißmann, Hellmut; Zur Entwicklung des Arbeitsrechts in Deutschland und Europa; AuR 2014, S. 46–51.
Wlotzke, Otfried; Das Günstigkeitsprinzip: im Verhältnis des Tarifvertrages zum Einzelarbeitsvertrag und zur Betriebsvereinbarung; Heidelberg, 1957.
Wolf, Manfred; Die Klagebefugnis der Verbände; Tübingen 1971.

Wolf, Manfred; *Lindacher*, Walter; *Pfeiffer*, Thomas; AGB-Recht – Kommentar, 6. Auflage, München 2013 (zitiert: Wolf/Lindacher/Pfeiffer-*Bearbeiter*).
Wolf, Manfred; *Neuner*, Jörg; Allgemeiner Teil des Bürgerlichen Rechts, 10. Auflage, München 2012.
Wolf, Manfred; Zur Zulässigkeit der Verbandsklage; BB 1971, S. 1293–1296.
Zhang, Chenguo; Kollektiver Rechtsschutz nach dem deutschen Unterlassungsklagegesetz (UKlaG); Göttingen 2009.
Ziegler, Kai Peter; Der Vorsprung durch Rechtsbruch von Umweltschutzvorschriften; Heidelberg, 1998.
Ziekow, Jan; Art. Gewerbe, Gewerbefreiheit; in: *Cordes*, Albrecht; *Lück*, Heiner; *Werkmüller*, Dieter (Hrsg.); Handwörterbuch zur deutschen Rechtsgeschichte (HRG), Sp. 344–346; 2. Auflage, Band 2, Berlin 2012.
Zimmer, Daniel; *Höft*, Jan; Private Enforcement“ im öffentlichen Interesse?; ZGR 2009, S. 663–720.
Zippelius, Reinhold; Juristische Methodenlehre; 11. Auflage, 2012 (Zitiert: Zippelius, Methodenlehre).
Zippelius, Reinhold; Rechtsphilosophie: eine Studienbuch; 5. Auflage, 2007 (zitiert: Zippelius Rechtsphilosophie).
Zöller, Richard (Begr.); Zivilprozessordnung; 30. Auflage, Köln 2014 (Zöller-*Bearbeiter*).
Zöllner, Wolfgang; *Löritz*, Georg; *Hergenröder*, Wolfgang; Arbeitsrecht; 7. Auflage, München 2015.
Zundel, Frank; Die Entwicklung des Arbeitsrechts im Jahre 2013; NJW 2014, S. 195–200.
Zwanziger, Bertram; Auswirkungen der UWG-Neuregelung im Arbeitsrecht; DB 2004, S. 2318–2320.

Sachregister

Jus Privatum

Beiträge zum Privatrecht

Die Schriftenreihe *Jus Privatum. Beiträge zum Privatrecht* (JusPriv) soll den privatrechtlichen Habilitationsschriften, aber auch Monographien der Ordinarien, eine ansprechende Heimstatt geben. Die Reihe deckt das Bürgerliche Recht ebenso ab wie das Handels- und Gesellschaftsrecht, das Wirtschaftsrecht, das Arbeitsrecht und das Verfahrensrecht. Das schließt fächerübergreifende, aber auch fachgebietsübergreifende Themenstellungen nicht aus, solange der Schwerpunkt der Arbeit im Privatrecht zu finden ist. Kaum eine Arbeit beschränkt sich auf das deutsche Recht, denn die Fragestellungen sind oft vom Europarecht beeinflusst und auch der rechtsvergleichende Blick in fremde Rechtsordnungen gewinnt zunehmend an Bedeutung. Die anspruchsvolle und auch äußerlich ansprechende Reihe bietet mehr als nur einen zufälligen Ausschnitt gegenwärtiger Forschung im Zivilrecht: Sie spiegelt auch den Standard dessen wider, was (Privat-)Rechtswissenschaft gegenwärtig in Deutschland bedeutet und ist deshalb schon in kurzer Zeit im In- und Ausland zu einem Begriff geworden.

ISSN: 0940-9610
Zitiervorschlag: JusPriv

Alle lieferbaren Bände finden Sie unter *www.mohr.de/juspriv*

Mohr Siebeck
www.mohr.de